U0930108

2012首卷

大兴教育年鉴

北京市大兴区教育委员会

北京出版集团公司
北 京 出 版 社

图书在版编目（CIP）数据

2012 大兴教育年鉴 / 北京市大兴区教育委员会.
—北京：北京出版社，2012.12
ISBN 978-7-200-09539-5

Ⅰ.①2… Ⅱ.①北… Ⅲ.①教育事业—大兴区—2012—年鉴 Ⅳ.①G527.13-54

中国版本图书馆 CIP 数据核字(2012)第 294541 号

2012 大兴教育年鉴

2012 DAXING JIAOYU NIANJIAN

北京市大兴区教育委员会

*

北京出版集团公司
北京出版社 出版

（北京北三环中路 6 号）

邮政编码：100120

网址：www.bph.com.cn

北京出版集团公司总发行

新华书店经销

北京市兴城福利印刷厂印刷

*

787 毫米×1092 毫米 16 开本 49.75 印张 1274 千字

2012 年 12 月第 1 版 2012 年 12 月第 1 次印刷

ISBN 978-7-200-09539-5

定价：215.00 元

质量监督电话：010-58572393

《大兴教育年鉴》编纂委员会

主　　任　李　达

副 主 任　李广成（常务）

扈岩江　王　滨　王翠华　安有文

周艳芝　杨子仲

委　　员　（按姓氏笔画排序）

王书明　王永庆　王启囤　王宪福

王振东　冯向一　石凤玲　刘　芳

孙国强　孙　勇　宋　怡　张香坦

李小凯　李元俊　李克明　李库才

李志霜　李学静　汪克良　肖前英

迟海波　周爱彬　赵树民　郭紫良

寇国新　韩宝刚

《大兴教育年鉴》2012 卷工作人员名录

主　　编　王永庆

副 主 编　李金艳

责任编辑(按姓氏笔画排序)

李永奎　杨喜来　侯维相　益建春　袁沈珍

特约编辑(按姓氏笔画排序)

丁　源　于永林　于秋华　马学伟　马　莹　尹柱良　巴文扬
方　亮　毛　悦　王少华　王月武　王占生　王玉环　王立红
王利娟　王　芳　王连喜　王国宏　王建春　王俊英　王　娜
王春友　王玲玲　王秋萍　王美娟　王　艳　王新东　王　影
王素华　王德友　王　鹤　王　燕　付俊红　付秋云　冯华山
冯　勇　冯　娟　冯爱新　史玉玲　史殿琴　平艳茹　田秀杰
申长青　石巧贞　石　佳　任双颖　任　月　刘永志　刘亚莉
刘志成　刘志强　刘　志　刘　沙　刘秀梅　刘　坤　刘炜利
刘彦生　刘洪月　刘秋华　刘贵贤　刘顺鑫　刘　健　刘梓漪
刘　然　吕艳静　孙凤杰　孙国彦　孙继春　安彩华　朱凤琳
毕海荣　纪秀芳　何春宇　吴立燕　吴红艳　吴君涛　吴海燕
吴富国　宋长勇　宋玉珠　宋丽红　宋思均　宋玲杰　宋　薇
张广山　张凤云　张　宁　张　丽　张丽芝　张克环　张希玲
张秀芝　张秀娥　张秀超　张国芳　张海怡　张海艳　张善勤
张　楠　张瑞莹　张筠筠　张　静　李　伟　李　丽　李国喜
李宝雷　李建平　李建国　李春岭　李贺君　李素芝　李　铮
李媛媛　李　晶　李雅荣　李　静　杨伟民　杨海波　杨　婕
杨清华　肖玉娟　苏宝元　邱　阳　邱明静　邵俊霞　陈士淼
陈亚红　陈钟楠　陈　颖　陈　慧　周英姿　孟祥玲　季玉萍
屈连凤　贯胜强　侯卫英　侯大民　侯　伟　侯春来　侯　萱
信向东　姚红颖　姜士厂　胡书艳　胡冠楠　赵扬扬　赵阳刚
赵　舰　赵　新　赵　静　徐　敏　栗晓英　桂宗连　耿　媛
袁国庆　贾京晶　贾艳彤　贾富华　郭宏伟　郭建兵　郭雅伟
顿聚山　崔　卉　常　亮　逯秀滨　阎金祥　龚常玉　焦　杨
焦学印　焦深麟　董金锁　韩丹华　韩淑月　韩景贵　楚　震
甄砚红　雷占全　蔡文影　蔡素凤　谭学智　薛东爽　薛志红
薛振霞　薛　艳　戴亚芳　魏红梅　魏建山

图片特约编辑　赵文君

编辑说明

一、《大兴教育年鉴》是一部大型资料工具书。在中共大兴区委教育工委、大兴区教委领导下,由大兴教育年鉴编纂委员会主持编纂。

二、本年鉴坚持以马列主义、毛泽东思想、邓小平理论和“三个代表”重要思想为指导,认真贯彻科学发展观,坚持党的基本路线,遵循实事求是的原则,与时俱进,开拓创新,科学地反映客观情况。

三、本年鉴以文章和条目为基本体裁,条目为主,使用规范的语体文、记述体,直陈其事,文字力求言简意赅。文前配有彩色图片,文内配有彩色随文图片。

四、本年鉴从2012年开始逐年编纂。当年出版的年鉴,记述上一年内大兴教育事业各个方面发生的新情况,力求反映大兴教育事业的全貌,为领导决策提供依据,为教育规划发展提供资料,为国内外各方面人士了解、研究大兴教育事业提供最新的信息。

五、2012卷年鉴的文字内容采用分类编纂法,设有文件、专文、大兴区教育总述、党的建设、综合管理、教育督导、德育、学前教育、小学教育、中学教育、职业教育、成人教育、特殊教育、民族教育、民办教育、校外教育、体育美育、卫生保健、教育教学研究、教育科学研究、招生与考试、现代教育技术、教师、教育团体、交流与合作、先进集体先进个人名录、教育机构名录等类目。各类目下的条目以事件发生时间为序顺序记述。

六、文件与专文栏目收录:2011年度内教育事业重要文件、教育部门领导、专家对教育现象的深层思考及大兴教育系统重大事件的记录。

七、大兴区教育总述由大兴教育简况和大兴教育大事记组成。

八、本年鉴收入的文章和条目,均由大兴教育系统各级教育行政部门及各教育单位确定专人负责撰写,经各单位主要负责人审核,报经大兴区委教育工委、区教委有关领导审批。大兴教育事业各统计资料数据均由大兴教委相关科室提供。

九、本年鉴反映2011年1月1日至12月31日期间情况(部分内容按实际情况时限向前略有延伸)。

十、本年鉴涉及年度数据统一以2011年12月31日前为统计口径。

领导关怀

北京市副市长洪峰到北京小学翡翠城分校调研（赵文君 摄）

北京市副市长洪峰到大兴八幼调研（徐敏 摄）

区委书记林克庆参加大兴一中开学典礼（赵文君 摄）

区长李长友为师德标兵颁发证书（赵文君 摄）

区长李长友、区人大主任张书领、区政协主席高树旺等领导参加教师节庆祝活动（赵文君 摄）

区委常委、宣传部长戴明超出席维护稳定工作办公室成立仪式（赵文君 摄）

副区长王荣彬参加六一儿童节庆祝活动

中共北京市委教育工委副书记、市政府教育督导室主任线联平，市政府教育督导室副主任刘莉、李壑、关国珍等领导检查指导大兴区教育工作

副区长王荣彬和名誉校长陶西平参观北京二中亦庄学校中草药文化园（侯萱 摄）

原国家教委副主任、国家总督学、中国教育国际交流协会会长柳斌调研大兴区基础教育发展情况（侯萱 摄）

党的建设

纪念建党90周年庆祝大会（栗晓英　摄）

区教育系统2011年党风廉政建设工作会（王玉环　摄）

教育团工委开展“坚定理想信念　争做青年先锋”大兴区中学生业余党校集中培训活动（王立红　摄）

教育团工委举行“青春凝聚在党旗下”2011年大兴区教育系统纪念五四运动92周年大会（王立红 摄）

进修学校中学教研室党支部与魏善庄中学党支部“手拉手专业共发展”活动启动

教育团工委在人民英雄纪念碑前开展“继承革命遗志 坚定理想信念”站首都少年先锋岗活动（王立红 摄）

教育团工委举行“感恩 担责 立志 报国”——中学生十八岁成人宣誓仪式（王立红摄）

亦庄镇第一中心小学党支部组织党员参观平谷鱼子山抗战纪念馆（孙飞 摄）

老教师管理站组织老干部到北京儿童村开展党日主题活动（张瑞莹 摄）

黄村镇第三中心小学举行以“学党史，强党性，跟党走”——庆祝建党90周年为主题的启动仪式　（侯克杰 摄）

安定镇成人学校举办基层党员培训班（信向东 摄）

大兴区教育系统“红歌献给党”红五月歌咏比赛

大兴四幼举行建党90周年纪念活动，全体党员重温入党誓词（史殿琴 摄）

太和中学领导班子召开民主生活会 （杨濛 摄）

教育教学

区委教育工委书记、区教委主任李达在吴正宪小学数学教师工作站大兴分站总结会上讲话
（李春岭 摄）

大兴区小学教育工作会
（赵文君 摄）

大兴区中学教育工作会（赵文君 摄）

区委教育工委书记、区教委主任李达和辅导员代表在“千优带队”论坛暨导师带徒推进会上共同开启辅导员博客（李伟 摄）

区教委党组书记、区委教育工委副书记、区政府教育督导室主任李广成向青年教师赠书（赵文君 摄）

大兴区高三一模阅卷现场（王桂利 摄）

六年级毕业考试无纸化阅卷（师森 摄）

大兴区小学教师基本功达标笔试考核（师淼　摄）

大兴区初中教师说课展示活动在六个教学协作区同时进行

北京市学科联动教研活动（师淼　摄）

大兴区小学教学质量监控评价反馈会（师淼　摄）

区教委举办小学综合实践活动基地课程展示活动（李春岭　摄）

北京大兴十一建华实验幼儿园进行书法练习（李晓静　摄）

大兴区首届中学物理技能大赛现场

大兴七幼开展自制玩教具评比活动 （陈亚红 摄）

教委学前科举办示范园开放周活动

进修学校教研员到大兴七中听课视导

进修学校小学教研室指导孙贵合老师代表北京市参加全国小学数学课赛获一等奖第一名 （师森 摄）

大兴区小学学校发展共同体成立大会

大兴四幼开展“香飘端午”体验活动（史殿琴 摄）

大兴区美术教师专业技能培训班正在上课（贾富华 摄）

北京小学翡翠城分校英语专题教研活动

进修学校心理“共同成长”研修组活动
（韩景贵　摄）

大兴五中第五届“校园心理剧”比赛

北京二中亦庄学校举办新入职教师汇报课活动
（侯萱　摄）

中国公安大学王大伟教授到大兴七中开展平安训练营活动（马莹　摄）

大兴一职军训汇报表演（刘向东　摄）

大兴中芯学校举办国际日活动（费章娟 摄）

黄村镇第二中心小学主题教育——只有互相帮助才能突破险关（孙俊颖 摄）

安定镇东白塔民族小学举行英语诵读活动

大兴二职学生专业技能成果汇报（杨书旺 摄）

黄村镇第二中心小学女学员队列表演（孙俊颖 摄）

旧宫中学网络直播课（冯金林 摄）

大兴区镇成人学校受颁北京市安全生产培训机构四级资质仪式（宋薇 摄）

庞各庄成人学校进行美发师培训实操考试（张楠 摄）

教育科研

大兴区"十二五"教育科研工作会议（王芳　摄）

◀ 大兴区"十一五"教育科学成果评审会（王芳　摄）

大兴区校长校本研究专项交流会（魏希芬　摄）▶

大兴区2011年中小学生社会大课堂工作会

《大兴教育研究》通讯员总结表彰会
（王芳　摄）

大兴区“十二五”2011年度教育科学规划课题选题培训
（王芳　摄）

大兴区“十二五”2011年科研周暨教研科研网启动培训大会
（郑尚　摄）

大兴区第十小学
首届“我与教学”
交流研讨会
（刘建伟摄）

大兴区校长校本研究专项课题交流及专家指导会（何清 摄）

大兴进校小学教研室统领性课题，即中国教育学会"十二五"教育科研规划课题《解析关键教学事件，提高学科教学有效性的研究》开题会（师森 摄）

进修学校科研室督导榆垡中学科研室建设工作（杨建凯 摄）

大兴区科研主任培训（勾宏苹 摄）

庞各庄中学“十二五”教师培训暨教育科研启动会（陈玉超 摄）

进修学校史志办公室承办“北京市教育志·鉴交流研讨会”（李金艳 摄）

大兴区“十二五”教师队伍建设会议（桂宗连 摄）

队伍建设

大兴区小学班主任基本功达标考核笔试

大兴教育系统公开选拔名校长基础能力测试

（赵文君 摄）

2011年下半年大兴区首次师训工作会

2011年大兴区中学学科带头人及骨干教师评审会

大兴区高中骨干教师新课程教学基本功培训正式启动

北小分校研修站举办培训学员汇报展示课活动（贾富华 摄）

进修学校师训举办英语教师《阅读与写作教学技能提升》培训

区教委公开选拔校级干部（栗晓英 摄）

进修学校干训组织中层干部拓展训练（周英姿 摄）

大兴区新一届小学骨干班主任评选面试

进修学校干训组织中层干部培训之公共礼仪讲座（周英姿　摄）

进修学校德育研究室举办心理教师拓展活动（董义琴　摄）

绿色耕耘培训班深入学校开展追踪指导活动

科普活动

北京景山学校大兴实验学校举办首届校园文化艺术节

2011年新区中小学生田径运动会阳光体育展示

2011年大兴区中小学校园足球比赛（赵文君 摄）

北京景山学校大兴实验学校首届校园文化艺术节——剪纸作品展

北京景山学校大兴实验学校特色课——钢琴课

大兴少年宫“阅读周”启动仪式

垡上中学学生走进市级社会实践大课堂 （王湛君 摄）

红星中学开展社会大课堂实践活动（刘永志 摄）

黄村镇第二中心小学参加全国机器人大赛（曾志龙 摄）

长子营镇第二中心小学 索尼探梦进校园活动
（张友杰 摄）

兴海中学学生走进北京航天科普教育基地
（侯金鹏 摄）

大兴区人民政府首都师范大学“十二五”时期区域教育合作项目签约仪式
（赵文君 摄）

北京第二实验小学大兴实验学校合作项目签约仪式
（赵文君 摄）

亦庄开发区实验学校与北京市第二中学举行合作办学签约仪式（富田 摄）

加拿大温哥华地区教育局负责人到北京小学翡翠城分校考察

澳大利亚圣乔治学院到首都师范大学大兴附中进行友好访问（郭鹏 摄）

国际友人来访少年宫

中美学校国际交流活动在北京小学翡翠城分校举行

校园风貌

▲ 北京二中亦庄学校中心花园

◀ 北京景山学校大兴实验学校校园风景——蓝色跑道（耿媛 摄）

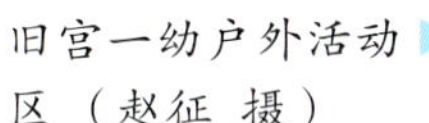

旧宫一幼户外活动区（赵征 摄）▶

大兴一中“日出之暘”

采育中学

大兴一小天文科技园

黄村镇第一中心小学

目　录

党的建设

组织干部建设

宣传教育工作

教育督导

德育

德育工作

班主任工作

学前教育

总类

小学教育

总类

中学教育

总类

·北京市第十四中学大兴安定分校·

·大兴区榆垡中学·

职业教育

总类

成人教育

特殊教育

民族教育

总类

民族教育学校

·大兴区民族幼儿园·

民办教育

总类

校外教育

体育·美育

体育

卫生保健

教育教学研究

教育科学研究

招生与考试

现代教育技术

信息技术

教师

教育团体

大兴区教育学会

交流与合作

先进集体先进个人名录

教育机构名录

文件与专文

文　件

北京市大兴区 “十二五”时期教育改革和发展规划 （2011－2015）

序　言

“十二五”时期是大兴区坚持科学发展，走一体化、高端化、国际化道路，在更高起点上全面建设首都南部高技术制造业和战略性新兴产业聚集区，努力实现超常规、高水平、跨越式发展的关键时期。为深入贯彻落实科学发展观，推动大兴区教育事业全面、协调、可持续发展，更好地满足人民群众对优质教育的需求，更好地服务大兴区经济社会发展，根据《国家中长期教育改革和发展规划纲要（2010～2020年）》、《北京市中长期教育改革和发展规划纲要（2010～2020年）》、《北京市“十二五”时期教育事业发展规划》、《北京市大兴区国民经济和社会发展第十二个五年规划纲要》精神，结合大兴区经济社会发展和教育事业改革与发展的实际情况，制定《北京市大兴区“十二五”时期教育改革和发展规划》（以下简称“《教育规划》”）。本规划是大兴区国民经济和社会发展“十二五”规划的重要组成部分，是指导未来五年全区教育事业改革与发展的纲领性文件。

第一部分　规划背景

一、“十一五”时期取得的成绩

“十一五”时期，区委、区政府全面落实科学发展观，贯彻党的教育方针，大力推进素质教育，继续深化教育改革，按照办好人民满意教育的要求，促进各级各类教育健康协调发展，全面完成“十一五”规划制定的各项指标，为“十二五”期间教育的改革与发展奠定了坚实的基础。

（一）优质资源显著增加，结构布局更加合理

“十一五”期间，园所数增加17个，学位数增加5302个，2010年学前三年毛入园率达到91.09%，适龄儿童学前教育需求基本得到满足。通过“撤、并、转、建”等方式调整了31所中小学。通过名校办分校、大学办附属学校、区内优质校与薄弱校整合等形式扩大优质教育资源。整合原大兴二职、四职、五职，组建了新大兴二职。多渠道解决来京务工人员随迁子女平等接受义务教育问题，目前，在公办学校就读的来京务工人员随迁子女21134人，占全区随迁子女义务教育适龄儿童总数的51%，比2005年提高了16个百分点。继续教育成绩斐然，被评为“全国农村教育先进单位”、“全国新型农民培训联系点”和“北京市创建学习型城区先进区”。

（二）素质教育稳步推进，质量水平明显提高

在各级各类学校中稳步推进素质教育，学生综合素质不断提高。幼儿园不断丰富游戏与学习内容，小学加大三级课程体系建设力度，初中建立和完善了教育质量监控机制，实施教研协作区制度，普通高中新课程改革深入推进。2006年到2010年，高考本科总上线率由42.06%上升到56.06%，专科上线率由75.78%上升到95%，中考总平均分由399.21分大幅提高到432.56分。全区中小学群众性阳光体育运动蓬勃开展，竞技体育成绩突出。参加北京市学生艺术节，连续两年成绩位居远郊区县第一。发起举办的“北京市虚拟创造活动邀请赛”、“争当理财小行家”、“七色光鼓乐团”等成为市级科技、校外教育活动和少先队工作品牌。深入推进“阳光心语行动”，学生的心理素质得到提升。

（三）教育投入持续增长，办学条件不断改善

有效落实政府教育投入“三个增长”的规定，预算内教育经费拨款从2006年的6.88亿元增加到2010年的14.4亿元，年均增速为20.26%，为教育事业的发展提供了有力的资金保障。通过校舍安全抗震加固改造工程、初中建设工程和小学规范化建设工程，加大校舍修缮和设施设备配备力度，学校办学条件基本实现了城乡均衡。在全面完成“校校通”工程的基础上，进一步加强网络硬件基础环境建设，通过教师研修网等平台建设，促进了教师专业化发展，教育行政管理人员和教学人员的信息化素养稳步提高，实现了网上办公和政务校务公开。

（四）队伍结构不断优化，整体素质显著提升

积极开展各种类型的教师培训和校长培训，参加继续教育的中小学教师共8631人。各类专任教师学历层次有了大幅提升，幼儿园和小学专任教师达到大专以上学历的比例分别提高了44.5%和7.5%，初中、高中、职业学校专任教师达到本科以上学历的比例分别提高了26.7%、9%和11.3%；全区幼儿园、小学教师高级职称比例由49.42%提高至55.35%，中学、职高教师高级职称比例由13.99%提高到23.15%。各级各类骨干教师比例达到13.94%。其中特级教师由原来的5人增加到12人，市级学科带头人、市级骨干教师数量由53人增加到123人，占全区教师职工总数的比例达到1.3%。校级干部的本科学历拥有率由68.07%提高到90.93%，研究生学历从无到有，达到了6.22%。具有中学高级职称的校级干部比例由26.81%提高到38.86%。

（五）教育创新持续推进，教育改革日趋深化

积极开展办学体制改革试验，独立设置18所镇中心幼儿园、14所镇成人学校，解决了人员、经费、编制问题，为农村学前教育、成人教育的稳定发展奠定了良好基础。稳步推进学校分配制度改革，在全区学校实施岗位设置管理改革；在义务教育阶段学校实施绩效工资制度，教师工资水平普遍提高。义务教育学校三级课程体系建设稳步推进，形成了一批具有区域特色、学校特点的校本课程；以“学案导学”教学模式为代表的高中新课程改革持续推进；“以工作过程为导向”的职

业学校教学改革强调校企合作，推动了中等职业技术人才培养模式改革。

（六）教育合力不断增强，发展环境明显改善

区、镇两级党委、政府把教育工作摆在重要位置，不断完善组织领导机制、工作推进机制和考核奖励机制，有力推动了教育事业的快速发展。各相关部门积极支持教育事业改革和发展，全社会关心支持教育发展的良好氛围日渐浓厚，教育发展合力不断增强。教育系统注重加强政风行风建设，教育质量、招生、收费等热点难点问题得到较好解决，2008年大兴区被评为“北京市规范教育收费示范区”，人民群众对教育的满意度不断提高。

二、“十二五”时期面临的机遇与挑战

“十二五”期间，是大兴区落实“人文北京、科技北京、绿色北京”战略、加快首都南部高技术制造业和战略性新兴产业聚集区建设，全面打造战略产业新区、区域发展支点、创新驱动前沿、低碳绿色家园，实现经济社会发展全面加速、跨越发展的关键阶段；是推动我区教育事业在新起点上科学发展，同步实现规模扩张和结构优化、外延发展和内涵提升的关键时期；也是全面提高教育教学质量、满足人民群众从“有学上”到“上好学”需求转变的重要发展阶段。当前，教育改革和发展面临着一系列新机遇、新挑战。

（一）城市化进程加快要求教育资源布局做出新调整

随着大兴新城、亦庄新城、新航城的规划建设，“城南行动计划”的实施，特别是首都南部高技术制造业和战略性新兴产业聚集区的高水平规划建设，全区经济社会发展水平迅速提升，城市化进程不断加快，将对区域发展模式、产业结构、人口分布、生活方式等产生一系列影响，也为教育资源的整合和布局调整提供了新的机遇。要紧紧抓住大兴区和北京经济技术开发区深度融合及新区城乡一体化、高端化、国际化进程加快的重要机遇，统筹规划城乡教育资源，推进城乡教育一体化建设。通过教育资源整合与布局调整，满足区域经济社会发展需要，满足人民群众对教育的需求，推进新区城乡一体化进程。

（二）经济社会发展加速要求教育服务能力达到新水平

经济的迅速增长和产业结构的优化调整对教育服务经济社会发展的能力提出了更高的要求，以高技术制造业、高端服务业、战略性新兴产业为目标的产业升级调整要求人才培养模式和质量与之相适应，要求以教育高质量为重要内容的区域软环境建设与之相适应。新农村建设也迫切需要一大批职业技能型人才，需对农村富余劳动力进行有针对性的转岗就业技能培训。城市化进程中外来人口的融合以及本地居民素质的提升同样对社区教育和终身教育提出了新的要求。新区建设的高端化进程离不开教育质量的稳步提升。

（三）人口规模结构变化要求教育规模结构实现新转变

未来五年，受产业升级调整、重点新城建设、中心城区人口向新区迁移等诸多因素影响，

新区人口总量将持续增加，亦庄新城的人口增速将明显加快，大量流动人口和农村人口将继续向新城和中心镇集聚，现有的教

育资源面临巨大的入学压力。随着大兴区“十二五”期间城乡一体化、高端化、国际化发展水平的提升，在人口数量增加的同时，人口结构也将发生相应的变化，亦庄新城和大兴新城、新航城的高端人群对优质教育的个性化需求也将持续增强，需要教育的高端化、国际化与之适应。

（四）首都教育现代化要求教育质量水平实现新跨越

《国家中长期教育改革与发展规划纲要（2010—2020）》明确提出要把握教育发展的阶段性特征，到2020年要基本实现教育现代化。北京市明确提出了以科学发展观为指导，到2020年实现首都教育现代化的战略目标。落实国家和北京市提出的教育改革与发展目标，需要进一步解放思想，立足大兴区在首都的功能定位和经济社会发展基础，特别是教育改革和发展的现实基础，进一步优化教育布局结构，完善教育体系，深化教育改革，确保教育优质、均衡、可持续发展。

三、目前存在的问题

尽管“十一五”期间全区教育成绩显著，但是面对经济社会的快速发展和人民群众对于教育的多样化需求，教育改革和发展依然存在一些突出问题和制约瓶颈，主要表现在以下几个方面：

（一）素质教育推进力度不够、阻力不小，教育教学改革亟待深化

在教育教学理念、人才培养模式、质量保障体系等方面仍不能适应全面提高教育质量的需要。一些学校片面追求升学率、学生课业负担较重的现象依然存在。德育的实效性和针对性有待提高。三级课程体系建设尚不完善，教师对新课程改革形势下的课堂驾驭能力有待提高，教学方法与教学模式需要改善，课堂教学的实效性有待提升，教学质量和学生学业成绩还有提升空间。

（二）优质教育资源总量不足、分布不均，教育优质均衡发展有待加强

教育发展不均衡、优质教育资源总量不足等问题仍比较突出，优质教育资源大部分集中在新城地区和一些经济较为发达的镇，尽管城乡学校在办学条件上的差距显著缩小，但是在内涵建设、师资队伍、管理水平、办学质量等方面还有较大差距，优质教育资源供给短缺、幼儿园“入园难”及新城地区义务教育阶段择校现象仍然存在，教育优质均衡程度有待进一步提高。

（三）优秀干部教师数量不多、水平不高，人才强教战略有待深度推进

全区教师结构性缺编和各学段不均衡的矛盾并存，现行编制标准造成学生数不足的农村中小学教师总量部分超编。与此同时，农村中小学美术、音乐、体育学科专职教师相对不足，职业教育学校专业教师不能满足教学需求，学前教育师资缺口较大。优秀人才相对短缺，知名校长、知名教师数量偏少，教师的专业素养有待进一步提高。干部师资培训经费相对不足，干部师资培训体系有待进一步整合优化，实效性、针对性需要进一步增强。

（四）教育体制机制改革不深、创新不足，学校办学活力有待增强

教育发展活力相对不足，在教育管理体制、投入机制、办学体制、建立现代学校制度等重要领域和关键环节改革上还未能取得突

破性进展。需要进一步理顺教育管理体制，转变教育行政职能，加大政务公开力度，提高教育决策的科学化和民主化水平。民办教育发展环境有待进一步改善，有特色、质量高、品牌响的民办学校数量相对较少。

第二部分 指导思想和战略目标

一、指导思想

以邓小平理论和“三个代表”重要思想为指导，深入贯彻落实科学发展观，以人为本，全面贯彻党的教育方针，坚持教育为区域现代化建设服务，为人的发展服务。遵循教育规律，扎实推进素质教育，促进学生全面发展，培养德智体美全面发展的社会主义建设者和接班人。进一步解放思想，把握教育发展阶段性特征，促进教育全面协调可持续发展；实施科教兴区、人才强教战略，适应并促进区域经济社会发展，着力推进首都南部高技术制造业和战略性新兴产业聚集区建设。坚持“优先发展，提高质量，优质均衡，改革创新”，努力办好每一所学校，为每个学生提供更加公平、更高质量的教育。

坚持优先发展。教育对经济社会发展具有基础性、先导性、全局性作用，是保障民生的重点。要切实保证经济社会发展规划优先安排教育发展，在用地规划、项目建设、经费投入、人才引进等方面优先安排。

坚持提高质量。把促进学生健康成长和适应社会需要作为教育工作的出发点和落脚点。建立以提高质量为导向的管理制度和工作机制，把教育资源配置和学校工作的重点集中到强化教学环节、提高教育质量上来。紧紧抓住提高课堂教学质量为核心的教学过程、提高教师队伍整体素质和建立健全教育质量保障体系这三个关键环节，推动教育内涵发展，转观念、出名师、育人才，办出特色和水平。

坚持优质均衡。实施“外引内培”策略，不断扩大优质教育资源总量，合理配置教育资源，坚持教育资源配置向农村倾斜、向基础薄弱学校倾斜、向弱势群体倾斜，促进教育公平。建成覆盖城乡的基本公共教育服务体系，形成城乡基础教育一体化体制机制，逐步实现基本公共教育服务均等化，缩小城乡差距和校际差距。紧紧围绕新区经济和社会发展形势，努力解决新区务工人员随迁子女特别是重点企业职工子女平等接受义务教育问题。不断提高民族教育、特殊教育水平。

坚持改革创新。在深化教育管理体制、人才培养体制、办学体制、促进教育对外交流合作等重要领域和关键环节改革上取得突破，改革质量评价和考试招生制度，改革教学内容、方法、手段，建设现代学校制度。形成充满活力、富有效率、更加开放、有利于科学发展的教育体制机制，使学生、教师、校长、学校的主动性、积极性和创造性得到充分发挥。

二、战略目标

到2015年，形成优质均衡、结构合理、类型多样、特色鲜明、充满活力的现代国民教育体系和终身教育体系，努力把大兴建设成为理念超前、管理科学、特色鲜明的素质教育品牌区、优质教育试验区、基础教育城乡一体化示范区、学前教育改革发展窗口区、农村职业教育和成人教育样板区、学习型城区建设示范区，为大兴区经济社会发展提供丰富的人力资源，营造文明和谐的社会环境。

全面普及学前三年教育，入园率达到95%以上；巩固提高九年义务教育水平，高标准、高质量、有特色均衡发展九年义务教育，入学率达到100%，完成率达到99%以上；普及高中阶段教育，毛入学率达到99%；基础教育阶段建网学校比例达到100%。职业教育和技能培训更加发达，职业学校毕业生就业率稳定保持在98%左右。继续教育参与率大幅提升，新增劳动力平均受教育年限达到15年，主要劳动年龄人口受过高等教育的比例达到40%。

第三部分　发展任务和具体措施

一、深入推进素质教育，大幅提升教育质量

形成质量一流、特色明显、优质均衡的素质教育工作体系，促进学生综合素质提升和个性化发展。深化课程与教学改革，通过“教科研一体化、研训一体化”双轮驱动，转变课堂教学方式，大幅提高教学质量。

（一）坚持德育为先，提高学生思想道德水平

坚持育人为本，德育为先，切实提高学校德育工作的主动性、针对性和实效性。紧密结合新区经济社会发展实际，立足区情，加强文明礼仪和行为习惯养成教育，开展“新区发展我参与，我和新区共成长”为主要内容的系列主题教育活动，根据学生年龄特点和新区发展实际，丰富德育内容，强化德育实效，科学确立中小学、职业学校的德育内容体系。实施全员德育、全过程德育，发挥课堂在德育中的主渠道作用，把德育有机融入各学科教学中。完善校外教育体系，构建学校、家庭、社区“三位一体”的教育网络。完善德育队伍的选拔、培训、激励和考核机制，提高德育干部、班主任、团干部和辅导员队伍的专业化水平。

（二）坚持能力为重，培养学生多方面能力

优化知识结构，丰富社会实践，强化能力培养。在教学中注重学生学习方法的培养，着力提高学生的学习能力。转变课堂教学模式，注重学生在课堂中主动性的发挥，深入开展研究性学习，着力培养学生的创新能力。强化社会大课堂建设，继续开发建设一批学生社会实践活动基地，有效开展综合社会实践活动，着力提高学生的实践能力。教育学生学会知识技能，学会动手动脑，学会生存生活，学会做人做事，促进学生主动适应社会，开创美好未来。

（三）坚持全面发展，提高学生综合素质

开齐开足体育课、艺术课，确保每个学生掌握至少两项体育技能，自主发展一项艺术特长。加大经费投入，加强硬件设施建设，完成学校医务室设备配备。配备卫生专业技术人员，努力改善校医缺编的现状。加强健康促进工作，实现健康促进学校全覆盖。加强学校卫生健康教育，促进学生身心健康发展。加强美育教育，丰富学校艺术教育内容和形式，推进传统艺术、高雅艺术进校园。加强科技教育，培养学生的科学兴趣和素养；加强对学生的法制教育、安全教育、生命教育、国防教育、可持续发展教育、劳动教育等。注重校外教育基地的建设与使用，依托现有学校资源建立5个左右校外教育阵地。

（四）深入推进课程改革，提高课堂教学效能

贯彻国家课程管理要求，认真实施国家课程，严格执行国家新课程标准，开齐课程、开足课时。实施校本课程奖励扶持计划，促进具有区域和学校特色的地方课程和校本课程开发，形成科学完善的三级课程体系。强化课程实施，提高学校干部课程领导力，加强教师课程改革相关培训，提高教师的课程实施能力，提高课堂教学效能。

（五）深化教育教学研究，提升教师教科研素养

实施"教科研一体化"，成立区教科研工作领导小组，设立专项经费，资助学校和教师开展课题研究，倡导以校为本、回归实践的教科研工作方式，重视研究和解决学校教育教学管理所遇到的实际问题，提高教科研工作的实效性。以课题引领为载体，以校本教研为主体，创新教研模式，探索提升教师科研能力的有效方式。

二、调整优化教育布局，积极促进教育公平

结合区域经济社会发展和人口变化，有重点、有计划地推进教育资源整合工作，优化教育资源配置，形成规模合理、结构优化、优质与均衡并重的学校布局。

（一）推进教育资源整合，优化教育布局结构

健全国土、规划、住建、教育等部门共同参与的学校、幼儿园建设协调机构，推进小区配套教育设施的规划、建设和接收工作，进一步扩大全区教育资源总量。统筹大兴新城、亦庄新城、新航城以及农村地区的教育资源，推进瀛海、黄村等城乡结合地区的教育布局调整；统筹规划亦庄地区和大兴新城北区、核心区的教育资源布局，增加优质教育资源数量；结合新航城的规划建设，加快南部地区教育布局调整。

大力新建幼儿园，增加公办园数量，城市地区以小区配套园为主，农村地区以镇中心园及分园为主，满足学龄前儿童的入园需求；以新建、改扩建为手段增加小学数量，以优化规模为手段适当增加中学数量。在大兴新城及各镇新建、改建、扩建中学 5 所、小学 10 所、九年一贯制学校 5 所、幼儿园 30 所；在亦庄新城规划建设 5 所幼儿园、3 所小学、3 所中学、1 所国际学校；分别在亦庄新城和大兴新城北区高标准打造 1 所公办优质高中。规划农村地区校外教辅中心的布点。继续以适度规模办学为目标，逐步撤并超小规模的农村完小，建立一批寄宿制学校。

（二）采取多种方式模式，扩大优质教育资源覆盖范围

制定优惠政策，吸引名校落户，通过规模办学、引进办学、合作办学、委托办学等多种方式，进一步加大区外名校的引进力度，在亦庄地区建设北京八中亦庄分校，办好北京经济技术开发区实验学校，引进北京景山学校、北京第二实验小学等名校到大兴开办实验学校，力争未来五年引进北京师范大学、十一学校等高校、名校在我区再开办 5 ~ 10 所附属学校或分校；同时大力发展区内已有优质学校，培育特色学校，增加优质教育资源供给，调整优质教育资源布局，构建城乡教育一体化均衡发展体系。探索名校（园）集团化办学模式改革，通过"名校 + 新校"、"名校 + 弱校"、"名校 + 农村

校”等多种形式，实现名校资源利用效益最大化，推动优质基础教育资源的扩大。

三、明确政府责任，大力发展学前教育

坚持学前教育公益性、普惠性，以政府为主导、公办园为主体、新城为示范、农村为重点，建立覆盖城乡、布局合理的学前教育公共服务体系，基本普及学前教育，助力城乡一体化，促进儿童健康快乐成长。

（一）明确政府主导职责，创新管理体制机制

坚持以政府办园为主体、民办园为补充的指导思想，确保政府办园比例达到70%，努力实现公办园覆盖社区、覆盖农村。进一步深化镇中心园管理体制改革，初步实现镇中心园全面管理中心园分园、业务指导小学附设园的管理格局。确立以市级专项和区财政投入为主、镇政府积极参与的三级财政投入体制，不断加大学前教育财政投入总量，在同级财政性教育经费投入中的比例每年至少提升1%，到2015年区本级财政学前教育投入占本级财政性教育投入的比例提升至8%。加强学前教育管理，建立学前教育质量管理体系与标准，核定学前教育机构收费标准，规范收费行为。加强对自办园的监管力度，遵循“规范一批、整合一批、取缔一批”的整体工作思路，分类治理、妥善解决无证办园问题。采取政府购买服务、委托办园、专项经费支持、以奖代投等方式，引导和支持民办幼儿园提供面向大众、收费合理的普惠性服务，开展非营利性幼儿园的改革试点。

（二）扩大学前教育资源，全面普及学前教育

实施《大兴区学前教育三年行动计划（2011－2013）》，采取新建、改扩建、扩班等多种方式增加学前教育资源承载力。重点解决新城地区学前教育资源紧缺和部分镇中心园规模过小的问题。大兴新城和亦庄新城的学前教育资源增量以小区配套园为主体，不少于80%的小区配套园建设成为公办园。农村地区的学前教育增量资源以改、扩、建镇中心园为重点，以分园建设为补充，保障每个镇建有1～2所标准化的质量较高的中心园（中心园下设1～2所分园），全面提升中心园的办园条件。

（三）提升全区保教质量，增加优质资源总量

坚持以游戏为基本活动，尊重幼儿身心发展规律和学习特点，积极促进教育观念、教学理念、教育内容、教学方法的探索与创新，防止幼儿教育小学化倾向。积极扩充优质学前教育资源，采取“以奖促优”、“先补后奖”等方式积极鼓励各类园所上级上类，支持各类园所创品牌、出特色。把优质学前教育作为大兴新城、亦庄新城、新航城软环境建设的重要内容来抓，积极探索“名园引进”、“名园办分园”，鼓励和吸引优质学前教育资源进驻大兴。建立健全示范园、一级园与薄弱园的交流和帮扶机制。不断提升学前教育品质，设立“园所级类水平提高奖励基金”，力争到2015年，全区新增市级示范园1至2所、一级一类园8至10所，50%的政府办园达到一级办园水平。

（四）加强两支队伍建设，提高专业化水平

创新幼儿教师补充机制，严格实施保教人员资格准入制度，按照编制标准逐步配备

公办园所教师，引进重点高校学前教育本科生、研究生和全国优秀名园长、教师。加强各类园所幼儿园园长和教师培训，建立多层次、多形式的师资培训体系，全面提高师资素质，着力打造大兴幼儿教育名园长、名教师队伍。依法落实和提高幼儿教师的地位与待遇，切实维护其工资、职称评聘和社会保障等权益。

四、强化政府责任，促进义务教育优质均衡发展

高标准、高质量、有特色优质均衡发展义务教育，尽快实现全区义务教育由基本均衡向优质均衡转变。按照"校园环境一样美、教学设施一样全、教师素质一样好、管理水平一样高、学生个性一样得到发展、人民群众一样满意"的要求，确保到2012年底，实现全区义务教育学校基本均衡发展目标，使全区义务教育学校在适龄儿童平等接受义务教育机会、教育质量、干部教师资源配备、帮扶弱势群体和薄弱学校的政策完善、优质教育资源共享的体制机制完善、办学行为规范等方面取得明显成效，并通过三年左右的努力，巩固和提高义务教育公平度、人民群众满意度。

（一）继续推进义务教育学校规范化建设，规范办学行为

巩固初中建设工程成果，稳步实施小学规范化建设工程和中小学校舍安全抗震加固改造工程，进一步推进义务教育学校标准化建设，不断改善办学条件。不断规范学校办学行为和教育教学秩序，规范学校收费行为，严格按照课程计划授课，开齐课程、开足课时，确保学生每天体育锻炼一小时，保证小学生每学年参加社会实践活动的时间不少于10天，初中学生每学年不少于20天。

（二）深化课堂教学改革，提升义务教育质量

构建有效课堂教学模式，提高课堂教学效益，不断减轻学生过重的课业负担。继续推进攀登英语实验，开展语文跨越式试验、分层教学实验等学科创新实验，努力提高课堂教学质量和效率。紧密结合不同学科的不同特点与要求，着力开展多种教学方式及学习方式的实验研究，突出学生主体地位，引导学生主动参与、乐于探究、勤于动手。建立教委领导、校长随教研员深入课堂听课工作制度，关注常态教学，加大对课堂教学的指导力度，提高课堂教学实效性。设立特色学校建设专项资金，引领义务教育学校特色办学，通过专项课题引领，引领部分学校形成教育品牌。

（三）健全义务教育保障机制，继续推进义务教育均衡发展

继续通过撤销、合并、联办等方式改造薄弱校。均衡配置干部教师资源，制定和完善义务教育学校干部教师交流机制和到薄弱学校工作的激励政策，建立区域内优秀干部教师资源共享机制，努力使城乡学校干部教师交流比例达到30%。优先保障推进义务教育均衡发展所需资金，继续保持对农村和偏远地区学校的政策倾斜及专项经费的投入。充分挖掘公办学校资源，进一步保障新区务工人员随迁子女平等接受义务教育的权利。健全特殊教育保障机制，大力改善区特殊教育中心办学条件，提升随班就读质量，确保适龄残障儿童少年义务教育阶段的入学率达到普通儿童的水平，实现零拒绝、零收费。大力扶持民族教育，办好民族学校和青海内地高中班，在中小学生中开展民族团结教育。

五、突出办学特色，促进普通高中优质发展

推进普通高中优质特色发展，努力办好2～3所能在全市产生较大影响的优质特色高中，满足学生对优质普通高中教育的需求。

（一）扩大优质教育资源规模，提升优质教育资源影响力

提高公办学校办学质量，扩大优质教育资源的覆盖范围。引进首都师范大学附属中学、北京十一学校等名校到我区办学，兴华中学、首都师范大学大兴附属中学设立初中部，全面提升北京经济技术开发区实验学校办学水平。鼓励学校根据自身特点创新办学和管理模式，逐渐提升办学品位和影响力。大力支持引进名校，创新合作模式，扩大合作领域，提高合作办学质量和办学品位。借助优质教育资源影响力，尝试横向集团化办学，改造薄弱学校，从教育设施全覆盖逐步向优质教育服务的全覆盖转变。

（二）创新教育教学模式，积极推进特色高中建设

加大对学校特色课程和特色项目建设的支持力度，鼓励学校结合实际开展科技、文学艺术、体育和国学经典等特色教育。积极拓展与北京师范大学、首都师范大学、北京印刷学院、北京石油化工学院、北京建筑工程学院、中铁第五勘察设计院、中国药品生物制品检定所等大学和高水平研究机构的合作，探索普通高中与大学、科研机构合作培养创新人才的途径，创新特长生培养方式。

（三）深入推进普通高中新课程改革，提高教育教学质量

鼓励各校发挥自身优势，开设个性化选修课程，建设校际共享的选修课程平台，扩大学生选课范围，不断提高选修课教学质量。加强学校音、体、美和科技教育专用教室、实验室建设，强化实验教学，提高学生动手实验能力。更新教师教育教学观念，深入探讨适应课程改革需要的教育教学模式，设立教育教学成果奖、教师教学创新奖，鼓励教师在培养目标、教法学法等方面大胆改革，加强学校研究性教学，培养学生的问题意识、创新精神和动手能力。

六、适应区域功能新定位，建构大职业教育体系

把发展职业教育放在更加突出的位置，以“做精做优学历教育、做大做强职业培训”为指导思想，完善中高职衔接、学历教育与职业培训并举、区域合作、城乡一体发展的区域现代职教体系。按照国家级中等职业学校改革示范校标准建设大兴一职，按国家级重点中等职业学校标准建设大兴二职，为打造首都南部高技术制造业和战略性新兴产业聚集区输送应用型人才，为农村劳动力向二三产业转移提供技能培训服务，增强职业教育服务经济社会发展的能力。

（一）加大政府统筹力度，增强职业教育吸引力

切实履行政府在发展职业教育中的职责，加强统筹协调，把职业教育纳入经济社会发展和产业发展规划，建立大兴区职业教育工作领导小组，协调政府部门、学校、行业企业资源。完善支持职业教育发展政策，健全政府主导、行业指导、学校主体、企业参与的办学机制。人力资源和社会保障部门要做好人才需求预测，为职业院校加强技能型紧缺

人才培养提供依据。采取多种方式，增强职业教育吸引力，进一步扩大中等职业教育本地区招生规模。改革和发展大兴区职业教育集团，深化与北京电子科技职业学院等驻区高职院校的合作，探索“3 +2”“2 +3”的中高职融通培养模式。加强与国际国内职业教育发达地区的交流合作，引进国际职业资格证书，推动职业教育国际化进程。加大对有突出贡献的高技能人才的宣传表彰力度，形成“行行出状元”的社会氛围，营造尊重劳动、重视技能、重视高技能人才的社会风尚。

（二）打造核心和特色专业，高标准建设实习实训基地

根据产业结构升级调整的要求，主动调整专业结构，科学设置和改革课程，实现职业教育与经济发展的有效对接。围绕大兴区“十二五”期间分层次、有秩序发展十大产业的规划布局，形成以现代制造业、现代服务业、文化创意产业、都市产业为核心的，集重点专业、相关专业和延伸专业为一体的专业群。切实发挥大兴区职业教育集团作用，引导职业院校与企业联合建设急需人才培养培训基地，扶持建设5个左右中等职业学校技能型紧缺人才培养基地。提高实习实训基地的建设标准，按照“车间课堂化、课堂车间化”的标准，建设生物医药、动漫、机电技术、物流、园艺等5个实习实训基地。

（三）加强双师型教师队伍建设，提升职业教育师资水平

完善专业教师下企业实践制度，逐年提高中职学校“双师型”教师比例，力争2015年持有教师资格证书和中级及以上专业技术等级证书的专业课教师比例达到60%。人事、编制、财政、教育等部门在进人手续、职称评聘等方面，积极支持职业学校招聘引进重点专业建设急需的优秀人才，招聘企业一线的高级工或技师受聘学校兼职教师，不断加强职业学校专兼职相结合的师资库建设。

（四）大力开展职业技能培训，促进就业再就业

切实加强职业教育与劳动就业的联系，大力开展校企合作、订单培训，建立健全与就业紧密挂钩的职业教育评价考核机制。主动适应城市化进程，统筹全区职业教育资源，大力发展面向农村的职业教育，高标准建设好“城乡技能型人才职业教育培训基地”，职业学校和镇成人学校联动，积极开展农民职业技能培训，广泛开展搬迁农民引导性培训、就业技能培训、农村实用技术培训、失业人员再就业培训和企业在职职工培训，平均每年培训各类人员1万人，争创“全国农村职业教育和成人教育示范县（市）”。

七、贯彻终身学习理念，推进学习型城区建设

完善终身教育体系，依托社区学院、街道社区教育中心和镇成人学校构建起覆盖全区的继续教育网络，推进社区教育、职业教育、继续教育之间的融通与合作，促进学历教育与非学历教育的协调发展，推进“人人学习、时时学习、处处学习”的具有大兴特色的学习型城区建设。

（一）改进社区教育管理，完善社区教育体系

完善区、镇（街道）、村（社区居委会）三级社区教育管理和服务体系，构建以社区学院为龙头，以街道社区教育中心和镇成人学

校为基础的社区教育网络。着力加强镇成人学校(社区教育中心)建设,加强村(社区居委会)成人学校建设,丰富社区教育资源。建立社区教育评估检查制度。

(二)强化社区学院辐射作用,探索社区学院发展新模式

努力将社区学院建设成办学特色鲜明、具有区域社区教育统筹职能的成人高等院校,争创北京市示范性社区学院。以社区学院为基地,建设网络学习平台,将学习资源辐射到社区教育中心和镇成人学校,实现社区教育的数字化。在社区学院探索建立学分积累与转换制度,为学习者提供学习成果互认和衔接的制度支持。依托社区学院,联合区社会建设办公室,在每个街道办事处至少建设1个高标准社区教育中心,重点建设50个社区学校,培养500名社区教育专兼职人员或社区教育志愿者。社区学院对社区教育中心进行业务指导,各社区教育中心(学校)由所在街道负责管理,同时接受教育行政部门的督导与评估。

(三)深化学习型组织创建,推进社区教育品牌化建设

深入推进学习型组织建设,加强机关、学校、企业、街道、村镇等各类学习型组织建设,加快形成学习型城区。到2015年,在全区范围内建设50个区级学习品牌项目和基地;力争使所有在职人员参与各类培训、进修;使每年有50%以上的从业人员更新知识技能,提高专业水平;使30%以上的企业基本建成学习型企业,60%以上的党政机关建设成为学习型机关。充分发挥“北京市农民教育流动课堂车”在农民培训中的作用,继续落实“一校包一村,一村办一班”项目。

第四部分 体制机制改革

一、人才培养体制机制改革

转变人才培养观念,树立全面发展、人人成才、多样化人才和系统培养的观念,努力促进学生的综合素质发展和个性化发展,加大特色人才培养力度,改革人才评价制度,力争多出人才,出好人才。健全以提高教育质量为导向的管理制度和工作机制,完善面向各级各类教育的质量监测制度和督导评估制度。

(一)改革人才培养模式

加强各级各类教育之间的纵向衔接和横向沟通,形成体系开放、机制灵活、渠道互通、选择多样的人才培养体制。做好幼儿园、小学、初中、高中等各级教育之间的有机衔接,加强学校教育、家庭教育和社会教育的配合。创新教育教学方法,多渠道开发课程资源,坚持因材施教,学思结合,知行统一,大力推进启发式、探究式、讨论式、参与式等教学方式和分层教学、走班制、导师制等教学模式改革,着力培养学生的创新精神、综合素质和实践能力,切实提高教育教学的有效性、针对性,提高人才培养的质量。

(二)加大特色人才培养力度

积极推进特色学校建设,开展具有大兴特色的体育、艺术、科技及校外教育的活动项目,培养特长人才,促进学生多元化发展。针对不同学生的身心特点,因材施教,使学生充分发挥其特长。借助北京市实施的“翱翔计划”和“雏鹰计划”,探索适合超常学生发展的教育教学模式,满足部分超常学生的教育需求。建构学校特色人才培养的指导、扶植、

展示、评价、激励机制，对特色学校和特色项目实行更加规范、有效的管理。

（三）改革学生评价制度

树立重视能力、多元化的人才观念，努力促进每个学生全面、健康、持续发展。发挥优质普通高中招生名额合理分配到初中的导向作用，引导学校由生源竞争转向办学水平竞争。建立“以入口定出口，从起点看变化”的发展性增量评价制度，开展由政府、学校、社会各方面共同参与的教育质量评价活动，完善教育质量监测和督导评估体系，建立学生课业负担监测、公告制度，规范社会补习机构和教辅市场，引导家长和社会树立正确的教育观念，切实减轻中小学生过重的校内外课业负担。

二、教育管理体制机制改革

建立政府主导、社会参与、责权明确、科学高效的区域现代教育管理体制，提高教育行政管理机构的服务能力。完善学校内部治理结构，促进学校科学管理、民主管理、依法管理、自主管理。充分发挥教育督导的诊断、指导与服务功能，提高教育督导的实效性和权威性。

（一）完善教育管理体制

加大区级统筹力度，落实区政府的教育管理职责。加强区人大对教育行政执法的监督力度和区政协对教育管理、教育发展的参与、建议力度，大力推进依法治教。进一步明确区、镇政府、街道办事处的教育职责，明确主管领导和责任部门（办事机构），强化镇政府、街道办事处在学校周边环境综合治理、控制属地义务教育学生辍学率、打工子弟学校和未经登记注册园所整治、维护校园安全稳定、学校布局调整及建设等方面的责任，对本行政区域内的教育事业给予支持。理顺政府、学校、社会、市场之间的关系，统筹协调相关部门关系，加强政府的教育服务职能。

（二）提高教育行政服务能力

改进教育行政部门管理学校方式，更多地运用法规、政策、办学标准、公共财政等手段引导和支持教育发展，减少和规范对学校的行政审批和直接干预，落实和扩大学校办学自主权。完善教育行政决策制度，规范决策程序，组建大兴教育专家顾问团。建立教育信息公开机制，健全教育行政监督机制，积极接受社会监督，加强教育行政问责。加强对教育行政人员的考核、培训与评价，大力提高教育行政专业化水平。

（三）健全学校内部治理结构

完善校长负责制，进一步完善学校民主决策机制，提高教师参与学校管理的范围与水平，更好地发挥教代会、工会在学校管理中的作用。进一步探索学校、家庭、社区新型协作机制，鼓励学校建设家长学校和家长教师协会，拓宽家长参与学校管理的途径，加强家校之间的沟通和交流。

（四）开展学校综合评价改革实验

积极推进与北京师范大学共建优质教育实验区的合作项目，进行绩效评价制度改革。以岗位设置和绩效工资改革为契机，开展学校教育教学质量监测与评估试验，建立“以入口定出口，从起点看变化”的发展性评价制度；建立教育质量监测、评估体系，完善对教职工和学校的评价指标体系。

三、办学体制机制改革

进一步深化办学体制机制改革，加大对

民办学校的扶持和监管力度。通过公办学校办学体制改革，扩大优质教育资源，促进校际合作。

（一）加大民办学校扶持力度

区政府设立民办教育发展专项资金，加大对民办教育的扶持力度，改善民办学校发展环境，支持鼓励民办学校安全办学、特色办学、优质办学。依法落实民办学校、学生、教师与公办学校、学生、教师平等的法律地位，保障民办学校办学自主权。建立并完善民办学校教师的继续教育与培训机制。

（二）强化民办学校监管机制

要切实加强民办教育的统筹协调、服务指导和监督管理工作。建立民办学校办学风险防范机制和信息公开制度。加强对民办学校财务工作的监管，进一步规范对民办学校年度财务状况的社会审计工作。充分发挥民办教育服务中心在民办教育管理中的服务指导作用。加强对民办教育的评估，引导民办教育规范发展。继续加强对流动人员自办学校的监管，切实保障学校安全稳定、有序运转。

（三）开展公办学校办学体制改革试验

开展名校（园）集团化办学模式改革，探索组建以优质学校为龙头，跨地区、跨类别学校的教育集团。建立健全相应的体制机制，通过统筹管理和规划，加强各级各类教育之间的纵向衔接和横向沟通。探索建立城乡学校的合作办学、互动互惠机制，促进城乡教育一体化。

第五部分　保障措施

一、人力资源保障

切实树立并强化“人力资源是第一资源”的观念，从人事编制、经费支持等方面加大力度，加强教育系统人才队伍建设，完善教育人事制度，建立培训需求调研制度，提高培训实效性和针对性，促进干部教师专业发展，全面提升干部教师队伍整体素质，培养一批名师、名校长，为大兴区教育发展提供人力资源保障。

（一）加大教育干部培养力度

对在职干部实施全员培训和分类分岗培训，先行开展培训需求调研，确定不同干部群体所需要提升的核心素质，提高培训的实效性。丰富培训方式，加大脱产培训、异地挂职锻炼、区域交流、境外培训的规模和力度。发挥优秀校长的引领作用，加强骨干校长的培训，实施名校长培养工程。强化后备干部培养，实施“642”工程，建设好教育系统后备干部人才库，打造可持续发展的干部梯队。继续办好“校长教育思想论坛”“兴师教育论坛”“党支部书记工作论坛”，为干部成长搭建学习、展示、交流、成长的平台。加大名校长引进力度，力争5年内引进10名左右有先进办学理念、突出办学成果，在全国有一定影响力的知名校长。加强教育行政管理人员的能力建设，每年选派10名教育行政干部到教育先进地区参观考察、挂职锻炼。

（二）加强教师队伍建设

加强教师培训和培养，加强师德教育，全面提升教师素养。加强人才引进工作力度，五年内逐步引进优秀应届毕业生2480人左右。加大培训经费投入，在达到年人均1000元标准的基础上实现逐年提高。科学规划、统筹安排各种教育培训资源，建立分层、分类、分岗的培训体系。在区内外10所优质学校建立中小学教师研修基地。推进带薪脱产培训，分层次选派市级骨干教师、区级骨干教师和优秀青年教师到名校、高校脱产学习，每年选派不少于30名优秀教师到境外参加提高培训。实施农村教师素质提升计划，为农村学校培养用得上、留得住的教师，充分发挥教师研修网、教研协作区等交流平台的作用，促进城乡教师交流。加强科研人员、教研人员、培训机构教师的能力建设。整体加强区教师进修学校建设，推进研训一体化。

（三）深化教育人事制度改革

严格教师准入制度，加大成熟人才引进力度，创造条件从全国各地引进知名校长、优秀教师。完善教师考核制度，结合岗位设置管理改革和绩效工资改革，加强对教师的学年度考核与聘期考核，将教师考核结果作为续聘、解聘与奖惩的重要依据。完善干部成长档案，探索干部绩效评价的新机制，建立健全干部激励和晋升机制；坚持德才兼备、以德为先的用人标准，加大全区范围内干部公开选拔工作力度，完善干部选拔机制。完善城乡之间、校际之间干部教师交流制度，促进师资资源均衡配置。不断改善教师的工作、学习和生活条件，对农村教师的工资、职务（职称）等实行倾斜政策，完善津贴补贴制度，稳定农村教师队伍。

二、经费投入保障

进一步完善教育经费投入机制，继续加大政府对教育经费投入的保障力度，确保到2012年实现财政性教育经费占GDP的比重达到4%的目标，使教育投入总量与教育事业发展的实际需求相适应，保障学校办学经费的稳定增长。严格执行国家财政资金管理法律制度和财经纪律，规范财务管理。

（一）加大经费投入

严格落实教育法律法规，确保教育财政拨款的增长高于财政经常性收入的增长，并使按在校学生人数平均的教育费用逐步增长，保证教师工资和学生人均公用经费逐步增长。健全政府投入为主、多渠道筹措经费的教育投入体制，完善社会捐赠教育的激励机制，充分调动全社会办教育、支持教育发展的积极性，鼓励社会力量积极捐赠助力教育事业发展。

（二）加强经费管理

建立健全预算管理制度，提高预算执行效率。建立教育经费执行情况的分析报告制度，对于截留、挪用、擅自改变资金用途的，依据有关法律法规严肃处理。加强学校国有资产管理，建立健全国有资产配置、使用、处置管理制度，防止国有资产流失和闲置。完善学校收费管理办法，规范学校收费行为和收费资金使用管理。坚持勤俭办学，建设节约型学校。

（三）加强审计监督

加强经费使用监督，确保教育财政支出公开、透明，强化重大建设项目的全过程跟踪审计，确保经费使用规范、安全、有效。全面推行收费规范公示制度和收费内部审计监督制度。加强对各级各类学校财务活动、国有资产使用效益的审计监督。逐步形成国家审计、教育系统内部审计、委托社会中介机构审计监管和学校日常监管相结合的财务监督管理制度。

三、信息技术保障

统筹规划教育信息化建设，继续加强网

络硬件建设，加快优质数字资源建设，构建教育信息化服务平台，推进信息化在教育管理和教育教学中的应用，打造具有大兴特色、可持续发展的数字化大兴教育。

（一）加大教育信息化建设的支持力度

加大经费投入，增加信息化建设专项经费和日常维护保障经费，为全区所有学校配置网络安全设备、数据存储备份系统、网络版杀毒软件等，筹建异地数据备份中心，将因特网出口带宽增加至1000兆，实现全区教育网络数据安全和高效运转；加快全区“数字校园”建设，以大兴一中、黄村镇第一中心小学2所市级实验学校和10所区级实验学校为基础，初步实现“数字大兴教育”；加强教育信息化专业技术人员队伍建设，适当增加人员队伍编制，保证队伍的稳定。

（二）推动信息化在教育教学中的应用

继续加大信息化专项培训，提高学校管理人员信息化领导力和教师队伍信息化应用与研究能力；出台《大兴区教育信息化工作评价与奖励办法》，健全评价体系与运行机制，科学有效地推进教育信息化工作；开展教育教学专题研究，深化信息技术与学科教学整合，充分发挥信息技术为教育教学服务的作用，促进管理更加优化，教育教学更加高效。

四、组织领导保障

坚持把教育放在优先发展的战略地位，加强对教育事业的领导和统筹，建立部门协调沟通机制，积极推进教育改革与发展，推进教育规划的贯彻实施。

（一）注重统筹协调

把推进教育事业改革和发展作为全区各级党委、政府绩效考核的重要内容，建立相应的考核机制和问责制度，确保教育优先发展战略地位在实际工作中得到落实。坚持区领导和区直单位联系学校制度，解决教育改革和发展中的实际困难和问题。发改、财政、规划、国土、住建、公安、编办、人力社保等部门要发挥自身职能优势，在各项工作中体现教育优先发展的原则。新闻宣传部门要积极宣传大兴教育事业改革和发展的成就，引导社会树立正确的求学观、成才观，形成全社会关心、支持、理解教育和尊师重教的社会风尚。

（二）加快组织实施

本《教育规划》是指导大兴未来五年教育改革发展的纲要性文件。各有关部门要在区委、区政府统一领导下，切实负起责任，增强规划意识，提高维护和执行《教育规划》的自觉性，制定详细的贯彻落实计划，确保《教育规划》各项任务落到实处。区教委要把《教育规划》与年度计划紧密结合起来，实施年度监测工作，组织开展中期评估，适时进行动态调整，建立《教育规划》实施情况的监测评估、跟踪检查和定期报告制度。各级各类学校要围绕《教育规划》提出的总体目标和主要任务，制定符合学校发展实际的实施方案。

（三）加强党的建设

以学习型党组织建设为抓手，大力推进党的建设。把全面贯彻党的教育方针、培养社会主义建设者和接班人贯穿学校党组织活动始终，着力扩大党组织的覆盖面，推进工作创新，增强生机活力。加强教育系统党风廉政和政风行风建设，将党风廉政建设与业务工作紧密结合，坚持从严治教、规范管理，深化党务公开、政务公开、校务公开，着力解决人民群众关心的热点问题。加强学校领导班子和领导干部队伍建设，不断提高思想政治素质和办学治校能力。坚持党管干部、党管人才的原则，加强对党员干部的教育和管理，加强党组织与优秀教育人才的联系，为人才成长提供服务、搭建平台。充分发挥学校基层党组织在学校工作中的政治核心作用和战斗堡垒作用，充分发挥党员的先锋模范作用。加强在优秀青年教师、优秀学生中发展党员工作。加强学校党组织对共青团、少先队工作和工会工作的领导和指导，切实加强群团组织建设。

（四）推进依法治教

全面推进依法行政，及时查处教育违法违规行为，形成规范教育秩序的长效管理机制，依法维护学校、学生、教师、校长和举办者的权益。深入推进依法治校，以完善符合法律规定、体现自身特色的学校章程和制度为抓手，促进学校依法履行教育教学和管理的职责。依托中小学法制教育基地，切实发挥法制副校长作用，开展普法教育，促进师生员工提高法律素质和公民意识，做遵纪守法的楷模。

（五）维护安全稳定

按照"行业指导、属地为主、主动防、科学管"的安全稳定工作思路，建立健全教育系统安全稳定工作长效机制，完善安全稳定工作领导小组或部门联席会议制度，形成教育和政法、公安、城管、卫生、交通等有关行业部门联动的工作机制。以中小学校舍安全抗震加固改造工程和校园安全行动为基础，深入开展平安校园、和谐校园创建活动，成立教育系统维护安全稳定工作办公室，强化学校安全教育、安全管理和突发事件应急管理，构建学校安全应急管理工作体系。继续加大对校园安全保卫的经费投入，完善人防、物防和技防措施。加强学校思想政治工作，完善矛盾纠纷排查化解机制。加强校园及周边环境综合治理，完善学校安全监管责任制和责任追究制度。

（六）加强教育督导

对各镇政府、街道办事处和有关委办局履行教育职责情况实施督导，对各级各类学校实施素质教育情况进行综合督导评价。建立自我评价、督导评价、社会评价相结合的评价体系，充分发挥教育督导的诊断、指导与服务功能。加强调查研究、专项督导和随访检查，不断完善督导评价结果的通报和运用制度，提高教育督导的实效性和权威性。加强专兼职督学队伍建设，探索建立督学资格制度。

第六部分　重点工程

一、镇中心园标准化建设工程

以市、区财政投入为主、各镇投入为辅，实施镇中心园标准化建设工程，按照一级园标准，加强镇中心园的园舍场地、设施设备、玩教具配备、教师队伍等基础建设。争取到"十二五"末，全区镇中心园中有50%达到一级办园水平。

二、义务教育均衡发展工程

科学规划义务教育阶段学校布局，合理划分学区，努力确保适龄儿童就近入学。建立更为完善的贫困学生和低保家庭学生的教育资助制度，确保教育公平。妥善解决新区务工人员随迁子女平等接受义务教育问题。落实教育过程公平，关注每一个孩子的学习需要，做好学习困难学生的助学工作。积极创造条件,在有条件的学校推行小班化教学,提高每一所学校的办学质量。鼓励名校长、名教师向农村学校流动。加强对民办中小学的指导和服务。给予新建校政策支持,依据“高起点、高水平、高标准”原则,打造优质学校,促进义务教育优质均衡。

三、普通高中特色发展工程

建立特色学校建设专项资金,鼓励和支持所有普通高中寻求特色化发展路径,从现有的学校中选出2至3所,制定支持政策,打造学校品牌,提升学校在北京市乃至全国的影响力。推进普通高中培养目标个性化、课程建设特色化和教育教学特色化,努力创建一批具有科技特色、外语特色、艺术特色、体育特色的高中。

四、职业教育服务能力建设工程

根据区内产业结构调整升级规划,科学设置和调整职业学校专业。密切校企合作,共建实习实训基地,开发专业课程,实施“以工作过程为导向”的课程改革。提高职业教育重心,加强中等职业学校与高等职业院校、国外职业院校合作,为产业升级培养高素质技能人才。建设好“大兴区城乡技能型人才职业教育培训基地”,为社会人员提供技能培训平台,提高就业能力。

五、骨干教师队伍建设工程

召开教师队伍建设大会,制订出台《关于进一步加强大兴区教育系统高层次人才建设的意见》,设立“大兴区教育系统突出贡献人才奖”,实施高层次人才引进计划。按照紧缺急需和业绩优先的原则,五年内引进不少于30名高层次人才,其中,特级教师不少于8名。实施高层次人才培养工程,建立教师培训基地,实施骨干教师带薪脱产培训,五年内培养20名左右在全市具有领先水平的特级教师,25名左右市级学科带头人,120名左右市级骨干教师,区级学科带头人和骨干教师1500名,使骨干教师队伍结构更趋合理。通过完善“名师讲学团”、“名师(特级教师)工作室”,建立“名校长工作室”等形式,进一步发挥名校长、名师的示范、引领、辐射作用。

六、名校长培养工程

通过境内外异地培训、挂职、高级研修、研究生培养等多种途径,培养20至30名骨干中小学校长、幼儿园园长,形成在全市乃至全国有一定影响力的大兴区名校长(园长)团队。制订名校长评价标准,为培养工程的实施和绩效分析提供测量工具。

七、数字校园建设工程

建设集网络教研、教育科研、教师培训、家校协作为一体的综合应用平台。搭建区、校两级教学资源共享平台,促进数字教育资源共享。设计开发区、校两级OA协同办公系统。设计开发大兴区开放课程管理平台,成立区远程教育中心。

八、教育国际化推进工程

重点发展首都师范大学附属中学大兴新城北校区国际部、大兴一中国际部、北京经济技术开发区实验学校国际部,在亦庄地区引进建设一所国际学校。鼓励与支持各级各类学校开展形式多样的国际合作与交流,争取到2015年,20所左右中小学有境外友好学校,并有适合自身特色和优势的国际合作交流项目。引进国外教师任教,扩大学生国际交流。加强双语教学和国际理解教育,培养学生国际视野与意识,并通晓一定国际规则和惯例。

关于进一步加强
教育系统高层次人才建设的意见

大兴区教育委员会

为大力实施人才强教工程，加快建设一支适应大兴教育跨越式发展需要的高层次骨干教师队伍，根据《大兴区“十二五”教师队伍建设规划》，结合我区教育系统实际，特制定本意见。

一、高层次人才界定

本意见所称高层次人才是指以下四类人员：

第一类人员：北京市及其他省级特级教师；

第二类人员：享受国务院特殊津贴专家、国家级“新世纪百千万人才工程”人选、省级有突出贡献的中青年教师；

第三类人员：北京市及其他省级学科带头人；

第四类人员：北京市及其他省级骨干教师。

二、加大高层次人才引进力度

1. 定期召开专题会议研究高层次人才的引进、培养

围绕我区教育事业发展，分析我区骨干教师现状，积极做好教育系统高层次人才的引进工作，引导我区教育系统高层次人才树立正确的世界观、人生观和价值观，为大兴教育的发展服务，为大兴经济社会又好又快发展服务。

2. 实施高层次人才引进计划

根据大兴教育发展需求，按照紧缺急需和业绩优先的原则，五年内计划引进不少于30名高层次人才，其中，特级教师不少于8名。引进的高层次人才，原则上须与用人单位签订五年以上工作协议，能较好履行协议条款的，按年度发给经济补贴，发放期限不超过三年。发放标准为：

第一类人员，每月1000元。

第二类人员，每月800元。

第三类、四类人员，每月600元。

3. 开辟高层次人才引进“绿色通道”

引进的高层次人才，其配偶工作需随调并已落实接收单位的，由区教委协商相关部门办理调入手续；符合进入教育系统条件的，由区教委办理调入手续；其未成年子女入学，可允许其在区内选择学校就读。

三、建立高层次人才培养创新机制，加强骨干教师培养

4. 实施高层次人才培养工程

以培养教育系统高层次人才为重点，以提高全区教师整体素质为目标，分三个层次实施高层次人才培养工程。五年内达到20名在全市具有领先水平的特级教师，25名市级学科带头人，120名市级骨干教师。培养采取国内外培训、高校导师带教、脱产培训、

学术交流等方式。

5. 建立教师培训基地，实施骨干教师带薪脱产培训工程

“十二五”期间，以我区与北京师范大学签订共建优质教育实验区框架协议和与首都师范大学开展区域教育合作协议为依托，选派现有北京市学科带头人到高校参加培训；联系四至六所市级优质中小学校，选派现有市、区级骨干教师到市级名校脱产培训半年；在我区直属学校，建立四至六所教师研修基地，选择部分优秀的青年教师进行脱产培训。

6. 建立名师工作室，引领青年教师成长

将高层次人才的发展与我区教育系统教师培养结合起来，发挥高层次人才作用，聘任特级教师为教师进修学校兼职教研员。根据需要建立名师工作室，每年为每一个名师工作室出资 2 万元作为研究专项经费，每一个名师工作室招收不少于五名中青年教师进入工作室研修（至少保证有一名农村教师），带动本学科教师研修工作。

7. 保证高层次人才研训时间，保障作用发挥

学校要合理安排高层次人才的任课时间，保证每周有一天时间作为研修日，有计划有重点地开展各项研修活动。三年后，保证所带的教师成为市级骨干教师的重要人选。

8. 延长特级教师在教育系统工作时间

对我区特级教师达到法定退休年龄后，可视其身体状况和学科需求，征求本人同意，经教委主任办公会研究，可以返聘其继续从事教师培训工作，基本工资按照相关退休政策执行，其他各项补贴按照在职标准执行。其返聘期间不占用学校编制和专业技术职务职数。

9. 完善人才评价机制

坚持德才兼备原则，建立以业绩为重点，由品德、知识、能力等要素组成的骨干教师评价指标体系，完善人才评价标准和手段。促进教师考核与岗位设置、绩效工资的有机结合，形成科学合理的人才评价机制。

四、强化教育系统高层次人才的服务与保障

10. 建立新引进人才住房补贴制度

为切实引进人才，营造高层次人才安居乐业的良好环境，前两类高层次人才来大兴区从事教育工作，区教委为其提供住房补贴，期限不超过三年。

11. 建立高层次人才定期体检和学术休假制度

在职期间且业绩突出的高层次人才，由区教委出资每年安排一次健康体检；每两年安排为期 1－2 周的学术休假。

12. 明确学校主体责任，鼓励学校培养和引进高层次人才

各校要重视高层次人才的培养和引进工作，制定教师队伍发展的长期规划，为教师的专业成长搭建平台。鼓励学校通过多种渠道引进高层次人才。“十二五”期间，对引进高层次人才达到 3 人的直属学校，引进高层次人才达到 1 人的农村学校给予奖励。区教师进修学校要充分发挥研修作用，广开渠道，吸引人才，“十二五”末，中教研、小教研主要学科要保证有一名学科特级教师。

13. 设立“大兴区教育系统突出贡献人才奖”

对为我区教育系统发展做出突出贡献的人才，由区委、区政府授予“大兴区教育系统突出贡献人才奖”荣誉称号。该奖项作为我区教育系统人才表彰综合性最高奖项，每三年评选一次，每次评选不超过 10 人，每人一次性奖励 3 万元。

14. 强化监督考核

由区教委人事、财务部门定期对本意见所涉及的高层次人才作用发挥情况和资金使用情况进行考核和监督。发现学校、个人存在弄虚作假行为，对相关资金使用不当，未按协议履行义务的，可收回已拨付的款项，撤销荣誉称号。

五、其它

15. 本意见由区教委负责解释，自 2011 年 5 月 1 日起施行，原有政策文件与本意见不一致的，以本意见为准。

大兴区“十二五”教师培训实施意见

大兴区教育委员会

为贯彻落实党的十七大关于“优先发展教育,建设人力资源强国”、“加强教师队伍建设,重点提高农村教师素质”的战略部署,准确把握新区战略机遇期和发展黄金期的发展要求和任务,全面提高教育质量,依据《北京市“十二五”时期中小学教师继续教育规划》及《大兴区“十二五”教师队伍建设规划》精神,努力建设一支高素质、专业化的中小学教师队伍,特制定《大兴区“十二五”教师培训实施意见》。

一、指导思想

以科学发展观为指导,以全面提升全区教师教育教学能力为核心,以农村教师队伍建设为重点,坚持“统筹规划、开放创新、专业引领、突出实效”的工作原则,创新教师培训机制,建设高素质教师队伍。遵循教师专业发展规律,完善教师终身学习体系,突出师德素养和教育教学能力提升,加大骨干教师和中青年教师培训力度,实现教师教育可持续发展,促进我区教育质量的全面提升。

二、工作目标

“十二五”时期,大兴区中小学教师培训的总体目标是:进一步优化教师培训体系和管理机制,坚持“德育为先、能力为主”,提高教师教书育人的能力水平及学习研究能力,努力建设一支师德高尚、业务精湛、结构合理、区域均衡、具有一定的国际视野、充满活力的学习型教师队伍,为提升大兴区教育现代化水平提供有力的人才支持。

(一)继续提高教师的学历层次,优化教师队伍整体结构

到2015年,通过引进和培养,使幼儿园专任教师90%达到大专及以上学历,小学专任教师95%达到大专及以上学历,初级中学专任教师95%达到本科及以上学历,高级中学全部达到本科学历且有15%的专任教师达到研究生学历,职业高中专任教师96%达到本科及以上学历。

(二)继续提升继续教育质量,建立师资培训长效机制

完善分岗位、分学科、分学段、分层次的教师培训体系,构建相应的培训目标与课程体系,使教师在不同的发展阶段获得针对性的学习与培训,促进教师专业持续性发展。

通过市区合作、校本研修、脱产培训、基本功考核、联片教研等多种形式,培养一大批优秀的骨干教师、骨干班主任及青年教师。五年内,完成80名市级骨干教师脱产培训;900名区级骨干教师脱产培训;1800名青年教师脱产培训;300名骨干班主任和优秀辅导员脱产培训。

(三)完善继续教育管理体系

完善“分工明确、合作联动、相互衔接、研训一体”的三级培训体系和管理体系,实现培训资源的合理配置,提升培训的整体效果。完善中小学教师培训经费管理办法、带薪脱产培训配套政策及教师培训质量评价制度,健全教师培训信息化管理、课程教学管理、远程培训管理及校本培训管理等制度。建立区

教委直接领导、进校为主，多家参与的领导团队，统一规划和指导我区教师培训工作。进一步加强教师进修学校各部门的统筹协调，使之成为集培训、教研、科研、信息为一体的教师研修中心。

三、培训对象

“十二五”时期，北京市中小学教师继续教育的对象是具有教师资格的在职专任教师，包括各级各类中小学、幼儿园、职业高中、区县教师培训机构、教研机构、特殊教育机构、校外教育机构等在职在岗教师。

参加培训的教师，在2015年底前，根据岗位要求和专业发展需求，完成360课时的学习任务，获得36学分，并取得北京市“十二五”时期教师继续教育结业证书。

四、培训内容

“十二五”教师培训包括必修课程、选修课程、项目引领和校本培训等内容。

（一）必修课程

开设公共必修课，强化教师职业道德和专业意识，提高教师的教育专业素养。公共必修课包括：教师职业理想与道德、学科教育心理学。

（二）选修课程

开设专题课程供各岗位各层次的教师选修，主要包括：通识类、学科专业类、教育研究类等相关课程。开设学员自主选修课程，包括网络课程资源、阅读书目等。

（三）项目引领

夯实教师专业基础，提高教师的学科专业素养和教学能力。根据教师成长阶段，结合各层次教师的需求，有计划地确定重点培训项目，有针对性地设计各学科各层次培训课程并开展专业培训，形成我区培训品牌。

（四）校本培训

学校根据实际需要，在校本培训中设计校本培训课程和教学实践活动，提高本校教师的专业素养。

五、重点工作

在区教委统一领导下，着眼于教师队伍整体提升，由区级教师培训机构牵头，整合市、区优质培训资源，开展具有大兴特色的系列培训。在“十二五”期间重点做好以下工作：

（一）加强师德建设

组织教师参加“教师职业理想与道德”、“学科教育心理学”市级必修课培训，通过案例征集、个案剖析、典型宣传、师德评比等形式，加强对全体中小学教师的师德和心理健康教育，促进教师职业理想与道德的全面提升。

（二）骨干教师高端培训

继续与高校（北京师范大学、首都师范大学、北京教育学院等）合作，通过“访问学者”、“名师工作室”等项目，进一步提升市级学科带头人和骨干教师的综合素质，为特级教师培养和成长搭建平台。

（三）中青年教师脱产培训

在继续参加市级脱产培训的同时，扩大区级脱产培训规模。区教委选定10所市区级研修站点，采用“名师带教”培训模式，每年培训中青年骨干教师480人。

（四）英语教师“封闭培训”

与北京外国语大学合作开展英语教师封闭培训，进一步转变英语教育理念，创新英语教学方法，提升口语交际能力。每年培训英语教师200人。

（五）音乐、美术教师专业技能提升培训

以大兴少年宫为基地，实施“大兴区音乐、美术教师专业技能提升工程”。计划用四年时间，围绕专业技能提升对全区音乐、美术教师进行一轮全员培训，着力打造适应素质教育需要的艺术教师团队。

（六）教学能力提升培训

实施“大兴区中小学教师教学能力提升工程”，围绕学科专业技能的考核，进行多种形式的培训，进一步提高教师教学能力，使教师具备履行教学职责、胜任教学工作所必需的专业素质和职业技能。

（七）班主任培训

大力加强班主任和辅导员培训，突出骨干班主任及骨干辅导员培训。围绕班主任工作基本理论和班主任实践能力培养，通过系统的专业培训提高班主任的职业道德素质和教育管理能力，努力建设一支优秀的班主任队伍，推动我区德育工作的有效开展。

（八）高中教师培训

以“模块培训”和“专业发展和高考研究”为核心内容，开展高中教师专题培训，提升学科素养和新课程实施能力。

（九）幼儿教师分层培训

依据北京市幼儿教师培训计划，围绕专业知识与技能的提升开展分层培训，着力提升幼儿园青年教师的整体素质，不断适应幼教事业发展的需求。

（十）校本培训

深入开展新一轮校本培训，加大检查和支持力度，努力做到模式创新、特色创新。引领中小学以教师专业发展为核心设计校内研修课程，通过名师带教、同伴互助等多种形式开展丰富多彩、各具特色的培训活动，促进教师专业发展。

六、组织与实施

（一）任务划分

大兴区“十二五”中小学教师培训工作由区教委统筹规划，采取“进校为主、多家参与”的管理模式，分工合作，各尽其能，共同完成“十二五”教师培训任务。

区教师进修学校主要负责市级培训任务落实，区级培训策划与实施，市区校三级培训管理，整合培训资源、协调培训关系等相关工作。根据培训需求，教师进修学校各业务部门、大兴少年宫等业务部门均要承担一定的培训任务。

中小学校长是校本培训的第一责任人。各中小学要积极配合支持市区级培训机构实施的各种培训，要结合市、区培训项目的内容，从学校发展规划和教师发展需求出发，制定有针对性的校本培训计划，并有效实施。

（二）培训要求

各级培训机构要认真完成所承担的培训任务，不断改革创新，切实加强培训的针对性，提高培训的实效性。

培训课程的设置要具有针对性和前瞻性。培训内容要适应教育改革与发展的需要，适应教师专业发展的需求。既能够解决教师教育教学的实际问题，又有利于引领教师专业发展。

培训方式要具有灵活性与多样性，不断创新和完善有效的培训模式，注重研训一体，组织丰富有效的讲座、研讨、观摩、读书、比赛、展示等活动，调动参训教师的主动性，提高培训效果。

（三）质量监控与考核

建立培训全过程质量管理制度。将培训方案设计、培训活动策划和组织、培训资源整合、培训绩效评估、培训信息宣传等纳入质量管理范围。

参训教师必须在规定的时间内完成规定的培训内容，参加考核并合格后，才能取得相应学分。培训单位要加强对培训效果的自我评估,形成满意度、学习效果、行为转化等层面的考核体系,突出教师行为的转化。不定期进行培训效果的追踪调研。

七、措施与保障

切实加强领导,完善政策与管理制度,保证经费投入,构建支撑平台,有效保障中小学教师继续教育工作的顺利实施。

(一)加强领导,完善组织保障体系

大兴区教委成立教师培训工作领导小组,切实加强对培训工作的领导,保证人力、物力、财力的投入,定期专题研究教师培训工作。进一步完善主管科室牵头,教师进修学校统筹资源、制定方案,相关业务科室和各培训部门共同参与的教师培训协调机制,加强各部门之间的相互支持与配合。

大兴区成立教师培训专家指导组,聘请学术造诣高、实践经验丰富的专家为指导组成员,为教师培训提供业务指导与政策咨询。

进一步加强教师培训工作的检查与评估,将教师培训工作纳入教育督导范畴。

(二)完善培训激励机制和经费保障机制

形成教师培训学分与教师资格定期注册、绩效考核、职务晋升紧密挂钩的激励与约束机制,制定鼓励在职教师参加学历进修的各项优惠政策,并对农村教师培训予以倾斜。研究制定教师带薪脱产培训的具体政策。

建立以政府投入为主,多渠道筹措教师培训经费的保障机制。将教师培训经费纳入政府财政教育预算,学校要保证教师培训活动经费,经费不少于本校年度公用经费总额的5%,完善稳定的教师培训经费保障机制。区教委制定经费管理办法,保证用于教师培训的专项经费每年人均不少于1000元,并随着我区经济发展水平和教育事业发展逐步提高。

(三)健全统筹培训管理制度

在区教委领导下,教师培训由教师进修学校师训部统筹管理。每年对市、区、校三级培训质量进行抽样检查评估,组织市、区级培训项目绩效评估,依据市师训中心统一要求建立教师培训档案,承担学分认定与常规管理。

(四)加强培训基地及培训队伍建设

加强教师培训机构的专业化建设。强化教师培训机构领导班子建设,进一步改善办学条件及培训资源建设,努力解决发展中出现的各种问题。

打造专业化培训者队伍。优化队伍结构,加强队伍培训,提高培训者的课程开发能力、教学能力、组织管理能力、实践指导能力和科研能力。

(五)构建支撑系统

建立和完善继续教育管理网络平台,学员培训注册、培训计划发布、课程发布和学分查询实现信息化管理。建立和完善教师培训远程教学网络平台,丰富远程课程资源,有效运行远程培训。

加强对教师培训的规律研究。通过专项科研,加强对培训对象、内容、模式、方法及管理等问题的理论探究和行动研究。建立稳定的以大学为主体的高端培训和理论研修渠道,完善区级教师培训基地和中小学研修基地建设,为教师专业化成长创设多维的发展空间。

大兴区进一步加强教育科研工作的指导意见

大兴区教育委员会

随着基础教育课程改革的逐步深入，素质教育的进一步推进，教育行政决策和教育教学实践需要加强教育科研工作。依据《国家中长期教育改革和发展规划纲要（2010－2020年）》、《教育部关于加强基础教育科研工作的意见》、《北京市中长期教育改革和发展规划纲要（2010－2020年）》和《大兴区“十二五”时期教育改革与发展规划》等文件的要求和精神，结合大兴区教育科研工作实际，特制定本指导意见。

一、指导思想

以科学发展观为指导，全面贯彻党的教育方针，坚持理论联系实际，坚持科研兴教、科研兴校的工作理念，以研究和解决教育改革与发展中的理论和实践问题为出发点，以提升教育教学质量为目的，全面推进大兴区教育科研事业可持续发展。

二、工作目标

“十二五”时期，教育科研工作的目标是：进一步完善教育科研管理体制和机制，提高干部教师的教育科研能力，建立一支具有科研意识、研究能力的研究型教师队伍，全面普及科研知识，营造科学研究氛围，提高教育科研的整体水平，为教育事业的发展服务。

三、主要任务

（一）加强课题研究与管理，提高课题研究实效

1. 建立课题的三级管理体系。加强市级规划课题的管理，明确市规划课题二级管理单位的职责，创新管理方式，提升管理效益；完善区规划课题管理机制，利用网上管理，通过建立电子档案，组织培训，跟踪指导等方式，提升各类课题研究质量；建立健全校级课题管理制度，加强课题档案的留存，注意优秀成果宣传与推广工作。

2. 开展具有区域性特点的课题研究。以建立研究专项的形式推进区域性课题的研究。研究内容主要围绕课程改革实验中重点、难点问题，围绕课堂教学模式的问题，围绕教育督导、评价问题，围绕干部、教师队伍建设问题，围绕特色学校建设问题，围绕可持续发展教育问题等。可由教育行政或进校业务部门牵头，建立区域研究团队，开展研究工作。

3. 大力倡导校本研究。开展以校长牵头、广大教师普遍参与的校本研究，通过研究解决学校发展中的带有全局性的重大问题，改善学校办学行为，优化学校发展方式，促进学校发展，促其特色的形成。

4. 开展以行动研究为主的小课题研究。鼓励教师或学科组开展以行动研究方式为主的小课题研究。发挥行动研究的“研究与工作有机结合”的特点以及小课题的“问题聚焦、实用性强、周期短”等优势，解决教师工作中的具体问题，提高教育教学实效性。

5. 加强调查研究。随着社会经济的快速

发展，教育发展形势也在不断变化，教育行政部门、进修学校业务科室、各个学校都应重视调查研究工作。抓住教育发展的重点工作、课程改革实验中的重点难点问题、学校发展中的重要问题进行调研，通过调研发现问题并提出对策与建议，为行政决策、改进工作、学校发展服务。

6.加强教育科研成果的推广应用工作。继续采取教育科研周的形式推广教育科研成果，力求把科研周做得富有实效和示范性；创新推广形式，加强平时的成果推介。做好两个方面科研成果的应用研究：一是市区优秀科研成果的应用，重点做好“十一五”期间市区优秀科研成果的转化应用研究；二是先进教育理念、管理模式、教学模式、策略、方法的尝试应用研究。

（二）加强科研队伍建设，提高科研人员及教师的科研能力

1.加强专职科研员队伍的建设

建立一支与我区教育事业发展水平相适应的科研员队伍是推进教育科研工作的需要。将通过专题培训、外出学习、课题研究、专家引领以及人才引进等方式全面提升科研员队伍的质量，使之具有较强的研究能力和课题指导能力，在推进我区教育改革中发挥更大作用。

2.加强校级科研干部队伍建设

完善校级科研干部队伍建设，中小幼职要根据学校规模设立专职或兼职科研管理干部来负责学校的科研工作。进校科研室要通过系统培训、专题讲座、研讨交流、学习考察等方式提升科研干部的组织、研究、指导能力。

3.加强教师队伍建设

着力提升教师科研能力，引导教师通过研究促进自身专业的成长，强化把课题研究作为学科带头人和骨干教师评选的指标之一。区级学科带头人要承担区级及以上课题，区级骨干教师要参与区级及以上课题研究。

继续开展区级科研骨干教师培养和使用工作，发挥科研骨干教师的示范和辐射作用；继续开办科研骨干研修班，五年内保证500名以上教师接受科研方面的系统培训，使他们能够高质量地完成一项课题研究，并取得相应的研究成果；继续开展科研普及工作，力争在五年内使我区大多数教师接受相对系统的科研培训。完善科研培训机制，将科研培训纳入“十二五”继续教育，区教委将划拨专项经费作为培训资金，确保培训保质保量完成。

（三）加强基层科研室建设，规范学校科研工作

依据《北京市中小学科研室建设标准》及《大兴区中小学科研室建设标准》完善校级科研室建设。

1.进一步明确校级科研室的职能。校级科研室负责学校科研规划、计划的拟定与实施；负责组织区级及以上级别课题的申报、开题、结题等过程管理工作；组织教师参加市、区级教育科研培训活动；结合学校教育教学实践中的热点和难点问题，依托校内、外力量开展研究，探索应对策略和方法；承担市、区、校内的相关调研任务，为学校教育决策提供参考依据。

2.完善学校科研室建设工作。各校要有科学可行的3－5年科研工作规划，有具体、明确、可操作的学期科研工作计划，有学期教

育科研工作总结；建立校级课题管理制度，完善校级课题的申报立项、开题论证、中期检查、结题验收等课题管理流程，形成课题专题研讨和成果交流机制；建立校级科研奖励制度，制定教师承担或参与课题研究、公开发表和获奖成果的奖励办法；建立健全科研档案管理，留存市区级课题档案资料及其科研工作的有关文档。

四、保障措施

（一）组织保障

在大兴区教委领导下，进修学校科研室具体负责大兴区教育科研管理及业务指导工作。为了切实加强对大兴区教育科研工作的领导，提高教育科研水平，区教委成立教育科学规划领导小组（下设办公室），保证人力、物力、财力的投入。

（二）制度保障

进一步建立健全大兴区教育科研工作的相关制度与办法。根据大兴新区教育发展的形势，修订《大兴区优秀教育科研成果评审及表彰办法》、制定《大兴区进一步加强教育科研工作指导意见》、《大兴区"十二五"教育科学工作规划》、《大兴区"十二五"教育科学规划课题管理办法》、《大兴区中小学校科研室建设标准》等文件。各校在认真学习相关文件的基础上，制定适合本校实际的科研管理制度及实施方案，强化落实，不断推进教育科研工作规范有序地开展。

（三）系统保障

建立和完善教育科研课题的管理网络平台，为每一个区级及以上课题建立管理档案，实施网上实时管理。建立网上课题资源共享，课题远程指导与培训，建立教育科研网上咨询及交流平台，提升课题研究质量。

（四）经费保障

区教委每年拿出足够的教育科研专项经费，保证全区教育科研工作顺利开展。对区级重点课题和市级以上课题拨发一定的专项研究经费，用于购买研究资料、召开研讨会、外出学习、成果推广、专家指导等科研活动。增加教师科研培训专项经费额度，确保三级培训的顺利完成，科研经费做到专款专用。各校也应根据课题研究、科研活动及成果表彰足额拨付研究经费，以保护教师研究的积极性。

专　　文

在新区庆祝
第27个教师节大会上的讲话提纲

中共大兴区委副书记、区长，开发区工委副书记　李长友

（2011年9月9日）

尊敬的各位老师、同志们：

大家上午好！

今天，我们在这里隆重集会，共同庆祝第27个教师节。在此，我代表区委、区人大、区政府、区政协，代表全区人民，向广大教师和教育工作者，向所有关心和支持新区教育事业发展的干部群众和社会各界人士，表示衷心的感谢和诚挚的问候！

百年大计，教育为本。

教育是民族振兴、社会进步的基石，是提高国民素质、促进人的全面发展的根本途径，寄托着亿万家庭对美好生活的期盼。“十一五”期间，经过社会各界包括广大教育工作者的共同努力，全区教育事业取得了长足进步：一是硬件设施根本改观，五年来累计投入教育基本建设资金23亿元，新建改建各类学校27所，在各镇、在农村地区，最好的建筑是学校；二是优质资源遍布全区，北京小学、北京八中、景山学校等一批国内知名的优质教育资源相继在新区各个镇建立分校，大兴的孩子普遍享受到了高水平的教育；三是教育质量大幅提升，基础教育、成人教育、高等教育得到了科学合理快速发展，教育总体水平有了大幅提高，对全区经济社会发展的贡献显著增强。

教育大计，教师为本。

培养和造就一支师德高尚、业务精湛、结构合理、充满活力的高素质专业化教师队伍，是全区教育事业又好又快发展的基础和保障之一。区委、区政府高度重视教师队伍建设，几年来，通过引进来、走出去等多种方式，培养了一大批优秀教师，在全市乃至全国都小有名气，也代表了大兴教师的整体形象。据统计，“十一五”期间，全区共引进各类高级专业人才1800多名，其中教育系统达到1500名，超过80%。从教师队伍对全区教育事业和经济社会发展做出的贡献来看，我们的决策是正确的。连续几年来，我区高考录取率均超过90%，高于全市平均水平。五年来，累计完成28万人次的农民技能培训，10万多农民走上了二、三产业就业和致富之路，全区文明程度得到较大提升。

老师们，同志们！教育是国计，更是民生；教育代表今天，更代表明天。新区“十二

五”规划明确了“战略产业新区、区域发展支点、创新驱动前沿、低碳绿色家园”的总体定位，确定了“三城三带一轴多点网络化”的空间格局，将着力建设“一区六园”，重点发展十大产业。特别是地铁大兴线、亦庄线通车、两区行政资源整合、北京新机场落户大兴等重大历史机遇，展现在新区人民面前的，是一幅更加美好的画卷，未来五年，新区也必将实现“超常规、高水平、跨越式”发展，教育对全区经济社会发展的人才支撑作用将更加突出。

教育发展，全民有责。

实现新区教育改革和发展目标，办好人民满意的教育，必须发挥全区干部群众的聪明才智，充分调动全社会关心和支持教育的积极性，共同担负起培育下一代的责任。

区、镇两级政府要继续加大教育投入，充分发挥教育在经济社会发展中的基础性、先导性、全局性的地位和作用。要坚持优先发展教育，为广大教师特别是农村边远地区教师解决交通、住宿等实际问题，让他们安心扎根基层。区委、区政府各有关部门要切实为教育、教师办一批实事，要努力营造尊师重教的良好氛围。当前，特别要关注校园安全，教委、公安、城管和属地镇、街道等，一定要周密防范，做到底数清、情况明，措施得力。

教育主管部门要加大统筹协调力度，根据新区经济社会发展需要，及时调整、优化教育结构，完善各类教育体系，在着力发展好基础教育的前提下，要加大倾斜力度，重点研究成人教育特别是农民的技能培训工作，要让我们的农民都能成为有一技之长的产业工人；特别是面对新区“一体化、高端化、国际化”的发展要求，教育部门必须具备国际化、高端化的视野，具备国际化的服务水平，建设高水平的国际学校，培养大批具备国际水准的人才，精通国际规则，努力为高端产业发展提供一流的个性化服务。

老师们、同志们，光荣存于心头，责任重于泰山。教育事业神圣而光荣，教育大业任重而道远。特别是当前，我们的教育对象都是独生子女，家长一方面期望值很高，望子成龙、盼女成凤；另一方面又娇生惯养、溺爱有加。应该说，教师和教育工作者面临着巨大的压力和挑战。但是，面对这些困难，我们必须立足现实，面向未来，主动适应形势，创新教育方法，淡泊名利，自尊自律，全心全意帮助学生全面发展，做学生健康成长的指导者和引路人。学校领导干部，特别是校长，要全身心投入到学校管理和人才培养上，改进领导方式，发扬校内民主，以优异的工作业绩赢得教师、学生、家长、社会和政府的信任、支持。

最后，祝全区广大教师和教育工作者节日快乐，工作顺利，身体健康，阖家幸福！

谢谢大家！

在大兴区教师队伍建设大会上的讲话

中共大兴区委教育工委书记、区教委主任　李　达

同志们：

今天召开的教师队伍建设大会，是促进我区教育事业蓬勃发展的一次十分重要的大会。大家都知道，2 月 21 日，在中央政治局第二十六次集体学习时，胡锦涛总书记发表了重要讲话，就做好当前教育改革和发展工作提出“四个着力”的要求，即着力提高人才培养水平，着力深化教育体制改革，着力推进教育内涵式发展，着力建设高素质教师队伍。“四个着力”的提出，将优先发展教育、建设人才资源强国提到了重要的战略位置，为教育改革指明了方向。当前全球正在掀起新一轮的教育改革浪潮，相继推出改革措施，旨在提升教育质量，增强国家竞争优势。在这样的大环境和大背景下，我们召开今天的大会，可以说具有战略性意义。

刚才，大会表彰了 23 个先进集体和 33 名先进个人，嘉奖了 12 位特级教师、15 名市级学科带头人和 108 名市级骨干教师，他们都是我们教育系统的精英，是我们宝贵的教育资源。正是凭着刻苦钻研、敬业实干、无私奉献的精神，他们才能在工作中取得了优异成绩，为大兴教育做出了突出贡献，在此，我对他们表示祝贺，同时也对辛勤耕耘在教育战线上的广大教育工作者表示衷心地感谢！

要开创我区教育工作新局面，建设教育资源强区，“必须解决好人的问题”，必须建立一支视野宽广、业务精湛、结构合理、层次分明的干部教师队伍。当前我区迎来了前所未有的历史机遇期，机遇来之不易，形势催人奋进，加快教育改革，加快教师队伍建设迫在眉睫。在这里，我再强调几点：

一、要在总结经验中坚定工作信心

回顾过去的五年，可以说是大兴教育具有里程碑意义的五年，这五年里，教育系统重点工程多、发展变化大，改革事项多、创新举措多、成绩进步大。教育工作在全区经济社会发展的各项事业中的基础性、全局性、先导性战略地位更加突出。如果用一句话概括，我想过去五年的教育工作应该是“素质教育不断推进，教育改革不断深化，教育教学管理不断规范，教育发展环境不断优化，教育质量与办学水平得到了明显提升，人民满意度越来越高。”这说明，我们的教育已经完全步入到加快发展的快车道。

由于我区教育的快速持续发展，对城市品位的提升、人居环境的改善起到了不可替代的作用，成为我区吸引投资、聚集人气的一个重要方面，起到了促进地产增值，拉动经济的作用，教育和经济发展的良性循环在我区已经得到明显显现，经济发展的同时也促进了教育事业的发展，为教育的发展创造了广阔的空间，营造了良好的环境。如学校优质资源的引入不断扩大，我们成功引入了北京

八中在亦庄开办北京八中亦庄分校，今年9月正式开学；引进北京景山学校在新城北区九年一贯制学校内举办景山学校大兴实验学校。此外，我们与高校的合作进一步深化，继2009年与首师大签署为期三年的区域教育合作协议后，"十二五"期间，我们还将与北师大进行深度教育合作，全面实施区政府与北师大关于共建"优质教育实验区"的框架协议，开展五项改革和六项能力提升合作项目。所有这些都为我们建设教育强区打下了坚实的基础，我们完全有条件、有能力把我区建设成为教育强区，我们也应该有信心、有决心把我区教育事业推向一个新的发展阶段。

二、要在分析问题中增强忧患意识

尽管"十一五"期间全区教师队伍建设成效显著，但是面对经济社会的快速发展和人民群众对于优质教育的多样化需求，教师队伍发展依然存在一些突出问题和制约瓶颈，主要表现在以下几个方面：

一是干部教师领军人物总体数量还偏少。今天我们表彰的特级教师、市级学科带头人和骨干教师一共是135名，仅占全区9738名教职工总数的1.3%，这个数量与比例和先进区县相比，还存在着很大差距，已经不能适应大兴教育发展的要求。

二是教师队伍存在结构性缺编的情况。全区教师队伍中，农村中小学音、体、美等小学科专职教师数量相对不足。职业学校专业课教师中"双师型"教师匮乏，专兼职相结合的专业师资库建设有待加强。

三是学前教育师资数量严重不足。我区镇中心园教师主要由两部分人员组成，一是小学转岗教师，约占46%；二是临时聘用人员，约占44%，另外还有10%为幼教专业毕业的幼儿教师。临时聘用人员本身的不稳定性，给幼儿园尤其是农村学前教育发展带来诸多不利影响。

四是优质教育资源分布不均。优秀的师资主要集中在直属和经济较为发达的镇，农村地区优质资源短缺现象比较明显，教师队伍发展相对缓慢、师资水平亟待提高。

这些问题归结到一点，就是我区教育的整体水平还存在全方位的差距和不足，实事求是地说，我们的教育仅仅达到全市中游水平，与教育强区的目标还有很长的路要走，与创办人民满意的教育还存在较大差距。这些问题必须引起我们的高度重视，在今后的工作中要切实保持清醒头脑，正视面临的问题和困难，迎难而上，加快发展。

三、要在认清形势下强化责任观念

"十二五"期间，是大兴区落实"人文北京、科技北京、绿色北京"战略、加快首都南部现代制造业新区建设，实现经济社会发展全面加速、跨越发展的关键阶段；是推动我区教育事业在新起点上科学发展，同步实现规模扩张和结构优化、外延发展和内涵提升的关键时期；也是全面提高教育教学质量、满足人民群众从"有学上"到"上好学"需求转变的重要发展阶段。教育发展与经济发展是相辅相承的关系，教育对经济社会发展的主要贡献是培养人才，培养人才的关键在于教师。法国教育家埃米尔·涂尔干说："教育的成功取决于教师，教育的不成功也取决于教师。"师资是立教之基，兴教之本，强教之源。没有高素质的教师队伍，就没有高水平的教育事业。

希望大家统一思想，振奋精神，从落实科学发展观的高度，充分认识当前我区教育面临的新形势、切实增强紧迫感和使命感，增强“舍我其谁”的责任意识。当一所学校的校长就要为这所学校的教师和学生负责，为学校的发展谋划。当一名教师就要为学生和家长负责，为学生的未来着想，这就是我们肩负的光荣使命，这就是我们的神圣职责。当前党和政府对教育的重视程度前所未有，教育改革发展面临的良好机遇前所未有，教育部门和广大教育工作者的历史重任前所未有。我们一定要鼓足干劲，努力拼搏，树立有力气就使、有事情就干、有责任就担的良好风气，实现教育工作的新突破。

四、要在学习研究中抓好贯彻落实

刚才会上，马主任对新出台的三个文件已经进行了详细解读。未来五年，在师资队伍建设上，我们将进一步加大教师培训、培养的力度，建立教师培训长效机制，科学规划、统筹安排各种教育培训资源，建立分层、分类、分岗的培训体系。继续依托国内外高校、研究机构和市、区级培训机构，举办专题培训班、研修班；建立中小学教师研修基地，选派新教师、农村教师、优秀教师进行脱产学习；加强骨干教师培训力度，推进带薪脱产培训；设立校本培训专项资金，鼓励学校探索校本培训的有效模式，提高培训的实效性；加强科研、教研、培训机构教师的能力建设，努力打造一批能够研究、引领、指导、服务全区教育教学工作的高水平培训者队伍。

在座的大部分是学校的领导，回去以后，大家对文件精神以及我区“十二五”规划还要进行认真学习和研讨，一定要弄懂吃透，对工作目标和任务要求做到清楚明了，还要结合本校教师队伍的现状，教师的需求等，合理制定学校教师队伍建设规划，研究培训方案。一定要提高落实能力，三分战略，七分执行，执行就是落实，要切实把各项工作做细、做实、做出效果。

同志们，“十二五”教育工作的大盘已经定下，教师队伍建设的目标与任务已经明确，而2011年又是开局之年，是乘胜而上的一年，是充满挑战的一年，也是大有作为的一年，我们一定要开好局，起好步。让我们在区委、区政府的坚强领导下，紧紧围绕着各项中心工作，围绕着教师队伍建设，围绕着为广大群众提供优质的教育服务，查找不足，创新思路，勤勉进取，扎实工作，不断推进大兴教育在科学发展的道路上继续稳步前进，快速发展！

在新区教育系统“十二五”干部队伍建设大会暨名校长培养工程启动会上的讲话

中共大兴区委教育工委书记、区教委主任　李　达

2011 年 12 月 16 日

尊敬的各位专家教授、各位名校长；各位书记、校长、教育助理；同志们、朋友们：

大家下午好！

今天，我们在这里召开新区教育系统“十二五”时期干部队伍建设大会暨“大兴区名校长培养工程”启动会，我首先代表大兴区委教育工委、大兴区教委对长期以来关注、关心、支持大兴教育改革和发展的北师大教育学部各位教授和各位名校长致以最诚挚的谢意！并对大家在繁忙的工作中抽出时间前来参加我们今天的大会表示最真诚的感谢和最热烈的欢迎！

刚才，我们举行了简短的拜师仪式，启动了“大兴区名校长培养工程”；广成书记代表区委教育工委、区教委简要回顾和总结了过去五年的干训工作，并结合新区教育改革和发展面临的形势，部署了未来五年的干部队伍建设工作。关于干部队伍建设的五年规划、关于未来五年的干部培训，关于教育系统干部任用工作的实施意见，我们已经以工委文件的形式正式下发，并做成了文件材料汇编的小册子作为今天的会议材料正式下发，刚才广成书记的讲话中也有涉及，在这里我就不多讲了。

今天我们会议的主题是加强干部队伍建设，下面，我就结合刚刚结束的区第四次党代会的有关精神，讲两个方面的意思。

一、认清发展形势，明确任务

12 月 6 号至 9 号，区委召开了第四次党代会，林克庆书记做了题为《大力推动一体化高端化国际化发展，为建设宜居宜业和谐新大兴而努力奋斗》的报告，报告中有很多新提法、新思路、新举措。在提到过去五年工作回顾的时候，林书记用了“经济发展实现新跨越、城乡发展呈现新面貌、改善民生实现新突破、文化建设取得新成效、生态建设迈上新台阶、党的建设得到新提升”这“六新”，并总结了六点体会：“科学发展是永恒主题、抢抓机遇是重要条件、改革创新是强大动力、团结和谐是重要基石、埋头苦干是关键因素、党的建设是根本保障”。我想这六点体会也同样适用于过去五年教育改革和发展的历程。

在提到未来五年的形式和任务时，林书记提到：“大兴从传统农业大区向现代化城市发展新区加快转变，城乡一体化进程加速推进，发展黄金期、创新孕育期、改革攻坚期、社会转型期四个阶段性特征更加明显”，特别是在论述社会转型期这一阶段性特征的时候，指出了广大群众对文化教育、医疗卫生、社会保障等方面提出了更高的要求，这也要求我们以更高的标准谋划未来，开创科学发展的新局面。林书记指出，必须坚定不移地推动

一体化、高端化、国际化发展，未来五年面临七大任务：一是加快发展高技术制造业和战略性新兴产业，二是加快推动城乡一体化发展，三是加快推进以保障和改善民生为重点的社会建设，四是加快发展先进特色文化，五是加快打造低碳绿色家园，六是加快国际化发展步伐，七是加快推进改革创新。我们注意到，七大任务中，第二、三、四、六、七共五项任务都提到了教育或者和教育有关。这充分说明，区委在谋划新区发展、建设宜居宜业和谐新大兴的整体思路中把教育摆在了很重要的位置。我想，这就是我们新区教育改革和发展面临的形势。

在这个大形势下，为了体现教育在区域经济社会发展中的基础性、全局性、先导性地位和作用，《大兴新区十二五时期教育改革和发展规划》中明确提出了未来五年的奋斗目标，提出了打造教育工作的六个品牌示范区或先行试验区的总体目标，即努力把大兴打造成为素质教育品牌区、优质教育试验区、基础教育城乡一体化示范区、学前教育改革发展窗口区、农村职业教育和成人教育样板区、学习型城区建设示范区。无论是素质教育实施、优质教育集聚、城乡教育一体化发展还是学前教育、农村职成教育、学习型城区建设，目标都比较明确，任务也都很艰巨。应该说，我们的定位是明确的，同时任务也是非常艰巨的。我们为什么要这么提？目标是不是太高？我认为，这是我们面临的区域发展形势所决定的，截至去年，新区的经济总量已经跃升至全市第五，而我们的教育发展水平明显与经济发展水平不适应，哲学中讲“经济基础决定上层建筑、上层建筑反作用于经济基础”，我们必须看到，新区经济的快速发展为教育的改革发展创造了良好的物质条件，如果我们的教育不能尽快适应区域经济发展的形势，势必会对经济发展产生反作用。所以，在当前的形势下，我们作为教育系统的领导干部，作为新区教育改革和发展历史篇章的书写着，必须认清发展形势，明确发展任务，以高度的责任感和饱满的工作热情，发扬勇于担当、敬业奉献、开拓创新、团结协作精神，敢于打破旧模式、创造新经验，突破低水平、追求高标准，特别是在学校管理、教学改革等方面要敢于大刀阔斧、敢于突破条条框框、敢于创新、善于创新，努力在全市范围内创造出一批教育改革的大兴经验。

二、坚持做到“六讲”，树立形象

因为今天的会是着眼于未来五年的教育系统干部队伍建设，并启动“大兴区名校长培养工程”。我相信，在北师大各位专家教授和全市知名的各位名校长的帮助下，在我们30名培养对象自身的不懈努力下，这项工程一定能够取得预期的效果。关于未来五年的全区教育系统干部队伍建设工作，下发的文件材料中已经讲的比较清楚了，今天在这里，我想和各位交流一下，在新区经济社会发展的大形势下，在新区教育改革和发展的大形势下，我们教育系统的领导干部要努力做到“六讲”，树立教育系统干部的良好形象。也可以说是六点希望，与大家共勉。

第一，要讲政治。作为领导干部，必须始终做到政治立场坚定、政治方向正确，必须养成用政治眼光看事物的习惯。想问题、做决策，必须一切以党和人民的利益为重，坚持民主集中制，维护所在班子的团结统一，大事讲原则，小事讲风格，不断提高大局意识。当前，对于我们教育系统来说，促进事业发展、规范办学行为、提高教学质量、确保教育系统安全稳定就是大局、就是政治。

讲政治，还要充分调动一切积极因素。积极因素是事物发展的主流，是浩然正气，是大多数，是代表事物发展方向的进步力量。把积极因素调动起来，就能够正确把握大方向，形成舆论，形成气势。不可否认，在我们教育系统，各个单位、全体教职工，主流是好的，但也有一些不和谐的因素存在。这就要求我们：一方面用正面典型带动工作，另一方面用积极因素克服消极因素。调动积极因素不仅是工作原则，同时也是工作方法。用正面典型带动工作，就是要用正气说话，靠典型推动；用积极因素克服消极因素，就是以正压邪，以是胜非。

第二，要讲团结。“积力所举无不胜，众智所为无不成”。我们总说团结出凝聚力、出战斗力，团结出政绩、出干部，团结也是一个重要的政治问题。心齐才能气顺，气顺才能劲足。一个团结的领导班子是事业发展的关键，一个单位班子的团结与否，在很大程度上决定这个单位的局面。

懂团结是大智慧，会团结是大本事，真团结是大境界。对党员干部来说，团结是党性和作风的体现，也反映出一个人的思想道德和个人修养。每一名教育干部，都要不断提高自己的修养，培养宽阔的胸怀。胸怀是一种度量、涵养和气质。宽阔的胸怀可以容纳崇高的理想和远大的抱负，可以承载丰富的知识和深厚的修养，可以听进反面的意见和尖锐的批评，可以接受剧烈的冲击和巨大的压力，可以提供思维的余地和选择的空间，从而促进班子的团结。

搞好团结，关键在“一把手”。在团结的问题上，“一把手”要做到：统揽不包揽，善断不武断，信任不放任，大度不失度。“一把手”作风要民主，懂得尊重别人，善于集思广益；既要坚持原则，把握全局，又要听得进不同意见，不搞“一言堂”；对班子成员既要注意放手工作，又要注意检查督促，大事讲原则，小事讲风格，最大限度地把各方面的积极性调动起来。作为副职也要做到：到位不越位，服从不盲从，补台不拆台，分工不分家。班子所有成员都要识大体、顾大局，既要按照分工，积极主动地做好所分管的工作，又要维护班子的集体领导，不利于团结的话不说，不利于团结的事不做。只有这样，才能保证思想上同心、目标上同向、行动上同步、事业上同干，形成干事创业的良好环境和氛围。

第三，要讲学习。“学习是把金钥匙”。只有坚持不懈地学习，才能不断提高自己的理论水平和领导水平。我们各位非常清楚，当前教育改革的速度和力度前所未有，作为一名教育管理者，就更应勤以致学、学以致用、用则成事，努力做一名好学不倦、学有专攻的专家型教育干部，像我们名校长培养工程聘请的李金初校长、李烈校长等15位名校长，还有我们上周举办的首届全国校长教学领导力高峰论坛聘请的程红兵教授、王俊校长、吴献新校长等等，这些都是我们学习的榜样。向榜样学习，就是要通过学习，适应新形势、新任务，有效地运用科学的教育理论和业务知识武装头脑，把教育理论素养和业务知识转化为工作能力，用教育科学理论指导教育实践、解决问题、推动工作。要通过学习，进一步坚定理想信念，端正思想认识，提升思维层次，促进思想解放，推动观念更新，实现与时俱进。要通过学习，提高自身修养，增强自律意识，提升个人魅力。

讲学习，就是要深入学习科学发展观，学习党和国家关于教育均衡发展、推进教育公平的理论，力求抓住精髓，把握内涵，透彻理解，触类旁通，学会运用科学理论和科学知识分析当前的教育现象，理论与实践相结合，不断增强本领、提高能力。比如，如何处理均衡教育和优质教育的关系；如何处理“减轻学生过重课业负担”与“全面提高教育教学质量”的关系；如何正确看待并引导解决义务教育阶段的择校问题；高中的素质教育如何推进，高考质量如何进一步提高；职业教育如何抢抓新区经济迅猛发展的机遇，进一步做大做强；学前教育发展队伍的素质如何尽快提高；在当前形势下，如何充分调动广大教职工的积极性，如何提高师德建设的实效性……等等，都是我们每一名教育管理者必须通过不断学习，认真研究解决的重点、难点和热点问题。

第四，要讲工作。作为一名教育干部，为官一任，就要造福一方，打造一方优质教育，不辜负群众的期望。关于工作，我们总的要求就是想干事、会干事、干成事、不出事，我们就是要坚持凭实绩使用干部，让能干事者有机会、让干成事者有舞台、不让老实人吃亏、不让投机钻营者得利。

讲工作，首先站位要高、标准要高。工作的站位高不高，对于一个领导干部来讲至关重要。作为教育干部必须站在是否有利于教育整体发展的高度，从教育事业的根本利益出发，通盘考虑问题。做到高站位，还要不断调高调优工作目标。大兴教育经过近几年的发展，尽管取得了一些成绩，但我们决不能有丝毫的自满思想，不能有丝毫的松劲情绪。刚才我讲到了，新区经济总量已经跃升至全市第五，按照洪峰副市长在暑期教育领导干部会上的讲话，我们大兴新区的教育是不适应区域经济发展的，这就迫切需要我们尽快提升教育发展品质，应该说我们还有很长的路要走。我们只有敢于跟强的比、跟快的赛，才能不断提高自己的能力和水平，才能不断加快教育改革发展进程。

讲工作，责任心要强。职务就是责任，在其位就要谋其政。有了强烈的责任感，就会满怀热情地工作；丧失责任感，就会把工作当作负担，对工作失去乐趣。有作为，才能有地位。作为一名教育干部，只有一门心思谋事业，聚精会神干事业，攻坚克难成事业，才能干出一流的业绩。

讲工作，服务意识要强。干部就是服务，服务就是义务。我们每一名同志，受组织的委派，群众的推举，作为一所学校、一个单位的当家人，没有特别的权利，只能努力地为社会服务、为基层服务、为教师服务、为学生服务，认真兑现服务承诺，努力提高服务质量，办人民满意的教育，做教职工拥戴的干部，当学生喜欢的教师。

讲工作，效能效率要高。对预知的工作，要超前谋划，早作准备；对临时性工作，要快速反应，抓紧办理；对有时限的任务，要千方百计按时完成。我们机关科室多从事行政管理，办事就要办出经验，办文就要办成精品，办会要就办成经典；各学校从事的是教育教学，就要以教学为中心，以育人为宗旨，要为每一名孩子的幸福人生奠基，对每一名教师的专业发展负责，让每一位孩子都得到最适合的发展，让每一位教师都获得生命价值的提升。

第五，要讲感情。就是带着感情去管理、去做事。我们既然选择了教育事业，就要对她忠诚，就要愿意为她付出满腔的热情。人各有所事，便应各有所忠，作为一名党员，就要忠于党、忠于人民；作为一名教育干部，就要忠于教育事业、忠于岗位职守。上，要无愧于国家、对得起百姓；下，要无愧于师生、对得起家长。

作为一名教育管理者，我们每天从事教育教学管理和实践，我们的工作对象是教师，是学生，是具有鲜活生命和独立思想的“人”。这就决定了必须带着感情去工作，坚持以人为本，实行人性化的管理。只有以人为本，充分体现人性化，才能在信任、尊重、激励中发展人，在感染中教育人。要以人为本，抓好制度建设，促进学校健康发展；要以人为本，搭建平台，促进教师专业成长；要以人为本，情感教学，促进学生个性张扬，全面发展。

凡事都是以心换心、以情换情。如果你心里时刻装着广大师生的喜乐哀愁，时刻把师生的温饱冷暖挂在心上，抓在手上，自然会得到广大教职员工和学生的拥护与支持。作为教育系统的干部，我们应该也必须像对待亲人那样，对广大师生群众充满真情挚爱。

第六，要讲廉洁。当前，我们所处的社会正处于变革时期，形形色色的诱惑无处不在。我们在座的大多数干部，在人、财、物等方面都有一定的权力。在这种环境下，要想做到“不为名利失心，不为权欲熏心”，就必须有一种力排一切干扰的能力，有一种不为外物所动的境界。从法纪层面上讲，就是要遵规守纪、奉公守法。应该说，我们大兴教育系统广大干部的主流是好的，但是讲廉洁必须“警钟长鸣”。

讲廉洁，必须要正确处理好工作与生活的关系。作为领导干部，一定要正确区分工作与生活之间的界限，把握好尺度。

讲廉洁，必须要正确处理好感情与原则的关系。领导干部也有人之常情，但一定要是非分明，不能只讲亲情、友情，而忘记了原则、法纪。前面我也提到要“讲感情”，但决不能因为“感情”而丧失了原则，“讲感情”也决不能搞小团伙，拉帮结派，哥们义气。原则是做人做事的底线，任何人和事都不能凌驾于原则之上。

讲廉洁，还必须正确处理好权力与责任的关系。面对复杂的社会环境和各种诱惑，我们只有始终对人民和教育事业负责，时刻有一种如临深渊、如履薄冰的危机感，才能正确处理好权与责的关系，真正把握好自己。

同志们：回顾十一五，展望十二五，站在新的历史起点上，我们要倍加珍惜来之不易的发展成果，倍加珍惜十分难得的发展机遇，倍加珍惜团结和谐的良好氛围，按照区第四次党代会提出的要求，切实解放思想、切实改革创新、切实攻坚克难、切实埋头苦干，更好地担负起历史赋予我们的光荣使命，开创大兴教育下一个五年的辉煌，书写大兴教育科学发展的新篇章！

最后，再次感谢各位领导、专家、教授、名校长光临本次大会！祝大家身体健康、工作顺利、合家幸福、万事如意！

谢谢大家！

大兴区教育总述

大兴教育简况

2011 年，大兴区有幼儿园 54 所，（其中教育部门办 32 所），收托幼儿 17637 人。小学 88 所，在校生 40678；中学 41 所，在校生 26745 人。中小学教师学历合格率 93.76%。中小学市级特级教师 12 人。中等职业学校 9 所，（教育部门办 2 所），在校生 16384 人。全区各级各类成人学校 531 所，在校生 4665 人。区中考总平均分 431.7 分；高考本科上线率 57.78%。

2011 年，大兴区教育系统坚持以提高质量办人民满意的教育为主题，以常规工作稳步推进、重点工作力求创新、难点工作争取突破为三条主线，大力推进素质教育，提高教育质量。

在区委、区政府正确领导下，全区教育系统各学校、各单位广大干部职工深入学习实践科学发展观，以区委、区政府提出的“着力推进北京南部高技术制造业和战略性新兴产业聚集区建设”为契机，以参与的“探索城乡教育一体化发展的有效途径”“推进中小学德育内容、方法和机制创新”“开展普通高中特色发展试验”等北京市国家教改试点项目为抓手，以全面落实北京市大兴区人民政府、北京师范大学签署的《关于共同建设“优质教育试验区”的框架合作协议》为重点，稳步实施科教兴区战略和人才强区战略，不断改善新区学校办学条件，加强教育软硬件建设，人民群众对教育的满意度不断提高。

加强党建，党组织和党员在学校工作中的政治保障地位更加突出。以纪念建党 90 周年为契机，全区教育系统开展学习型党组织创建活动、新政策新知识新区情学习活动、党史知识竞赛活动，提高党员干部思想政治素养；深入开展“创先争优”主题教育活动。群众满意度测评满意率达到 99.64%。开展以党建促业务提升活动，在“党员创优课”、“党员献优课”等风采展示活动中，党员参与率 100%；学校党政正职带动党员参与党建研究，共形成研究成果 271 篇；不断规范和加强基层党建，推进党务公开；建立和完善党员结对帮扶工作机制；开展和落实党组织和党员承诺制度；全区学校广泛开展把党员培养成骨干、把骨干培养成党员的“双培养”活动；通过党建带动工会、共青团、少先队、老教协、关工委等组织建设，开展“星级职工之家”评选、“团建十佳中学”创建、少先队“千优带队”、“五老报告团”巡讲等活动，活跃基层组织工作；推进党风廉政建设，开展“珍惜岗位，廉洁履职”主题教育活动，通过端正党风带教风、促学风，为学校发展提供政治保障。区委教育工委成功召开党代会，党组织的政治保障地位不断加强，党员的榜样和示范带动作用日益凸显，全区教育系统 100 余个党组织、4000 余名党员更加紧密地团结在一起，谱写新时期党组织和党员先进性的奋进篇章。

狠抓教育质量和校园安全，谋求教育科学发展。以提高质量为核心的教育发展观日益强化，形成了正确的导向，“素质教育”、“高效课堂”成为全年教育热词。德育、科技、艺术、体育异彩纷呈，共青团、少先队在德育中的地位和作用日益突出，团队品牌活动影响力不断加强；全区学校和学生踊跃参加科技节、艺术节，认真落实学生每天一小时校园体育活动时间，提高学生身体素质，2011年全国中学生越野跑锦标赛中，再次包揽全部冠军；第七届北京市青少年未来工程师博览与竞赛，获得六项第一；大兴区少年宫被评为全国首批（区县级）青少年校外教育示范基地。领导干部深入课堂听评课、同课异构展示不同风采、党员献优课和示范课带动广大教师；承办的首届全国校长教学领导力高峰论坛暨大兴区第十届校长教育思想论坛，聚焦课堂，提升校长的教学领导力，参与范围广、活动影响大。

在稳步提高育人质量的同时，狠抓安全稳定，为教育改革发展创造良好环境。启动大兴区教育系统维护稳定工作机制，以“风险预警有月历、主动应对有指南”等四项创新措施，建立大兴区校园安全“主动防、科学管”工作体系。加强对各类学校校车、卫生、消防安全等方面的检查，清理整顿打工子弟学校、未注册幼儿园，积极做好学生分流安置，对保留的民办学校和流动人员自办学校进行引导、扶持，规范办学行为，维护了学生的人身安全和合法权益。

推进城乡教育一体化建设，教育体制机制改革有了新突破。岗位设置管理改革、绩效工资改革、干部人事制度改革、教学改革、教育管理体制机制创新、成人教育培训模式创新等等，改革与创新成为2011年新区教育贯穿始终的主题和主线。《大兴区十二五时期教育改革和发展规划》出台，规划了三大改革任务、八大重点工程；《学前教育三年行动计划》立足新区学前教育发展形势，创新思路、创新举措，奠定学前教育三年大发展的基础；义务教育学校绩效工资改革在平稳推进的同时不断完善；非义务教育绩效工资改革启动；面向全区公开选拔6名校长、园长、副校长和2名科长，公开选拔30名“名校长培养对象”，公开、公正、透明的干部人事制度改革逐步推进；各镇、街道办事处教育管理职责进一步明确；职业教育和成人教育亮点频出，针对拆迁农民居住分散的特点，创办《农民教育手机报》，广泛开展搬迁农民引导性培训和职业技能培训；与区人保局合作在大兴二职建立“大兴区城乡劳动力职业技能人才培训基地”，形成“政府主导、企业参与、学校承担”的职业教育资源服务搬迁农民培训工作新模式。

发挥教育服务新区经济社会发展功能，不断满足群众改善民生的迫切需求。区教委服务于两区深度融合，着力破解亦庄新城地区的教育难题，不断扩大公办教育资源规模和数量，平稳推进北京经济技术开发区实验学校转制为公办性质的北京二中亦庄学校，引入北京八中亦庄分校，建成公办性质的亦庄三幼、亦庄四幼，与北京十一学校达成合作意向，在亦庄地区开办十一学校亦庄分校。在去年基础上完善亦庄地区幼儿园、小学、初中入学工作方案，中小学、幼儿园新生入学工作平稳有序。服务于新区群众改善民生的迫切需求，着力缓解“入园难、入园贵”问题，依法接收小区配建园4所，新建、改扩建中心园及分园29所，落实《大兴区2011年幼儿园招生工作方案》，全区公办园和审批民办园招生7782人，与2010年相比，招生数净增3284人，增幅达73%。服务于新区经济发展和城乡一体化进程中拆迁农民的教育培训，14所镇成人学校和职教集团办事处获得北京市安全生产培训机构四级资质，广泛开展安全生产培训；建立农民教育信息技术服务平台，成立了“大兴区城乡劳动力职业技能实训基地”，开展农民引导性培训两万人，职业技能培训超过8000人。

加强人才队伍建设，干部教师水平有了新提升。2011年，相继召开新区教育系统教师队伍建设大会和干部队伍建设大会，出台《十二五时期教师队伍建设规划》、《十二五时期干部队伍建设规划》，下发《进一步加强教育系统高层次人才建设的意见》和《干部选拔任用工作实施意见》，为干部教师队伍建设的规范化、制度化、科学化奠定了基础。深化干部人事制度改革，探索尝试公开选拔校级、科级领导干部新模式；加大干部交流学习力度，派出10名校级干部去苏州开展异地挂职，接待8名来自青海、新疆的挂职干部到本区挂职学习，派出14名书记、校长、副校长、园长、副园长到高校和干训机构接受高研培训或脱产培训，选派9名后备干部到教委机关挂职锻炼；启动大兴区名校长培养工程，遴选30名培养对象，实行“双导师”制，为其聘请理论导师和实践导师，培养教育领军人物。

加强教师队伍建设，严格人才引进标准，面向社会公开招聘教师337名；实施中小学任课教师学科基本功、班主任基本功达标工程，促进教师专业技能提升；加强教师研修站工作，建立三所区级教师研修站点，召开“吴正宪小学数学教师工作站大兴分站总结会”，推广工作站取得的成果。注重加强师德师风建设，在全区开展师德建设先进集体和师德标兵评选活动，并隆重表彰、大力宣传先进典型，在全区范围内营造“学典型、强师德、树形象”的良好氛围。

改善办学条件，扩大优质资源总量。区委、区政府坚持教育优先发展，区、镇两级政府不断加大教育投入，改善办学条件。实施26所学校校舍安全工程，总面积8万平方米，总投资1.5亿元；

推进“数字校园”建设，两所市级实验学校、10所区级实验学校形成新区教育信息化推进的龙头；不断深化与北师大、首师大的合作，重点开展基础教育实验改革和教育队伍能力建设；大力引进名校办学，北京景山学校、北京市第二实验小学、北京八中、北京二中进驻大兴新城和亦庄新城；优化新城地区教育资源配置，在兴华中学、首师大大兴附中开设初中部，扩大优质教育资源；组建21个学校发展共同体或教研协作区，从几枝独秀，到百花齐放，积极探索优质均衡发展的新途径，实现城区与农村教育优势互补、共同进步。

中高考成绩稳步提高，2011年，区中考总平均分为431.7分；高考本科上线率达到57.78%，比2010年提高1.72个百分点。

人民群众对教育的满意度逐年上升。2011年开展的中小学学生家长教育满意度问卷调查中，家长对教育的满意度达到83.2分，比2010年提高2.1分。

大兴教育大事记

1月

3日，教育工会下发《关于做好两节送温暖工作的通知》，送温暖的范围包括离退休和病、困教职工。活动主题是：心系职工情，温暖进万家；互助促和谐，欢乐过佳节。

10日，大兴区2010年中学教育工作会召开。会上，中教科科长韩宝刚、教委副主任扈岩江分别作题为《务求规范　科学高效　实现大兴区中学教育新发展》的工作总结和题为《创新聚力　提质创优　着力推进大兴区中学教育内涵发展》的工作报告；表彰24个成绩突出学校及20名优秀教务主任和政教主任。大兴区副区长王荣彬，区委教育工委书记、区教委主任李达，区教委党组书记、区委教育工委副书记、区政府教育督导室主任李广成等领导出席会议，教委各科室、考试中心、少年宫、进修学校及各中学书记、校长等领导干部200余人参加会议。

10日，区教委召开"大兴区2010年安全工作总结暨2011年安全工作部署会"。全区公办、民办校园的安全负责人共230人参加会议。政保科科长迟海波总结2010年全区教育系统安全工作。

12日，大兴区2010年小学教育工作会召开。会上表彰实施小学规范化建设工程软件建设先进学校、教育教学先进学校、特色创建优类校等先进单位以及在管理、德育、教学、学籍等工作中成绩突出的先进个人。区教委副主任安有文作大会工作报告。大兴区教育工委书记、教委主任李达，大兴区教委党组书记、区委教育工委副书记、区政府教育督导室主任李广成，区教委副主任安有文、扈岩江等领导出席会议。各镇教委主任、全区小学书记、校长、学校中层干部约300人参加会议。

13日，大兴区人民政府和北京师范大学共建"优质教育实验区"签约仪式举行。北师大常务副校长董奇与大兴区副区长王荣彬分别代表北师大和大兴区人民政府在协议书上签字。北师大校长钟秉林、大兴区区长李长友、市政府教育督导室副主任刘莉分别致辞。签约仪式由区委常委、宣传部长戴明超主持。

17日，国家体育总局、教育部和北京市体育局、市教委组成的调研组近50人到大兴一职调研青少年女子足球工作。副区长王荣彬，区教委主任李达、区体育局局长年晓波等陪同调研。

18日，区教委与北京景山学校签署共建北京景山学校大兴实验学校合作项目协议。东城区教委、北京景山学校、大兴区教委及相关单位领导参加签字仪式。

18日，区关工委、区教育关工委和区教委在大兴二小联合举行主题为"小小信笺寄孝心，感谢父母养育恩"向全区中小学生赠孝敬卡启动仪式。

20日，大兴区教育系统召开2011年寒假领导干部工作会。会上，通过观看专题片《奠基》，对2010年及"十一五"时期全区教育发展情况进行回顾。区委教育工委书记、区教委主任李达作2011年教育工作报告。副区长王荣彬在讲话中提出三方面要求：一是突出教学质量、校园安全、队伍建设、教育均衡四个重点；二是深化人事制度改革、课程改革、教育改革实验三项改革；三是破解义务教育阶段的择校、学生课业负担重、学前儿童入园难等六大问题。

2月

11日，两节送温暖工作结束。区教委领导和科室干部入户慰问困难教职工71户，基层工会慰问离退休教职工3543人，入户慰问2302人，慰问余额达52万余元。

17日，教育纪工委下发《大兴区教育系统关于认真贯彻落实中央纪委十七届六次全会精神的通知》，传达会议精神和内容，并提出学习要求。

21日，区教委以科室"包镇包校"的形式，对全区各公办校园开学第一天的校园安全工作进行检查、交流。

24日，教育团工委召开2011年大兴区教育系统共青团工作会。会上，下发《2011年大兴区教育系统共青团工作计划》，部署2011年各项工作。

24至25日，区委教育工委、区教委书记主任、各科科长深入基层听取各单位2011年工作汇报。各镇教育助理、各学校（幼儿园）、各单位党政正职参加汇报会，分别汇报本单位开学情况和新学期工作思路、重点工作、创新举措。

25日，少工委召开三届三次全委（扩大）会。以播放少先队工作回顾片的形式总结过去一年工作，部署2011年工作；卸免、增补区少工委第三届委员，选举产生区少工委主任；表彰少先队组织建设规范化先进集体、北京市星星火炬奖等集体、个人7个奖项。

25日，区教委召开"2011年大兴区中小学体育工作会"。区教委副主任安有文、体美科科长李克明、区进修学校体育教研员及全区各中小学主管体育工作的领导200人参加大会。

28日，区内各中小学以"绿色出行、文明交通、从我做起"为主题，开展交通安全教育。

3月

4日，教育团工委开展"大兴区教育系统青年文明号教研组"评选，在全区范围内共评出24个青年文明号教研组，其中，中学9个，职业学校1个，小学11个，幼儿园3个。

4日，区教委、区安监局联合举行14所镇成人学校和北京兴教恒通信息咨询中心（隶属职教集团办事处）"北京市安全生产培训机构四级资质"受颁仪式。15家单位分别获得"北京市安全生产培训机构四级资质"证书，可以按照国务院、北京市关于安全生产培训的有关规定，为区内企业负责人、企业安全生产管理人员和特种作业之外的其他操作人员进行培训。

7日，来自全国各地的20余位省地级督

导室领导，在区教委党组书记、区委教育工委副书记、区政府教育督导室主任李广成同志陪同下，到北京小学大兴分校、大兴一幼参观。

7日起，区各级少先队大队每月开展一次主题队日活动。少工委将每月第一个星期一定为少先队日，主题定为“党、团、队旗飘起来”。

7日、8日，教育工会分别举办电影招待会和“岁月静好，花语玉言”玉文化知识讲座，庆祝“三八国际妇女节”，表彰“三好”，慰问教育系统党政正职女干部52名和基层工会女工主任、女工委员119名。

11日，少工委与区环保局第八次联合举行“我爱地球妈妈”演讲比赛。全区49名少先队员代表参加。比赛以“低碳生活从我做起”为主题，结合队员所学知识，谈认识、说感想，呼吁人们保护生态环境，为建设绿色北京做出贡献。

14至4月7日，大兴区第十四届学生艺术节在大兴少年宫举行。期间分别进行个人项目朗诵、曲艺、戏剧、民乐、声乐、西乐、书画、舞蹈和集体项目器乐、舞蹈、戏剧等项目比赛，组织专场晚会13场，全区近1100人参加个人项目比赛，1500余人参加集体项目比赛。

19日，区教委小教科、进校德育研究室组织全区小学450余名教师在北京小学大兴分校进行大兴区小学班主任基本功达标考核笔试。

23至10月27日，区教委举办小学领导干部听评课系列活动。北京市基教研中心、北师大攀登英语项目组专家，进修学校主管领导及全区小学校长、教学干部、德育干部近500人参加活动。

23日，区委教育工委、区教委联合召开大兴区教育系统2011年信息宣传工作会。会上总结2010年教育系统信息宣传工作，部署2011年工作，对先进单位和个人进行表彰。

25日，“党在我心中”主题教育活动启动。该活动旨在以纪念建党90周年为契机，在全区小学生中广泛开展党史教育、国情教育、革命传统教育、社会主义核心价值观教育。

25日，区教委、区语委联合召开大兴区教育系统2011年语言文字工作布置会。会上为大兴区语言文字规范化示范校颁发奖牌，表彰“第二届全国大中小学生规范汉字书写大赛”和“中华诵·2010经典诵读大赛”获奖单位；对2011年语言文字工作进行部署，解读大兴区中小学幼儿园职业学校语言文字工作规范要求。

27日，大兴一中田径队参加在广东中山举行的“2011年全国中学生越野跑锦标赛”，包揽男、女个人和男、女团体四项冠军。

28日，区教委审计科与进校干训共同组织兼职审计员、校长经济责任审计培训会。全区教育系统各单位、教委兼职审计员56人参加培训。

29日，大兴区青少年艺术教育研究会成立大会在少年宫召开。北京市教委体卫艺处副处长王军、区教育工会主席杨子仲等领导以及区青少年艺术教育研究会会员、全区各中小学主管艺术教育领导、音美教师150余人参加会议。

31 日，大兴区教委召开吴正宪小学数学教师工作站大兴分站总结会。会议主题为“聚焦优质资源　培育骨干教师”。大兴区主管教育副区长、市区教委有关领导、中央教科所、北京教科院的专家及外省市、兄弟区县代表，区内小学校长、工作站成员计 200 余人参加会议。

4 月

1 日，北京市教委、北京市教育学会、特级教师学习指导中心组织的“首都党员特级教师送教郊区行”活动走进大兴。市教育学会会长李观政、市教委基教二处副处长李永生等领导专家及北京市党员特级教师一行 18 人，在首师大大兴附中开展送教活动。大兴区副区长王荣彬，区教委、进修学校有关领导及区内中学干部教师代表 600 余人参加活动。

8 日，教育纪工委创办党风廉政建设主题刊物《兴教纪通》。该刊上报市教委监察处、区纪委、区教委，并发放到教育系统各单位。

8 至 9 日，区教委、区体育局、开发区社会发展局共同主办的“2011 年新区中小学生田径运动会”举行。全区 71 所学校的 837 名运动员参加比赛。

9 日，大兴六幼被授予全国第一所“全国传统文化教育示范幼儿园”称号。

10 日，2011 年度第一次北京地区全国专业技术人员计算机应用能力考试在全市 23 个考点进行。大兴社区学院考点共有 491 人报名，报考模块 1400 个，373 人参考，参考模块 1050 个，考试历时 8 天，于 4 月 17 日结束。

11 日，区教委召开中学“纪念建党 90 周年暨党史专家进校园”专题报告会。北京师范大学法学博士、党委副书记王炳林作《辉煌历程与基本经验》专题报告。全区 500 名师生参加活动。

12 日，区教委召开科大讯飞畅言智能语音教具实验启动暨培训会。会上，介绍项目实施背景及实验项目推进进程，科大讯飞工程师作畅言智能语音教具系统使用培训专题讲座。进修学校中小教研员及 8 所中小学实验校校长、教导主任及英语教师 120 余人聆听讲座。

15 日，《新区学前教育三年行动计划（2011—2013 年）》在区政府第 62 次常务会上通过，并在全市率先颁布实施。

15 至 16 日，区教委体美科组织高三年级体育会考，全区 3197 名考生参加体育会考。22 日，255 名考生参加补、缓考。

20 日，区辅导员学校举办辅导员培训活动。培训由全国少先队辅导员专业委员会副主任、团中央《辅导员》杂志社总编柯英主讲。区内大、中队辅导员 120 余人参加培训。

21 日，区教委举行北京第二实验小学大兴实验学校合作项目签约仪式。大兴区政府、西城区教委、北京第二实验小学、大兴区委教育工委、区教委等领导参加签约仪式。

21 日，教育纪工委组织召开大兴区教育系统 2011 年党风廉政建设工作会。会上下发《2011 年党风廉政建设与反腐败工作任务和分工》，部署 2011 年党风廉政建设任务和要求，区委教育工委书记、区教委主任李达与各级各类学校代表签订《2011 年党风廉政建设责任书》。教育系统各单位党、政正职 230 余人参加大会。

26 日，大兴区教委召开小学常规养成教育成果现场会。会议主题为“抓好学生一日常规，培养学生一生习惯”。区教委、进修学校部分领导及全区小学德育干部 100 余人参加会议。

27 日，区教委召开大兴区“十二五”教师队伍建设大会。开发区工委委员、管委会副主任王合生，首都师范大学基教院执行院长郑开义，大兴区教育工委书记、教委主任李达等领导出席大会，全区各中小学、幼儿园、职业学校、成人学校校长、书记，部分受表彰的先进集体和个人代表等 300 余人参加大会。会上表彰 12 名特级教师，123 名市级学科带头人和骨干教师，23 个继续教育先进集体和 42 名继续教育先进个人。教委副主任马士义就《大兴区“十二五”教师队伍建设规划》等相关文件进行解读。教委主任李达作重要讲话。

27 日，大兴一中吕小英获首都劳动奖章，在区总工会举行的庆祝“五一”劳动节大会上受到表彰。

27 至 29 日，全国第十届深化小学数学教学改革观摩交流会在福建省厦门市举行。北京小学大兴分校教师孙贵合参加课赛。在全国 32 名选手中，孙老师以总分第一名的好成绩，获全国小学数学课堂大赛一等奖第一名。

28 日，区委教育工委书记、区教委主任李达带头对黄村镇部分学校进行校园安全大检查。区教委政保科、组织宣传科、黄村镇教委办等部门负责人陪同。

28 日，教育团工委在大兴区少年宫剧场举行“青春凝聚在党旗下”——2011 年大兴区教育系统纪念五四运动 92 周年大会。各校主管共青团工作领导、各校团干部、先进集体和个人代表、团员青年 300 余人参加大会。

28 日，根据《北京市举办小规模幼儿园暂行规定》的精神，颁布《大兴区实施〈北京市举办小规模幼儿园暂行规定〉办法（试行）》。

29 日，《大兴区学校志》撰写工作启动会在进修学校召开。会上宣布正式启动学校志撰写工作。区教委办公室主任石凤玲出席会议，全区中小幼职成等 120 余所学校参会。

28 至 29 日，区教委财建科对全区教育系统后勤主任和后勤负责人进行为期 2 天的封闭式培训。

29 日，少工委和区文委联合举办大兴区红领巾科普剧比赛。活动以“邀你同行”为主题，11 所学校 100 余名少先队员参加比赛。

5 月

2 日，区教委召开大兴区非法校园专项整治部署会议，启动大兴区对非法幼儿园、自办学校的专项整治工作。会议对相关工作进行专项部署，要求各镇、街道采取有效措施，制定清理整治方案，落实各项工作，消除非法幼儿园和自办学校的安全隐患。

7 日，区委教育工委召开“大兴区教育系统领导干部异地挂职培训动员会”，甄选 10 名校级干部赴苏州挂职。

8 日，召开大兴区教育系统公开选拔六

名校级干部动员会。会上出台《关于公开选拔六名校级干部的实施意见》，依据意见，公开选拔北京第二实验小学大兴实验学校校长等6名校级干部并进行任前培训。

9日，《关于评选师德建设先进集体和师德标兵的工作意见》颁发。要求各单位民主评选，择优推荐。推荐参评的区级师德标兵需经单位公示。

9日，兴华中学被北京市教委命名为北京市团员青年志愿服务基地。

9至11日，2011年初三升学体育考试举行。36所学校的5347名（男2701人、女2646人）学生参加现场考试。18日，210人参加缓考。

13日，区教委举办小学综合实践活动基地课程展示活动。原北京教科院综合实践教研室主任陶礼光，区教委、进修学校、少年宫、信息中心等有关领导及全区小学校长、德育干部100余人参加活动。

16日，教育团工委在全区中学团组织中启动“寻找党的足迹”主题教育活动。

17日，区政府在大兴二职举行“城乡劳动力职业技能实训基地启动暨职业技能培训资源战略合作协议签约”仪式。

18至20日，保健所对5所创建健康促进学校已满两年的学校进行区级验收。5所学校全部通过。

18日，教育纪工委研究制定《关于落实大兴区监察局〈2011年重点工作项目监察责任书〉的实施方案》、大兴区教育系统《关于重点工程建设项目监督检查实施方案》。

19日，区教委中教科举办中学“聚焦课堂”系列活动之提高初三备考课堂实效现场会。大兴七中教师分别作三节中考复习研讨课，课后进行交流和研讨。进校教研员、全区中学教务主任60人参加会议。

23日，教育纪工委下发通知，将市纪委监察局制作的《金超杰同志先进事迹报告会》一片拷贝给教育系统各单位，进一步学习宣传金超杰同志的先进事迹。

25日，大兴区“十二五”教育科研工作会议在校长大厦召开。北京市教育科学规划办主任耿申、区委教育工委书记、区教委主任李达等领导出席大会。全区中小幼职、少年宫、特教中心、社区学院等单位校长、科研负责领导和教师300余人参加大会。

26日，教育纪工委制定《大兴区教育系统2011年“小金库”专项治理工作实施方案》、《大兴区教育系统开展清理和规范庆典、研讨会、论坛活动工作的实施意见》，开展“小金库”等专项治理工作。

27日，少工委举行区“六一”儿童节庆祝活动。庆祝活动以“花儿朵朵向太阳　红领巾心向党”为主题。

30日，教育工会举行教育系统“红歌献给党”歌咏比赛。9个片组108个单位2150人参加比赛。

30日，区教委举办中学纪念建党90周年党史知识竞赛。竞赛分初中组、高中组进行，分别评出一等奖10名，二等奖10名，三等奖20名。全区33所学校270名学生参加竞赛。

5月，经大兴区机构编制委员会2011年第一次会议研究，同意首师大大兴附中和兴华中学开设初中班。

6月

3日，区教委财建科、进修学校干训部在校长大厦召开“大兴区教育系统财务管理工作会”。全区135个单位主管财务的副校长和后勤主任及财务人员381人参加大会。

7至8日，考试中心组织普通高等教育招生考试。全区3552人参加考试。

10日，为庆祝建党九十周年，举行全区教育系统“学党史，坚信念，强本领”党史知识竞赛，全区103个支部的126名党员参加竞赛。

13至30日，区教委学前科、进校学前教研室、妇幼保健院儿保科组成区考核小组对3所北京市示范幼儿园、12所一级一类幼儿园（不含民办园）、1所一级二类幼儿园和6所二级二类幼儿园进行年度考核。

16日，区教委召开中学教师教学基本功考核第三轮总结暨第四轮启动大会。区教委、进修学校领导，各中学校长、教学副校长、市区级学科带头人、骨干教师和优秀教师代表、获奖教师代表等185人参加大会。

17至25日，“2011年世界中学生田径锦标赛”在波兰比得哥什举行。大兴一中学生郭振铎、关亚欣代表全国中学生参加比赛。分别在男、女1500米比赛中夺得冠军。

23至30日，教育团工委组织8所中学的144名少先队员，参加团市委开展的在天安门人民英雄纪念碑以“继承革命遗志，坚定理想信念”为主题的站首都少年先锋岗活动。

24至25日，区教委小教科与进修学校德育研究室组织全区小学近400名教师进行大兴区小学班主任基本功考核达标面试。

24至26日，考试中心组织高级中等学校招生考试。全区5304名初三毕业生参加考试，其中有报考资格的考生4590人。

29日，召开大兴区教育系统纪念建党90周年庆祝大会。区委常委、宣传部长戴明超，区政府副区长王荣彬和区教委党组成员及各基层党支部书记450余人参加会议。会上，区委教育工委书记、区教委主任李达致辞，区教委党组书记、区委教育工委副书记、区政府教育督导室主任李广成宣读表彰决定，共表彰30个先进基层党组织、10名十佳共产党员、368名优秀共产党员和20名优秀党务工作者，100名预备党员进行入党宣誓。

30日，区教委举办小学自主课程及综合实践活动课程建设研讨活动。教委小教科、进修学校等相关领导及教研员、全区小学教导主任、德育干部100余人参加活动。

7月

1日，区委教育工委、区教委开展向困难党员送温暖活动，慰问11名困难党员，发放慰问金16000元及慰问品，为困难党员送去组织的关怀。

4日，区教委召开小学英语整体提升工程暨攀登英语培训启动会。区教委、进修学校等相关领导及全区小学教导主任、攀登英语教师代表共93人参加会议。

4日，区幼儿园园长、业务园长、新任教师培训班举行开班典礼。培训由市教委学前教育处发起，区教委、进修学校联合承办，聘请全市知名园长、教研员，优秀业务园长、教师组成的专家培训团队通过集体授课、分组研讨等方式培训。全区各类型幼儿园园长、业务园长、新教师共计270余人参加培训。

5至7日,考试中心组织夏季普通高中会考工作。全区会考报名总人数为4575人,报考总科次为10785科次。

5至9日,区教委完成攀登英语实验项目教师培训。这是大兴区首次在全区范围内开展攀登英语教师上岗资质培训、认证和考核。

6日,区教委、区体育局主办,大兴二小承办的“我运动、我快乐、我健康”“奥运城市杯”——2011年大兴区中小学校园足球比赛结束。全区16支代表队的近300名运动员参加比赛。

11日,教育纪工委制定、下发《关于2011年北京市大兴区进一步规范教育收费工作的意见》。

13日,少工委举行少先队“千优带队”导师带徒拜师仪式。聘请11位了解、支持少先队工作,有一定工作经验的书记、校长担任导师。

18日,大兴区副区长王荣彬携镇长冀学光,教委副主任马士义,副镇长张存忠,学前科科长李志霜、镇教委办主任胡振武等领导到青云店中心幼儿园大东分园调研工作。

26日,区委教育工委书记、区教委主任李达,教委财建科科长王振东等领导视察2011年校舍抗震加固、修缮工作。分别到大兴特教中心,北京经济技术开发区实验学校和北京八中亦庄分校视察。

28日,大兴区副区长王荣彬率队视察大兴二职(东校区)、大兴五中、大兴八小的校舍安全工程项目工地。施工、监理、学校等单位分别就工程进度、质量、安全管理等方面作汇报;王副区长作重要讲话,指出校舍安全工程是影响面大的政府工程,各单位必须精心安排,监管到位,保证质量,保证安全,同时还要兼顾工期,确保如期完工。

8月

5至6日,少工委组织少先队员参加“圆你故宫梦”暑期夏令营活动。此次活动由北京故宫文物保护基金会和中国宋庆龄基金会共同主办,少工委选派农村学校品学兼优、家庭困难的少先队员代表50人参加活动。

11日,经大兴区编委研究,同意北京经济技术开发区实验学校更名为北京市第二中学亦庄学校。

15至17日,教委召开2011年暑期中学教育系统干部培训会。区委教育工委书记、区教委主任李达,区委教育工委副书记、区教委党组书记、区政府教育督导室主任李广成等领导及全区中学校长、书记以及进修学校校长、书记、副校长等60余人参加会议。

18至21日,由中国国际象棋协会主办,大兴区教委、大兴区体育局、大兴九小承办的“2011年第四届常青藤国际象棋全国公开赛”在北京石油化工学院举行。来自全国19个省、市、自治区的910名棋手参加比赛。

22日,吴正宪小学数学教师工作站大兴分站召开“回望3.31”总结会。区教育工委书记、教委主任李达,区关心下一代工作委员会主任李克仁,进修学校校长王宪福等领导及总站部分成员、大兴分站成员58人参加会议。

22至25日,区教委举办"传统文化教育骨干教师培训"。北京大学、中央教科所、中国国学研究中心院专家,区教委副主任安有文、进修学校校长王宪福等领导及全区小学课题负责人、骨干教师共计280余人参加会议。

24至28日,区教委举办以"规范管理,提高质量,促进学校内涵发展"为主题的暑期小学领导干部工作交流研讨活动。区教育工委书记、教委主任李达,区教育工委副书记、教委党组书记、政府教育督导室主任李广成,进修学校校长王宪福等领导及全区小学书记、校长80人参加活动。

24日,北京市副市长洪峰到大兴调研中小学及幼儿园开学准备工作。市教委副主任罗洁及市教委相关处室领导随行调研。大兴区委常委、宣传部长戴明超,副区长王荣彬,区教工委书记、教委主任李达,区教工委副书记、政府教育督导室主任李广成等领导陪同调研。

25日,经区教委主任办公会同意,批准成立"大兴区教师进修学校后勤管理教研室"及"北京市大兴区教育学会学校后勤管理研究会"。

26日,区教委召开新区教育系统2011—2012学年第一次领导干部会。全区教育系统各单位党政一把手、各镇教育助理、教委机关各科室书记主任等参加会议。区教育纪工委书记王翠华就新学期校园安全稳定工作和规范教育收费行为进行工作部署;人事科科长白建松安排部署新学年岗位聘任工作,对《大兴区教育委员会关于进一步完善义务教育学校绩效工资工作的通知》和《2011—2012学年度义务教育学校学年奖分配试行办法》作解读;大兴区副区长王荣彬出席会议并讲话。

26日,新区教育系统2011—2012学年第一次领导干部会召开。副区长王荣彬、全区教育系统各单位党政一把手、各镇教育助理、书记主任等参加会议。

31日至12月8日,少工委举办"五小"好队员卡通形象设计大赛。全区48所学校的4万余名少先队员参加大赛。

8月,新接收的亦庄第三幼儿园、亦庄第四幼儿园、大兴四幼滨河分园成立。

9月

1日,全区各学校、幼儿园迎来新学期。区委书记林克庆,区委副书记、副区长张伯旭,区人大主任张书领,区政协主席高树旺,副区长王荣彬,以及区四套班子其他领导分别出席大兴一中、北京经济技术开发区实验学校、兴华中学、大兴七中等学校开学典礼。

1日至10月14日,教育纪工委在全区各学校和幼儿园开展秋季教育收费自查自纠和全区抽查工作。

6至9日,保健所会同大兴区教委政保科、大兴区卫生监督所联合对学校食品安全工作进行抽查。全区3所小学、16所中学、2所职业学校、1所九年一贯制学校共计22所学校接受检查。

9日,教育工会对2011年评选出的20个师德建设先进集体和117名师德标兵进行表彰和奖励。

9 日，“以洒下一片深情”为主题的“新区庆祝第二十七个教师节大会暨文艺演出”举行。区委区政府、区人大、区政协领导，全区教育系统各单位党支部书记、师德标兵和优秀学生代表 400 余人参加大会。

11 至 17 日，区语委联合区教委、区委宣传部、区人保局、区文化委、区广电中心、团区委下发《关于开展第 14 届全国推广普通话宣传周活动的通知》，以党政机关、新闻媒体、学校、公共服务行业作为推广普通话的重点领域，结合工作实际，开展形式多样的宣传周活动。

22 日，区教育工委与北师大合作研究制定《大兴区“名校长”培养工程实施方案》，大兴区教育系统公开选拔名校长培养工程候选人笔试举行，66 名符合岗位条件的候选人参加考试。

22 日，大兴区副区长王荣彬、区委教育工委委员、纪工委书记王翠华以及区公安、消防、食品监督所等相关部门，视察大兴八幼安全工作。王荣彬副区长对该园各项安全工作给予高度评价，并提出以后工作方向。

23 日，区教委举办“二〇一一年大兴区中小学体育传统校田径运动会”。来自全区 40 支代表队的近六百名运动员参加比赛。

23 日，“第十一届全国中学生运动会北京代表团总结表彰会”召开。大会表彰为本届中运会北京代表团做出突出贡献的区县和学校。大兴区代表队总积分名列远郊区县之首，获“区县贡献奖”；大兴一中获“学校贡献奖”；大兴一职女子足球队获“体育道德风尚奖”；三名教师的科研论文在本届运动会科学论文报告会上分别获得二等奖、三等奖。

24 日，大兴区教育系统公开选拔名校长培养工程候选人面试在国家教育行政学院举行，通过笔试选拔出的 49 位候选人参加面试。根据随机抽取候选人所在学校教师进行民主测评，综合每位候选人的笔试、面试成绩和民主测评得分，确定 30 名名校长培养工程候选人进行重点培养。

25 日，教育团工委组织全区 100 名中学生业余党校学员，开展以“坚定理想信念、争做青年先锋”为主题的集中培训活动。参观国家博物馆和天安门城楼。

26 日，区人大代表对区教委 2011 年人大建议办理落实情况进行视察。区政府办副主任张鹏及区政府相关工作人员随行视察，区教委副主任王滨、教委小教科科长周爱彬陪同。

27 日，召开“大兴区教育系统维护稳定工作机制”启动大会。区领导及全区各学校（园）行政一把手、安全干部等 400 余人参加会议。会上，观看大兴区校园安全“主动防、科学管”工作体系宣传片；为大兴区教育系统维护稳定工作办公室揭牌。区教委主任李达以《强化责任、抓好落实，为建设平安、和谐校园而努力奋斗》为题，对大兴区教育系统维护稳定工作机制落实进行具体部署。

27 日，大兴区仁和助学金、世农奖学金、威克多奖学金发放座谈会召开。北京仁和医院、北京世农种苗有限公司、北京威克多制衣中心三家资助单位领导，区教委副主任扈岩江、安有文及 16 名受助学生代表参加座谈。

28 日，区教委、进修学校联合组织召开小学“学校课程建设”现场会。北京基教研中心教授陶礼光、区教委副主任安有文等领导以及来自全区的教导主任和德育干部90余人参加大会。青云店第一中心小学以“建设以研究性学习为重点的自主课程,促进学生全面发展”为题作经验介绍。陶礼光教授对此次活动进行点评,对大兴区小学研究性学习校本课程的创建给予充分肯定。

30日、10月20日,区教委先后在长子营第一中心小学、大兴区第三小学举办小学规范化走进学校暨学校特色展示系列活动。北京市基础教育科学研究所所长张熙,长子营镇副镇长王晔,区教委副主任安有文、小教科科长周爱彬,进修学校副校长王永庆、李库才及全区直属、中心校、完小校长92人参加活动。

10月

10日,原国家教委副主任、国家总督学、中国教育国际交流协会会长柳斌视察北京二中亦庄学校。

13日,北京市政府教育督导室副主任关国珍等领导到大兴区采育镇第一中心幼儿园等三所幼儿园调研学前教育工作。

21至23日,大兴区代表队在“阳光体育2011年第49届北京市中学生田径运动会”上获奖。大兴区代表团夺得奖牌35枚,其中,金牌11枚,银牌8枚、铜牌16枚,打破市中学生田径运动会纪录2项(大兴一中的关亚欣打破800米和1500米市运会记录)。

23日,大兴三中、大兴六中、青云店中学、北京市第十四中学大兴安定分校、北京经济技术开发区实验学校、大兴十小、滨河小学、团河小学、北京师范大学大兴附属小学、北京小学翡翠城分校10所学校被评为2011年北京市节约型中小学示范学校。

25日,大兴区2011年教育科研周开幕式及科研网启动培训会在大兴五中召开。区教委副主任扈岩江等领导及进修学校学校各业务部门主管领导,全区中小幼职科研主任、区规划课题负责人200余人参加开幕式。科研周历时一周,共设九个分会场,开展市区课题研究成果展示、交流、研讨活动。

25日,区委教育工委、区教委、区政府教育督导室召开大兴区教育系统领导干部工作会。会上,区政府教育督导室副主任周艳芝通报2011年中小学学生家长对教育工作满意度调查结果。区教委副主任王滨作《十一五期间全区教育经费投入使用情况》的报告。区教育纪工委书记王翠华对教育收费、违规补课等方面作规范学校管理的报告。区委教育工委书记、区教委主任李达围绕“规范办学,科学管理,办人民满意教育”作重要讲话。

25日,市教委职成处副处长杨颉、市教科院职成教研中心副主任姜丽萍到北臧村镇成人学校调研大兴区农民引导性培训工作,并探讨农民教育模式创新等问题。

31日,区教委召开小学教育教学质量监测与评估工作项目签约仪式暨启动会。中国教育学会小学教育专业委员会理事长刘永胜,北京市教委基教一处副处长张凤华等专家、领导及全区小学校长、教导主任100余人参加会议。

11月

1日,教育团工委组织北师大师英爱心

社成员到大兴二职开展“心灵洒满阳光　让学生快乐成长”阳光心语入校园主题教育活动。以《把握当下——开启你的智慧生活》为题进行心理健康讲座。

3 日，召开大兴区第四次党代会教育系统代表选举大会。根据大会议程，实到会的 154 名代表履行代表职责，通过代表资格审查报告、讨论通过大会选举办法，确定出席区党代会的代表候选人预备人选 11 名。在民主监督下，经与会代表无记名差额投票，最终选举出出席区第四次党代会的代表 9 名。

5 日至 12 月 27 日，由大兴区总工会和大兴区教育工会主办、大兴教师进修学校承办的“大兴区首届中小学教职工实验技能大赛”举行。109 名教师参加笔试和实验操作考试。

9 日，区教委召开大兴区落实中小学生每天一小时校园体育活动工作会。全面推进素质教育，切实保证中小学生每天一小时校园体育活动时间，充分调动全区中小学开展阳光体育运动的积极性。

10 至 11 日，教育工会举办基层工会主席培训班，邀请北京理工大学常务副主席张剑军教授作《在新形势下如何做好工会和教代会工作》的专题讲座。

13 日，北京奥运城市发展促进会、北京市教委、北京市体育局共同举办的“我运动、我快乐、我健康”“奥运城市杯”——2011 年北京市中小学校园足球赛总结表彰会召开。大兴区为全市十六区县中唯一在各个组别中均有获奖学校的区县。25 日，在 2011 年北京市学生阳光体育展示大会暨全国青年迎青奥北京长跑活动和第五届北京市学生阳光体育冬季长跑活动仪式上，大兴区教委获“2010—2011 年度北京市中小学阳光体育联赛优胜奖”。

16 日，区农村幼儿园建设现场会暨采育镇第一中心园新园剪彩仪式召开。北京市教委学前处处长张小红，区教委、采育镇等相关领导，全区各小学附属园、镇中心园的园长及镇中心园分园负责人等共计 60 余人参加仪式。

16 至 12 月 29 日，进修学校组织开展大兴区中学新一届学科带头人、骨干教师评选申报工作，全区 36 所中学、16 个学科的 905 名教师、5 名校长进行申报。评选出学科带头人 169 人、校长专项（学科带头人）5 人、骨干教师 298 人、农村专项（骨干教师）73 人。

17 日，区教委召开小学学校发展共同体成立大会。北京市教委基教一处副处长唐勇明，北京教育学院、北京教科院、中国书法家协会领导和专家，区教委、进修学校相关领导以及全区各小学校长、主任 100 余人参加大会。

18 日、25 日，教育工会分别组织乒乓球、羽毛球区级决赛。参赛选手 322 名，三个组别（青年、中年、老年）分别决出了前八名。

22 至 23 日，市政府教育督导室对大兴区进行教育执法检查，对大兴区新建、改建居民小区教育配套实施情况，职业教育和成人教育中教师培养、培训工作、教师职业能力提升情况，区政府教育费附加用于职成教育情况等进行检查。市委教育工委副书记、市政府教育督导室主任线联平，市政府教育督导室副主任刘莉、李壑、关国珍，督导室相关处室领导及专家共计 33 人参加教育执法检查。

25日，教育纪工委召开大兴区教育系统2011年民主评议基层站所“面对面”评议工作现场会，教育系统学校代表进行“述行风”，区纪委、教育纪工委领导，区民主评议基层站所评议督导组成员分别对学校代表进行“评行风”、“考行风”。

12月

1日，区教委中教科举行中学学校特色建设工作培训会。全区35所中学的校长、主任参加培训会。

5日，教育团工委在大兴一中组织开展“绽放青春　炫我风采”大兴区中学生社团展示交流活动。区委教育工委、区教委、团区委、区教育团工委、大兴一中主要领导及全区中学、职业学校团干部以及大兴一中初一年级、高一年级全体学生1000余人参加活动。

7日，区教委召开小学教学质量监控和评价反馈会。小教科科长周爱彬，进修学校副校长刘芳，各学科教研员及全区小学校长、教导主任近100人参加会议。

9日，区教委人事科进行新一届小学区级学科带头人和骨干教师评选，评选各类学科带头人367人，各类学科骨干1052人（其中农村专项195人）。

11至12日，全国首届校长教学领导力高峰论坛暨北京市大兴区第十届校长教育思想论坛在国家教育行政学院举行。论坛主题是“校长的生命力在课堂”。全国各地教育专家、校长300多人参加活动。

15日，大兴区人民政府与首都师范大学签订“十二五”时期区域教育合作项目协议。王荣彬副区长主持签约仪式。大兴区区长李长友和首都师范大学校长刘新成在合作意向书上签字，标志着大兴区人民政府和首都师范大学再度联手合作，双方“十二五”时期区域教育合作正式启动。

16日，大兴新区教育系统“十二五”干部队伍建设大会暨大兴区名校长培养工程启动会在校长大厦召开。会议启动“名校长培养工程”，部署“十二五”干部队伍建设工作。

22至23日，少工委组织召开少先队“千优带队”工作总结交流会。少工委将48所学校分成四组，各学校少先队展开工作汇报，全面展示全区少先队“千优带队”争创工作进展情况。

23至24日，教育团工委召开大兴区教育系统中学团干部培训工作会。全区各中学37名团干部参加会议。

28日，2011年大兴区教育系统内部审计工作总结会召开。表彰2011年内部审计先进单位40个，内部审计工作先进个人36人。

30日，“2011年大兴区幼儿园工作汇报会”召开。各园通过PPT、视频等多种形式汇报2011年幼儿园工作。各类型幼儿园园长及学前教育科人员共计60余人参加会议。

党的建设

组织干部建设

【概　述】 2011年，大兴区委教育工委进一步加强和改进党的基层组织建设，进一步提升党员干部整体素质，规范党组织建设。研究制定《关于进一步规范党务公开工作的实施方案》，完善党务公开工作。建立结对帮扶工作机制，校内党群结对数2548对，城乡党组织结对数65对。落实承诺工作制度，支部承诺463项，完成450项；党员承诺6529项，完成6444项。规范党员发展工作，推行新党员考察约谈制，编写《发展党员工作手册》，2011年新发展党员62人。规范办理党员组织关系接转546人。指导北京景山学校大兴实验学校、北京二中亦庄学校、北京实验二小大兴实验学校、北京八中亦庄分校成立党支部，确保新建校党务工作有序开展。

抓好干部管理，提升干部工作能力。深化干部人事制度改革，加大公开选拔干部工作力度，提高选人用人公信度，组织完成教育系统公开选拔6名校级干部工作。完善公开选拔校级干部、副校级干部工作方案。隆重召开“十二五”干部队伍建设大会暨名校长培养工程启动会。与北师大合作研究制定《大兴区“名校长培养工程”实施方案》，遴选30名校长参加培训，并选聘15名教授做理论导师、15位名校长做实践导师，启动会上举行拜师仪式。各项培训工作稳步推进，举办中层领导干部任职资格培训班、校长任职资格培训班、干部远程培训、领导干部异地挂职培训、高级研修班等各类干部教育培训班，提高干部的综合能力。实施“642”后备干部队伍建设工程，重视学校中层干部培训，其中校级干部任前资格班74人、中层管理干部任职资格培训班151人、岗位培训班144人、华南师范大学挂职培训10人、后备干部到教委机关挂职培训9人。

（栗晓英）

【区教育党校培训入党积极分子】 1至8月，区教育党校分别举办第二十五期、二十六期入党积极分子党建理论培训班。每期培训40学时，培训内容主要有党史、入党动机、新党章解读、党建基本知识测评等，共培训本区教育系统基层党支部入党积极分子197人。同年，还为北京旅游专修学院培训入党积极分子160人，为北京现代艺校培训入党积极分子22人。全年累计培训379人。

（周英姿）

【举办中层干部培训班】 2月起，进修学校干训部共举办两期中层管理干部岗位培训班

（直属、乡镇）和一期中层干部任职资格培训班，共培训区教育系统中层干部544人。培训以党和国家关于教育改革的方针、政策为依据，以全面深入推进素质教育为目标，分专题进行集中培训。课程分基础理论、拓展提高和综合实践三大模块，每期培训280学时。培训旨在切实提高学员的管理水平和实践能力，为本区教育改革与发展服务。

（周英姿）

【举办校长任期经济责任审计培训】 3月1日，进修学校干训部协同区教委审计科正式启动2011年大兴区教育系统校长任期经济责任审计培训项目。教委选派56名兼职审计员参加培训。3月1日至2日、28日至29日，分别进行专业辅导、经验交流和集中封闭培训。培训安排《经济责任内部审计业务培训》、《校长任期经济责任审计的具体实施要求和注意事项》、《校长任期经济责任审计重点》等讲座以及分组研讨、实施方案修正等内容，增强了学员对教育系统内部审计工作的实战能力。

（周英姿）

【总务主任专题培训班开班】 4月28至29日，区教委财建科和进修学校干训部联合举办大兴区教育系统总务主任专题培训班。区教委副主任王滨、进修学校校长王宪福出席开班典礼。全区130余名总务主任及相关负责人参加培训。为期两天的培训安排《节能减排，创建节约型学校》、《学校总务安全知识》、《总务主任岗位职责研究》、《大兴区教育系统固定资产管理办法》、《做好固定资产管理工作》、《北京市大兴区政府采购流程》等内容。各位专家结合实例对总务后勤工作进行全面的理论性指导。

（周英姿）

【召开干部异地挂职动员会】 5月7日，区委教育工委召开“大兴区教育系统领导干部异地挂职培训动员会”。甄选10名校级干部赴苏州挂职。区委教育工委书记、区教委主任李达，区教委党组书记、区委教育工委副书记、区政府教育督导室主任李广成等领导参加会议。李广成向10位参加异地挂职培训的校级干部提出要求：珍惜机会，努力学习提高；入乡随俗，搞好双方关系；团结协作、创建和谐团队；遵纪守法，树立良好形象；增强安康意识，顺利完成任务。

（栗晓英）

【公开选拔校级干部】 5月8日，教育系统召开公开选拔校级干部工作动员会。15日，笔试在大兴七中分校进行。22日，面试在校长大厦举行，报考每个岗位笔试成绩前六名的38名考生（含并列成绩）参加。笔试、面试主要侧重干部的综合素质，如教育理论、管理理论、心理素质等。经过笔试、面试和民主测评三轮考核，张富国等六位同志竞聘上岗。这是区委教育工委、区教委首次组织全区教育系统校级干部进行公开选拔，旨在进一步深化干部人事制度改革，加大公开选拔干部力度，提高选人用人公信度，增强干部队伍活力。

（周英姿）

【选派校长异地挂职、异地培训】 5月、11月，区委教育工委、区教委共组织两批教育系统领导干部参加异地挂职、异地培训。5月9日，10名中小学校级干部到江苏省苏州市进行为期三周的挂职锻炼，以增强干部的教育管理理论实践能力。11月17日至12月4日，10名初中校长和幼儿园园长被选派到华南师大进行异地封闭培训，培训重点是学校办学特色研究。

（周英姿）

【组织中层干部集中培训】 7月2至6日，第一期中层干部任职资格培训班、第一期中层干部岗位培训班（直属在职中层干部）和第十期校长任职资格培训班392名学员在进修学校参加理论学习集中培训。各培训班的培训有分有合，有理论学习也有专业课闭卷考试。本次集中培训针对大兴区区情、教育法规等学习内容分别进行闭卷考试，加强学员的专业知识素养。

（周英姿）

【举办幼儿园长专题培训】 7月4至7日、14至18日，北京市教委学前教育处牵头、区教委与进修学校联合举办了幼儿园长、业务园长专题培训。培训聘请学前教育知名园长、教研员、业务园长组成专家团队，对全区

130名幼儿园（包括公立园和民办园）干部进行"规范办园"专业培训和指导，并组织观摩现场教研活动，针对教研活动进行研讨。通过培训，旨在更新幼儿园园长、业务园长的管理理念、开阔视野，促进园所的专业化发展。

（周英姿）

【市干训领导到本区调研】 9月16日，北京市普职成教干训中心领导来到进修学校，对干部培训工作进行实地调研。区委教育工

委组宣科科长李小凯代表两委领导在座谈会上致辞。进校副校长孙国强从大兴区教育学院干训的工作定位、组织结构、近期干训工作重点和"十二五"干训工作新特点等三个方面简要汇报。干训部副主任阴希春介绍本区已开展的干部远程培训工作。市、区两级干训领导和教师分别就大兴区的教育领导干部远程培训工作、名校长培养工作以及对干部培训工作意见和建议等内容进行深度讨论与交流。

（周英姿）

【新疆中小学校长来大兴挂职锻炼】 9月16日至12月22日，新疆和田地区三位校长到大兴区参加挂职培训。他们分别被安排在北京小学大兴分校、大兴八中、大兴七中挂职。9月21日，区委教育工委、区教委为他们举

行欢迎仪式。区教委党组书记、区委教育工委副书记、区政府教育督导室主任李广成代表工委、教委和区政府教育督导室欢迎挂职校长的到来，希望他们传授新疆地区教育经验，实现双向挂职学习。挂职期间，三位校长担任校长助理，进行岗位实践锻炼、走访区内外名校、参加区干部培训等重大活动。

（周英姿）

【参加校长培训专业化论坛】 9月25至26日，进修学校干训部部分教师到北京会议中心参加第二届全国中小学校长培训专业化论坛。来自全国各省市260余名干训工作者共同探讨交流校长培训专业化能力建设问题。干训部主任陈淑君在“校长培训的质量保证”分论坛上作《新时期各区县教育党校（干训）专职教师队伍建设研究》报告。

（周英姿）

【启动名校长培养工程】 9月，区委教育工委启动名校长培养工程。22日，区委教育工委与北师大合作研究制定《大兴区“名校长”培养工程实施方案》，公开选拔名校长培养工

程候选人，66名符合岗位条件的候选人参加笔试。24日，笔试选拔出的49位候选人参加面试，根据随机抽取候选人所在学校教师进行民主测评，综合每位候选人的笔试、面试成绩和民主测评得分，确定30名“名校长培养工程”候选人进行重点培养。

（栗晓英）

【培训幼儿园负责人】 11月3至5日、11至12日，进修学校干训部对全区各小学附属园、镇中心园分园园长或负责人，进行专题培训。培训从区农村学前教育发展需要出发，根据各小学附属园、镇中心园分园管理人员实际情况，重点进行幼儿园管理制度、教育教研、卫生保健等方面工作理论学习，分享优秀园长管理经验，参观优秀园所，进行实地观摩、研讨与学习。共计45人参加培训。

（周英姿）

【举办校长教育思想论坛】 12月11至12日，全国首届校长教学领导力高峰论坛暨北京市大兴区第十届校长教育思想论坛在国家教育行政学院召开。论坛主题为“校长的生命力在课堂”。主论坛由上海市浦东教育发展研究院院长、著名教育专家程红兵做“学校的教学领导”专题报告。在中学、小学两个分论坛上，京、津、辽、鲁等地9位校长畅谈自己在课程开发、教学管理、提高课堂效率等方面的理念、做法和经验。12日，与会校长们分别走进大兴一中、大兴八中、北京小学大兴分校和北京小学翡翠城分校课堂。本区教师与来自全国的名师针对语文（中学、小学）、数学（中学、小学）学科进行同课异构，课后，校长们进行现场点评。本次论坛引导校长聚焦课堂教学，有效提升校长教学领导力。中国教育报社副社长、中国教师报总编辑雷振海，副区长王荣彬，以及来自全国各地的教育专家、校长300余人参加活动。

（周英姿）

【召开"十二五"干部队伍建设大会】 12月16日,新区教育系统"十二五"干部队伍建设大会暨大兴区名校长培养工程启动会在校长大厦召开。会议第一阶段启动"大兴区名校长培养工程",北京师范大学教育学部教育管理学院院长鲍传友对培养工程实施方案做说明;区教委党组书记、区委教育工委副书记、区政府教育督导室主任李广成宣布入选人员名单和导师名单,副区长王荣彬为理论导师、实践导师颁发聘书。第二阶段,李广成书记总结"十一五"干训工作并部署"十二五"干部队伍建设工作,他指出:"十二五"时期本区干部队伍建设将突出"五个重点",即着力抓机制建设、抓教育培训、抓结构优化、抓考核管理、抓作风建设。区委教育工委书记、区教委主任李达在会上作重要讲话,传达区第四次党代会精神,并结合区委党代会精神提出六点要求,要求教育系统广大党员干部要讲政治、讲团结、讲学习、讲工作、讲感情、讲廉洁。教育系统300余人参加大会。

(周英姿)

【召开挂职校长培训总结汇报会】 12月22日,进修学校干训部召开新疆和田地区校长来京挂职培训总结汇报会。新疆挂职的三位校长分别汇报自己挂职学习感受和体会,认为大兴教育抓得非常到位,教师爱岗敬业,注重学生的习惯养成;通过参加校长论坛,近距离聆听专家讲座,拓宽自己的视野;感谢大兴教委、进修学校的周到服务。进修学校副校长孙国强从照顾好大家的生活、实践培训及双向学习三个方面作总结。区教委党组书记、区委教育工委副书记、区政府教育督导室主任李广成代表区委教育工委、区教委对这次挂职活动进行总结,对三位校长挂职活动圆满结束表示祝贺,同时感谢他们给大兴教育带来好经验,希望七中、八中和北小分校通过组织安排的挂职活动,与对口的新疆学校建立良好的关系,增进双方友谊。

(周英姿)

宣传教育工作

【概　述】 2011年,大兴区委教育工委抓住大兴区和北京经济技术开发区两区融合的契机,从教育科学发展的实际出发,围绕办人民满意的教育工作,进一步深入推进创先争优活动。

围绕提升党员干部能力素质开展学习研究。充分利用校长论坛、兴师论坛等学习平台,加大新政策、新知识、新区情学习力度。组织5场区委教育工委理论学习中心组学习(扩大)会暨兴师教育论坛活动。与中国教师报共同策划"全国首届校长教学领导力高峰论坛暨第十届大兴区校长教育思想论坛"。这是本区在连续举办九届校长教育思想论坛后,首次尝试借助外力聘请全国部分名校长、名师参与教育思想论坛。围绕新区教育发展中的突出问题开展学习研究。教育工委理论学习中心组深刻认识新区教育发展中存在的热点难点问题,尤其在推进教育均衡、引进先进教育资源等问题上,做到认真分析原因,进行对策研究。围绕学校科学发展开展学习研究。学校党政正职结合教育实际和学校发展现状确定调研课题,深入一线开展调研,带动党员参与党建研究,本年度共形成党建研究成果271篇。

抓好创先争优,提升为民服务能力。在2011年创先争优活动中,制定完善大兴区教育系统创先争优工作方案,组织各基层党组织开展"为民服务创先争优"群众满意度测评活动,群众满意率99.64%。开展建党90周年系列纪念活动。组织召开教育系统创先争优活动现场会、百名党员党史知识竞赛、创先争优活动成果评比展示、纪念建党90周年庆祝大会和"寄语建党90周年"、"我的入党经历"、"党的光辉历程"主题征文活动。发挥党员先锋模范作用。深入开展"五比五创"为核心的系列主题实践活动490次,党员谈心活动7527次,党员教育培训16989人次。在"党员创优课"、"党员献优课"等风采展示活动中,党员参与率为100%,党员奉献优质课3520节,承担区级以上公开课736节。组织各基层党支部开展"讲党课"活动,其中书记讲党课286节,党员讲党课501节。

(粟晓英)

【学习新政策、新知识、新区情】 2月,区委教育工委采取多种措施学习新政策、新知识、新区情。在全区下发《关于加强新政策、新知识、新区情学习工作的通知》,要求进一步加强学习,特别加强对新政策、新知识、新区情的学习,将学习变成习惯,使工作学习化、学习工作化;将相关文件整理成《领导干部学习资料汇编》下发给各校、各单位;通过举办座谈会、报告会和专题讲座、看视频等多种形式开展学习;对各镇教育助理、各单位党政正职进行新政策新知识新区情考核测试。

(粟晓英)

【学习新区情】 3月7日,进修学校党总支特邀大兴区发展和改革委员会副主任沈武一做《大兴区“十二五”规划讲解》专题讲座。讲座介绍以下四个方面：大兴区“十二五”规划编制的理论依据；规划编制的发展基础；规划编制的主要内容；大兴区的发展前景。其中重点介绍大兴区总体思路定位是“超常规、高水平、跨越式”；大兴区“十二五”期间面临机遇和挑战；突出跨越发展，突出创新驱动、民生为本、绿色保障，走一体化、高端化、国际化道路，建设宜居宜业和谐新大兴。本学习旨在贯彻落实教委组宣科《关于加强新政策、新知识、新区情学习工作的通知》精神，全校党员和积极分子130余人参加学习。

（安彩华）

【召开信息宣传工作会】 3月23日，区委教育工委组宣科和教委办公室联合召开信息宣传工作会。对2010年度教育系统信息宣传工作情况进行通报，并对先进单位和个人进行表彰。全区教育系统48家单位获得信息宣传工作先进单位称号，48人被评为优秀信息主管领导，57人被评为优秀信息员，18人被评为优秀党建信息员。

（栗晓英）

【召开理论学习中心组学习扩大会】 3至11月，区委教育工委共组织召开5次理论学习中心组学习扩大会暨兴师教育论坛活动。分别聘请北京八十中校长田树林主讲《以教育思想引领课堂教学》，北京市教育发展研究中心主任桑锦龙主讲《学习贯彻全市教育工作会议精神，准确把握首都教育改革发展态势》，中国青年政治学院青年发展研究院院长陆士桢主讲《中小学生的特点及其思想道德教育》，中国人民大学教授王向明主讲《雄关漫道——学习胡总书记“七一”讲话》，光明小学校长廖文胜主讲《与学生脉搏一起律动》。区委教育工委书记、区教委党组全体成员、科长和教育系统各学校、各单位党政正职及学校相关干部共计1470人次参加学习。

（周英姿）

【大兴八中参观西柏坡】 4月16日、17日和22日、23日，大兴八中党支部分两批组织党员、入党积极分子和部分教职工代表赴革命圣地西柏坡开展红色之旅，接受革命传统教育活动。旨在落实区委教育工委《关于开展纪念中国共产党成立90周年活动的通知》要求。党员们参观老一辈无产阶级革命家毛泽东、周恩来等领导人故居和西柏坡革命历史博物馆；全体党员在七届二中全会会址前进行重温入党誓词活动。共110人参加活动。

（张开望）

【大兴四中开展主题党日活动】 4月24日，大兴四中党支部组织26名党员，到天津周恩来邓颖超纪念馆，开展“缅怀伟人光辉业绩　加强党史国情教育”主题党日活动。党员们观看图片、实物、档案、复原景观、视频、模型展品，听取讲解。参观“人民总理周恩来”、“邓颖超—中国20世纪妇女运动的先驱”展

党，并畅谈感受。

（雷占全）

【召开创先争优现场会】 4月29日，区委教育工委召开创先争优现场会。区教委党组书记、区委教育工委副书记、区政府教育督导室主任李广成，组宣科科长庄卫华和46名专职党支部书记参加会议。现场会分交流、参观、听课三大部分。共同观看大兴一中制作的

创先争优活动成果宣传片，听取大兴一中两个特色支部和北师大大兴附小开展创先争优活动的的典型发言。参观大兴一中校园和“迎建党九十周年，促创先争优”展板，听四位党员教师的“党员创优课”。李广成总结教育系统开展创先争优活动一年来取得的成果和经验，梳理活动中存在的主要问题，并就2011年创先争优活动提出三点要求：要注重内容，搞好纪念活动；要注重总结，建立长效机制；要注重成效，深化创先争优。

（栗晓英）

【举办主题党日活动】 6月22日，区教委房管所党支部举办《党在我心中》主题党日活动。活动旨在以建党90周年为契机，进一步推进创先争优活动的深入开展，使党员树立良好精神风貌、扎实工作作风、牢固为人民服务意识、出色完成本职工作，为大兴教育发展做贡献。全体党员及积极分子共16人参加，赵丙芝、张晓东作专题发言，会后组织大家到黄村东里教师楼小区进行义务劳动，打扫卫生死角。

（宋学泉）

【开展“共产党员献爱心”活动】 6月23日，区委教育工委机关党支部举行“共产党员献

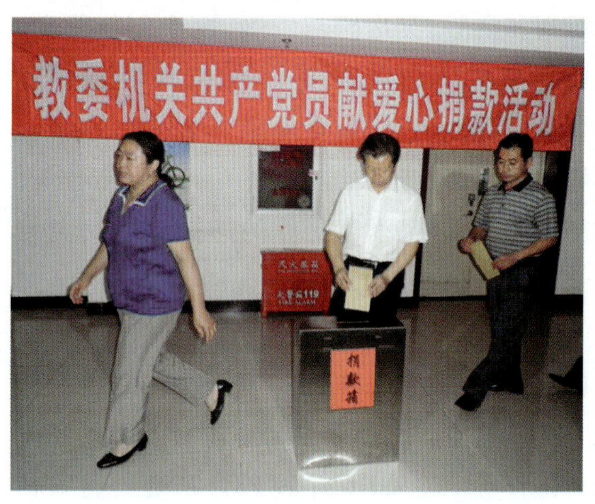

爱心”捐款活动。机关党员干部响应活动号召，奉献自己的爱心，8个党小组的69名共产党员共捐款7520元。与此同时，区委教育工委所属的103个基层党组织都在各自的学校开展“共产党员献爱心”捐献活动，所捐款项全部交由大兴区慈善协会，主要用于资助低保老人医疗、家庭困难学生上学及低收入家庭大病救助、困难党员帮扶等。

（栗晓英）

【召开纪念建党90周年庆祝大会】 6月29日，区委教育工委召开大兴区教育系统纪念建党90周年庆祝大会。区委常委、宣传部长戴明超，副区长王荣彬和区教委党组成员及各基层党支部书记450余人参加。区委教育工委书记、区教委主任李达致辞，区教委党组书记、区委教育工委副书记、区政府教育督导

室主任李广成宣读表彰决定，共表彰30个先进基层党组织、10名十佳共产党员、368名优秀共产党员和20名优秀党务工作者。十佳共产党员代表孙世芳、王娜，先进基层党组织书记赵东玲作典型发言。100名预备党员进行入党宣誓。

（栗晓英）

【大兴七幼党支部参观西柏坡】 7月2日，大兴七幼党支部组织党团员、积极分子参观

革命圣地西柏坡。瞻仰毛泽东、刘少奇、朱德、周恩来、任弼时、董必武等老一辈革命家在西柏坡的旧居、解放军总部旧址、中国共产党七届二中全会会址和西柏坡纪念馆。重温毛泽东等老一辈革命家在西柏坡的伟大革命历程，认识牢记"两个务必"，努力实践"三个代表"，是应对各种挑战，战胜各种困难的法宝。共26人参加活动。

（肖艳丽）

【北臧村中学参观建党90周年图片展览】 8月29日，北臧村中学党支部组织全体党员及部分教师共24人参观"一切为了人民"——北京市纪念中国共产党成立90周年展览。展览由"光辉历程"、"古都春晓"、"宏图初绘"、"改革新篇"、"科学发展""展望未来"等部分组成。围绕"一切为了人民"主题，以党的历史发展为背景，以北京党史党建内容为主线，重点反映改革开放以来北京党组织的建设发展以及给人民群众生产生活带来巨大变化。参观后，书记带领党员在党旗下重温入党誓词。

（贾京晶）

【举办"七一"讲话精神报告会】 9月19日，进修学校党总支特邀北京教育学院副教授

金钊为全体党员作学习胡锦涛总书记"七一"讲话精神专题辅导。金钊详细解读胡总书记"七一"讲话深刻内涵和思想精髓，内容丰富，深入浅出，通俗易懂。进修学校党总支书记李元俊对活动进行总结，指出要把学习讲话同落实学校中心工作结合起来，充分发挥党员先锋模范作用和党组织战斗堡垒作用，为学校科学发展提供强有力组织保证。

（安彩华）

【金海学校组织党员参观狼牙山】 10月23日，金海学校党支部组织全体党员参观革命圣地狼牙山。活动旨在让党员亲身感受五壮士战斗过的地方，重温历史接受革命传统教育，要求党员时刻保持共产党员先进性，认真履职，勇挑重任，团结一致，勤奋进取，用自己先锋形象来告慰英灵。共有39名党员参加

活动。

（徐玉林）

【组织在职党员进社区献爱心送温暖】 10月，区委教育工委组织在职党员教师94人，分别到六所试点社区报到，参与社区举办的各项义务活动。各位党员教师参与到社区党员义务活动中。教师进修学校中学教研室部分党员教师主动协助兴华园社区居委会党支

部组织在职党员进社区系列活动之"闲置物品交换"活动。全区"在职党员教师进社区"活动以"身份亮出来，作用显出来，献力为百姓，献言促发展"为主题，以服务群众为重点，发挥在职党员教师在社区建设、管理、服务中的先锋模范作用。

（栗晓英）

【亦庄中学发展党员】 12月28日，亦庄中

学党支部召开发展党员大会。该校31名党员、2名发展对象和20名入党积极分子参加大会。在庄严雄壮《国际歌》之后，两名发展对象宣读《入党志愿书》，入党介绍人介绍她们的表现和培养考察情况，支部介绍审查情况，与会党员进行评议，最后进行投票表决，全票通过这两名发展对象成为中共预备党员。

（刘秋华）

纪检监察工作

【概　述】 2011年，是大兴区“廉政风险防范管理提升年”，大兴区教育纪工委办公室（监察科）按照标本兼治、综合治理、惩防并举、注重预防的工作方针，深入推进具有大兴教育特点的惩治和预防腐败体系建设，制定、下发《2011年党风廉政建设与反腐败工作任务和分工》；组织召开大兴区教育系统2011年党风廉政建设工作会；制定下发《关于加强教育系统基层纪检监察组织建设的实施意见》；组织召开廉政谈话会，发放《廉政准则》；组织召开加强财经管理、促进政风行风建设专题培训会；制定下发教育系统《关于开展“珍惜岗位、廉洁履职”主题教育活动的实施方案》；刻制、发放各项专题光盘、书籍等学习资料；创办《兴教纪通》和《大兴教育系统信访》主题刊物；制定《大兴区教育系统廉政文化进校园工作方案》；开展各项专项治理工作，对重点工程建设项目进行督查；制定《关于2011年北京市大兴区进一步规范教育收费工作的意见》；召开3次局际联席会议，会同区纪委、财政局、发改委、审计局对辖区中小学、幼儿园春、秋两季教育收费实施专项检查；组织召开民主评议员工作研讨会3次，开展政风行风座谈会32次，发放《政风行风民主评议调查问卷》1520份，召开“大兴区教育系统2011年民主评议基层站所‘面对面’评议工作现场会”；全年共受理纪检监察信访（包括上级转办信件）239件，按期办结率为100%。

（王玉环）

【开展加强财经管理促进政风行风建设专题培训】 1月7日，教育纪工委召开大兴区教育系统加强财经管理促进政风行风建设专题培训会。全区各幼儿园、直属无学生单位、成人学校、职业高中主管财务的领导，后勤主任、会计、出纳、固定资产管理员、管理食堂人员共计200余人参加。聘请区财政局会计科科长余辉以《财务相关人员的权限与职责》为题对单位法人、财务主管、会计、出纳、固定资产管理员等财务相关人员的职责与权限进行专业的培训；聘请财政局投资评审中心楚春燕进行《行政事业单位资产管理相关制度和要求》的培训，对资产管理相关制度和要求进行详细讲解；聘请区检察院反贪局处长陈一娜进行《教育领域职务犯罪与预防》培训，就教育系统招生、基建等工作中发生的职务犯罪情况、案件特点进行分析，指明职务犯罪的得与失。

（王玉环）

【开展中层管理干部廉政党课培训】 2月15日，教育纪工委开展中层管理干部进行廉政党课培训。区纪委宣教室主任左乐恩为第一期中层管理干部岗位培训班学员以《党员干部如何增强廉政意识　提高拒腐防变能力》为题进行廉政党课培训。结合实际案例，要求广大党员干部做到充分认识廉洁自律的重要性，认清违纪违法的主观原因，增强廉洁自律意识，提高拒腐防变能力，自觉做到“三慎”，切实增强“三免”，坚决把好“三关”。

（王玉环）

【召开2011年区治理办局际联席会议】 3月23日，区治理教育乱收费局际联席会议领导小组召开工作会议。区监察局纠风室主任王凤龙、区审计局副局长戴天太、区财政局综合科科长刘永春参加会议。教育纪工委书记

王翠华对此次收费检查抽查阶段的工作安排进行详细部署，各位领导提出意见和建议。

（王玉环）

【召开春季教育收费检查督查组培训会】 3月25日，区治理办召开由各成员单位负责人，教委机关监察科、财建科、审计科以及参与检查工作抽调的10名内审员进行教育收费检查专题培训。会议从检查的内容、时间、方式、方法、要求检查的程序、注意事项以及使用《2011年教育系统春季教育收费检查记录表》、《教师、家长座谈记录表》、《被检查单位承诺书》等相关表格进行详细的培训。

（王玉环）

【开展春季教育收费检查工作】 3月30日至4月1日，区治理办开展2011年春季教育收费督查工作。区教委、监察局、财政局、区发改委、区审计局的领导参加督导检查，共检查18个单位，分别是：大兴三中、大兴八中、大兴一职、北臧村中学、青云店中学、凤河营中学、兴华中学、大兴二小、大兴四小、大兴八小、北京小学大兴分校、枣园小学、榆垡镇第二中心小学、大兴三幼、黄村镇第二幼儿园、西红门双语幼儿园、黄村镇成人学校、大兴教师进修学校。经检查，学校能够按照市、区两级有关教育收费制度加以认真落实，但也有个别学校公示内容不完整、缺少教育收费内部管理制度。

（王玉环）

【开展专项治理工作】 3至6月，教育纪工委开展专项治理工作。对“重点工作项目责任检查”、“重点工程建设项目”、“小金库”、“解决庆典、研讨会、论坛活动过多过滥问题，杜绝奢侈浪费行为”、“2010年教育经费管理使用情况自查和审计调查”、“党务公开”等工作进行专项治理，出台《北京市大兴区教育系统财务管理文件汇编》，共十四章49项制度文件。

（王玉环）

【创办《兴教纪通》党风廉政建设主题刊物】 4月8日，教育纪工委创办《兴教纪通》党风廉政和反腐倡廉建设主题刊物。《兴教纪通》由区委教育工委书记、区教委主任李达任主编；区委教育工委委员、教育纪工委书记王翠华，教育纪工委副书记、纪工委办（监察科）科长郭紫良任副主编。这本刊物共分为四个内容：第一，重要讲话，介绍大兴区教育系统党风廉政建设和纪检监察工作重要会议中领导的讲话和工作报告，为各单位落实各项会议精神和学习提供资源；第二，书摘文萃，以市、区各级纪检监察会议领导的讲话、重点工作和《中国监察》、《党风廉政建设》、

《中国纪检监察报》等刊物的精华内容摘录为主要内容，为各单位拓展视野准确把握党风廉政和反腐倡廉建设工作提供依据；第三，信息资讯，从“信访情况”和“工作动态”两方面展示大兴区教育系统的信访情况和教育纪工委的工作纪实；第四，廉政文化，每期一个主题，为宣传廉政文化、推进廉政文化进校园积累资源。

（王玉环）

【召开党风廉政建设工作会】 4月21日，区委教育工委、区教委召开“大兴区教育系统党风廉政建设工作会”。区纪委副书记王少权，区委教育工委书记、教委主任李达以及各位领导班子成员，教委机关科长，全区教育系统的各位书记、校长、幼儿园园长、各镇教育助理、直属各无学生单位的党、政正职共230余人参加。区委教育工委委员、纪工委书记王翠华做《大兴区教育系统2011年党风廉政建设工作报告》。报告回顾总结2010年全区教育系统的党风廉政建设工作，研究部署2011年党风廉政建设的任务和要求。李达与全区教育系统各级各类学校校长、书记代表签订《大兴区教育系统2011年廉政建设责任书》。最后，李达对参会人员进行廉政谈话。

（王玉环）

【建立健全教育系统基层纪检监察组织】 5月10日，区委教育工委、区教委建立健全教育系统基层纪检监察组织。根据市、区文件精神，结合本区教育系统实际，下发《关于加强教育系统基层纪检监察组织建设的实施意见》，要求各单位认真贯彻落实，建立健全教育系统基层纪检监察组织。基层队伍共计251人，其中纪检监察负责人122人，干部129人。

（王玉环）

【为第十期校长任职资格培训班上课】 7月6日，教育纪工委副书记、监察科科长郭紫良为区第十期校长任职资格培训班上《反腐倡廉　从我做起》廉政教育课。从“增强反腐倡廉意识”、“增强廉洁自律意识”和“增强纪检监察意识”三个层面为学员们授课。

（王玉环）

【开展秋季教育收费检查工作】 9月15日至11月1日，教育纪工委开展教育系统2011年秋季教育收费检查工作。下发《关于开展2011年秋季教育收费检查工作的通知》，教育系统各单位结合《关于迎接教育部对全国各省市进行专项检查的通知》精神，根据《关于2011年北京市大兴区进一步规范教育收费工作的意见》，认真组织教育收费自查自纠工作。区治理办确定联合检查组成员，确定重点抽查全区中、小、幼、职等学校名单，提出具体工作要求。区教委、区纪委、区发改委、区审计局的领导参加督导检查，共检查18个单位。经检查，学校能够按照市、区两级有关教育收费制度加以认真落实，个别学校公示内容不完整。

（王玉环）

【召开政风行风民主评议员会议】 10月27日，教育纪工委召开教育系统民主评议基层

政风行风评议员会议。共同学习区委教育工委、区教委《关于2011年民主评议机关科室和基层单位实施方案》，分组讨论研究工作方案，总结前一阶段工作，部署下阶段评议具体安排。

（王玉环）

【组织“廉政文化进校园”试点校到延庆县考察交流】 11月8日，教育纪工委组织“廉政文化进校园”试点校到延庆县考察交流。教育纪工委书记王翠华等领导一行10人参加。延庆县委教育纪工委书记席春青、监察科科长鲁金满与考察组在延庆县香营学校召开座谈会。香营学校的董校长介绍学校“廉政文化进校园”开展的情况；席春青从延庆县教委关于“廉政文化进校园”工作的启动、推动和三年来的收获做详细地解释说明。结合大兴教育实际，和延庆县的领导、专家进行交流；

王翠华介绍大兴区教育系统关于“廉政文化进校园”工作的设想和进一步的措施；最后，考察组成员参观香营学校的校园文化建设和专用教室。

（王玉环）

【组织评选“珍惜岗位、廉洁履职”主题征文】 11月18日，教育纪工委组织评选“珍惜岗位、廉洁履职”主题征文。按照区委教育工委、区教委《关于开展“珍惜岗位、廉洁履职”主题教育活动的实施方案》（京兴教工发［2011］4号）的部署，全区教育系统开展“珍惜岗位、廉洁履职”主题征文活动。共收到149份征文，评出一等奖16名，二等奖35名，三等奖36名，优秀组织单位6个。

（王玉环）

【召开民主评议基层站所“面对面”评议工作现场会】 11月25日，教育纪工委召开大兴区教育系统2011年民主评议基层站所“面对面”评议工作现场会。来自区监察局纠风室、区委教育工委、区民主评议基层站所评议督导组以及教育系统代表单位的党、政正职，各中小学、幼儿园、成人学校的党、政正职代表共计30余人参加。大兴五中、礼贤二小分别“述行风”；民主评议员就明察暗访阶段调查了解的情况分别进行一对一的“评行风”；由全体评议员为以上2个单位按照标准量化

打分，进行“考行风”。区委教育工委委员、教育纪工委书记王翠华对区教育系统民主评议政风行风工作向督导组进行详细地汇报并针对评议员评议的问题郑重表态。

（王玉环）

团队工作

【概　述】 2011年，大兴区教育团工委围绕区委教育工委、区教委的工作大局和团市委、团区委的工作部署，坚持以科学发展观为统领，以推进未成年人思想道德建设和培养青年马克思主义者为内容，以纪念建党90周年为重要教育契机，以“创先争优”为重点活动形式，以实施“团建十佳中学”创建工程为推进中学共青团工作的主要载体，紧密围绕“两个全体青年”的政治目标，广泛开展团员青年的思想道德教育和理想信念教育。加强中学生业余党校和少年先锋团校的组织建设和活动建设，大力开展志愿服务和“阳光心语行动”，重点推进社团建设工作，服务青少年成长成才，服务青年教师建功立业，做好各项奖学金的评选和发放。教育团工委获得2011年北京共青团中学系统信息工作先进单位。

大兴区少工委围绕区委教育工委、区教委中心工作，以新区深度融合、快速发展为机遇，抓住建党90周年的教育契机，创造优势、服务大局、规范建设，促进区少先队事业的新发展。少工委围绕新的历史条件下少先队的根本任务，发挥少先队组织教育的优势，注重党、团、队组织意识和教育内容的衔接，以“红领巾心向党　大兴发展我成长”为主题，开展具有大兴特色的少先队“五个一”系列活动，即寻访一位优秀共产党员、创建一个英雄中队、唱响一首红色歌曲、举办一个队日庆祝活动、设计一个“五小”好队员卡通形象，培养少先队员对党和社会主义祖国的朴素感情。全区各少先队深入落实《中国少年先锋队章程》、《北京市少先队组织建设规范化意见》，圆满召开少工委三届三次全委（扩大）会，举办少先队工作论坛，大力推进少先队“千优带队”争创工作，举行少先队组织建设交流互检，创建“五强”少先队组织，举办辅导员学校第三期培训班，建立导师带徒制度，开通辅导员博客，开展新一届骨干辅导员评选，切实加强少先队组织的基础建设。

（王立红　李伟）

【组织打工子弟学校辅导员参加市级培训】 1月10日，少工委组织民办打工子弟学校的大队辅导员参加市级培训活动。区教委审批的12所民办打工子弟学校的大队辅导员12人参加活动。培训内容涉及“少先队文化建设”、“少先队阵地建设”、“少先队队伍建设”等6个方面。

（李伟）

【组织开展红领巾主题教育系列活动】 1至6月，少工委组织全区少先队开展主题教育系列活动。以“红领巾心向党　大兴发展我成长”为主题，分为“寻访优秀共产党员”、“创建英雄中队”、“观看红色影片”、“唱响红色歌曲”四项内容，全区少先队员共寻访优秀共产党员200余名，建立40个校级英雄中队，观看10余部红色影片，以拉歌赛、红歌合唱比赛等形式唱响红色歌曲。

（李伟）

【召开共青团工作会】 2月24日，教育团工委召开2011年大兴区教育系统共青团工作会。区教委党组书记、区委教育工委副书记、区政府教育督导室主任李广成等领导及全区中学、职业学校团干部37人参加会议。会议主要是总结2010年工作，部署2011年工作。会上，学习团市委书记王少峰在2011年全市共青团工作会议上的工作报告，回顾教育团工委2010年各项工作，指出当前共青团工作中存在的问题和不足，对2011年各项工作进行部署。会上聘请6名团干部为本区少年先锋团校的讲师并颁发聘书。

（王立红）

【召开少工委三届三次全委会】 2月25日，少工委召开三届三次全委（扩大）会。以播放少先队工作回顾片的形式总结过去一年的工作，对2011年的工作进行部署；卸免、增补区少工委第三届的委员，选举产生区少工委主任；表彰少先队组织建设规范化先进集体，北京市星星火炬奖等集体、个人7个奖项；由8位大队辅导员从少先队活动、基础建设等8个层面以“我是一名党员辅导员”为主题介绍少先队组织的工作设想，为全区的少先队工作起到引领作用。

（李伟）

【开展区级青年文明号教研组评审活动】 3月4日，教育团工委组织评审领导小组对区级青年文明号教研组进行评选。青年文明号是共青团组织的品牌项目，开展教育系统青年文明号教研组的评选是共青团组织进一步服务青年教师成长的重要举措。此次评选是在全区中学、小学、幼儿园、职业学校范围内开展，共上报教研组60个，评选出24个区级青年文明号教研组，其中，中学、职业学校共10个，小学11个，幼儿园3个。

（王立红）

【开展志愿服务活动】 3月5日，教育团工委组织团员青年开展“青年先锋　志愿你我同行”为主题的志愿服务活动。活动旨在进一步弘扬“雷锋精神”和“奉献、友爱、互助”的志愿服务精神，加强学生的思想教育，营造良好的社会风尚。活动当天，来自北师大大兴附中和兴华中学的15名志愿服务者来到大兴区教育系统青年志愿服务基地——兴城广场，向过往群众发放“打击违法犯罪”、“防止电话诈骗”、“春季养生保健”、“家教常识”等宣传材料，捡拾白色垃圾、擦拭健身器材。

（王立红）

【开展少先队主题队日活动】 3月7日起，区少先队每月开展一次主题队日活动。少工委将每月第一个星期一定为少先队日，将主题定为“党、团、队旗飘起来”。要求各大队举行大队仪式，同时出国旗、党旗、团旗、队旗，党、团、队员分别重温党、团、队誓词，由优秀共产党员代表进行国旗下讲话，既规范少先队礼仪，也对队员进行党、团、队意识衔接的教育，辅导员在当天要佩戴一天的红领巾。由此彰显少先队活动在校园生活中的特色，进一步感召少先队员。

（李伟）

【举行我爱地球妈妈演讲比赛】 3月11日，少工委与区环保局第八次联合举行“我爱地球妈妈”演讲比赛。全区49名少先队员代表参加。以“低碳生活从我做起”为主题，结合队员所学的知识，谈认识、说感想，呼吁人们保护生态环境，为建设绿色北京做出贡献，最终评出一等奖5名，二等奖10名，三等奖34名。选派北京小学翡翠城分校、庞各庄镇第二中心小学、黄村镇第一中心小学等5名队员参加北京市的复赛，3名队员获得北京市二、三等奖。

（李伟）

【开展创先争优先进集体先进个人考核评定活动】 4月6日，教育团工委开展大兴区中学共青团“创先争优”先进集体、先进个人考核评定工作。活动旨在提高基层团组织内在活力，大力推进“创先争优”活动在全区教育系统各级团组织中广泛开展，发挥示范带动作用，引导和激励团员青年建功成才。评选活动是在全区中学、小学、幼儿园、职业学校中开展，共评选出10个五四红旗团委、44个五四红旗团支部、47名中学优秀团干部、49名中学优秀共青团员、16个志愿服务优秀活动项目。

（王立红）

【举办大队辅导员培训】 4月20日，区辅导员学校举办辅导员培训活动。全区大、中队辅导员共计120余人参加。由全国少先队辅导员专业委员会副主任、团中央《辅导员》杂志社总编柯英主讲。围绕全国第六次少代会新的历史条件下少先队组织的根本任务展开，对少先队组织根本任务的基本层面和思想层面两部分进行分析和对比，特别强调灌输和培养少年儿童对党和社会主义祖国的朴素感情，要根据政治社会化的一般规律，把握各阶段少年儿童政治认知、情感形成的特征，开展分层教育，并向全体辅导员介绍全国各地落实少先队组织的根本任务的典型经验。

（李伟）

【举行纪念五四运动92周年大会】 4月28日，教育团工委组织开展“青春凝聚在党旗下”——2011年大兴区教育系统纪念五四运动92周年大会。区政协副主席刘志茹，区委教育工委书记、区教委主任李达等领导及各校主管共青团工作的党支部书记、全区中学团干部以及受表彰的先进集体和个人代表300余人参加。会上，宣读了《中共北京市大兴区委教育工作委员会、北京市大兴区教育委员会关于教育系统五四青年标兵和十佳青年教师考核认定情况的通报》、《共青团大兴区委教育工作委员会关于共青团“创先争优”先进集体和个人考核情况的通报》，播放了“青年文明号”教研组事迹展播片，部署《“青春凝聚在党旗下”主题教育系列活动实施方案》，举行了新团员入团宣誓仪式，开展了“唱红色歌曲　抒爱党情怀”红歌联唱活动等。

（王立红）

【联合举办红领巾科普剧比赛】 4月29日，少工委和区文委联合举办大兴区红领巾科普剧比赛。以“邀你同行”为主题，共有11所学校100余名少先队员参加。评出一等奖1名，二等奖3名，三等奖7名。选派获得一等奖的青云店镇第一中心小学的科普剧《群治“妖怪”》参加北京市决赛，获市级二等奖。

（李伟）

【举行“六一”儿童节庆祝活动】 5月27日，少工委举行区“六一”儿童节庆祝活动。庆祝活动以“花儿朵朵向太阳　红领巾心向党”为主题，共计200余人参加。与会领导接见区第九届十佳少先队员，倾听队员们的事迹，并观看七色光鼓号队的展示，为十佳少先队员颁发奖杯，为获得区七色光鼓乐队一级分团的学校代表颁发一级分团奖牌，为英雄中队授旗。来自教育、医疗等方面的6名优秀党员代表也被邀请到活动现场，十佳少先队员代表为他们挂上亲手制作的“奖章”。

（李伟）

【组织参加北京市第六次少代会】 5月31日至6月1日，少工委组织参加北京市第六次少代会。经过层层推荐、选拔，派出18名少先队员和9名成人代表参加五年一次的盛会，并选派88名少先队小干部作为此次会议的固定观众。在少代会代表中，本区有4位成人代表和1位队员当选为少代会委员，其中的3位委员还当选为主席团成员。在整个参会过程中，27位代表展示出大兴少先队组织团结、向上的精神风貌。11名担任15年以上的大队辅导员获北京市辅导员金质奖章，22名担任10年以上的大队辅导员获北京市辅导员银质奖章。区少先队的一篇调研报告和两篇案例发表在《落实少先队根本任务　培育四好少年成果集》中。

（李伟）

【组织参加站首都少年先锋岗活动】 6月23至30日，教育团工委组织参与由团市委、天安门管委会、市少工委联合开展的“继承革命遗志　坚定理想信念”站首都少年先锋岗活动，具体地点是在天安门人民英雄纪念碑前。活动旨在深入开展爱国主义、革命英雄主义和集体主义教育，引导广大中学生继承和发扬革命优良传统，树立正确的理想信念。大兴一中、大兴三中、大兴四中、大兴五中、大兴六中、大兴七中、大兴八中、金海学校等8所学校140余名学生参与了此活动，并认真做好岗前和岗后教育。

（王立红）

【完成少先队全国“十一五”课题结题工作】 6月，少工委组织学校少先队组织完成少先队全国“十一五”课题结题工作。共有8个学校少先队组织参与5个全国“十一五”课题的研究工作，经过撰写结题报告、鉴证研究成果，完成结题任务。

（李伟）

【举行少先队千优带队导师带徒拜师仪式】 7月13日，少工委举行少先队“千优带队”导师带徒拜师仪式。聘请11位了解、支持少先队工作，有一定工作经验的书记、校长担任导师。根据全区大队辅导员的工作特点，将48位中心校级以上的大队辅导员分成11个组，并依据导师的专长和学校少先队的特色进行有针对性分配。区教委领导作重要讲话，要求全体大队辅导员在导师的带领下，争做政治素质过硬、职业素养优良、专业技能全面的“三好”辅导员，带动学校少先队组织争创“思想教育强、组织建设强、骨干队伍强、工作阵地强、活动建设强”

“五强”集体。

（李伟）

【参加市级中学生业余党校暑期集训活动】 7月23至25日，教育团工委组织本区市级中学生业余党校学员，参加“树立远大理想　担当时代责任”第二十期北京市中学生业余党校暑期培训。培训是由团市委中少部组织开展的，在全市范围内选拔共计500名品学兼优的高中学生参加市级培训。来自全区高中校的26名学生参加。市级中学生业余党校是培养青年马克思主义者的摇篮，通过党校学习培养一批理想远大、信念坚定、爱党、爱国、爱社会主义的优秀青年学生群体。培训活动中，共举办三场专题报告会、两场论坛、开展一次参观实践活动、一次部队体验活动，举行一次升旗仪式、观看一部专题片、开展班级建设、演讲比赛等多项主题活动。学员们通过紧张的学习生活，加深对党的认识，锻炼意志品质。

（王立红）

【组织参加暑期夏令营活动】 8月5至6日，少工委组织少先队员参加“圆你故宫梦”暑期夏令营活动。此次活动由北京故宫文物保护基金会和中国宋庆龄基金会共同主办，

少工委选派农村学校品学兼优、家庭困难的少先队员代表50人参加活动。在故宫博物院举行启动仪式，参观故宫精华线路，观看虚拟现实作品《天子的宫殿》，绘制故宫作品，串制朝珠。

（李伟）

【召开共青团工作部署会】 8月30日，教育团工委召开2011年下半年区教育系统共青团工作部署会。区教委党组书记、区委教育工委副书记、区政府教育督导室主任李广成，区教育团工委书记孙勇等领导及来自全区中学、职业学校团干部40余人参加。会上，学习区委书记、开发区工委书记林克庆在共青团大兴区第二次代表大会开幕式上作的题为《奋发有为　乘势而上　为实现新区“十二五”规划贡献青春力量》的讲话和团区委书记汤敏轩在共青团北京市大兴区第二次代表大会上作的题为《锐意进取　奋勇争先　在建设宜居宜业和谐新区中建功立业》的报告，全面解读《关于在中学共青团组织中开展“团建十佳”创建工程的实施意见》。对首批参加“团建十佳中学”创建活动的11所学校进行工作部署。

（王立红）

【举办“五小”卡通形象设计大赛】 8月31日至12月8日，少工委举办“五小”卡通形象设计大赛。全区48所学校的4万余名少先队员针对“文明礼仪小使者、环保节能小标兵、爱心和谐小天使、安全自护小卫士、快乐服务小主人”设计卡通形象，共征集优秀作品518幅，评出特等奖1个，一等奖28个，二等奖55个，三等奖80个，优秀奖107个，同时评出最佳组织奖9个。

（李伟）

【召开推进阳光心语入校园座谈交流会】 9月16日，教育团工委召开推进“心灵洒满阳光　让学生快乐成长”阳光心语入校园系列活动座谈交流会。北师大师英爱心社的教师、学生，北京大学负责社团建设的学生和本区中学部分团干部代表共计25人参加。活动旨在总结开展此项工作的经验，查找工作中的问题和不足，加强沟通和交流，提升整体工作水平。大家对如何开展好此项工作进行探讨、交流并达成共识。

（王立红）

【组织参加市级“千优带队”争创工程培训】 9月20至23日，少工委组织区35名大队辅导员参加北京市“千优带队”少先队辅导员培训。采取讲座、互动交流等形式，针对首都少先队工作的目标和重点，当前少先队工作面临的热点和难点，如何落实少先队根本任务进行讲座、专题论坛。区辅导员作为远郊区县的唯一一名代表，在“千优带队”论坛经验交流会上，就中队辅导员建设和小干部队伍建设进行专题发言。

（李伟）

【开展读后感征集评选活动】 9月22日，教育团工委开展“纪念建党90周年读红色书籍”读后感征集评选活动。旨在通过此项活动，使广大团员青年进一步了解党的、知识和建党90年来的光辉历程，培养团员青年爱党、爱国、爱社会主义的情感。此项活动暑假前夕进行部署，向全区团员青年推荐红色书籍书目102种，各校在团员青年中开展阅读，开学后上交读后感261篇，评选出一、二、三等奖共76篇。

（王立红）

【开展区级中学生业余党校集中培训活动】 9月25日，教育团工委开展以“坚定理想信念、争做青年先锋”为主题的集中培训活动。区教委党组书记、区委教育工委副书记、区政府教育督导室主任李广成，团区委书记汤敏轩等领导以及来自全区11所高中校和2所职业学校的100名区级中学生业余党校学员参加培训。活动旨在进一步加强党校学员的思想建设，强化团属阵地，促进校级中学生业余党校的建设发展。活动分为专题讲座和外出参观两部分，中央社会主义学院、马克思主义教研部主任赵丰，区德育教研室副主任、国家二级心理咨询师董义芹分别围绕《与祖国共奋进　与时代同发展》、《用理想照亮人生路》两个主题，开展专题讲座。还组织党校学员参观天安门城楼和国家博物馆。

（王立红）

【参加少先队导师带徒组活动】 9月26日至12月21日，少工委参加各导师带徒组活动。在导师带徒拜师仪式后，建成“少先队五四联盟”、“千优先锋”、“五月花”、“千优五星”等少先队工作团队，并制定团队各具特色的工作指导方案，导师组开展少先队理论学习、主题活动观摩、专题研讨等不同形式的活动。少工委共参加导师带徒组活动8次。

（李伟）

【组织开展网上签名寄语活动】 9月28日至10月9日，少工委组织全区少先队员开展网上签名寄语活动。活动以“向国旗敬礼、做一个有道德的人”为主题，以网上签名寄语活动为形式，引导少先队员在国庆期间积极参与爱国主义教育活动，增强爱国意识，激发爱国情感。全区48所直属及中心校级少先队大队,近30000余名少先队员参与网上签名寄语活动。经过网上审核、学校统计上报,共选出8014条精彩留言。

(李伟)

【开展网上签名寄语活动】 9月28日至10月10日,教育团工委开展"向国旗敬礼、做一个有道德的人"网上签名寄语活动。全区共有11000余名中学生参加活动。活动旨在国庆期间面向团员青年学生开展爱国主义教育。活动是根据首都、大兴区精神文明建设委员会办公室工作要求组织开展的。各校利用信息技术课、自习课等形式,组织学生上网向国旗敬礼、寄语,来抒发感言、表达心声。

(王立红)

【联合开展重阳节敬老慰问活动】 9月29日,少工委与区妇女儿童活动中心联合开展重阳节敬老慰问活动。组织2所学校50名少先队员走进魏善庄镇和长子营镇敬老院开展重阳节慰问活动,队员为老人们送上亲手制作的手工制品,表演编排的节目,倾听发生在老人身边的教育故事。

(李伟)

【举行少先队导师带徒推进会】 10月11日,少工委举行少先队"千优带队"论坛暨导师带徒推进会。团市委区委、区教委的相关领导和来自全区的辅导员导师和大队辅导员共计116人参加。活动由区教委党组书记、区委教育工委副书记、区少工委第一副主任李广成主持。会上,宣读《大兴区少先队"导师带徒"工作方案》;导师代表和辅导员代表做关于少先队"千优带队"争创工程的典型发言;辅导员导师向徒弟赠送辅导员成长册;区教委领导及辅导员代表共同开通"红领巾情缘"大兴区辅导员博客;团市委、区委领导作重要讲话,提出三点意见:高度重视少先队工作;抓住重点深入推进少先队工作;注重工作的持续性。

(李伟)

【举行十八岁成人宣誓仪式】 10月28日,教育团工委举行"感恩　担责　立志　报国"——2011年大兴区中学生十八岁成人宣誓仪式。活动旨在进一步加强中学生思想道德教育,激发学生成人的神圣感、使命感,增强学生成人后的社会责任感,使学生在十八岁成人这一重要时刻,通过特殊方式进行庆祝和勉励,为同学们健康成长、走上社会奠定坚实的基础。区教委党组书记、区委教育工委副书记、区政府教育督导室主任李广成,团区委书记汤敏轩等领导及兴华中学高三年级全体学生和全区11所高中校、两所职业学校的团干部和学生代表、家长代表共计700余人参加。会上,学生代表朗诵《十八岁畅想曲》,面对国旗进行成人宣誓,汤敏轩为十八岁学生代表颁发成人徽章和成人纪念册。李广成为成人学生送上领导寄语,学生家长代表送上前辈祝愿,成人学生代表说出自己的成人心声。与会学生还表演手语操《感恩的心》。最后,学生跨过"成人门"。

(王立红)

【开展少先队科研成果征集评比工作】 10月31日,少工委完成学校少先队理论科研成果的征集和评选工作。全区共征集少先队工作论文、案例、调研报告523篇,评出一、二、三等奖共计195篇,从中推选出辅导员队伍建设、阵地建设、主题活动、品牌建设等方面的20篇少先队研究成果参加市级的评选。

（李伟）

【组织参加市级红通社年会活动】 11月8日，少工委组织区部分校级红通社成员参加市级红通社周年年会活动。选派5所校级红通社的辅导员和小记者共计15人参加。本区1所校级记者站被评为市级优秀红通社记者站，12位小记者被聘为市级红通社小记者。

（李伟）

【完成少先队组织规范化建设互检】 11月9至11日，少工委完成少先队组织规范化建设互检工作。互检前，进一步完善《少先队组织规范化建设考核标准》，将少先队争创“五强”的内容融入考核标准中。活动中，由少工委人员带队分成四组，针对少先队组织建设、少先队文化、品牌活动等几方面，对22所学校少先队工作进行评估、考核。

（李伟）

【举行新一届骨干辅导员评选】 11月18日、25日，少工委举行新一届骨干辅导员评选。以综合知识考核、情境问答、才艺展示、业绩考核的形式进行综合评定，聘请少先队专家工作室的5位专家担任评委，评出10名新一届少先队骨干辅导员。

（李伟）

【组织参加全国中学共青团电视电话会】 11月24日，全国中学共青团工作电视电话会大兴区分会在区政府视频会议室举行。区教委党组书记、区委教育工委副书记、区政府教育督导室主任李广成，团区委书记汤敏轩等领导以及完全中学、职业学校党支部书记和全区中学团委（总支）书记50余人参加。团中央书记处第一书记陆昊、教育部副部长杜占元讲话。会议对中学共青团工作面临的重大挑战、中学共青团工作的重要性、怎样围绕中学的育人目标把握好共青团工作的切入点和结合点、当前如何加强中学共青团工作、中学共青团自身建设和加强领导等方面做分析和部署。会后，李广成对学习落实讲话精神提出工作要求。

（王立红）

【学习践行北京精神实践活动】 11月24日，少工委组织全区少先队组织学习、践行“北京精神”。全区少先队组织以手抄报评比、文化节、升旗仪式、书画作品评选等形式来诠释“爱国、创新、包容、厚德”的北京精神。9所学校少先队员用身边的真人真事诠释“北京精神”的文章，被刊登在北京少年报“北京精神”专版上。

（李伟）

【举行辅导员学校第三期开班典礼】 11月30日，少先队辅导员学校举行第三期开班典礼。招收全区94名大队辅导员作为第三期的培训对象。仪式上，少工委办公室主任宣读《2011——2012学年度大兴区少先队辅导员学校课程实施方案》，同时提出提高认识，端正态度，明确目的，理论和实践相结合，遵守纪律，圆满完成学习任务的培训要求。

（李伟）

【开展初中校少年团校调研工作】 12月1日，教育团工委完成在全区初中校开展的调研工作。撰写《关于大兴区中学少年先锋团校建设情况的调研报告》。调研主要是为了充分掌握本区少年先锋团校建设情况，进一步发挥中学少年先锋团校的思想教育作用，掌握第一手资料和数据,促进建设发展,加强工作指导。在全区各校下发调查问卷,对部分学校进行实地走访,召开学生座谈会,完成调研报告。调研报告被团市委中少部评为一等奖。

(王立红)

【举行中学生社团展示交流活动】 12月5日,教育团工委开展"绽放青春　炫我风采"中学生社团展示交流活动。活动旨在进一步加强社团建设,促进社团发展,提升社团工作水平,加强工作交流,促进和谐校园建设。区教委党组书记、区委教育工委副书记、区政府教育督导室主任李广成,团区委书记汤敏轩等领导及全区中学、职业学校团干部,大兴一中初一年级、高一年级全体学生1000余人参加。活动分为主会场和分会场两部分。主会场内容是优秀社团进行现场集中节目展演,分会场内容是对全区社团开展活动情况进行现场展示。全区共计32个社团参加此次活动。活动现场,还进行社团建设工作交流,

宣读《共青团大兴区委教育工作委员会关于进一步加强中学生社团建设的意见》。

(王立红)

【召开少先队科研工作专题研讨会】 12月6日,少工委召开少先队理论科研工作专题研讨会。参与全国少先队"十一五"课题和理论研究工作较强的12所学校的大队辅导员参加。中国少先队工作学会副秘书长吴云清、北京少先队工作学会副会长王延风针对全国少先队"十二五"课题的选题方向,以及如何确定研究课题等问题,采取一对一的形式现场指导。

(李伟)

【组织参加阳光体育奇奇运动会】 12月8日,少工委组织队员参加北京市阳光体育奇奇运动会。比赛是由北京市少工委和北京肯德基有限公司共同举办,本区选派2所学校46名队员参加"跃动先锋、极速穿越、锦上添花、阳光体操"四个项目比赛。在"锦上添花"项目上,区代表队获冠军,少工委获优秀组织奖。

(李伟)

【召开千优带队工作总结交流会】 12月22至23日,少工委组织召开少先队"千优带队"工作总结交流会。少工委将48所学校分成四组,各学校少先队组织围绕"思想教育强、组织建设强、骨干队伍强、工作阵地强、活动建设强"内容和导师带徒工作展开汇报,全面地展示全区少先队"千优带队"争创工作进展情况。

(李伟)

【举行中学团干部培训会】 12月23至24日,教育团工委组织召开中学团干部培训会。区教委党组书记、区委教育工委副书记、区政府教育督导室主任李广成,团区委书记汤敏轩等领导以及全区各中学37名团干部参加。培训是为了进一步提高中学共青团整体工作水平,加强对中学团干部业务培训,总结、部

署中学共青团工作。首都师范大学教授、首师大青年教育艺术研究所所长、首师大演讲中心主任、中共北京市委讲师团特约报告人郭海燕作题为“跟进青年思想实际，在共青团岗位历练成长”的专题讲座。五所实施“团

建十佳中学创建工程”的学校进行工作汇报交流。会上，教育团工委全面总结2011年各项工作，部署2012年整体工作。

（王立红）

【完成唐仲英爱心奖学金发放工作】 12月30日，教育团工委完成2011至2012学年度唐仲英爱心奖学金发放工作。唐仲英爱心奖学金不仅是对学生进行资助，更是对学生进行德育教育的重要形式。此项奖学金2007年落户大兴至今已经是第五个年头，是以全区中学生为资助对象，初中生每年每人400元，高中生每年每人800元。今年全区有506名初中生、241名高中生得到资助，资助金额达39.52万元。受助学生还组成爱心小分队，常年开展爱心公益活动。11月，各校开展唐仲英爱心奖学金评选，上报基金会进行审核。12月，各校根据区教育团工委奖学金发放通知要求，完成奖学金的发放工作。

（王立红）

工会工作

【概 述】 2011年,大兴区教育工会以教代会星级评估为抓手,积极推进职工维权工程;以师德建设为主线,积极推进职工素质提高工程;以文体活动为载体,积极推进职工健康工程;以党政满意、教职工信赖为目标,积极推进工会工作科学发展。一年来,教育工会团结和带领广大教职工,紧紧围绕教育教学这一中心开展各项工作,全面履行工会各项职能,多措并举,为大兴教育的发展作出贡献。建立教代会星级管理制度,规范教代会建设。制定并出台《大兴区教代会星级管理工作方案》,正式启动教代会星级评估制度。组织两个检查小组对32个申报单位进行评估检查,经过综合评估,最终确定教代会五星级单位8个、四星级单位12个、三星级单位12个。加强教职工之家建设,本年度有2所学校被评为大兴区先进教职工之家,2所学校被评为大兴区合格教职工之家。评选优秀教代会提案,今年共收到提案申报表121份,评选出25个优秀提案予以表彰。基层工会非常重视教代会提案,已做到回复率100%,立案落实率达到90%。关注弱势群体,实施“暖心”行动。两节期间,教育工会组织教委领导和科室干部入户慰问困难教职工71户,发放慰问金55000元;为大兴二职、榆垡镇第二中心小学两名教师争取北京市总工会的“温暖基金”11000元,为6名符合六病理赔条件的教师及时办理手续,共获得赔付金额8万元。在4月、10月组织的“送温暖 献爱心”捐助活动中共筹得善款395710元,共捐助棉衣3635件,棉被302件。加强女工工作,评选表彰“教书育人好教师”、“孝敬公婆好儿媳”、“科学教子好母亲”各20名;举办电影招待会;举办玉文化知识讲座;做好女工六病保险投保工作,全区投保总人数5986人,总金额22万余元。注重师德建设,提高教师队伍素质。评选并表彰20个师德建设先进集体和117名师德标兵;组织大兴区首届中小学教职工实验技能大赛——中学物理学科竞赛,共有37所学校的初、高中物理教师参赛;设立“教工摄影展”专栏,共收到各类摄影作品551幅。开展文体活动,举办大兴区第一届教职工文化体育节,组织“红歌献给党”红五月歌咏比赛活动,预赛时108个单位、2150人参加,决赛有23支参赛队参加;举行乒乓球、羽毛球体育单项赛,区级决赛参赛选手共322名。加强工会自身组织建设,举办工会干部参加的工会主席培训班;开展岗位练兵,每名工会主席为教职工办好一件实事、完成一个调研课题。“教职工体育健康活动月”教职工体育健身活动丰富多彩,2011年被北京市教育工会评为“工会工作先进单位”。

（刘春梅）

【大辛庄中学办理北京公园年票】 1月10日,大辛庄中学43名教师领到使用京卡办理的“北京市公园 IC 卡年票”。一“卡”在手，游遍京城名园，同时随着地铁四号线的全线开通，沿线站点有陶然亭、动物园、圆明园、颐和园等公园，还有香山公园、玉渊潭公园、北京国际雕塑园等共 16 个。学校工会为职工着想，电话联系公园年票办理点，咨询办理程序。用京卡花 100 元购买 200 元票。

（刘志强）

【开展两节送温暖活动】 元旦春节期间，教育工会组织教委领导和科室干部入户慰问困难教职工 71 户，发放慰问金 55000 元，还有万余元的大米和食用油。各基层工会在两节期间，慰问离退休职工 3543 人，入户慰问 2302 人，慰问金额达 52 万余元。

（刘春梅）

【开展“三好”女教师评选活动】 3 月，教育工会组织“教书育人好教师”、“孝敬公婆好儿媳”、“科学教子好母亲”评选工作。在教育系统女教工中开展“三好”评选的目的就是宣传教育系统优秀女性在工作与生活中的突出贡献，此次评选活动推荐候选人 188 名，每项择优评选出 20 名。此次评选活动共有 110 个单位参加，推荐候选人 188 名。每项择优评选出 20 名进行表彰。

（刘春梅）

【亦庄中学“亦光亦影”摄影采风】 4 月 17 日，亦庄中学工会组织“亦光亦影”摄影协会一行 21 名会员，在校长、工会主席带领下到大兴梨花节，进行户外摄影采风。会员们一下车，冲进梨园，被眼前诱人梨花之乡画卷所陶醉，举起相机拍照不停。同时相互交流摄影体会。

（刘秋华）

【参加区“五一”劳动节表彰会获奖】 4 月 27 日，教育工会参加了区总工会组织“火红的五月”——庆祝“五一”劳动节表彰大会。教育工会推荐的大兴一中教师吕小英获得“首都劳动奖章”称号，在大会上受到表彰。

（刘春梅）

【开展女职工六病保险投保工作】 4 月，教育工会组织教育系统女职工六病保险投保工作。全区新会员入会 677 人，投保总人数 5986 人，总金额 22 万余元。119 个基层工会中有 110 个单位参保，94 个单位付款。今年的六病保险投保工作特点是：拓宽参保范围，吸收非事业编女教工参保；单位为非事业编女教职工付款两个特点。

（刘春梅）

【举办教职工摄影作品展】 4 至 12 月，教育

工会举办教职工摄影作品展。在网站上设立“教工摄影展”专栏，展示教职工业余生活。活动倡导广大教职工“走进春天，亲近自然，发现并记录生活中的美丽”。此项活动得到爱好摄影教师的响应，共收到各类摄影作品 551 幅。

（刘春梅）

【组织“红歌献给党”歌咏比赛】 5 月 30 日，教育工会组织教育系统“红歌献给党”红五

月歌咏比赛决赛活动。此项活动分预赛和决赛两个阶段。预赛历时一周,9 个片组共 108 个单位、2150 人参加,决赛有 23 支队伍参赛。市教育工会主席张青山,区委教育工委书记、教委主任李达等领导观看比赛。评出 8 个一等奖、15 个二等奖、4 个最佳创新奖、8 个最佳组织奖。红五月歌咏比赛是教育工会举办的第一届教职工文化体育节系列活动之一,旨在纪念党的九十华诞,继承和发扬党的光荣传统和优良作风,激发广大教职工热爱党、热爱祖国的热情,调动和增强广大教职工爱

岗敬业的积极性和主动性,进一步活跃和丰富教职工文化体育生活。

(刘春梅)

【评选师德建设先进集体和师德标兵】 7 月,教育工会评选师德建设先进集体和师德标兵。根据《关于评选师德建设先进集体和师德标兵的工作意见》文件精神,组织师德建设先进集体和师德标兵评选工作。此项评选活动每两年进行一次。各单位按照文件要求积极开展创优争先活动,评选校级师德标兵、推荐区级师德标兵,争创区级师德建设先进集体,激励教师树形象、立新功。经教育工会牵头对申报者进行综合评定,大兴一中等 20 个单位荣获师德建设先进集体称号,大兴三中吴瑞霞等 117 人荣获师德标兵称号。

(刘春梅)

【红星中学举办教师专业化成长讲座】 8 月 31 日,红星中学和其他学校教师聆听教师专业化成长报告。主讲人是“北京市优秀德育工作者”北师大大兴附中教师杨凤娟。她在教育、教学和教师三方面进行讲解。杨老师用她的随笔《藏爱》解读她与众不同教育理念,那就是“‘完美’的教师都能自觉接纳学生的‘不完美’,然后把概念上的‘完美’藏在永远一往情深的关怀里,发自内心地呼唤并安静地等待学生醒悟、自律、成长。”对教师提出希望:教师要“硬头皮”干活,且要多看书、

多学习,脚踏实地“去做”,因为只有做才是迈出成功第一步。该校 46 名、外校 149 名教师参加活动。

(刘永志)

【参加北京市教育先锋表彰大会】 9 月 6 日,市教育工会在中国音乐学院音乐厅召开“北京教育先锋表彰大会暨第六届北京师德论坛”。北京小学大兴分校体育教研组获得教育先锋号光荣称号,大兴一中高中语文组、大兴二幼中班年级组获得教育先锋先进集体光荣称号,黄村镇第一中心小学杨玉芬、大兴

三幼殷巍、德茂中学方雄玉三位教师获得教育先锋先进个人光荣称号。2009年起每两年在全市教育系统开展一次教育先锋的评选活动。经过基层推荐、专家评审、网络公示等评选程序,共评选产生教育先锋"三育人"标兵40名(高校30名、普教10名),教育先锋

号40个(高校30个、普教10个),教育先锋先进个人130名(高校95名、普教35名)、教育先锋先进集体80个。

(刘春梅)

【表彰师德建设先进集体和师德标兵】 9月9日,全区庆祝教师节大会上,表彰师德建设先进集体和师德标兵。区委副书记、区长、北京经济技术开发区工委副书记李长友,区人大主任张书领,区政协主席高树旺,区委副书记王新,区委常委、宣传部长戴明超等领导出席并为获奖集体和个人颁奖。区人大、区政协主管领导,区委教育工委、区教委各位书记主任,各镇(街道办)主管教育的副镇长(副主任),全区教育系统各单位的党支部书记、师德标兵和优秀学生代表,共计400余人参加。会上对教育工会评选出的20个师德建设先进集体和117名师德标兵进行隆重表彰。

(刘春梅)

【组织"冬衣送暖"捐助活动】 10月14日,教育工会组织"冬衣送暖"捐助活动。按照中共北京市大兴区委办公室、北京市大兴区人民政府办公室《关于开展"冬衣送暖"社会捐助活动的通知》精神,组织教委机关和教育系统直属各单位进行捐助活动,以帮助区对口支援的青海省西宁市灾区群众温暖过冬。截止到10月24日,直属各单位共捐助棉衣

3542件,棉被292件;教委机关捐助棉衣93件,棉被10件。

(刘春梅)

【开展工会会员信息采集工作】 10月30日,教育工会完成对教育系统123个单位的会员信息采集工作。统计结果:全系统共有会员10011人,女教职工总数6645人,新入会会员349人,办理京卡7430人;所有会员信息已录入北京市总工会会员管理系统。

(刘春梅)

【举办首届中小学教职工实验技能大赛】 11月5日,区首届中小学教职工实验技能大赛启动仪式在大兴五中举行。大赛由教育工会主办、教师进修学校承办,区总工会副主席侯月海、区教委副主任扈岩江、教育工会主席杨子仲等领导参加。随后进行首届中小学教职工实验技能大赛——中学物理学科比赛活

动，参赛选手来自全区 37 所中学的初、高中物理教师。比赛分为笔试和现场实验操作两个部分：理论考试为实验知识与实验设计能力的考试，实验操作是在规定的时间内（20 分钟）设计实验方案，并进行实验操作。两项

综合评分初、高中共有 28 人获得一等奖，41 人获得二等奖。

（刘春梅）

【举办工会主席培训班】 11 月 10 至 11 日，教育工会举办基层工会主席培训班。全区 100 名工会主席和组织员参加培训活动。培训以专题讲座的形式进行。邀请北京理工大学工会常务副主席张剑军做题为《在新形势下如何做好工会和教代会工作》的专题讲座；教育工会主席杨子仲做题为《当前工会工作的重点和难点》专题报告；进修学校干训教务处主任陈淑君做《调研报告的撰写》专题讲座。区教委党组书记、区委教育工委副书记、区政府教育督导室主任李广成讲话，肯定工会的全面工作，对广大工会干部提出希望和要求。

（刘春梅）

【组织乒乓球、羽毛球体育单项赛】 11 月 18 和 25 日，教育工会分别举办区教育系统教职工乒乓球和羽毛球体育单项赛区级决赛。比赛由前期校级初赛和片组预赛选拔，按三个年龄段：青年组、中年组、老年组各六组、共 322 人参加比赛。比赛均为单打项目，采用淘汰制，各组取得前八名的选手获得表彰和奖励。比赛活动是按照教育工会《关于举办

第一届教职工文化体育节的通知》进行的系列活动。

（刘春梅）

【组织教代会星级评估工作】 12 月 5 至 12 日，教育工会对 32 个教代会星级申报单位进行评估检查。按照《大兴区教代会星级管理工作方案》的要求，对照《大兴区教代会工作星级评估标准》，查阅各单位的民主管理台帐、党支部工作手册和教代会工作档案等相关资料。进行教代会代表问卷调查 665 人次，同时检查人员与学校领导就教代会的相关问题进行交流。经过综合评估，确定教代会五星级单位 8 个、四星级单位 12 个、三星级单位 12 个，在年终表彰会上进行表彰。教代会作为学校民主管理的重要手段和途径，各单位党政领导越来越重视，各基层工会在操作过程中越来越规范，教职工代表参政议政的能力越来越增强。存在的问题是提案的落实反馈情况有待加强；教代会代表的培训有待加强；教代会档案的整理有待规范。

（刘春梅）

【太和中学举行教师书法大赛】 12 月 19 日，太和中学举行“书写北京精神　绽放教师风采——迎新年教师书法大赛”。全校 39 名教职工参加活动。活动统一时间、统一地点、统一纸型，分为硬笔和软笔两项书写内容，硬笔内容为北京精神具体内容及含义；软笔内容为毛主席诗词。共上交 78 篇作品。学校领导班子作为评委，依据每位职工两份作品综合情况打分，评出一等奖 8 名，二等奖 12 名，三等奖 20 名。

（刘坤）

关心下一代工作

【概　述】 大兴区教育系统关心下一代工作委员会（简称教育关工委）是区教育工委下设的一个组织机构，主要负责组织老同志发挥余热，继续为青少年思想道德建设和培养青年教师贡献力量。教育关工委设主任一名，常务副主任两名，副主任三名，委员十四名，均为相关单位领导（含已退休的老领导三人）。下设秘书处，秘书长由教委人事科科长担任。工作人员三人，其中中级职称两人，初级职称一人。

2011年，以党的十七届六中全会精神为指导，以“五老”志愿者队伍建设为重点，在大兴区关工委和区教委领导支持下，围绕社会主义核心价值体系，开展关心青少年健康成长的活动，在实际、实效上下功夫。现已有81所学校建立校级关工委，发动老教师积极投身到青少年健康成长教育工作中，充分发挥老教师作用，他们积极参与学校的教育教学工作，为加强学校管理，提高教学质量做贡献。教育关工委以开展“光辉的旗帜”主题教育和拆迁子女教育问题为重点，开展一系列工作：向中小学生赠孝敬卡，弘扬孝文化；在学生中开展读书活动，编印《红心向党》歌曲集，赠给青年教师，在他们心中树立热爱党、跟党走的信心；组织视导团到拆迁地区调研，了解拆迁地区子女心理活动及教育情况；召开“五老”培训会，提高“五老”素质，便于更好地为青少年服务；组织编印《红星地区教育回忆录》等。

（侯卫英）

【举行向全区中小学生赠孝敬卡启动仪式】 1月18日，区关工委、区教育关工委和区教委在大兴二小联合举行主题为“小小信笺寄孝心，感谢父母养育恩”向全区中小学生赠孝敬卡启动仪式。这次活动是以“孝”文化为核心，把“孝”文化教育作为本区开展“弘扬传统美德，构建和谐大兴”主题教育的着力点和突破口，以中华民族源远流长的“孝”德为内容，以为父母、为长辈送孝敬卡的方式对学生进行孝心教育，希望学生们养成尊敬长辈，孝敬父母，助人为乐的良好行为习惯，把

对父母的爱扩展到对人民、对家乡、对祖国的爱。

（侯卫英）

【召开北京区县教育关工委新春联谊会】 1月20日，北京各区县教育关工委新春联谊会在校长大厦召开。来自全市19个区县教育

关工委负责人共70余人参加联谊会。市关工委常务副主任滕毅、市教育关工委常务副主任籍之伟、处长田丽出席活动。大兴区文明办主任王焕玉、教委副主任扈岩江也参加联谊会。

（侯卫英）

【向青年教师赠送《红心向党》歌曲集】 4月12日，区教育关工委向青年教师赠书仪式举行。《红心向党》是由大兴区教育关工委编辑的一本红色歌曲集，收录四十余首脍炙人口的革命歌曲，把它赠给全区的青年教师。意在青年教师中掀起唱红歌热潮，从中受到

红色教育，激发他们的爱国热情，坚定永远跟党走的信念。

（侯卫英）

【区教育关工委、老教协召开工作大会】 4

月15日，区教育关工委、老教协2011年工作大会召开。会上，教育关工委主任李克仁对关工委和老教协今后的工作提出希望和要求，并对2011年重点工作做具体部署。会上，还为新一届老教协分会长颁发聘书。

（侯卫英）

【区关工委视导团到学校进行专题调研】 5月12至13日，区关工委视导团到瀛海、礼贤两个镇针对拆迁子女的教育问题进行专题调研。“拆迁”是现在社会上的热点话题，由拆迁引发出的诸多问题已经影响到学生的思想和心理。如何引导学生面对种种诱惑，正确把握自己的人生，是当前面临的严峻课题。视导团的老领导老专家看到全区教育系统广大师生中那种积极、向上、健康的生活、工作的态度，同时，也发现存在的问题。区关工委主任周静溪，区关工委副主任、教育关工委主任李克仁在会上对两个镇在拆迁教育问题上所做的工作给予肯定，同时也表示将把调研的情况和存在的问题向上级主管部门反映，从关工委的角度予以关注，最大限度的帮助解决。

（侯卫英）

【区教育关工委获全国读书征文活动先进集体】 8月25日，区教育关工委被教育部关

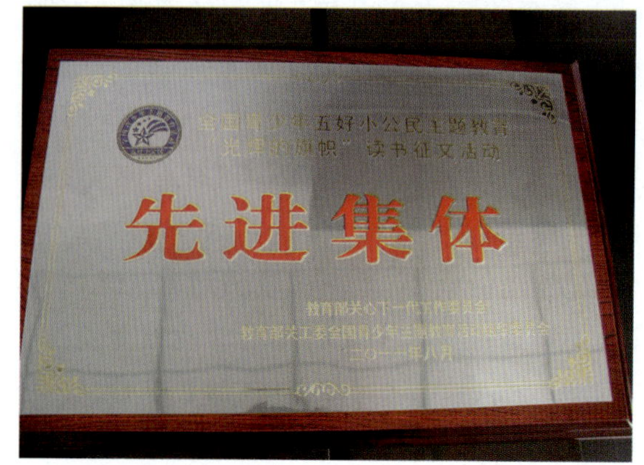

工委、全国青少年主题教育活动组委会评为全国青少年五好小公民主题教育“光辉的旗帜”读书征文活动先进集体。这次活动中，本区 80 名学生分别荣获一、二、三等奖和优秀奖，59 名教师荣获优秀辅导奖。在北京教育关工委组织的《光辉的旗帜》读书征文活动演讲比赛中，滨河小学陆梦成同学、大兴三中钱雅琪同学分获小学组第二名和中学组第四名。

（侯卫英）

【区关工委视导团视察指导学校工作】 10 月 19 日和 21 日，区关工委视导团在区关工委主任周静溪，工委副主任、教育关工委主任李克仁的率领下，到北京八中亦庄分校、北京经济技术开发区实验学校、北京第二实验小学大兴实验学校、北京师范大学大兴附属小学进行参观视导。区教委副主任安有文、人事科副科长寇国新分别主持座谈会。视导团听取四位校长的汇报。周静溪、李克仁在讲话中对这四所学校的工作都给予高度评价，并鼓励他们再接再厉，办出高水平、高质量的学校，办出让人民满意的学校。

（侯卫英）

【举办“五老”志愿者培训班】 10 月 27 至 28 日，区关工委在校长大厦举办“五老”志愿者培训班。目的是为进一步提升“五老”队伍水平，更好地服务于关心下一代工作。区关工委副主任、教育关工委主任李克仁为大家讲课，着重讲述关工委组织的起源、地位和作用，关工委的工作性质、任务和原则，使“五老”对关工委组织有全面、系统了解和认识。区关工委主任周静溪以“充分发挥‘五老’作用，切实加强未成年人思想道德建设”为主题讲话。强调：“五老”是关工委开展工作的主要依靠力量，组建“五老”队伍是把关工委工作落实到基层的需要。他希望“五老”要加强学习，乐于奉献，量力而为，为本区的“未成年人思想道德建设”作出贡献。

（侯卫英）

【举行“文明美德伴我成长”赠书仪式】 11 月 8 日，区教育关工委在北京小学翡翠城分校举行《文明美德伴我成长》赠书仪式。《文明美德伴我成长》是继《我是 90 后》、《光辉的旗帜》后，本区开展的第三届主题教育读书活动。在全区中小学开展读书活动，对青少年思想道德品质及综合素质的提高起到促进作用，增强读书活动的实效性。主题教育读书活动已成为教育关工委向青少年进行思想道德教育，以社会主义核心价值观引领青少

年健康成长的品牌活动。

(侯卫英)

【举行老教师新年团拜会】 12月28日,老教师新年团拜会在校长大厦举行。参加团拜会的有关工委视导团成员、五老报告团成员、教委离退休老领导以及乐龄金帆艺术团大兴分团全体成员。区关工委主任周静溪,区关工委副主任、教育关工委主任李克仁,教育工委副书记李广成,教委副主任安有文,教育工会主席杨子仲等领导参加活动。李广成、李克仁分别向在座的老领导老教师汇报一年来的工作和取得的成绩,并向他们致以节日的问候。团拜会上,乐龄金帆艺术团大兴分团为大家表演文艺节目。

(侯卫英)

老干部工作

【概　述】 2011年，大兴区老教师管理站在区教工委、区教委的领导下，围绕本站“尊老、敬业、爱岗；用心、用情、用力”的工作方针和“以关怀为使命，以服务为宗旨；搭建和谐平台，延伸优质服务”的工作目标，在教职工中开展“珍惜岗位　廉洁履职”活动，把让“老干部、老教师满意”作为衡量工作好坏的第一标准，使全体教职工都能全心全意地做好为老服务工作。一年来，落实老干部工作责任制，全面落实老干部的政治待遇与生活待遇。组织老干部听取政治理论辅导、健康知识讲座；组织参观、采摘等一系列活动；为离休干部订阅报刊杂志并送、寄到户；给80岁以上老干部过生日；对住院的老干部到医院进行看望；在国庆节和春节来临前，逐户进行登门慰问，送去党和政府对老干部的关怀与祝福。教委离休支部每月在管理站活动一次，管理站有专车接送、专人负责，保证活动安全、顺利地开展。为庆祝建党九十周年，离休支部到SOS儿童村举行“一老一小颂党恩”主题党日活动。此活动在市委组织部、市老干部局组织的离休支部“主题党日”评选活动中获得一等奖，其专题片在北京电视台《晚晴》栏目和大兴电视台播出。管理站还与关工委、老教协携手共同做好退休教师的服务管理工作。管理站利用现有条件，组建乐龄金帆艺术团大兴分团、诗词班、台球队和门球队等多个活动队，保证日常活动，并组织他们参加市、区级比赛和交流活动。如组织艺术团走进社区、走进校园进行演出，组织门球队参加市级比赛等，展现退休教师的风采。一年来，管理站的工作也得到上级部门的认可：老教师管理站获得北京市委组织部、市老干部局颁发的离退休党支部建设工作创新项目奖；获得北京市老教育工作者总会颁发的优秀文化活动社团；获得北京市教育系统老同志书画作品展组织奖；门球队在参加北京市老教育工作者门球比赛中获得第二名；老教师管理站还获得大兴教委颁发的内部审计先进单位、信息宣传先进单位、文体活动先进单位称号。

（魏丽颖）

【慰问离休老干部】 1月18日，老教师管理站领导带领工作人员对全区教育系统的离休老干部进行春节慰问。利用近一周的时间代表区教委对所服务的46名离休老干部逐一登门慰问，为他们送去礼品和慰问金，送去党和政府对离休老干部们的关怀和祝福。

（张瑞莹）

【举办庆三八趣味运动会】 3月8号，老教

师管理站工会举行女职工趣味体育活动，庆祝三八妇女节。趣味体育活动共四项：踢毽球、套圈、赶猪跑和过河。女教工们积极参与。管理站领导为获奖女教工们颁发奖品，站长李广生对活动进行总结，同时希望女教工们在工作的同时要加强锻炼，强健体魄，以便更好地工作和学习。

（张瑞莹）

【开展捐助活动】 4月12日，老教师管理站开展“春风送暖　奉献爱心捐助活动”。管理站工会响应区教育工会的号召，开展“春风送暖　奉献爱心捐助活动”。工会主席高云贵宣读捐助活动的通知，宣布工会开展捐助活动的决定，党支部书记曹化旺强调活动的

意义和要求。大家踊跃捐款。在站的24名教职工参加捐助活动，捐款1340元。

（张瑞莹）

【开展消防安全检查活动】 4月28日，老教师管理站开展以消防安全为主要内容的专项大检查活动。管理站安全工作领导小组成员，对本站消防设备、电路、活动室、阅览室及各办公室电器，逐一进行检查，对检查过程存在的不安全隐患提出整改建议。

（张瑞莹）

【研讨建党90周年主题党日活动方案】 5月5日，区老干部局副局长孔永与管理站共同研讨建党90周年离休支部主题党日活动方案。按照市老干部局开展“颂党恩　抒豪情　添光彩　乐晚年”主题活动的要求，双方经过研究讨论，确定活动的主题为“一老一小颂党恩”。决定在建党90周年到来之际，开展一次以关心下一代为主要内容的主题党日活动。在“六一国际儿童节”前夕，走进中国·北京SOS儿童村去看望那里的孩子，并与那里的孩子交谈、联欢，向孩子们赠送离休支部老干部用特殊党费购买的礼物。

（张瑞莹）

【参加北京老教育工作者门球比赛获奖】 5月12日，老教师管理站组织教委老教师门球队参加“2011年北京老教育工作者门球比赛”，获第二名。比赛由市委教育工委、市教委离退休干部处、北京教育老干部活动中心和老教育工作者门球协会联合主办，东城区门球协会协办。主题为“颂党恩抒豪情　添光彩乐晚年”，旨在推动教育系统老年门球运动的开展、增进老同志间的友谊和交流。共有30支代表队参加，大兴区代表队由8位老教师组成，最大年龄75岁，最小65岁，平均年龄70.5岁。5月11日预赛中获得小组第一，12日参加复赛和决赛，最终获得本次比赛的亚军。

（张瑞莹）

【开展主题党日活动】 5月21日，区教委离休党支部走进中国·北京SOS儿童村，开展“一老一小颂党恩”主题党日活动。六一儿童节前夕，离休党支部的老干部们来到中国·北京SOS儿童村，看望那里的儿童，和他们聊天、联欢，给他们讲党的恩情，并向村里的全部9个家庭的儿童赠送用老干部们特殊党费购买的图书、羽毛球拍等礼物。孩子们为老干部们表演节目，老干部郭树贤为他们拉

手风琴伴奏。老干部王善文代表老干部们当场书写“牢记党恩　报效祖国”八个大字的条幅送给孩子们，以表达对孩子们的殷切希望。最后老干部和孩子们共同唱起《没有共产党就没有新中国》，表达对党的无限深情。北京电视台《晚晴》栏目组及区教委信息中心的记者对此次活动进行跟踪采访。

（张瑞莹）

【参加“红歌献给党”文艺演出】　5月31日，老教师艺术团在大兴影剧院参加庆祝中国共产党成立90周年“红歌献给党”文艺演出。老教师艺术团接受清源西里社区居委会邀请，参加文艺演出。此次活动，由清源街道办事处主办，老教师艺术团共有80名成员参加。

（张瑞莹）

【组织诗词社采风活动】　6月3日，老教师管理站组织区老教师诗词社的成员到房山区云居寺、周口店和大兴新城滨河公园采风。诗词社的老教师在云居寺欣赏古朴的寺院文化，在周口店遗址了解人类进化的历程；在滨河公园领略现代园林的风光。大家边浏览边交流，用相机、DV做记录，收集许多写作素材。

（张瑞莹）

【举行重温光辉历史答题活动】　6月15日，区教委离休支部组织老干部们在管理站举行“重温光辉历史　庆祝中国共产党成立90周年知识答题”活动。活动共有9名离休支部成员参加。老干部们在答题的同时再次回顾中国共产党的光辉历程，也更加坚定永远跟党走的信念。

（张瑞莹）

【慰问看望离休老干部】　6月30日，老教师管理站慰问看望离休老干部。站长李广生陪同老干部局局长王雅玲看望离休老干部仝伟、郭树贤夫妇。王雅玲对离休支部在郭树贤的带领下取得的成绩给予肯定，对其积极认真的态度和所付出的努力表示赞许。仝伟、郭树贤夫妇表示今后更好地发挥余热，为构建和谐社会贡献力量。

（张瑞莹）

【举办庆祝重阳节联欢会】　9月29日，老教师管理站的老教师艺术团与黄村东里社区共同举办庆祝重阳节联欢会。这是老教师艺术团第三次参加社区重阳节联欢会。他们表演歌曲、舞蹈、快板、京剧、时装表演等节目。为社区居民送去节目的同时，也以这种方式渡过自己的节日。

（张瑞莹）

【举办重阳节环湖健步行活动】　10月11日，老教育工作者协会在南海子公园举行“北京教育工作者重阳节环湖健步行”活动。此次活动共有来自各区县老教协会和各高校的1200余名老教育工作者参加。

（张瑞莹）

【开展冬衣送暖捐助活动】 10月18日，老教师管理站工会召开全体教职工大会，组织开展“冬衣送暖”社会捐助活动。工会主席高云贵传达通知精神，并就如何捐助征求大家意见，最后大家决定共同捐资购买20件棉军大衣，送给青海省西宁市的灾民御寒过冬。会员代表把大衣送到大兴救助站。

（张瑞莹）

【区老干部局领导视察管理站】 10月21日，区委老干部局机关总支书记刘振刚等领导来到老教师管理站检查《大兴区离退休干部工作领导责任制》落实情况。站长李广生就区教委2011年的老干部工作情况做汇报。重点从老干部政治待遇和生活待遇的落实情况、老干部们发挥作用情况、宣传报道工作情况、队伍建设情况及全区退休教师管理服务等情况汇报。刘振刚赞扬管理站的老干部工作，区教委副主任安有文对汇报给予肯定，并希望管理站对今后如何做好迅速增加的退休教师队伍的服务管理工作进行思考。

（张瑞莹）

【召开第四届第二次全体教职工大会】 12月8日，老教师管理站召开“第四届第二次全体教职工大会”。听取站长李广生《珍惜岗位　勤奋履职　全心全意做好为老服务工作》的报告；大家进行分组讨论审议，通过《三重一大管理制度的实施办法》、《内部审计工作暂行规定》、《奖励和福利方案》以及《各部门岗位职责》，提出意见建议11条，采纳合理建议4条，能立案的予以立案，不能立案的领导分别进行解释说明，对相关内容进行修改并向大家宣布。全站24名正式代表对领导班子成员的德能勤绩进行民主测评。

（张瑞莹）

【召开老龄工作培训研讨会】 12月18日，老教师管理站召开老龄工作培训研讨会。活动采用现场讲解培训和研讨形式相结合。管理站邀请区老龄工作委员会副主任姚春静向大家介绍老龄工作委员会机构的沿革、老龄工作委员会办公室的职能和老龄工作的基本情况。区老干部局向大家介绍老干部政治待遇和生活待遇方面的基本知识、法规政策等内容。会上针对老同志们的特点，采取怎样形式开展离休老干部工作、离休支部的工作怎样搞、学习方法、形式如何转变、怎样创新退休教师的活动进行研讨。32人参加研讨。

（张瑞莹）

【举行新年团拜会】 12月28日，老教师管理站、老教协、关工委共同组织区教育系统离退休代表举行新年团拜会。活动150人参加。团拜会由区教委副主任安有文主持，区教育工委副书记李广成致新年贺词，艺术团成员表演21个节目。有歌曲、舞蹈、表演唱、快板、京剧、时装表演等。

（张瑞莹）

综合管理

教育行政

【召开教委机关2010年度科长述职暨公务员考核会】 1月14日，区教委机关召开2010年度科长述职暨公务员考核会。15位科长分别汇报本科室在2010年度所做的工作，突出工作的重点和亮点。教委主任李达讲话，要求全体机关工作人员要做到：始终保持清醒的头脑，要有政治意识、大局意识、责任意识、服务意识；提升学习能力、落实能力、攻坚能力、统筹能力。

（陈钟楠）

【召开区教育系统2011年寒假领导干部工作会】 1月20日，区教育系统2011年寒假领导干部工作会召开。区委、区政府、区人大、区政协以及区教委领导班子成员，各镇主管教育副镇长、教委办主任，各学校及直属单位领导，共计200余人参加大会。会上，观看专题片《奠基》，对2010年及“十一五”时期全区教育发展情况进行回顾。区教委主任李达作2011年教育工作报告，总结过去一年工作，提出“十二五”期间全区教育发展思路。

（陈钟楠）

【慰问困难党员和职工】 1月，区委教育工委书记、区教委主任李达深入学校和社区走访慰问困难党员和困难群众。同时，区教育工委组宣科、区教育工会、区教委办公室、老干部活动站等相关单位和部门，也开展走访慰问活动，为离退休干部、党员和群众送去关怀和温暖。累计慰问困难教职工71人，困难党员31人，离退休干部46人，发放慰问金和物品合计102050元。

（粟晓英）

【听取基层单位工作汇报】 2月24至25日，区委教育工委、区教委各位书记主任、各科科长深入基层听取各单位2011年工作汇报。汇报会按照教委书记、主任包镇包校原则分为14组。各镇教育助理、各学校（幼儿园）、各单位党政正职参加汇报会。并分别汇报本单位开学情况和新学期工作思路、重点工作、创新举措。活动是区委教育工委、区教委转变工作作风、创新管理方式的一个体现。

（陈钟楠）

【开展校园安全检查活动】 4月28日，区委教育工委书记、区教委主任李达带头对黄村镇部分学校进行校园安全大检查。区教委政保科、组织宣传科、黄村镇教委办等部门负责人陪同。检查过程中，李达重点对学校校舍安全、食堂卫生、消防安全、校车安全、校园周边秩序等方面存在的安全隐患情况进行检查和询问，并要求对存在的隐患立即进行整改，指示陪同检查人员做好整改监督，确保发现问题及时解决，整改方案真正落实到位。

（粟晓英）

【开展世界无烟日主题宣传教育活动】 5月31日是第二十四个“世界无烟日”，区爱卫会、区教委联合在孙村中学开展世界无烟日主题宣传教育活动。为此，区教委曾下发《关于进一步加强学校控烟工作的意见》,并制定实施方案,分三个阶段开展学校控烟工作,同时成立控烟工作领导小组,对学校控烟工作进行不定期监督,发现问题随时整改。区爱卫会制作控烟知识展板,孙村中学全校师生还在办公楼大厅进行世界无烟日主题签名。区爱卫会赠送给每名学生一支印有控烟知识的铅笔。

(陈钟楠)

【召开新区教育系统领导干部会】 8月26日,新区教育系统2011—2012学年第一次领导干部会召开。副区长王荣彬、全区教育系统各单位党政一把手、各镇教育助理、教委机关各位书记主任和各科科长计200人参加会议。区教育纪工委书记王翠华就新学期校园安全稳定工作和规范教育收费行为进行工作部署;人事科科长白建松安排部署新学年岗位聘任工作,对《大兴区教育委员会关于进一步完善义务教育学校绩效工资工作的通知》和《2011—2012学年度义务教育学校学年奖分配试行办法》作解读;教委主任李达对上半年全区教育系统工作进行总结回顾,并对今后的工作提出具体要求。

(陈钟楠)

【各级领导深入校园参加开学典礼】 9月1日,全区各学校、幼儿园迎来新学期。区委书记林克庆及区四套班子其他领导分别出席大兴一中、北京经济技术开发区实验学校、兴华中学、大兴七中等学校的开学典礼。大兴区坚持区领导、区直单位联系学校制度,区委办、区政府办联合下发《关于调整区领导及区直单位联系学校名单的通知》,加强区直单位和各学校、幼儿园的联系。区教委还坚持书记主任包镇、科室包校制度,提倡深入基层了解情况。分别到所包镇、校,参加开学典礼,检查学校开学情况。

(陈钟楠)

【举行庆祝教师节大会暨文艺演出】 9月9日,"以洒下一片深情"为主题的"新区庆祝第二十七个教师节大会暨文艺演出"举行。区委、区政府、区人大、区政协的领导,全区教育系统各单位的党支部书记、师德标兵和优秀学生代表,共计400余人参加。整场文艺演出分三个篇章:绿海如歌、绚彩时刻、爱的收获,采取歌曲、舞蹈、杂技、相声、情景剧等多种表演形式,并在大兴教育信息网同步直播。庆祝大会上,还对117名区师德标兵、20个师德建设先进集体进行表彰。

(陈钟楠)

【区人大代表视察教委建议办理落实情况】 9月26日,区人大代表对区教委2011年人大建议办理落实情况进行视察。2011年,教委共分到人大代表建议4件,其中主办3件,会办1件。景山学校大兴实验校便是主办件之一,区政府办副主任张鹏及区政府相关工作人员随行视察。人大代表一行十余人来到景山学校大兴实验学校察看学校建设情况。区教委副主任王滨向代表们汇报今年教委承办的人大代表建议办理落实情况。景山学校大兴实验学校属于拆迁后回迁小区的配套学校。以办人民满意教育为目标,区教委引进景山学校,与名校合作办学,保证新建学校的高起点,使双高小区的回迁农民子女在家门口享受到优质的教育资源,实现农民子女从"有学上"到"上好学"的转变。景山学校大兴实验学校校长张春静带领人大代表们参观学校教学大厅、阅览室、荣誉展室、阶梯教室、体育场和各年级教室，向代表们介绍景山学校的发展历史、办学理念以及实验学校的硬件设施、生源和师资队伍整体情况。

（陈钟楠）

【召开区教育系统领导干部工作会】 10 月 25 日，区教委召开大兴区教育系统领导干部工作会。区教育工委、教委、督学室领导、各科室科长、各镇教育助理、教育系统各单位党政一把手 200 人参加会议。区教委主任李达围绕“规范办学，科学管理，办人民满意教育”作讲话；区政府教育督导室副主任周艳芝通报 2011 年中小学学生家长对教育工作满意度的调查结果；区教委副主任王滨作《十一五期间全区教育经费投入使用情况》的报告；区教育纪工委书记王翠华根据近年来信访统计数据，从党风廉政教育，对教育收费、违规补课等方面作规范学校管理的报告。会议进一步统一全区教育系统领导干部的思想，增强规范办学、科学管理的意识。

（陈钟楠）

安全保卫

【概　述】 2011年，大兴区教委政策法规安全保卫科负责指导和管理本区公办和已审批民办校园内部安全防范工作，建立“主动防，科学管”工作体系和年度计划，制定《大兴区教育委员会中小学、幼儿园安全管理工作规程（试行）》，实施《大兴区教育系统消防安全检查标准（试行）》，制订《大兴区校园技防施工及验收标准》，与中教科联合制定并严格实施《大兴区中小学住宿生管理规定》，研发《大兴校园安全一站式信息化管理平台》软件，加大技防人防经费投入力度，实现对学校人、财、事、物的调控与管理。负责校园伤害事故的调解处理工作；防范处理“法轮功”等邪教组织开展的非法活动；负责基层单位师生集体外出和大型活动安全预案的审批；指导学校防火防盗、危险化学品的安全管理。贯彻“质量和安全年”“安全生产月”工作的各项部署，开展相关活动。

（王建春）

【召开校园安全工作总结部署会】 1月10日，区教委政保科召开“2010年校园安全工作总结暨2011年安全工作部署会”。全区公办、民办校园的安全负责人共230人参加会议。区公安分局内保大队领导介绍当前治安形势，明确春节期间、两会期间安全防范工作重点。政保科总结2010年全区教育系统安全工作并对2011年的安全工作进行部署。同时，表彰2010年北京市公安局评选的内部单位安全工作先进集体和优秀个人。

（王建春）

【开展教师宿舍区预防煤气中毒工作】 2月12日，区教委政保科开展检查教师宿舍区预防煤气中毒工作。根据区预防煤气中毒工作领导小组办公室《关于强化预防煤气中毒工作的紧急通知》要求，教育纪工委书记王翠华带队检查全区所有教师宿舍区、有出租房屋学校的预防煤气中毒工作，并对校园的防盗、应急管理、值班带班情况进行检查。

（王建春）

【召开安全工作部署会】 2月18日，区教委政保科召开“大兴区教育系统2011年安全工作部署会”。全区公办、民办校园的安全负责人共230人参加会议。区公安分局内保大队领导介绍当前治安形势，并对开学初各单位安全防范重点工作提出工作要求。政保科领导对2011年全区校园安全工作进行部署，并对春季学校开学安全工作提出具体要求，包括安全隐患排查和整改，值班巡查，建筑设施安全隐患排查，消防安全检查，技防设施检查，校车检查，重点人员管控等。

（王建春）

【启动春季开学安全检查工作】 2月21日，区教委政保科启动春季开学安全检查工作。检查校园消防安全、烟花爆竹禁放管理、预防煤气中毒、防盗、防食物中毒、应急管理、值班带班情况等方面工作。从检查结果看，各个校(园)落实了“2011年春季开学安全工作意见”。

（王建春）

【孙村中学开展民防日主题宣传活动】 2月28日，孙村中学启动“珍爱生命，关注民防，安全第一，平安成长”国际民防日系列宣传活动。旨在纪念第39个国际民防日，宣传民防知识和公共安全知识，提高学生综合素质，使学生在平安、快乐中健康成长。系列宣传包括：讲解国际民防日由来、民防任务和发展现状、具体建议；在教学楼内，展出公共安全知识主题展览，展板内容地震逃生、食物中毒、交通安全、防火用火常识、公共卫生常识等；法制教育基地网站组织主题宣传，有民防知识为主系列文章。300多名师生参加活动。

（孟瑞琴）

【召开交通安全工作部署会】 3月7日，区教委政保科召开“教育系统交通安全工作部署会”。区委教育工委委员、纪工委书记王翠华就交通安全工作明确意见：深入开展交通安全大检查工作，全区各校(园)要迅速成立交通安全检查组，全面深入开展交通安全隐患排查工作，要加强对单位车辆安全监督力度；对驾驶员加强教育管理；采取多种形式、利用多种手段开展交通安全宣传教育工作；严格校车管理，校车使用前应当上报区教委和公安交通管理部门核准并备案，未经区教委和公安交通管理部门批准许可的车辆，一律不得接送学生、幼儿；对校园周边交通安全隐患进行再排查，排查出的隐患各单位能够整改的，立即整改；利用责任倒查促进教育系统交通安全工作；以交通安全部署会为契机，加大学校安全管理力度，全方位强化学校安全工作。政保科对全区教育系统目前的安全工作提出要求：严格加强校园封闭管理和来客领入制度；各单位严格落实“教育系统安全管理工作意见”；加强基层信息报送，安全问题不得隐瞒不报。

（王建春）

【开展“防灾减灾从我做起”主题教育活动】 5月12日是第3个全国“防灾减灾日”，政保科联合区公安消防支队、地震局、民防局以北小大兴分校为现场，开展“大兴区校园‘防灾减灾’主题教育活动”。全区各中小学、幼儿园从5月9至15日开展为期一周的“防灾减灾从我做起”主题教育活动。此活动由大兴教委策划，公安分局消防支队、地震局、民防局指导，活动现场首先是师生观看火灾自救视频短片，然后进行地震避险和火灾紧急疏散演习，结合演习，消防干警予以点评。活

动现场，消防支队、地震局、民防局联合向全区中小学生代表赠送防灾避险书籍和视频资料1200份。

（王建春）

【区委领导调研未登记园校专项整治工作】 5月17日，区委宣传部部长戴明超到区教委调研未登记注册园校专项整治工作。区委

教工委书记、区教委主任李达，黄村镇副镇长张春雷，兴丰街道办事处副主任冯米香及区教委相关科室负责人等参加。截至5月13日，全区272所未登记注册幼儿园已停园清理154所，停园整改48所，剩余园所正在整改和申报办学许可过程中。

（王建春）

【举办保卫干部主题论坛交流活动】 5月20日，区教委政保科举办大兴区教育系统保卫干部第一次主题论坛交流活动。120多位保卫干部参与QQ论坛。主题是“校园人防（含保安）日常管理的有效实践与探索”，交流涉及的主要内容有：在校园保安管理过程中，哪些做法更有利于激发其肩负责任忠于职守；在每天的领导带班、夜班巡查和教师值班工作中，如何安排更有效；如何争取公安派出所、城管、交通部门支持，有效缓解校园周边每天放学时段家长车辆随意停放问题；如何防范学生在校内发生安全事故；住宿生的安全管理有什么实招。

（王建春）

【定福庄中学模拟法庭活动】 5月20日，定福庄中学110名师生来到庞各庄镇法院参加模拟法庭活动。该次模拟法庭选取“两名学生在学校发生口角后被告将原告打成轻微伤”的案例，审判长、陪审员、书记员、原告、被告、证人都由学生扮演。本次活动尝试改“被动式”教育为“主动式”教育，旨在以案说法，教育学生遵规守纪。

（田玉锐）

【举办校园交通安全座谈会】 5月24日，区教委政保科举办“大兴区校园交通安全座谈会”。区交通安全委员会副主任、区交通安全委员会办公室主任、区公安交通支队支队长王贵军，区委教育工委委员、纪工委书记王翠华参加座谈会。座谈会的内容主要有两个：加强师生交通安全教育和管理的有效途径与方式方法；提出对校园及周边交通管理的建议。35位校园保卫干部参会并提出校园周边交通安全管理建议，包括：在校门口安装禁止乱停车的警示牌，在校门口统一施划网格线；在校门口安装摄像头，对违章停车行为实施监控，及时进行处罚，各校配备临时交通信号灯等。会后，各位领导到北京小学大兴分校和大兴一幼门前巡视进行调研。

（王建春）

【举办保卫干部主题论坛交流活动】 5月27日，大兴区教育系统保卫干部第二次主题论坛交流活动举行。有120多位保卫干部参与QQ论坛。本次论坛主题是“校（园）内消防设施设备日常管理的有效实践与探索”。围绕主题，进行六个小问题讨论，内容是：如何用好校园消防安全工作档案；结合深入开展“四个能力”建设，列举本校提高全体教职员工消防责任意识的有效措施；如何进一步强化单位用火用电管理；列举本校消防安全日常管理小窍门；请为改善消防基础设施薄弱问题支一招；大家谈，目前学校当中难以解决的消防安全问题有哪些？

（王建春）

【对全区住宿生学校进行安全检查】 6月14至17日，区教委对全区有住宿生学校进行拉网式安全检查。分别检查大兴五中、大兴一中、北师大大兴附中、大兴三中（高中部）、兴华中学、大兴八中、首师大大兴附中、魏善庄中学、庞各庄中学、榆垡中学、榆垡第一中心小学。重点检查有住宿生校宿舍等部位的安全情况，进一步督促落实《大兴区教育系统住宿生管理细则（试行）》，加强对全区住宿生学校管理，更好的维护住宿生人身和财产安全，确保学校的安全稳定。

（王建春）

【开展禁毒宣传活动】 6月26日，区教委政保科开展禁毒宣传活动。在百联清城商场南侧发放禁毒宣传材料1200余份。宣传得到来往市民的理解和支持。大兴教委结合吸毒人员年龄低龄化的新趋势，在全区各学校开展禁毒宣传。集中发放和各学校自行印发的禁毒宣传材料超过十万份，利用电子屏幕和自制宣传标语在校园及周边开展造势宣传，

让更多的人了解毒品对身体健康、对社会治安、秩序的危害，广大师生也表示“坚决拒吸第一次”。

（王建春）

【召开保卫干部培训会】 8月11至14日，区教委政保科召开保卫干部培训会。对全区校（园）保卫干部进行培训。主要内容为：“单位内部消防治安防范”、“校园安全管理规范”及“校园危机防控”等，会上讨论并确定《大兴区教育委员会校园安全管理操作规程（草稿）》。

（王建春）

【召开机动车管理工作部署会】 8月29日，政保科召开“大兴区教育系统机动车管理工作部署会”。全区公办、民办校园的安全负责人共230人参加会议。区交通安全委员会办公室副主任，区公安分局交通支队副支队长刘西祥结合今年三月份以来本市发生的校车事故，分析交通事故发生的原因，提出管理要求，特别要求各位车辆管理干部和驾驶员工作要达到精细化。区教委就机动车管理和校车管理工作明确要求：认清形势，高度重视；交通安全工作直接关系到师生员工的生命安全，各校园、单位必须以其他区县和校园的安全事故为戒，认真排查整改交通隐患，切实加强机动车辆管理确保师生员工的绝对安全；建立本单位机动车管理的有效机制；严格校车、教师班车管理制度；严格校车、教师班车驾驶员的聘任使用；继续严格校车备案制度；用于接送学生、幼儿上下学的租用车辆或学校自有车辆、校车驾驶员必须到区教委及公安交通管理部门进行登记备案，由区教委、交通队负责对校车及校车驾驶员进行资格审验；学期初开展“交通安全”宣传教育工作；实行责任追究制度。对执行规定不严，落实制度不力导致发生交通安全事故的，要依法

依规严肃追究有关人员和领导的责任。会前,教委向各公办、民办校(园)和镇教委办发放“致大兴区教育系统各单位驾驶员一封信”。会后,区公安分局交通支队干警检测民办校园已备案的29台校车,经检测车况总体良好。

(王建春)

【强化安全管理 确保全区学校开学】 8月,区教委政保科采取多项措施强化安全管理确保全区校园顺利开学。针对北京市景山学校大兴实验学校周边无照商贩众多,人员构成复杂,道路拥挤,交通不畅,安全隐患十分突出的情况,积极协调公安27人,城管25人,工商2人共计54人进行大力整治,消除隐患、保障秩序,确保景山学校大兴实验学校落成暨开学典礼进行。根据两委总体工作部署,强化对全区校园安全工作检查和指导,确保今年全区各学校特别是新建校顺利开学。一是下发《关于做好2011年暑假开学安全工作的意见》,召开了校园安全管理、“三防”建设、消防安全、交通安全等5次校园安全专题会议。二是指导全区各校园进行一次拉网式、全方位安全隐患大排查活动,特别是加强消防安全检查和校园内各类建筑和水、电、气、热、食品等基础设施、生活服务设施等方面的检查,对排查出的安全隐患,及时进行整改。三是对各校保卫干部进行集中培训,提升各校安全工作水平。四是为新建校配齐配足符合标准的保安人员,安装视频监控设施,为新建校正常开展教育教学活动提供安全保障。五是对视频监控等技防设施进行全面检查和维护,确保技防设施灵敏有效。六是配合综治、公安、城管等有关部门大力整治校园及其周边环境秩序。七是区教委政保科主动工作,靠前服务,多次深入校园,指导学校排查隐患、解决问题,帮助学校切实做好安全工作。

(王建春)

【开展全区校园安全检查活动】 9月5至9日,区教委政保科在全区范围内以互查的形式开展为期一周的校园安全大检查活动。9月5日召开由主管领导、相关科室和各片安全检查组组长45人参加的工作部署会。9月6日,区教育纪工委书记王翠华与直属中学组、直属职高组到北京师范大学大兴附属中学、大兴六中、大兴二职和大兴一职检查指导安全工作。对保安人员是否配齐配足,安全档案是否规范,安全教育第一课是否开展,疏散通道和消防车通道是否畅通,应急指示灯、烟感报警器、消防栓井、灭火器等消防设施是否有效,视频监控等技防设施是否灵敏,水、电、气、热、食品等基础设施是否良好,供电、供气线路和设施是否合格,宿舍、教室、食堂等人员密集区域的安全防范是否达到有关安全标准等情况进行详细的查看和询问。对检查中发现的问题提出明确的整改要求。

(王建春)

【检查指导民办校园安全工作】 9月15日,区教委政保科检查指导民办校园安全工作。与民办教育服务中心一起抽查部分已审批的民办校园,对民办校园的消防设施、建筑设施、校园保安上岗上勤情况进行巡查,对有住宿生的校园安全设施、设备、管理情况予以指导,对有校车的校园强调校车安全管理的工作要求。

(王建春)

【召开2011年国庆安保工作部署会】 9月23日，区教委政保科与区公安分局内保大队联合召开“大兴区教育系统2011年‘十一’国庆安保工作部署会”。全区公办、民办校园的安全负责人共230人参加会议。区公安分局内保大队从单位不稳定因素摸排掌控、清网专项工作、信息员建设、“打四黑、除四害”专项工作、大型活动摸排工作、重点地区人员摸排管控、内部防范综合检查、突发事件预防处置等方面进行工作部署。政保科通报开学初全区校园安全大检查情况，并对《大兴区教育委员会消防安全大排查大整治大宣传大培训大练兵活动方案》进行布置。

（王建春）

【召开维护稳定工作启动大会】 9月27日，区教委政保科召开大兴区教育系统维护稳定工作机制启动大会。区委常委、宣传部部长戴明超，副区长王荣彬，中国人民大学危机管理中心主任唐钧，区委教育工委书记、区教委主任李达，区教委党组书记、区委教育工委副书记、区政府教育督导室主任李广成，区委政法委副书记、区维稳办主任张福长，区综治办主任王福政，区应急办主任任喜军，区公安分局内保大队大队长刘新及全区各学校（园）行政一把手、安全干部等400余人参加会议。与会领导和参会人员观看大兴区校园安全“主动防、科学管”工作体系宣传片；戴明超和唐钧为大兴区教育系统维护稳定工作办公室揭牌，标志着教育系统维护稳定工作办公室正式成立。大兴一中、黄村镇第一中心小学作为试点校发言，从不同角度介绍参与“大兴区教育系统维护稳定工作机制”的工作情况，为机制的运行提供宝贵的经验。李达以《强化责任、抓好落实，为建设平安、和谐校园而努力奋斗》为题，对大兴区教育系统维护稳定工作机制落实进行具体部署。

（史殿柏）

【副区长王荣彬检查校园国庆安保工作】 9月28日，副区长王荣彬在区委教育工委委员、纪工委书记王翠华和区监察局、公安分局、安监局、工商分局、消防支队、卫生监督所、清源街道办事处主管领导陪同下，到大兴八中检查国庆安保工作。王荣彬对保安人员是否配齐配足，安全档案是否规范，疏散通道和消防车通道是否畅通，应急指示灯、烟感报警器、消防栓井、灭火器等消防设施是否有效，视频监控等技防设施是否灵敏，水、电、气、热、食品等基础设施是否良好，供电、供气线路和设施是否合格，宿舍、教室、食堂等人员密集区域的安全防范是否达到有关安全标准等情况进行详细的查看和询问。同时要求各校、园要与区公安、安监、工商、消防、卫生和属地等有关部门加强协调，密切配合，形成合力，确保“国庆”安保工作万无一失，确保校园长治久安。

（王建春）

【召开维护稳定机制建设暨安全隐患整改研讨会】 10月28至29日，区教委政保科召开“大兴区学校维护稳定机制建设暨安全隐患整改研讨会”。区委教育工委委员、纪工委书记王翠华以及全区校园安全督查组组长25人参加会议。对前期校园安全隐患大检查、大督查和夜查活动进行总结，对全区各校园安全隐患排查整改情况进行分析；与会人员就如何推进“主动防，科学管”维稳工作机制建设，加强校园安全管理，进行讨论；会议还对如何加强非法接送学生车辆的清理整治和校园消防安全管理进行专题研讨。

（王建春）

【召开加强校车管理工作会议】 11月14日，区教委政保科、公安局内保大队、交警支队联合组织召开再次加强校车管理工作会议。传达北京市教育委员会《关于再次加强校车管理工作的紧急通知》，通报近期国内发生的校车安全事故，并对本区前阶段对非法接送学生车辆的整治情况进行总结。交通支队对已经备案的校车提出要求。区整治黑车办公室领导提出“一制度、两教育、一检查”即建立校车管理制度，做好学生和校车司机的教育工作，加大对非法接送学生车辆的检查力度。

（王建春）

【庞各庄中学被评为全国消防安全教育示范学校】 11月14日，庞各庄中学被评为全国消防安全教育示范学校。该校一直高度重视校园消防安全教育工作，把安全教育放在首位，做到提高认识，明确职责，建立健全消防安全工作体系，成立消防安全工作领导小组，制定《庞各庄中学学校安全管理责任层次及安全管理职责》；加强宣传教育，群防群治，开展一系列防火安全为主题宣传教育活动，通过消防安全知识培训、主题班校会、橱窗、板报、广播等形式进行安全教育；自己编印、发放消防知识手册，流动消防安全展板（火灾自救逃生15法），组织教职员工使用灭火器演练、与住宿教师、住宿学生签订消防安全责任书，向学生发放致学生及家长一封信；通过疏散演练，熟悉疏散路线，提高全体师生应对突发事件和逃生自救能力；加强安全检查，防患于未然，常抓不懈，做到坚持天天有检查月月彻底查的工作制度，发现隐患，及时整改，完善制度，强化管理，立足防范，立足防范，变“堵”为“疏”，真正做到有章可循，违章必究，不留盲点，不出漏洞。根据公安部办公厅、教育部办公厅联合下发《关于命名2011年度全国消防安全教育示范校的决定》，庞各庄中学等10所中小学成为北京市第二批“全国消防安全教育示范学校”命名单位。

（李环　张静）

【召开加强交通安全管理紧急工作会】 11月20日，区教委政保科召开进一步加强校车管理和学生上下学交通安全管理紧急工作会。区委教育工委委员、纪工委书记王翠华、政保科科长迟海波、各镇教委办主任、各街道办事处主管领导共23人参加会议。迟海波进行工作部署：立即对全区校园（含黑校、黑园）学生上下学交通状况进行逐校逐园逐生排查；立即对学生和家长集中进行一次交通安全教育；制定应对极端天气交通安全措施；加强非法接送学生车辆情况摸排，配合公安、城管等部门严厉打击非法接送学生车辆；切实采取有力措施，将各项工作落到实处，确保广大在校师生的出行安全。会议决定，从11月21日起，区教委将组成督查组，对各校园、各单位的工作落实情况进行督查。

（王建春）

【联合交通城管对校车开展全面检查】 11月22至24日，区教委政保科联合区公安分局交通支队、区城管大队组成联合检查组对本区有校车的校园开展一次全面检查。在联合检查中，还对每所校园的第一责任人、安全干部和校车司机进行安全警示教育。

（王建春）

【举行“青春船长　法治启航”启动仪式】 11月28日，区“青春船长　法治启航”启动仪式在十四中安定分校举行。“青春船长　法治启航”青少年法制宣传教育活动，整合优秀的普法队伍资源，公安大学等高校的法律专业学生担任青春船长，它以“心连心、手拉手，小手拉大手”、校内校外相结合的方式，开展符合青少年心理和年龄特点的法制宣传活动，目的是牢固树立爱国意识、守法意识和公民意识，养成遵纪守法的行为习惯，促进学生健康成长。

（王建春）

【区教委与公安交通支队联合举行122交通安全宣传日活动】 12月2日，区教委与区公安分局交通支队联合举行“告别陋习　创文明和谐交通环境”122交通安全主题宣传活动。教委、交通支队联合向学生发放宣传材料1000余份，大兴一小全体师生参加宣传活动。

（王建春）

【区教委“五五”普法工作获市教委好评】 12月9日，北京市教育系统“五五”普法总结暨“六五”普法启动大会在国家会议中心举行。大兴区教育委员会，大兴区第一中学，大兴区第五中学，大兴区青云店中学，大兴区第七小学，大兴区滨河小学获得北京市教育系统“五五”普法先进集体。同时大兴区第五中学校长于万永等12人被评为北京市教育系统“五五”普法先进个人。北京市“五五”普法先进集体孙村中学校长王东风代表全市中学作典型发言，题目是“加强法制宣传教育工作，为青少年健康成长奠基”。

（王建春）

【区安全生产综合考核组考核区教委安全工作】 12月16日，区安全生产监督管理局联合大兴区消防支队及质量监督局领导对大兴区教育委员会2011年度安全生产责任制落实情况进行检查考核。相关领导查阅区教委安全工作记录及相关材料，对本年度区教委的安全工作给予充分肯定和高度评价。

（王建春）

财务审计

【概　述】 2011年，大兴区教委财建科在管好用好教育经费方面加大管理力度，制定提高各单位财务人员基本素质、基本技能、会计核算、内部控制等会计基础工作的培训计划并实施，还加强对所属单位的部门预算编制、经费支出合理、专项资金管理合规等方面的监督、检查工作。2011年共完成综合业务知识培训6期，参加人员共750人次；专项理论知识培训两次，参加人员共320人次。收取、上交捐资助学、慰问款3956.8万元；核实、拨付义务阶段学校学生春季秋季两免一补专项款1300.1万元；指导、审核、汇总各单位部门预算和部门决算报表270份；完成审批固定资产处置表、审批退休人员独生子女奖励款、检查学校春季教育收费、教育经费使用情况、单位不良资产核实、2012年市级专项申请文本网上申报等工作。2011年所属单位教育经费管理的科学化、规范化、制度化水平有所提高，在提高教育经费使用效益、保障教育教学供给、改善后勤服务方面取得新经验。

区教委审计工作紧紧围绕区教委中心任务，进一步贯彻教育部第17号令和《北京市教育系统内部审计工作实施办法》，认真落实北京市教委《关于做好2011年教育审计工作的意见》，带领广大兼职审计员脚踏实地的开展审计工作。工作中突出重点、注重实效，全面推进各项审计工作，为加强教育系统财务管理服务，为提高经费和资金使用效益服务，为防范学校的财务管理风险服务，发挥免疫系统的作用。2011年大兴区教委内部审计工作获得北京市教委和中国教育审计学会等各级领导的好评，荣获了北京市内部审计先进单位。

（侯书华　李国喜）

【完成校长经济责任审计】 1至12月，区教委审计科完成对校长经济责任审计工作。根据《中华人民共和国审计法》第二十五条的规定和京兴教工审字[2010]3号文件的要求，审计科对张存忠等10位中小学校长任期内的经济责任进行审计。重点审计学校内部控制制度的建设及执行情况；财政财务收支情况；国有资产的管理及使用情况；债权债务情况。通过审计进一步规范学校的财务管理，客观公正地对校长经济责任进行评价，为组织人事部门考察和任用干部提供依据，促进和加强干部管理和党风廉政建设。

（李国喜）

【编制《关于加强校长经济责任审计的实施意见》】 2月24日，区教委审计科编制《关于加强校长经济责任审计的实施意见》。根据中共中央办公厅、国务院办公厅《党政主要领导干部和国有企业领导人员经济责任审计规定》及教育部《关于做好教育系统经济责任审计工作的通知》（教财[2011]2号）文件的要求，审计科查阅大量资料，利用四周时间编制大兴区教育委员会《关于加强校长任期经济责任审计工作的实施意见》（京兴教发［2011］41 号），本实施意见共分十五条。

（李国喜）

【编制《大兴区教育系统经济责任审计工作联席会议制度》】 3 月 22 日，区教委审计科编制《大兴区教育系统经济责任审计工作联席会议制度》。根据中共中央办公厅、国务院办公厅《党政主要领导干部和国有企业领导人员经济责任审计规定》及教育部《关于做好教育系统经济责任审计工作的通知》（教财［2011］2 号）文件的要求，审计科查阅大量资料，利用四周时间编制《大兴区教育系统经济责任审计工作联席会议制度》（京兴教发［2011］42 号）。大兴区教育系统经济责任审计工作联席会议由组宣科、监察科、财建科、人事科、装备站、审计科组成，办公室设在审计科。

（李国喜）

【进行会计基础工作规范化验收】 3 月 22 至 24 日，区财政局会计科对考试中心、少年宫和大辛庄中学进行会计基础工作规范化验收，下半年对大兴六幼、民族幼儿园、大兴五小、旧宫中学和魏善庄中学进行会计基础工作规范化验收。八单位全部合格。

（侯书华）

【举办校长经济责任审计培训班】 3 月 28 至 29 日，区教委审计科与进修学校干训处共同组织“校长经济责任审计”封闭式培训。区教委审计科科长赵树民、进修学校副校长孙国强以及来自全区教育系统各单位的教委兼职审计员 65 人参加培训。培训聘请区审计局刘颖做“校长经济责任审计”的专题讲座。对如何编制审计实施方案、审计工作中重点审计事项的确定以及审计报告的撰写等作讲解，并回答提问。与会者对所讲内容进行分组讨论与交流，写出培训体会。

（李国喜）

【举办财会人员业务培训班】 4 月 14 至 15 日、4 月 18 至 19 日，区教委财建科举办四期财务知识培训。全区教育系统 135 个单位的 270 名会计、出纳参加培训。培训内容有《会计日常行为规范》、《法律法规与职业道德》、《会计基础》等。

（侯书华）

【举办内部审计岗位资格培训班】 4 月 24 至 26 日，区教委审计科举办审计岗位资格培训。全区教育系统 39 名兼职审计员参加培训。本次培训课程设置有《中华人民共和国审计法》和《内部审计规定》以及计算机应

用基础三门课程。经过学习，学员通过闭卷考试，并取得内部审计岗位资格证书。

（李国喜）

【完成公务用车调查工作】 5 月，区教委财建科完成 135 个单位 2010 年公务用车调查工作。调查结果：一般公务用车 448 辆，其中小轿车 212 辆、越野车 5 辆、其他车辆 231

辆。数据报送区财政局。

（侯书华）

【召开学校财务管理工作会】 6月3日，区教委财建科和进修学校干训处在校长大厦召开“大兴区教育系统财务管理工作会”。全区135个单位主管财务副校长和后勤主任及财务人员共计381人参加活动。区教委副主任王滨在会上总结半年来教育系统财务管理工作情况，对今后工作提出要求。审计科科长赵树民强调“关于加强内部审计制度建设的相关问题”。财建科副科长肖前英总结区审计局对学校财务方面审计及教委联合检查中发现的问题，对如何加强和改进财务管理工作提出意见及措施。会议旨在使各单位充分认识在资产清查、经费管理、公务用车、单位食堂外包等项工作中存在的主要问题，便于今后财务管理工作顺利开展。

（侯书华）

【接受审计调查和专项审计】 6月，北京市审计局和区审计局分别对教委及所属部分学校，进行教育经费管理使用和会计基础工作、部门预算、公务用车、食堂管理等审计调查和专项审计活动，为期30天。

（侯书华）

【召开内部审计工作培训会】 8月16至18日，区教委审计科举办2011年大兴区教育系统内部审计工作培训会。北京市审计局教育审计处处长曾晓东、大兴区教育纪工委书记王翠华、首都经济贸易大学审计处处长夏颖及60名兼职审计员参加会议。曾晓东作题为“中小学经济责任审计案例分析研讨”的专题报告，指出中小学经济活动中可能出现重大经济问题的诸多环节；夏颖围绕内部控制制度的建立、管理、监督等方面进行专题讲座；王翠华讲话，提出要进一步增强内部审计的有效监督功能，创新内部审计工作机制，充分发挥内部审计的预防、揭示、指导作用。要认真落实审计工作，加强对重点环节的审计，加大基建修缮审计力度；将事前计划、事中监督、事后审计引入教育系统内部审计工作中；要进一步加强对学校代收代缴项目、非财政

收入的监管力度，不断建立健全单位内部控制制度，建立用制度说话、制度管人的完善的内部控制体系。

（李国喜）

【审计科获北京市内部审计先进单位】 9月16日，区教委审计科被北京市内审协会评为2008—2010年度北京市内部审计先进单位。9月16日，北京市内部审计工作经验交流暨

“双先”表彰大会召开。大会表彰128个“北京市内部审计先进单位”、149名“北京市内部审计先进工作者”。

(李国喜)

【参加“一老一小参保专管员”培训班】 9月22至23日,区人力社保局举办“2012年一老一小参保专管员培训班”。在四期培训班上,教育系统所属公办、民办136所学校、幼儿园的140名专管员参加。培训内容:传达《北京市大兴区社会保险基金管理中心城镇学生儿童参保与缴费工作的说明及注意事项》、辅导软件系统的操作方法等。

(侯书华)

【举办财务人员培训班】 9月和11月,区教委财建科分别举办区教委所属农村地区和城镇地区学校、幼儿园财务人员培训班。141个单位中的480多名后勤主任、会计、出纳和资产管理员参加每期两天的培训。培训内容:“资产管理”、“政府采购”、“票据使用”、“原始凭证审核”和“NC软件操作”等。

(侯书华)

【召开内部审计工作总结会】 12月28日,2011年大兴区教育系统内部审计工作总结会召开。区教委审计科科长赵树民以及全区140个单位的内审组长及会计260余人参加。赵树民首先回顾2011年大兴区教育系统内部审计工作,充分肯定各单位2011年的内部审计工作成绩,同时指出目前区教育系统经济核算中存在问题并要求各单位内审小组2012年要再接再厉,充分发挥学校内部审计小组的作用,为学校的科学发展保驾护航。大会表彰2011年内部审计先进单位40个,内部审计工作先进个人36名。

(李国喜)

基本建设

【概　述】　2011年，大兴区教委不断加大基建修缮力度，完成大兴六小教学楼改扩建工程、采育小学及附属幼儿园新建工程，总建筑面积17210平方米，投资6340万元；稳步推进建设工程，北师大大兴附中翻建教学楼工程已完成主体结构；积极推进4所新建学校的前期工作，其中新建大兴五幼、青云店镇幼儿园正在审核初步设计概算，新建大兴五中正在办理用地手续，旧宫中学改扩建工程正在进行初步设计办理用地手续；配合开发商代建单位推进北臧村九年一贯制学校建设，协助代建单位开展康庄地区学校幼儿园建设的前期工作。接收小区配套学校3所，即：北京景山学校大兴实验学校、北京第二实验小学大兴实验学校、北京八中亦庄分校。完成中小学校舍安全工程，加固楼房学校12所，17栋，建筑面积53280平方米，翻建平房14校，建筑面积26610平方米，投资1.5亿元。完成40所中小学、1所职业学校的用电线路改造、供水及供暖管线改造、校舍维修及操场改造，对26所镇级中心幼儿园的附属园进行扩班改造，投资8500万元。制定下发《关于进一步规范基层单位修缮工作的管理办法》。

教委房管所在围绕“发挥支撑保障作用，为大兴教育提供优质服务”为中心，结合单位实际，认真学习实践科学发展观，面对新的形势，创新工作思路，提高为教育服务的整体意识，促发展、促稳定、促和谐。结合区政府老旧小区安全达标要求，努力提高三个小区服务的服务水平。硬件建设：林北教师楼22#、23#、24#地下水改造工程，25#楼前绿化；黄村东里教师楼楼道粉刷；三合南里教师楼周边环境整顿。软件建设：一方面提高管理人员的服务水平，另一方面加强与社区居委会的沟通，相互支持，共同开展工作，争创和谐小区。规范房屋防水工作：一建档、二走访、三检查、四验收的工作标准，重质量、重安全、重资质。全区教育系统各单位共做防水面积近6万平米，满意度100%。

（李建国　贾艳彤）

【开展安全检查工作】　1月14日，区教委房管所在三个教师楼小区开展安全检查。旨在让小区居民安定、祥和度过春节。本次检查共发现卫生死角3处，安全隐患1处，责令小区管理人员3日内整改完毕。

（贾艳彤）

【实施房屋防水工程】　4月19日至8月20日，房管所防水工程组组织防水工程队，核实资历后，与其签订安全施工协议书，对全区教育系统漏雨楼房及平板房进行施工修缮。在

工程组技术人员的监查下，施工涉及56个

单位，施工面积近6万平米。

（周书启）

【开展消防安全活动周】 6月7至15日，房管所在所辖三个教师楼小区开展“打开生命通道创建平安家园”消防活动周活动。在三个教师楼小区内能划消防通道的位置划出消防通道，并责成小区门卫负责清理在小区内消防通道内停放的车辆，确保生命线的畅通。活动期间还配合居委会普及居民安全用火、

用电、用气的常识，在各单元门口张贴宣传材料，提高居民的消防安全防范意识。

（张晓东）

【区教委主任李达视察校舍抗震加固、修缮工作】 7月26日，区委教育工委书记、区教委主任李达，教委财建科科长王振东等领导视察2011年校舍抗震加固、修缮工作。李达等领导首先到抗震加固工程量较大的大兴特教中心视察，询问施工面积、工序操作、施工进展、完工时限等情况。又到北京经济技术开发区实验学校和北京八中亦庄分校视察两所学校修缮工作进展情况，巡视学校教学楼、食堂、专用教室，仔细询问装修施工进展情况，要求校方积极配合施工方做好各项工作，确保施工安全、工程质量并如期完工。北京经济技术开发区实验学校前身是一所民办学校，2011年6月转制为十二年一贯制公办学校，北京八中亦庄分校是一所与北京八中合作新建的公办初中学校。

（陈钟楠）

【副区长王荣彬视察校舍安全工程项目工地】 7月28日，副区长王荣彬率队视察大兴二职（东校区）、大兴五中、大兴八小的校舍安全工程项目工地。视察组察看校舍加固（翻建）施工情况，还在工地办公室召开座谈会。施工单位、监理单位（第三方监理单位）、学校，分别就工程进度、质量、安全管理等方面工作作汇报；区教委副主任王滨、区住建委副主任王永军分别汇报工程管理工作。王荣彬指出校舍安全工程是影响面大的政府工程，监理单位要监管到位，要高度重视施工安全工作，充分考虑加固工程的特殊性、复杂性，不存侥幸心理，不出安全事故，同时要兼顾工期，确保

如期完工。

（陈钟楠）

【区领导视察定福庄中学抗震加固工作】 8月2日，大兴区副区长王荣彬到定福庄中学视察抗震加固工作。王副区长查看校舍翻建情况，听取工程负责人和校长介绍，提出校园抗震加固工作一定要注重工程质量，务必建成最牢固、最安全校舍。

（张存建）

后勤服务

【概　述】　2011年，为规范学校后勤管理，提高后勤主任的管理能力和水平，大兴区教委财建科加大对学校后勤的管理力度，从后勤主任的培训、分组交流以及后勤评价方面，广泛的开展活动。为更好推动学校后勤规范、健康的发展，区教委批准成立学校后勤管理教研室和学校后勤管理研究会，针对学校的后勤管理工作开展研究和指导工作。

北京市大兴区中小学勤工俭学服务中心机构编制为7人，机构性质为大兴区教委直属事业单位，承担的主要工作任务：在区教育工委、区教委领导下，一是妥善处理历史遗留的涉及一千多万元的债务问题，二是努力搭建“两个服务平台”即：教育风险防范管理服务平台和中小学校后勤保障服务平台。逐步建立和完善“两个体系”即：教育风险防范管理服务体系和中小学校后勤保障服务体系，为教育改革发展提供服务和保障。勤工俭学服务中心在处理历史遗留债务问题中，创新工作思路和方法，在法律法规的框架内避免教育资产遭受损失。在学校后勤保障服务方面，为区教委出台《关于进一步规范教育系统各单位大宗物品采购工作的通知》（京兴教发〔2011〕32号）进行了为期1个月的前期调研工作。在教育风险防范管理服务工作方面，完成全区183所学校和教育单位（含民办学校）校方责任保险统一投保工作，对全区教育系统各单位校方责任保险工作负责人，通过电话、短信、电子邮件及接受当面咨询等方式进行初期业务培训。协助学校处理29起校方责任保险案件，落实理赔金额13万5千多元。

（张伟　何春宇）

【积极应对历史遗留债务问题】　1至12月，区中小学勤工俭学服务中心在区教育工委、区教委领导下，经过艰苦努力，解决遗留的汽车归属争议问题，有效缓解3起涉及600多万元债务的历史案件的强制执行。

（何春宇）

【抽样调查大宗物品采购工作情况】　4月2至29日，勤工俭学服务中心按照区教委的工作安排，对全区教育系统大宗物品（办公纸、采暖煤）采购工作情况进行抽样调查统计，范围涉及中学10所，直属小学及中心校14所，幼儿园5所，职高1所，成人学校5所。在此期间，与镇教委办主任、学校校长、后勤主任等就大宗物品采购工作中的诸多实际问题进行了解与沟通，为区教委制定规范教育系统各单位大宗物品采购工作管理制度提供重要依据。

（何春宇）

【举办后勤专题培训】　4月28至29日，区教委财建科和进修学校干训部共同组织，对全区教育系统后勤主任和后勤负责人进行封闭式培训。全区教育系统131个单位各派出一名后勤负责人参加会议。从学校的后勤安全管理、制度建设、固定资产管理以及节约型学校的建设等方面进行系统的培训，使后勤主任的管理意识逐步增强。

（张伟）

【举办后勤专家座谈会】 5月26日，区教委财建科举行后勤建设专家座谈会。区教委副主任王滨主持，市级专家王绪池、孙广学，财建科科长王振东，进修学校副校长孙国强参加座谈。会议集中讨论大兴区后勤建设的方向，并形成共识，初步拟定成立《大兴区教育学会学校后勤管理研究会》及《大兴区教师进修学校学校后勤管理研究室》的意向。座谈会旨在推动大兴区学校后勤工作的规范化。

（张伟）

【完成校方责任保险投保工作】 7月8日，经区教委研究决定，勤工俭学服务中心负责全区学生和教职员工的校方责任保险工作。7月11日至10月10日，完成全区183所学校和教育单位（含民办学校）12892名教职员工及99060名学生的校方责任保险统一投保工作。

（何春宇）

【成立后勤管理研究教研室】 8月25日，进修学校干训处组织全区教育系统各单位后勤主任（副校长）进行岗位培训。在会上，进修学校校长王宪福宣读《关于成立大兴区教育学会学校后勤管理研究会的决定》和《大兴区教师进修学校关于成立后勤管理研究教研室的决定》。进修学校后勤管理研究教研室正式成立。全国后勤管理研究会秘书长孙勇，区教委财建科科长王振东出席会议。培训特邀中国教育学会教育管理分会副理事长钱昌炎作《坚持改革创新　打造感动后勤》的专题讲座，140人参加培训，为期3天。该研究会、教研室职能是协助教委财建科做好学校的后勤管理工作并进行学校后勤管理的学术研究与研讨。一室一会的成立，进一步充实后勤管理的力量，推动学校后勤工作开展。

（张伟　周英姿）

【10所学校获市节约型中小学示范学校荣誉】 10月23日，大兴区10所学校获市节约型中小学示范学校荣誉称号。大兴三中、大兴六中、青云店中学、北京市第十四中学大兴安定分校、北京经济技术开发区实验学校、大兴十小、滨河小学、团河小学、北京师范大学大兴附属小学、北京小学翡翠城分校10所学校被评为2011年北京市节约型中小学示范学校。

（张伟）

档案信息

【召开信息宣传工作会】 3月23日，区委教育工委、区教委召开教育系统2011年信息宣传工作会。全区各学校、幼儿园、无学生单位、机关各科室的信息员及党建信息员参加。2010年，全区教育系统48家单位获得信息宣传工作先进单位称号，48人被评为优秀信息主管领导，57人被评为优秀信息员，18位同志被评为优秀党建信息员。大兴三幼、垡上中学、大兴一中、黄村镇第一中心小学的信息员教师，分别就党建信息、政务信息、对外宣传工作，进行交流发言。

（陈钟楠）

语言文字

【召开语言文字工作布置会】 3月25日，区教委、区语委召开大兴区教育系统2011年语言文字工作布置会。区教委副主任马士义，北京市语委专家委员会委员袁钟瑞，全区各学校、幼儿园语委干部、普通话水平测试员、北京市社会用字义务监督员、北京市语言文字工作委员会信息员等150人参加。会上表彰“第二届全国大中小学生规范汉字书写大赛”和“中华诵·2010经典诵读大赛”30个获奖单位，为10个大兴区语言文字规范化示范校颁发奖牌。袁钟瑞从语言文字基础知识、相关法律法规及学校语言文字工作的特点等方面为全体与会人员作专题培训。

（陈钟楠）

【开展区第14届全国推广普通话宣传周活动】 9月11至17日是第14届全国推广普通话宣传周，区语委联合区教委、区委宣传部、区人保局、区文化委、区广电中心、团区委下发《关于开展第14届全国推广普通话宣传周活动的通知》，以党政机关、新闻媒体、学校、公共服务行业作为推广普通话的重点领域，结合工作实际，开展形式多样的宣传周活动。区语委办联合工商局、城管大队、市政市容委的社会用字监督员对兴丰大街的牌匾、灯箱、广告用字进行执法检查。17日，区语委上街开展集中宣传活动，用15块展板向市民宣传《中华人民共和国国家通用语言文字法》及相关知识，副区长、区语委主任王荣彬，区教委副主任、区语委副主任安有文一同参加宣传活动，同时向群众发放宣传画、宣传袋、便签纸、语言文字知识手册等宣传品共计3000余份。

（陈钟楠）

【定福庄中学开展推普活动】 9月13至19日，定福庄中学开展多种形式的推普活动。活动内容有：向学生发出“说普通话，写规范字”倡议；班主任具体布置板报评比、手抄报展示等工作；组织教师书法比赛；要求教师在课堂上强化语言文字训练，开展诵读欣赏活动等。16日，评委组10名成员对12个班级板报从布局合理、书写规范、内容丰富、插图美观、版面整洁等几个方面进行评比，评出各年级第一名进行表彰；评委组10名成员对45件教师书法作品依据“书写规范流畅、字形间架合理、字体大小匀称、内容没有错漏、版面整洁美观”的评比标准进行评审，钢笔字、粉笔字各评出两个一等奖，五个二等奖，并进行奖励。

（张凤云）

【太和中学举行学生规范字书写大赛】 9月15日，太和中学组织87名学生进行“书写经典，传承文明——太和中学2011年学生规范字书写大赛”。活动是以“书写经典，传承文明”为主题的硬笔书法比赛，内容以纪念建党90周年红色经典诗文为主，要求卷面整洁，符合文字书写格式；书写规范，具有中国书法美。

（刘坤）

教育史志

【召开进修学校年鉴工作布置会】 2月28日，进修学校召开《教师进修学校年鉴》编写工作会。校长王宪福及各部门的主管领导和组稿人参加会议。史志办教师李金艳就年鉴的相关知识、进校年鉴的基本结构及大事记、条目的撰写要求进行讲解和培训。王宪福对年鉴的编写目的、工作机构、操作流程及时间表进行具体说明。《大兴区教师进修学校年鉴》每年编写一册。

（李金艳）

【召开《大兴区学校志》工作布置会】 4月29日，《大兴区学校志》工作布置会召开。区教委办公室主任石凤玲、进修学校副校长王永庆及全区中小幼职成等各单位组稿人150人参会。《大兴区学校志》是北京市教委于2010年年底启动的区县教育志撰写工作的重要组成部分。为做好本区学校志撰写工作，区教育史志办进行细致调研，前期在11所学校开展试点工作，取得一些经验，依照工作安排，召开本次工作布置会。王永庆宣布正式启动《大兴区学校志》撰写工作。区教育史志办李金艳就如何撰写学校志作详细解读和说明。试点学校黄村镇第一中心小学、大兴第二职业学校分别作《创新工作机制做好学校史志工作》和《以事实为基础 搞好校志撰写工作》的发言，向与会者介绍学校撰写校志工作的体会，为推进此项工作提供借鉴。主任石凤玲提出三点要求，一、各校要高度重视校志撰写工作，做到分工明确，责任到人；二、各校要在尊重史实的前提下，收集相关的史料，做到实事求是，求真务实；三、会同区教育史志办加强指导与检查，高质量地完成本次校志的撰写工作。

（李金艳）

【召开北京市教育史志研讨会】 5月27日，北京市区县教育志、教育年鉴工作交流研讨会在大兴举行。北京市教委教育志办公室主任李晓秋，副主任王永刚、任彧，市教委史志办、东城、西城、丰台等18区县志、鉴编写人员40余人参加会议。会议由市教委史志办副主任王永刚主持。会上，大兴区教师进修学校副校长王永庆作题为《统筹兼顾，不断开拓史志工作新局面》的主题发言，全面介绍大兴区教育史志工作机构，近年来史志办承担完成以及正在撰写的《大兴学校志》、《大兴教育组织史》、《大兴教育60年》等志、鉴工作情况。各区县参会代表分别就各自区县志、鉴工作进展情况及第二轮修志工作中遇到的问题、值得借鉴的经验等进行交流研讨。

李晓秋在总结发言中对各区县积极主动开展二轮修志工作表示肯定，并表示修志工作，功在当代，利在千秋，要全面提高修志人员业务能力，提升志书质量，市教委教育志办公室将定期举办志、鉴撰写培训活动。会后，全体与会人员参观大兴一中校史馆。

（袁沈珍）

【大兴、昌平召开教育志鉴工作研讨会】 12月19日，区教育史志办和区教委办公室相关人员走进昌平，与昌平教育史志办开展研讨交流活动。进修学校副校长王永庆、区教委办公室杨喜来，昌平区原教委副主任、区教委督导室主任李玉庆，昌平区教育史志办主任张永宽参加交流研讨活动。区教育史志办受区教委委托拟编纂2011年卷（首本）《大兴教育年鉴》。王永庆说明来昌平史志办学习、考察的目的，介绍大兴区教育年鉴编写的准备工作。张永宽详细介绍《昌平教育年鉴》编纂工作情况，其中重点就年鉴编纂的工作流程、框架结构、稿件要求进行详细说明。在交流中区教育史志办还就昌平年鉴编纂队伍建设、经费投入、使用情况及编纂中的具体问题进行了解，学习兄弟区县编纂年鉴的宝贵经验，增强从事史志工作的荣誉感，使命感；同时，在学习交流中，也进一步理清大兴区教育年鉴编纂工作的思路，增加编纂好大兴教育年鉴的信心。

（益建春）

【出版首册《大兴教育60年》资料汇编】 12月26日，区教育史志办编辑出版首册《大兴教育60年》资料汇编。区教委2010年启动《大兴教育60年》编写工作，受到老教育工作者协会大力支持。编写组与6名老领导座谈，对10位老教师进行访问，20多名老教师撰写回忆文章，深入学校征集照片、资料。总共收录回顾1949年至1997年大兴教育发展历程的文章41篇。

（益建春）

教育督导

【概　述】 2011 年，大兴区人民政府教育督导室坚持依法督导，积极推进义务教育均衡发展，完善教育督导评价制度，创新教育督导工作体制机制，推进教育督导队伍和教育督导工作的专业化建设，全面促进大兴区教育事业的改革与发展。本年督政工作完成：对 14 个镇政府和 5 个街道办事处 2011 年履行教育职责情况的督导考核；通过督导室的努力，区政府首次把对街道办事处履行教育职责督导考核结果纳入《区委、区政府对镇街道办事处和区直单位科学发展绩效考核》之中。组织区内教育执法的自查工作和迎检的准备工作。督学工作完成：对 15 所小学实施规范化建设情况的督导验收和对 2009 年验收中“软件建设”尚未合格的四所完小的复查验收工作；开展对 14 所成人学校的综合督导评价；第二次对 73 所中小学教育工作满意度情况的问题调查，结果显示全区总体满意度 83.2%，比去年提高 2.1 个百分点。对 34 个单位教师工作的考核评价及注重人性化管理情况的调查，形成《关于学校对教师工作考核评价及注重人性化管理情况的调查报告》；做好义务教育实施与均衡发展情况监测统计工作。

（杨伟民）

【对镇政府履行教育职责情况督导考核】 1 月 1 日至 2 月 26 日，督导室完成对镇政府上年履行教育职责情况的督导考核。根据区政府《关于印发 2010 年对镇街道办事处和区直单位科学发展绩效考核办法的通知》精神，形成对各镇政府在教育投入、校园周边环境治理、控制义务教育阶段学生辍学等方面督导考核结果。向各镇印发《关于 2010 年各镇政府教育投入情况的通报》并上报区四套班子主管领导。14 个镇政府对教育的投入由 2009 年的 3809.3 万元增至 2010 年的 4482.3 万元。

（杨伟民）

【教育收费督察组检查工作】 3 月 30 日，区教育收费督查组四人来凤河营中学进行 2011 年春季教育收费抽查工作。校长做自查自纠工作汇报，督查组和 10 名家长进行座谈，了解学校收费情况；与 10 位教师进行座谈，检查关于教育收费方面公示情况，督查组还深入班级进行调查，查看学生教科书和教材辅导。肯定该校完全符合检查工作标准，无任何乱收费行为。

（姚红颖）

【开展对教育工作满意度情况调查】 4 月 3 日至 6 月 30 日，督导室以随机抽样形式对 73 所中小学学生家长进行问卷调查。调查内容即：学校管理、师资队伍、教育效果、政府职责等四个方面。共回收问卷 6884 份，结果显示：全区总体满意度为 83.2%，比去年提高 2.1 个百分点。在认真分析调查结果的基础上撰写《中小学学生家长对我区教育工作满意度调查报告》，并在 10 月 26 日全区教育系统领导干部工作会上对调研结果进行通报，向所有被调查学校印发“家长对教育工作满意度问卷调查统计结果”，为学校提供一个不断改进完善各项工作的依据。

（杨伟民）

【组织开展教育执法检查自查和迎检准备】 5月10日至11月26日，督导室组织开展2011年教育执法检查区内自查和迎检准备工作。依据京督导〔2011〕26号文精神，督导室组织安排本区的教育执法自查工作。在自查阶段，针对新建居民区教育配套设施建设用地办理划拨手续和确保同步建设、同期交付使用等情况，两次组织区住建委、国土分局、规划分局等部门研究推进工作的具体措施。在此基础上汇总各相关部门自查情况，起草《大兴区人民政府关于2011年教育法律法规执行情况的自查报告》上交市政府督导室。召开7个部门参加的“迎接市教育执法检查准备工作协调会”；按要求认真整理各相关部门提供的反映工作过程的文件和档案材料共9盒70余份；协调区住建委和教委实地察看首座御园、仰山嘉园两个新建小区的教育配套设施建设情况及迎检准备情况。

（杨伟民）

【完成对小学验收和完小复查验收】 5月6日至9月30日，11月29日至12月2日，督导室分别完成对15所小学实施规范化建设情况督导验收和对4所完小复查验收工作。依据《大兴区小学规范化建设工程学校督导验收方案》，完成对8所中心（直属）小学和11所完小的督导验收和复查验收工作。在验收中重点做好以下工作：坚持做到软件建设和硬件建设并重。把督导检查验收过程作为促进学校内涵发展、推动全面实施素质教育的过程，强化指导、服务功能，增强学校规范办学、自主发展的内驱力。增强德育工作实效性、加大学科课堂教学质量监控力度、保证学生每天一小时体育活动。继续将信息技术应用情况纳入到督导评价指标体系，督促学校利用教师研修网资源和多媒体教学设备等途径提高课堂教学质量和促进教师专业发展。通过与领导干部、部分教师个别访谈，召开部分学生座谈会，察看教学仪器设备的配备、管理、使用情况和校园环境，进行部分家长问卷调查，深入课堂听课等形式，结合督导评价指标体系，以课程标准为依据，在对学生动手实验、信息技术、审美能力和体质健康达

标等情况抽样检测。坚持督导评价意见反馈和结果通报与运用制度。

（杨伟民）

【完成对成人学校的综合督导评价】 9月3日至11月20日，督导室完成对14所成人学校的综合督导评价工作。根据《北京市大兴区教育委员会、北京市大兴区人民政府教育督导室关于印发〈大兴区镇成人学校评价方案（试行）〉的通知》精神，依据《大兴区镇成人学校督导评价指标体系》，对全区14所镇成人学校进行综合督导评价。督导评价组在研究各校的发展规划和自评材料的基础上，

查阅有关工作的档案资料，对学校管理人员进行个别访谈和问卷调查，召开镇政府相关部门负责人和村干部、企业领导172人参加的座谈会，察看学校设施设备的管理使用情况。在获取大量信息的基础上，督导组重点针对项目化管理、规章制度建设、调查研究、档案管理、校园安全等问题进行口头反馈，印发书面回复意见，并召开由成人学校校长参加的督导结果通报会。

（杨伟民）

【市政府教育督导室领导调研学前教育工作】 10月13日，市政府教育督导室副主任关国珍、综合处副处长李强到大兴区调研学前教育工作。市政府督导室领导先后到采育镇第一中心幼儿园及辛店分园、长子营镇中心幼儿园和大兴区第一幼儿园进行调研。听取园长介绍及实际查看室内外环境、班级活动等，了解幼儿园的园所建设、师资配置、镇中心园发展模式及园所管理等情况，并对各幼儿园及大兴区学前教育的发展提出意见和建议。

（徐敏）

【开展教师工作考核评价及人性化管理情况的调查】 10月26日至11月28日，督导室开展并完成对本区34个单位教师工作考核评价及注重人性化管理情况的调查。根据区教委主任的意见，随机抽取34个单位作为调查样本，访谈干部教师371人，向1090名教师做问卷调查，查阅各单位教师考核评价资料，调查了解各单位在“实施教师考核评价的情况、教师对考核评价的认同情况、领导关心尊重教师，注重人性化管理”等方面的情况，形成《关于学校对教师工作考核评价及注重人性化管理情况的调查报告》。

（杨伟民）

【市政府教育督导室到大兴区教育执法检查】 11月22至23日，市政府教育督导室到大兴区进行教育执法检查。市委教育工委副书记、市政府教育督导室主任线联平，市政府教育督导室副主任刘莉等共计33人参加教育执法检查。检查的主要内容是本区新建、改建居民小区教育配套设施建设情况，以及职业教育和成人教育中的教师培养、培训工作和教师职业能力提升情况，区政府教育费附加用于职成教育的情况等。专家组分别对首座御园小区、仰山嘉园小区、大兴二职、北臧村成人学校进行实地考察。副区长王荣彬对大兴区新建小区教育配套设施和职业教育发展等问题进行重点汇报。大兴区区长李长友、副区长王荣彬，区政府办、区教委、区住建委、区规划分局、区国土分局、区发改委、区财政局等相关委办局的主管领导、相关科室的科长等出席汇报会和座谈会。

（陈钟楠）

【督导考核街道办事处履行教育职责情况】

12月11至24日，督导室首次开展对街道办事处履行教育职责情况的督导考核。区政府首次把街道办事处履行教育职责情况纳入《2011年对镇街道办事处和区直单位科学发展绩效考核办法》之中，根据考核要求，督导室主要做以下几方面工作：一是针对本区实际，明确街道办事处在治理校园周边环境、对未注册幼儿园进行管理、开展青少年校外教育活动三方面的职责；二是走访教委相关科室、44所中小学和幼儿园，实地考察校园周边环境，掌握各街道办事处履行教育职责的情况，保证考核结果客观、公正、有效。

（杨伟民）

【完成“九年义务教育实施与均衡发展情况监测统计”】 12月26日，督导室完成区“北京市九年义务教育实施与均衡发展情况的监测统计”工作。按照市政府教育督导室《关于开展2011年义务教育实施情况与均衡发展状况监测工作的通知》精神，严格按监测指标要求，组织协调有关部门认真填写2010至2011学年度监测统计报表，确保统计、测算及上报数据真实准确。

（杨伟民）

德育

德育工作

【概　述】 2011年，全区德育工作坚持以科学发展观为指导，贯彻中央8号文件精神，推进未成年人思想道德建设，开展主题教育活动，着力推进课程德育研究，加强德育队伍建设；大力推进校园文化建设，加强社会大课堂建设，提升学生的综合素养；培养学生良好行为习惯和健康心理品质，促进学生全面健康成长。小学德育工作本着“育人为本，德育为先”的工作目标，培养小学生文明道德素质和健康心理素质。按照区教委总体工作部署，以“抓好一日常规”为主题，组织全区小学开展养成教育成果系列展示活动。探索新型家校合作机制；以“大手牵小手”为主题，指导家长和学生开展爱老敬老、护绿保洁等活动。中学德育工作以《大兴区中小学文明礼仪教育指导纲要实施方案》为指导，组织开展《光辉的旗帜》征文活动以及全区中学生党史知识竞赛等系列德育活动。教委中教科相继制定《大兴区中学班主任基本功培训与考核实施方案》、《大兴区推进中小学德育内容、方法和机制创新试验项目实施方案》，并按照项目实施进度推进各项工作。进修学校德育研究室负责制定全区德育研究计划，研究德育热点、难点、前瞻性问题，为全区的德育工作提供全方位支持，具有研究、指导、培训、服务功能。年内培训全区中小学、职业学校班主任并指导其开展工作，管理、考核、评价全区中小学、职业学校骨干班主任。

（李淑新　李春岭　韩景贵）

【召开小学德育工作布置会】 2月14日，区小学德育工作布置会召开。区教委副主任安有文等领导及全区小学德育干部51人参加。会议以“有效德育、特色德育”为主题，布置德育工作任务，对“新一届骨干班主任评选、综合实践课程推进、班主任基本功培训与考核、主题教育、养成教育、心理健康教育”等工作进行部署，结合区发展新形势，明确开展各项工作目的及意义。

（李春岭）

【开展全区小学心理教材教法辅导】 3月3日，德育研究室在进修学校对全区近30名小学心理教师进行教材教法辅导。德育研究室副主任董义芹通过真实案例说明心理健康教育重要性，强调心理健康教育开展得越早学生越受益；对不同主题心理活动课应该如何选择心理游戏，做心理游戏时应注意哪些问题，应该如何分享等问题作具体详实阐述；大兴二小教师带领心理教师们做“人名接力”、“解手链”和“勇于认错”三个心理游戏；大兴四小教师带领心理教师们体验“人生画布”心理游戏。

（董义芹）

【凤河营中学100365首善行动捐助】 3月5日，凤河营中学举行“100365首善行动”捐助活动。该校校长、副校长、6名受捐助学生及家长、班主任参加。“100365首善行动”是由北京市学生联合会与北京青少年发展基金会联合推出，按照“公益一百年，爱心每一天”公益理念，打造全维度，多层次服务青少年的公益活动。为经济暂时困难家庭学生，提供学业及生活资助。该校经过严格审核，共有6名贫困生得到捐助。每人发放米、面、粮、油合计1000元。

（姚红颖）

【进行“校园心理剧”培训】 3月10日，进修学校德育研究室邀请心理专家王恪和权江红为本区30余名中学心理教师进行“校园心理剧选题、编写剧本”培训。权江红从校园心理剧介绍、基本运作模式及相关心理培训、教育功能、反思设想等几个方面进行讲解。德育研究室石影对区中学开展的“第二届校园心理剧”评选与展示活动具体工作进行详细布署，德育研究室副主任董义芹要求心理教师回校与主管领导汇报，制定出适合本校开展“校园心理剧”的工作计划，整合协调资源，充分调动班主任和学生们创作积极性，力争第二届校园心理剧展评活动取得更好的效果。

（石影）

【大兴三中学子拾金不昧】 3月16日，大兴三中授予初二（2）班梁鑫洋、高雄、霍佳乐三名学生“拾金不昧、道德标兵”称号，颁发荣誉证书。3月14日，鑫洋等三位同学在三中巷拾到价值六千元的苹果iphone4手机，他们找到老师，接通失主打给自己手机电话。手

机在当晚物归原主。

（董金锁）

【研讨《小学心理游戏手册》初稿】 3月17日、4月14日，进修学校德育研究室组织全区小学心理研修组全体成员30余人针对编写《小学心理游戏手册》初稿进行充分研讨。德育研究室副主任董义芹对游戏手册编写原则、编排体系以及游戏手册内容进行简要说明；参与教师提出很多建设性意见，力求使此套心理游戏手册内容切合小学生年龄特点和心理特征，具有针对性强，可读性强，操作性强的特点。

（董义芹）

【召开课题负责人会议】 3月18日，进修学校德育研究室组织召开大兴区“基于学生发展的校本研究”课题负责人会议，13所实验校的课题负责人参加会议。会议主要内容是讨论各校课题实施方案和布置下一阶段工作。会上，区课题负责人赵希娟对各校实施方案做总结，与会教师研讨实施方案制定、实施中遇到问题和解决策略，区课题负责人肯定各实验校工作，提出新的要求。会

议旨在各校理清课题研究思路,明确本学期工作目标,为深入开展该课题研究奠定基础。

(赵希娟)

【召开开题论证会】 3月25日,北京市2010年度规划课题“农村中小学开展团体心理辅导游戏实践研究”开题论证会在进修学校召开。区中、小、幼、职共32所实验校课题负责人及德育研究室教研员共40余人参加开题会。课题负责人刘连东做开题陈述。北京教育科学研究院德育研究中心研究员杨忠健、《班主任》杂志主编佟德、进修学校科研室原副主任周树明分别对该项课题从不同角度作质疑、点评,为开题报告提出宝贵修改意见。开题报告获得通过。

(刘连东)

【启动“党在我心中”主题教育活动】 3月25日,区小教科“党在我心中”主题教育活动启动。该活动旨在以纪念建党90周年为契机,在全区小学生中广泛开展党史教育、国情教育、革命传统教育,推进社会主义核心价值观。活动以“爱党爱国,争做社会主义小公民”为主题,开展丰富多彩的教育实践,主要内容包括:利用“五四”、“七一”等纪念日,寻找身边的优秀党员;组织主题班队会、故事会、演讲比赛等体验活动,集中开展爱党爱国教育;开展“红歌颂党恩”活动,传唱红色经典歌曲;利用博物馆、纪念馆、图书馆、文化馆等社会大课堂资源,加深体验感悟;开展读一本好书、出一期板报、做一张手抄报等教育活动,抒发对党的热爱之情。活动由教委小教科牵头,各校德育干部负责组织实施。

(李春岭)

【开展心理“共同成长”研修组活动】 3月31日,教师进修学校德育研究室组织心理健康教育“共同成长”研修小组30余名教师进行教研活动。德育研究室教研员冯秀琴从心理健康教育活动课的四个流程讲起,即第一个流程:团体暖身阶段;第二个流程:团体转换阶段;第三个流程:团体工作阶段;第四个流程:团体结束阶段。既有理论层面的知识,又结合实例进行分析讲解,然后又结合一节

录像课《老师为什么不喜欢我》,进一步领会心理课的四个流程。

(冯秀琴)

【研讨积极心理学理论】 4月14日,进修学校德育研究室组织中学心理研修中心组30余名教师对积极心理学理论进行学习与研讨。研修组成员李月芝为教师们提供积极心理学模式、现状、背景等资料,带领老师们从积极情绪体验、积极人格特征、如何获得幸福、积极心理疗法等方面进行交流与研讨。参与研讨的教师从自身生活以及工作实践出发对此理论进行热烈的讨论。研讨活动结束

后，德育研究室教研员石影要求心理教师们从自身做起，更加系统学习积极心理学的理

论与内容，在教育教学实践中总结与提升，为教师和学生服务。

（石影）

【大兴四中举办党在我心中诗朗诵比赛】 4月28日，大兴四中举行以“党在我心中”为主题庆祝建党90周年诗歌朗诵比赛。30多名学生参加比赛。8位评委分别从“主题内容、语言表达、艺术感染力、仪表形象、艺术创新”五个方面按照“紧扣主题，能体现当代中学生精神面貌；吐字清晰、声音宏亮；声情并茂，能与观众产生共鸣；衣着大方，精神饱满；有配乐，有肢体语言配合朗诵”的标准采用分级制评奖方式，评出一等奖5人，二等奖10人。

（雷占全）

【参加博客大赛颁奖会】 4月29日，进修学校德育研究室参加北京市教育委员会主办、市妇女联合会协办、市教科院承办“北京市第二届中小学博客大赛颁奖暨班级博客培训会”。北京市教科院德育研究中心主任谢春风、北京市中小学网上家长学校特聘专家杨忠健及北京市教委基教一处相关领导出席会议。为获奖代表颁发博客大赛获奖证书，德育研究室获优秀组织奖。本区在该项大赛共计57人荣获市级一、二、三等奖。德育研究室韩景贵在会上作题为“班级的网络栖居”的发言，概括介绍大兴区班级博客开展状况及取得的效果。

（韩景贵）

【大兴三中举办家校协作讲座】 5月6日，大兴三中特邀著名教育家闵乐夫为该校初二年级600余名家长做题为《为孩子的青春护航——父母要关注孩子的青春期》家长课堂讲座。闵教授以“孩子到初二了，是否可以放心了呢”发问，介绍青春期学生特点和家长对青春期学生应予以关注，使初二年级家长从青春期生理变化、心理特点、人际交往、自我保护四个方面了解对待自己孩子的科学方法与良好心态。闵乐夫和家长们现场互动，家长提出诸如学生偏科、脾气急躁、自制力差、

迷恋网游等问题，闵乐夫用有说服力的事实解答家长们困惑。

（董金锁）

【召开教育博客大赛总结表彰暨展示交流会】 5月19日，进修学校德育研究室组织“大兴区中小学教育博客大赛总结表彰暨展

示交流会”在北京小学大兴分校召开。北京市德育研究中心主任谢春风、大兴教委副主任安有文等领导出席活动。来自中小学、幼儿园的领导干部、教师及家长代表二百余人参加会议。本次大会旨在展示本区广大教师、学生及家长在“北京市班级博客大赛”和“大兴区教育博客大赛”中所取得的成绩，交流推广本区在教育博客应用中所取得的成果。德育研究室主任汪克良做题为《搭建零距离交流平台，打造无障碍教育空间》主题发

言，对教育博客的职能作用进行阐释。会议表彰在市、区级博客大赛中获奖的百余名教师、学生及家长。谢春风对教育博客如何更好的服务教育进行剖析。安有文做大会总结，要求学校德育干部及教师要在工作中及时更新理念，善于利用网络信息化平台辅助日常工作。

（韩景贵）

【召开团体心理辅导游戏实践培训】 5月20日，进修学校德育研究室北京市规划课题“农村中小学开展团体心理辅导游戏实践研究”课题培训会在进修学校召开。课题培训旨在使教师通过参与心理游戏活动，体验学习团体心理辅导游戏一般操作步骤等教学技巧，并积极把团体心理辅导游戏运用于教育教学之中。课题负责人刘连东做课题阐述并带领教师们作暖身活动，大兴一中教师代玉美带领教

师们在室内分别作“就是你”、“快乐猜词”、“想象放松”等体验游戏；兴华中学教师刘秀华带领教师们在室外分别作“寻找温暖的家”、“食指抬人”、“目标与实现”等体验游戏。每个游戏活动后，教师们纷纷谈活动感受。区34所课题实验校34名教师参加课题培训。

（刘连东）

【举办中学德育干部培训会】 5月20至21日，中教科举办全区中学德育干部培训会。

全区中学35名德育干部参加。与会人员分三组进行研讨和交流；西城区教育研修学院德育心理部研修员朱洪秋做题为“德育应该

自管自育”的专家讲座，运用案例对“德育需要建构校本模式、什么是教育建模，对建模的“工具价值、思维价值”等问题做解读。

（李淑新）

【邀请北京教科院专家研究指导工作】 5月25日，进修学校德育研究室邀请北京市教科院课程中心主任王凯、首都师范大学教授王希永，对新修订小学心理教材《小学生心理健康》进行研究和指导。教材编写小组成员十余人参加活动。德育研究室副主任董义芹介绍教材修订整个过程及取得的初步成果，王凯对教材怎样通过初审进行详细阐述，并对教材提出宝贵意见和建议。会后，心育中心的几位教研员对会议精神进行讨论，针对王凯的建议提出具体改进措施，努力在规定时间内顺利完成任务。

（董义芹）

【召开课题结题工作辅导布置会】 6月17日，进修学校德育研究室组织召开结题报告撰写辅导暨结题具体工作布置会。全区中小学、幼儿园共43所实验校课题负责人参加会议。德育研究室主任汪克良参加会议。会上总课题组专家组组长李德善针对如何撰写结题报告做辅导，强调撰写结题报告重要性的同时，详细介绍结题报告的结构样式，具体讲解正文内容的撰写，使每一位课题负责人明确结题报告撰写的思路和方法。德育研究室柳立新结合总课题组要求，布置结题期间各实验校需要做的具体工作，提出上交结题材料具体要求。

（柳立新）

【为患病小学生捐款】 9月6日，定福庄中学和庞各庄中学为庞各庄镇张公垡小学患病

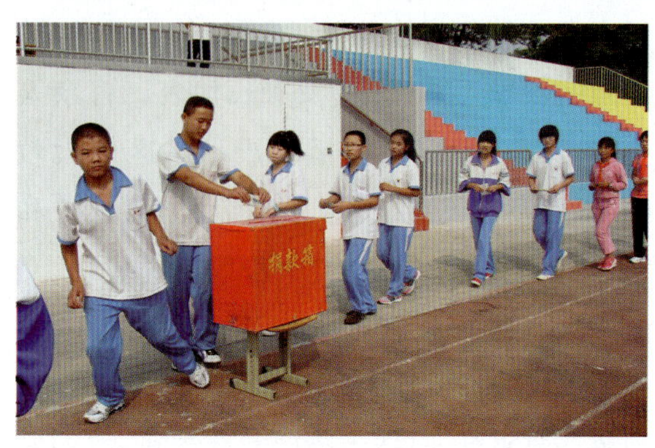

学生柏乐捐款。庞各庄镇西南次村十一岁小学生柏乐不幸确诊为“儿童系统性红斑狼疮”，先后四次住院治疗，产生近百万巨额医疗费用，家庭非常窘困。两校师生积极响应镇教委号召，为他伸出援助之手，庞各庄中学师生570人共募得2575.5元，定福庄中学师生330人共募得两千余元，均交到镇教委代为转给柏乐家人。

（沈志刚　张凤云）

【举办德育交流周活动】 10月18至21日，中教科举办中学德育工作交流周活动。区教

委中教科、进修学校德育研究室有关人员及全区35所中学的政教主任46人参加活动。

活动分5组同时进行，每组每天走进两所学校，每校半天。活动过程中听取校长或主管德育工作副校长汇报学校德育工作，骨干班主任做班级管理案例交流；分别组织由学校领导、教师、学生参加的座谈会，听一节心理课，查看相关资料。

（李淑新）

【组织开展中学心理教材实践活动】 12月1日，教师进修学校德育研究室组织中小学心理研修组教师30余人到大兴五中观摩研讨李月芝《情绪的认识与调控》一课。李月芝作为高中心理教材的编委，讲授她负责编写情绪管理专题中《情绪的认识与调控》一节，整个授课过程遵循教材编排体系，很好体现编写的指导思想和理念。对学生点评恰到好处，充分调动学生参与热情。课后，心理教师们针对这节课进行细致全面的分析和讨论，研讨教材中的问题，使教材更加完善，为今后审定工作做准备。

（石影）

【金海学校进行中学生心理健康辅导】 12月13日，金海学校为八年级学生进行中学生心理健康辅导。邀请北京市未成年教育研究所心理专家刘耀祖和王君奎，主题为"认识自我，自我探索"。两位心理专家分别从"积极发展的心态"、"认识自己，寻找自我目标"、"相信自己，树立信心"等几方面开展讲座；从"正确看待学业成绩"、"建立良好的人际关系"、"如何对待批评"、"树立意志力"等方面与学生进行互动和团体游戏活动，帮助学生解开心结。八年级89名学生参加。

（陈庆辉）

【组织实验校参加北京市学困研究会年会】

12月23日，北京市中小学学习困难研究会年会在丰台召开，大兴区进修学校德育研究室组织区实验校参加会议。北京市教委基教一处副处长张凤华、北京教育学会会长李观政等领导参加会议，会上北京市学困研究会领导和专家做工作总结和展望；张凤华作总结讲话，对学会"关注差异、关爱学生、促进师生共同发展"主旨给予肯定，认为该项目践行北京市"以人为本、提高质量、促进公平"教育核心。进修学校德育研究室承担该学会"基于学生发展校本研究"课题，区课题负责人赵希娟在会上做交流发言，介绍区内研究情况和取得的成绩。大会共有六个分论坛，各实验校根据需要参加不同分论坛，魏善庄中学参加"中学学困生教育研究"；礼贤二小参加"小学数学分层测试卡应用研究"；青云店中学、北臧村中学、大兴五中参加"基于学生发展的中小学校本研究"。

（赵希娟）

【召开中学第二届校园心理剧表彰总结会】

12月23日，进修学校德育研究室组织召

开“大兴区中学第二届校园心理剧表彰总结会”。北京市教育学会教育心理学研究会副理事长兼秘书长陈丽娟以及全区三十五所中学的德育干部与心理教师参加大会。大会在进修学校举行，会上分别对获得15个优秀组织奖、31个优秀剧目奖、40个优秀指导奖的学校及个人进行表彰。与会专家领导与心理教师们共同观看大兴三中、大兴一职以及大兴五中选送的三幕优秀剧展示。陈丽娟从校园心理剧关注中学生自身的心理过程；能引起学生反思和反省；能满足学生的创造欲望等方面进行精彩的点评。第三十五中学心理教师董艳菊做“在学校中校园心理剧的尝试”讲座。从校园心理剧在心育工作中起到的作用，心理剧每个阶段把握以及尚待解决问题等方面进行系统讲解。教师们结合自己

工作实践进行理解和把握，纷纷表示在今后工作中深入思考，积极推进，让校园心理剧发挥最大教育效果。

（石影）

班主任工作

【北臧村中学举行班主任基本功培训】 1月23日，北臧村中学举行班主任基本功培训活动。培训会分为专题讲座和研讨会。邀请大兴一中教师、全国优秀班主任、北京市紫禁杯班主任特等奖获得者、北京市师德先进个人赵建玲，为该校全体班主任进行班级管理专题讲座，题目为《享受途中的幸福——快乐着学生的快乐、幸福着学生的幸福》，内容包括以良好师德感染学生；以博大爱心打动学生；以和谐民主氛围凝聚学生；以心灵沟通转化学生；以丰富多彩班级文化陶冶学生；以常新知识带动学生；以经常总结和反思提高自己。每位班主任结合工作实际，相互交流班级管理方法和经验。参加培训的班主任、年级组长以及学校各部门负责人共20人。

（贾京晶）

【大兴二小召开班主任培训启动会】 2月28日，大兴二小召开班主任培训工作启动会。德育主任对重点工作和班主任考核、评选及班队会大赛等活动进行说明，对达标考核工作做考前动员辅导。校长兰祖军要求在行政管理方面给予班主任教师大力支持，多方搭建平台，促进班主任整体工作水平提升。学校领导班子成员和全体班主任教师70人参加会议。

（张江涛）

【长子营二小班主任基本功培训活动】 3月3日，长子营二小本着“扎实稳步，开拓进取”的目标，组织12名班主任开展班主任基本功培训活动。主管领导介绍班主任基本功考核目的、意义，为教师们解读班主任基本功考核细则，明确班主任考核的时间、形式和重点，并为教师们根据各种考核内容进行举例，教师们根据各种例子进行详细研讨和交流。

（牛惠）

【举行第二批班主任基本功考核培训】 3月6日，根据大兴区教育委员会《关于开展小学教师基本功考核达标工程的实施方案》具体要求，区教委小教科、进修学校德育研究室组织全区第二批参加考核小学班主任基本功的近500名教师在进修学校进行考前集中培训。教委小教科副科长寇国新参加。寇国新在会上强调培训的重要性，明确参加培训、考核的具体要求。进修学校德育研究室教研员分别就教育心理学，教育法律、法规、政策文件，班级建设，案例分析，主题教育活动设计等专题为教师们进行细致讲解。培训在充分解读相关文件要求基础上，采用教育理论概述与案例应用相结合方式进行，培训旨在为教师们全面介绍考核具体要求、范围及考核形式提供备考方向。

（刘学燕）

【采育中学召开班主任工作交流会】 3月14日，采育中学召开“班主任工作交流会”。交流会目的是强化班级管理和班级行为规范。各位班主任以“交流分享，互动提升”为主题，畅谈自己的做法、心得和取得实效。校长贾金忠参加交流会并作总结。全校班主任、副班主任54人参加交流会。

（高华）

【金海学校开展班主任培训讲座】 4月11日，金海学校举行“如何做一名智慧的班主任”为主题的班主任培训讲座。活动邀请进修学校德育教研室主任汪克良主讲，120名教师参加。汪克良从做智慧班主任要具有迅速、灵活、正确处理问题的能力，在平时工作中要注重坚持、尊重、反思、创新等十个方面工作能力的培养，阐述怎样做智慧班主任。

（刘川）

【开展校级班主任基本功考核工作】 5月16日，青云店中学开展校级班主任基本功考核工作。全校57名班主任进行第一次考试。考核内容主要涉及《义务教育法》、《教师法》、《未成年人保护法》、《预防未成年人犯罪法》等法律法规的相关内容。经考核18人优秀，39人合格。

（杨婕）

【大兴三中举办班主任专业化发展培训】 8月20日，大兴三中举行新学期班主任专业化发展“聚焦名师育人思想，启迪智慧班级管理”主题培训活动。活动特邀进修学校副校长汪克良，北京市金牌教师、北京市“紫禁杯”班主任获得者吕晓英和乔雪莲，北京市班主任基本功大赛一等奖、十佳班主任焦艳玲，分别作专题报告。该校优秀班主任代表做工作经验交流汇报。110名正、副班主任参加培训。

（董金锁）

【大兴八中开展班主任培训活动】 8月25日，大兴八中举办新任班主任和青年班主任培训。活动分两个部分，先由4位优秀班主任介绍自己在班级管理和学生教育方面的体会和经验，自己做班主任成长经历。随后，校长提出三个问题，与会人员进行讨论。校长做总结发言，并对新班主任提出希望和要求。48名新任班主任和青年班主任参加培训。

（张开望）

【兴华中学举行班主任培训】 8月25至27日，兴华中学举行班主任培训。活动围绕“在严峻课改形势下，班级管理如何适应发展，走出兴华特色之路”进行研讨。一位教师做经验交流，校长诠释“打造精品课堂，建设魅力团队”内涵。共51名新老班主任参加培训。

（李莉）

【采育一小开展“做好主题班会设计”培训活动】 9月26日，采育第一中心小学邀请区德育研究室副主任李颖开展“上好主题班会课——做好主题班会设计”培训活动。李颖结合大兴区德育现状、班会类型、主题的确定以及如何设计与实施主题班会等列举大量教育实例，进行深入剖析。主管德育副校长以“换一种方法就是智慧”为题做总结，鼓励教师积极实践，发挥聪明才智，逐步摸索适合学生实际的教育方式方法，努力做好学生的思想教育工作。72名教师参加培训。

（宋长路）

【参加主题班会课比赛获奖】 10月21至22日，由中国教育学会中小学德育专业委员会、全国班主任工作学术委员会主办第四届全国中小学主题班(团、队)会课大赛在山西晋中成功举行。来自全国20多个省市近千名中小学教育工作者参加比赛，德育研究室组织本区部分中小学校德育干部和班主任参会。会议主题是：紧紧围绕教育部提出的“课程育人、实践育人、环境育人、骨干育人、情感育人”的精神，以“新的思路，新的活力，彰显师生魅力；内涵丰富，方式新颖，演绎精品班会”为目标，开展以“角色、责任”为主题的教育活动。在历时两天的比赛中，来自全国各地的近50名班主任分别参加高中组、初中组、小学组的现场班(团、队)会课比赛，本区获得现场展示课赛一、二等奖。参赛的录像

课、班会设计、班会实录、班会论文共200余篇获奖，进修学校德育研究室获得优秀组织奖。

（韩景贵）

【大兴三中在全国主题班会大赛获佳绩】 10月，大兴三中在中国教育学会举办的第四届全国中小学主题班会课大赛录像课评比中取得突出成绩。4位老师获得录像课评比

一等奖，11位老师获得二等奖，4位老师获得三等奖。

（董金锁）

【采育中学召开德育工作研讨会】 11月12至13日，采育中学召开第三届德育工作研讨会。旨在为全面提高班主任业务素养，加快班主任队伍建设，帮助班主任解决工作中困难，促进班主任教师专业成长。该校邀请北京教育学院副院长杨秀治进行《赢在执行——解读班主任的执行力》专题讲座。51名班主任参加。

（高华）

【大兴十小骨干班主任工作室成立】 11月21日，大兴十小成立骨干班主任工作室并开展第一次活动。骨干班主任工作室由校级领导、德育干部和区、校骨干班主任组成，共35人。活动主题是如何让学生养成“美的习惯”，几位班主任全方面介绍班级管理经验。校领导对全体班主任提出希望：要求班主任首先要有爱心，有恒心和信心，要勤思巧干，通过班主任工作室这一平台开展交流展示活

动，不断提高班主任工作水平。

（马学伟）

【大兴六小召开骨干班主任大会】 11月28日，大兴六小召开"首届班主任风采展示暨校级骨干班主任评聘"总结表彰大会。教师进修学校副校长汪克良为获奖教师颁奖，骨干班主任徐凤梅以《妈妈爱我，我爱妈妈》为主题进行班会展示；张淑红、李红娟、马洪超三位骨干班主任进行论文交流。该表彰旨在提升班主任个人素质加强队伍建设，对13名责任心强，管理成绩突出的班主任给予表彰。

（李宝进）

【召开主题班会课大赛表彰大会】 12月21日，进修学校德育研究室在北京小学大兴分

校组织召开大兴区小学主题班会课大赛暨现场展示大会。区教委副主任安有文，北京教育科学研究院德育研究中心主任谢春风，《班主任》杂志主编佟德等领导专家出席大会。全区小学德育干部和班主任代表200余人参加。与会人员首先观摩七节优秀主题班会课。与会专家进行现场点评，从班会主题、班会内容、活动形式、活动效果等多方面对七节主题班会课给予充分肯定，并对班会课的意义、选题、方式等进行指导。进修学校副校长汪克良做以《让主题班会课助力师生成长》为题的小学班会课大赛总结。市区领导为本次主题班会课大赛获奖的60余名优秀班主任和7所学校颁发获奖证书。最后，安有文作讲话，她鼓励全区班主任要继续开拓思维，大胆实践，为主题班会课注入新活力，使之真正成为学校德育工作一个有效途径。

（柳立新）

【班主任日常工作调查问卷】 12月29日，太和中学开展班主任日常工作问卷调查。调查采取不记名方式，设计有20个选择题和2道问答题，主要是班主任常规工作的一些问题以及学生们对班主任的评价，想跟班主任讲的心里话和对班主任工作建议这几方面进行调查。下发87份并收集87份问卷，问卷在肯定班主任工作同时，学生也提出许多一些意见。

（刘坤）

学前教育

总　类

【概　述】 2011年，大兴区有幼儿园54所，其中教育部门办32所，民办和其他部门办22所；收托幼儿17637人（外省市5057人）；入园人数8075人，离园人数4421人；教职工1951人，其中专任教师1085人；小学附设学前班24所，收托幼儿2226人（外省市879人）；学前教育普及率91.6%。全区有北京市一级一类幼儿园15所（其中北京市示范幼儿园3所）、一级二类幼儿园4所、二级二类幼儿园13所，北京市社区早期教育基地7所。随着大兴区与北京亦庄经济开发区的深度融合和《新区学前教育三年行动计划（2011－2013年）》的全面启动，学前教育事业继续坚持"保证基础、广泛覆盖、创新机制、提升质量"的工作思路，以镇中心园分园建设为着力点，以招聘幼儿教师为突破点，以临时工工资解决为创新点，以办园质量提升为落脚点，不断理顺学前教育管理机制与体制，努力解决幼儿"入园难"问题，扎实推进我区学前教育事业稳步健康发展。4月，《新区学前教育三年行动计划（2011－2013年）》在区政府第62次常务会上顺利通过，并在全市率先颁布实施。坚持学前教育的公益性和普惠性，全年共争取市级学前教育专项资金6370万元，在新接收4所小区配套园、审批3所民办园和改扩建3所镇中心园的基础上，加大农村镇中心园的建设力度，共规划镇中心园分园26所，其中21所建设完成并投入使用。规划建设的26所镇中心园分园覆盖全区9个镇、175个自然村，初步构建起普惠性、全覆盖的农村学前教育发展框架。3所镇中心园和21所镇中心园分园的改扩建，共增加101个教学班，新增幼儿学位3030个。制定《大兴区实施<北京市举办小规模幼儿园暂行规定>办法》，进一步规范社会办园；制定《关于加强农村学前教育管理的意见》，明确镇中心园分园的主管单位、负责人及业务指导等责任。成功召开大兴区农村幼儿园建设现场会，进一步明确农村学前教育的发展方向；评选出新一届幼儿园区级学科带头人、骨干教师共93人；开展大兴区幼儿教师"半日评优"活动，评出5名区级一等奖教师参加北京市幼儿教师"半日评优"活动；举办第十届教师论坛幼教分论坛；为优秀教师搭建展示和学习的平台，全面提升教师的专业素质；在北京市第二届辛勤育苗优秀学前教育工作者及工作单位评选中，本区有6所幼儿园被评为"辛勤育苗先进学前教育工作单位"，28人荣获"辛勤育苗优秀学前教育工作者"荣誉称号。

（徐敏）

【长子营中心幼儿园开通QQ群】 2月20日，长子营中心幼儿园开通"长幼—护花使者”QQ群。开通QQ群旨在开辟家园沟通新途径，为教师和家长搭建一个方便、快捷的沟通平台。全园270名幼儿，已经有226位家长加入QQ群，参加率为84%。教师通过QQ群相册展现班级精彩活动，与家长分享幼儿在园生活；后勤教师通过QQ群发布幼儿食谱、幼儿安全保健知识、家园共育等信息。在群中家长积极与教师交流互动，对幼儿园工作提出意见与建议。

（赵阳刚）

【召开2011年学前教育工作布置会】 2月23日，区学前教育工作布置会召开。全区各类型幼儿园园长共60余人参加会议。与会人员观看大兴区区情短片；学前科科长李志霜部署2011年学前教育重点工作目标和工作任务；区教育工会主席杨子仲重点强调招生收费、两支队伍培训、师德建设、特色办园、校园安全等工作。

（马国娟）

【西红门双语幼儿园召开园本课程研讨会】

3月1日，西红门双语幼儿园召开园本课程研讨会。确定开展“生态美术”园本课程，课程宗旨为：“五讲四美”，“五讲”即身心健康讲快乐，低碳生活讲环保，礼貌待人讲文明，互帮互助讲合作，自主探究讲发展。“四美”即发现美、感受美、表现美、创造美；课程内容：户外写生、陶泥制作、魔术画板、撕纸、剪纸、线描画、自然物及废旧物制作；课程活动形式：隔周同班次混龄开放。

（刘旭）

【亦庄第二中心幼儿园开展志愿活动】 3月4日，亦庄第二中心幼儿园开展为幼儿安全出行志愿服务活动。该园团支部组织10名志愿教师在本园及附近进行宣传活动，制作宣传横幅及佩戴标。活动开始，团支部书记负责统一指挥，教师刘博带领2名团员对家长车辆进行疏导，要求做到道路两旁依次停车，车头向外，不逆行、不随意穿插，不在园外停留时间过长等，教师李东冉带领其他团员为幼儿安全离园建立绿色通道。园领导、社区治安人员、志愿教师23人参加活动。

（赵新）

【榆垡第二中心幼儿园开展主题教育活动】

3月16日，榆垡第二中心幼儿园大班与少年宫部分幼儿开展手拉手“在友爱中快乐成长”主题教育活动。活动旨在为幼儿提供相互学习机会，提高沟通能力。少年宫小朋友到达后，大班幼儿自己寻找好友，并坐在一起，观看钢琴演奏、舞蹈等节目，之后在同一张画布上画画，签名。大班全体幼儿和教师150人参加活动。

（胡冠楠）

【大兴四幼开展避震安全演习活动】 3月16日，大兴四幼开展避震安全演习教育实践活

动。在本班教师引导下，幼儿躲藏在桌子下面或用双手抱头躲藏在卫生间的角落进行避震。疏散演习中，幼儿根据教师的指示采用正确的防护措施，经过多条安全通道，快速、有序地疏散到园内操场，用时为2分57秒。全园教职工和幼儿398人参加活动。

（史殿琴）

【亦庄第二中心幼儿园开辟种植园】 3月20日，亦庄第二中心幼儿园开辟班级种植园。每班拥有一块种植地，各班自主设计班牌，围挡，划分种植区。随后，幼儿与教师共同在

班级种植园劳动，体验种植与探索的乐趣。全园师生260人参加活动。

（赵新）

【西红门双语幼儿园建立教师社团】 3月30日，西红门双语幼儿园建立教师社团。建立社团旨在为教师释放压力、发挥特长、展示魅力，建立一支身心健康的教师团队。教师根据自己的兴趣爱好选择“康健堂”、“美食社”、“文学社”、“DIY坊”、“嘻哈社”、“美丽风景线摄影俱乐部”等六个社团，并为社团设计团徽、定口号、谱社歌。确定每周三为社团活动日。

（刘旭）

【召开幼儿园学习与发展共同体启动会】 4月2日，区幼儿园学习与发展共同体启动会召开。来自北京市教科院早期教育研究所专家、区教委和进修学校相关领导、学前教研室教研员及各类型幼儿园园长、业务园长等共计90余人参加。区学前教研室主任薛娟宣读《大兴区幼儿园学习与发展共同体活动方案》；北京市教科院早期教育研究所所长梁雅珠剖析共同体的实质内涵；徐明讲座，指明园本课程的研究方向。区教育工会主席杨子仲

从“提高认识”、“加强学习”、“付诸实践”、“追求实效”四方面给园长提出具体要求。

（金月荣）

【德茂幼儿园安装LED电子显示屏】 4月中旬，德茂幼儿园门口安装LED电子屏幕。幼儿园通过大屏幕将园内保教活动，疾病防控，生活常识，交通安全知识等信息及时传递给家长，使家长了解幼儿园各项工作的开展以及孩子在园内学习与生活情况。

（赵秋梅）

【《新区学前教育三年行动计划》颁布实施】 4月15日，《新区学前教育三年行动计划（2011－2013年）》在区政府第62次常务会上通过，并在全市率先颁布实施。在制定计

划过程中，多次召开园长座谈会，征求政府相关委办局意见，并请市区级专家参与。计划主要内容为学前教育发展现状、战略目标、工作任务、保障措施等。

（马国娟）

【大兴七幼开展亲子活动】 4月20日，大兴七幼开展亲子活动。大班家长用西红柿、小麦、黄瓜及豆类种子与孩子一起开展“播种希望”种植；小、中班家长和孩子用废旧阳伞、旧包装纸、塑料袋、旧管子、纸张、可乐罐、玻璃

药瓶进行“相约春天”风筝、风铃制作。活动旨在挖掘废旧材料价值，培养幼儿节俭意识和环保意识，提高动手和创造能力。全园幼儿及家长240人参加活动。

（陈亚红）

【庞各庄中心幼儿园组织家长参观食堂】 4月20日，庞各庄中心幼儿园邀请各班家长委员会成员参观新扩建的幼儿食堂。家长观看食堂工作流程、食品保管室及食品留样，了解食堂管理情况。保健医介绍新扩建食堂的设施、各项规章制度、具体操作方法。座谈会上，保健医重点介绍食堂根据季节特点、幼儿年龄特点、食品的品种，为幼儿制作营养配餐情况。30名家长代表参加活动。

（王燕）

【亦庄中心园提高英语活动质量】 4月23日，亦庄中心幼儿园教师崇光寅、陈黎黎与前勤教师交流分享英语公开活动的教学经验。两位教师指出：要有目的有计划组织英语教师加强自身学习，丰富关于幼儿英语教育的理论和教法、学法；各班要突出英语教学特色，有步骤地开展英语教学，培养幼儿的英语学习兴趣，要在一日生活的各个活动中渗透英语，加强幼儿的口语表达能力；积极开展各种英语研讨课，通过一课多研的形式，促进教师之间相互学习，比较不同的教学策略、尝试新的教学方法和组织形式；结合圣诞节开展各项英语活动，形成良好的英语学习氛围，各班英语教师组织相关主题活动，让幼儿了解西方国家的习俗和风情，开拓视野，培养国际情操。48名教师参加活动。

（王玲玲）

【安定幼儿园参观焦庄户地道战纪念馆】 4月23日，安定中心幼儿园组织教师参观焦庄户地道战遗址纪念馆。工作人员向教师介绍焦庄户人民当年利用地道战抗击日本鬼子的事迹和焦庄户地道战对冀东根据地的重要意义。接着，教师参观地道遗址，地道狭窄隐蔽、弯弯曲曲，设有休息室和指挥所，有单人掩体、陷阱、碾盘和庙台暗堡等战斗设施，还有水缸、炕洞、墙柜、锅台、猪圈、柴棚、驴槽等较隐蔽的出入口和瞭望楼。24名教师参加活动。

（石巧贞）

【大兴七幼开展教师自制玩教具活动】 4月25日，大兴七幼开展教师自制玩教具活动。教师利用泡沫、木头、包装盒等各种废旧材料制作符合幼儿心理、生理特点的玩教具。小班制作的“魅力鞋带”让幼儿练习穿鞋带，锻炼幼儿手眼协调能力；中班制作的“彩虹鱼小包”是一个具有储物功能的儿童包，幼儿在娃娃家等角色游戏中使用它增强游戏的趣味性和真实性；大班制作的“打地鼠”通过益智类加减法运算，提高幼儿口算能力及反应能力。21名教师参加活动。

（陈亚红）

【礼贤中心幼儿园举办亲子运动会】 4月27日，礼贤中心幼儿园举办亲子运动会。每班设不同游戏项目，有投球、两人三足、顶包跑、

托球跑等，家长和幼儿一起参与游戏，每个项目评出前三名，并颁发奖状和奖品。4个班幼儿及家长参加运动会。

（邱明静）

【邀请北师大附属幼儿园大西洋分园座谈】 4月30日，学前教育科邀请北师大附属幼儿园大西洋分园园长徐翠凤座谈。学前教育科、学前教研室及一级以上幼儿园园长28人参加。徐园长与参会人员共同探讨幼儿园课程建设方面的问题，拓宽各园园本课程建设工作思路。

（金月荣）

【榆垡第二中心幼儿园开展读书活动】 5月，榆垡第二中心幼儿园在教职工和幼儿中开展“红五月读书”活动。活动中，教师给幼儿讲“凿壁借光”、“悬梁刺骨”等历史故事，同时开展“我与家长同读一本书”活动，幼儿与家长共同阅读《分享阅读》等书籍，并一起讲述书中的故事。全园教职工和幼儿229人参加活动。

（胡冠楠）

【亦庄第二中心幼儿园举办钢琴比赛】 5月12日，亦庄第二中心幼儿园举办教师钢琴技能比赛。比赛由园长、保教主任及专业音乐

教师担任评委，参赛教师现场抽签决定自己弹奏曲目，要求做到边弹边唱。评委从边弹边唱、声音、坐姿三方面对参赛教师进行打分，最终从16位参赛教师中评选出一等奖1名，二等奖1名。

（赵新）

【安定幼儿园举行地震疏散演习】 5月12

日,安定中心幼儿园举行地震疏散演习。演习分为两部分:安全防护阶段和安全逃生撤离阶段。随着紧急警报铃拉响,全体教师立即组织幼儿快速抱头,撤离小椅子,快速钻到桌下。随后,各班教师带领幼儿安全撤离,一层班级打开各班前门迅速撤离,二层班级分东西两门分别撤离,并按照疏散通道迅速撤到操场上。指定教师对每个教室仔细搜索一遍,确认没有学生落下。整个过程时间短,秩序井然。安全逃生撤离结束后,各班教师再次对幼儿讲解地震逃生知识。217 名幼儿和教师参加疏散演习。

(石巧贞)

【青云店中心幼儿园开展主题教育活动】 5 月 12 日,青云店中心幼儿园开展"防灾减灾从我做起"主题教育活动。中一班向全园小朋友发出倡议:增强防范意识,提高自我保护能力,远离危险;积极锻炼身体,健康快乐成长,主动宣传安全知识,积极倡导珍爱生命。园长指出,安全教育是园所工作的重中之重,要时刻注意身边的风险,共建安全和谐的幼儿园大家庭。287 名幼儿参加活动。

(陈希)

【旧宫红星幼儿园开展交流活动】 5 月中旬开始,旧宫红星幼儿园在中大班开展"我是中俄文化交流小使者"系列交流活动。在教师引导下,幼儿进行开心球画纸涂色活动,与家长共同为梅德韦杰夫总统写信,以及童话剧《蛋糕城堡》排演等。近 300 名幼儿及家长参加活动。

(楚震)

【黄村第一中心幼儿园签订《师德承诺书》】

5 月 16 日,黄村第一中心幼儿园由党支部和工会共同举办《师德承诺书》签字仪式。工会主席李梅带领教师重温《北京市中小学教师职业道德规范》,学习黄村一幼《师德承诺书》具体内容。书记白淑新指出,师德建设要常抓不懈,要把团结奉献的意识体现到工作中,《师德承诺书》不仅是对教育的承诺,也是对自己的承诺。最后全园 56 名教师在《承诺书》上庄严签字。

(孙国彦)

【采育第二中心幼儿园开展体检工作】 5 月 16 日,采育第二中心幼儿园开展幼儿体检工作。采育镇中心卫生院防保科大夫为幼儿园 138 名幼儿进行体检,检查项目包括:血色素、身高、体重、龋齿、视力、听力。检查结果为,幼儿体检率 100%,贫血患病率 1.4%,低

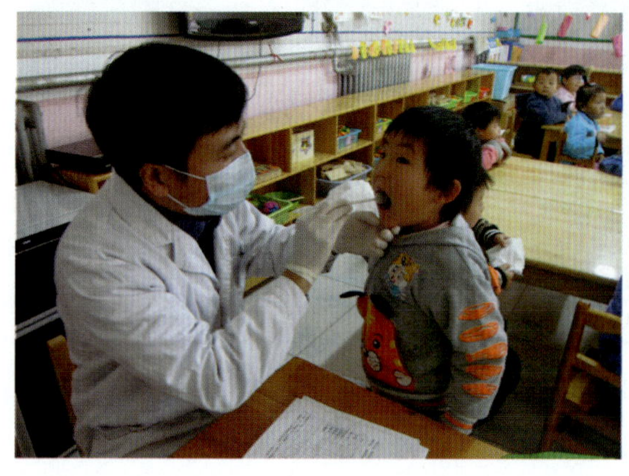

体重幼儿患病率 0.7%,幼儿患龋率 39.9%、视力低常率 2.2%。

(刘梓漪)

【旧宫红星幼儿园参加职工运动会】 5 月 22 日,旧宫红星幼儿园部分教师参加首都农业集团首届职工运动会。开幕式上,红星幼儿

园作为南郊农场代表队，进行方队、二十四式太极拳、第八套广播操等表演；在集体跳绳比赛中获得第二名。

（楚震）

【大兴九幼开展玩具制作评比活动】 5月22日，大兴九幼开展首届户外玩具制作评比活动。活动由工会、团支部联合主办，组织全体教职工制作户外玩具。共制作300余件精致耐用户外玩具，根据玩具制作工艺、安全性和幼儿活动反映，评出一、二、三等奖。

（韩丹华）

【大兴六幼做好幼小衔接工作】 5月23日，大兴六幼组织全体大班50名幼儿参观大兴五小。活动旨在让幼儿了解适应小学生活。幼儿观看小学生做操、升国旗仪式；教师向幼儿介绍五小校训、光荣榜；幼儿走进教室观看小学生上课，课间与学生一起做游戏，体验小学生的一日学习生活。

（纪秀芳）

【瀛海第一中心幼儿园开展学习观摩活动】 5月23至26日，瀛海第一中心幼儿园教师分批到大兴三幼分园开展“手拉手”学习观摩活动。两园教师就幼儿一日生活常规的组成、如何培养幼儿一日生活常规、各种活动中教师适宜行为的重点指导、科学合理安排幼儿一日生活的原则等问题进行讨论、交流。14名教师参加活动。

（张海燕）

【大兴八幼迎接市公安局检查】 5月27日，大兴八幼迎接北京市公安局内保处联合检查组检查。检查组首先对园内监控系统进行检查并询问值班人员操作、使用情况；随后对全园消防设施、户外活动场地、大型运动器械等进行检查；最后，对该园各项安全制度、安全检查记录、整改台帐、值班巡查记录进行查阅。

（孙秀静）

【大兴四幼开展“宝宝创意秀”活动】 5月27日，大兴四幼开展“庆六一宝宝创意秀”活动。以班为单位安排七个活动项目：综合材料泥工区，水粉游戏涂鸦区，巧手制作区、绘本故事制作区，综合材料绘画区，户外操场水粉创意区，巧手剪、贴、折区。幼儿根据自己爱好自由选择活动项目。大兴电视台进行录像并在新闻节目中播出。师生700余人参加活动。

（史殿琴）

【旧宫第一中心幼儿园召开趣味运动会】 5月31日，旧宫第一中心幼儿园召开教职工第一届趣味运动会。30名教职工按班分组、老中青搭配，设托球跑、小鸭夹球跑、三人抬轿子等游戏。托球跑、小鸭夹球跑，球掉地要捡起来接着跑，每个比赛项目设一、二等奖。经过10轮比赛，6位教师获得一等奖。

（甄砚红）

【魏善庄第一中心幼儿园开展评比活动】 6月1日，魏善庄第一中心幼儿园开展幼儿体育特色评比活动。评比以班级为单位，设4个项目，由教师分别选择，小班拍球、中班跳绳，大班转呼啦圈和抖空竹，以幼儿表现及

通过率计算结果。最终小班幼儿获得第一名，154名幼儿参加体育特色评比。

（王影）

【黄村第二中心幼儿园开展体检工作】 6月2至3日，黄村第二中心幼儿园总园和分园分别开展全园幼儿春季体检工作。黄村医院医生为580名幼儿体检。幼儿体格发育均达到中上级，无体弱幼儿及营养不良幼儿，身高体重增长率均为95.6%，增长合格率为92.22%，达到托幼园所合格要求。在体检中发现的问题，该园向家长及时反馈，并指导家长就医，保证幼儿的身体健康。

（李伟）

【黄村第一中心幼儿园艺术节落下帷幕】 6月3日，以“传承民俗文化，弘扬民族精神”为主题历时一周的黄村第一中心幼儿园首届民俗艺术节落下帷幕。民俗艺术节分为感知民俗知识、玩转民间游戏、体验民间艺术、诵唱民歌民谣四个区域活动，幼儿可以自由参与不同区域活动，在跳竹竿、陶泥制作、剪纸等十多项活动中，享受乐趣；在体验民间艺术

文化、诵唱民歌民谣活动中，孩子诵唱《三字经》、《弟子规》，完成故事接龙。全园幼儿440人参加活动。

（孙国彦）

【瀛海第二中心幼儿园开展挂职学习活动】 6月6至17日，瀛海第二中心幼儿园组织教师分两批到大兴二幼开展挂职学习活动。每批3人，挂职时间为一周。挂职教师与二幼教师座谈，了解教学活动情况、教研开展模式、主题墙式的展现等；观看室外环境、幼儿活动区内容；深入各班级，全面体验幼儿在园一日生活。

（冯爱新）

【大兴四幼开展烹饪厨艺展示活动】 6月8日，大兴四幼开展烹饪厨艺展示活动。活动面向食堂员工展开，旨在提升膳食质量，促进幼儿健康成长。员工从选材到烹饪方法，从口味到色彩，精心设计、制作。评委小组从菜

品是否符合幼儿年龄特点和色、香、味、形几方面进行点评。食堂5名员工参加活动。

（史殿琴）

【采育第一中心幼儿园参加武术比赛获奖】 6月12日，采育第一中心幼儿园参加北京市第八届幼儿武术比赛获奖。大班8名幼儿参加自选武术操比赛项目，幼儿在《中国功

夫》音乐的伴随下一招一式地进行表现，在参赛的40支代表队中，该园荣获三等奖。

（胡书艳）

【开展公办幼儿园年度考核工作】 6月13至30日，学前教育科、学前教研室、妇幼保健院儿保科组成考核小组对公办幼儿园进行年度考核工作。本次考核采取考核与观摩（一级以上园所对其他园所开放）相结合的形式，通过听取园长汇报、查看室内外环境及活动，查看档案资料、汇总意见，评议并反馈意见等方式对全区3所北京市示范幼儿园、12所一级一类幼儿园（不含民办园）、1所一级二类幼儿园和6所二级二类幼儿园进行年度考核工作。考核结果22所幼儿园全部合格。

（金月荣）

【青云店中心幼儿园开展早期教育活动】 6月24日，青云店中心幼儿园到青云店镇文体活动中心，开展0—3岁幼儿早期教育开放活动。活动旨在让家长了解幼儿早期教育理念和科学育儿知识，提高社区婴幼儿家长育儿水平。活动中，教师向家长发放早教知识资料，进行育儿知识咨询，家长与幼儿一起做亲子游戏。30余名家长和幼儿参加活动。

（任双颖）

【亦庄第二中心幼儿园举行毕业班典礼】 6月30日，亦庄第二中心幼儿园举行“放飞梦想，展翅翱翔”首届毕业班典礼。从主持人、文艺演出到舞台背景，全部由幼儿担当。幼儿表演武术《哪吒传奇》、舞蹈《春来了》，演唱歌曲《时间像小马车》，小提琴独奏《闪烁的小星》，钢琴独奏《小毛驴》等节目。全园师生，家长78人参加活动。

（赵新）

【组织幼儿园园长、新任教师培训】 7月4

日，区教委开展幼儿园园长、业务园长、新任教师培训。全区各类型幼儿园园长、业务园长、新教师共计270余人参加。本次培训由北京市教委学前教育处发起，区教委学前教育科、人事科，教师进修学校干训部、师训部、学前教研室联合承办，聘请全市知名园长、教研员，优秀业务园长、教师组成专家培训团队进行现场培训。培训内容涉及园所管理、教师队伍建设、课题研究、幼儿园五大领域等方面。

（马国娟）

【德茂幼儿园参加全国总决赛获奖】 8月4日，德茂幼儿园“红咪啦”组合参加“和谐中国”第五届全国青少年文化艺术展评总决赛获得一等奖。来自全国各地三十多个赛区的千名选手参加比赛，经过初赛、复赛，在决赛中，“红咪啦”组合演唱校园歌曲《乡间小路》

获得一等奖。决赛设金奖一名，一等奖10名，二等奖20名，三等奖30名。

（赵秋梅）

【瀛海第二中心幼儿园召开交流会】 8月17日，瀛海第二中心幼儿园召开“好书共读”读书心得交流会。每位教师围绕《窗边的小豆豆》、《爱的教育》两本优秀书籍交流读书心得，进行讨论，并推荐下一次阅读的优秀书目。瀛海二幼教师每年寒暑假读两本好书，写出心得体会，开学后进行交流。28名教师参加活动。

（冯爱新）

【副市长洪峰到大兴中小学及幼儿园调研】

8月24日，北京市副市长洪峰到大兴调研中小学及幼儿园开学准备工作。市教委、区委区政府、区教委领导陪同调研。洪峰一行先后到北京小学翡翠城分校、大兴八幼察看校园环境、学生教室、学生活动区、学生餐厅、宿舍、教师办公室等教育教学设施设备布置情况。就学校和幼儿园的招生情况、生源总体状况、师资配备、教科书教辅材料配备、课程建设等方面询问了解。大兴区副区长王荣彬就全区学校开学准备工作、非京籍学生入学情况、学前教育三年行动计划落实情况、校安工程建设情况、自办学校就读随迁子女分流安置情况、区教委工作落实情况和下一步工作计划六个方面进行汇报。市领导在肯定大兴教育事业所取得成绩的同时，对今后的工作提出具体要求：高度重视开学准备工作，各项工作都要落实到位，保证如期、安全开学；做好已关停打工子弟自办学校的学生分流安置工作，确保每一名学生有学上；政府和教育行政部门要认真分析教育发展中存在的问题和困难，研究解决的对策，推动教育事业科学稳步发展；今年是“十二五”规划第一年，也是《国家中长期教育改革和发展规划纲要》实施的第一年、《学前教育三年行动计划》实施的第一年，要组织好各学校、幼儿园的开学典礼，开好局、起好步。

（陈钟楠）

【庞各庄中心幼儿园开展保教工作培训】 8月28日，庞各庄中心幼儿园组织新教师开展新学期保教工作培训。培训通过骨干教师讲座、参与式讨论、才艺展示、小竞赛等几种形式进行。园长组织培训教师学习幼儿园办园理念、管理规章制度、教师行为规范和教师职责等内容。业务园长解读幼儿园一日生活常规及教师一日工作规程，组织学习常规管理和与家长有效沟通的方法。保健医带领教师学习安全管理与卫生消毒工作的要求。全园31名教师参与活动。

（王燕）

【黄村第一中心幼儿园开展知识培训】 8月30日，黄村第一中心幼儿园邀请《现代教育报·启蒙专刊》主编董历对教师进行读书与写作知识培训。董历从如何选材、怎样写出好文章、常用写作文体和《启蒙报》的各个版面做详细讲解，指导教师要多看专业书籍，善于观察，注重反思。董历对教师提出两点希望：一是规划自己职业生涯，要坚持和自主；二是要有雄心壮志，不怕失败，永不放弃。全园教师60人参加活动。

（孙国彦）

【黄村第二中心幼儿园开展岗前培训活动】 8月30日，黄村第二中心幼儿园开展教职工岗前培训活动。对教师进行攀登英语课程理念、教学计划、备课、活动区的设置等专业知识进行培训，通过理论学习、实例讲解、优秀课观摩、教师经验介绍等形式提高教师专业技能；对保育员培训采取以老带新形式，老保育员给予新保育员正确的工作经验指导，互相交流，取长补短，共同提高。23人参加培训。

（朱小靖）

【召开新学期学前教育工作布置会】 9月1日，新学期学前教育工作布置会召开。区教委相关领导及全区各类型幼儿园园长共70余人参加。全体与会人员一起观看《大兴学前教育“十一五”回眸》专题片，对成绩突出的幼儿园进行表彰，为2010年晋升为一级一类的6所幼儿园颁发铜牌。对上半年的工作进行总结，并从考核验收、内涵发展、队伍建设、半日评优等方面对本学期的中心工作进行部署，同时还重点强调幼儿园安全工作。区教育工会主席杨子仲从园所特色建设、教师队伍建设、安全意识等方面，对各位园长提出希望和要求。

（徐敏）

【魏善庄第一中心幼儿园扩大园所规模】 9月1日，魏善庄第一中心幼儿园扩大园所规模。新建校舍两间，将原两间办公室改为幼儿活动室。开学初将原来4个教学班增加到6个，新增教师6人，幼儿28人，并投入10万元用于购置室内外玩具及幼儿用具。

（王影）

【魏善庄第二中心幼儿园召开培训会】 9月9日，魏善庄第二中心幼儿园召开以“品茗、论俗、话教育”为主题的教师专业素养培训交流会。教师参观茗山茶楼茶舍文化，欣赏、品尝功夫茶，聆听“话茶——扼教育之初”讲座，观看《第一次沟通》为主题的教师教育技能技巧交流活动录像。23名教师参加培训。

（张希玲）

【安定中心幼儿园附属园落成】 9月13日，安定中心园后安定、东白塔、西芦、通马坊四个分园正式落成并招收新生入园。四个分园建筑面积1514平方米，开设9个教学班，配备教师31人，招收幼儿272人。四个分园7月21日开工建设，首次投入共计184万元（后安定62万、东白塔40万、西芦34万、通马坊48万）。

（石巧贞）

【颁发《关于加强农村学前教育管理的意见（试行）》】 9月20日，区教委颁发《北京市大兴区教育委员会关于加强农村学前教育管理的意见（试行）》。该意见对新建、改扩建园所的存在形式、主管单位、管理人员、收费标准、经费管理等方面做出明确规定，进一步规范农村学前教育管理体制。

（徐敏）

【魏善庄第二中心幼儿园开展辅导活动】 9月16日，魏善庄第二中心幼儿园开展情境互动式幼儿数学课程辅导活动。邀请京师乐育儿童教育咨询中心教师对任课教师进行教法辅导。内容包括：课程各部分内容之间的关系、主题挂图使用方法、幼儿学具运用方法、情境主题与三个练习的递进关系、空间建构整体联系等五方面。全园教师16人参加培训活动。

（张希玲）

【大兴五幼开展宣传活动】 9月21至23日，大兴五幼开展亲子送教进社区宣传活动。活动旨在扩大早期教育的社会影响力，让更多年轻父母了解早期教育的重要意义。五幼先后走进黄村街心公园、建兴家园、宇丰苑、林校北里等多个公园和社区。在亲子教师带领下，全体团员教师与家长和幼儿进行趣味亲子游戏互动，同时把宣传0—3岁婴幼儿科学育儿知识手册和《亲子月报》发放给家长，

悉心解答家长育儿过程中的困惑和难题。教师、家长、幼儿56人参加活动。

（李静）

【大兴八幼举办文明礼仪知识讲座】 9月21日，大兴八幼邀请区妇联外聘教授王燕斌作《践行文明礼仪、创建和谐校园》专题讲座。王燕斌强调日常生活中应注意的行为规范，通过展示图片、视频告诉教师学习礼仪在生活中的重要性。该园教师30人参加学习。

（赵晶晶）

【旧宫镇红星幼儿园开展推荐好书活动】 进入10月，旧宫镇红星幼儿园开展推荐101本好书活动。该园向家长宣传阅读的好处，并把北京少儿图书馆的相关资料张贴在家长园地，建议家长带孩子办理借书证，借阅各类图书，同时向家长推荐101本好书书目。

（楚震）

【魏善庄第二中心幼儿园建立幼儿档案】

10月8日，魏善庄第二中心幼儿园建立特殊体质幼儿档案。建立档案旨在使教师全面了解幼儿身体状况和具体问题，努力保护幼儿生命、健康和安全，最大限度避免意外或危险发生。内容包括：姓名、性别、出生年月、所在班级、现住址、班级教师、家长描述特殊体质幼儿状况、家长主述幼儿需要照顾的方面、家长坚持让幼儿入园的原因、幼儿园同意特殊体质幼儿入园的原因、幼儿园对特殊体质幼儿的入园措施、全体教职工确认知道特殊体质幼儿情况并承诺签字。第一批为10名特殊体质幼儿建立档案。

（张希玲）

【西红门双语幼儿园举行消防疏散演习】 10月9日，西红门双语幼儿园举行消防疏散演习。听到警报后教师带领幼儿用湿毛巾捂住口鼻疏散到指定地点，后勤人员分为两组：一组手持灭火器到有火情发生地灭火，另一组帮助班级教师疏散幼儿。演习历时3分20秒。最后，后勤主管园长对教师进行连接消

防栓和连接消防水袋的培训。全园84名教职工和562名幼儿参加活动。

（郭雅伟）

【采育第二中心幼儿园凤河营分园成立】 10月9日，采育第二中心幼儿园凤河营分园成立。凤河营分园是该地区唯一一所公立幼儿园，占地面积1870平方米，共设3个教学班，教职工13名，教育经费投入180万元，解决附近11个村百余名幼儿的入园难问题。采育镇镇长杨永政、区教育工会主席杨子仲等领导出席开园典礼。

（刘梓漪）

【礼贤中心幼儿园开展师德学习活动】 10月14日，礼贤中心幼儿园开展师德学习活动。活动由园长主持，学习“教师文明用语”、“教师忌语”等材料，园长结合陶行知教育理论指出，教师对事业要有衷心、对学生要有爱心、对工作要有雄心、对学习要有恒心，最后，每人写一份学习体会。12名教师参加学习。

（邱明静）

【长子营中心幼儿园通过A级食堂验收】 10月14日，长子营中心幼儿园通过A级食堂工作验收。检查组实地检查食堂，对文字档案材料进行核查，听取食堂主管领导汇报。经综合审评，食堂获得94.5分，达到北京市A级食堂标准。大兴区卫生监督局当场颁发北京市A级食堂标牌。

（赵阳刚）

【黄村第二中心幼儿园开展整改活动】 10月中旬，黄村第二中心幼儿园开展园内环境整改活动。在院内西墙建4米高安全钢网，针对绿色长廊在雨季有锈点及承重问题，及时进行拆除；分园改扩建后地基增高，园内筹资6万元，对200米围墙增高1.2米，并出资

金3万元，完善安全技防设施，开通光纤上传系统。

（郑浩）

【榆垡第一中心幼儿园开展宣传活动】 10月17至27日，榆垡第一中心幼儿园对总园及分园全体幼儿进行保护牙齿宣传活动。保健医利用牙齿模型向幼儿进行爱牙、护牙等知识宣传，幼儿通过讲故事、学儿歌、自己尝试等方式，了解保护牙齿的重要性。此外，保健医还单独对大班幼儿进行换牙等方面的教育。400名幼儿参加活动。

（肖玉娟）

【瀛海第一中心幼儿园召开亲子运动会】 10月21日，瀛海第一中心幼儿园召开以“家园同乐”为主题的亲子趣味运动会。运动会旨在增强幼儿体质，增进亲子情感交流，培养幼儿荣誉感，密切家园关系。各班按年龄段制定2至3项亲子项目和分组幼儿游戏项目。活动内容有小蚂蚁搬家、小兔子采蘑菇、小青蛙跳荷叶等。运动会上有幼儿项目10项、幼儿和家长共同参加的项目9项。幼儿、家长及教师315人参加运动会。

（张海燕）

【亦庄中心幼儿园开展早操展示活动】 10

月25日，亦庄中心幼儿园开展以“快乐”为主题的师幼早操展示活动。小、中、大班早操内容不变，形式从热身到自由动作再到基本操。活动中，大班幼儿为小班弟弟妹妹贴“小贴贴”表示鼓励，体现“大带小”教育寓意。在教师自由操表演后，幼儿也把自己身上的“小贴贴”摘下来，奖励给自己喜欢的老师。最后的感恩环节，教师面对幼儿大声说：“我爱你们！”，传达“让他人因我们的存在而感到幸福”这一理念。该园全体幼儿及教师547人参加展示活动。

（王玲玲）

【大兴八幼开展“幼儿美食品尝会”活动】 10月28日，大兴八幼开展“幼儿美食品尝会”活动。邀请全园幼儿家长自愿参加。幼儿园在幼儿日常伙食中挑选五种菜品、五样面点、一粥一汤和两种水果。家长和幼儿挑

选各种饭菜进行品尝，最后，家长在“意见薄”上留言。家长和幼儿560人参加活动。

（孙秀静）

【大兴五幼开展“好书共分享”交流活动】 10月31日，大兴五幼组织全体青年教师开展“好书共分享”交流活动。教师分别围绕

《爱与教育》、《窗边的小豆豆》、《教师的主动性学习》、《谁抢走了孩子的幸福》、《儿童的一百种语言》、《态度决定一切》等6本书，畅谈自己读书心得与大家共享。最后，教师共同欣赏“心存感恩”PPT。园领导和青年教师30人参加活动。

（李静）

【召开未登记注册幼儿园管理工作研讨会】 11月4至5日，区未登记注册幼儿园专项整治工作办公室召开“大兴区未登记注册幼儿园管理工作研讨会”。各镇教委办主任、各街道综治办主任等20余人参加会议。研讨会上，各镇交流本辖区内未登记注册幼儿园的现状和未登记注册园管理过程中的经验和做法，并共同探讨下一步开展未登记注册园管理工作思路。区教育工会主席杨子仲对各镇（街道）前一阶段未登记注册园的管理工作取得的成效表示肯定，并对目前未登记注册园管理中存在的问题和下一步的工作提出要求。

（徐敏）

【青云店中心幼儿园召开拜师会】 11月4日，青云店中心幼儿园召开以“师徒互助　共同成长”为主题的拜师会。拜师会确定6名师傅带领12名新教师，从保教常规工作、教育教学理念及教育方法策略等方面进行传授和帮助。李辉代表师傅发言，李潘代表徒弟表达向师傅学习的决心和信心。

（吴征新）

【大兴六幼开展“家长开放日”活动】 11月7至11日，大兴六幼分班级开展“家长开放日”活动。活动旨在促进幼儿园与家长的合作交流，体现家园共育的重要性。大班家长观看幼儿“10以内加减法”和“10以内数的分解组合”，幼儿通过游戏和动手操作，理解数的组成与分解；中班家长观看幼儿剪纸“小鸡宝宝”，幼儿使用剪刀，剪出一只只活泼可爱的鸡宝宝；小班家长观看幼儿“水果联欢会”和“图形宝宝找朋友”，幼儿与教师、家长做游戏，了解熟悉水果的形状和颜色。200多名家长参加活动。

（纪秀芳）

【榆垡第一中心幼儿园开展半日开放活动】 11月16日，榆垡第一中心幼儿园开展全园半日开放活动。半日开放以教学活动、全园户外活动等多种形式向家长、社会展示幼

儿园办园理念和园本教学特色。小班结合田园特色设计“小树叶穿新衣”、“水果蹲”教育活动，中班开展户外亲子体育游戏，大班利用废旧物品进行彩泥装饰活动。300 名家长参加活动。

（肖玉娟）

【召开区农村幼儿园建设现场会】 11 月 16 日，区农村幼儿园建设现场会暨采育镇第一中心园新园剪彩仪式召开。市教委、区教委、采育镇相关领导及全区各镇中心园（小学附

属园）的园长和镇中心园分园负责人等共计 60 余人参加。与会人员先后参观采育镇第一中心园总园及辛店分园，并参加采育镇第一中心幼儿园的新园剪彩仪式。区教委主任李达从提高园长教师队伍专业化水平、优化园所环境、提升管理水平等方面对全区农村学前教育管理者提出希望与要求。市教委学前处处长张小红发表讲话，希望大兴区抢抓学前教育三年行动计划的契机，在抓好园所基础设施建设的同时，抓园长教师队伍建设，使学前教育取得健康、可持续发展。

（徐敏）

【魏善庄第一中心幼儿园举办专题讲座】 11 月 17 日，魏善庄第一中心幼儿园举办题为《做二十一世纪合格家长》专题讲座。由区妇联特聘教授王燕斌主讲，主要以讲解和

问答形式向家长介绍做二十一世纪合格家长的方法和标准，并针对幼儿存在的问题与家长进行交流。全园学生、家长、教师 126 人参加学习。

（王影）

【亦庄中心幼儿园开展互助观摩活动】 11 月 20 至 21 日，亦庄中心幼儿园开展小、中、大班教师一对一结组互助观摩活动。全园共计结组 6 对，小、中、大班组各两对，其中一人设计教案，另一人执行教案，由全园教师观摩互评。活动中，有中班语言领域活动“三只小

猪”，有大班操作性科学领域活动“什么能融化”，还有小班艺术领域活动“淘气的颜色”。

观摩后教师进行互评，并记录每个人的优点与不足。

（王玲玲）

【开展学科带头人、骨干教师评选活动】 11月22日，学前教育科、学前教研室组成评审小组对新一届区幼儿园学科带头人、骨干教师的申报材料进行初评。本次评选中，评审小组通过量化打分的形式选出93名区级学科带头人和骨干教师，并把初评结果上报区教委评审委员会复评。

（徐敏）

【榆垡第一中心幼儿园开展调查活动】 11月23日，榆垡第一中心幼儿园开展以班级为单位交通安全调查活动。调查显示：全园家长步行接送幼儿的9名、骑自行车接送幼儿的108名、骑电动三轮车接送幼儿的206名、乘坐汽车接送幼儿的84名。家长会上，教师就幼儿交通安全防范知识与家长沟通，407名家长与幼儿园签定《交通安全责任书》。

（肖玉娟）

【大兴六幼开展国学教育观摩活动】 11月

23日，大兴六幼开展国学教育观摩活动。"十二五"中国传统文化教育专项课题研究小组成员及全国30名园长和教师观摩该校教师耿天天"声律启蒙——一东"教学活动。幼儿边打节奏边朗诵"声律启蒙"，在教师启发下创编出新的诗歌朗诵方法。幼儿在"打地鼠"、"好朋友手拉手"、"翻翻乐"等游戏中学习、理解声律启蒙的诗歌内容。幼儿能够从单字对到双字对，三字对、五字对、七字对，通过游戏、猜想、操作、表达，享受国学教育带来的快乐。

（纪秀芳）

【大兴五幼开展厨师基本功展示活动】 11月23日，大兴五幼开展食堂厨师基本功展示活动。展示内容主要是刀工基本技能。每位选手在规定时间内完成六种不同蔬菜的切丝技能。评委从食材的整齐、均匀、粗细、是否

连刀以及摆放美观等方面给予全面评判。教职工代表及伙委会成员27人作为评委进行观摩。

（李静）

【组织参加北京市学前教育工作会议】 11月24日，学前教育科组织各类型幼儿园参加北京市学前教育工作会议。区教委相关领导、学前教育科和学前教研室人员、第二届辛勤育苗优秀学前教育工作者和全区各类型幼儿园园长共计90余人参加会议。市委教育

工委常务副书记刘建宣读《北京市教育委员会关于表彰第二届辛勤育苗优秀学前教育工作者及工作单位》的决定，大兴区有6所幼儿园被评为“辛勤育苗先进学前教育工作单位”，有28人获“辛勤育苗优秀学前教育工作者”荣誉称号。

（徐敏）

【采育第二中心幼儿园举办讲故事比赛】 11月28日，采育第二中心幼儿园举办首届教师讲故事比赛。比赛旨在激励教师积极参加教学基本功练习，提高教师对语言的感受能力、表达能力和掌控能力，促进教师专业技能的提高。比赛要求讲故事时间不少于5分钟，要与幼儿互动。园领导作为评委进行打分。比赛评出一等奖3人，二等奖5人，纪念奖7人。15名青年教师参加比赛。

（刘梓漪）

【举办“示范园、双一园开放周”活动】 11月29日至12月2日，学前教育科组织开展“大兴区示范园、双一园开放周”活动。全区3所示范园和12所双一园面向全区各类型幼儿园开放。本次活动采用分层开放形式，即示范园向双一园开放、双一园向其它幼儿园开放。在为期四天的开放活动中，全区示范园和双一园15所各开放两天，侧重展示本园的特色课程、活动等，共接待来园参观教师1300余人次。

（徐敏）

【举办保育员岗位资格培训班】 12月4日，“大兴区幼儿园保育员岗位资格培训班”举行开班典礼。本次培训学前教育科牵头，由进修学校与北京市幼师培训学校合作，对本区没有取得保育员岗位资格证的保育员进行婴幼儿卫生保健基础知识、心理发展基础知识、教育基础知识等方面进行为期9天的培训。本次培训参加人数160余人，经考试合格后颁发“保育员岗位资格证”。

（徐敏）

【瀛海第二中心幼儿园开展主题教育活动】 12月5日，瀛海第二中心幼儿园在全园开展“献出我的爱，温暖你的心‘五个一’”主题教育活动。内容为学唱一首爱的歌曲、讲一个爱的故事、画一幅爱的图画、说一句爱的话语、做一件关爱他人的事等5项。各班自行确定主题，幼儿一个月内完成5项内容。活动最后，组织幼儿为身患骨瘤的旧宫二小苏婕同学捐款。

（冯爱新）

【瀛海第一中心幼儿园开展观摩活动】 12月8日，瀛海第一中心幼儿园邀请幼儿家长到园观摩CPM儿童玩具图书馆。教师向家长介绍CPM的教育原理。幼儿在操作中有3种形式：自学部分、互学部分、团学部分。家长看到孩子在活动过程中，根据自己的兴趣、需求、能力，自由选择自己想玩儿的宝盒，体现儿童玩具图书馆的课程理念：快乐学习、自主学习、有效学习。80名家长参加观摩活动。

（张海燕）

【采育第一中心幼儿园开展才艺展示活动】 12月9日，采育第一中心幼儿园开展青年教师美术技能才艺展示活动。每位教师利用各种材料，通过折、剪、团、撕、贴等手工技能，制作出符合幼儿年龄特点的美工作品。最后，教师们共同创作出立体故事图书《小蝌蚪找妈妈》。全园青年教师7人参加活动。

（裴雪）

【组织园长参加园本教研培训与考察活动】12月10至17日，学前教育科组织一级以上园园长参加在成都举办的“全国幼儿园园

本教研与教师专业成长高级研修班暨成都特色名园观摩学习活动”。学前教育科、学前教研室及一级以上园园长共计26人参加本次培训与考察活动。就深入开展园本教研，打造园本课程，促进教师的专业化发展等问题进行学习与交流，并参观成都市市级机关幼儿园等优质园所，学习先进的办园理念。

（徐敏）

【北臧村中心幼儿园开展活动区评比活动】12月12日，北臧村中心幼儿园开展活动

区评比活动。该活动采取先指导再布置最后评价的方式，从主题与活动结合、符合各年龄段特点、环境的美感和美工技术的创新等方面对各班进行检查和评分。4个班级参赛，其中大班被评为“优秀班级”。

（任月）

【采育第一中心幼儿园开展助教周活动】

12月12至16日，采育第一中心幼儿园开展家长助教周活动。活动分别邀请不同职业、不同特长的家长到园当一天临时教师，全程体验接待幼儿、与幼儿沟通等环节。助教家长开展有趣的汽车标志、冬季运动前的准备活动、包粽子、保护牙齿等活动。全园11个班级参加活动。

（裴雪）

【庞各庄中心幼儿园开展展示周活动】12月12至19日，庞各庄中心幼儿园开展教师公开课展示周活动。参展教师分析教材，备课，选择适合自己个人特长的教学活动。展示内容分为：语言活动“甜甜的果汁”、“诗歌一家”；培养科学意识的科学活动“认识火”、“水果店”、“小动物找房子”；培养创新能力的探索活动“跳绳的多种玩法”；培养幼

儿美感的美工活动“太阳的新衣”、“欢乐曲线”；培养幼儿经验知识的健康活动“有用的鼻子”、“爱护指甲”、“小熊学刷牙”等。园领导全程参与听课、评课。全园21名教师参加展示活动。

（王燕）

【长子营中心幼儿园迎接骨干教师送教】 12月15日，长子营中心幼儿园迎接北京市

骨干教师工作室送教。参加送教活动人员包括北京市丰台区教研室主任刘红霞，大兴区学前教研室主任薛娟，北京市市级骨干教师工作室一行12人。工作室送来适合农村幼儿身心发展的玩具，安排两位骨干教师观摩课。观摩课后，骨干教师深入班级，介绍各个领域知识，进行先进环境设计指引。该园教师以及其他幼儿园教师42人参加活动。

（赵阳刚）

【大兴八幼举办安全知识培训】 12月16日，大兴八幼举办“观念预防　法律养生”安全知识培训活动。首先，大兴分局内保处警官从校园安全、消防安全、食品安全及教师自身安全等方面进行讲解；随后，分局内保处干部又以一个个实例，在防盗抢、防止QQ诈骗等几方面，提醒大家遇事要沉着冷静，切勿盲目行动，防止上当受骗。44名教师参加学习。

（孙秀静）

【旧宫第一中心幼儿园召开肥胖儿家长会】

12月17日，旧宫第一中心幼儿园召开肥胖幼儿家长会。保健医向家长反馈秋季体检结果。每位家长填写幼儿体检告知书，对幼儿产生肥胖的原因进行问卷调查。后勤主任讲述幼儿肥胖的危害，与家长共同商议帮助幼儿保持健康体重的方法。25名肥胖幼儿家长参加会议。

（甄砚红）

【大兴七幼接受活动区录像采集】 12月20日，中央电化教育电子音像出版社到大兴七幼对中一班、中二班进行活动区活动的录像采

集。刘思纯、佟立娜两位教师在活动区开展以南瓜和萝卜为主线的活动。在小餐厅，孩子扮演小厨师自己制作南瓜饼、南瓜粥和萝卜汤、萝卜丸子等食品；在自然角，孩子种植南瓜苗、萝卜苗，并进行观察、测量、记录。中央电化教育电子音像出版社进行录像采集。

（肖艳丽）

【大兴九幼开展教研展示活动】 12月21

日，大兴九幼中班“惠风和畅”教研组面向全区幼儿园开展教研展示活动。活动以“情景性绘画活动中的巧妙导入”为主题，每位教师展示在组织幼儿进行情景性绘画活动时的导入技巧，拓宽教师的教育思路。7 位教师进行展示，30 名教师参加学习。

（韩丹华）

【榆垡第二中心幼儿园开展观摩研讨活动】

12 月 21 日，榆垡第二中心幼儿园与北臧村、礼贤两所中心园共同开展“学习共同体”教学观摩研讨活动。三所中心园教师分别为幼儿授课，展示各校的园本课程。授课结束后，教师开展“学习共同体”研讨活动。教师和幼儿 48 人参加活动。

（胡冠楠）

【完成学前教育经费预算项目申报工作】

12 月 27 日，学前教育科完成北京市 2012 年学前教育经费预算项目申报工作。根据《北京市扶持学前教育事业发展项目经费管理办法》，从 10 月份开始，学前教育科组织各园申报，经多次核实、修改，最终完成 2012 年本区学前教育经费预算申报工作，申请市级专项资金 9600 余万元。

（金月荣）

【北臧村中心幼儿园开展诗歌朗诵比赛】

12 月 27 日，北臧村中心幼儿园开展青年教师诗歌朗诵比赛。教师把表演和朗诵相结合，以必选、自选两种方式演绎诗歌。园领导、教师 4 人进行评分，评出一等奖 2 名，二等奖 6 名，12 名青年教师参加比赛。

（任月）

【礼贤中心幼儿园举办妇幼健康知识讲座】

12 月 27 日，礼贤中心幼儿园举办妇幼健康知识讲座。邀请区妇幼保健院尤红就儿童意外伤害的预防和急救方法等问题进行讲解，讲座结束后尤红回答家长咨询。家长及教师 52 人参加学习。

（邱明静）

【黄村第一中心幼儿园召开经验交流会】

12 月 28 日，黄村第一中心幼儿园召开“以民俗文化为载体”园本课程经验交流会。会议由孙国彦主持，旨在提升教师园本课程研修成果的梳理能力，增强研究意识。15 个教学班 30 位教师围绕“民俗文化”的研修成果采用 PPT、绘声绘影等展示形式进行交流。交流展示内容包括以民俗节日重阳节、春节为主题，国粹京剧融入幼儿园课程，线描和水墨画为特色课程、小茶馆融入到区域活动中等。该园“民俗文化融入幼儿园课程的研究”已被北京市早教所立项为“十二五”课题。全园教师 50 人参加活动。

（孙国彦）

【召开区幼儿园工作汇报会】 12 月 30 日，区幼儿园工作汇报会召开。各类型幼儿园园长及学前教育科人员共计 60 余人参加。汇报会上，各园通过 PPT、视频等多种形式汇报幼儿园工作中的亮点、突破点及存在的不足与解决措施。园长们倾听、记录，学习他园好的经验与做法。学前教育科科长李志霜根据汇报情况对各园下一步工作从园所管理、教师观念转变、镇中心园分园指导等方面提出具体要求。

（金月荣）

【大兴五幼举办教师基本功大赛】 12月30日，大兴五幼举办全体带班教师基本功说课大赛。大赛旨在提高教师教育反思与现场说课能力，促进教师专业发展。参赛教师抽签决定顺序，该园全体高级教师担任评委并进行现场打分。活动中，教师结合《纲要》理念，从设计意图、目标定位、活动准备、重难点分析、活动实施以及教学反思等方面进行详细阐述。大赛有31名教师参加，评出一等奖11名，二等奖9名，三等奖10名。

（李静）

【旧宫第一中心幼儿园开展爱心义卖共包团圆饺子活动】 12月30日，旧宫第一中心幼儿园开展爱心义卖，共包团圆饺子活动。家长、幼儿在教室摆设摊位，将旧图书、旧玩具、小衣服等以低廉价格卖出；幼儿再自主买回

一些自己需要的物品；家长、幼儿一起把义卖所得款项捐到流动捐款箱，幼儿园将3041.69元捐到青云店“希望之家”；幼儿与家长一起包饺子、吃饺子，共庆新年到来。幼儿和家长490人参加活动。

（甄砚红）

幼　儿　园

大兴区第一幼儿园

【概　述】 2011年，大兴区第一幼儿园占地12713平方米，建筑面积8663平方米，图书馆藏书7800册，固定资产总值364.71万元。全年教育经费投入589.81万元，其中，国家拨款589.81万元、自筹经费0万元。拥有计算机、美术、舞蹈、围棋等专用教室6个，普通教室19个。电脑100台，多媒体设备4套，照相机8架，摄像机7架，投影仪4台，电视机28台，电子白板5块。教职工75人，其中，教师71人，包括专科及以上学历51人。中级及以上职称20人，区级学科带头人3人，区级骨干教师6人；保健员2人，执业医师助师资格2人。开设教学班19个，其中，大班4个、中班7个、小班8个。在园幼儿650人，入园幼儿210人，离园幼儿120人。

在管理上，一幼倡导人性化、人格化、人文化的管理理念，使每位教师感受集体的关怀和温暖，感受工作带来的快乐和幸福。以教科研为先导，实施课程改革。贯彻落实《幼儿园工作规程》、《幼儿园教育指导纲要》精神。确立以健康为主的办园特色，注重孩子和教师的身体和心理的健康发展，以体促心、以心促智，实现“健体、健心、健智”的办园目标。

该园被评为大兴区“十一五”继续教育先进集体、大兴区“十一五”教育科研先进单位、北京市公安局安全保卫工作集体嘉奖等荣誉称号。

幼儿园网址：http://yiyou.dxschools.cn

（吴红艳）

【召开食堂六项统一创建工作现场观摩会】 2月25日，大兴区学校和幼儿园食堂六项统一创建工作现场观摩会在大兴一幼召开。大兴区卫生监督所副所长赵淑平对学校、幼儿园食堂工作提出明确要求，强调食堂工作人员要学习《中华人民共和国食品安全法》，严格按照法规做好食品安全工作。一幼园长范文丽向大家介绍食堂管理工作经验。各园负责人参观一幼食堂、肉食及蔬菜加工间。六项统一，即：16项制度统一、功能房间标识标牌统一、硬件条件统一、食品留样要求统一、库房食品标签统一、食品台账统一等。全区主管食品安全园长和保健医70余人参加观摩会。

（吴红艳）

【开展CPM玩具图书馆观摩活动】 4月1日，大兴一幼开展CPM儿童玩具图书馆观摩研讨活动。北京培华总部教师常俊琪进行指导。小班、中班、大班各展示一节完整的CPM活动过程，观摩后教师对活动进行研讨与交流。常老师进行点评，并对个别系列玩具的操作进行讲解演示。园长范文丽表示给予人力、财力支持，鼓励教师进一步研究和推广儿童玩具图书馆的先进理念，加强同轨班级的交流与促进，把儿童玩具图书馆的理念引入到班级各项活动中。带班教师40人参加观摩活动。

（吴红艳）

【开展教研观摩活动】 4月11至12日，大兴一幼开展教研观摩活动。在北京幼师绘本研究组专家指导下尝试"绘本主题活动"研究。内容包括：主题墙饰、主题活动区、绘本教学活动。每个绘本主题小组成员分别由小班、中班、大班三个班组成，最后形成一本完整的三个年龄班的绘本主题案例集。观摩活动由小组成员自主选择观摩内容，教师介绍自己班级开展绘本主题活动的心路历程，

听取他人意见和建议，各位教师均得到专家指导。带班教师40人参加观摩活动。

（何学清）

【参观北京小学大兴分校】 5月9日，大兴一幼组织大班幼儿参观北京小学大兴分校。幼儿参观校园环境、教室、大厅，观看升旗及课间活动，走进班级与小学生一起上课，回答教师问题。北京小学大兴分校校长张景浩等领导与幼儿合影留念。参观活动旨在让大班幼儿尽快了解小学生活，进入小学生角色。教师及幼儿130人参加活动。

（张佳）

【开展端午节亲子体验活动】 5月27日，大兴一幼小五班开展端午节亲子体验包粽子活动。董子轩的妈妈向幼儿和家长介绍端午节由来，幼儿表演"小龙船和大诗人"游戏。爷爷奶奶指导年轻的爸爸妈妈包粽子，幼儿动手参与，并把亲手包的粽子带回家。全班幼儿及家长70余人参加活动。

（顾晴朗）

【开展庆"六·一"绘本剧表演活动】 5月31日，大兴一幼开展庆"六一"绘本剧表演活动。以年龄组为单位，教师在绘本故事原型基础上，通过创编、改编，排练六个绘本剧。

幼儿和教师身穿演出服演绎不同角色。《朋友最重要》、《我是彩虹鱼》、《老鼠娶新娘》等表演赢得全场观众的掌声。全园600多名幼儿参加活动。

（吴红艳）

【区领导到大兴一幼慰问】 9月1日，副区长王荣彬、卫生局副局长马燕珠到大兴一幼慰问。大兴教育工会主席杨子仲、办公室主任石凤玲陪同。园长范文丽汇报新学期开园、教师、幼儿及开设教学班等情况。王荣彬

询问幼儿来园、离园高峰阶段的安全问题和幼儿园食堂卫生防疫情况，对一幼新实行的电子门禁系统进行了解，对安保工作提出更高要求。

（吴红艳）

【组织退休教师采摘活动】 9月23日，大兴一幼工会组织全体退休教师到定福庄梨花村进行采摘。退休教师来到田间地头，一边摘花生，一边聊家常，体会田园生活，回味过去的岁月，在树荫下，劳动中，度过快乐的一天。26位退休教师参加采摘活动。

（吴红艳）

【开展拜师结对活动】 9月26日，大兴一幼举办“师徒互助　共同进步”师徒结对活动。本学年共有7对教师结对，副园长何学清宣读师徒协议，要求师傅从备课、组织教学、上课等方面帮助徒弟提高业务能力，每月至少听徒弟两节课；徒弟要主动向师傅学习，及时沟通。师傅和徒弟代表分别发言。园长范文丽希望徒弟尽快成长起来，增强教师队伍的凝聚力，提高保教质量。

（何学清）

【召开教职工趣味运动会】 9月30日，大兴一幼召开教职工趣味运动会。运动会设有二人三足、螃蟹赛跑、单腿斗鸡、倒跑比赛、抢椅子5个比赛项目。以全员参与、自愿报名、快乐运动为原则，以工会小组为单位报名参加，每个比赛项目分别设前三名为一等奖。共有17人次获得一等奖。全园86名教职工参加运动会。

（吴红艳）

【举办师幼体操比赛】 10月18日，大兴一幼举办教师、幼儿体操比赛。比赛按年龄班进行，分别做徒手操和韵律操，中大班幼儿还表演武术操。在教师带领下，幼儿完成每个规定动作。保育员教师进行徒手操和韵律操表演。全园19个班级和19名保育员参加比赛，每个班级分别获得“健康宝宝奖”、“力

量宝宝奖”、“可爱宝宝奖”等奖项，保育员教师评出一等奖5名，二等奖10名。

（吴红艳）

【早教宣传走进兴华园社区】 10月28日，大兴一幼6名教师到兴华园社区进行早教宣传活动。内容包括：亲子课程体验、亲子游戏、发放亲子知识手册等。家长和幼儿在社区居委会与教师一起体验亲子课程，做

亲子游戏，阅读亲子知识手册。活动后，教师与家长交流育儿知识、育儿方法。兴华园社区28名幼儿及家长参加活动。

（朱鸿雁）

【开展“手拉手互帮互助”活动】 11月8日，大兴一幼到采育一幼开展“手拉手互帮互助”活动。大兴一幼教师深入班级，就环境、活动区创设，区域划分、班级特色、楼道专栏等方面与采育一幼教师交流探讨，提出针对性建议，对于采育一幼面临从平房到楼房过渡问题，给予经验性指导。该园9名教师参与活动。

（朱鸿雁）

【举办火灾逃生演习】 11月9日，大兴一幼举办火灾逃生演习。听到警报声后，各班幼儿在教师带领下，迅速用湿毛巾捂住口鼻，弯着腰紧张而有序地按照预定路线疏散到户外操场。全园教职工分工明确，各行其责，整个

活动用时2分30秒。96名教职工、556名幼儿参加活动。

（王占丽）

【成立园级家长委员会】 11月9日，大兴一幼成立园级家长委员会。成立家委会旨在为幼儿园对外开放、交流开辟新途径，促进家园之间沟通合作，凝聚教育合力。园长范文丽向6位成员发放聘书，宣读委员会成员职责，介绍幼儿园基本情况。6位委员在全园95名家长代表中选举产生。该园定期召开家长委员会座谈会，听取幼儿园规划和工作计划，并提出意见，参与幼儿园管理工作和助教活动以及大型活动的筹备和组织工作。

（吴红艳）

【开展示范园开放周活动】 11月29至30日，大兴区市级示范园、双一园观摩交流活动在大兴一幼进行。开放18个教学班，教师观看室内外环境，班级活动区、教育活动和户外体育活动。该园的教育及体育活动体现出“健体、健心、健智”办园目标。全区8个幼儿园120位教师参加活动。

（吴红艳）

【举办家教知识讲座】 11月30日，大兴一幼举办小班幼儿家长家教知识讲座。区妇联外聘教授王燕斌从人的最佳教育期、幼儿园家长的困惑、幼儿的气质类型等方面做详细解读，回答家长在幼儿教育中存在的问题和困惑。小班200余名家长参加学习。

（吴红艳）

大兴区第二幼儿园

【概　述】 2011年，大兴区第二幼儿园为公立制幼儿园，占地面积11690平方米，校舍建筑面积6752平方米。固定资产847万元。全年教育经费国家拨款960万元。拥有电脑教室、CPM教室和亲子教室等专用教室4个，普通教室24个。教室内设有电子白板、电脑等教学设施。教职工122人，正式教师79人，专科以上学历62人。小学高级教师26名，小学一级教师28名。共开设32个教学班，其中小班9个，中班8个，大班7个，亲子班8个。幼儿入园256人，离园225人，在园763人。

该园始终秉承"让教师享受教育的幸福，让孩子享受幸福的教育"的办园理念，在引导教师快乐工作，快乐生活的同时，注重为幼儿营造积极向上、尊重、和谐、亲近的人文环境。

该园获得北京市教育先锋先进集体、北京市先进学前教育工作单位等荣誉称号。

幼儿园网址：http://www.bjdxey.com.cn

（张海怡）

【开展亲子社会实践活动】 4月27日，大兴二幼在北京野生动物园开展亲子社会实践活动。活动旨在为幼儿和家长创造一个和谐共融的空间，在大自然中享受亲子同游乐趣。幼儿与家长共同观赏野生动物的活动以及精彩的表演，教师精心组织亲子小游戏和趣味小竞答。500名来自中、大班幼儿、教师、家长参加活动。

（张海怡）

【开展"幸福"主题论坛活动】 5月9日，大兴二幼开展首次教师"幸福"主题论坛活动。教师讲述发生在身边的典型案例，畅谈对教师幸福和对孩子幸福的理解。该园在构建"幸福教育"园本课程进程中，教师对幸福的概念、幸福的实施有更真实、更实际的感悟，达成初步共识。122名教师参加论坛。

（张海怡）

【举办"学习发展共同体"观摩活动】 5月18日，区教委学前科和区进修学校学前教研室在大兴二幼举办大兴区幼儿园"学习发展共同体"一组教师观摩活动。观看大、中、小三个年龄班交互式白板教学活动，参加实验园户外开放活动区域的活动，听取三位教师对活动的设计初衷和反思。观摩教师就如何把握幼儿年龄特点和设置适宜的教育教学目标达成共识。70名教师参加观摩活动。

（张海怡）

【开展儿童玩具图书馆开放活动】 5月24至26日，大兴二幼开展儿童玩具图书馆特色课程开放活动。家长亲眼目睹孩子在活动中井然有序地取送宝盒，安静地操作，规则意识、有序做事的习惯得到培养。儿童玩具图书馆课程已在二幼实验园开办多年，2010年纳入到总园课程中，涵盖数学、科学、艺术、语言等不同学科。总园中、大班100名家长参加开放活动。

（张海怡）

【参加"红歌献给党"合唱比赛获奖】 5月

30 日，大兴二幼参加“红歌献给党”合唱比赛获奖。区教育系统“红歌献给党”红五月歌咏比赛决赛在少年宫举行。二幼合唱队在小组初赛中晋级，由 43 名教师组成的合唱队凭借《听妈妈讲那过去的事情》、《娘子军连歌》两首歌曲获得决赛一等奖和最佳创新奖两个奖项。23 支合唱队参加决赛，评出一等奖 8

个，二等奖 15 个，最佳创新奖 4 个，最佳组织奖 8 个。

（张海怡）

【接受托幼园所级类考核】 6 月 28 日，区教委学前教育科、进修学校学前教研室、妇幼保健院三部门的专家对大兴二幼工作进行复验考核。复验主要针对园所管理、幼儿安全、教育教学三个方面。通过半日活动观摩、观看演示文稿、查阅档案资料等形式，对园务管理、保教、家教、幼儿发展、卫生保健等工作进行验收，同时对园所后继工作提出建设性意见和建议。

（张海怡）

【举行大班幼儿毕业典礼】 6 月 29 日，大兴二幼总园举行大班幼儿毕业典礼。225 名毕业幼儿集体表演麦乐迪阳光英语韵律操、大班腰鼓操、大班新操、朗诵毕业诗、合唱歌曲

《今年夏天》，与教师合影留念。120 名家长参加活动。

（张海怡）

【开展“项目教学”培训活动】 8 月 19 至 23 日，大兴二幼开展教师业务培训活动。活动分两部分进行。19 日，园长做园本培训，学习“让教师享受教育的幸福，让孩子享受幸福的教育”办园理念。20 至 23 日，先锋教育公司留美博士刘晓伟为教师做项目教学培训，对项目教学法的含义、创始人以及项目活动与系统讲授间的区别分别做阐述，并带领教

师亲身体验项目教学的实例研究。全园 120 名教职工参加活动。

（张海怡）

【开展北京市半日评优活动】 11月10日，大兴二幼开展北京市半日评优活动。北京市评优小组四位专家参加教师孙静班级的教育活动，孙静老师先后展示活动区活动及教育活动，丰富的游戏材料吸引幼儿自主、愉悦活动；教育活动为幼儿创设敢于表达、乐于表达的空间；最后，展示集体游戏和分散游戏活动，幼儿在跑、跳等运动中使大肌肉动作得到发展。研讨中，孙静老师对半日活动进行反思，四位专家对活动提出意见和建议。最终，孙静在评优活动中荣获一等奖。

（张海怡）

【开展观摩交流活动】 11月30日，区教委学前科、进修学校学前教研室在大兴二幼开展大兴区示范园、双一园开放周观摩交流活动。二幼教师展示各班围绕项目教学展开的教育活动，班级环境及幼儿户外活动，观摩小组对各个检查环节进行记录。各园教师交流、探讨半日活动常规开展情况，从半日活动安排、幼儿发展情况、教师业务能力、保教结合情况四个方面进行总结，提出修改意见和建议。大兴八幼等8所幼儿园的75名教师参加活动。

（张海怡）

【开展“三进”工作服务联盟亲子活动】 12月6日，大兴二幼开展黄村西里“三进”工作服务联盟亲子活动。该园专职亲子教师为幼儿呈现亲子互动课程——亲子同乐会。活动中，教师以游戏形式组织幼儿做自我介绍，带家长与幼儿一起听音乐做律动活动。活动旨在增进幼儿园与社区间情感，促进幼儿园与社区间工作的和谐发展。幼儿、教师、家长共20人参加活动。

（张海怡）

【举办妇科常见病知识讲座】 12月9日，大兴二幼举办妇科常见疾病知识讲座。由大兴区医院妇科临床医生刚君主讲，刚君通过图文并貌的展示，让教师了解女性生理特征、预防要点等知识，教师对自己身体不良状况进行咨询，刚君做详细讲解。110名女教工参加学习。

（张海怡）

【举办家庭教育知识讲座】 12月20日，大兴二幼举办家庭教育知识讲座。邀请北京师范大学早教、儿童心理学家蓝剑为大班幼儿家长讲述创新的教育理念和教育方法，指导家长了解幼儿内心世界和心理特征，阐述按照身心规律培养幼儿成长，提出遵循幼儿心理特征、行为习惯，才能更好地激发幼儿的学习兴趣、开发幼儿的潜能，从而进一步培养幼儿良好的学习、生活习惯。96名家长参加学习。

（张海怡）

【举办保育员讲故事比赛】 12月21日，大兴二幼举办保育员讲故事比赛决赛。全体保育员24人参加小组赛，评委团由园领导和年级组长组成。经过总园、实验园和SOS园进行小组赛选拔，共有11位保育员入围决赛。赛前，保育员注重在故事内容的选择上符合幼儿年龄特点，比赛中，保育员不论声音、语调、表情、形体动作都运用得十分恰当，充分调动幼儿的积极性。最终，陈桂君、殷然、张正美三位保育员获得一等奖，另外8名保育员分别获得二、三等奖。

（张海怡）

【开展“我们的快乐王国”新年庆祝活动】

12月29日，大兴二幼开展“我们的快乐王国”主题新年庆祝活动。主题活动分为“我是快乐小厨师”、“我是快乐艺术家”两部分内容。共设果蔬、中餐、西点、色彩、工艺、泥塑等七个活动坊。每名幼儿持有“快乐王国”护照，根据自己兴趣和需要自由选择活动坊，参与各种食品或艺术品制作并品尝，同时

赢得一枚快乐印章，并兑换礼物。该园800余名师生参加活动。

（张海怡）

大兴区第三幼儿园

【概　述】 2011年，大兴区第三幼儿园为公办园类别，为日托制。占地面积5179.72平方米（其中总园3188.53平方米，分园1991.19平方米），校舍建筑面积4716平方米。固定资产总值357.5万元。全年教育经费投入266.3万元，其中，国家拨款211.6万元、自筹经费54.7万元。拥有多功能厅、图书、蒙台梭利等专用教室7个，普通教室27个。教室内设有白板、投影仪、计算机、钢琴等教学设施。教职工84人，其中，专任教师56人，中级职称以上28人，保健医3人。开设15个教学班，其中，小班5个、中班5个、大班4个、实验班1个。幼儿入园176人、离园74人、在园530人。

该园坚持以“植爱于心”为核心理念，力求将教育目标物化于环境之中，科学教育融入幼儿一日生活，形成独特的校园文化氛围；以“服务幼儿、服务家长、服务社会”、“促进幼儿全面发展、促进教师专业成长”为宗旨；以“团结凸显个性，求实勇于创新”为园训；以“文化一流，保教一流，师资一流，服务一流”为目标；以“培养幼儿社会行为能力”为切入点践行《纲要》；以“科研为龙头，通过多种途径促进幼儿全面发展。”

该园被评为北京市先进学前教育工作单位、大兴区教育系统信息宣传工作先进单位、大兴区“十一五”继续教育先进集体、大兴区“十一五”教育科研先进单位、大兴区2011年先进基层党组织、大兴区教育系统内部审计工作先进单位等荣誉称号。

幼儿园网址：http://sanyou.dxschools.cn/

（吴秀珍　李慧君）

【区领导到总园进行安全检查】 1月26日，副区长王荣彬带领区应急办、卫生局、教委、消防支队等部门20人组成的联合检查组到大兴三幼总园进行安全检查。检查组查看室内外环境、可燃物清理、紧急疏散通道、安全出口、指示标志、应急设施，重点对消防设施、幼儿食堂、烟道、监控室进行检查；了解幼儿入园、师资配备以及教师工作环境和心理健康等情况，强调要把安全工作抓得更细、更实，切实提高每个人的安全意识，始终把安全防范落实到每一天，各种责任事故降到零。

（李慧君）

【信息宣传工作获多项奖励】 3月23日，大兴三幼在区教育系统2011年信息宣传工作会上获多项奖励。三幼被评为“2010年度教育系统信息宣传工作先进单位”、园长吴秀珍被评为“信息宣传工作优秀主管领导”、李慧君被评为“信息宣传工作优秀信息员”、徐敏被评为“信息宣传工作优秀党建信息员”，并作为“优秀党建信息员”代表在会上进行发言。该园已连续十年被评为“信息宣传工作先进单位”。

（李慧君）

【开展经典诵读活动喜获丰收】 3月25日，大兴三幼开展经典诵读活动喜获丰收。在区教育系统2011年语言文字工作会上，三幼荣获“中华诵·2010经典诵读大赛”优秀组织奖，三位教师分别荣获一、二、三等奖，其中国超越的《匆匆》荣获一等奖。三幼教师通过生活化、活动化、故事化、兴趣化等教学方式，采用听读、跟读、共读、背诵、表演的形式，指导孩子进行经典诵读，同时注意引导父母、孩子一起诵读，增进亲子感情，提升家庭文化品味。

（李慧君）

【举办家教知识专题讲座】 3月25日，大兴三幼和大兴八幼联合举办《学做合格家长　培养优秀孩子》家庭教育知识专题讲座。邀请著名教育专家、中国关心下一代教育研究院家庭教育研究指导部主任牛琳主讲，讲座旨在向家长传授家庭教育知识，介绍家庭教育成功经验，帮助家长树立正确家庭教育理念，促进幼儿健康成长。牛琳以具体事例、心理案例，告诉家长赏识你的孩子，学会关注、展示孩子的优点；通过与家长互动，告诉家长要教孩子懂得爱，也要学会表达爱，父母更应该为孩子创造表达情感的机会，让孩子学会感恩，学习成绩只是水到渠成的事。500余名家长和教师代表参加学习。

（李慧君）

【赴“生存岛”拓展训练】 4月23日，大兴三幼组织教职工到怀柔“生存岛”进行拓展训练。58名教职工分成两组，训练项目有举步为艰、愚公移山、太空行走、攀岩、射箭、晃桥及徒手攀岩等7个，训练中教职工通力协作、互相帮助，齐心协力共渡难关。拓展训练

旨在磨练个人意志品质，增强团队意识。

（李慧君）

【开展“为你分忧”演讲活动】 5月16日，大兴三幼在青年教师中开展“为你分忧”主题演讲活动。活动旨在增进青年教师相互理解，促进心智模式转变，展现阳光灿烂，走向成熟的心路历程。19名教师结合自己生活体验，从不同角度，每人利用5分钟时间，通过自己在工作中走进孩子内心世界、为幼儿分忧、师幼相互关爱、分享成功人士成长经历等演讲内容，证明“磨难是人生的财富，人生有起有伏，走过困难，就会看到更加精彩的新世界”。

（李慧君）

【开展讲故事比赛】 6月7日，大兴三幼开展讲故事比赛。比赛旨在为教师搭建施展专业技能平台，提供相互学习、交流的机会，提高教师语言表达能力。园领导和前后勤教师作为评委进行打分，比赛采用当场抽签形式进行，每人限时5分钟，利用多媒体、课件、动画、道具、配乐等形式，选取各年龄班幼儿喜爱的故事进行讲述。参赛教师通过语言，表

情、肢体动作，把童话世界故事展现在大家面前。国超越等6名教师获优胜奖。25名带班教师参加活动。

（李慧君）

【迎接大兴区学前教育考核】 6月29日，区考核小组到大兴三幼进行年度考核。考核小组通过查看各年龄班室内外活动、观摩分园、总园两节教育活动、听取园长吴秀珍《谱写爱的四季之歌》工作汇报、查看资料、档案等，对各项工作进行考核、评估。考核小组对园所文化建设、教师专业发展、教科研工作等三个方面给予肯定，并对今后发展提出意见和建议。

（李慧君）

【组织退休教师采摘】 9月29日，大兴三幼

组织退休教师到梨花村进行采摘。活动旨在增进与退休教师的感情，锻炼体魄，提供一个沟通娱乐的环境。党支部书记、工会主席询问教师身体、生活等情况，教师采摘各种梨、花生、白薯，中午一起品尝农家饭。9名退休教师参加采摘活动。

（李慧君）

【开展青年教师自报成长课活动】 10月19日，大兴三幼分园开展青年教师自报成长课活动。活动面向工作5年内的青年教师，成长课以语言领域为主要内容，包括创编儿歌、故事排序、自编谜语等不同类型的语言活动。园领导对教师讲课情况进行点评。三幼于2010年开始开展青年教师成长课活动。

（张沿）

【在评比活动中获佳绩】 11月2日，大兴三幼在北京市第四届学前教育技术应用作品评比中喜获佳绩。18名参赛教师全部获奖，网站荣获一等奖，参评的14节活动课、3个课件、4篇论文分别荣获一、二、三等奖。该园以教育信息化为办学特色，促进幼儿园工作全面发展，信息技术已成为教师专业发展的一项重要内容。

（李慧君）

【开展阳光体育测评活动】 11月23日，大兴三幼总园开展阳光体育测评活动。活动旨在提高幼儿体能、身体灵活性、手眼协调能力，培养团结合作精神。活动以球为主要器材，小、中、大班分别以滚接球、互抛互接球、行进运球为重点，采用两人一组进行比赛。各班分获“强壮宝宝”、“健康宝宝”、“开心宝宝”称号。全园幼儿及教师350人参加活动。

（李慧君）

【开展示范园观摩交流活动】 11月29日，

大兴三幼开展区示范园、双一园观摩交流活动。活动旨在提高教师专业水平，搭建园所之间沟通交流学习平台。各年龄班分别以区域、教育及户外活动三部分进行展示，以现阶段本园教研工作“生活中的科学”为重点，分别安排适于本年龄段科学领域的教学活动作为重点观摩内容。全区 7 所幼儿园的 69 名教师参加活动。

（李慧君）

【开展教师观摩活动】 11 月 30 日，大兴三幼教师到大兴七幼、观音寺幼儿园开展观摩活动。活动旨在了解两园开展剪纸、种植情况及其他教学艺术特色，开拓思维，促进教师专业发展。教师观看园所环境、幼儿剪纸、户外种植、幼儿艺术表演，听取园所情况汇报。12 名教师参加观摩活动。

（张沿）

【接受区教委工会验收检查】 12 月 7 日，大兴三幼接受区教育工会对“教工之家”、“教代会星级管理”评估检查。检查小组分别听取园长、工会主席工作汇报，查看“教工之家”、“教代会”各类材料，参观教工活动室、健身房、阅览室、荣誉室等，对教职工代表进

行问卷调查。检查小组对该园工会工作给予肯定并提出指导性意见和建议。

（李慧君）

【国家级科研课题结题】 12 月 23 至 25 日，大兴三幼分园的国家级科研课题顺利结题。科研负责人张沿参加课题《基于交互式白板的幼儿园科学教学活动设计》结题工作，采用现场结题方式，张沿老师利用 PPT 将课题研究过程、成果清晰展现出来，得到现场 3 位专家及其他园所、学校 45 位教师的认可。本次课题研究取得了可喜成果：收集整理了《论文集》、《课件集》、《课例集》，为教师今后工作提供有力依据，有很强的参考价值。

（张沿）

小学教育

总　类

【概　述】 2011年，大兴区有小学88所，其中，民办校1所。教学班1267个，在校生40678人（外省市18314人），招生7806人（外省市3522人），毕业6218人（外省市2241人）；教职工3522人，其中专任教师3220人；小学入学率100%，巩固率100%，毕业及格率100%。按照区教育工委、区教委工作部署，全区小学坚持以德育为先导，以教学为核心，以学校规范化建设为重点，全面实施素质教育，彰显学校办学特色。通过启动学校发展共同体研究项目、开展教育质量评估项目研究，推进学校规范化建设，推进学校章程建设；开展特色学校评估，促进薄弱学科建设；组织中国传统文化与当代教育教师培训、开展自主课时打包使用研究、组织养成教育阶段成果交流、组织学校干部听评课活动，推进教师教学基本功提高工程等创新工作，不断整合教育资源，深化课程改革，加强教育质量监控；打造优秀干部、教师团队，提升学生综合素质，促进全区小学教育教学质量稳步提升。全区小学共有特级教师3人，市级学科带头人5人，市级骨干教师43人，区级学科带头人144人，区级骨干教师436人（其中学科骨干教师302人，班主任骨干教师101人，骨干辅导员10人，科技骨干教师6人，科研骨干教师17人）。通过开展各种各样的教育活动，培养学生良好的行为习惯，提高学生的综合技能，促进学生健康、全面发展。

（李春岭）

【团河小学参加游泳比赛获奖】 1月10日，团河小学游泳队参加大兴区第八届中小学生游泳比赛获小学组团体总分第三名。比赛由区教委主办，全区中小学校按男、女各5人组队参赛，分团体、个人两项，设小学、初中两个组别。该校四年级学生吉鹏辉打破50米自由泳、50米蝶泳区游泳记录，并获得两项冠军；六年级学生申尚文获100米自由泳、100米蛙泳两项比赛冠军。

（赵静）

【召开小学教育工作会】 1月12日，小学教育工作会召开。区教育工委书记、教委主任李达，区教委党组书记、区委教育工委副书记、区政府教育督导室主任李广成等教委领导及各镇教育助理、全区小学书记、校长、学校中层干部300人参加。会议以“夯实基础、规范办学、创建特色、提升品质”为主题，全面总结小学教育工作，对32所教育教学先进学校、15所特色创建优类校、10所实施规范化建设（软件）成绩突出学校、45个优秀教研组及109名在管理、德育、教学、学籍等工作中成绩突出的先进个人进行表彰。会议对教育面临的新形势进行分析，从“学校管理、队伍建设，特色品牌、质量提升”四个方面提出思路和建议。

（李春岭）

【举行学校合作项目签约仪式】 1月18日，大兴区教委与北京景山学校签署共建北京景山学校大兴实验学校合作项目协议。北京市东城区教育工委书记蔡福全、教委主任冯洪荣，大兴区政协副主席刘志茹、副区长王荣彬、教育工委书记、教委主任李达等领导出席。大兴区教委副主任安有文、北京景山学校校长范禄燕分别代表双方在协议书上签字。协议规定学校为九年一贯制公办学校，由甲乙双方联合办学；确定学校在义务教育阶段的招生服务范围；规定双方各自的责任与义务。根据协议规定学校成立"学校筹备处"，开展成立学校的各项实质性工作。双方合作共建北京景山学校大兴实验学校旨在扩大大兴区优质教育资源总量，借助北京景山学校先进办学理念、办学模式、校园文化和教科研成果，发挥名校资源和品牌效应，为大兴

输送、培育优质教育资源。北京景山学校大兴实验学校是大兴区新城北区教育配套学校，2011年5月竣工，9月1日正式投入使用。

（徐刚）

【黄村镇三中心举办教师专题讲座】 1月19日，黄村镇第三中心小学邀请北京教育学院教授曹新美作《提升职业幸福感　做成功快乐的教师》专题讲座。曹新美从心理学角度与大家一起探讨"教师的幸福在哪里"，告诉教师积极的学生观是教师幸福的源头，积极的情绪是幸福的镜子，要学会悦纳自己，积极

对人，努力调整情绪，用自我效能感克服职业倦怠。全校教师64人参加学习。

（李素芝）

【召开小学教学工作布置会】 2月14日，区小学教学工作布置会召开。区教委副主任安有文、小教科科长周爱彬、小教研主任柏东河等领导及全区小学教学干部50余人参加。会议以"全面提升教育教学质量"为主题，学习《国家中长期教育改革和发展纲要》，结合大兴区新城建设，剖析教育面临的新问题；会上对教育教学重点工作进行部署；对规范化建设工程验收、三级课程建设、教师队伍培养、教学综合视导及学科抽测、抗震加固等各项工作进行安排；安有文对教师基本功考核达标、课题研修和专项实验、常规教研、学籍管理工作进行强调，要求学校干部明确工作目标，增强责任意识；小处着手，大处着眼；既注实效，又具创新，不断提升工作水平。

（李春岭）

【魏善庄一中心提高学生作业质量】 3月，

魏善庄第一中心小学采取措施，提高学生作业质量。开展每周一次全校学生作业交流活动，周二下午是学习习惯梳理时间，学生带一科作业到操场，班级、年级间互相观看，按照好作业标准评选出作业好的学生现场登上主席台。学校根据站到台上班级人数的多少，

评出作业好班级。作业本每月上旬进行大换购活动，学生已经用完的作业本只要符合学校作业好的标准，即可到教导处进行换购。

（张克奇）

【长子营二中心开展综合实践活动】 3月4日，长子营第二中心小学利用校园内科技实

践园和周边村民承包种植园等资源开展综合实践活动。一、二年级进行室内养殖观察和室外养鱼实践活动；三、四年级进行养鸡、养兔，种植花卉、蔬菜、农作物观察与实践；五、六年级到农户花卉种植基地进行观察，了解种植方法，动手实践（掐掉过早开的花）。活动中学生听讲解，做记录，把以前学过的知识、技能联系实际进行操作。全校学生300人参加活动。

（张友杰）

【大兴一小举行学做志愿者活动启动仪式】

3月4日，大兴一小举行“弘扬雷锋精神，争做四好少年、学做志愿者”活动启动仪式。邀请大兴区学雷锋志愿服务队队长宋薛宣和清华大学经济管理学院志愿服务队支队长

喻文昊天担任“学做志愿者”校外辅导员。教师进修学校小学教研室主任为校外辅导员颁发聘书。喻文昊天代表辅导员讲话。教委小教科干事武刚为“志愿服务队”授旗。宋薛宣介绍学雷峰、做志愿者亲身经历。全体师生、家长代表、大兴电视台记者共616人参加启动仪式。

（薛志红）

【南张华完小开展主题教育活动】 3月4日，榆垡第二中心小学南张华完小开展“弘扬雷锋精神，争做四好少年”主题教育活动。校长、辅导员诠释雷锋精神的含义和活动意义。利用国旗下讲话和班报、板报、橱窗等形式对

雷锋精神进行广泛宣传。少先队大队组织高年级学生到社区服务站打扫红领巾一条街，中年级学生捡拾学校门口公路两旁白色垃

圾，低年级学生在校园内打扫卫生。全校学生110人参加活动。

（赵金虎）

【榆垡二中心获团体总分第三名】 3月6日，榆垡第二中心小学在“阳光体育”北京市中小学生长跑比赛中获小学女子组团体总分第三名。该比赛由北京市教委、北京市体育局主办，设小学、初中、高中三个组，全市各区县近千名学生参加比赛。

（鲍长杰）

【北臧村中心小学开展主题教育活动】 3月9日，北臧村中心小学开展“关爱贫困生，真情促和谐”送温暖主题教育活动。活动由少先队大队辅导员主持，捐助6名贫困生每人一套运动服、学习用具和慰问金。受捐学生表示：自信执着，拼搏进取，立志成才，感恩社会，荣家报国。四至六年级160名学生参加活动。

（刘然）

【亦庄二中心参加世界气象日实践活动】 3月20日，亦庄第二中心小学40名同学到南郊观象台参加世界气象日实践活动。学生听取现场讲解员介绍，提出自己关心的问题；与百叶箱、太阳辐射计、激光测云仪、自动气象站、应急气象车等仪器设备零距离接触；用DV或相机拍摄，把自己关心的内容细心记录下来。

（常亮）

【榆垡二中心艺术节绘画竞赛获奖】 3月22日，榆垡第二中心小学卢俊阳、李佳宝在“大兴区第十四届学生艺术节”绘画比赛中获5－6年级组一等奖。该比赛由大兴区教育委员会主办，以培养青少年绘画艺术的创作能力和创作技巧为主。比赛包括现场命题创作和现场人物速写，设置小学1－4年级组、5－6年级组、初中、高中四个组别，分别评出一、二、三等奖和优秀奖。

（杨永鸿）

【举办小学领导干部听评课系列活动】 3月23日至10月27日，区小学举办领导干部听评课系列活动。北京市基教研中心、北师大攀登英语项目组专家，区教委、教师进修学校主管领导及全区小学校长、教学干部、德育干部近500人参加活动。活动以“提升学校干部教学指导力”为主题，先后在大兴二小、北京小学大兴分校、大兴一小、黄村镇第一中心小学举办。与会人员首先观摩语文、科学、英语等学科研究课及班队会课。教师进行课后反思，从合作学习、多元评价、探究教学等方面对课堂教学进行阐释。全体教学干部依据《小学课堂教学评价方案》，填写《课堂教学听课评价表》。专家进行现场互动评课并作专题讲座。专家指出，学校干部听评课系列活动有助于教师进一步理解新课程理念，提

高学科专业技能；有助于提升学校干部的教学管理和指导能力，整体提升学校教育教学质量。

（李春岭）

【瀛海一中心开展研究课展示活动】 3月23日，瀛海第一中心小学联合瀛海二小、旧宫二小、亦庄一小和北京师范大学大兴附属小学开展白板研究课首次网络直播活动。活动采用现场授课、网络直播相结合，由区教育信息中心主任陈志涛主持。不同学校的三位教师利用白板分别作语文、数学、英语课展示，从不同学科、不同角度、不同教学手段设计，展示出白板教学的特点，以及给教学环境带来的推动作用。课后四所学校与北京师范大学大兴附属小学在网络上进行现场评课。五校部分教师利用网络观看展示。120名教师参与活动，现场发帖78条。

（孙凤杰）

【亦庄一中心开展社区实践活动】 3月25日，亦庄第一中心小学大队部组织三至六年级全体队员开展以“服务社区　关爱家园”为主题的社区实践活动。四个年级学生分别进入学校邻近社区进行环保知识宣传，发放

宣传资料，倡导低碳生活，动手清理社区内随意张贴的小广告、捡拾白色垃圾。校“红领巾通讯社”小记者针对“社区在环保及倡导低碳生活方面做了哪些工作”等问题对社区工作人员进行采访。

（张文雪）

【枣园小学参加中央电视台书法电视晚会】 3月26日，枣园小学部分师生参加中央电视台书画频道组织的“兰亭雅韵”书法电视晚会。晚会旨在宣传展现传统文化与书法艺术。师生与著名书法家欧阳中石、著名歌唱家杨洪基、著名表演艺术家张铁林、中国文联副主席覃志刚、书记处书记夏潮等众多名家领导同台。录制现场，学生诵读著名书法家张旭光先生的《北兰亭记》，为整台节目增添亮色，赢得阵阵掌声与喝彩。

（李盛琦）

【庞各庄二中心举办科技专题讲座】 3月28日，庞各庄第二中心小学邀请石油化工科学

院基础化学中心主任胡应喜教授为三至六年级学生作《废旧电池回收与利用》科技专题讲座。活动旨在培养学生对环境污染治理和优化的理性认识，树立环境保护人人有责的观念。胡应喜用详实资料和专业知识讲解废旧干电池回收意义，目前国内外回收现状以及回收处理方法，并对回收与利用提出建议。

（于秋华）

【魏善庄二中心举办红色诗词朗诵会】 3月28日，魏善庄第二中心小学举办红色诗词朗诵会。学校领导参与搜集、编辑红色诗词，大队部负责印发给各中队。中队辅导员讲解诗词历史背景。红诗朗诵比赛要求每个中队选出5名队员参加大队比赛，分别在低、中、高三个学段选出前5名，在升旗仪式上颁发奖状和奖品。全校近500名学生参加朗诵会。

（戴亚芳）

【召开吴正宪工作站总结会】 3月31日，区教委召开吴正宪小学数学教师工作站大兴分站总结会。中央教科所、北京教科院等7个部门的专家、领导，北京市基教一处处长杨志成、大兴区人民政府副区长王荣彬等各级领导，外省市、兄弟区县代表，全区小学校长、工作站成员共计200余人参加会议。中国教师报、现代教育报、大兴电视台对活动进行采访报道。会议主题为"聚焦优质资源 培育骨干教师"。会上，教师代表汇报专业成长经历，北京小学大兴分校教师孙贵合作研究课，工作站全体成员进行专题研讨。会议表彰优秀成员，总结三年阶段成果，发布"十二五"时期大兴新区教师队伍发展规划。

（李春岭）

【采育二中心开展植树活动】 3月31日，北京理工大学、中关村软件协会到采育第二中心小学开展"同种一棵树 有爱共分享"植树活动。北理工校领导、中关村软件协会秘书长张国庆、大兴区教委副主任马士义等领导以及《光明日报》、《中国教育报》和《人民搜索网》等多家媒体参加活动。共建单位代表向师生赠送"低碳科技"教具和500本教科书，并由大学生志愿者讲解教具的设计原理和使用方法。最后，共建单位领导与学生一起参加植树活动。共建单位领导、媒体及

该校师生130人参加活动。

（张波）

【亦庄一中心召开报告会和歌曲演唱会】 4月1日，亦庄第一中心小学党支部召开优秀党员事迹报告会和红色歌曲演唱会。两名优秀党员汇报严格要求自己，坚定共产主义信念，学习党建理论知识，钻研提高业务水平，发挥党员模范带头作用的先进事迹。红歌演唱会上，教师和党支部书记分别演唱《唱支山歌给党听》、《红星照我去战斗》和《走进新时代》等歌曲，最后，全体教师合唱《歌唱祖国》。85名教师参加活动。

（王德友）

【旧宫一中心举办经典诗文诵读比赛】 4月6日，旧宫第一中心小学举办经典诗文诵读比赛。比赛分年级进行，各年级推选出36个优秀节目参加比赛，年级主管领导担任评委，从语言表达、表演技巧、整体印象等6个方面进行量化评价。所有参赛节目配合音乐、舞蹈等表演形式，增强观赏性和趣味性，做到思想性和艺术性完美结合。最终6个节目获一等奖，12个节目获二等奖，18个节目获三等

奖。全校近100名学生登台献艺，1000余名师生观看表演。

（刘顺鑫）

【大兴一小举办班级文化建设交流活动】 4月8日，大兴一小举办主题为“科技环境育人”班级文化建设交流活动。各班根据实际情况设计不同特点班级文化活动形式，在班主任带领下学生、家长共同参与。交流中，各班小讲解员将班级活动内容的设计意图和育人功能介绍给教师。该校领导班子成员和全体班主任参加活动。

（佟秀舫）

【召开语音教具实验启动暨培训会】 4月12日，区教委召开科大讯飞畅言智能语音教具实验启动暨培训会。区教委副主任扈岩江、科大讯飞项目工程师余宇、教师进修学校有关领导、英语教研员、实验校校长、教导主任及全体英语教师120余人参加会议。培训会旨在加快全区小学英语课堂教学改革，提升全区整体英语教学质量。会议介绍项目实施背景，发布项目推进进程，作语音教具系统使用培训，介绍设备的特点、功能及使用技巧。

（李春岭）

【青云店二中心开展学科带头人骨干教师评选活动】 4月12日至5月6日，青云店第二中心小学开展校级学科带头人和骨干教师评选活动。第一阶段为课堂教学评比，参赛教师每人讲一节课，评审小组成员进行打分，此项占总分的70%。第二阶段为教学设计评比，参赛教师上交教学设计，评审小组成员评审打分，此项占总分的30%。李立、王秀芬、李东生、杨井娟4名教师被评为校级学科带头人，张为、于春莉、王然、魏星4名教师被评为校级学科骨干教师。

（李秀珍）

【亦庄一中心开展“红色”社会实践活动】 4月21日，亦庄第一中心小学组织全校师生到瀛海镇红星快乐营开展“红色”社会实践活动。活动包括红色经典教育和拓展体验两部分。师生在红星集体农庄中心广场瞻仰毛泽东雕像，参观毛泽东生平展、革命英雄事迹旧照，集体表演大型手语操《中国人》。在苗圃地师生体验南泥湾野炊、邻家排雷、射击、脸

谱绘画等趣味性强的娱乐项目，演出小英雄《王二小的故事》等节目。

（张文雪）

【大兴十小迎接教学视导工作】 4月21日，进修学校小学教研室5位教研员和部分学校教学干部到大兴十小视导教学工作。视导小组成员分为四个组到一至六年级听课，与授课教师进行交流。视导小组成员分别对教师、学生进行问卷调查，对一年级语文、五年级英语和数学进行能力测试，对所有任课教师教案和学生各科作业进行查阅。

（马学伟）

【庞各庄二中心开展观摩活动】 4月21至25日，庞各庄第二中心小学开展“抓好学生一日常规　培养学生一生习惯”校级观摩活

动。中心校学生观看自编的《文明礼仪操》；赵村完小学生做武术操，提醒自己要“站如松，坐如钟，行如风、声如宏”；张公垡小学制订“养成良好写字习惯”方案并进行写字比赛；梁家务完小表演儿歌、三字歌、三句半等节目；留民庄完小开展多人转呼啦圈、花样跳绳等活动。五所学校626名学生参加活动。

（于秋华）

【举办“聚焦高效课堂　提高教学质量”专题培训】 4月22至23日，区教委举办“聚焦高效课堂　提高教学质量”专题培训。区委教育工委书记、区教委主任李达，教师进修学校副校长刘芳及部分学科教研员、全区小学校长60余人参加培训。会议反馈五年级学生调研情况，分析全区小学在数学、英语、体育学科教学工作中的优势和问题，针对北京市监控评价呈现的情况进行分析解读，提出改进措施和建议。专家从“学生发展目标、教学知识内容、学生研究和目标单元教学”四个角度，作“有效教学本质内涵与实现方式”专题培训，探讨高效教学的方式及改进教学管理的有效措施。

（李春岭）

【采育二中心开展作业展评活动】 4月22日，采育第二中心小学开展校级作业展评活动。活动旨在端正学生书写态度，养成良好书写习惯。活动设语文、数学两学科，分低、中、高三个年级组进行。学生对同年级作业进行参观和学习，学校组织小干部对各班级作业进行评价，评出优秀作业75本，优胜班级4个，学校给予表彰。该校师生310人参加活动。

（张波）

【召开小学养成教育成果交流会】 4月26日，区教委召开小学常规养成教育成果交流现场会。区教委、教师进修学校部分领导及全区小学德育干部100余人参加。会议主题为“抓好学生一日常规，培养学生一生习惯”。与会人员走进旧宫第一中心小学18个教学班听课，参观校园文化建设，观摩全区48所小学制作的常规养成教育展板和实物展品。旧宫第一中心小学校长屈彪以“德育工作贵在坚持”为题作专题报告。会议提出“明确重点、建立机制、搭建平台、诊断现状、扎实推进、展示成果”的工作思路，号召各校认清形势，明确任务，创新方法，稳步推进全区小学常规养成教育工作的开展，促进学生全面、主动、健康发展。

（李春岭）

【枣园小学开展走进中学实践活动】 4月27日，枣园小学六年级学生到大兴七中西校区开展走入中学实践活动。师生聆听校长关于大兴七中西校区软件、硬件和教学成果介绍。学生分别走进初一年级5个教室和中学生一起听课，感受中学课堂氛围，了解初中课堂特点。最后学生参观物理、化学、生物试验室和美术教室。160名学生参加活动。

（常丽君）

【团河小学开展主题教育实践活动】 4月30日，团河小学到南海子公园开展“沐浴党的阳光，心怀党的恩情”主题教育实践活动。大队辅导员提出争做“五好少年”倡议，接收一年级同学为少先队员；学生游览公园，通过摄影、绘画、写作三种方式反映祖国新变化。全校342名学生参加活动。

（赵静）

【完成小学教学质量监控评价工作】 5月6日，全区小学完成教学质量监控评价工作。按照区教委“科学监控，减负增效，提高质量”工作目标，区教委小教科、进修学校小教研组织全区小学教导主任，布置小学五年级数学、英语及三年级科学教学质量监控评价工作，共涉及五年级85个教学班、三年级87个教学班。由小学教研室相应学科教研员组织117名学科教师进行阅卷和成绩统计工作，从命题原则、测试基本情况、基本情况分析和试题解析与建议四个方面进行分析和阐述，从“发挥学生学习主动性、加强学科技能训练、加强课内外知识融合”等方面提出学科教学改进建议。

（李春岭）

【黄村镇二中心参加机器人比赛获奖】 5月7日，黄村镇第二中心小学参加北京市中小学生机器人比赛获奖。本次比赛由北京市教育网络和信息中心举办，设机器人足球、机器人灭火、机器人工程挑战赛、机器人场地赛、机器人篮球、人形机器人等项目，学生通过现场竞赛决出一、二、三等奖。该校学生在机器人场地赛中取得第二名，全市有100多支队伍参加比赛。

（曾志龙）

【大兴六小开展学科骨干示范课活动】 5月8日，大兴六小开展学科骨干示范课暨教学开放活动。区级数学骨干教师张春秋、语文骨干教师李霁分别上一节数学《分数加减法》和语文《黄山奇石》示范课。课后，听课教师与两位骨干教师进行研讨交流。该校干部、教师和学生家长130人参加活动。

（杨峰）

【安定中心小学开展现场课比赛】 5月9至19日，安定中心小学开展首届“兴安杯”教学现场课比赛。聘请专家和中心校领导担任评委，根据《“兴安杯”课堂教学评价》要求，对授课教师进行客观、公正评价，并在课后由专家与教师进行交流。全镇90名教师参赛，分青年组和老年组，两组中按不同学科进行分组，共分为8个组别，涵盖11个学科。经过学科知识测试、基本功和现场课等环节，最后进行综合评定，评选出青年组、老年组一等奖各10人，二等奖各15人，三等奖各20人。

（刘颖）

【大兴七小开展主题教育活动】 5月10日，大兴七小党支部召开“珍惜岗位　廉洁履职”主题教育活动启动大会。党支部书记刘建胜公布大兴七小主题教育活动方案：第一阶段，在动员的基础上组织“廉洁履职大家谈”活动，广大党员结合自身工作查找风险点，谈如何有效预防腐败行为的思想发生；第二阶段组织开展廉政党课、廉歌大家唱、研读岗位廉政教育书籍、观看《廉政准则》专题片和细算廉洁账等活动；第三阶段是总结提升阶段；希望每名党员都能用自己的言行，告诉他人也告诉自己，教育是奉献不是索取；教育是公益不是功利，教师先自重才能受尊重。

（邓海涛）

【滨河小学开展青年教师评优课活动】 5月11日，滨河小学开展“白板环境下青年教师评优课”活动。22名40周岁以下教师参与做课，备课重点放在“白板环境下学习活动的设计”及“关键教学环节的把握”上。区级学科带头人、骨干教师及教研组长参与听课、评课。最后，9位教师获“白板环境下青年教师评优课”一等奖。

（吴爽）

【采育三中心开展防灾减灾实践活动】 5月12日，采育第三中心小学六年级36名学生到消防队开展防灾减灾安全教育实践活动。活动旨在提高学生消防安全防范意识，普及消防安全知识。消防队官兵介绍消防车辆和消防救生器材的具体用途，展示消防衣、防烟帽的穿戴，金属切割机的使用等。学生参观消防队员休息室。最后，采育消防支队指导员为学生上一节消防安全课。

（魏建山）

【小回城完小开展防灾减灾教育活动】 5月12日，青云店第一中心小学小回城完小开展防灾减灾从我做起“中国少年儿童平安行动”主题宣传教育活动。利用班、队会及自习时间，由班主任组织学生学习《小学生应急救护手册》，学生结合学校、家庭实际情况进行交流和讨论；组织学生观看《消防安全进校园（小学版）》以及《消防安全（家庭版）》教育宣传片；进行火灾、地震等灾害逃生演练。全校师生450人参加活动。

（张永健）

【举办综合实践基地课程展示活动】 5月13日，区教委举办小学综合实践活动基地课程展示活动。原北京教科院综合实践教研室主任陶礼光，区教委、教师进修学校、少年宫、信息中心有关领导及全区小学校长、德育干部共计100余人参加。活动主题为“加快基地建设，谋求科学发展”。与会人员观摩包饺子、木玩魔术师、拉坯成型、桌上足球、室外拓展等实践课程，观看综合实践基地专题片，参观基地环境和设施。活动介绍基地成长过程，从发展定位、队伍建设、课程设置、环境建设等四个方面提出发展规划。

（李春岭）

【视导“畅言语音英语”工作】 5月11日、18日和19日，科大迅飞公司、区教委、教师进修学校专家组成联合指导组，视导本区实验学校“畅言语音英语”工作。各实验小学校长、教导主任和英语教师共58人参加活动。本次活动主题为“在实践中创新，在创新中发展”。活动中，专家走进课堂，听5所实验小学共8名英语教师的展示课。课后，授课教师结合前一阶段实验情况交流使用心得。专家进行学科引领，明确各种课型教学目标，优化教学过程的方式方法，并针对教具的有效使用进行技术指导。

（李春岭）

【黄村镇三中心开展教案、作业展评活动】 5月16日，黄村镇第三中心小学开展教师教案、学生作业展评活动。教师教案统一密封、

编号，学校领导、教研组长及全体教师参与评价，最后从56位教师中评选出15份优秀教案。学生作业由学校领导、全体教师、学生家长、学生代表进行评价，在8个学科的30种作业中，评选出一年级美术、三年级科学、六年级作文等12种优秀作业予以推广。

（程术民）

【青云店一中心表彰好学生李鑫怡】 5月16日，青云店第一中心小学表彰拾金不昧好学

生李鑫怡，号召全体师生向她学习。“五一”劳动节假期，李鑫怡在市里一家商场拾到一部手机，赶紧通过商场服务台寻找到失主，李鑫怡婉言谢绝了失主的钱物答谢。5月13日，失主委派两名代表到青云店第一中心小学，向李鑫怡赠送写有“拾金不昧小雷锋”七个金色大字的锦旗。

（孙岩）

【旧宫一中心开展跳蚤书市暨诵读展示活动】 5月17日，旧宫第一中心小学开展“享受读书　快乐成长”第三届跳蚤书市暨诵读展示活动。《春江花月夜》等获大兴区“京南

杯”诵读比赛一等奖的节目进行展示。诵读展示结束后“跳蚤书市”开市，学生把读过的旧图书或以较为低廉的价格出售、或与同学交换、或赠与同学。经统计，买书人数 566 人，买（换）书 1745 本；卖书人数 566 人，卖（赠）书 1690 本。全校师生 1400 余人参加活动。

（刘顺鑫）

【举办完小层面主题教育交流活动】 5 月 22 至 24 日，区教委举办完小层面主题教育交流活动。活动主题为“抓好学生一日常规，培养学生一生习惯”。依据“中心校带完小、优势校带普通校”分层推进策略，在直属、中心小学完成成果交流的基础上，全区小学德育干部分别走进礼贤镇荆家务完小、安定镇东白塔完小、青云店镇小回城完小、榆垡镇留士庄完小、黄村镇义和庄完小和庞各庄镇庆国完小开展活动。活动第一部分，听取各校 6 节常态课，参观校园环境，进行学生问卷和情景测评。第二部分是自选内容展示，国学诵读、地书与武术、民族体育、攒花社团等内容，展示各校在常规养成方面取得的成果。

（李春岭）

【黄村镇三中心举办消防知识讲座】 5 月 23 日，黄村镇第三中心小学举办消防知识讲座。大兴区消防支队参谋刘伟为四至六年级师生介绍校园火灾特点、引起火灾的原因、遇到火灾时逃生的注意事项等。刘伟在讲解中邀请学生上台做示范，并逐一进行点评。讲座结束后，全体学生就地举行一次消防疏散演练。343 名学生参加活动。

（李素芝）

【青云店一中心开展“红领巾寻访优秀党员”活动】 5 月 23 日，青云店第一中心小学少先队员分别在学校、家庭、社会中开展寻访身边先锋模范党员活动。少先队大队邀请青云店镇农民艺术家、优秀党员张金良与少先队员交流。张金良讲述入党经历，展示自己在弘扬民族艺术方面完成的烫烙葫芦、烫烙画、豆粒画、鸡蛋画等作品，鼓励队员多读书，读

好书，做社会主义合格接班人。635 名学生参加活动。

（孙岩）

【魏善庄二中心开展手抄报展示活动】 5 月 23 日，魏善庄第二中心小学举办手抄报展示活动。大队部组织队员上网搜集红色故事，采访校长，编制《魏二小小记者报》第一、二期。第一期主要内容是红色诗词、故事；第二期为教学改革，主要内容有双主体有效课堂教学模式、教学方法、教学“十字”方针等。手抄报在校园橱窗、队室展出，全体学生观看。

（戴亚芳）

【大兴六小开展主题宣传教育活动】 5 月 23 日，大兴六小开展“做文明有礼的北京人——绿色出行文明交通从我做起”主题宣传教育活动。操场上悬挂“绿色出行，文明交通，低

碳生活，从我做起"绿色宣传标语。学校德育处、少先大队向师生宣传"绿色出行"和"文明交通"具体含义，明确"绿色出行、文明交通"对节约能源、提高能效、减少污染、保护环境的作用。师生在宣传标语横幅上签下自己的名字。全校师生470人参加活动。

（李宝进）

【枣园小学举办用电常识知识讲座】 5月26日，枣园小学聘请学生家长蓝波利用校内网络直播形式对全体师生进行生活安全用电常识知识讲座。蓝波结合具体事例，重点从"生活中的安全用电、触电的危害、如何防止触电"三个方面进行讲解。该校师生1000余人参加学习。

（刘怀三）

【瀛海二中心举办体育节】 5月30日，瀛海第二中心小学举办"创建和谐家庭　开展阳光运动"体育节。体育节设亲子项目有：亲子投篮、两人三足赛；班级团体项目：垃圾入筐、对面接力；学生个人项目：短跑、跳高、跳远、投沙包；教师个人项目：定点投篮和头球射门。全校师生和部分家长400人参加活动。

（李媛媛）

【安定中心小学召开"手拉手"现场会】 5月31日，安定中心小学与朝阳区芳草地小学"手拉手"现场会在安定中心小学召开。两校校长、教师分别作"手拉手"经验交流和数学研究课。两校教师针对数学课堂教学中学生感悟思维培养、教学经验积累、新课改理念的体现、合作学习、师生互动、体验式教学等问题与专家进行深入交流。领导、专家、教师240人参加现场会。

（刘颖）

【礼贤二中心参观恢复重建主题展览】 6月2日，礼贤第二中心小学组织28名学生干部到中国人民革命军事博物馆参观汶川地震灾后恢复重建主题展览。展览分为序篇"强震突袭众志成城"和"坚强领导科学决策"、"团结奋战重建家园"、"翻天覆地谱就华章"、"伟大精神英雄壮歌"四个部分。共展出照片300余张，图表21个，主题创意图7个，实物110余件，沙盘2个。小干部观看相关内容文字和图片介绍，将触动深刻的文字和图片通过手抄和拍照方式记录下来。大队长李芳结合抗灾中林浩、"敬礼娃娃"等小英雄事

迹，号召大家学习他们勇敢坚强、不畏灾难、乐观奋进的精神，回校后对本次参观活动进行讨论交流。

（李建萍）

【大兴四小举办性健康知识讲座】 6月8日，大兴四小特邀首师大心理专业教授田书义对全校教师作《性法制及青少年的性保护》专题讲座。田书义以性法制和性道德理论为引导，以真实案例为载体，引导教师分别从防范、应对和补救三个方面做思考，并就如何设计性保护课题做阐述。本次活动是该校承担的市级科研课题《农村小学中高年级学

生性保护的研究》的一项重要内容。39 名教师参加学习。

（张克环）

【瀛海一中心召开中美师生座谈会】 6 月 9 日，瀛海第一中心小学召开中美师生座谈会。两位美国教师就 8 月份与麋鹿苑合作“地球守护者”绿色环保项目到该校做前期调研。对学生提出“美国学生怎样学英语、会在什么时候学中文、一天的生活是如何安排的、美国学校怎样奖励学生、你们喜欢折纸马吗、是否

去过长城”等问题，两位教师一一作答。最后，两位教师参观学校养殖基地，认为学生的课余活动非常丰富。师生 58 人参加座谈会。

（孙凤杰）

【庞各庄一中心发放李连云奖学金】 6 月 28 日，庞各庄第一中心小学召开期末总结会，为

学生颁发李连云奖学金。遵照李连云老先生意愿，受益的学生均是期末考试总分排名年级前三的学生。学生与家长一同登台领奖。副校长对获得奖学金的学生提出希望：要学会感恩，号召全体学生努力学习，争做品学兼优的好少年。

（石佳）

【举办小学自主课程及综合实践课程建设研讨活动】 6 月 30 日，区教委举办小学自主

课程及综合实践活动课程建设研讨活动。教委小教科科长周爱彬、教师进修学校副校长刘芳等领导及教研员、全区小学教导主任、德育干部共 100 余人参加。参与人员共分 10 组，重点就“自主课时的使用及课程整合”、“综合实践活动课程实施策略”进行研讨。活动推广自主课程建设、综合实践课程资源开发和利用等方面的研究成果，明确学校特色课程建设的发展方向和策略。

（李春岭）

【榆垡二中心参加计算机表演赛获奖】 7 月 2 日，榆垡第二中心小学小店完小张梓轩、张西西、刘洋、卢俊阳同学在“中国儿童青少年计算机表演赛”北京市分赛区竞赛中获得优秀奖。该比赛由中国科协青少年科技中心、中国关心下一代工作委员会、中国儿童少年

基金会等单位联合主办，以考验青少年创新能力和信息技术应用能力为主，包含多种信息技术应用的操作竞赛，设置小学、初中、高中三个组别，评出一、二、三等奖和优秀奖。全市有300人参加小学组竞赛。

（刘锋）

【召开小学英语整体提升工程启动会】 7月4日，区教委召开小学英语整体提升工程暨攀登英语培训启动会。区教委主任李达、副主任安有文，小教科科长周爱彬，教师进修学校副校长刘芳及全区小学教导主任、攀登英语教师代表共93人参加。会议决定在小学一年级开展攀登英语学习实验项目，在四年级选择部分学校参加攀登英语阅读实验，并首次开展攀登英语教师上岗资质认证考核。会议分别从脑科学和心理学的角度，诠释小学生大脑发育和心理发展的特点，对实验负责人和教师提出明确、具体要求。北京师范

大学项目组专家对实验项目进行解读，并以《小学生大脑发育和心理发展特点》为题作专题报告。

（李春岭）

【礼贤二中心参加“玫琳凯春蕾班助学计划”捐赠仪式】 7月5日，礼贤第二中心小学参加中国儿童少年基金会和玫琳凯（中国）化妆品有限公司共同在人民大会堂举行的“让梦想飞——玫琳凯春蕾班助学计划”捐赠仪式。该校12名春蕾班女童为与会领导和嘉宾表演手语操《相亲相爱一家人》，学生张至冰和王珊代表受资助学生发言。玫琳凯（中国）化妆品有限公司捐赠270万元，资助全国30个省50个春蕾班共计2000名贫困学生。全国人大常委会副委员长、全国妇联主席、中国儿童少年基金会理事长陈至立出席捐赠仪式并为玫琳凯（中国）化妆品有限公司颁发捐赠证书。

（李建萍）

【完成攀登英语实验教师培训】 7月5至9日，区教委完成攀登英语实验项目教师培训。这是大兴区首次在全区范围内开展攀登英语教师上岗资质培训、认证和考核。培训通过专题讲座、课例观摩、分组研讨等方式。聘请北师大攀登英语项目组专家解读项目理论依据、实验目的和推进策略；播放示范课例，展示课堂教学过程和模式；教师分组研讨，交流对项目的认识和开展教学实践的设想。培训结束后，采取“课堂教学片段模拟展示”的方式，对教师进行考核，由专家进行评定。最终，48名培训教师全部取得“上岗证”。

（李春岭）

【北京景山学校大兴实验学校召开家长会】 7月10日，北京景山学校大兴实验学校召开“一切为了孩子，为了孩子的一切”首次新生家长会。校长张春静介绍学校成立背景，明确提出新生入学要求，引导家长成为学生学习成长的教育共同体。邀请景山学校特级教师贾红莲进行学生幼小衔接的家庭心理指导和入学前学科知识家庭教与学的辅导。

100余名家长参加学习。

（李俏）

【大兴四小开展教师培训活动】 7月11日，大兴四小开展“更新教育观念　提高课堂实效”教师培训活动。首先，全体教师观看北京市特级教师两节示范课，对课例内容以及班级管理进行研讨；接着，对进修学校教研员刘娟的一节示范课《圆的周长》进行探究和分析；教师结合所学内容及本校实际，将教育教学中遇到的困难和建议填写到评价表中；最后，教导主任就当前班主任工作中存在的问题和应具有的品质等结合实例进行阐述。

（张克环）

【瀛海一中心举办首届英语夏令营活动】 7月18至30日，瀛海第一中心小学举办首届英语夏令营活动。邀请“新天地”美国教师

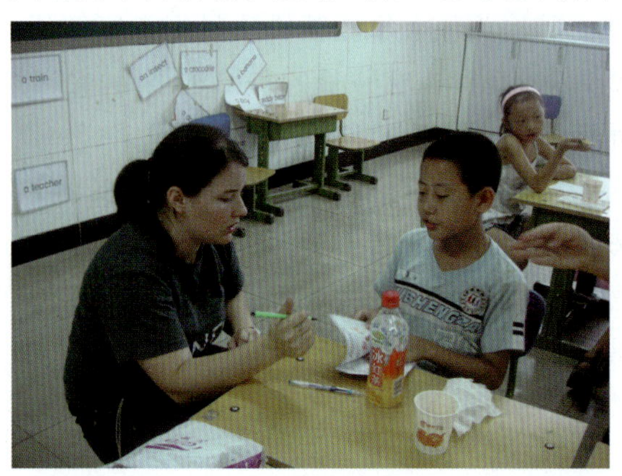

参与活动，学生与教师面对面互动交流。外教采用唱歌、情景对话、小组讨论、角色扮演等教学手段，将欧洲各个国家的餐饮，娱乐等文化呈献给学生。120名学生、13名干部教师参加活动。

（孙凤杰）

【召开吴正宪工作站“回望3.31”总结会】 8月22日，吴正宪小学数学教师工作站大兴分站召开“回望3.31”总结会。区教育工委书记、区教委主任李达，区教育关心下一代工作委员会主任李克仁，进修学校校长王宪福等领导及总站部分成员、大兴分站成员共58人参加。会上，区教委对关心、指导大兴分站工作的专家张铁道、吴正宪表示感谢。会议以“回望3月31日大兴分站总结交流会”为主要内容，以“构建教师专业发展共同体，带动身边每一位教师发展”为主题，通过“回顾与反思、交流与碰撞、梳理与提升”等环节，在课程资源构建、工作模式、今后发展等各方

面，对大兴分站工作提出建设性意见。与会人员就“最感人的、最激动的、最难忘的”研修故事，交流感受。

（李春岭）

【开展传统文化教育骨干教师培训活动】 8月22至25日，区教委开展“传统文化教育骨干教师培训”活动。北京大学、中央教科所、中国国学研究中心院专家，区教委副主任安有文、区教师进修学校校长王宪福等领导及全区小学课题负责人、骨干教师共计280余人参加。活动以“孔子智慧和国学的基本精神”、“声律启蒙是进行传统文化熏陶的最佳读本”、“传统文化与古琴欣赏”、“传统文化

立校，国学经典养人”为题，进行讲座和现场展示；介绍课题实施中应把握的课程目标、课程内容、课程评价以及课程实施策略；对《弟子规》、《三字经》、《论语》、《孟子》进行教材分析和教法解析，阐述在学校进行传统文化

教育的价值和实施策略。骨干教师代表对《弟子规》、《声律启蒙》进行现场说课。

（李春岭）

【采育一中心开展新学校入校教育】 8月22至24日，采育第一中心小学对学生进行新学校入校教育。学校明确提出进入新楼房注意事项，要求学生慢步轻声、安全礼让、爱护校园设施。学校以年级为单位划分上下学及上操路线，由班主任带学生做相应演练。全校学生参观新校园，教师讲解校内设施的使用方法及注意事项。全校师生410人参与活动。

（宋长路）

【组织小学领导干部交流研讨活动】 8月24至28日，区教委举办以《规范管理，提高质量，促进学校内涵发展》为主题的暑期小学领导干部工作交流研讨活动。区教育工委书记、教委主任李达，教委党组书记、区教育工委副书记、政府教育督导室主任李广成，教师进修学校校长王宪福等领导及全区小学书记、校长80人参加活动。活动中，全国十佳校长、天津市河东区实验小学校长杨军红作《学校办学特色的思考与实践》专题报告。各校校长和书记分成四个小组，分别就“学校文化建设、学校队伍建设、加强课堂教学实效性、加强学校特色建设”和“学校管理情况、发展思路和困惑”等内容进行研讨。教委总结小学上半年教育工作，分析当前教育形势，布置新学期重点工作，号召全区小学“加强学校管理，规范办学行为，办出特色、办出品牌”。

（李春岭）

【庞各庄二中心开展民族教育活动】 9月，庞各庄第二中心小学在全校学生中开展“祖国在我心中”系列民族教育活动。学校成立民族教育领导小组，学生通过红领巾广播站、

国旗下讲话、课堂教学等多种渠道，了解祖国传统文化，增强对中华民族的认同感，提高维护祖国统一、民族团结、反对分裂的自觉性。高年级举办民族知识竞赛，中年级开展手抄报比赛，低年级进行民族歌曲欣赏等活动。352名学生参加活动。

（刘斌）

【榆垡一中心推进学校"级部"管理机制】 9月,榆垡第一中心小学增设后勤综合保障部,学校"部级"管理迈上一个新台阶。其改革旨在改变过去大而散问题,变直线型管理为扁平化管理;让教研组成为教学和教师发展主阵地,疏通学科教学、历练学科教师队伍,打造优势学科。具体做法是把一线教师按"低、中、高"分成相应的三个分部进行组合,在每个年级部中分别成立以"年级部主任、年级组长、少先队辅导员"为核心的领导集体,并将教职工个人利益和年级部的发展捆绑在一起,实行年级部一体化考核。各部工作在学校教导处领导下进行。该校"年级部制"管理模式自2010年9月开始实施。

(崔卉)

【大兴实验学校举行开学典礼暨新校揭牌仪式】 9月2日,北京第二实验小学大兴实验学校举行开学典礼暨新校揭牌仪式。大兴区

委副书记王新、北京第二实验小学校长李烈、西红门镇镇长李强、区教委副主任安有文等领导参加。领导为新校揭牌,标志北京第二实验小学大兴实验学校正式成立。开学典礼以入学开笔礼形式对一年级新生进行教育,学生吟诵《弟子规》,书法教师教写"人"字,领导为学生朱砂开智、学生呼校训。全体师生、家长200人参加仪式。

(张善勤)

【青云店一中心开展青年教师研修活动】 9月5日,青云店第一中心小学青年教师研修班开展新学期首次活动。活动回顾青年教师研修班四个团队(信息技术开发团队、校本课程开发团队、校园文化设计团队和专业成长研修团队)为学校发展做出的贡献:获得大兴区青年教师专业发展创新奖;李彦伟被认定为大兴区综合实践专家组核心成员,王瑜成为大兴区"小中高"评审小组正式成员,刘京京被授予"大兴区师德标兵"。

(王涛)

【召开小学电子化学籍管理员培训会】 9月6日,区教委召开小学电子化学籍管理员培训工作会。小教科、教师进修学校主管领导及全区公办、民办学校100多名管理员参加。会议就cmis电子学籍工作,从系统的安装、数据的录入与同步、数据的处理和提取等方面进行培训。针对电子化学籍管理信息量大、环节繁多、程序复杂、专业性强的特点,对管理员提出工作要求,即加强学习,熟练掌握业务;规范管理,完成各项任务;措施有力,保证责任到人。

(李春岭)

【大兴七小开展"七星杯"课堂教学比赛】 9月15日,大兴七小开展第五届"七星杯"课堂教学比赛。教导处聘请专家解读学科年段教学目标,教师通过观课、评课、研讨,以赛代培提高教学质量。第一阶段,以教研组为单位,全体教师分别在各教研组内进行初赛;第二阶段,各组的优胜者参加全校优质课赛,经过学校领导班子、教研组长和年级组长评议,最

终评出一等奖5名、二等奖7名。全校教师60人参加活动。

（房桂莲）

【长子营二中心参加科学嘉年华展示活动】 9月16至23日，长子营第二中心小学特色科技项目——“未来工程师木梁承重”参加北京市科学嘉年华展示活动。本次展示活动包括全市各区县科协、科普教育基地和市属科学协会等50余家单位参加。活动组织策划展览展示、互动体验、现场咨询、科普讲座等145个项目。整个活动分为主秀场区、互动体验区和综合服务区。互动体验区以互动体验为中心，采用动手实验、科普剧表演及科普资源互动体验、讲座等多种形式，形成“科学零距离主题公园”。活动期间，中共中央政治局常委、国家副主席习近平到北京奥林匹克公园和朝阳区茉藜园社区，同首都群众一起参加全国科普日北京主场活动。

（张友杰）

【亦庄二中心获市小黄帽路队制先进校称号】 9月20日，在“北京市小黄帽路队制评选表彰会”上，亦庄第二中心小学获得“北京市小黄帽路队制活动先进学校”荣誉称号。该校始终把交通安全宣传、“小黄帽”路队制的落实当作日常德育管理和安全工作的一项重要内容，专门成立以校长为组长的领导小组，定期召开交通安全布置会。根据实际情况制定《文明安全伴我行》、《亦庄二小学生路队制》。以“安全自护、共建和谐”为目标，以坚持“以人为本、安全第一”为原则，以“安全走路、安全乘车、安全骑车”养成教育为主线，以“文明安全行小黄帽路队制”活动为突破口，开展多种形式和内容丰富的交通安全教育活动。

（常亮）

【采育一中心召开老教协教师座谈会】 9月23日，采育第一中心小学召开老教协教师座谈会。8位老教师参观新校园，追忆艰苦奋斗、教书育人的难忘岁月，对学校发展提出建议：下大力气抓好教师队伍建设，特别是加强师德教育，在校园建设上，要突出传统教育内容，体现浓厚的文化色彩。

（袁国庆）

【召开小学学校课程建设现场会】 9月28

日，区小学学校课程建设现场会召开。北京市基教研中心教授陶礼光，区教委副主任安有文、小教科科长周爱彬、进校小教研主任柏东河及全区92名教导主任和德育干部参加。活动主题为“发挥地域优势，整合课程资源，提升校本课程质量”。活动展示《探寻古诗文脉络》、《小种植—种蒜》、《叶画》、《粮食知多少》及《校园安全伴我行》等五节校本课程。课后，与会人员参观青云店第一中心小学校园内的“国学文化墙”、“综合实践园”和“学校宣传展示长廊”。学校代表作题为“建设以研究性学习为重点的自主课程，促进学生全面发展”经验介绍。

（李春岭）

【庞各庄二中心发放“仁和助学金”】 9月29日，庞各庄第二中心小学召开“仁和助学金”颁发大会。大会向家庭经济困难学生15人发放“仁和助学金”7500元。“仁和助学金”是仁和医院每年出资20万元设立，旨在资助家庭经济困难且成绩合格的学生完成学业，每年可资助400名经济困难学生，该校已有几十名学生受到资助，使他们更好地完成学业。

（刘斌）

【召开小学青年教师成长规划研讨会】 9月30日，区教委召开小学青年教师成长规划研讨会。小教科科长周爱彬及23所实验学校教导主任参加。会议介绍青年教师成长规划实验的背景及青年教师培养工作的有效活动、创新做法和成功经验，号召实验校通过课题研究，指导青年教师制定个人成长规划，促进青年教师的主动发展。

（李春岭）

【举办小学规范化建设走进学校暨学校特色展示活动】 9月30日、10月20日，区教委先后在长子营第一中心小学、大兴区第三小学举办小学规范化建设走进学校暨学校特色展示系列活动。北京市基础教育科学研究所所长张熙，长子营镇副镇长王晔，区教委副主任安有文、小教科科长周爱彬，教师进修学校副校长王永庆、李库才及全区直属、中心校、完小校长92人参加。活动主题为“推进学校规范化建设、打造开放教育特色品牌”和“发挥信息技术优势，建设现代化特色学校”。参与人员观摩学校特色建设材料及展板，听语文、美术、体育等7门学科课及阅读、单片机校本课，观看排雷机器人、行进打击乐、木梁承重等十三项特色成果展示。活动阐释学校特色的内涵、形成过程、目标定位，从“找准突

破口、确定路径、规范行为、科研引路”等四个方面，明确“内涵发展、特色发展”的路径。

（李春岭）

【榆垡一中心举办教职工书画展】 9月30

日，榆垡第一中心小学举办首届迎国庆教职工书画展。区教育关工委主任李克仁等领导为活动题词、剪彩并参观展览。活动共展出103位教职工书画作品，展后组委会精选出41幅书法作品和14幅绘画作品汇集成册，取名《夕阳红》。

（崔卉）

【采育一中心开展教学骨干评选活动】 10至12月，采育第一中心小学开展第四届校级

骨干教师评选活动。经过教师自愿申报、学科理论与专业知识考核、教学设计、课堂教学展示、提交论文几个环节，由学校领导、区级骨干教师9人组成考评小组进行评价，报请学校领导小组批准，李秀丽被评聘为学校音乐学科带头人，郭俊森、李佳分别被评聘为学校体育和美术学科骨干教师。49名教师参加评选活动。

（宋文龙）

【大兴六小举办家校互动暨攀登英语课程启动活动】 10月8日，大兴六小举办一年级家校互动暨攀登英语课程启动活动。家长观看《继往开来谱新篇》和北京小学翡翠城分校《学生一日常规》宣传片。邀请进修学校德育研究室教研员刘学燕作《如何引导孩子

走好人生第一步》家教知识讲座。该校领导对区教委在一年级开设攀登英语背景、意义、课时等内容进行说明。72名家长参加活动。

（杨峰）

【北臧村中心小学开展主题队日活动】 10月12日，北臧村中心小学组织少年军校320名学员开展“在光荣的旗帜下　党团队员话成长”主题队日活动。活动旨在让小学员切身感受军人魅力，增加对国防建设的了解，培养爱国主义情感和顽强勇敢的生活态度。军校小学员徒步8公里到达军营，武警北京总队汽训大队举行欢迎仪式。主题活动包括老党员讲国防课、武警战士表演、学员参观、大队辅导员讲队史、少先队员重温入队誓词等内容。武警战士进行队列变换、擒敌拳等表演，学员参观战士活动室、荣誉室。

（刘然）

【魏善庄一中心召开教育教学思想研讨会】 10月12日，魏善庄第一中心小学召开教师韩高鹏教育教学思想研讨会。全体干部教师38人观摩韩高鹏数学课，观看其工作照片、学生日记作文以及师生对韩高鹏的评价录像。韩高鹏阐述自己的教育教学思想：倡导让生命幸福快乐的教育理念，强调在教育中“己所不欲勿施于人”思想，提出“激发兴趣，创建自主探究数学课堂”的学科教学思想。韩高鹏在论述中结合实际，阐释如何多鼓励、多关注学生、让学生多收获乐趣，在数学课堂上，通过“卖破绽”创情景等形式，激发学生内在兴趣，启发学生自主探究。

（张克奇）

【瀛海二中心开展绿色课堂研究】 10月13日，瀛海第二中心小学教导处与实验班教师继续推进绿色课堂研究工作。在学习研究山东乐陵课堂教学基础上，深入研究语文课教学模式和实施途径。确定出先从语文周目标开始，分解课堂，把语文课分解为课前小组学习、课下教师辅导和课上小组展示、打擂三项课型。课前小组学习的周目标由任课教师和教导处共同完成，以保证周目标的科学性。在研究活动中，确立《难忘的八个字》和《新

加坡街头见闻》两课周目标。

（李媛媛）

【召开小学液晶触摸屏多媒体使用研讨会】

10月14日，区教委召开小学液晶触摸屏多媒体使用研讨会。小教科、装备站、教师进修学校领导及首批实验学校教学干部29人参加。研讨主题为“使用液晶触摸屏多媒体，实现课堂教学最优化”。会上，两位实验教师代表运用液晶触摸屏多媒体辅助教学，分别作研究课《确定位置》、《只有一个地球》。课后，北京小学大兴分校、亦庄一小等6所实验学校教学干部结合在教育教学中使用液晶触摸屏多媒体的优势与困惑进行研讨。会议对液晶触摸屏屏幕过热、灵敏度起伏、辐射值大等问题逐一分析和解释，并进行备课指导。本次研讨会为全区小学信息化教学设备统筹配备提供依据。

（李春岭）

【大兴四小开展社会实践大课堂活动】 10月18日，大兴四小五年级75名学生到北京航天科普教育基地开展社会实践大课堂活动。活动旨在鼓励学生走向自然、走进社会，不怕吃苦、勇于超越自我，学会善待自己，关爱他人，懂得与自然和谐相处。第一部分是拓展训练，学生攀爬森林、走勇敢者道路、智过趣桥，手臂、腰部、腿部力量、身体协调能力得到强化；第二部分是航天科普知识教育，学生了解到我国航天工业发展的辉煌历程以及在世界航天界所处的地位。

（张克环）

【魏善庄一中心举行授牌仪式】 10月18日，魏善庄第一中心小学举行“北京师范大学生命教育实验校”授牌仪式。北京师范大学博士生导师肖川教授，大兴区教委副主任安有文等领导以及学校全体师生和部分家长参加。肖川代表北京师范大学生命教育研究中心为学校授牌。安有文对学校成为北师大生命教育实验校表示祝贺，肯定学校在整体办学和特色发展方面取得的进步，同时希望借助实验项目契机，把学校办成京郊特色品牌学校。仪式结束后，肖川作《教师的幸福人生与专业发展》讲座。

（王新东）

【大兴一小举办家教知识讲座】 10月20日，大兴一小邀请中国青少年研究中心“父母课堂课题组”主任、团中央青少年心理成长基地高级培训师姜云香作《今日如何做父母》家教知识讲座。姜云香用生动案例，从“孩子发展阶段中哪些事急哪些事不急、如何提高孩子学习兴趣、孩子为什么迷恋网络、每个孩子都可以优秀、隔代教育和单亲家庭要注意什么、性教育是每个家长的必修课”等几方面与家长进行交流。全体学生家长520人参加学习。

（佟秀舫）

【亦庄二中心开展“定向猎狐”活动】 10月21日，亦庄第二中心小学到房山区青龙湖公园开展主题为“定向猎狐行动”实践活动。

“定向猎狐行动”是集体能和智能于一体的时尚运动项目，以10名左右学生为一小队，使用定向地图、指北针、计时卡等工具，采用徒步方式，迅速准确找到地图上所标位置，并按顺序找完地图上所有点位，以用时少的小队为胜。通过查看计时卡，评委按年级评出9个优胜小队，颁发奖状和奖品。全校师生743人参加活动。

（常亮）

【团河小学开展综合实践活动】 10月26日，团河小学开展“从实践中体验，在感悟中收获”综合实践活动。该校一至三年级171名学生、43名家长到世界公园，游览世界近50个国家100余处著名人文、自然微缩景观。四年级69名学生到大皮营实践基地，开展小棒游戏、桌上足球、多彩塑豆、小挂件、石膏浇铸、拉胚成型、包饺子等7项实践活动。五、六年级110名学生到通州欢乐之都青少年生活体验馆，体验警察、消防员、护士、农民等7种职业。

（谭承朴）

【召开质量监测与评估项目签约仪式暨启动会】 10月31日，区教委召开小学教育教学质量监测与评估工作项目签约仪式暨启动会。中国教育学会小学教育专业委员理事长刘永胜、北京市教委基教一处副处长张凤华等专家、领导及全区小学校长、教导主任100余人参加。会议主题为“实施科学评价，促进教师、学生的自主发展”。会上，区教委副主任安有文、北京师范大学心理与学习评价中心主任边玉芳分别代表区教委与北师大，签署《大兴区小学教育教学质量监测与评估项目合作协议》。会议介绍项目的实施背景、工作目标、工作内容，从“发挥评价引领、激励作用，促进学生全面成长；重视评价结果，更重视评价过程，处理好关注全体和关注个体差异的关系；重视数据的改进功能，切实减轻师生的身心负担；坚持分层指导、分类推进原则，务求实效”等四个方面，对近期工作进行说明。会议号召各校认真做好学生学习态

度、学习习惯、师生关系、主观幸福感、家校协同五个方面的问卷调研，确保数据客观、真实、有效。

（李春岭）

【大兴一小开展天文科技月系列活动】 11月，大兴一小开展天文科技月系列活动。3日，两位天文教师从天文望远镜各部件组装方面进行指导讲解，教师亲自动手进行组装实践体验。17日，学校组织全体教师进行天文观测活动。天文教师讲解天文望远镜的观测调试方法，教师逐一进行观测。观测活动结束后，教师又到汉白玉日晷雕塑旁，天文教师讲解日晷认读的知识与方法。52名教师参加活动。

（韩秋红）

【召开养成教育成果展示交流活动总结会】 11月1日，区教委召开完小养成教育成果展示交流活动总结会。小教科科长周爱彬及

全区直属、中心校、完小德育干部38人参加。会议主题为“落实德育为首,增强德育实效”。会上,参与交流活动的24名直属、中心校德育干部分4组,交流活动收获和体会,从学习习惯、文明礼仪、遵守纪律、守时惜时、诚实守信等方面,汇报参与活动的11所完小养成教育工作亮点。会议从“忽视细节、缺乏连续性、方法陈旧”等方面,指出当前完小养成教育工作存在的问题,并从“做细常规管理、办好主题教育、创新工作方法”等三个方面提出改进策略。

(李春岭)

【完成小学校章制定工作】 11月,全区47所直属小学、中心校全部完成校章制定工作。该项工作始于3月,旨在加强学校依法执教,实现规范办学。期间,区教委先后召开4次培训会,2次组织各校集中校稿,邀请专家结合实例,分别从学校章程的内涵、内容、作用、修改应注意的问题及步骤作专题讲座,介绍成功经验,并组织执笔人就存在的困惑进行研讨交流。在完成初稿的基础上,小教科进行审定,最终结集出版《大兴区小学校章汇编》一书。

(李春岭)

【到旧宫一中心指导教学工作】 11月3日,旧宫第一中心小学邀请数学特级教师吴正宪到校指导教学工作。该校两位数学教师分别做《倍的认识》和《用字母表示数》两节课,吴老师对两节课进行评价并结合新课标三个案例作题为《感悟数学思想 积累数学经验》报告。吴老师指出,新课标的最大变化是将“双基”变“四基”,“双能”变“四能”,数学课上要重视数学思想的渗透和教学活动经验的

积累,要把学生培养成积极主动的探索者,而不是被动的操作工。140名教师参加活动。

(刘顺鑫)

【礼贤二中心举办国学经典亲子诵读比赛】

11月4日,礼贤第二中心小学举办“传统文化与当代教育”——亲子经典诵读比赛。比赛采取抽签定顺序,当场打分,当场公布成绩方式进行。内容包括《三字经》、《百家姓》、《弟子规》、《论语》等,评委从普通话、诵读内容、情感表达、形象气质等几个方面综合评价。亲子诵读和师生诵读分低、中、高三个年级段分别评出一、二、三等奖各3名。该校教师、学生和家长280人参加活动。

(李建萍)

【团河小学开展国学教研活动】 11月9日,团河小学开展“立足国学课堂,传承国学经典”区级国学教研活动。三节现场课均以《三字经》为教学内容,教师通过研讨,熟悉、掌握《三字经》的教学方法与特点以及如何让学生感兴趣、爱学《三字经》。25所实验校国学教师代表参加活动。

(赵静)

【举行优秀少儿读物捐赠仪式】 11月11日,学友园举行向大兴区小学、幼儿园捐赠优

秀少儿读物仪式。学友园教育传媒集团、区教委有关领导及部分小学、幼儿园领导和学生30余人参加活动。仪式上，学友园领导向小学、幼儿园代表赠书。本次活动，学友园教育传媒集团向全区47所小学、96所幼儿园公益捐赠价值366万元的图书和杂志，用以帮助学校和幼儿园创建“阅读角”。学生代表发言，表示要“多读书，读好书，自觉养成良好的阅读习惯”。区教委对学友园集团表示感谢，并号召学校、幼儿园充分发挥阅读角的作用，生动而广泛地开展多样性阅读活动，激发学生的阅读兴趣，为学生终身学习和发展奠定基础。

（李春岭）

【举行“小学学校发展共同体”成立大会】

11月17日，区教委举行“小学学校发展共同体”成立大会。北京市教委基教一处副处长唐勇明，北京教育学院、北京教科院、中国书法家协会领导和专家，区教委、进修学校相关领导以及全区各小学校长、主任100余人参加。会议主题为“理念共享、资源共享、方法共享、成果共享”。会上，宣读《大兴区教育委员会关于在小学建立学校发展共同体的实施意见》和46所小学、10个发展共同体组建名单，为核心校颁发铜牌，为指导专家颁发聘书。会议阐明“通过办学理念、管理策略、校园文化、课程建设、队伍建设等多角度研究成果的共享，实现学校发展”的途径和方法，号召各校强化保障机制，探索干部、教师流动工作机制，实现校际间的优势互促、同质互补、文化融合，为区域教育优质均衡发展做出贡献。

（李春岭）

【北京景山学校大兴实验学校举办文化节】

11月18至29日，北京景山学校大兴实验学校举办首届校园文化节。活动以“放飞理想、展现风采、塑造心灵、陶冶情操”为主题，旨丰富师生校园生活，弘扬先进文化，实现“让学生在快乐中学习，在活动中提高”的目标。文化节设置展览类、歌咏类、竞赛展示类、好书大家读等四大类18小项活动内容。师生进行手工制作、书法展览、儿童话剧演出等各式各样的才艺展示。在“景山文化艺术联欢秀”演出中，一年级学生表演《小蚂蚁》、《小小的船》、《我爱我的祖国》诗歌朗诵和《一字歌》、《长歌行》古诗新唱；四年级学生表演经典英文歌曲《Big Big Girl》和集体诗歌朗诵《沁园春・雪》；五年级学生进行《外婆

的澎湖湾》集体大合唱。文化节有40余人次获奖，全校师生236人参加活动。

（杨宇、陈松）

【大兴四小举办家教知识讲座】　11月18日，大兴四小邀请中国家庭教育指导中心特聘讲师、北京美丽人生家庭教育中心培训导师宋奇在大兴区少年宫为全体学生家长作题为《孩子快乐学习的秘诀》家教知识讲座。宋奇从“家庭教育现状”和“我们的策略”两

方面阐述家庭教育中家长所需要掌握的科学心态和方法，用实例解答家长在家庭教育中由于缺乏科学知识而产生的困惑。352 名家长参加学习。

（张克环）

【枣园小学教师赴山东红旗小学参观学习】 11 月 19 日，枣园小学、旧宫第二中心小学、青云店第一中心小学组成的“和合”共同体骨干教师赴山东省枣庄市红旗小学参加中央教科所和《现代教育报》联合组织的课堂教学改革交流研讨会。骨干教师观摩语、数、英三节优质课，课堂上学生探究学习、交流互动、精彩展示、个性张扬，让大家耳目一新。课后红旗小学校长作《把课堂还给学生，让课堂充满生命力》专题报告。最后，教师参观教改资料展览专栏。枣园小学 12 名教师参加学习。

（段金宇）

【黄村镇二中心参加卡通形象设计获奖】 11 月 21 日，黄村镇第二中心小学 9 名学生设计的“五小好少年”卡通形象参加大兴区少工委组织的卡通形象设计比赛获奖。5 名学生获得特等奖，2 名学生获得二等奖，1 名学生获得三等奖，1 名学生获得优秀奖。获得特等奖的 5 个卡通形象“兴娃”在全区少先队员中推广。全区 40 多所学校参加比赛。

（孙俊颖）

【滨河小学举行赠花仪式】 11 月 22 日，滨河小学举行“变废为宝　美化校园”赠花仪式。“绿色银行”行长许嘉彤向全体师生宣布：自 2004 年学校少先队大队成立“绿色银行”以来，共存款 2316.49 元，大队委员会决定，用鲜花美化班级和校园。“绿色银行”购买鲜花 100 盆赠给各班，高大植物 4 盆献给学校，两项共计 1680 元。书记、校长为各班代表赠花，大队辅导员希望队员积极参与垃圾分类、环保回收活动，为“绿色银行”储蓄存款多做贡献。

（高海红）

【采育二中心开展交通安全教育活动】 11 月 23 日，采育第二中心小学开展交通安全教育活动。少先队大队组织全体师生观看《血泪悲歌》——“重特大交通安全事故警示录”，观看后，一、二年级学生说感受，三至六年级学生写观后感。要求队员以小手拉大手形式把自己所见、所闻、所感和家长进行一次交流，督促家长遵守交通规则，学生要带回家长对本次活动回复意见。全校 300 名学生参加活动。

（张波）

【榆垡一中心接受讲学团指导教学工作】 11月23日，市级语文骨干教师郭华和区级数学骨干教师闫学英到榆垡第一中心小学指导教学工作。闫老师讲授一年级数学课《11到20各数的认识位置》，郭老师为六（4）班学生上一节语文课。授课后，两位名师和所有听课教师进行研讨。大家一致认为：两位名师注重数学思想和语文教学理念在课堂上的渗透，体现所授内容在整个知识体系中的作用，对自己教学工作起到引领、示范作用。15名任课教师参加学习。

（崔卉）

【瀛海二中心到大兴污水处理厂参观学习】 11月24日，瀛海第二中心小学到大兴污水处理厂参观学习。参观中，污水处理厂工程师进行相关知识讲解，学生了解到污水处理过程包括沉淀池、过滤池、分解池等几个环节，也了解到经过处理后的再生水的用途。三年级和六年级学生92人参加活动。

（李媛媛）

【召开小学校长分片汇报会】 11月28日至12月1日，小教科组织召开“交流共享先进教育理念，全面提升小学教育质量”小学校长分片汇报会。区教委副主任安有文、小教科科长周爱彬参加。本次汇报会形式有所创新：48所直属、中心校校长以学校发展共同体为依托分成五个组，先后在安定中心小学、大兴区第六小学、旧宫镇第一中心小学、北京第二实验小学大兴实验学校、北京小学大兴分校5所学校进行汇报。会上，各校校长结合年度工作重点，阐述学校在课程建设、特色建设、课堂教学改革、教师团队建设、德育机制创新等方面取得的成绩和存在的问题，提出今后工作构想，即：树立科学的教育质量观，全面统筹学校各项工作；注重教学质量的提升，关注学生的全面发展；加强教师队伍建设，注重塑造高尚师德；不断提炼先进办学理念，促进学校特色建设；强化安全责任意识，确保学校的稳定、健康发展。

（李春岭）

【南红门完小邀请讲师团成员到校做课】 11月29日，青云店第二中心小学南红门完小邀请北京小学大兴分校肖东梅和马俊生两位名师讲师团成员到校做课。肖东梅讲授三年级数学课《移多补少》，她注重情景教学，让学生在动手操作中找到规律；马俊生讲授五年级语文课《白杨》，他从结构入手，抓重点句对学生进行写法训练。进修学校教研员对两节课做点评，该校10名听课教师与两位做课教师进行交流研讨。

（李秀珍）

【瀛海二中心开展落叶粘贴画比赛】 12月1日，瀛海第二中心小学开展落叶粘贴画比赛。要求全体学生参加，作品规格为A3、A4纸，形式不限，突出一个主题，立足新颖、有独创

性，体现落叶的“美”，主要材料是落叶。比赛共收到作品300余件，评出优秀作品60

余件。学校对优秀作品进行展示，供全体学生和家长参观学习。

（李媛媛）

【北臧村中心小学举行“践行北京精神”启动仪式】 12月5日，北臧村中心小学举行“践行北京精神系列活动”启动仪式。少先队大队辅导员宣读活动方案，主题系列教育活动内容包括五方面：利用升国旗仪式，开展一次“践行北京精神，做文明有礼、健康向上小学生”主题教育活动；利用学校宣传橱窗，展出活动中师生优秀作品；向全校学生发出倡议，号召践行北京精神，自觉遵守小学生日常行为规范；各班利用班级文化园地，结合“北京精神”内涵、意义等内容进行宣传画、手抄报

征集活动，营造浓厚宣传学习氛围；各班以解决本班在班级建设、学生教育管理、班级发展等方面存在的突出问题为重点，结合北京精神召开主题班队会。系列活动历时半年，全校400名师生参加启动仪式。

（刘然）

【召开小学教学质量监控和评价反馈会】

12月7日，区教委召开小学教学质量监控和评价反馈会。小教科科长周爱彬，教师进修学校副校长刘芳、小教研主任柏东河、学科教研员及全区小学校长、教导主任近100人参加会议。会议针对四年级语文、英语和品德与社会质量监控评价情况，从命题原则、测试基本情况、试题分析与建议四方面进行汇报，对全区24所农村中心学校和16所完小综合视导调研工作进行总结反馈。会议提出今后的工作设想：要在关注教师专业素养提高的同时，更关注教师工作的积极性和主动性；关注教师的困难和需求，多为教师搭建交流展示的平台；提升常态课质量，加强学情分析和课堂教学模式的研究；加强细节管理，抓好安全、稳定工作。

（李春岭）

【滨河小学教师赴河南永威考察学习】 12月7至9日，滨河小学、大兴七小两校组成的“翰墨园共同体”组织12名教师赴河南省沁阳市永威学校考察学习。教师进入课堂学习“先学后教，当堂训练”教学模式；聆听该校领导讲座；学习提高教学质量的“堂堂清、天天清、周周清、月月清”的“四清”做法；参观校园环境，观摩学生做广播操、眼睛保健操等。永威学校是集幼儿园、小学、中学为一体的学校，不仅中学各年级教学质量在全市遥

遥领先，而且小学教学质量也被评为沁阳市优秀。

（毕海荣）

【大兴十小举办法制教育讲座】 12月8日，大兴十小邀请大兴区交通队安监科警官举办法制教育知识讲座。警官介绍北京交通状况、交通事故典型案例、不讲交通安全的主要表现、行人非机动车安全常识，展示一名小女孩写给司机的一封信：《愿：天下无车祸》，表达一个由于车祸失去父母的孩子的心声。全校师生993人参加学习。

（马学伟）

【采育三中心开展诠释北京精神活动】 12月15日，采育第三中心小学少先队开展"用行动诠释北京精神"活动。利用校园板报、橱窗、国旗下讲话宣传北京精神。少先队大队倡议全体队员践行北京精神，让北京精神体现在每个少先队员身上，体现在校园里。各中队利用班队会学习北京精神，开展手抄报、绘画、谈感想等活动。全校学生186人参加活动。

（刘彤）

【长子营二中心获科技教育示范校称号】 12月18日，在北京学生特色科技活动展示会暨第29届北京学生科技节闭幕仪式上，长子营第二中心小学获"北京市科技教育示范校"称号。会上，播放北京市学生科技教育活动宣传短片《让梦想插上腾飞的翅膀》，对第三届"北京市中小学生科学建议奖"获奖学生和"北京金鹏科技奖"获奖单位进行颁奖，对新认定的13个金鹏科技团和19个新认定市级科技示范校进行颁牌。北京市第十三中学刘畅代表获奖学生发言，市教委副主任郑萼讲话。北京市教育工委常务副书记刘健等领导、16个区县教委领导、科技企业代表、北京电视台等20余家媒体代表和北京市中小学生代表一同出席仪式。

（张友杰）

【大兴七小书法教育通过专业委员会验收】 12月21日，大兴七小书法艺术教育实验校工作通过专家组验收。中国教育学会书法教育专业委员会秘书长杨存珍，副秘书长王维义、张凤环查看该校书法艺术教育工作资料、学生各类作业、教师书写档案、校园书法环境。王维义肯定该校书法艺术教育工作注重实效，成绩显著；杨存珍指出：未来学校书法艺术教育发展要以《教育部关于中小学开展书法教育的意见》为指导，在中高年级开展行楷教学研究，提高学生书写质量和速度，满足学生实际需求。

（巩芬）

【庞各庄二中心作子课题结题汇报】 12月21至23日，在全国教育技术研究"十一五"规划重点课题《基于交互式白板教学的课堂重构研究》子课题结题交流研讨会上，庞各庄第二中心小学子课题《利用交互式白板创设课堂教学情境的研究》作结题汇报。汇报从课题研究背景、目标、内容、方法和研究成果等方面作具体介绍，得到与会专家认可，认为本项课题完成了预定目标，研究中注重数据的收集与分析，成果很明显。经过课题评审组专家评议，该子课题顺利结题。

（胡美丽）

【在"班主任队伍建设论坛"作发言】 12月22日，区教委在"北京市中小学班主任队伍建设论坛暨北京市教育学会班主任工作研究会”上作典型发言。区教委副主任安有文以《实施整体推进策略，造就专业化班主任队伍》为题，从建立区级保障机制，确保班主任队伍科学发展；完善区级培养机制，促进班主任队伍专业发展；制定校级培养培训制度，推进班主任队伍特色发展；搭建多层次交流平台，实现班主任队伍较快发展等四个方面，介绍大兴区中小学班主任队伍建设工程落实情况及取得的显著成效。大兴区已逐渐探索出一条培养和造就专业化班主任队伍的途径，进一步推动全区中小学班主任队伍向着优质、均衡、专业化发展的最终目标迈进。

（李春岭）

【安定中心小学举行体育俱乐部、艺术团成立仪式】 12 月 28 日，安定中心小学举行体育俱乐部、艺术团成立揭牌仪式。学生以舞蹈、唱国学、民乐、武术、绘画、书法、评剧形式进行成果展示。安定中心小学体育俱乐部基础设施完备，体育师资雄厚，目前已开设三个武术班、两个跆拳道班和一个体育舞蹈班，教练及体育指导教师 7 人，学员 150 人，每周一至周五早晨和周二至周四下午进行训练。艺术社团已开设民乐班、健美操班、书画班及科技班，指导教师 11 人，学生 150 人，周二至周四下午和周日上午进行训练。北京市武术院、北京市武术协会、大兴区体育局、少年宫等单位领导和该校师生 400 人参加仪式。

（刘颖）

【北京第二实验小学大兴实验学校召开汇报会】 12 月 31 日，北京第二实验小学大兴实验学校召开“快乐学习　张扬个性　幸福成长”学习成果汇报会。会场展示学生美术作品，学生以英语短剧、动物模仿操、小合唱、课本剧、京剧、武术表演等形式展示学习成果。区教委小教科、中铁大都公司工会、中国杂技团有限公司等单位领导和该校教师、学生、家长 200 人参加活动。

（张善勤）

小　　学

大兴区第二小学

【概　述】 2011年，大兴区第二小学占地面积22400平方米，建筑面积9876平方米，体育场面积4360.8平方米。图书室藏书3.05万册，订阅杂志报刊22种。固定资产总值2505万元。全年教育经费投入2632万元，其中国家拨款2632万元。拥有计算机242台，多媒体教室座位50个。普通教室54个，专用教室1个。教职工186人，其中副高级职称4人，中级职称120人。专任教师176人，包括北京市学科带头人1人、北京市骨干教师14人，本科以上学历141人。开设教学班54个。毕业413人、招生320人、在校生2331人。

学校以“让我们拉拉手吧！”为校训，以“培养具有尊重、平等、和谐、诚信、合作、宽容、同情、和平等价值品质的人，为学生的终身发展奠基。打造一支有尊严而幸福工作的卓越教师团队。建设一所民主、和谐的现代化特色学校”为办学目标。

学校获全国传统文化教育示范学校、全国优秀少先队集体、国家级教育体制改革试点项目基础教育课程教材改革试验项目学校、北京市第十四届学生艺术节特色乐团展演一等奖、大兴区教育教学一等奖等31个奖项。

学校网址：http://erxiao.dxschools.cn/

（郭红伟）

【开展国学校本课程研究活动】 3月3日，大兴二小开展新学期第一次国学校本课程研究活动。中国国学文化艺术研究院院长张健、该院课题管理中心主任藤萧然等专家参加活动。本次研究课由教师宋聪颖承担，她从培养学生诵读《声律启蒙》入手，提升学

生文学底蕴，提高对古诗文审美鉴赏能力。该校原副校长进行总结，他希望教师能够意识到国学经典对孩子人格完善、道德养成的重要作用；希望在全体教师努力下，中国语言文字美浸润孩子童年，润泽孩子一生；希望国学学习和国学教育工作能够在全体教师中、全校范围内普遍开展，成为全校性一项研究活动。专家、领导及该校国学教师60人参加活动。

（郭红伟）

【区教委组宣科领导到学校视察】　3月11日，大兴区教委组宣科科长庄卫华等领导一行3人到大兴二小视察教育教学工作。庄卫华等领导听六年级和四年级各一节课，并对两节课进行点评。庄卫华与校长、书记进行座谈，听取校长对学校近期工作汇报，对大兴二小教育教学工作给予高度评价。

（郭红伟）

【开展攀登英语研究课活动】　3月17日，大兴二小开展攀登英语组内研究课听评课活动。区教师进修学校英语教研员田娟对该校攀登英语实验开展情况进行跟踪监测。孟庆悦、王净两位教师分别讲授攀登英语常态课。课后，田娟进行详细指导，对课堂教学环节设计、评价有效性、小教师培养、环境氛围创设等方面作具体说明，同时，对学校攀登英语实验情况提出改进建议。该校英语实验教师20余人参与活动。

（郭红伟）

【开展一名党员一堂党课活动】　4月11日，大兴二小党支部在全体党员中开展一名党员一堂党课活动。校长兰祖军为党员、入党积极分子、团员讲授主题为《捧着一颗心来、不带半根草去——学习伟大的人民教育家陶行知》党课。兰祖军回溯陶行知成长、学习和办学足迹，号召学习陶行知创新的教育思想、为教育事业无私奉献精神。与会人员被陶行知的“捧着一颗心来、不带半根草去”、“千教万教教人求真、千学万学学做真人”、“生活即教育、社会即学校、教学做合一”、“爱满天下、万世师表”的人生态度所折服、感染。全校党员、教师186人参加活动。

（郭红伟）

【获得“青年文明号教研组”称号】　4月28日，大兴二小美术教研组参加区教育团工委组织的“五四”总结表彰大会，获得大兴区教委、大兴区教育团工委颁发的“青年文明号教研组”铜牌。大兴二小教工团支部在青年教师中树榜样、发倡议、搞活动，营造团结、向上、乐学、互助、和谐良好氛围，促进青年教师健康成长。

（郭红伟）

【召开青年教师发展工作会】　5月4日，大兴二小召开35岁以下青年教师发展工作会。活动旨在青年教师中弘扬“五四”精神，激发青年教师工作热情、奋斗热情和爱国热情。工作会对区“青年文明号教研组”、区“五四青年标兵”、区“新星杯”课赛获奖教师和校内优秀骨干教师进行表彰；美术教研组组长作为骨干教师代表发言；校长兰祖军指出，青年教师应明确自己为什么工作，为谁工作，自己该过怎样的生活，他举自身实例，告诉青年教师要树立正确的人生目标，要规划自己的发展；教师李海霞代表全体青年教师宣读倡议书，倡导青年教师要做树一样的人，永远是一道风景，为孩子撑出一片阴凉。青年教师60人参加工作会。

（郭红伟）

【开展庆祝“六一”儿童节暨亲子活动】　6月

1日，大兴二小开展“红领巾心向党，祖国发展我成长”庆祝“六一”国际儿童节暨亲子活动。校长兰祖军致“六一”贺词，向四(1)中队授予大兴区英雄中队队旗。少先队员代表发出倡议，号召全体队员过一个五彩节日，寻访一位党员、做环保小卫士、帮助身边朋友共享节日快乐。兰祖军和党支部书记盛增贤为全体学生送上节日礼物。一年级学生家长为孩子佩戴红领巾，孩子将第一个队礼献给父母，感谢父母养育之恩。仪式之后，兰祖军为一年级家长作题为《如何做好家庭教育》演讲。一年级学生与家长在操场开展绑腿跑

和带球跑亲子活动。该校师生和一年级家长2578人参加活动。

（马丽）

【**召开预备党员转正暨新党员发展大会**】 6月21日，大兴二小党支部召开预备党员转正暨新党员发展大会。三名预备党员作思想汇报，全体党员进行讨论投票，三名预备党员以全票通过，成为中共正式党员。党支部对三名入党积极分子进行考察，介绍人介绍积极分子情况，积极分子向党组织作思想汇报，经讨论，三名积极分子的表现赢得全体党员一致认可，成为中共预备党员。校长兰祖军带领新党员进行入党宣誓。该校党员60人参加会议。

（郭红伟）

【**开展教师礼仪素养培训**】 6月23日，大兴二小邀请清华大学礼仪社团客座讲师、北京大学礼仪风采大赛特邀评委，大兴区社区学院主讲《社交礼仪》课程教师田梦进行礼仪素养专题培训。田梦从教师职业角度出发，古今结合，从礼仪出处、会见礼仪、握手礼仪、会议礼仪、着装礼仪等几方面进行讲解示范。全校教师192人参加培训。

（张江涛）

【**参加表彰大会获奖**】 6月30日，大兴二小党支部参加大兴区教育系统庆祝建党90周年总结表彰大会获奖。党支部书记盛增贤荣获“北京市教育系统2011年度优秀党务工作者”称号；二小党支部荣获“大兴区教育系统2011年先进基层党组织”称号；张江涛等6名党员被评为“大兴区教育系统优秀共产党员”；王冬燕等6名新党员与全区百名新党员一起庄严宣誓。

（张江涛）

【**更新改造操场、多媒体设备**】 7月31日至8月29日，教委财建科、装备站更新改造大兴二小操场、教室多媒体等设备。操场改塑胶地面，跑道为厚颗粒塑胶面层，改造面积为4360.8平方米。教室更新黑板、电脑，安装触摸电视、多媒体讲桌等设备。

（郭红伟）

【**举行新生入学典礼**】 9月2日，大兴二小举行“让我们拉拉手吧！”新生入学典礼。校长兰祖军致欢迎词，年级主任代表一年级全体教师祝贺孩子们成为光荣的小学生并提出

具体要求。伴随歌曲《种太阳》，孩子们立下誓言，许下承诺，在心愿卡上记录自己美好愿望，放到许愿瓶内。该校领导、一年级师生和家长470人参加活动。

（张江涛）

【召开发展共同体工作交流会】 9月15日，大兴二小召开学校发展共同体工作交流会。大兴二小、北京实验二小大兴实验学校、黄村镇第三中心小学、亦庄第一中心小学、魏善庄第一中心小学五所学校校长就共同体实施方案、各校发展及特色建设等议题进行深入研讨。五校一致同意通过共同体校际间的互动交流、资源共享、平台共建、问题互探等方式，实现共同体学校之间的相互促进。大兴二小牵头制定学校发展共同体三年工作实施方案，并对本年度具体工作进行安排。

（郭红伟）

【召开教职工代表大会】 9月25日，大兴二小召开十届二次教职工代表大会。党支部书记盛增贤致开幕词，区教委工会主席杨子仲致贺词。校长兰祖军作题为《规范管理、持续发展》工作报告，工会主席解涛作题为《温馨、和谐、奋发、向上》工作报告。教职工代表分四组对《大兴二小五年发展规划》、《大兴二小规章制度》、《大兴二小岗位职责》、《大兴二小绩效工资实施方案》、《大兴二小考勤制度》进行讨论。兰祖军作《大兴二小十届二次教职工代表大会提案》工作报告，教职工代表审议通过。教职工代表60人参加会议。

（张江涛）

【召开第八届少代会】 10月12日，大兴二小召开第八届少先队代表大会。党支部书记盛增贤致词；刘思瑶同学代表第七届大队委员会作工作汇报；德育副校长作提案答复报告；校长兰祖军、盛增贤为第八届新任大队委佩戴队标志；新任大队委宣誓。该校领导班

子成员、兄弟学校大队辅导员、中队辅导员代表和少先队员代表203人参加会议。

（马丽）

【召开主题大队会】 10月13日，大兴二小召开“我和红领巾过生日”少先队大队庆祝建队62周年主题大队会。德育副校长致贺词；少先队大队发出倡议：人人争当“五小”好队员，为红领巾献上生日礼物；全体三年级少先队员为西部贫困地区小朋友赠送图书。全校师生2538人参加活动。

（马丽）

【语文教师外出学习】 10月16至17日，大兴二小全体语文教师到山东省乐陵实验小学参观学习。教师通过参观校园、分组研讨、现场听课，了解乐陵实验小学教育教学情况；学习校内校本教材开发、编写、利用，周目标导航的制定，小组合作学习的成功经验等。40名语文教师参加学习。

（刘亚进）

【开展价值教育大课堂活动】 10月18日，大兴二小开展价值教育大课堂活动。以五年

级制定的“感恩于心 报恩于行”为主题，通过寓言故事《蚂蚁报恩》展开，逐步拓展到对家人、教师、同学、社会的感恩。学生从小故事到实际生活，体会并感受感恩的丰富内涵。全体学生共同表演手语操《感恩的心》。该校领导和总校五年级师生341人参加活动。

（张江涛）

【参加全国班（团、队）会课大赛】 10月21至22日，大兴二小组织部分校内骨干班主任参加全国第四届班（团、队）会课大赛。教师分两组分别听取全国18个省市主题班会课26节。回校后分别以“感恩、合作、责任”为主题作校内观摩课。该校德育干部和骨干班主任10人参加活动。

（张江涛）

【赴狼牙山参观学习】 10月29日，大兴二小党支部组织党员和积极分子赴狼牙山参观学习。党员和积极分子参观狼牙山五勇士陈列馆，馆内资料生动再现抗日军民抗击日寇、保家卫国的英雄事迹和悲壮历史。在五勇士陈列馆外，党员和积极分子高擎党旗、校旗重温入党誓词，随后，沿着五勇士足迹奔赴山顶，陆续集合在五勇士纪念塔下。党员、积极分子50人参加学习。

（郭红伟）

【举行“手拉手”合作签约仪式】 11月1日，

大兴二小与怀柔区庙城学校举行“手拉手”合作签约仪式。两校校长在友好交流后，共同签署合作协议，结成友好学校。两校将在教育教学管理、学生互动等多个方面共同开展合作交流活动。两校约30人参加签约仪式。

（郭红伟）

【召开退休教师欢送会】 12月12日，大兴二小工会召开“丹心育桃李，最美夕阳红”退休教师欢送会。少先队员向退休教师献花并表演诗朗诵《长大后我就成了你》、《送给敬爱的老教师》等节目。退休教师回顾自己教育工作历程，表达对学校的美好祝愿。支部书记盛增贤代表全校师生表达对6位退休教师的崇高敬意。全校教师和学生代表200余人参加活动。

（张江涛）

大兴区第三小学

【概　述】 2011年，大兴区第三小学占地面积11013平方米，建筑面积7156平方米，体育场面积5488平方米。图书室藏书2万册，电子图书50GB，订阅杂志、报刊20种。固定资产总值1252万元。全年教育经费投入1196万元，其中，国家拨款1136万元、自筹经费60万元。学校信息化经费投入26万元，拥有计算机285台，多媒体教室座位90个，普通教室26个、专用教室10个。教职工86人，其中，副高级职称1人，中级职称60人。专任教师82人，北京市骨干教师1人、本科以上学历65人。开设教学班26个。毕业173人、招生183人，在校生1003人。

学校确立“以教育改革为基础，以教育科研为支点，以现代化教育技术为突破口，以名师带动名校为手段，全面创建二十一世纪新型学校”的办学目标，经过十几年的积淀逐步形成了“运用现代信息技术实施素质教育”的办学特色。在新的历史条件下，学校又提出了“办开放性教育、做专家型校长、当研究型教师、育有能力学生”的办学目标。

学校获全国小学生英语竞赛(NECPS)优秀组织奖、北京市科技教育示范校、北京市中小学生科技英语创意大赛团体表演赛一等奖、大兴区科技教育先进学校、少先队组织规范化验收先进集体、教育信息化先进集体、阳光体育竞赛先进学校等区级以上集体奖励39项。

学校网址 http://sanxiao.dxschools.cn/

（闫学英）

【开展教师培训活动】 1月18日，大兴三小开展课程整合暨综合实践活动培训。北京西城青少年科技馆特级教师、中国科协青少年部专家委员会委员周又红应邀作《青少年科技创新活动选题与方法设计》讲座。教师进修学校小教研主任柏东河作关于《综合实践活动与学校自主课程规划》讲座。该校领导和各学科骨干教师40余人参加培训。

（王志起）

【开展社会实践活动】 3月4日，大兴三小开展“学雷锋、树新风、争当环保小卫士”社会实践活动。该活动由校党支部、团支部、少先大队联合与兴丰家园小区居委会共同组织。师生及居委会人员一起清理小区垃圾，擦洗公共设施，并开展环保宣传，回收废旧电池活动。60名师生参加活动。

（王志起）

【召开课题实验教师会】 3月11日，大兴三小召开市级立项课题《基于学生发展的校本研究》子课题实验教师会。会议由德育副校长主持。会议回顾上学期课题研究的内容，对本学期的研究工作进行布置。每个年级教师为一个小课题组，对实施的学生评价表格进行补充和修改。该校一、二、四年级部分学科任课教师20人参加会议。

（闫学英）

【召开德育研究团队第一次会议】 3月17日,大兴三小召开大兴区小学第五组德育研究团队第一次会议。研究团队由大兴四小、滨河小学等十所学校组成,大兴三小为组长校,研究专题是班级文化与班级建设。研究团队成员回顾上学期的研究内容和研究形式,每所学校介绍班级文化建设方面的具体做法。各校结合实际情况和在班级文化建设中存在的问题,共同制定本学期研究内容、研究方向,并确定今后活动承办校。10名德育工作负责人参加会议。

(闫学英)

【举办科普知识专题讲座】 3月18日,大兴三小举办科普知识专题讲座。邀请中国科学院植物研究所研究员陈佐忠教授作《低碳生活在身边》科普知识专题讲座。陈佐忠结合大量图片和资料讲解什么是低碳生活,为什么要提倡低碳生活,怎样低碳生活等一系列知识。全校师生900多人参加活动。

(王志起)

【召开家长教师协会执委会会议】 3月25日,大兴三小召开家长教师协会执委会会议。

家长通过听课、参观校园环境、观看学生课间操,了解学校的教育教学情况。校领导与家长教师协会委员进行座谈。会议旨在进一步加强学校与家长沟通交流,形成教育合力,促进各项工作开展,共谋学校未来发展。该校领导、教师、家长30人参加会议。

(闫学英)

【观看大兴新区发展宣传片】 3月28日,大兴三小组织全体党员教师26人观看大兴区《创新驱动、融合发展》宣传片。党支部书记陈宗禹向全体党员提出要求:结合新区发展大好机会,加强对自身未来发展的总体规划,着眼教育教学做好本职工作,为把大兴新区打造成现代化的"教育新城"贡献自己一份力量。

(范福海)

【举办安全知识讲座暨抗震疏散演习】 4月1日,大兴三小举办安全教育知识讲座暨抗震应急疏散演习。主管学校安全工作副校长进行安全知识讲座,内容包括消防安全知识、震后自救自护知识以及食品安全知识等。讲座旨在强化师生自我保护意识与紧急情况突发时的应变能力。讲座结束后,学校组织学生进行教学楼安全撤离演练。全校师生900多人参加活动。

(王志起)

【开展教师课堂教学竞赛活动】 4月18日开始,大兴三小按年龄组在校内开展"风华杯"、"智慧杯"、"秋韵杯"教师课堂教学竞赛活动。活动为期两周,由该校教导处组织,学校领导全程参与听评课。活动采取教师自选参赛课题,独立备课和教研组同伴互助相结合形式,全体教师70人参加,涉及语、数、英、音、美、科学、体育、综合实践等学科。竞赛有10名教师获奖。

(王志起)

【开展志愿者精神展演活动】 4月18日,大兴三小开展“传承、发扬、讴歌”的志愿者精神展演活动。活动面向该校四年级学生，两位家长和四名学生讲述自己参加社会志愿者活动的故事和体会。进修学校小教研主任柏东河为新加入志愿者队伍的同学颁发“大兴三小志愿者”胸牌。四年级师生、部分家长180人参加活动。

（王志起）

【参加北京市第14届艺术节获奖】 4月24日，大兴三小参加北京市第14届艺术节中的首届行进打击乐比赛获奖。比赛在北京工业大学体育馆举行，该校由25名队员组成的行进打击乐队凭借曲目《奔腾的旭日》，在比赛中获得北京市小学组一等奖。来自全市中小学23支代表队参加比赛。

（王志起）

【迎接示范校评审团验收】 4月29日，大兴三小迎接北京市科技教育示范校评审团验收。评审团专家通过听取校长科技教育工作汇报，查阅科技教育档案材料，与科技教师座谈，随堂听课，查看科技教育环境，观看学生科技活动展示等活动，认为学校科技教育工作成效显著。该校成功通过验收，被评为“北京市科技教育示范校”。

（闫学英）

【参加“青少年未来工程师博览与竞赛”获奖】 5月28至29日，大兴三小参加北京市“青少年未来工程师博览与竞赛”获奖。该校四支代表队参加木梁承重和排雷机器人两个项目比赛。其中，两支代表队参加排雷机器人比赛，一号队获得第一名，二号队获得第四名。另外两支代表队参加木梁承重比赛，分别获得第一名和第二名，并获得“最大承重奖”奖牌。全市20多支学校代表队参加竞赛。

（王志起）

【慰问困难党员】 7月1日，区教委副主任安有文等领导到大兴三小对困难党员教师李魁进行慰问。安有文详细询问李魁家庭生活状况以及享受医疗保险等优惠政策情况，并送上慰问金。李魁表示今后一定不辜负党和政府的期望，努力工作，为教育事业贡献自己一份力量。领导和教师12人参加慰问活动。

（范福海）

【召开学校发展共同体研讨会】 9月16日，大兴三小召开学校发展共同体研讨会。会议以“资源共享，互动合作，共同发展”为主题。与会领导介绍、研讨学校共同体合作意向，确定学校联动活动方案和工作重点，包括名师讲座——资源共享；联盟课堂——同课异构；教师培养——结对互助；五校联考——共同提高等四方面。大兴三小、黄村第二中心小学、金海学校、榆垡第一中心小学、采育第三中心小学五所学校校长、德育干部、教学干部等15人参加会议。

（闫学英）

【召开北京市学科联动研讨会】 9月29日，北京市教科院基教研中心小学学科区县教研员联动研讨会在大兴三小召开。大兴三小、滨河小学和金海学校四位教师做研究课，大兴三小石进宇和马爽分别讲《资源丰富的西部——走进新疆》和《规则在校园安家》两节课。课后，专家与授课教师、中心组成员一起针对这四节课以及品生、品社学科的课堂教学进行深入交流与研讨。专家和教师30人参加活动。

（马爽）

【开展规范化建设暨学校特色展示活动】 10月20日，大兴三小开展大兴区小学规范

化建设暨学校特色展示活动。活动主题为“最是满园金秋时，桃李芬芳果正香”。学校展示国家课程、校本课程和主题班会等10节课，播放《素质教育谱新篇》专题片，艺术社团和科技社团分别表演特色节目。市基教所所长张熙、区教委副主任安有文等领导和全区小学校长90余人参加活动。

（王志起）

【开展性教育课题研究中期迎检活动】 11月21日，大兴三小开展性教育课题研究中期迎检活动。8位专家到校指导课题组相关工作，专家组分别听取四所学校各子课题的中期工作汇报，观看四节展示课。该校教师崔书良展示以《男生女生来找“茬”》为主题的异性交往班会。专家、教师、学生170余人参加活动。

（崔书良）

【召开师德建设工作交流会】 11月30日，大兴三小召开“立师德、树形象”师德交流研讨会。大兴区师德标兵景凤萍、董会芝作题为《责任——师德之魂》精彩发言。工会主席作总结，鼓励教师立师德、铸师魂，一如既往地将师德之风发扬光大。该校全体教师80人参加活动。

（郭建荣）

【开展“共话北京精神”活动】 12月12日，大兴三小开展红通社小记者与学生家长“共话北京精神”活动。红通社小记者采访6位外地学生家长，围绕北京精神中的“包容”精神展开热烈讨论。家长向小记者讲述自己在大兴的经历，赞扬北京的包容精神，肯定大兴三小为孩子提供的优质教育服务。

（崔书良）

大兴区第五小学

【概　述】 2011年，大兴区第五小学有南北两个校区，南校区位于大兴区兴政西里商场南巷，占地面积6600平方米，建筑面积6015平方米，体育场面积2200平方米。北校区位于兴华园小区西侧，占地面积6015平方米，建筑面积3795平方米，体育场面积3840平方米。图书馆藏书4.7887万册，电子图书189万册，订阅杂志、报刊26种。固定资产总值1757.9万元。全年教育经费投入1894万元，其中国家拨款1894万元。学校信息化经费投入5.95万元，拥有计算机300台，多媒体教室座位60个，普通教室48个，专用教室13个。教职工136人，其中，副高级职称4人，中级职称87人。专任教师106人，北京市骨干教师1人，本科以上学历118人。开设教学班44个。毕业297人、招生426人、在校生1927人。

在学校管理中，坚持科学和民主，逐步完善三个机制，即：以校务委员会为主体的科学决策机制，以规章制度和教师评估考核评优为主要内容的激励保障机制，以党支部、教代会为核心的民主监督机制。加强两支队伍建设，使教师树立正确的世界观、人生观和价值观，做到爱岗敬业，教书育人，为人师表。教师队伍整体政治素质、业务素质较高，是一个团结战斗的集体，形成了正确的集体舆论。学校校风正，集体凝聚力强。

学校先后获得全国教育科学“十一五”规划先进单位、中国少先队“红领巾心向党.我的中国梦”优秀组织单位、北京市星星火炬奖、首都精神文明先进单位、北京市红读活动先进单位、大兴区师德建设先进集体、大兴区教育系统“五个好”先进基层党组织等50余项荣誉。

网址：http://wuxiao.dxschools.cn/

（张丽）

【举行新学期开学典礼】 2月21日，大兴五小举行喜迎建党90周年“星星火炬代代相传”新学期开学典礼。典礼采取视频直播形式，设1个主会场和38个分会场。校长师瑞军回顾教育教学、特色办学品牌校取得的成绩，对教师和学生提出希望；校领导为18个优秀班集体颁发锦旗；党员、团员、少先队员代表从不同角度畅谈共产党的发展历史；大队辅导员带领全体队员重温入队誓词；副校长向全校学生从学习习惯、常规习惯、安全意识等方面提出细致要求。全校教师和学生1900人参加典礼。

（张丽）

【参加科技教育表彰会获奖】 2月23日，大兴五小参加科技教育表彰会获奖。大兴区中小学2010年科技教育工作总结表彰暨2011年校外教育工作布置会在大兴少年宫召开。大兴五小再次被评为“大兴区科技教育先进校”，校长师瑞军被评为“重视支持科技教育好校长”，主任何振永被评为“优秀科技教育管理者”，六(1)班殷家阳和五(4)班宋雨浓两位同学被评为“优秀科技小明星”。

（张丽）

【少先队工作受到表彰】 2月25日，在大兴区少工委召开的三届三次会议上，大兴五小受到表彰。少先队大队获得“少先队组织建设规范化先进集体”、“少先队理论研究工作先进集体一等奖”、“2010 年度北京市星星火炬奖”等奖项。大队辅导员以《启迪智慧 携手同行 共创未来》为题，从“严格选拔、打造优质团队；专业引领、提升综合素质；科学评价、促进良性循环”三方面作辅导员队伍建设发言。

（张丽）

【“金色童年快乐成长”校园艺术节开幕】 3 月 7 日，大兴五小“金色童年快乐成长”校园艺术节开幕。本次艺术节个人项目有摄影、书法、绘画、朗诵；集体项目有校园剧、合唱、管乐、校园集体舞。艺术节历时近一年，旨在为学生个性发展搭建舞台，提升学生的综合艺术素养。在个人项目朗诵比赛中，来自低中高不同组别的 10 名选手从全校 48 名选手中脱颖而出参加校级决赛，李潇、徐智星、朱婧琰、王嘉碧凝、侯宇辰等 5 名同学获得校级特等奖。

（张丽）

【参加主题教育启动仪式】 3 月 25 日，大兴五小 600 名学生参加区教委组织的“党在我心中”主题教育启动仪式。小教科科长周爱彬主持活动，副科长寇国鑫宣读“党在我心中”主题教育活动方案。学生代表向全区小学生发出倡议，用自己实际行动向党 90 周年生日献礼。区教委党组书记、区委教育工委副书记李广成为学生代表授书并向学生提出希望：多读好书，勤奋学习，成为新世纪小主人。

（张丽）

【启动“我为党歌唱”主题教育活动】 3 月 29 日，大兴五小启动“我为党歌唱”主题教育活动。活动旨在通过歌唱形式，颂扬党的丰功伟绩，坚定对党的忠诚。党支部书记范素辉与大家一起回顾近年来党带领全国人民战非典、抗地震、办奥运的光荣历程，要求广大党员、教师在任何情况下都要坚定对党的信念，不信谣言、不传谣言、相信党、相信国家。党支部为每位党员、教师印发歌词。每次党员会都以唱红歌开始，唱红歌结束；学生利用每周升旗仪式、课间操或集会时间开展拉歌活动。

（张丽）

【接受教学指导】 4 月 14 日，区进修学校小教研综合视导组和部分学校教学干部到大兴五小进行教学指导。视导小组成员分别听语文、数学、音乐、劳动 4 个学科 8 节课，与授课教师进行交流，肯定教师课堂教学的优点，同时提出有待改进的地方。

（张丽）

【开展班会评优活动】 5 月 9 至 13 日，大兴五小开展班会评优活动。在德育处安排下，15 名申报校级骨干班主任教师分五组进行为期一周的班会展示。内容包括亲情感恩、同学之情、安全责任教育、文明礼仪交往等。活动最终评选出校级骨干班主任 12 名，其中 8 名将参加区级骨干班主任评选。

（张丽）

【召开教师家长协会表彰会】 5月13日，大兴五小召开第二届教师家长协会暨好家长表彰大会。会上表彰190名好家长，邀请学生家长张钢、鲁红瑞分别以《合理引导，全面发展》和《我的教育心得》为题与家长开展如何促进学生全面发展、学有特长的家教经验交流。学生侯宇辰为家长朗诵诗歌《珍惜》。

该校南北两个校区教师、学生家长1800余人参加表彰会。

（张丽）

【参与社区科普实践活动】 5月20日，大兴五小北校区全体三年级学生到兴华园小区科普实践基地开展实践活动。社区工作人员带领各组学生分别体验不同项目：图书阅览区有适合学生阅读和赏析的经典童话、故事、名著和漫画；桌球类项目让学生在学习之余体验竞技的快乐；虚拟的运动使学生在有限空间体验高尔夫、网球等大运动量项目带来的乐趣。

（张丽）

【开展“军民一家亲”活动】 5月30日，大兴五小少先队大队开展“五小学子心向党，军民鱼水一家亲”活动。一年级218名学生光荣加入少先队，大兴区武警四支队解放军叔叔、学校领导、辅导员、四年级老队员为小队员佩戴红领巾。解放军叔叔进行擒敌操展示。小队员表示要向老队员和解放军叔叔学习，时

刻以优秀队员的标准要求自己。

（张丽）

【召开“金色童年　快乐成长”表彰会】 6月1日，大兴五小召开“金色童年　快乐成长”表彰大会。表彰优秀少先队员、优秀队干部、读报用报好队员、雏鹰争章优秀队员各82名，艺术小明星156名、优秀辅导教师27名、优秀班集体16个。师生代表表演文艺节目。南北校区1900名师生参加表彰会。

（张丽）

【参加社区邻里节】 9月9日，大兴五小8名少先队员代表到兴丰社区居委会参加社区邻里节。大兴五小作为共建单位，获得兴丰社区居委会颁发的“共驻共建　资源共享”锦旗一面。在邻里节上，少先队员参与“认养一片绿地，共建美好家园”签名活动，为社区居民带来富有时代气息的拉丁舞《青春》、歌曲《金翅膀的百灵鸟》、抒情诗朗诵《一岁一岁的母爱》等文艺节目。

（张丽）

【参加艺术节获奖】 9月15日，大兴五小参加大兴区第十四届艺术节获奖。由40名中年级学生组成的校园集体舞队在《阳光校

园》、《水晶鞋》集体舞比赛中，表演流畅，衔接紧密，获得大兴区艺术节小学组一等奖的第一名。全区300多名学生参加艺术节。

（张丽）

【开展提高课堂教学实效性研究活动】 10月10日，大兴五小开展提高课堂教学实效性研究暨学校发展共同体联动活动。教委小教科科长和五所联动校校长、副校长、主任和部分任课教师参加活动。该校教师张文、李潘、段晓炜分别展示五年级英语《Unit2 Mocky's bad day》、二年级语文《落叶》、五年级数学《平行四边形的特征》三节课。课后，三位教师介绍教学设计理念，领导和教师结合三节课，对提高课堂教学实效性问题进行深入探讨。

（张丽）

【迎接区政府督导室检查】 10月12日，区政府督导室副主任周艳芝和区教委团工委书记孙勇带领区政府督导室12位专家到大兴五小进行督导检查。督导组对校园文化建设、学校档案、课堂教学、环境卫生、两操等工作进行检查与指导；对学校发展规划、教师队伍建设、各项工作管理、发展绩效四方面的

45个细则进行查阅；与相关部门负责人进行沟通、交流。

（张丽）

【邀请名师讲学团成员到校授课】 10月21日，大兴五小邀请北京市数学学科带头人北京小学大兴分校王敏和北京市语文学科骨干教师大兴七小房桂莲到校授课。王敏、房桂莲分别讲授数学课《平行四边形的面积》和语文课《珍珠鸟》。该校领导和语文数学任课教师40人参加活动。

（张丽）

【迎接区少先队规范化建设互检组】 11月10日，大兴五小少先队大队迎接区少先队规范化建设互检组。以大兴二小书记盛增贤、教师杨东为领队的13名少先队组织规范化建设互检组成员参观学校一层红领巾长廊、二层“科技海洋”、三层“艺术天空”，查看少先队档案，随机进入四（4）、三（1）等8个中队参观中队文化建设，观看校园集体舞和行进打击乐红领巾小社团展示等。学校大队辅导员以《千优带队　携手共进　静听花开　感受幸福》为主题向互检组做汇报。该校各项工作得到互检组一致好评。

（张丽）

【视导攀登英语教学工作】 11月16日，北师大攀登英语项目组专家刘珊颖到大兴五小视导攀登英语教学工作。刘珊颖和攀登英语实验教师听一年级攀登英语课，刘珊颖在评课时指出，学生常规和小干部培养非常好，学生能够进行小组评价，小组活动及小组合作很好，学生热身活动丰富。刘珊颖与实验教师就课题管理、攀登英语校本培训、攀登英语期中、期末展示等内容进行交流。

（张丽）

【获“红领巾心向党　我的中国梦”金奖】 11月20日，大兴五小刘子杰、梁璐两同学的

征文在共青团中央、中国少先队事业发展中心等单位主办的“红领巾心向党　我的中国梦”活动颁奖典礼上获金奖。此项活动收集约11万份作品，通过前期作品网络展示，专家初评，网络投票和终评，刘子杰、梁璐的征

文脱颖而出。该校少先队大队共推荐2000多份摄影、绘画、征文作品参赛，学校获得优秀组织奖。

（张丽）

【参加运动会夺冠】　12月8日，大兴五小参加阳光体育奇奇运动会第五届北京市总决赛夺冠。全市有16支区县代表队参加比赛，设四个项目；跃动先锋、极速穿越、锦上添花、阳光体操。该校6名运动员经过三场激烈对决，获得“锦上添花”项目冠军。

（张丽）

【获大兴区金鹏科技论坛一等奖】　12月14日，大兴五小参加由大兴校外办主办、北师大大兴附中承办的“2011年大兴区中小学生金鹏科技论坛现场论坛”获奖。张小青、孙严两名教师指导的《大兴区小学生网聊的调查问卷》和张苗、徐萌两名教师指导的《倡导环保、低碳、绿色出行——大兴区黄村镇公共自行车使用情况调查报告》课题研究双双获得一等奖。

（张丽）

【召开新年庆祝表彰大会】　12月31日，大兴五小召开新年庆祝表彰大会。校长师瑞军回顾一年取得的成绩，党支部书记范素辉宣读表彰决定，88名少先队优秀小干部、88名争章优秀队员、44名读报用报好队员、30名优秀管乐团团员、45名艺术小明星受到表彰。师生共同表演管乐《星球大战》、诗歌《迎龙年，唱红歌》、校园集体舞《水晶鞋》、拉丁舞《快乐节拍》、踢踏舞《青春的火焰》、歌曲联唱等节目。全校2000余名师生参加大会。

（张丽）

大兴区第八小学

【概　述】 2011年，大兴区第八小学占地面积9670平方米、建筑面积4180平方米，操场面积4000平方米。学校图书馆藏书1.6万册，订阅杂志、报刊30种。固定资产总值1234万元。全年教育经费投入1248万元，其中，国家拨款1248万元。学校信息化经费投入65万元，拥有计算机194台，多媒体教室座位92个，普通教室30个、专用教室8个。教职工95人，专任教师91人，其中，副高级职称1人，小学高级职称58人。市级骨干教师3人，区级学科带头人4人，区级骨干教师18人，区级骨干班主任6人。本科以上学历74人。开设教学班30个。毕业203人、招生225人、在校生1232人。

学校本着"以学生发展为本，发展教师、发展学生、发展学校，让教师、学校、学生持续和谐发展"的办学理念；坚持打好知识基础，发展个性特长，培养良好习惯，促学生全面发展的办学目标；学校以美育工作为办学特色。

学校获全国教育科学"十一五"规划课题先进实验单位、全国语文教改示范校、北京市小黄帽路队制活动先进学校、大兴区教育教学质量一等奖、大兴区特色学校创建工作优类校、大兴区教育系统先进基层党组织、大兴区审计先进单位等荣誉称号。

学校网址：Http://www.baxiao.dxedu.gov.cn

【举办教师心理培训】 1月19至20日，大兴八小在河北大厂召开年终总结会和教师心理培训会。校长田志斌对学校工作进行总结；进修学校副校长孙国强和汪克良分别作《幸福生活　快乐工作》、《教育就要培养一种习惯》讲座；教师安红梅以《换一种心态　享受幸福》为题与教师分享幸福，引领教师以良好心态面对生活、工作困难，以正确方

法解决遇到的问题。全体教师93人参加学习。

（吴君涛）

【举办家教讲座】 3月18日，大兴八小邀请北京市社区大讲堂特聘教授，北京市家庭教育研究会理事褚长萍作《给小学生家长几点建议》家教讲座。她对小学生家长提出五点建议：增强教育孩子的责任心和使命感；关心孩子身体和日常生活；关注孩子心灵健康和品德培养；做孩子学习的有效管理者；当好教师与孩子之间的桥梁。全校学生家长1000余人参加学习。

（吴君涛）

【承担做课任务】 3月24日，大兴八小为青海省海南州小学英语骨干教师脱产培训班做现场研究课。培训班教师20人分别观摩青年教师安红梅、马怡平做的一年级《Family》和三年级《Mocky's store》现场研究课。课

后，区小学英语教研员、市英语学科骨干教师进行点评，培训班教师对两节研究课展开讨论。

（吴君涛）

【开展网上祭英烈活动】 4月2日，大兴八小少先队开展“网上祭英烈”活动。活动旨在引导学生积极参与爱国主义教育活动，学习革命先烈优秀品质。学校通过红领巾广播向全校学生发出“网上祭英烈，共铸中华魂”号召。学生利用清明节假期开展活动，在网上点击，向英烈“鞠躬”、“鲜花”，通过留言，表达自己对先烈的哀思与敬仰。全校1000余名学生参加活动。

（吴君涛）

【举办经典诵读比赛】 4月8日，大兴八小举办“让经典浸润学生心灵，让诵读传承魅力文化”第二届经典诵读比赛。比赛采用年级推荐，学生现场表演形式，30个班的36个节目参赛。学校组织评委现场打分，选拔出6个优秀节目参加大兴区第二届“京南杯·快乐阅读　潜心思考　勤于实践　勇于创新”小学师生共读活动，5个节目获一等奖，1个节目获二等奖，7名教师获指导奖，学校获优秀组织奖。

（吴君涛）

【开展教学视导活动】 4月21日，大兴进修学校小教研综合视导组到大兴八小开展教学视导活动。综合视导组13人分别听语文、数学、英语、写字、体育5个学科9节课，与授课教师进行交流；对教师、学生进行问卷调查；抽查部分学生语文、数学、体育学科能力；查看全校教师教案和学生各科作业。

（吴君涛）

【开展“手拉手”送课活动】 5月20日，大兴八小到北臧村小学开展“手拉手”送课活动。杨宝娥、秦淑焕两位教师分别讲授三年级语文《真正的施主》和五年级数学《表面积的变化》。课后，北臧村小学干部、教师与授课教师进行研讨、交流。两校领导及教师40人参加活动。

（吴君涛）

【开展无烟日宣传活动】 5月30日，大兴八小开展无烟日宣传教育活动。活动旨在让师生增强对烟草危害的认识，教育学生要学会拒绝第一支烟，远离烟草。学校少先队利用国旗下讲话、发放宣传小册子等形式开展宣传，要求学生向家长、亲戚、朋友做好宣传，让无烟日深入到每一个人心中。全校学生1240人参加活动。

（吴君涛）

【参加市规划课题研究活动】 6月6日，大兴八小参加北京市规划课题研究活动。杨宝娥、郭伟、李峰、郭鸿四位教师在“挖掘不同文体课文读写结合点，引导小学生创造性练笔的研究”活动中分别做研究课：《真正的施主》、《黄山奇石》、《理想的风筝》、《鲁本的秘密》。课后专家进行点评。北师大教授、进修学校师训教师、骨干培训班教师、区教育科学规划领导小组成员及该校部分语文教师60

人参加活动。

（吴君涛）

【开展普通话宣传周活动】 9月14至20日，大兴八小开展推广普通话宣传周活动。学校利用红领巾广播宣传“写规范汉字，说好普通话”意义，下发《大兴八小开展“说普通话 写规范字”活动实施方案》。各班召开“推广普通话”主题班会。组织学生进行诵读经典、写规范汉字、修改错别字等活动，活动材料全部上交，学校进行总结存档。全校学生1240人参加活动。

（吴君涛）

【召开学校发展共同体联席会】 9月15日，大兴八小、大兴四小、北臧村中心小学、庞各庄一小等4所学校召开“学校发展共同体”联席会议。会议旨在共同探讨共同体研究目标、明确合作宗旨、活动形式。核心校校长田志斌阐述“学校发展共同体”工作初步设想：梳理各校优势，在互相交流中达到互相学习、共同发展目的；通过研讨找到学校发展的共同需求，确定研究主题，并选择符合学校教育教学工作特点有实效的活动方式。把活动与学校工作紧密结合，使活动既有实效性，又不影响各校教育教学工作。各校负责人讲述各校发展特色，目前学校发展现状。根据各校需求大家探讨共同体研究主题和目标。会议确定“加强教师队伍建设，提高教育教学质量”为共同体研究主题，确定4所共同体学校间采取建立干部教师“研修团队”、“师带徒”、“课堂教学实践研究”、“评优课”等基本活动方式。大兴八小综合各方情况和大家共同研究意向，出台共同体三年发展规划，确定共同体名称为“四合尚竹”学校发展共同体。四校校长、主管教学副校长、教导主任参加会议。

（吴君涛）

【举行师徒结对仪式】 9月19日，大兴八小举行师徒结对仪式。本次师徒结对分学科和班主任两部分。语文、数学、英语、音乐4个学科15位教师和6位班主任分别被聘任为大兴八小学科和班主任师傅教师，他们分别与21位教师结为师徒。校长宣布师徒结对名单，徒弟为师傅献上鲜花，签定师徒结对协议书，按照协议书内容履行各自职责和义务，协议时间为一年。

（吴君涛）

【开展市区学科教学联动活动】 9月29日，北京教科院基教研中心教研员、各区县教研员22人到大兴八小开展市区学科联动研讨活动。付林琳、姜海霞、杨静三位教师分别做音乐、美术、数学学科现场课。专家对做课教师进行现场指导。该校教师20人参加听、评课活动。

（吴君涛）

【开展社会实践活动】 10月13日，大兴八小到大皮营综合实践基地参加社会实践活动。辅导教师将学生分成8组参加体验活动，各组同学团结协作共同完成木玩魔术师、

种花生、石膏浇铸、桌上足球、垂钓、小挂件、包饺子、室外拓展、拉坯成型、小棒游戏、多彩

豆塑等多种活动项目。四年级204名学生参加活动。

（吴君涛）

【在骨干教师研修班做研究课】 11月17日，大兴八小教师魏艳丽在大兴区语文骨干教师研修班做《它们怎样睡觉》一节研究课。首师大教授刘晓梅和北京市基础教育研究中心李英杰做点评。大兴区教师进修学校与首都师范大学联合举办“基于农村的中小学课堂教学研究和农村骨干教师专业发展”研修班，共有20名学员参加培训，经过半学期理论与实践学习，最后推选学员做研究课。研修班学员和该校语文教师50人参加学习。

（吴君涛）

【观摩山东枣庄高效课堂教学模式】 11月18日，大兴八小数学、英语、美术学科20名教师到山东枣庄小学观摩高效课堂教学模式。教师分别观摩数学、英语、美术课，查看各类研究材料，听取校长对高效课堂教学研究理念整体介绍和教导主任、年级组长及授课教师研究感受等。

（吴君涛）

【开展师带徒成果汇报课活动】 11月30日至12月9日，大兴八小开展学科师带徒阶段成果汇报课活动。15名学科徒弟听师傅课、与师傅一起备课、请师傅听评课等实践活动促进自己专业能力不断提高。活动中，徒弟经历“先期师徒共同备课、试讲、评课、修改、

再试讲再修改、最后做现场汇报课”过程，师傅进行点评，同学科教师参加听课活动。

（吴君涛）

【承担共同体送课下校任务】 12月2日，大兴八小承担共同体送课下校任务。贾素然、秦书焕两位教师到庞各庄第一中心小学为共同体学校教师分别做六年级语文《埃尔比的水彩笔》和数学《圆的认识》研究课，课后教师分组进行评课研讨。共同体学校干部、教师40人参加活动。

（吴君涛）

【开展党史教育活动】 12月12日，大兴八

小组织全体教职工开展党史教育活动。邀请革命前辈原区人大常委会办公室主任,现民委宣传部讲师团成员献人以《忆党史、强党性、争先进、促发展》为题,结合自身传奇经历,讲述抗美援朝战场上浴血奋战、保家卫国的感人故事。全体教职工95人参加活动。

(吴君涛)

【开展攀登英语家长开放课活动】 12月22日,大兴八小开展一年级攀登英语家长开放课展示暨表彰活动。教师安红梅做一年级第八单元输出课,学生、家长和教师进行互动,家长与学生互相猜词、表演。该校对40位优秀家长进行表彰,校长为获奖家长颁发奖状,会后家长上交反馈意见。80名家长代表参加活动。

(吴君涛)

【开展共同体校际交流活动】 12月23至24日,"四合尚竹"共同体进行校际交流研讨活动。活动旨在打破镇际、校际界限,实现优势互补,为各校教师和学生搭建交流学习平台,拉近校与校、城区与农村差距,实现教育均衡发展。大兴八小校长田志斌阐述"四合尚竹"学校发展共同体名称由来、学校发展共同体意义和设想,强调加强发展共同体四校间的横向联系,使发展共同体达到"优势交流、资源共享、实践研究、共同提高"的目的。大兴八小副校长进行《以课题为引领提高课堂实效性》典型发言,交流"前诊后测"提高课堂实效的研究方法和经验;庞各庄第一中心小学副校长以《发挥校本特长　建设特色完小文化》为题,交流庆国完小"养成好习惯,塑完美品格"、北顿垡完小"打造书香校园,促进师生共同发展"、南顿垡完小"在实践活动中培养学生创新精神"和薛营完小"发展民族教育,突出民族特色"等四所完小的办学特色;大兴四小教导主任、北臧村中心小学大队辅导员分别以《篮球小社团活动促学生良好品格的形成》和《红领巾心向党,队旗下共成长》为题进行交流。根据大家讨论,四校还确定共同体下一阶段发展计划和每月工作安排。共同体四校校长和骨干教师40人参加交流研讨活动。

(吴君涛)

大兴区第九小学

【概　述】 2011年，大兴区第九小学占地面积6434平方米，建筑面积3408平方米。体育场馆面积4200平方米。图书室藏书1.3万册。固定资产总值950.2万元。全年教育经费投入868万元，其中，国家拨款868万元。普通教室21个，专用教室7个，教职工68人，其中副高级职称2人，中级职称47人。专任教师66人，本科以上学历52人。区级学科带头人4人、区级骨干教师9人、区级骨干班主任3人。开设教学班21个。毕业生127人，招生128人，在校生798人。

学校将建设成质量绩效高、学生快乐指数高、家长满意指数高、教师幸福指数高、办学特色鲜明的精品学校作为办学目标。学校的发展特色为作文教学和校本课程——国际象棋。

学校获大兴区教育教学一等奖、实施小学规范化建设工程软件建设先进学校、北京市电化教育优类校、全面育人，办有特色先进校、大兴区小学示范校、北京市课改先进校、大兴区科研先进校、北京市德育先进校、北京市健康促进学校、大兴区平安校园等荣誉称号。

学校网址：http://jiuxiao.dxschools.cn。

（魏红梅）

【举办国际象棋比赛】 1月21至22日，全国“美巢杯”常青藤智力体操实验启动仪式暨大兴区“阳阳小吃杯”第七届中小学生国际象棋比赛在大兴九小举办。比赛共进行9轮，选手经过激烈角逐，最终大兴一中和红星中学分别荣获中学组团体总分第一名和第二名；大兴九小和瀛海一中心分别荣获小学组团体总分第一名和第二名。比赛有大兴一中、大兴九小等16所中小学，409名国际象棋爱好者参加。

（魏红梅）

【举办主题队日活动】 2月21日，大兴九小举办“党旗团旗队旗飘起来”主题队日活动。国旗、党旗、团旗、队旗一字排开，少先队员唱国歌、唱队歌，大队辅导员带领全体队员重温入队誓词。德育主任国旗下讲话，介绍中国共产党从成立到新中国建立，以及改革开放30年取得的伟大成就，号召全体队员要热爱中国共产党，热爱祖国，努力学习，学好本领，将来把祖国建设得更强大。全校师生840人参加活动。

（魏红梅）

【开展学雷锋做好事活动】 3月4日，大兴九小到清源小区老干部活动站门前开展学雷锋做好事活动。少先队员拿抹布擦拭宣传栏玻璃、道路两旁座椅等公共设施。九小参加未成年人道德宣传日暨向雷锋叔叔学习，做社会优秀小公民系列活动，旨在校园中形成“人人学雷锋、天天学雷锋、时时有雷锋”的良好氛围，促进学生良好行为习惯的形成。25名少先队员参加活动。

（魏红梅）

【开展骨干教师引领课活动】 3月3至11日，大兴九小开展骨干教师引领课活动。16名骨干教师分语文、数学、体育、音乐四个学科对全校教师进行引领。骨干教师注意培养学生良好学习习惯，学生的坐姿、站姿、写字的姿势更加规范，课堂发言更加积极踊跃，显示出师生参与教学活动时饱满的精神状态。骨干教师引领活动与教学开放进行有效整合，每节课都有不同数量的家长走进课堂，课后家长和教师进行沟通。

（魏红梅）

【开展教导主任协作区研讨活动】 3月16日，大兴九小开展教导主任协作区第一次研讨活动。参加研讨人员有大兴一小等7所小学校长和主任，活动由九小副校长主持。研讨分两部分：首先解读本学期工作重点，针对学校管理中存在的问题，寻找解决的最佳方案；其次针对区教委工作重点，研讨下学期工作设想，指出工作应立足于提高学科质量，注意把握细节，确保活动的实效等问题。

（魏红梅）

【举办教师专题讲座】 3月18日，大兴九小举办《拥有健康心态，强化职业道德，克服职业倦怠》专题讲座。邀请北京才人堂教育研究中心首席研究员、中国心理学会心理测量师熊华堂教授主讲。熊华堂针对当前工资改革、工作任务紧张、学校抗震加固加课等问

题，在教师中出现的职业倦怠，心理不适应等现象，以现实生活为例，进行理论阐述和道理剖析。滨河小学干部教师以及大兴区主任协作区部分教师120余人参加学习。

（魏红梅）

【举办班主任专题讲座】 4月6日，大兴九小邀请区进修学校德育研究室主任汪克良以《做智慧型班主任》为题举办专题讲座。讲座旨在使班主任更加明确班级管理先进理念，提高主题教育活动设计技巧。讲座主要围绕正确处理与学生的关系，学会交往，学会生存等问题进行。讲座采取互动式，教师有问题以纸条或现场提问方式与主讲人交流。讲座历时2个小时，46名教师参加学习。

（魏红梅）

【迎接教学工作视导】 4月21日，大兴九小迎接区教师进修学校教学视导。视导专家进行师生问卷、查看教师备课、学生作业、检查学科特色建设等工作；听语文、数学、美术、品生四个学科的课，课后进行评课指导；听取学校特色发展情况汇报，并给予及时反馈。

（魏红梅）

【召开国际象棋联盟会议】 6月9日，大兴区中小幼国际象棋联盟第一次会议在大兴九

小召开。会议由区教委体美科科长主持，分为两个阶段：第一阶段由34所联盟校分别介

绍活动开展情况，各校积极培训师资，组织学生参加各种比赛，聘请校外辅导教师来校指导，安排时间组织学生训练。其中，大兴一中、红星中学、安定中学、大兴九小、枣园小学都已成功组建校队。第二阶段由中国国际象棋协会常青藤推广部主任详细介绍常青藤智力体操活动的内容及安排。

（魏红梅）

【智力体操训练营开营】 6月20日，常青藤智力体操训练营在大兴九小开营。第一阶段为国际象棋国教公开课，授课教练是中国国际象棋国家队领队兼男队主教练李文良。李文良介绍国际象棋国际形势，列举国内外著名棋手，鼓励队员努力训练，提高棋技，立志为学校争光，为祖国争光。第二阶段为实战对局，李文良选择有代表性的几种情况进行讲解之后，队员进行实战对局，李文良作点评。全区100名国际象棋爱好者和学校领队参加培训活动。

（魏红梅）

【承办全国国际象棋公开赛】 8月18至21日，"澜爵酒堡"杯常青藤全国国际象棋公开赛在大兴九小举行。公开赛由中国国际象棋协会主办，大兴区教育委员会、大兴区体育局、大兴区第九小学承办。开幕式主题晚会上，国际棋联副主席、中国国际象棋协会主席褚波宣布大会开幕。比赛正式开始第一天，世界冠军侯逸凡参与公益活动"大师车轮战"。比赛历时四天，公开赛分为公开组和学校组，学校组资格：在校学生棋手以学校为单位报名参加二年级以下组、三年级组、四年级组、五年级组、六年级组、初中组、高中组7个组别的比赛，计算团体和个人名次。竞赛办法：比赛执行国家体育总局审定的最新竞赛规则。比赛时限：每方50分钟用时，每步棋加10秒。大兴九小有280名棋手参加比赛，经过9轮激烈角逐，分别夺得三、六年级组团体总分第一名，四、五年级组团体总分第二

名。来自全国各地国际象棋爱好者近900人参加公开赛。

（魏红梅）

【四位一体工程正式启动】 9月20日，大兴九小"骨干引领"、"第四届'九鼎杯'课赛"、"校级骨干教师评聘"、"教学开放"四位一体工程正式启动。36名教师参加，参赛学科包括语文、数学、英语、体育、美术、音乐、写字、劳动、综合实践、信息技术等10个。学校聘请进修学校退休教研员每周二到校指导，先备课、说课，然后讲课、评课；骨干教师与本学科青年教师结组，进行同伴互助。参赛教师利用各种教育资源，与教研员、骨干教师充分研讨，反复研究教材，修改教案。大赛评委由校领导班子成员和部分任课教师担任。课赛与教学开放进行整合，每节课都有10至30位不等的家长走进课堂听课并与任课教师进行深度交流。

（魏红梅）

【开展"读书与写作"专题指导】 11月19

日,大兴九小在印刷学院礼堂开展家长学校活动,聘请资深教育专家赵景瑞进行“读书与写作”专题指导。九小副校长向与会人员介绍作文教学特色发展历程,学生朗诵自己创作的诗歌《我是一个小兵》;赵景瑞做《引导读书,激发兴趣,提升写作》专题讲座,从读书、激趣、写作三方面进行讲解,引发听众思考,使家长认识到指导孩子读书的重要性。九小家长、教师及大兴一小等7所学校部分师生680人参加活动。

(魏红梅)

【开展异地交流研讨活动】 12月7日,“九五”共同体校教师到天津河东区实验小学开展交流研讨活动。教师走进教改大课堂听三节美术课,参观校园环境,高科技活动教室、图书馆、书法教室、道具室等。实验小学校长介绍“教改大课堂”活动措施:以培养学生一生好习惯为主线,围绕每一天日常管理,每一周实践主题有计划、有组织实施,并有专人负责记录与评价。20名教师参加活动,“九五”共同体校由大兴九小、大兴一小、礼贤一中心、礼贤二中心、安定中心小学等五所学校组成。

(魏红梅)

【开展大组教研活动】 12月12日,大兴九小开展“抓实常规,培养自主,提高质量”大组教研活动。8名一线教师结合日常教学工作,进行总结与反思。研讨题目包括:课堂常规如何贯彻落实、班主任及科任如果联手形成合力、如何让学生带齐学习用具、学生不按时交作业怎么办、课上如何调动学生发言积极性、晨检时间如何培养和使用小干部等。发言教师依据自己教学实践畅谈实施办法与策略,两位副校长从管理角度谈培养学生自主的重要性。65名教师参加教研活动。

(魏红梅)

【观看北京女排比赛】 12月17日,大兴九小党支部组织党员、学生和家长56人到赵公口光彩体育馆观看北京女排与上海女排比赛。北京女排队员薛明看到母校师生前来助阵异常兴奋。2010年,原大兴九小学生薛明,携亚运会冠军金牌荣归母校,在校园掀起“薛明热”,全校师生为中国女排拼搏精神所鼓舞,为薛明取得的成功倍感骄傲。

(魏红梅)

【举办攀登英语教学开放活动】 12月21至22日,大兴九小举办攀登英语教学开放活动。开放课共四节,家长看到自己孩子在课堂上的表现以及与其他孩子的不同之处,更加全面了解孩子在英语学习方面的重难点。课后教师与家长进行互动交流,针对学生在英语学习方面的问题和困惑进行深入讨论。活动旨在让家长走进课堂真切了解学校攀登英语教学情况,提供与教师面对面交流机会。120名家长参加活动。

(魏红梅)

北京小学大兴分校

【概　述】 2011年,北京小学大兴分校占地面积24000平方米,建筑面积13000平方米。体育场馆面积10000平方米。图书馆藏书2.4万册,订阅杂志报刊28种。固定资产总值961.97万元。全年教育经费投入1207万元,国家拨款1154万元,自筹经费53万元。学校信息化经费投入140万元,拥有计算机200台,多媒体教室座位48个,普通教室32个,专用教室6个。教职工89人,其中,副高级职称4人,中级职称52人,专任教师72人,包括特级教师1人、北京市骨干教师6人,北京市学科带头人1人,本科以上学历84人。开设教学班31个。毕业96人,招生233人,在校生1151人。

学校以“依托名校优质资源,坚持自主发展,开展探究教育,建设学习型校园”为兴校方略;以“自信、合作、探究、笃行”为校风建设目标;以“在探究中扬起自信的风帆”为教育基本理念;学习北京小学管理经验,实施“扁平式”管理策略,遵循学校发展规律,坚持“规范化”——个性化(特色)→“示范化”学校发展之路,将北京小学大学分校办成名副其实的“名校分校”,办成大兴区人民最满意学校。

学校获第五届北京市中小学虚拟创造邀请赛一等奖,北京市节约型示范校,全国中小学主题班会展评活动优秀组织奖,大兴区教育教学一等奖等50多项荣誉称号。

学校网址:http://www. bjxxdx. com/Default. aspx

（王娜）

【举办迎新春联欢会】 1月19日,北京小学大兴分校在大兴影剧院举办迎新春联欢会。活动旨在为学生提供张扬个性、全面发展的平台。联欢会以“参与学生多”,“展示内容广”,“节目质量精”为特点,其中舞蹈《鼓

舞》被北京电视台选中。大兴区政协主席等领导、学生、家长1000多人观看演出。

（王娜）

【学生合唱团赴美国进行文化交流】 2月9至22日,北京小学大兴分校学生合唱团赴美国进行文化交流。全团31名学生分别入住美国小学生家庭,和美国孩子一起上课、学习。合唱团在当地进行5场演出,其中与曾

为美国总统奥巴马演出的七岭合唱团在伍斯特艺术馆同台演出，获得空前成功。《麻州每日电讯报》报道演出盛况，《尼德姆时报》全程报道这一文化交流活动。

（王娜）

【举行主题队日启动仪式】 2月21日，北京小学大兴分校举行“党旗团旗队旗飘起来”主题队日启动仪式。大队辅导员介绍主题队日活动背景，进行庄严的升国旗、出党团队旗仪式，全体少先队员、辅导员高唱国歌、队歌，重温少先队入队誓词，优秀党员代表在国旗下讲话。全体少先队员和教师1100多人参加启动仪式。

（王娜）

【市教委基教处领导到学校进行调研视导】 2月25日，市教委基教处处长李奕到北京小学大兴分校进行调研视导。李奕在校长陪同下参观校园，观看学校荣誉室，听取校长《依托名校资源，坚持自主发展，开展探究教育，创建品牌学校》工作汇报。李奕肯定学校的探究特色和学校文化、教师的专业化发展，并为学校发展提出宝贵建议。

（王娜）

【实行文明储值卡制度】 3月，北京小学大兴分校开始实行文明储值卡制度。根据文明小学生评选的五个条件，即懂礼仪、讲卫生、守纪律、爱学习、有爱心，分别用五种不同颜色的卡片代表每一项评价。学校根据各班文明行为表现，发放储值卡，累计文明储值卡数量，参与校级文明班评选。

（王娜）

【开展优质班会评比活动】 4月7至11日，北京小学大兴分校开展优质班会评比活动。经过年级听评，推选7节班会参与校级评优。区进修学校德育研究室专家应邀为本次活动评委，对每节班会进行点评与指导。本次活动评选出两节校级优质班会课。

（王娜）

【开展书香家庭评选活动】 4月，北京小学大兴分校开展书香家庭评选活动。活动旨在让每个学生养成多读书、好读书、读好书习惯，陶冶情操，获取真知。评选要求包括：撰写读书笔记数量、每日阅读时间、家庭藏书量、写作水平呈现等。家长积极参与，通过评选，20个家庭获得“书香家庭”称号。

（王娜）

【开展班会观摩活动】 4月14日，北京小学大兴分校班主任工作室开展主题班会观摩活动。该校教师张红莲作题为《低碳生活从我做起》主题班会，黄村镇一中心、大兴七小、大兴八小、大兴十小等德育协作校班主任及德育干部10人参加活动。

（王娜）

【参加全国小学数学课赛摘取桂冠】 4月27至29日，北京小学大兴分校教师孙贵合代表北京市参加全国小学数学课赛摘取桂冠。全国第十届深化小学数学教学改革观摩交流会在福建省厦门市举行，在全国32名选手中，孙贵合以总分第一名的好成绩，摘取全国小学数学课堂大赛一等奖第一名的桂冠。评委认为《三角形边的关系》一课设计新颖，有利于学生思维的发展，提升了学生自主学习的价值，为学生的实践活动提供了充足而有实效的空间。

（王娜）

【开展新闻人物评选活动】 5月，北京小学大兴分校开展“感动校园新闻人物”评选活动。活动旨在加强师德建设，弘扬正气，振奋精神，践行感动。根据教师平时工作业绩、感人事迹、育人理念等综合评定，全体教师投票产生10名“感动校园新闻人物”。

（王娜）

【召开岗位竞聘会】 8月24日，北京小学大兴分校召开岗位竞聘会。活动旨在激励教师奋发向上、超越自我的精神。学校设立年级主任、教研组长等16个一级岗位，24位教师通过演讲，陈述自己的实力、竞聘理由及工作设想竞争一级岗位。竞聘会共产生一级岗位教师16名。

（王娜）

【参加学校发展共同体】 9月20日，北京小学大兴分校参加“五色土学校发展共同体”。该共同体由北京小学大兴分校、北师大大兴附小、长子营一中心、大兴十小、榆垡二中心等5所学校组成。参加共同体旨在实现资源共享、优势互补、辐射带动、共同发展。活动内容包括开展课改大课堂、建立跨校资源管理库、组织专题研讨会、组织教育考察活动、出版《五色土》课改文集等。

（王娜）

【开展“京、津、晋”课改大课堂活动】 10月10日，北京小学大兴分校开展“京、津、晋”课改大课堂活动。活动中，该校教师孙贵合与天津河东区实验小学教师肖宏卿分别作数学课《三角形的三边关系》和《三角形的分类》，北京市特级教师刘德武现场评课。各校领导及天津、山西教师50余人参加活动。

（王娜）

【迎接工作检查团】 11月10日，北京小学大兴分校少先队迎接大兴区“千优带队”争创工作与少先队组织规范化互检工作检查团。检查团观摩学校中队“争做文明小使者”主题队会展示；观看学校七色光鼓号队表演及红领巾小社团、合唱社团的活动展示；参观检查各年级中队文化建设及大队室建设；听取大队辅导员做“千优带队”争创工作汇报；查看少先队档案；观看学校少先队员礼仪。大兴区总辅导员、少先队工作专家及各校辅导员11人参加检查。

（王娜）

【京、晋、蒙三地教师走进课改大课堂】 11月30日，北京小学大兴分校举办京、晋、蒙三地教师走进课改大课堂活动。活动中，该校教师马俊生作《白杨》一课，内蒙古教师张敬作《伯牙绝弦》一课，课后各位专家领导进行精彩点评。北京、山西、内蒙古三地专家领导及教师50人参加活动。

（王娜）

【承担农村骨干教师培训项目】 3至10月，北京小学大兴分校承担“国培计划”山西省60名农村教师培训工作。培训旨在从教育理念、教学技能和工作作风等方面提高教师专业素质。学校成立以校长为组长的培训领导小组，培训定位为“名师指路、骨干引领、常规工作、专业成长”。参加培训教师分别来自山西省各市、区小学，学习工作为期100天。培训教师跟随指导教师深入课堂，将课堂教学过程、教学亮点、收获详细记录，每人听课在70节以上。

(王娜)

【举办科技节活动】 11月22日至12月1日，北京小学大兴分校举办第三届校园科技节系列活动。活动旨在培养学生“勇于探索，敢于创新”精神，提升学校科技教育水平。学校大队部组织各中队开展科普进校园“一、二、三、四、五”活动，一看：看一场科普电影、看一本科普专题读物；二说：交流读书体会、说科学家故事；三画：科学幻想绘画、办一期黑板报、一张手抄报；四做：科技小发明小制作、做趣味科学实验；五写：写科技探究小论文小征文、写专题班级博客等。200多名学生在校园科技节系列活动中获奖。全校学生1100人参加活动。

(王娜)

【开展科研成果展示活动】 10月27日，北京小学大兴分校在“十二五”大兴区2011年科研周活动中进行科研成果展示。在“探究课堂教学”方面展示课题研究成果，分别推出语文、数学、科任各两节课，课后由专家、教研组长和教师进行评课交流；校长张景浩展示市级课题《小学生探究学习能力的促进与发展研究》成果。各校科研领导和教师40人参加活动。

(王娜)

【开展教学开放日活动】 11月7至11日，北京小学大兴分校分年级开展教学开放日活动。活动旨在加强家校联系，展示教学工作成果。活动中，家长走进课堂与学生一起听课，参观学生书法展、手抄报、优秀习作和英语书写作品展，观摩课间操。活动结束后，学校通过统计家长满意度调查表，共产生15名最受欢迎的教师。1100多名家长参与活动。

(王娜)

【开展学习“北京精神”系列活动】 12月，北京小学大兴分校开展学习“北京精神”系列活动。活动通过学校网站、家长校讯通、红领巾志愿督察岗等途径宣传“北京精神”。活动包括：中队进行“北京精神”解读与宣讲，畅谈自己身边的“北京精神”；大队组织队员开展学习践行“北京精神”优秀作品征集评选活动；召开大中队干部、校园小记者专题研讨会；干部带头学习践行“北京精神”；组织小记者进行“北京精神”的专访报道等。学校大队部共收集到少先队员学习践行“北京精神”征文、“寻找身边践行北京精神事例”征文、漫画、采访等形式的作品260余份。全校学生1100人参加活动。

(王娜)

【召开党支部民主生活会】 12月28日，北

京小学大兴分校党支部召开主题为“发挥共

产党员先进性 推动学校教育改革发展”党员干部民主生活会。书记张景浩带领各位党员干部学习毛泽东同志的《反对自由主义》等文章，会议结合工作实际，对照保持党员先进性标准，剖析查找突出问题，开展严肃认真地批评与自我批评。党员干部18人参加生活会。

（王娜）

北京小学翡翠城分校

【概　述】 2011年，北京小学翡翠城分校占地面积21747平方米，建筑面积16000平方米，体育场（馆）面积3600平方米。图书室藏书1万册，订阅杂志、报纸46种，固定资产总值732.17万元，全年教育经费投入1207.91万元，其中，国家拨款989.02万元，自筹经费218.95万元。学校拥有计算机109台，多媒体教室座位200个，普通教室18个、专用教室8个。教职工62人，其中，副高级职称2人，中级职称32人。专任教师61人，北京市骨干教师2人，本科以上学历61人，开设教学班18个，招生181人，在校生528人。

学校遵循“绿色成长教育”的办学理念，让学校成为生命精彩绽放的绿色家园。秉承“实施绿色成长教育，促进师生主动发展，建设一所国际化优质小学”的办学思想，坚持“悦己爱人　智勇双修”的校训，培养“有梦想，快乐生活，勇于探索的小公民”。

学校获大兴区教育教学一等奖、电子化学籍管理先进单位、师德建设先进集体、工会工作先进单位、教育系统信息宣传工作先进单位、少先队组织建设规范化先进集体等奖项。

学校网址 http://bxfcc.dxschools.cn/

（刘彦生）

【教育工作会上受表彰】 1月11日，北京小学翡翠城分校在大兴区小学教育工作会上受到表彰。学校被评为区教育教学一等奖，2010年度电子化学籍管理先进单位；教委对在大兴区“新星杯”大赛中表现优秀的青年教师进行表彰，该校教师刘佳、王越琛、黄远分别以学科第一名成绩获得语文、英语、美术一等奖；教师刘艳征、耿亚楠、宋妍、王静分别获得体育、数学、语文、科学学科二等奖。

（刘彦生）

【召开读书分享会】 2月20日，北京小学翡翠城分校召开第四届教师读书分享会。寒、暑假学校要求教师读一本书，书目可以是学校推荐，也可以自选。分享会上，教师不仅把读书心得与大家进行交流，还把工作和生活中总结的经验与大家分享。全校44名教师参加分享会。

（刘彦生）

【召开“十一五”科研课题开题会】 2月25日，北京小学翡翠城分校召开北京市教育科学“十一五”规划课题《改善学生交往状态，提升小学生发展质量的实践研究》开题会。北京教育科学院规划办主任耿申、区教委副主任马士义等领导出席。课题负责人张文凤从问题的提出、概念的界定、主要内容和切入点、研究方法和对象、研究过程、预期成果等方面进行详细阐述；7个子课题负责人围绕总课题简要说明本课题的主要研究内容和预期成果。与会专家认为，本课题重点突出，找到“交往”这个抓手，在实施过程中，把课题收缩、站稳一个立场，即找到课题研究的重点内容，实施后再展开，做到一张一弛，落到实处。专家领导及该校教师55人参加开题会。

（刘彦生）

【举办学校食堂现场观摩会】 3月1日，北京小学翡翠城分校举办大兴区学校食堂“六项统一”创建工作现场观摩会。大兴区卫生局卫生监督所信息科副科长惠蕙、食品科副科长郑渊和全区中小学主管食堂副校长、总务主任参加会议。会上，惠蕙作动员报告，要求全区中小学食堂积极行动，对学校食堂进行整改，确实达到“六项统一”，提高食堂工作质量，办教师、学生、家长满意的食堂；北京小学翡翠城分校主管食堂工作主任福佩祥介绍学校食堂从无到有、创建“A”级标准的成长历程，工作流程及具体工作方法；郑渊对

“六项统一”进行解读和具体工作部署。会后，全体与会领导对该校食堂进行现场观摩。

（刘彦生）

【接受区教委领导工作指导】　3月25日，大兴区教委纪工委书记王翠华、纪检监察科长郭紫良、审计科长赵树民等领导到北京小学翡翠城分校指导工作。王翠华等领导听二年级教师刘佳语文课并参观校园，听取校长关于校园文化建设、学校发展和近期工作计划以及校园安全工作汇报。王翠华对学校教育教学工作给予充分肯定并提出希望。

（刘彦生）

【举办家长讲堂活动】　3月31日，北京小学翡翠城分校举办家长讲堂活动。邀请学生家长刘波为一年级同学讲授主题为《鲜艳的旗帜　骄傲的名称》队前教育课。刘波介绍党、团、队旗引入自己政治生命的三级阶梯，告诉孩子入队意义；通过自己儿时崇拜的英雄人物讲解少先队历史，帮助孩子理解“先锋”含义；亲身示范少先队礼仪，让孩子体会加入少先队的光荣与神圣；最后，刘波用口琴奏出《我们是共产主义接班人》旋律，向学校少先队赠送英雄人物光盘，供学生观看、学习。一年级学生和班主任160人参加活动。

（刘彦生）

【参加艺术节获奖】　4月18日，北京小学翡翠城分校参加大兴区第十四届中小学生艺术节获奖。该校参加包括集体舞蹈、戏剧、声乐等10个项目比赛。其中，集体项目舞蹈《猫鼠之夜》和校园剧《当人类遭遇狐假虎威》均获得一等奖的第一名。个人项目，刘孟舒、洪济岩、成炜宏、高阳、王如暄等同学分别获得一等奖。

（刘彦生）

【开展课题研究课交流活动】　4月12至20日，北京小学翡翠城分校开展北京市“十一五”课题《通过改善交往状态　提升小学生发展质量的实践研究》课题研究课交流活动。30名教师参加交流，涉及语文、数学、英语等8个学科。每位教师课前上交教学设计，课后写出教学反思，听课教师上交对本节课的评价表。学校领导和全体教师44人参加活动。

（刘彦生）

【开展植树护绿活动】　4月20日，北京小学翡翠城分校开展“同栽一棵树　伴我共成长”植树护绿活动。大兴区少工委办公室主任孟杰等领导参加。李静雯同学代表全体少先队员宣读植树护绿倡议书。孟杰等领导和

一年级同学一起栽种树苗，二、三年级对本中队小树苗及校园其它花草树木进行维护。12

名队员被评为“护绿使者”，成为大家学习的榜样。该校师生390人参加活动。

（刘彦生）

【重温入党誓词】 4月29日，北京小学翡翠城分校全体党员到圆明园遗址公园开展“坚定理想信念、重温入党誓词”活动。党员参观圆明园全景沙盘以及大水法等遗址建筑，了解园内文物流失情况以及近年来社会各界爱国人士对寻访遗失文物所作的努力。在大水法建筑遗址前，党支部组织委员带领党员重

温入党誓词，以实际行动迎接建党90周年。

（刘彦生）

【开展艺术节系列展示活动】 5月30日至6月2日，北京小学翡翠城分校开展以“七彩艺术路，我秀我精彩”为主题的系列展示活动。每天下午放学组织学生参加展示，内容包括：架子鼓、舞蹈、课本剧、小篮球、健美操、跆拳道等15项。清源街道、区教委、教师进修学校、少年宫等相关领导与全校师生一同观看“英语·艺术节”大型文艺演出。第一部分是艺术节优秀获奖节目展示，第二部分是英

语节目，包括观看学校英语教学情况介绍短片、英语竞赛颁奖、英语短剧等。300余名学生参加展示。

（刘彦生）

【迎接国际教育博览会外宾考察】 6月15日，参加北京国际教育博览会的加拿大、美国、英国、日本、印度等国家的外宾到北京小学翡翠城分校参观考察。外宾听取校长张文凤介绍学校基本情况，参观校园环境、专业教室、学生宿舍，观看学生艺术作品展示。参观中，外宾同一年级学生进行互动交流。张文凤向外宾赠送学校一套书签和北京08年奥运会纪念衫。

（刘彦生）

【举办班级博客培训】 7月1日，北京小学翡翠城分校邀请区教师进修学校德育研究室韩景贵进行“班级博客”培训。韩景贵分析个人博客与班级博客的区别，详细阐述班级博客特性，结合“北京市网上家长学校”班级

博客，对班级博客的风格特色、版块设计、管理维护、隐私安全等方面进行针对性讲解，并传授快速处理图片技巧等技术。60 名教师参加培训。

（刘彦生）

【举办英语夏令营】 7 月 1 日，北京小学翡翠城分校举办首届英语夏令营。美国马萨诸塞州尼德姆学区米歇尔小学校长及 4 位专职教师为暑期英语夏令营学生授课，和学生一起交流、学习、游戏。夏令营历时 2 周，分低、中年龄两个教学班共 40 名学生。

（刘彦生）

【副市长洪峰到校调研】 8 月 24 日，北京市副市长洪峰到北京小学翡翠城分校调研开学准备工作。市教委及大兴区相关领导陪同。洪峰向校长张文凤询问开学的各项准备工作，视察校园、专用教室、学生宿舍、食堂、教室、办公室等场所，学校开学各项准备工作得到领导充分肯定。

（刘彦生）

【举行开学典礼暨成立家长教师协会】 9 月 1 日，北京小学翡翠城分校举行新学期开学典礼暨家长教师协会成立大会。新生家长为自己孩子佩戴北京小学校徽，并送上“希望与嘱托”；领导为新一学生代表颁发《弟子规》。“家长教师协会”成立会上，与会人员观看家校共育片，回顾北京小学翡翠城分校所走过的历程。北京教科院德育研究中心主任谢春风和校长张文凤为“家长教师协会”揭牌，并为孩子颁发第一本作品集《海棠花开》。副校长和协会副会长分别宣读《家长教师协会章程》、校级执委会成员名单并颁发聘书。领导为家长代表颁发《走进我们的家》家长手册。区教委副主任安有文致辞，肯定该校所取得的成绩，希望继续努力，打造人民满意的高水平学校。市区领导、专家团队、全体师生及家长 800 余人参加活动。

（刘彦生）

【召开发展共同体第一次会议】 9 月 7 日，青云店二中心、瀛海一中心、采育二中心等三所学校校长到北京小学翡翠城分校商讨发展共同体活动框架。会议制定以课堂为主渠道，通过研读教材，促进教师专业化水平的提升；确定以课堂教学实效性的达成、教师专业化水平的提升为活动主题。活动内容有教师培训提升、课堂教学交流、专家培训共享、基本功展示等。在活动方式上，充分利用网络优势，视频研讨交流、邮箱联络等。活动方案由翡翠城核心校完成。

（刘彦生）

【接受多家媒体采访】 11 月 4 日，北京小学翡翠城分校校长张文凤接受多家媒体采访。新华社、中央人民广播电台、《中国教育报》等 17 家媒体到该校考察大兴区教育均衡发展情况。媒体参观校园环境，随堂感受钢琴、形体、阅读等多样化校本课程；张文凤作《优质接力促均衡》工作汇报，从“引入优质资源，激活区域教育潜力”、“发掘优质资源，促进地方名校形成”、“传递优质资源，务实教育均衡发展”等三方面介绍分校发展历程。

（刘彦生）

【开展赴美游学活动】 11 月 29 日至 12 月 14 日，北京小学翡翠城分校开展赴美游学活动。16 名师生应美国波士顿尼德姆学区米切尔小学邀请，师生住宿在美国小学生家里，

与美国小学生一起学习、交流、活动，参观游览哈佛、耶鲁、麻省理工等大学。

（刘彦生）

北京师范大学大兴附属小学

【概　述】　2011年，北京师范大学大兴附属小学占地15699平方米，建筑面积9520平方米，体育场面积9671平方米。图书室藏书1.018万册，订阅杂志、报刊30种。固定资产总值508.3万元。全年教育经费投入805.74万元，其中国家拨款805.74万元。学校信息化经费投入4.5万元，拥有计算机194台，多媒体教室座位178个，普通教室24个，专用教室10个。教职工63人，其中中级职称29人。专任教师54人，包括北京市骨干教师2人，区级学科带头人10人，区级骨干教师13人，硕士研究生4人，本科以上学历48人。开设教学班13个（包括附属园2个班）。招生263人，在校生458人。

学校坚持以教育科研为先导，以数字校园建设为依托，促进学校教育教学及管理的科学化、规范化和现代化。在“明德、乐学、强身、尚美”的校训指引下，全体干部教师满怀教育理想，用全部的爱与智慧，努力把学校建设成为“传承经典的书香文化园、放眼国际的实践创新园、益心健体的自主成长园和陶冶情操的多彩艺术园”，为每个生命拥有善、博、健、雅的高尚人格和幸福人生奠基。学校通过构建与发展学校幸福教育文化、构思和推动学校发展战略管理、建设和提升两支队伍核心素质、建立和完善学校质量管理系统、建设和促进以三级课程整体推进为作用点的“学习共同体”，逐步形成高起点、高定位、高效益的可持续发展格局。在“期待＋激励＋唤醒”的育人模式中，学校以“大课程”理念为核心，树立校园人人、处处、时时为课程的意识，通过美化环境、设计课程和策划活动，为儿童健康、快乐、和谐成长铺七彩路、搭七彩台。

学校获得全国外语教学实验校和全国语文课程改革实验校、北京市基础教育学生综合素质评价工作先进单位、北京市校本培训示范单位、大兴区教育教学成果一等奖、大兴区教育系统先进基层党组织、教育信息化先进办公室、信息宣传工作先进单位、中小学生运动会优秀组织奖等奖励17项。

网址：http://www.bsddxfx.com/。

（方亮）

【召开党支部工作会】　3月7日，北京师范大学大兴附属小学召开全体党员大会，积极分子、团员列席会议。党支部书记甄艳玲通报支部本学年工作计划，明确支部工作重点，提高全体党员对国家及区内教育形势的了解，进一步统一思想，提高认识，继续开展“三面旗帜”主题实践活动，加强争先创优活动的推进，创建学习型党组织，为凝聚力强、业务精、工作实、管理细、标准高的品牌学校而努力。开展党员“五比五创”承诺签名活动，发挥党员先锋模范带头作用。启动党员“帮扶一个孩子带动一个家庭”手拉手活动，从学习和生活两个方面对学生进行科学有效帮扶。党员、积极分子、团员28人参加会议。

（方亮）

【举办首届教师金声论坛】 3月14日，北京师范大学大兴附属小学举办首届教师金声论坛。宁书平、赵振凤、王娜三位教师发言，阐述自己心中“幸福课堂”理念，教导主任对发言进行点评。金声论坛每月召开一次，每次更换主题，更换论坛发言人。论坛旨在为教师搭建一个展示、交流、锻炼、提高平台，培养教师勇于表达、乐于表达、善于表达的能力。全校一线教师32人参加活动。

（宁书平）

【开展紧急疏散演练】 3月28日，北京师范大学大兴附属小学开展紧急疏散演练。上午9时25分，警报响起，校长甄艳玲在广播里发出“学校现发生紧急情况，需紧急撤离！”命令。全校师生按着预案有条不紊进行撤离，每个楼梯口、拐角处，每层楼道都有教师指挥，学生弯着腰、捂着口鼻，迅速有秩序地撤到操场上，整个演练用时3分零5秒。全校师生235人参加演练。

（张会林）

【举办家长开放日活动】 3月31日，北京师范大学大兴附属小学举办“撑起七彩天空，开启幸福童年”为主题的一二年级家长开放日活动。副校长韩淑慧介绍学校和教师发展状况、学校近期工作。家长走进课堂听语文和数学两节课，课间，参观孩子在楼道里展出的“小书签”、“读书工程”系列活动图片。课后，家长查看学生各科作业，班主任针对本班情况与家长进行交流，发放调查问卷和三月份“七彩童星”月汇报成绩单，副班主任和英语教师分别进班与家长沟通。家长开放日活动每学期举办1－2次。310名家长参加开放日活动。

（宁书平）

【举办首届亲子运动会】 4月29日，北京师范大学大兴附属小学举办首届亲子运动会。每个班级由学生、教师、家长组成方队，挥舞鲜花、彩带，高擎班牌依次入场。运动会集体项目是广播操展示，个人项目有足球射门、搬运球投篮、接力跳远、跳绳、转呼拉圈、寻宝、接力等。运动会共评出单项奖56个，优秀组织奖、入场式优秀奖、广播操比赛奖、道德风

尚奖、30米迎面接力奖、团体总分奖等6个团体奖。全校学生、家长770人参加运动会。

（韩起岣）

【开展“七彩成长节”庆祝活动】 6月1日，北京师范大学大兴附属小学在红星快乐营开展“七彩成长节”庆祝活动。117名学生戴上

红领巾，少先队员李捷思带领新队员宣誓；少先队员参观毛泽东同志图片展，亲身体验勇敢桥、天罗地网、踏板桥、网梯、木桥、高低桩、踏踏板桥、穿越火线、钻圈等活动项目，进行情景剧《英雄王二小》表演，展示国学诵读、巴乌合奏等部分校本课程内容。440 名师生参加活动。

（代建云）

【召开小学课程开发与管理现场研讨会】 6 月 8 日，“北京市小学学校课程开发与管理现场研讨会”在北京师范大学大兴附属小学召开。研讨会主题是：为每名学生创造适合的课程。校长甄艳玲在致词中指出，以学生发展为本，借鉴多元智能理论，为每个儿童设计适合的课程，最大限度满足每名学生全面健康成长和个性发展需求。部分校本课程展示后进行现场研讨，名誉校长项红鼓励学校将课程开发与建设实践展示出来，供大家解剖分析。多元智能教育理论专家沈致隆教授对学校近两年依托建构理论，采用“期待＋激励＋唤醒”的育人模式，一切以促进孩子多元发展为指针的课程建设工作给予肯定。北京教科院课程研究中心课程室主任程舟希望学校不断创新思路，将课程建设做扎实，为每名学生全面发展提供充足营养。全市各区县代表、区各学校教导主任、家长代表 180 人参加活动。

（许会妍）

【开展建党九十周年主题教育活动】 7 月 1 日，北京师范大学大兴附属小学开展“党旗凝聚力量，追寻红色足迹，践行崇高志向，开创幸福教育”纪念建党九十周年主题教育活动。在纪念馆巨大党旗背景墙下，全体党员重温入党誓词，党支部组织委员通报学校党支部获奖情况及入党积极分子名单，团支部朗诵《团心向党为党颂歌》。仪式结束后，全体党团员参观“没有共产党就没有新中国”纪念馆。党团员、积极分子 28 人参加活动。

（方亮）

【召开第二届中基层干部竞聘会】 7 月 13 日，北京师范大学大兴附属小学召开第二届中基层干部竞聘会。此举旨在合理配置人才资源，优化干部、教师队伍结构，全面实施教职工聘用制。基层干部聘用制度根据中基层管理岗位现状确定职位、范围、条件，进行公开报名，采用本人述职与民主测评、考察、筛选等环节确定拟聘对象。本次竞聘共有五个竞聘职位：校长助理、德育干事、一、二、三年级组长，5 名教师述职竞聘，经全体教师民主测评，支部考察，5 名教师全部获聘。

（方亮）

【参加香港国际合唱节获奖】 7 月 17 至 23 日，北京师范大学大兴附属小学参加香港国际青少年合唱比赛获奖。由 22 名小学生组成的合唱团演唱歌曲《银色的马车从天上来》、《太阳，熟透的苹果》，获得香港国际青少年合唱比赛A1组银奖。

（王琳）

【举行外语实验校揭牌仪式】 9月1日，北京师范大学大兴附属小学举行“国家基础教育实验中心外语教育研究中心外语实验学校”揭牌仪式。国家基础教育实验中心外语教育研究中心教师培训部主任姜志伟宣读全国外语实验校批复函，国家基础教育实验中心外语教育研究中心主任盖丽娃等领导为实验校揭牌。二(3)班学生家长代表发言，区委常委、组织部长王有国讲话。外语实验学校挂牌后将充分利用中心提供的各种国际、国内外语教研、教师培训机会，进行外语教科研信息及教学理论和实践学术指导，促进学校外语教学工作。领导、专家、家长、全校师生540人参加活动。

（许会妍）

【举行“幸福教育之星”颁奖典礼】 9月9日，北京师范大学大兴附属小学举行“首届感动附小十大幸福教育之星”评选颁奖典礼。对“钻研探索、激情进取、乐教乐学、尊重平等、团结合作、甘于奉献、积极乐观、健康向上、快乐生活、爱心永驻”十个方面优秀教师进行表彰，区关工委主任周静溪等领导为十位获奖者颁发奖杯。典礼过程中，参加香港国际合唱节小演员、小舞蹈团成员分别进行获奖节目展示，青年教师表演精彩的舞蹈。该校师生和家长代表170人参加活动。

（方亮）

【开展学生识字量测查】 10月9日，北京师范大学大兴附属小学教学处开展每学期初学生识字量测查。测查旨在激发学生识字兴趣，促使学生养成主动识字习惯，为教师识字教学提供科学依据。一年级学生为第一次识字量摸底测查，主要采取一对一形式进行，把测查成绩记录在册，用于期末测查后的比较；二、三年级采取答卷形式，并把测查成绩与上学期成绩进行比较，分析学生识字量增长情况。测查结束后，分别评出“识字小学士”、“识字小硕士”、“识字小博士”等奖项。学期末学校会对识字量进行再次测查，掌握学生识字量增长幅度。全校383名学生接受测查。

（宁书平）

【举办课程素养讲座】 10月14日，北京师范大学大兴附属小学举办《课程素养》讲座。校长甄艳玲在讲座中指出，什么样的课程培养什么样的人，需要什么样的人就设什么样的课程。课程是学校教育的核心产品，教师是课程的设计和实施者，作为教师要从学生需要出发，设计适合学生发展的课程。互动交流环节，甄艳玲就教师对课程问题的困惑，从“对课程的认识理解、研发实施、持续改进”三方面进行讲解。教师对在课程实施过程中需要培养什么样的人、怎样培养人、谁来培养、用什么培养的问题有了清晰认识。海南省三亚市中小学骨干校长研修班挂职校长、山西省师范生顶岗实习置换培训项目教师和该校全体教师85人参加学习。

(马莉)

【迎接区关工委视导团视导】 10月21日,大兴区关工委视导团一行25人到北京师范大学大兴附属小学视导工作。视导团听取校长甄艳玲对学校发展情况汇报,观看校园文化建设和课程建设以及学校教育教学工作发展情况宣传片。区关工委主任周静溪,区教育关工委主任李克仁分别对校园文化建设、队伍建设、课程建设等方面取得的成绩给予肯定,同时希望各位老领导、专家继续关注学校,支持帮助学校,使学校各方面工作取得更大进步。最后,视导团参观校园文化建设情况。

(方亮)

【开展国学游学活动】 11月13日,北京师范大学大兴附属小学到国子监开展游学活动。活动旨在走进文化圣地,感受国学魅力,开阔师生视野,提升国学素养,发展幸福教育。师生走过集贤门、太学门、琉璃牌坊,参观琉璃牌坊辟雍、孔庙,依礼参拜孔子像,观看大型古乐表演;邀请北京四中教师连中国作主题为《推动学生完整意义上"人"的发展——人文教育与教师人文素养的养成》讲座。教师用手抄报形式总结游学活动收获。该校全体教师和学生代表88人参加活动。

(许会妍)

【开展经典美文诵读活动】 11月29日至12月5日,北京师范大学大兴附属小学开展"书香飘逸读书声,嗓音甜润诵美文"经典美文诵读活动。此次活动是读万卷书工程系列活动之一。在班级初选基础上,每班推荐两个诵读节目,采用现场与网上投票相结合方式,评选出各年级最受欢迎的集体诵读节目是:附属园二班《山羊过桥》,一(3)、一(4)班《弟子规》、二(2)班《孙子一则》;个人节目是:李欣童诵读的《大学》,倪飘飘、白思佳、李雅暄、肖语欢诵读的《四季花》,杨梓涵、董毅诵读的《春夜喜雨》,李佳文诵读的《陋室铭》。全校458名学生参加活动。

(张会林)

【举办钢琴音乐会】 12月9日,北京师范大学大兴附属小学举办钢琴课程专场音乐会。24名小演奏家进行才艺展示,学生家长现场观看,全校师生在各班观看现场直播。演奏内容包括钢琴名曲、少儿歌曲、校园歌曲等,演奏形式有钢琴独奏、四手联弹、巴乌合奏。演出结束后,进修学校音乐教研员于淑清和校长甄艳玲为小演奏家颁奖。全校师生、家长代表500人参加音乐会。

(王琳)

【举办第三届“幸福小画笔”画展】 12月21日，北京师范大学大兴附属小学举办第三届“幸福小画笔”画展。一、三年级200名学生的315幅作品参展。此次画展分儿童个人展、课堂作业主题展、美术组创作展、创意美术作品展、想象色彩学生作品展等5方面。其中15人举办个人画展。此次画展旨在让学生通过自己的画笔表达对生活的认识，提供展示机会，提高学生绘画积极性。

（于海燕）

【召开领导班子民主生活会】 12月26日，北京师范大学大兴附属小学召开以“结合幸福教育文化主旨，提高党员干部党性修养，增强支部战斗力与凝聚力”为主题的领导班子民主生活会。领导班子成员、支部委员参加会议，党小组长列席会议。党支部书记甄艳玲作《研究与创新，尽责、感恩、欣赏、分享、超越，帮助每个人成为他自己》主题述职报告。与会人员就学习教委主任李达《坚定信念，提高素质，为新区教育科学发展做贡献》讲话，畅谈体会与感悟，对自己在工作中、团队中的思想认识、工作状况进行剖析，查找不足，对学校工作提出意见和建议。

（方亮）

大兴区黄村镇第一中心小学

【概　述】 黄村镇第一中心小学由1所中心校、5所完小组成，是全区小学规模最大，完小最多，师生人数最多的一所地处城乡结合部的农村镇中心校。2011年，黄村镇一中心各校总占地面积72214平方米、建筑面积23402平方米，体育场面积41055平方米。图书馆藏书7.9万册，电子图书250册，订阅杂志、报刊24种。固定资产总值3854万元。全年教育经费投入4008万元，其中，国家拨款4008万元。学校信息化经费投入90万元，拥有计算机902台，多媒体教师座位500个，普通教室87个、专用教室30个。教职工266人，其中，副高级职称2人、中级职称174人。专任教师248人，包括特级教师1人、北京市骨干教师9人、北京市学科带头人1人、本科以上学历177人。开设教学班87个。毕业生458人，招生452人，在校生2900人。

学校坚持"以人为本，科研兴校"的办学方略，坚持"面向全体，为学生一生发展奠基"的办学理念，弘扬"无私奉献　追求卓越"的"黄一"精神。以信息技术与学科教学整合研究为载体，以新媒体、新技术的应用为平台，促进学生健康成长，提高教师专业化发展水平。以英语教学、心理健康教育建设为特色龙头，课程改革，教研促教改，全面提高教育教学质量。以培养学生创新精神和实践能力为目标，全面推进素质教育。

学校获全国教育科研先进实验单位、北京市中小学优秀基层党组织、大兴区师德建设先进集体、先进基层党组织、特色学校创建优类校、教育教学质量一等奖、"澜爵酒堡杯"常青藤全国国际象棋公开赛学校四年级组团体第三名等奖励25项。

学校网址：www.hczedu.dxschools.cn

（吴立燕）

【召开课题开题论证会】 1月13日，黄村镇第一中心小学召开北京市教育科学"十一五"规划一般课题《以学校、家庭、社区为依托，培养小学生环保实践能力的研究》和《基于专题网站的小学作文教学研究》立项课题开题论证会。邀请联合国教科文组织中国可持续发展教育全国工作委员会执行主任史根东博士，北京教科院原学校发展研究室主任朱懋勋，大兴教师进修学校科研副校长王永庆、主任魏希芬参加论证会。两个课题组负责人分别作开题论证，专家根据开题报告内容进行指导，提出进一步完善意见。大兴区共有11项课题被批准为北京市教育科学"十一五"规划2010年度立项课题，其中有2项课题来自黄村镇第一中心小学。课题组干部和教师50人参加论证会。

（吴立燕）

【举办首届教育科研周活动】 1月23至25日，黄村镇第一中心小学举办首届教育科研周活动。活动旨在引导教师将教育教学中的问题课题化，将教育教学研究工作科研化，由经验型、研究型教师向科研型、专家型教师转变。聘请北京教育科学研究院原学校发展研究室主任朱懋勋教授、大兴区教师进修学校副校长刘芳分别作《开展教育研究，提高课堂教学实效》、《学习、思考、实践——学做研究型教师》专题讲座。8位教师汇报研究成果，

28项课题研究结题报告和开题论证报告结集成册《科研报告文集》供教师参考学习。一中心各校校长、主任及科研骨干教师78人参加活动。

（吴立燕）

【市教科院专家到校调研】 3月10日，北京市教科院基础教育研究所专家朱懋勋、蔡歆、张理智、赵艳萍到黄村镇第一中心小学天堂河完小调研指导工作。专家团听取教师闫瑾两节作文课并进行评课；闫瑾围绕大兴区"十一五"规划课题《农村小学班级书香文化形成途径的研究》，阐述自己研究成果，通过深入研究使读书成为班级主流文化，成为学生普遍的兴趣爱好，从而促进班级各方面工作的开展。专家团与部分语文教师围绕"作文教学，负担还是兴趣"展开热烈讨论。

（吴立燕）

【开展"安全教育周"活动】 3月28日至4

月1日，黄村镇第一中心小学开展"安全教育周"活动。五(3)中队辅导员以《关注安全，珍惜生命》为题向全体师生发出安全倡议；组织学生观看安全自救教育专题片，学习逃生自护自救技能；开展"学校安全隐患我发现，家庭安全隐患我排查"调查活动，制作安全手抄报等活动，提高学生安全意识和自我保护能力。全校师生978人参加活动。

（吴立燕）

【中国儿童少年基金会考察团到校考察】 4月6日，中国儿童少年基金会协同Nike总部运动机会部、首都体育学院、北京妇女儿童发展基金会组成的考察团一行7人到黄村镇第一中心小学对"让我玩"项目在学校开展情况进行考察。考察团查看学校田径场，篮球场，询问器材配给、志愿者入校、篮球队训练等情况，并听一节体育课；听取学校开展体育运动情况介绍。丽莎·麦考林女士指出，学校上、下午均能保障孩子有20分钟自由活动时间，并在学生中开展"一绳一毽一技能"活动，真正是以学生为本，让学生充分运动，在运动中享受快乐。

（吴立燕）

【召开教师队伍建设大会】 5月6日，黄村镇第一中心小学召开教师队伍建设大会。区教委副主任马士义，区教育团工委书记孙勇等领导出席。大会表彰"十佳青年教师"并观看其事迹宣传片；为获市区级学科带头人、骨干教师、骨干班主任荣誉的教师发放笔记本电脑；校长郝素梅对教师队伍建设取得的成绩、面临问题和今后工作思路进行阐述；马士义在讲话中指出，教师队伍建设是一项需要持之以恒长期坚持的工作，全体干部要抓住机遇，引领教师坚定信心发扬优良的工作作风，把学校各项工作推向新阶段。该校干部、教师260人参加会议。

（吴立燕）

【数字校园网络中心硬件改造完成】 5月20日，黄村镇第一中心小学数字校园网络中心硬件改造完成。完成网络中心UPS电源、电力线缆、精密空调、核心服务器采购，建成标准网络中心，分为设备区、管理区和办公区，保证之后部署的网络平台 7 * 24 小时运行。该校网络中心形成于 2001 年，之后逐渐形成 3 台服务器、2 台核心交换机的初步形式。平台包括学校网站、专题网站、FTP 文件服务器、文件共享服务器、内部办公网。2010 年 9 月网络综合布线进行调整，全校信息点达到 200 多个，网络链接增加 3 层千兆交换机 6 台。

（吴立燕）

【获“教育科研先进单位”称号】 5 月 25 日，在大兴区“十二五”教育科研大会上，黄村镇第一中心小学获得大兴区“十一五”教育科研先进单位称号。科研课题《通过小组评价，提高小学生自我教育能力的研究》、《农村小学个性化习作导学实践研究》获大兴区“十一五”教育科研优秀成果一等奖；《以学校、家庭、社区为依托，培养小学生环保实践能力研究》获二等奖。在“十一五”期间，该校立项市区级课题 28 项。

（吴立燕）

【获全国白板现场课比赛一等奖】 5 月 29 至 31 日，黄村镇第一中心小学获全国白板现场课比赛一等奖。在第四届全国中小学交互式电子白板学科教学大赛暨新媒体新技术教学应用研讨会上，教师尹素敏执教二年级数学现场课《对称》，在 75 节现场课比赛中获得一等奖，该校 10 节课例评比分获一、二、三等奖。全国 18 个省，52 个地级市、县的 700 余名教师参加会议。

（吴立燕）

【举办法制专题讲座】 5 月 30 日，黄村镇第一中心小学、大兴区人民检察院公诉一处、“国际司法桥梁”组织共同举办“你对法律知多少”法制教育专题讲座。活动旨在增强学生法律意识，使学生知法、懂法、用法，从小学会用法律武器保护自己。学校向大兴区人民检察院公诉一处处长于阳颁发“学校法制副校长”聘书；于阳和“国际司法桥梁”组织代表向孩子赠送《你对法律了解多少》法制教育图书 500 册；检察官代表结合检察院性质、作用以及学习法律，遵守法律重要性作《做个知法　懂法　守法的好少年》专题讲座；“国际司法桥梁”组织成员陈新玉以互动形式，为学生上法制教育课；少先队员代表就学习法律知识做守法小公民做典型发言。全校师生 970 人参加学习。

（吴立燕）

【开展“自我教育培训”活动】 6月24日，黄村镇第一中心小学开展“自我教育培训”活动。培训旨在使教师确立新的教育观，激励学生自我教育，把他教与自教结合起来，由他教走向自教，实现终身学习。学校聘请原北京教育学院副院长、中国教育学会教育管理分会理事长贺乐凡和原北京成人教育学院副院长、北京市政府专家顾问周韫玉分别作《自我教育　激发潜能》和《教师如何进行自我教育》专题讲座。全校教师280人参加培训。

（吴立燕）

【召开班主任工作专题研讨会】 6月30日，黄村镇第一中心小学召开班主任工作专题研讨会。为新评定的第二批骨干班主任颁发认定证书；三位教师分别从一年级学生入学适应性教育、学科教学与班级管理有机整合、创建特色班级文化几方面做经验介绍；97名班主任分四个组就班级管理中最有效方法、学生普遍存在的问题及其解决对策等进行专题讨论，最后形成一致意见，以年级组为单位，根据各年级学生心理特点，把学习、交往等方面容易出现的普遍问题以及解决方法进行汇集整理，作为校内教师培训、学习资料。

（吴立燕）

【抗震加固工程竣工】 8月28日，黄村镇第一中心小学观音寺完小校舍抗震加固工程竣工。工程采用墙体增设钢筋混凝土板墙进行抗震加固，主要工程内容为：教学楼整体框架加固，地下水、消防水、暖气水网改造，墙楼内弱电线明改暗等。加固后满足北京地区8度区乙类建筑抗震设防要求，抗震设施按9度设防考虑。整个工程历时两个月，投入资金867.6万元。

（陈淑娟）

【承办校长听评课活动】 9月25日，大兴区小学领导干部听评课系列活动在黄村镇第一中心小学举行。北师大项目组教师秦晓红对校长、教师进行课前培训，该校教师赵建翠现场做一节攀登英语输出课，课题组教师李娜进行针对性评价。全区校长和攀登英语教师100余人参加活动。

（吴立燕）

【承办论坛导师带徒推进会】 10月11日，大兴区少先队“千优带队”论坛导师带徒推进会在黄村镇第一中心小学举行。团市委副书记黄克瀛、区委副书记王新、团区委书记、区少工委主任汤敏轩，区委教育工委书记、区教委主任李达等领导出席。会上，被聘为大兴区“千优带队辅导员”导师代表发言，并为徒弟颁发成长册。“千优带队辅导员”导师郝素梅、徒弟采育三中心辅导员刘彤以及两个学校“手拉手”队员代表，以《千优带队促发展，师徒结对共成长》为题作典型发言。李达与辅导员代表现场开通“红领巾情缘大兴区少先队辅导员博客”。会后，领导和教师参观校园环境，校长郝素梅就学校发展历程、教育教学管理、办学理念、办学规模、硬件设施建设、教育教学改革、办学特色等方面作介绍。大兴区少先队“千优带队”导师及各校辅导员116人参加活动。

(吴立燕)

【开展课题成果推广活动】 10月26日,黄村镇第一中心小学开展《农村小学个性化习作导学实践的研究》大兴区“十一五”课题成果推广活动。北京市特级教师张光璎、区教委副主任安有文等专家、领导出席。活动采用专题汇报+现场课+说课+专家点评形式进行,发放课题研究成果《习作导学》文集、学生习作集《妙笔童年》以及习作课例光盘等课题推广材料。此课题采取多种方法,鼓励学生大胆写作,并充分展示、交流,有效激发学生习作兴趣。在单元习作教学中,利用各种功能的“个性化习作导学卡”,进行分层导学、重点导学,为教师设计教法、学法,提供有效支撑,便于学习、使用。导学卡既避免习作指导一刀切,千篇一律现象,又能促进学生个性发展。此课题获大兴区“十一五”教育科研优秀成果一等奖。进修学校教研员、各校领导、教师80余人参加活动。

(吴立燕)

【开展交流研讨活动】 11月30日至12月1日,“阳光绿色”学校发展共同体到天津市河东区实验小学开展交流研讨活动。活动旨在学习区外教育教学经验,拓宽工作思路。发展共同体教师参加教改大课堂英语专场活动,在参观校园环境后,分成德育、教学两个组与实验小学领导教师进行交流。在教学组,主抓教学副校长介绍本校“说教材”研究历程与研究内容,由两名优秀年轻教师就人教版语文二年级下册、数学四年级下册进行现场说教材展示;在德育组,河东实验小学围绕每天一个习惯点、每月一个习惯培养主题等方面对学生开展养成教育进行系统讲解。31名教师参加活动,“阳光绿色”学校发展共同体由黄村镇一中心、团河小学、瀛海二中心、亦庄二中心、旧宫一中心、长子营二中心等六校组成。

(吴立燕)

【在全国教育信息化展望论坛上发言】 12月3日,黄村镇第一中心小学教师熊倩在全国教育信息化展望论坛上发言。中国教育技术协会成立20周年庆祝会暨全国教育信息化展望论坛在广州举行,熊倩的论文《“小精灵”博客作文专题网站的研究与实践》荣获一等奖。论坛对优秀教学课例、课件、论文分别进行表彰、交流。本次论坛共收到论文212篇,其中一等奖32篇。全国各高校、武警院校、职业学校、中小学、企业代表、各分会代表800多人参加论坛。

(吴立燕)

【举办师生书画作品大赛】 12月14日,黄村镇第一中心小学举办“我眼中的北京精神”书画作品比赛。通过前期准备,征集全体师生书画作品,在各校选拔基础上,推荐到中心校。书法作品分硬笔书法和软笔书法两种，上交作品207件；绘画作品分刮画、水彩、水粉、电脑绘画四种，上交作品515件。评审小组对作品进行现场评比，评出一等奖140件、二等奖286件、三等奖288件。

（吴立燕）

【召开领导干部民主生活会】 12月26日，黄村镇第一中心小学党支部召开领导干部民主生活会。旨在发现工作上存在的问题，以便整改提高。经过前期精心设计、深入学习、向全体教师征求意见等环节，17位领导班子成员，结合群众打分，联系个人思想和工作实际，进行自我剖析，并根据自己的不足制订详实整改措施，提出今后努力方向。

（吴立燕）

大兴区旧宫镇第二中心小学

【概　述】 2011年，旧宫镇第二中心小学占地面积13049平方米，建筑面积4261平方米，体育场馆面积4590平方米。图书室藏书2.1万册，电子图书150册，订阅报刊杂志48种。固定资产总值825.72万元。全年教育经费投入775.98万元，其中，国家拨款740.90万元，自筹经费35.08万元。学校拥有计算机161台，多媒体教室座位740个，普通教室19个，专用教室8个。教职工53人，其中，中级职称32人。专任教师42人，包括本科以上学历38人。区级学科带头人2人，区级骨干教师12人。开设教学班19个。毕业生112人，招生117人，在校生740人。

学校坚持以人为本、育人为本的办学理念，紧紧围绕“推名师、抓养成、创特色”的工作思路，以加强两支队伍建设为重点，突出培养具有师德、教学双标兵称号的名师；以教学工作为中心，以深化课程教材改革为核心，推出品牌学科——英语，突显英语特色；坚持德育为首，育人为本，以养成教育为主线，为学生打好做人的基石。努力创建促进学校、教师、学生共同发展的和谐校园、平安校园，实现学校有特色，教师有专长，学生有特长的目标，创建人民满意学校。

学校获北京教育系统关心下一代工作先进集体、全国教育科学“十一五”规划课题研究实验工作先进实验单位、大兴区“十一五”继续教育先进集体、大兴区工会工作先进单位、大兴区教育系统先进基层党组织等奖励13项。

网址：http://jg2x.dxschools.cn/。

（邵俊霞）

【开展社会实践活动】 3月5日，旧宫镇第二中心小学开展“弘扬雷锋精神，争做文明学生”社会实践活动。学生走进社区、快速公交车站、社区公园，清理小广告、打扫街道、捡拾白色垃圾。四至六年级师生470人参加活动。

（邵俊霞）

【举办师德专题讲座】 3月8日，旧宫镇第二中心小学举办师德专题讲座。邀请北京育才学校小学部原校长谷燕琴以《三十六载风雨兼程，用爱谱写精彩人生》为主题，通过具体事例，讲述自己任教三十六载无私奉献和

爱岗敬业的感人故事。全校教职工50人参加学习。

（邵俊霞）

【开展课赛活动】 3月15至31日，旧宫镇第二中心小学开展第三届骨干教师“先锋杯”和第四届青年教师“锐新杯”课赛活动。本次课赛活动旨在发现和培养青年骨干教师，向四十分钟要质量，追求高效课堂。课赛共有20名教师参加，涉及语文、数学、英语、

品德与社会、科学、体育、美术、音乐等学科。评审小组经过听课、评课等环节，最终评选出一等奖3人，二等奖3人，三等奖4人，学校为获奖教师颁发奖证和奖品。

（邵俊霞）

【举办作文比赛】 4月8日，旧宫镇第二中心小学举办首届“我手写我心”师生、家长作文比赛。比赛共收到师生作文400余篇，家长作文100余篇。师生作文记叙校园学习生活、课外活动、充满魅力的大自然，抒发师生之情和同学友谊；家长写出在教育孩子成长过程中的艰辛及感悟。经过评委会评选，作文比赛共评出一等奖30篇，二等奖30篇，三等奖40篇。

（邵俊霞）

【开展校刊赠送活动】 5月9日，旧宫镇第二中心小学开展《小荷尖尖》校刊赠送活动。

学校将出版的第一期《小荷尖尖》（春）校刊送给全校740名学生和50名教师。《小荷尖尖》校刊（春）由课堂作文、教师下水文、作文教法、教学随笔、教师文苑、家长特色、简妙作文实验、学校风采等板块组成。《小荷尖尖》校刊是学校语文工作室主编出版的刊物，按春、夏、秋、冬四个季节各出版一期。校刊以《小荷尖尖》为名，喻意同学们的写作水平将如这小荷般崭露头角，抒发自己对生活的热爱和对美好未来的向往。

（邵俊霞）

【开展作文教学研讨交流活动】 5月18日，旧宫镇第二中心小学开展作文教学研讨交流活动。活动分工作汇报、走进课堂、课后研讨、总结交流四部分。学校从教师篇、学生篇、家长篇、收获篇四个方面总结作文教学研究进展情况。教师参观作文教学成果，走进三、四年级课堂听课，对作文教学工作提出意见与建议。进修学校小教研语文组教研员和该校语文教师25人参加活动。

（邵俊霞）

【举办家长教师协会专题讲座】 5月24日，旧宫镇第二中心小学举办家长教师协会专题讲座。中国青少年研究中心“父母大讲堂”特邀专家、北京美丽人生家庭教育中心培训导师宋奇围绕《家校有效沟通，共促孩子健康成长》这一主题与家长和教师进行交流。宋奇通过具体案例剖析，启迪家长和教师，传授全新家教理念和科学教育方法。该校教师和学生家长740人参加学习。

（邵俊霞）

【开展“清新空气，远离烟草”主题教育活动】 5月31日，旧宫镇第二中心小学开展“清新空气，远离烟草”主题教育活动。本次世界无烟日主题是WHO《烟草控制框架公约》，口号为“烟草致命如水火无情，控烟履约可挽救生命”。学校利用国旗下讲话向学生宣传吸烟的危害，各班出版一期以控烟为主题的板报，举办控烟手抄报比赛，“控烟监督员”代表班级在控烟主题板上签名。全校师生和部分家长800人参加活动。

(邵俊霞)

【开展庆祝“六一”儿童节暨表彰活动】 6月1日,旧宫镇第二中心小学开展“党是太阳我是花”庆祝“六一”儿童节暨表彰活动。会上,对6名优秀辅导员、100名优秀少先队员和100名优秀家长进行表彰和奖励。各中队表演舞蹈、表演唱、小品、快板等文艺节目。在节目表演过程中,大队辅导员组织各中队进行党史知识问答比赛,了解中国共产党的历史。全校师生和部分家长890人参加活动。

(邵俊霞)

【开展六年级学生毕业教育活动】 6月23日,旧宫镇第二中心小学开展六年级学生毕业教育活动。学校送给每名学生一个笔记本,扉页上有校长寄语:亲爱的孩子,假如生活是一条河流,愿你是一叶执著向前的小舟;假如生活是一叶小舟,愿你是个风雨无阻的水手。毕业典礼后,六年级师生到大皮营劳动基地参与社会实践活动。该校六年级“爱母校、爱老师、爱家乡”毕业教育系列活动已坚持近20年,旨在通过系列教育活动,让学生对教师充满感恩,对母校充满留恋,对家乡更加热爱,使小学六年的生活能够在学生一生中留下美好的回忆。112名六年级毕业生参加活动。

(邵俊霞)

【开展少年军校训练成果展示活动】 9月19日,旧宫镇第二中心小学开展少年军校训练成果展示活动。8月24至26日该校少年军校组织五、六年级221名学生军训三天,教官由66176部队12名士官担任。军训内容包括:稍息、立正、跨立、齐步走、跑步走等基本动作训练。开学后各班利用课间操时间进行两周训练。展示活动评出4个优秀班集体和40名刻苦训练学生进行表彰奖励。三至六年级470名学生观看成果展示。

(邵俊霞)

【开展作文教学研究活动】 10月12日,旧宫镇第二中心小学开展作文教学研究活动。作文指导课上,教师胡戈用开头扣题、结尾写感悟、中间使用分解过程法,指导学生把作文写具体;教师石慧做作文评改课,引导学生从字词句段上进行自改和小组互改,最后再从删改、添加、描写、合作四个方面进行评分。研讨交流中,两位教师介绍授课思路、课后感受以及平时作文教学经验;与会教师从学生

修改能力培养、作文教学思路等方面进行交流。枣园小学、兴海学校、魏善庄二中心校长和该校教师56人参加活动。

（邵俊霞）

【举办消防安全知识讲座】 11月7日，旧宫镇第二中心小学举办消防安全知识讲座。北京市防火中心防火宣传员毕宗瑞以近年来在全国影响较大的典型火灾事故为切入点，采用幻灯片放映配合现场解说方式，展示火灾的巨大危害。毕宗瑞结合典型案例，讲解日常防火常识、初期火灾和常见类型火灾正确扑救方法、拨打报警电话注意事项、逃生与自救技能、日常必备消防设施等基本消防知识，现场演示干粉灭火器的“提、拔、瞄、压、扫”五步使用方法及注意事项。全校师生790人参加学习。

（邵俊霞）

【开展安全疏散演习】 11月11日，旧宫镇第二中心小学开展安全疏散演习。演习前，学校成立领导小组，对疏散演习进行安排部署。警报声响起，上课教师立即组织学生有次序下楼向指定地点疏散，其他教师到楼梯、大门进行疏散组织，演习过程用时2分38秒。全校师生790人参加演习。

（邵俊霞）

【开展体育课堂教学展示观摩活动】 11月18日，旧宫镇第二中心小学开展“立足体育课堂，学习交流提高”体育课堂教学观摩活动。邀请大兴区名师讲学团成员——大兴五小薛洪涛和滨河小学夏春杰两位教师进行体育课堂教学展示。薛洪涛展示六年级《蹲踞式起跑》一课，根据高年级学生年龄特点，讲解、示范与练习有机结合，调动学生参与的积极性。夏春杰展示四年级《跪跳起》一课，分层设计教学环节，降低学习难度，通过四幅图示向学生展示跪跳起的动作步骤，使学生明确跪跳起的动作要领。听课后，体育组教师和两位授课教师一起研讨、交流。

（邵俊霞）

【召开落实每天一小时校园体育活动动员会】 11月21日，旧宫镇第二中心小学召开“落实每天一小时校园体育活动”动员会。主管体育工作副校长号召全体师生走向操场，走进大自然，走到阳光下，形成体育锻炼热潮，营造“我运动、我健康，我参与、我快乐”的良好氛围，并宣布保证学生每天一小时校园体育活动具体措施。六（2）班学生代表宣读《落实每天一小时校园体育活动》倡议书。体育组长公布学校阳光体育竞赛活动时间和内容安排。全校790名师生参加动员会。

（邵俊霞）

【开展攀登英语亲子活动】 11月23日，旧宫镇第二中心小学开展攀登英语亲子活动。家长与孩子同上一节攀登英语课，孩子在家长面前展示攀登英语学习状态，家长与孩子共同完成英语节目展示。各班向评选出的“攀登英语优秀小组长”、“攀登之星”和“优秀家长”颁发奖状和奖品。此项活动是该校攀登英语实验教学的传统内容，每学期举办一次。一、二年级270名家长参加活动。

（邵俊霞）

【举行冬季长跑启动仪式】 12月6日，旧宫镇第二中心小学举行“第五届学生阳光体育冬季长跑活动”启动仪式。本届活动主题是“阳光体育与快乐校园同行”。主管体育领导要求干部、教师、学生积极参加，形成强身健体、积极参与的校园文化氛围。活动由四位体育教师统一组织，调整队形，每天利用课间操时间，以班级为单位组织学生完成规定里程。各班体育委员做每天长跑活动情况记录，学校进行检查、评比和表彰。全校师生790人参加启动仪式。

（邵俊霞）

【开展捐款活动】 12月8日，旧宫镇第二中心小学开展“献出我的爱，温暖你的心”捐款活动。五(2)班学生苏婕不幸患骨瘤住院治疗，学校红十字会理事会和少先大队向全体师生发出为苏婕同学捐款号召。全校800多名师生共捐款32574元，其中五(2)班捐款6000多元。全校捐款在100元以上学生有152人，获得学校红十字会颁发的“爱心小天

使”奖。学校领导将捐款送到苏婕家长手中，祝愿苏婕同学早日康复。

（邵俊霞）

大兴区长子营镇第一中心小学

【概　述】 2011年,长子营第一中心小学占地面积40000平方米、建筑面积14700平方米,体育场面积12000平方米。图书室藏书10万册,电子图书5万册,订阅杂志、报刊45种。固定资产总值656万元。全年教育经费投入1375万元,其中国家拨款1375万元。学校信息化经费投入5万元,拥有计算机160台,专用教室12个。教职工93人,其中,中级职称38人。专任教师80人,包括区骨干教师8人、学科带头人1人,本科以上学历65人。开设教学班28个。毕业198人、招生160人、在校生1100人。

学校以"开放办学、全面发展"为办学理念,以"京郊新农村开放教育"为办学特色,为达到"实施新农村开放教育,打造京郊特色品牌学校"目标而不懈努力。

学校获全国小学生英语竞赛优秀组织奖、国家教师科研基金"十二五"规划重点课题科研单位、北京市体育传统校、大兴区工会工作先进单位等国家、市、区级奖励59项。

【播放教育发展专题片】 3月8日和16日,北京电视台"北京新闻"栏目两次播放长子营第一中心小学教育发展状况专题片。3月3日,北京电视台记者到该校就校园文化、教育设施、学生实践活动、教育成果、学校特色等对教师、学生、家长进行现场采访。两次播放时间分别为4分06秒和1分22秒。

(何呈祥)

【开展"学先烈,继传统"主题教育活动】 4月1日,长子营第一中心小学、长子营第二中心小学、青云店第二中心小学等三校到大兴区青少年德育教育基地——长子营镇田载耕烈士陵园开展"学先烈,继传统"主题教育活动。少先队员打扫烈士墓碑、献花篮、行队礼,重温入队誓词。少先队员代表发言,讴歌田载耕烈士英雄事迹:故乡因您而自豪、因您而生辉。您那不灭的精神,会传给一代又一代少先队员,直到永远,永远!最后,少先队员参观烈士纪念堂,了解到全镇40多名烈士的英雄事迹。100名少先队员参加活动。

(何呈祥)

【荣获三项集体奖】 4月8至9日,长子营第一中心小学荣获三项集体奖。在中小学春季田径运动会上被大兴区教委评为"大兴区落实《学校体育工作条例》先进学校"和"大兴区中小学阳光体育活动先进单位",在春季田径运动会竞赛中取得大兴区小学乡镇组团体总分第三名。

(李玉国)

【举办国际体育文化节】 4月15日,长子营第一中心小学举办国际体育文化节。文化节设两项内容,一是每个班级以一个国家名字命名,各班通过搜集国家资料,了解各个国家风土人情,然后动手整理制作成手抄报,在

"文化节"期间展示给全校师生,评选出手抄报制作优秀班级。二是跳高、跳远、60米、

100米等田径项目比赛。经过比赛和组委会评选，每个年级表彰2个自编报先进集体，2个竞赛团体总分先进集体，2个文化节纪律文明先进集体。三至六年级680名学生参加文化节。

（李玉国）

【获得科技英语创意团体赛一等奖】 5月7日，长子营第一中心小学获得大兴区中小学生科技英语创意团体赛一等奖。学生代表队表演《Who popped my belly?》，发挥出色。大兴区中小学生科技英语创意团体赛是一项融科技、英语、艺术、表演于一体，以英语艺术形式表演为主的科技实践活动，全区20个代表队参赛。该节目代表大兴区参加市级比赛荣获特等奖。

（李玉国）

【召开家校交流会】 5月21至23日，长子营第一中心小学召开"心与心沟通、情与情交融"家校交流会。根据学生学习、习惯、成长等不同特点分年级召开。家长参观校园文化、听取家教讲座、进行优秀家长经验介绍、家长与任课教师一对一沟通交流。学生家长1200人参加活动。

（张宝亮）

【开展"创新杯"课堂教学大赛】 5月23日至6月2日，长子营第一中心小学开展第八届"创新杯"课堂教学大赛。大赛分语文、数学、科任、艺术、新秀5组，采取学校指定与自愿报名相结合，各组第一名捧得"创新杯"。大赛聘请区进修学校教研员听课指导，领导班子成员参与听、评课。32名教师参加比赛，12人获一等奖，9人获二等奖，10人获三等奖，其中张淑桂、耿姗娜、闫亚丽、张惠、丁然、安丹等6名教师捧得第八届"创新杯"。

（张宝亮）

【与北京大学留学生开展"手拉手"活动】 5月27日，长子营第一中心小学少先大队与北京大学百余名留学生开展"手拉手"交流、互动活动。留学生听语文、数学、音乐、美术等10节课，与师生互动、体验开放课堂；课后与学生一起合影，签名留言，进行语言交流，一起交换礼物；参观学校富有特色的大厅和实践园。北京大学留学生到该校进行参观、交流、实践活动已连续开展6年。

（张宝亮）

【作特色建设典型发言】 5月30日，长子营第一中心小学校长连洪波在国家基础教育论坛作《实践开放教育，创建特色品牌》学校特色建设经验发言。国家基础教育论坛在浙江省杭州市举行，来自北京、上海、浙江、广东等十几个省市以及复旦大学、华东师范大学、杭州师范大学等高校领导、专家、教师代表200多人参加论坛活动。

（连洪波）

【教育科学研究院领导到校调研】 6月23日，教育科学研究院领导到长子营第一中心小学调研。北京市教科院基教所副所长张熙、北京市小学规范化建设办公室主任拱雪、石景山教委小教科科长胡光栩、北京市京源学校校长李晓军等领导一行听取校长连洪波工作汇报，参观“日风源”和“创新实践园”两个科普基地及教学楼四个特色大厅。专家对深入开展开放教育以及理论研究提出建设性意见。

（张宝亮）

【参加航天模型竞赛获奖】 7月17日，长子营第一中心小学参加北京市航天模型竞赛获奖。由36名学生组成的代表队有35名学生获得市级奖，其中孙羽佳、李涵施等13名学生获得一等奖，各有11名学生分别获二、三等奖。该校科技代表队获北京市女子团体总分第一名、男子团体总分第二名。全市有20多支代表队参加竞赛。

（郭连旺）

【召开特色展示活动现场会】 9月30日，长子营第一中心小学召开大兴区小学规范化建设走进学校暨学校特色展示活动现场会。北京教科院小学规范化建设专家朱懋勋、区教委副主任安有文等领导及46所小学校长参加活动。与会领导首先参观长子营一小特色建设材料和展板；观摩一年级国学经典诵读、二年级古诗文经典诵读、六年级广播操展示、学校舞蹈队、科技社团展示。展示结束后，与会领导听取语文《帽子》、数学《用字母表示数》、英语《Unit2 I like Bobby》，地方课程《走进留民营》等7节课。听课后，校长连洪波作《推进学校规范化建设　打造开放教育特色品牌》工作汇报，阐释学校开放教育理念内涵、形成过程、目标定位。随后，朱懋勋从国家教育纲要高度阐释学校走内涵、特色发展的路径，肯定该校进行探索与实践取得的成绩。

（张宝亮）

【进行航空模型表演】 10月9日，长子营第一中心小学在北师大大兴附中召开的北京市第29届学生科技节（大兴区分会场）开幕式做航天、航空模型表演。该校被评为2011年唯一新增的大兴区“科技教育示范校”，共获得一等奖14项，樊硕同学被评为大兴区第一届“十佳科技明星”。

（郭连旺）

【迎接区学校体育工作检查评估】 10月24日，大兴区体育局业务科科长尹莉会同教委体美科赵春孝等一行8人到长子营第一中心小学对学校市级体育传统校工作和学校体育设施向社会开放情况进行检查评估。评估组对体育教学、训练项目的师资配备、学校体育经费投入、向社会开放时间、开放项目、进入学校锻炼以及设施的安全性、场地卫生、维修维护、配备专业人员进行运动指导等内容进行认真检查、核对。评估组对该校体育工作开展情况表示满意。

（李玉国）

【市教委基教处到校调研】 10月27日，北京市教委基教一处副处长张凤华到长子营第一中心小学调研。调研重点是：学校在减负增效，提高教学质量的做法与经验；特色建设的定位与目标；德育工作的内容、方法与实践；促进教师专业发展的有效途径与措施。张凤华听取校长连洪波工作汇报，参观“开放理念”下的校园环境：二楼大厅的开放式图书馆、三楼大厅的艺术天地、四楼大厅的以科

技文化为主题的教育场所，最后张凤华听三年级一节语文课。教委副主任安有文等领导陪同调研。

（张宝亮）

【进行教学指导】 11月3至4日，北京市小学规范化建设专家朱懋勋到长子营第一中心小学听课、评课、指导教学活动。朱懋勋深入课堂，重点听6名青年教师讲课。课后，朱懋勋针对当前基础教育先进理念，开放教育的发展，开放课堂的模式等进行认真讲解。

（李建）

【采取措施确保学生交通安全】 11月19日，长子营第一中心小学采取多项措施确保学生上下学交通安全。成立校长连洪波任组长的学生上下学管理工作领导小组；对学生上下学交通状况进行摸查，做到底数清、情况明、信息准；建立学生上下学情况档案；开展安全教育讲座；下发安全协议等。

（胡继新）

【国家重点课题获准立项】 12月初，长子营第一中心小学申报的三项国家重点课题获准立项。课题《新农村小学开放教育模式的研究》、《开放教育模式下的因材施教与学生个性化学习研究》、《提高反思能力，促进青年教师专业成长的实践研究》先后通过专家审评，获准立项。至此，该校有国家级课题3个，市级课题1个，区级课题3个，校级课题2个，参与教师合计67人次，占教职工总数的80%。

（连洪波）

【在校长论坛作典型发言】 12月21日，在北京市小学规范化建设工作推进会暨特色建设校长论坛上，长子营第一中心小学校长连洪波作《实施新农村开放教育，打造京郊特色品牌学校》典型发言。连洪波从“新农村开放教育”实施路径、办学理念、发展定位、基本特征、课堂教学模式、科研引领、开放校园文化建设、校本课程开发、学校近年来取得“特色建设”丰硕成果等多方面、多视角进行深入阐述。

（连洪波）

中学教育

总　类

【概　述】 2011年，大兴区有中学41所，其中初中校22所，完全中学12所，九年一贯制学校6所，十二年一贯制学校1所；教学班778个（初中525个、高中253个）；毕业生8179人［初中5673人（外省市902人）、高中2506人（外省市98人）］；招生9517人［初中5830人（外省市1901人）、高中2944人（外省市188人）］；在校生26745人［初中17715人（外省市4783人）、高中9030（外省市511人）］；初中入学率100%，巩固率99.94%，毕业及格率100%；高中入学率61.7%，毕业及格率90.86%，应届高考录取率91.38%。

2011年，全区中学教育系统贯彻党的教育方针，贯彻落实全国教育工作会议和《国家中长期教育改革和发展规划纲要》精神，着力于经济社会发展和人的全面发展的需要，把转变教育发展方式和人才培养模式作为战略举措，抓住大兴区和北京经济技术开发区经济发展势头强劲的机遇，更新教育理念，树立现代教育思想，深化课程改革和课堂教学改革，全面实施素质教育，促进义务教育均衡、优质发展。新建北京市第八中学亦庄分校，转制北京经济技术开发区实验学校为国有公办体制，更名为北京市第二中学亦庄学校；兴华中学和首师大大兴附中改为完全中学，以满足百姓子女的入学需求。以综合评价为导向，促进学校管理机制和规章制度建设进一步健全，学校管理水平进一步提高；以绩效工资考核和目标管理为手段，充分调动广大干部教师的积极性、主动性和创造性，促进教学质量稳步提高；组织校长和政教主任与教务主任专题培训，提高干部队伍整体素质；以队伍建设为基础，以系列培训为依托和切入点，全面开展教师教学基本功培训和班主任基本功培训活动，组织教师参加市级教学基本功展示，提升教师专业素养，建成一支师德高、业务精的干部教师队伍；实施党史知识教育和文明礼仪教育，全面加强体育、艺术、科技等主题教育，促进中学生健康、快乐成长；以养成教育为重点，认真落实中学生行为规范，整体提升中学生的综合素养；整合社会教育资源，开设中学生社会大课堂，以综合实践与课程建设相结合为抓手，促进学生综合素质提高，为满足学生全面而有个性的发展提供保障；以“聚焦课堂”为中心，开展教学研究活动，优化课堂教学结构，研究考试评价，提高教学实效；紧紧抓住质量提高和内涵发展，以课程改革和课堂教学改革为中心，围绕课堂、课程、特色三个工作重心，不断增强教育综合实力，促进中学教育工作更快更高发展；加强学校特色建设指导力度，深入打造区域办学特色品牌，促进学校内涵发展，实现中学教育新发展，提升教育品质；积极引进和培植优质教育资源，提升中学教育的品质；以国家级和市级示范校特色发展项目试验为契机，推动区域教育优质、均衡、特色、可持续发展。

（韩宝刚　李淑新　崔连娜）

【召开2010年中学教育工作会】 1月10日，2010年中学教育工作会召开。副区长王荣彬，区委教育工委书记、区教委主任李达，区委教育工委副书记、区教委党组书记、区政府教育督导室主任李广成等领导及教委各科室主任、科长，考试中心、少年宫领导，进修学校校级干部、教研员，各中学校级干部、教务及政教主任，共计200余人参加。中教科科长韩宝刚作题为《务求规范　科学高效　实现大兴区中学教育新发展》的工作总结，教委副主任扈岩江作《创新聚力　提质创优　着力推进大兴中学教育内涵发展》报告。大会表彰24所先进学校和20名优秀教务主任、政教主任。李达在讲话中，肯定2010年全区中学教育工作成绩；分析当前教育工作面临的新形势，强调均衡发展、特色发展和全面发展工作，对提高教育质量、创新工作措施提出要求。王荣彬讲话，结合全区发展形势分析阐述2011年工作重点，提出大兴教育四项重点工作：提升亦庄地区教育；教育要为大兴发展服务（其中包括优质教育资源引进和提升全区教育水平）；保证校园安全，做好校舍加固；加强教研，树立教研风气。

（崔连娜）

【召开中学政教、教务主任新学期工作会】 1月22日，中教科召开中学政教主任、教务主任工作布置会。全区政教主任、教务主任70人参加。主管领导布置新学期德育、教学工作；进修学校中教研主任对新学期工作计划进行重点说明；中教科科长对政教主任和教务主任提出工作要求；教委副主任扈岩江对新学期教育教学工作强调五点：规范学校办学和教师的教育教学行为；进一步加强学校德育科研工作；加强常态课教学管理；加强教师队伍建设；充分运用信息技术提高课堂教学质量。

（崔连娜）

【召开高三期末统练质量分析会】 1月23日，中教科召开高三期末统练质量分析会。区教委副主任扈岩江，中教科、进修学校领导及全区高中校校长、主管高三的领导、高三教师近200人参加。会议分管理组和学科组同时进行。在管理组，进修学校主管副校长指出存在问题，提出建议。各校主管高三的干部就考试情况、存在问题和提高措施作交流研讨。中教科长对备考提出五点要求：抓管理，向管理要效益；抓教学，向教学要质量；抓研究，向研究要效益；抓教师，向教师要落实；抓学生，向学生要效果。扈岩江指出要统一思想，明确目标；坚定信心，鼓舞士气；对规范办学指出问题，提出要求。在学科组研讨会上，教研员分析考试情况，提出今后复习工作指导意见，各校教师也就考试、问题和提高措施等三个方面进行交流研讨。

（崔连娜）

【大辛庄中学师生参观中国科学技术馆】 2月26日，大辛庄中学教师和学生70余人，来到中国科学技术馆参观。参观了主馆，内容有：华夏之光、探索与发现、科技与生活、挑战与未来等，还看了球幕电影。中国科学技术馆是国家级科技馆，是实施科教兴国战略和人才强国战略，提高公众科学文化素质的大型科普教育基地。科技馆的主要教育形式为展览教育，通过科学性、知识性、趣味性相结

合的展览内容和参与互动的形式，反映科学原理及技术应用，鼓励公众动手探索实践，

既普及科学知识，又注重培养人们科学思想、科学方法和科学精神。

（刘志强）

【开展高中英语教师基本功培训活动】 3月9日，中教科开展高中英语教师基本功培训活动。进修学校中教研教研员作2010年高考分析与展望。北京师范大学教授王蔷作《提升英语教师专业化水平和落实教学实效》讲座，从高中英语教法、高中英语教学主要问题分析、教师专业知识与能力的体现等方面进行诠释，与教师进行交流，解决高中新课程教学与教材改革下困扰教师的许多教学问题。尤其是在撰写教学目标、教学流程、教学评价等方面，进行实例讲解，让教师掌握正确撰写方法。

（崔连娜）

【召开高考备考工作校长汇报会】 3月11日，区教委召开高考备考工作校长汇报会。区委教育工委书记、区教委主任李达等领导听取了全区11所高中校校长的高考备考专题工作汇报。进修学校主管副校长对高三期末统练数据进一步加以分析说明，中教研主任对下一步高考复习提出指导意见。各校校长结合上学期期末统练成绩，对2011年高考情况进行分析和预测，对学校备考工作存在问题及下一步工作措施做简要汇报。教委副主任扈岩江对各校复习备考提出要求：认真分析检测成绩，查找不足，找准工作切入点；努力提高一本上线率，重点提升边缘生，分解落实责任目标；定期召开高三教学质量分析会，调动教师积极性。

（崔连娜）

【红星宣传护环境　植树节间撒绿意】 3月12日，红星中学组织学生开展“植树节护绿实践活动——出自己的一份力，献自己的一份爱”系列活动。活动旨在培养学生热爱劳动好习惯，增强学生环保意识，“一起动手，争做护绿使者，美化校园环境”。学校向师生们发出“植树护绿”倡议，宣传植树护绿意义。学生在校园绿荫地、花园里给小树松土、施肥、浇水。3月12日是中国植树节，植树造林可以绿化美化家园，扩大山林资源、防止水

土流失、保护农田、调节气候、促进经济发展等作用，是一项利于当代、造福子孙的宏伟工程。

（刘永志）

【北臧村中学进行教师研修网培训】 3月14

日，北臧村中学对教师进行大兴区教师研修网平台使用培训。培训内容包括：研修网注册、加入研修组、修改个人信息、发帖、跟帖、添加附件以及资源下载平台使用，包括登录平台、查看资源、上传资源、管理资源操作。培训结束后，对参加培训的55名教师进行考核，15人优秀，40人合格。

（贾京晶）

【长子营中学去昌平长陵中学学习】 3月17日，长子营中学到昌平区长陵中学开展学习调研活动。校长、中层干部、教研组长、备课组长和班主任共40多人参加。活动内容有听课，包括语文、数学、英语、物理、化学、历

史、地理等学科，长陵中学校长谈学校在课改方面想法和具体措施，介绍课改模式，学科教师和该校教师座谈。

（王树友　薛振霞）

【太和中学参观上海世博会图片展】 3月16至18日，太和中学利用挂图宣传上海世博会。学生深刻体会宣传世博会“理解、沟通、欢聚、合作”理念和上海世博会“城市、让生活更美好”主题。宣传活动，全面展示上海世博会留给世人丰厚物质成果和宝贵精神财富，增强学生爱国主义情怀和民族自豪感，丰富校园文化生活。全校88名学生参观展览。

（刘坤）

【凤河营中学举行中学生交往讲座】 3月23日，凤河营中学邀请大兴区中学生团校讲师团教师翟国伟，为初一30名少先队员做主题为“适度交往　珍重友谊”讲座。翟老师由破冰游戏切入主题，讲解中学生交往原则，尤其是与异性朋友交往原则等，穿插聊天，让学生们学习交往方法，让学生谈感受，讲出心里话，注意沟通技巧，提高交往能力。

（姚红颖）

【长子营中学开展师生心理书面沟通活动】 3月27日，长子营中学举行师生心理书面沟通活动。由教师以书信形式做范例，带动学生以书信形式与教师进行心理沟通，学生们说出对教师看法，教师们了解学生真实想法。全校三个年级共650名师生参与活动。活动使师生相互理解、相互支持。

（王树友　薛振霞）

【狼垡中学开展骨干教师献优课活动】 3月28日，狼垡中学开展骨干教师献优课活动。活动按照“以校为本、立足岗位，全员参与，互评互议，提升素质”原则，形式是举行公开课，分别由三位区级骨干教师执教，再对课程进行剖析。18名教师参加听课、评课活动。

（赵冬美）

【垡上中学承办五校同课异构活动】 3月29日，狼垡、孙村、垡上、太和、凤河营五所中学联合开展“同课异构”活动在垡上中学举行。活动旨在优化课堂教学，提高课堂教学有效性，促进教师专业发展。内容是：五所学校6位老师在初一和初二年级进行语文和物理学科的同课异构教学；分组进行说课、评课活

动。5 所学校 38 名教师参加。

（王国宏）

【大兴八中获首批节约型示范学校称号】 3 月 31 日，大兴八中在北京市教委召开的 2011 年节约型校园建设工作会上，荣获北京市中小学首批“节约型示范学校”荣誉称号。为做好节约工作，学校建立相关制度；利用校园广播、宣传专栏、粘贴标语以及电子屏等进行宣传；每学年组织学生开展以“以绿色校园我行动”为主题的征文和科普绘画活动；在教学区、办公区、水房、厕所以及学生宿舍等场所，制作以节水、节电、节能和绿色环保知识为内容的宣传标牌；学校所有用水设备均使用节水器具，办公室和教室按照采光标准，全部安装节能灯，在学校的宿舍楼、办公楼均安装太阳能设备；做好修旧利废，总务处维修组定期对学生桌椅进行检修。

（张开望）

【长子营中学开展青年先锋志愿活动】 3 月 7 日至 31 日，长子营中学团总支在团员中开展“学雷锋，讲奉献”系列主题教育活动。活动内容包括：1、对全校 622 名学生进行宣传教育。2、出一期以“学雷锋，讲奉献”为主题的黑板报。全校 24 个支部共 120 余名板报小组成员刊出了 24 块板报。3、开展一次“向雷锋同志学习，争做青年志愿先锋”的校内广播。该校 3 个班级团支部组织 20 余名学生参与活动。4、开展“敬老爱老，把爱心送到敬老院”志愿服务活动。3 月 5 日“学雷锋纪念日”组织 48 名团员开展一次“长子营镇敬老院之行”的慰问活动。共 286 名团员参加活动。

（何天宁　薛振霞）

【大兴四中多举措开展教育活动】 3 月，大兴四中多举措开展教育教学活动。内容包括：听评教师课，融洽通达师生关系；弘扬“奉献、友爱、互助、进步”精神，组织学校志愿服务队，开展志愿服务；奖励学校科技活动成绩卓越者，开展 2011 年科技节活动；召开安全与法制教育工作会；召开班主任德育综合会，开展班主任校本培训。

（雷占全）

【“首都党员特级教师送教郊区行”走进大兴】 4 月 1 日，北京市教委、北京市教育学会、特级教师学习指导中心组织的“首都党员特级教师送教郊区行”活动走进大兴。副区长王荣彬，区教委部分领导、教师进修学校领导及教研员，33 所中学的干部教师代表、11 所高中校高三教师，共计 600 多人参加。北京市教育学会会长李观政、北京市教委基教二处副处长李永生、北京市教育学会副会长地理特级教师张凯、北京市教育学会特级教师指导中心副主任薛川东、北京市教科院基教研中心副主任数学特级教师王燕春、北京市教育学会学术委员会特聘副主任郑金池、北京市教委基教二处周凯、王雪青，以及北京市党员特级教师一行 18 人，在首师大大兴附中开展送教活动。区教委副主任扈岩江致辞，阐述此次党员特级教师送教到大兴，必将对繁荣大兴教育起到积极的促进作用。李观政发表讲话，指出此次活动的目的在于发挥党员先锋模范作用、特级教师的示范引领作用，使特级教师更大范围地成为学生的良师益友、青年教师成长的导师，成为师德的楷模、育人模范、教学专家，希望教师既学到先进的教育观念和教学方法、丰富的教研成果和教学经验，更要学到严谨的教学精神、无私的奉献精神、不懈的探索精神。郑金池向大兴区赠送价值五万元的全国特级教师网学习卡。

（崔连娜）

【亦庄中学“亦慧之旅”考察活动】 4月1日至4日，亦庄中学组织教研组长和骨干教师共35人，赴山东杜郎口中学进行“亦慧之旅”考察活动。旨在加快学校发展，深入推进学校教学改革，切实提高教学质量，促进教师专业化成长。教师们重点学习杜郎口中学以学

生为主体的教学理念、新颖的课堂教学模式、精致化的教学管理等，收获很大。

（刘秋华）

【金海学校开展学生学习经验交流】 4月2日，金海学校各年级组召开学生学习经验交流会，学校各主管领导参加会议。会议内容是，表彰各年级中成绩突出及进步较大同学，请成绩优异同学介绍学习经验和心得体会，观看有关提高学习效率方法视频，思考适合自己学习方法。共有273人参加该项活动。

（陈庆辉）

【大兴三中举办家教讲座】 4月2日，“家庭教育中国行”大兴三中站举办《如何做合格家长》主题讲座。主讲人是“百城万校”中小学助学计划师资团教授程忠智。程教授从做人和学习两个方面为家长提供心理疏导方法的指导，引起家长共鸣，受到赞誉。初一年级600余名家长聆听讲座。

（董金锁）

【垡上中学举办法制讲座】 4月6日，垡上中学举行预防未常年人犯罪法制讲座。邀请大兴区人民法院少年法庭法官童赟进行主讲。童法官从什么是不良行为与违法犯罪、

怎样预防未成年犯罪以及学生安全防范等方面进行讲解。垡上中学220名师生倾听讲座。

（王国宏）

【郭家务中学开展社会大课堂活动】 4月9日，郭家务中学开展主题为“在参观中学习，拓展知识，感悟历史，提高科学素养”社会大课堂参观活动。活动内容是参观北京天文馆和首都博物馆。在北京天文馆，观看球幕电影《迷离的星际》；在首都博物馆，目睹古都北京历史变迁，感受首都北京悠久历史文化。该校234名学生参加活动。

（田秀杰）

【组织“党史专家进校园”专题报告会】 4月

11日，区教委召开中学“纪念建党90周年暨党史专家进校园”专题报告会。区教育工委副书记、区教委党组书记李广成及全区500名师生参加活动。北京师范大学教授，国家国史学会副会长、中共党史协会副会长王炳林做《辉煌历程与基本经验》专题报告。王老师讲述中国共产党90年辉煌历程和基本经验，令所有聆听着更加明确“没有共产党就

没有新中国”，更加坚定走中国特色社会主义道路。

（李淑新）

【大兴六中召开研修学习汇报会】 4月11日，大兴六中召开“交流促发展——研修学习汇报会”。由刚完成北京市农村中小学研修脱产培训的教师毛悦做研修学习汇报。毛老师介绍北京25中严谨校风、教师培养以及团队精神；与教师分享在研修中感悟最深的“有效教学”，认为对教师专业化发展最行之有效方法即读书。全校41名教师参加活动。

（毛悦）

【孙村中学进行党史专题讲座】 4月11日，孙村中学党支部进行“坚定理想信念，践行根本宗旨”专题讲座。邀请区纪委党风廉政室主任王凤龙主讲。内容有回顾党发展历史，释读每个历史发展时期共产党人坚定理想和信念；诠释全心全意为人民服务意义；分析教师职业特点；解读心态作用等。活动由学校党支部组织，16名党员和50多名教职工参加学习。

（聂福来）

【召开畅言智能语音教具实验启动暨培训会】 4月12日，区教委召开科大讯飞畅言智能语音教具实验启动暨培训会。进修学校中小教研英语教研员及8所中小学实验校校长、教导主任和英语教师120余人参加。进修学校主管副校长简要介绍项目实施背景及下一步实验项目进程。区教委副主任扈岩江讲话，明确教委对实验工作的大力支持并对实验工作提出要求。科大讯飞的工程师作畅言智能语音教具系统使用的专题讲座。畅言语音设备是针对中小学英语课堂教学需求而设计的新型辅助教具。它既能够辅助英语教师为学生创造真实、标准的语言学习环境，又可以通过卡片、挂图和实物等有声教具的制作大大提高学生的学习兴趣和课堂互动性。区教委于2011年4月启动与科大讯飞公司合作开展畅言智能语音教具实验项目。

（崔连娜）

【大兴体校开展拓展实践活动】 4月15日，大兴体校开展“踏青赏梨花，航天科普伴我行”拓展实践活动。活动地点在北京市航天科普教育基地，师生共计160余人参加。活动内容有参观航天科普展览，参加多项户外拓展活动。项目有包括艰难险阻、登峰造极、背水一战等醒目的森林攀爬；智过兴趣桥，翻山越岭、进退两难等勇敢者道路，以及三国、东吴军队拓展训练，和翻山越岭、智过障碍、勇闯天险等挑战项目的轮胎阵等。

（付俊红）

【太和中学开展学习杨善洲事迹】 4 月 15 日，太和中学党支部召开全体党员会，开展学习杨善洲先进事迹活动。内容有观看《杨善洲同志先进事迹报告会》视频，党员进行交流，书记提出学习意见。20 名党员参加学习。

（刘坤）

【凤河营中学参加希望工程社会公开日】 4 月 17 日，凤河营中学参加“北京希望工程社会公开日暨 2011 年希望之星 1 +1 助学”活动。5 名学生在镇团委书记和校团委领导带领下，来到地坛公园参加活动。活动包括：聆听希望工程审计报告，主持人与学生互动，并赠送《三字经》、《弟子规》光盘和书籍等。该校一名学生获得希望之星 1 +1 助学金。

（姚红颖）

【召开高三一模质量分析会】 4 月 19 日，中教科召开 2011 年高三一模考试质量分析会。区教委副主任扈岩江、中教科、进修学校、中教研领导、全区各高中校主管校长和高三年级主任近 30 人参加。进修学校和中教研领导针对本次考试命题与划线情况进行说明，通过实测数据对备考状况进行分析；对存在问题归因为基础知识不牢固、审题能力欠缺、综合分析问题能力待提高、答题不规范等；对下一步工作提出鼓舞师生信心、细化考试分析、加强试卷讲评实效、强化基础知识落实、系统设计模拟训练、指导学生考后反思、加强考研工作等工作建议。各校针对一模考试上线情况以及下一步工作措施进行简短汇报交流。中教科主管领导针对一模考试情况提出下一步备考指导思想，并对后期备考提出备考意见。扈岩江副主任对各校备考举措给予肯定，对今年高考对两区整合的重要意义加以强调，并对今后备考工作提出工作要求。

（崔连娜）

【郭家务中学承办绿耕观摩研讨交流】 4 月 20 日，郭家务中学承办北京市“绿耕”历史学科小组观摩研讨交流活动。北京市基础教育研究院教研员 10 人与该校 3 名历史教师参加。先观摩该校初二历史教师执教初二历史《祖国统一的历史大潮》一课，并围绕“转变教学方式，提高学习能力”主题进行研讨。大家认为本节课能重视创设问题新情境、注重历史知识横向、纵向联系，采用图表法、比较法等多种教学方式，充分发挥教师主导、学生主体作用，取得较好课堂实效。市基础教育

研究院教研员就初二年历史如何“转变教学方式，提高学习能力”提出教学建议。

（田秀杰）

【采育中学开展地球日环保公益活动】 4 月 22 日，采育中学开展“世界地球日”环保公益活动。活动旨在树立学生环保意识，增强学生爱心，认识环境保护重要性，创造和谐、文明、清洁、整齐校园环境。校红十字会队长宣读环保倡议书，学生们捡拾校园里垃圾，开展减少使用一次性日用品、节约一滴水、垃圾分

类、收旧利废、重拾手绢等活动，为保护环境贡献自己一份力量。500多名学生参加活动。

（高华）

【北臧村中学开展社会实践活动】 4月27日，北臧村中学开展社会实践活动。活动主题为“走进大学校园　感受大学生活”。学生参观中国印刷博物馆，了解中国印刷术起源、发明和发展过程，近现代以来我国民族印刷业发展历史，新中国成立以来我国印刷工业现代化进程历史，在北京印刷学院校园里，

感受大学校园里学习氛围。有80名教师和学生参加活动。

（贾京晶）

【红星中学在市国际跳棋比赛获奖】 4月30日至5月1日，红星中学在2011年北京市国际跳棋比赛中，取得优异成绩。获得男子百格甲组、女子百格甲组、男子64格甲乙组、女子64格甲组比赛团体冠军。该校派出男子女子甲乙组4组共31名队员参赛。

（刘永志）

【大辛庄中学纪念五四青年节】 5月4日，大辛庄中学举行“谱青春之歌　献礼建党九十周年”纪念五四青年节演讲和朗诵大会。共有32名教师和16名学生登台表演22个演讲和朗诵节目。今年是中国共产党成立90周年，也是五四运动92周年。活动旨在进一步引导、激励广大师生以良好精神面貌、扎实学习工作作风、丰硕学习工作成果为党献礼。

（刘志强）

【大兴六中舞蹈队获市级一等奖】 5月5日，大兴六中的舞蹈《今天我入团》在北京市教委举办的“北京市第十四届学生艺术节舞蹈展演”上获得一等奖。大兴六中舞蹈队成立于1999年，共参加演出30场次，参加比赛12次，所获奖项包括市级一等奖3次、二等奖2次，区级一等奖6次，二等奖1次。本次获奖的舞蹈共有30人参加表演。

（范玲）

【大兴体校举办家教心理讲座】 5月6日，大兴体校举办家教心理讲座。聘请大兴区心理教育专家张雷为家长进行家教讲座，张老师围绕孩子良好习惯培养、人际关系形成等多方面和家长进行互动交流。教职工50人及学生家长120人，共计170人参加。

（付俊红）

【采育中学开展感恩教育活动】 5月9日，采育中学开展“母亲节心连心感恩教育”活动。活动旨在为母亲献上最诚挚祝福。学校发出开展母亲节倡议，要求师生树立感恩意

识，学会尊重母亲、感谢母亲、歌颂母亲。各班学生积极响应，在“心连心爱心卡”上写下表达对母亲的感谢与祝福话语。家长在爱心卡上进行反馈。最后用征集上来的200多张爱心卡做成“爱心墙”，在学校大厅进行展览。“爱心卡”搭建了一座家长与孩子沟通的桥梁，达到思想交流互动目的，拉近家长与孩子之间距离。500多名师生参加活动。

（高华）

【大兴六中做市级心理课题研究课】 5月12日，大兴六中教师杨辉做市级心理规划课题研究课。活动内容是研讨市级规划课题“农村中小学开展团体心理辅导游戏实践研究”。杨辉老师研究课《1+1与2的关系》，通过合力吹气球、绕障碍行走、同心杆等几个游戏，引导学生树立团结协作意识。进修学校心育中心副主任和课题负责人及全区11名课题组教师参加。

（毛悦）

【孙村中学开展“安全在身边”活动】 5月9至15日，孙村中学开展“安全在身边”系列活动。主要包括：讲解防灾减灾日由来、校园安全、公共安全等知识，300多名师生聆听；邀请大兴消防支队安定中队指导员张磊做消防安全知识讲座，讲解内容有火灾发生原因、火场逃生正确方法、报警程序和方法、常见灭火器使用以及防火灭火小常识等，结合案例与师生进行互动，孙村中小学1160多名师生参加；印发安全宣传资料300多份，分发给师生，内容涉及预防地震、拥挤踩踏、治安、交通、溺水、食品安全等；组织7人小组对校园安全设施以及存在隐患进行排查处理。

（孙令　张海竺）

【定福庄中学举办骨干教师讲座】 5月16日，定福庄中学举办骨干教师专题讲座。讲座由2名区级骨干教师和5名校级骨干教师做专题发言，内容涉及班级文化建设、打造高效课堂、于细微处提炼课题等方面，旨在促进教师共同发展，激发教师向学者型、科研型教师转变。教师和校领导共52人参加活动。

（贯胜强）

【大兴四中举行感恩励志教育报告】 5月17日，大兴四中邀请中国感恩励志教育协会、感恩教育专家郑老师来校，为该校师生和家长做“感恩励志教育”家教报告会。郑老师用身边事例、感恩故事，对同学们进行感恩励志教育，教育同学们要深刻理解父母之爱、师长之爱、社会之爱，从而学会感恩、学会珍惜、积极进取。通过聆听，学生们懂得“滴水之恩，涌泉相报”的真正内涵，学会孝敬父母、尊敬师长、关爱他人，自己主动勤奋学习、热爱学

校、回报社会。该校900多名师生聆听报告。

（雷占全）

【举办中学提高课堂实效现场会】 5月19日，中教科举办中学“聚焦课堂”系列活动之提高初三备考课堂实效现场会。教委副主任扈岩江、中教科领导、进修学校教研员及全区中学教务主任60人参加。大兴七中英语特

级教师刘传霞、物理教师赵慧英、数学教师王艳京分别做三节中考复习研究课。课后，教务主任分三组进行评课，结合本校初三复习课堂教学情况进行交流和研讨。进修学校三位教研员进行评课，针对中考复习课堂教学、提高复习实效问题提出指导意见。中教科科长就提高课堂实效及中考复习提出三点要求。扈岩江副主任就加强教育教学管理，提高课堂教学实效，提高备考效益，规范教师教学行为作重点强调。

（崔连娜）

【举办北京市名师送教活动】 5月20日，北京市“名师送教”活动在进修学校举办。北京市国际教育交流中心、北京市汉语国际推广中心、北京市港澳台教育交流中心会展部部长于广吉，项目主管顾玉霞；北京市青少年音像出版社副总编傅丹；大兴区教委中教科主要领导及全区100余名数学教师参加。活动邀请市级名师——北京市西城区外国语学校教师罗巍，为初三数学教师做中考复习辅导讲座。一模结束后，各校开始进入第二轮复习，主要以专题复习为主，同时继续巩固

基础知识。罗巍老师结合近几年的模拟题，就下一段中考如何复习，切实提高复习实效，进行有针对性的辅导。

（韩宝刚）

【举办党史知识竞赛】 5月30日，教委中教科举行纪念建党90周年党史知识竞赛。全区33所中学共270名学生参加。竞赛分初中组、高中组两组。初中校、高中校每校派一个代表队参赛，完中校初中、高中各派一个代表队参赛，每队4人。金海学校、兴海学校、大兴五中等十所学校获初中组优秀组织奖，大兴一中、大兴五中等六所学校获高中组优秀组织奖。

（李淑新）

【大兴四中开展远离烟草教育活动】 5月31日，大兴四中开展“远离烟草　让我们健康成长”拒吸第一支烟主题教育活动。活动旨在增强师生们健康意识，使同学们受到教育。5月31日是第二十四个世界无烟日。该校成立控烟领导小组，每个班选一名控烟监督员，通过召开“远离烟草健康成长”主题班会15班次，举行400多人参与的拒吸第一支烟签名活动，发放300多份宣传小册子，运用标语、广播、墙报等形式广泛宣传吸烟危害，让学生劝阻家人戒烟，向家长宣传健康的生活方式，共同创建无烟环境。全校共500人参加活动。

（雷占全）

【组织“光辉的旗帜”征文活动】 3至5月，中教科组织中学生“光辉的旗帜”读书征文活动。全区33所中学上交征文140篇。最后评出一等奖6名，二等奖8名，三等奖12名，优秀奖14名。举办征文旨在加强学生对党的认识，让学生明白“没有共产党就没有新中国，没有共产党就没有中国特色社会主义”

道理，牢固树立跟党走的信念；帮助学生了解全面建设小康社会的奋斗目标，增强对祖国美好未来的信心。

（李淑新）

【金海学校举行课题开题论证会】 6月9日，金海学校召开区级“十二五”规划课题开题论证会。进修学校副校长孙国强、王永庆及科研室教研员对开题论证工作进行指导。该校校长、两位副校长及课题负责人及成员共18人参加活动。此次“十二五”规划课题申报，该校共有5个区级课题被批准立项。它们包括英语、语文、历史学科和小学青年教师专业技能课题。

（李怡）

【郭家务中学举办手抄报展览】 6月13日，郭家务中学举办书法手抄报展览。该展览面向全体学生征集作品，作品内容涉及书法常识、书法名家故事、优秀书法作品剪贴、书法学习心得等。全校学生234人参加活动，展示作品20件。

（田秀杰）

【青云店镇中心幼儿园开办分园】 6月14日，青云店镇中心幼儿园垡上中学分园开园。这是青云店镇政府为规范幼儿园管理，解决当地孩子入园难问题，在垡上中学开办的。幼儿园共有任课教师12人，保育员6人，保洁员1人，食堂炊事员2人。开设6个教学班，其中大、中、小各两个，有幼儿183人。

（王国宏）

【教学基本功考核总结暨新一轮启动大会】 6月16日，中教科召开中学教师教学基本功考核第三轮总结暨第四轮启动大会。区教委领导、区进修学校领导和部分教研员，各中学校长、教学副校长或教务主任、市区级学科带头人、骨干教师和优秀教师代表、部分获奖教师代表共计185人参加。中教科科长韩宝刚作《练就过硬功夫，提高教学质量》为主题的报告，总结2009—2010年中学教师教学基本功考核工作。有17所学校获先进单位称号，692名教师获一等奖和二等奖，另外还有397节课例分别获一等奖和二等奖。三所学校的获奖教师作为代表汇报他们虚心学习、主动发展、不断成长的历程。副主任扈岩江代表区教委对在2011年—2013年进行的第四轮中学教师教学基本功考核工作进行动员和部署。区教委主任李达讲话，要求各学校要结合大兴新区发展实际，充分认识教师队伍建设的重要意义；认真分析，充分研究教师队伍的优势和存在的差距；抓好落实，着力打造一支高素质教师队伍，为大兴区教育事业的发展做出更大贡献。

（韩宝刚）

【狼垡中学召开区级课题开题论证会】 6月16日，狼垡中学召开区级科研课题开题论证会。区进校教科室负责人及三位教研员来校指导。课题组全体成员及校领导参加开题论证会。在“十二五”开局之年，该校获准三个区级课题立项。三位课题负责人对课题进行阐述，教科室三位教研员分别对三个课题提出建议和要求。该校共20名领导和教师参加。

（屈连凤）

【大兴八中被评为校园文化建设特色校】 6月18日，大兴八中被评为“首都中小学校园文化建设特色校”。这是该校在北京市国际展览中心举行的北京市联合国教科文组织协会、北京科技教育促进会、北京教育杂志社联合举办的首都中小学校园文化建设论坛暨表彰会上获得的。近年来，该校在行政楼、教学楼、实验楼、宿舍楼、餐厅等功能区，创意制作“名人名言、伟人风采、传统文化、自然风光、文明礼仪、道德修养、科学知识”等内容500余块展板；在校园悬挂名人警句和校训，建

设书雕、孔子、苏格拉底以及万里长城浮雕图，怡心亭、怡然亭、文化长廊、花廊等校园景观。

（张开望）

【组织参加中英双语演讲比赛】 3至6月，中教科组织选拔五所学校参加北京市第十一届中学生中英双语演讲比赛的预赛和决赛。本届比赛以“我的低碳生活”为主题。长子营中学、德茂中学分别获得市级二等奖和三等奖。全市80所学校参加。

（李淑新）

【召开2011年暑期中学教育系统干部培训会】 8月15至17日，区教委召开2011年暑期中学教育系统干部培训会。区委教育工委书记、区教委主任李达，区委教育工委副书记、区教委党组书记、区政府教育督导室主任李广成等领导及全区中学校长、书记以及进修学校校长、书记、副校长等60余人参加。邀请北京市课程中心课程室主任程舟、教科院原副院长文喆、教育部基础教育课程教材发展中心主任刘坚，就学校三级课程建设、学校特色建设、课程改革背景下的课堂教学等三个工作重点作专题讲座。书记、校长分四组交流开展三级课程建设，加强办学特色建设，深化课程改革、聚焦课堂、提高课堂教学有效性，以及发挥学校党组织监督保障作用等方面的认识理解、典型做法和今后工作设想。科长韩宝刚就队伍建设、德育工作、教学管理、素质教育、规范办学、规划布局、科学谋划八个方面做工作总结；教委副主任扈岩江就加强队伍建设、增强德育实效、聚焦课堂、优化内部管理等五个方面做工作布置，并指出学校办学中存在的八个问题，提出改进意见。李达主任讲话，从认清形势，明确使命，增强工作的责任感和紧迫感；认真分析，加强研究，理清发展的思路和举措；突出重点，抓住关键，努力实现教育发展的新突破等三个方面进行分析和阐述。

（崔连娜）

【大兴六中参加首都少年先锋岗活动】 8月18日，大兴六中组织学生参加北京市首都少年先锋岗活动。该活动由北京市共青团委、天安门地区管理委员会、少先队北京市工作委员会于1986年创办，旨在对首都少年儿童深入开展爱国主义、革命英雄主义和集体主义教育，引导他们学习和实践爱国主义为核心的民族精神，继承和发扬革命优良传统，树立理想信念。活动包括岗前教育、在人民英雄纪念碑下站岗、参观毛主席纪念堂等环节。该校18名学生参加活动。

（毛悦）

【召开中学教务、政教主任工作布置会】 8月24日，中教科召开新学期中学教务、政教主任工作布置会。全区34所中学68名的教务主任和政教主任参加。两位主管副科长分别就教学方面提出本学期工作重点，对具体工作进行布置；在落实《中小学文明礼仪教育指导纲要》、队伍建设、主题教育活动等德育工作进行布置。进修学校主管德育副校长解读德育研究室工作计划，对班主任队伍建设、德育科研等工作进行说明。中教科长对教务主任和政教主任提出工作要求。教委副主任扈岩江对教学工作强调：坚持质量第一的原则；聚焦课堂要有实招；找准发展的空间和突破口；积极开展教研活动；规范教育教学管理行为。

（崔连娜）

【北京八中亦庄分校进行课程改革】 9月6日，北京八中亦庄分校成立综合素质开发科技活动中心，对课程进行改革。学校成立各兴趣小组工作室，包括金鹏科技、电子制作、英语、车模等工作室。以“着眼于未来，着力

于素质，培养志向高远、素质全面、基础扎实、特长明显的一代新人”为方向，培养学生动手动脑能力，创出学校特色。

（隗和雪）

【区教委召开2011年高考工作研讨会】 9月15至16日，区教委召开2011年高考工作研讨会。全区各高中校长、教学副校长（教务主任）、年级主任共70人参加。北京教育考试院科研处副处长周欣宣讲考试评价的发展阶段和价值功能。北京教育考试院科研处张青华通过高考数据统计，对大兴区高考成绩与北京市、郊区之间以及本区总体、各类校之间在各批次上线、各学科成绩等方面做比较分析。进修学校中教研主任对高三备考工作做法进行归纳，指出存在问题，提出建议。山东省特级教师、高考研究专家、潍坊市行知学校校长戚其祝以《透视高考，优化高三备考》为题，结合理论与实践，从潍坊素质教育、高考命题、备考具体做法三方面进行高考备考经验介绍。中教科长从高考成绩、主要经验、存在问题三个方面对2011年高考工作进行分析总结，从六个方面对2012年高考备考工作进行部署。大兴一中、兴华中学、旧宫中学就2011年备考工作分别从分层落实、打造魅力课堂和实效教研三个角度进行大会交流。教委副主任扈岩江提出要求：鼓足干劲，充满信心；认真总结经验，查找不足，寻找发展空间；加强高中教学和高考复习的管理；加强师德教育和规范管理；加强试题研究和教研指导。教委主任李达结合本区域经济发展形势，从振奋精神，努力办好适应新区经济社会发展的高中教育；增强质量意识，着力办好人民满意的高中教育；深化课程改革，实现新区高中教育质量新发展三个方面，对学校干部提出要求。

（崔连娜）

【郭家务中学开展优秀课展示评比】 9月19

日，郭家务中学开展优秀课展示评比活动。初一至初三语文、数学、英语、物理、化学任课教师共22人参加活动。评委6名，评比标准包括：个人风格、教学机智、学生知识获得与探究等。2人获得一等奖，3人获得二等奖，17人获得三等奖。

（田秀杰）

【举办公安分局民警爱心助学活动】 9月20日，区公安分局民警爱心助学捐助活动在北京第十四中学大兴安定分校举行。区公安分局政治处主任胡海渊、副主任王学振，区教委副主任扈岩江，纪工委书记王翠华，安定镇副镇长冯桂莲等领导及受助学校十四中安定分校、安定中心小学、礼贤民族中学、礼贤第二中心小学领导、部分教师、受资助的学生共50人参加。王学振介绍公安分局开展爱心助学活动基本情况；胡海渊等领导向20名学生颁发助学金，王翠华代表区教委向分局赠送锦旗；受捐助学生、学校领导代表感谢公安

干警“爱心接力播撒阳光，真情助学放飞希望”的爱心行动，表示会克服困难、勤奋学习、报效祖国。

（李淑新）

【狼垡中学开展科普进校园活动】 9月21日，狼垡中学开展科普进校园活动。邀请索尼探梦科技馆，给学生上科普课——水火箭制作。科技馆工作人员向学生介绍水火箭原理、制作方法，然后进行水火箭现场表演。学生分为三个小组亲手制作，在科技老师及班主任指导下，完成水火箭制作，并进行飞行比赛，有12名学生获得奖励，最好的成绩是120米。

（闫洪波）

【举办中学生“瞭望杯”时事知识竞赛】 9月26日，中教科举办2011年中学生“瞭望杯”时事知识竞赛。初中校每校派一个代表队参赛，完中校初中、高中各派一个代表队参赛，每队4人。大兴七中、大兴一中、大兴四中等十所学校获初中组优秀组织奖，兴华中学、北师大大兴附中等六所学校获高中组优秀组织奖。共176名学生参加比赛。

（李淑新）

【举办助学金、奖学金发放座谈会】 9月27日，大兴区仁和助学金、世农奖学金、威克多奖学金发放座谈会召开。北京仁和医院、北京世农种苗有限公司、北京威克多制衣中心三家资助单位的领导，区教委副主任扈岩江、安有文及16名受助学生代表参加。座谈会上，中教科科长简要介绍2011年三项奖助学金的发放情况，三家资助单位领导充分肯定大兴教育取得的成绩，鼓励受助学生刻苦学习，用感恩之心回报社会。扈岩江副主任做总结讲话，他高度赞扬三家企业关心教育、奉献爱心、回馈社会的善行义举；简要介绍近一年来大兴区教育事业发展取得的新成绩，鼓励教师要更加勤勉工作，学生要立志成才，为构建和谐社会作出应有的贡献。2011年，北京市仁和医院出资20万元，用于资助全区

400名家庭经济困难的在校中小学生;北京世农种苗有限公司提供20万元,用于奖励学习成绩优异且家庭经济困难的大兴籍青云店镇15名初中在校生,31名高中在校生,10名中国农业大学大兴籍优秀在校生,8名北京农业职业学院大兴籍优秀在校生;北京威克多制衣中心提供20万元,用于奖励2011年大兴区中考前100名留在大兴一中就读的39名优秀学生。三项奖、助学金共计60万元,受助学生达503人。

(李淑新)

【大兴八中开展课堂教学视导】 9月27、28日,进修学校中教研室教研员16人在副校长、主任带领下,来到大兴八中对该校高考学科进行课堂教学视导。活动分为听课和评课两个环节。教研员听课16节。之后,教研员分年级、学科,结合新课程标准和高考考试说明,面对面进行指导,提出意见和建议。

(张开望)

【组织畅言语音教具实验校赴河北省教研】 9月28日,区教委组织畅言语音教具中学实验校教师赴河北省保定市教研。中教科副科长、进修学校英语教研员和科大讯飞的工程师及畅言智能语音中学实验校15位英语教师,前往河北省保定市留村中学进行听课、研讨等教研交流活动。留村中学一名教师做现场观摩课,对语音教具的各项功能进行展示。课后,大兴区和留村中学参与听课的干部教师进行交流和研讨。来自庞各庄、安定、长子营三所实验中学的教师在交流中对畅言智能语音教具的优点进行肯定,对技术操作进行探讨,对厂家的软硬件提出改进建议。畅言语音设备是针对中小学英语课堂教学需求而设计的新型辅助教具。它既能够辅助英语教师为学生创造真实、标准的语言学习环境,又可以通过卡片、挂图和实物等有声教具的制作,大大提高学生学习兴趣和课堂互动性。畅言智能语音教具实验是区教委于2011年4月启动的与科大讯飞公司合作开展的项目。

(崔连娜)

【大兴三中召开教师说课培训活动】 9月30日,大兴三中举行"教师说课活动"培训大会。特邀进修学校中教研主任郭树林为教师培训。针对即将开始的教师基本功考核"说课大赛",郭主任用专业知识和多媒体教学手段向教师讲解说课要"说"的三个要点:"教什么"、"怎么教"、"为什么这样教"。他从"说课"概念、类型、说课与上课备课关系、说课一般内容和要求、怎样说好一节课、准备说课一般过程六个方面展示做好说课准备各个环节。该校领导和初、高中教师260人参加培训。

(董金锁)

【北臧村中学召开红色书读后感颁奖会】 10月8日,北臧村中学团总支召开"读红色书籍"读后感颁奖大会。为获得区级和校级一、二、三等奖的学生进行奖励,号召学生多读书，读好书，好读书，以书为友，增长知识，扩大视野，传承优秀传统，提高文化修养。暑假期间，北臧村中学积极响应区教育团工委号召，组织学生开展“纪念建党90周年读红色书籍”读后感征集评比活动，共收到读后感225篇，选出优秀稿件8篇上交大兴区教育团工委，其中一篇获得初中组一等奖，两篇获得二等奖。

（贾京晶）

【红星中学纪念辛亥革命一百周年】 10月10日，红星中学开展纪念辛亥革命一百周年活动。形式有国旗下讲话、宣传栏、校园广播等。212名师生参加活动。辛亥革命是由伟大革命先行者孙中山先生领导，是中国近代史上一次比较完全意义的资产阶级民主革命，它结束了统治中国两千多年的封建君主专制制度。

（刘永志）

【垈上中学开展说课培训活动】 10月11日，垈上中学特邀北京市数学学科带头人、北京市优秀教师焦艳玲，为全校教师进行说课培训。培训旨在提高教师专业知识水平和教学能力，迎接全区即将开始的第四轮教师基本功考核“说课大赛”。焦老师讲座主题是《做好成功的准备，享受成长的过程》。她从“说课”概念、特点、说课一般内容和原则等几个方面详细讲解说课各个环节，并为全体老师进行现场说课展示。39名教师参加活动。

（王国宏）

【狼垡中学创办五色土校刊】 10月12日，狼垡中学全体师生拿到了《五色土》校刊第一期。开学初，学校开始着手创建校刊。校刊编辑人员10名，他们组稿、筛搞、定稿，校刊如期出刊。《五色土》第一期共有21篇文章，内容包括图片新闻、校园文学、教师风采、美文欣赏、科普知识、名人风采等栏目。今后校刊将每季度出刊一期。

（屈连凤）

【采育中学教师聆听名师讲座】 10月21日，采育中学特邀请北京教育科学研究院教师张爱兰做“如何提高教科研工作实效性”报告。张老师主要从“教师教科研的地位”和“提高教科研实效性的途径和方法”两个方面展开讲座，侧重于途径和方法的指导。该校校长贾金忠及学校各位领导与全体教师共100余人聆听讲座。

（高华）

【太和中学承办五校联合教研说课比赛】 10月25日，太和中学承办五校联合说课活动首场比赛。孙村、凤河营、垈上、狼垡、太和五所中学领导和语文、物理学科教师参加，共20位教师参赛。比赛分两个赛场，参赛教师在十五分钟时间内从教材简析、教学目标、教学过程等方面，阐述自己教学理念，对教材理解以及教学设计。该校教师在此次活动中获1个一等奖、2个二等奖。

（刘坤）

【凤河营中学承办五校联合说课赛】 10月28日，五校联合说课比赛教研活动英语、地理、历史专场在凤河营中学举行。孙村中学、垈上中学、太和中学、狼垡中学的英语、地理、历史教师24人参加。比赛评委由各校教学副校长、教务主任共10人组成，按照《大兴区学科说课、答辩评价表》的评价标准，包括教学背景、教学目标、教学方法、教学过程、评价反思等项目，最终评出一、二、三等奖共10人。

（姚红颖）

【孙村中学开展冬季安全主题宣传活动】

10月31日，孙村中学开展“冬季安全”主题宣传活动。该校主管领导、法制基地办公室、德育处、团支部共同参与。9名干部和教师走进新凤社区，采取讲解与发放宣传材料相结合方式进行宣传。宣传材料包括预防煤气中毒常识、冬季用电安全、防火知识、食品安全等。当日共发放宣传挂图40多张，宣传折页100余份，宣传材料600多页。

（王雪松　邢友良）

【北京八中亦庄分校开展感恩教育活动】

10月，北京八中亦庄分校开展感恩教育活动——爱的教育之“四菜一汤”。学生在“十·一”放假期间为父母做四菜一汤，通过相机拍照、文字书写等形式，及时记录活动成果

和感受，在校内进行展示。学生与家长对活动表示认可与赞扬。90名学生参加活动。

（李欣）

【孙村中学开展听推门课活动】　2月至6月，9月至10月，孙村中学开展“听推门课”活动。活动旨在促进教师日常教学水平不断提高。听课人是7名领导班子成员，原则是随机进班听课。2月至6月，听课36节；9月至10月，听课20节。听课后，领导班子成员分组与授课教师进行交流指导。听课活动结束后，教务处主任在全体教师会上对“推门课”活动做综合评价，指出教师在授课中的优点，提出问题。此项活动促进了教师教学水平的提高。

（谷维军）

【垡上中学承办“绿色耕耘”活动】　11月1日，垡上中学承办“绿色耕耘”化学组追踪指导活动。北京教育学院化学指导组教师张丽娜、凤河营中学、北师大大兴附中、礼贤中学和采育中学4名化学教师参加活动。垡上中学教师结合“绿耕”研究课题《思维导图在化学复习课中的应用》，讲授《水的变化》一课。张老师与听课教师进行评课研讨。该校校长和副校长以及相应学科教师共16人参与活动。

（王国宏）

【太和中学举行第五届黑板报限时比赛】

11月4日，太和中学举办主题为“做文明有礼的中学生”第五届黑板报限时比赛。3个班参加活动。板报比赛限时45分钟，每班有5名学生参加，提前半个月布置，要求学生在规定时间内完成。评委是团总支及各支部宣传委员5人，依据版面设计、板报报头、插图与美工、板书与文字、色彩运用、实效性、主题与内容7个方面进行打分，评出优胜班级。结果是二一班获得第一名。

（刘坤）

【进校教研员到采育中学视导】　11月9日，进修学校中教研主任郭树林和初、高中15个

学科27名教研员到采育中学进行教学视导。视导内容包括听课，分组讨论，教研员点评，进行指导，提出建议。各学科教研员共听课

30多节。视导对进一步提高该校课堂教学水平、深化课程改革起到积极作用。

（高华）

【亦庄中学举行心理教材实践课研讨】 11月10日，亦庄中学举行心理教材实践课研讨活动。进修学校德育教研室副主任和两位教师及教材编委教师9人，与该校5名教师参加研讨活动。内容有：一名教材编委讲授一节教材实践课，说明教学设计和教材设计；召开教材实践课研讨会，领导和编委对课堂教学和教材做剖析。

（刘秋华）

【亦庄中学召开教育教学研讨会】 11月12至13日，亦庄中学召开2011年教育教学研讨会。该校领导及各年级主任、班主任、教研组长、教师代表等30人参加。研讨主题是“更新教育理念、提高教学效率、享受成长过程、追求幸福人生”。研讨内容有：12位教师，结合自身工作解读主题；主管领导做题为《励精图治谋发展　求真务实铸辉煌》专题报告，诠释教师专业化发展对办学理念与教育理念的影响，提出新目标；校长总结。研讨会旨在破解教育发展中遇到新课题，为实现“办人民满意学校”办学目标提供设计蓝本。

（刘秋华）

【大兴三中开展英语演讲比赛】 11月14日，大兴三中初二年级学生举行英语演讲比赛决赛。各班经过初赛，选拔出参加决赛选手25名。评委是5名英语教师，评比标准是英语表达力及感染力。结果6名学生获一等

奖，6名学生获二等奖，13人获三等奖。近600名师生参加活动。

（董金锁）

【郭家务中学开展春蕾杯作文竞赛】 11月21日，郭家务中学开展“春蕾杯作文竞赛”活动。活动是由中国儿童少年基金会、中国红十字会总会主办，由首都师范大学《作文导报》承办的一个面向全国中小及各职高、中专学生的作文赛事。主要目的在于全面培养和发展中小学生个性特长，不断提高各年级学生作文水平，更好促进中小学校语文作文教学。报名费主要用于救助贫困地区失学女童以及红十字活动宣传。比赛分七个组别，郭家务中学参加初一、初二、初三三个组别的比赛。比赛分四个阶段：报名、参赛、现场作文、颁奖。该校324名学生参加比赛，1人获二

等奖,5 人获三等奖,9 人获优秀奖。

(田秀杰)

【庞各庄中学举行感恩教育活动】 11 月 28 日,庞各庄中学举行大型感恩教育活动。活动邀请教育专家郑东磊为初二年级全体学生及家长做《懂得感恩》讲座。学生在郑老师鼓励下分别与教师、家长进行真情互动,吐露心声。感恩励志教育,形式贴心、主题鲜明,

效果显著。教师、学生、家长共 350 人参加活动。

(李环 张静)

【召开中学 2011 年校长分片交流会】 11 月 29 日至 12 月 1 日,中教科组织召开 2011 年中学校长分片交流会。全区 35 所中学的校长参加。兴华中学、庞各庄中学、大兴四中分别承办本次会议。交流会主题为"聚焦课堂,深化课堂教学改革"。会议内容包括听取承办校校长汇报本校在深化课堂教学改革方面的思考和做法;分文、理科两组听课;结合本校课堂教学管理的亮点工作进行交流研讨。教委副主任扈岩江肯定各校教学管理工作的有效举措,结合中学工作实际,提出工作要求。

(李淑新)

【中学生走进市区大课堂资源单位】 11 月开始,区初中三个年级,以学校为单位,选择性地走进北京市城区社会大课堂资源单位。11 月中旬,中教科召开工作部署会,要求学校在走进社会大课堂之前,制定活动方案、工作流程(包括家长通知书、家长回执等)、安全预案、课程(或活动)设计;活动过程中,组织学生持学生卡走进大课堂资源单位,进行有效刷卡;活动后各校有总结,并将活动信息上传到大兴区社会大课堂网站。自 11 至 12

月底,全区 35 所中学、11578 名中学生走进市区大课堂资源单位。

(李淑新)

【举行中学学校特色建设工作培训会】 12 月 1 日,中教科举行中学学校特色建设工作培训会。全区 35 所中学的校长、主任 80 多人参加。特邀北京教科院基教所副所长张熙作专题讲座,分三个专题进行阐述。与会人员对特色建设工作有更深层次的理解,创建思路进一步明确。区教委副主任扈岩江要求全区中学校长对特色建设有一个充分认识,向校长们提出工作要求,让教师在教育教学方式上形成自己的特色。举办中学特色建设工作培训,是区教委推进中学学校特色建设的一项重要举措,旨在进一步提高校长创建特色学校的实践能力,引导校长不断学习,提

升教育理念，创新教育模式和教学方式，提升学校的文化品位和发展内涵，实现学校均衡、优质、特色发展，满足中学生个性化的发展和社会对多样化教育的需求。

（崔连娜）

【大兴八中走进市区社会大课堂】 11月30日至12月2日，大兴八中组织全体初中学生开展社会实践活动。活动前，召开班子会，德育处下发致家长一封信，制订安全预案，各年级和班主任进行动员和安全教育。1655名学生先后走进北京自然博物馆，以生物进化为主线，参观古生物陈列厅、植物陈列厅、动物陈列厅和人类陈列厅；走进首都博物馆，参观《古都北京·历史文化篇》、《古都北京·城建篇》、《京城旧事——老北京民俗展》、大明展厅以及瓷器、玉器、青铜器等馆藏精品展览。

（张开望）

【大辛庄中学金鹏科技论坛获佳绩】 12月2日，大辛庄中学《蚯蚓能否增加土壤肥力的极限实验研究报告》、《农村女中学生青春期性知识调查报告》《大辛庄地区农民医疗保险现状的调查报告》等3个课题在大兴区金鹏科技论坛竞赛获得一等奖；《大豆固氮对小白菜生长影响的实验研究报告》等5个课题获得二等奖；还有7个课题获得三等奖，获奖课题占全区获奖总数近三分之一（全区共有51个课题获奖）。“金鹏科技论坛”是面向广大中小学生，以“参与科技实践，求真知，促成长”为主题的一项大规模科技创新活动。活动强调学生独立完成，注重活动过程的体验，促进学生素质的全面发展。竞赛是从“研究方案、研究资料、研究报告、工作日志”四个方面进行综合评审，重点关注学生在参与科学实践活动中成长。全区选出16篇论文参加

北京市决赛，该校入选5篇。

（刘志强）

【金海学校开展历史小报制作活动】 12月9日，金海学校举行“历史小报”制作总结颁奖会。该校“历史小报”制作活动历时三个月，征集学生作品130多份，经过5名评委认真评选，依据版面设计、插图报头、文字书写、色彩使用等方面标准进行打分，37名同学获得不同等次奖励。活动还对优秀作品展示，七、八年级183名学生观看获奖作品。

（李怡）

【采育中学承办区初中教师说课展示活动】

12月17日，“2011年大兴区初中教师（采育片）说课展示活动”在采育中学举行。大兴四中、长子营中学、凤河营中学、首师大大兴附中以及该校100名教师进行14个学科说课展示活动。进修学校书记李元俊和副校长及各校教学主管领导共9人参加说课展示活动。

（高华）

【举办“安全应急与人防知识”教育师资培训会】 12月19日，中教科举办中学“安全应

急与人防知识”教育师资培训会。邀请北京奥组委和残奥会特聘精品课程专家、北京市红十字会培训中心特聘急救师马桂林做讲座。马老师结合人民防空和消防、地震专业知识对与会人员进行培训，特别是对于各种灾害的避险、应急自救进行现场演练和重点解读。70名中学干部、教师参加培训。

（李淑新）

【大辛庄中学在青少年科技创新大赛中获奖】 12月，大辛庄中学在2011年大兴区

“青少年科技创新大赛”中，获得多项奖励。其中《大辛庄地区农民对“搬迁”的看法调查报告》等3个项目获得一等奖；《东郏河村家庭赡养老人情况调查研究报告》等8个项目获得二等奖；还有4个项目获得三等奖，占全区创新论文获奖项目（40个）的37.5%。青少年科技创新大赛是一项具有二十多年历史的全国性青少年科技创新成果和科学探究项目的综合性科技竞赛，是面向在校中小学生开展的具有示范性和导向性的科技教育活动之一，大赛根本宗旨在于推动青少年科技活动蓬勃开展，培养青少年创新精神和实践能力，提高青少年科技素质，鼓励优秀人才涌现；提高科技辅导员队伍科学素质和技能，推进科技教育事业普及与发展。

（刘志强）

【大兴六中举办教科研工作研讨会】 12月31日，大兴六中举办教科研工作研讨会。研讨会围绕“抓科研、促课改、提质量”主题展开。首先由教科室主任就区级课题《培养城乡结合部学生良好学习习惯》以及校本课题《创建学习型校园　促进教师专业发展》研究做科研工作总结，然后按教研组分组就本年度科研成果进行讨论。42名教师参加研讨。

（毛悦）

中　学

大兴区第一中学

【概　述】 2011年,大兴一中占地面积60000平方米、建筑面积43647平方米、体育场(馆)面积9820平方米。图书馆(室)藏书11万册,订阅杂志214种、报纸199种。固定资产总值11426.58万元。全年教育经费投入4377.22万元,其中,国家拨款4183.22万元、自筹经费194.00万元。学校信息化经费投入306.40万元,拥有计算机570台,校园网出口总带宽10Mbps,数字资源量100GB,"信息技术"课程初中1课时/周,高中2课时/周。普通教室59个、专用教室16个、实验室8个。教职工300人,其中,副高级职称121人、中级职称106人。专任教师222人,包括北京市学科教学带头人2人、市级骨干教师7人、特级教师4人。开设教学班57个,其中,初中班18个、高中班39个。毕业900人,其中,初中279人、高中621人;招生709人,其中,初中277人、高中432人;在校生2655人,其中,初中952人、高中1703人,包括寄宿生630人。高中录取分数线507分(大兴区),应届高考本科上线率96%。

网址:www.dxhcyz.com.cn。

学校办学的核心理念是"为学生成功人生铺路,为教师专业成长搭桥,师生互动,共建和谐校园。"形成了"德育实效性好"、"教学成绩突出"、"育人环境优美"、"特长成果显著"的办学特色。

2011年,学校获得主要荣誉有:国家级教育试点改革项目基础教育课程教材改革试验项目学校;首都绿化美化花园式先进单位;北京市节约型示范学校;首都中小学校园文化建设魅力校;北京市校外教育(中小学生社会大课堂建设)先进集体;北京市教育系统"五五"普法先进集体;北京市教育科研先进学校。

(姜士厂)

【获得"首都绿化美化花园式单位"称号】 2月24日,大兴一中被北京市教育委员会授

予"首都绿化美化花园式单位"。该校以儒家"和合"文化为核心,以"创建绿色学校、优化育人环境"为目标,结合实际、全面规划、大胆设计,改造后校园绿化面积28000多平方米,垂直绿化面积800多平方米,覆盖率达到40%以上,现有乔木38种,灌木26种,花卉植物31种。该校突出"和合"思想及"环境育人"理念,在校园主要绿化场所设计有雕塑

和文化石，包括图书馆花园的“和合”、教学楼前“学而思”、食堂前“和而不同”等文化石，桃李园“四书五经”活字印刷雕塑、“杏坛”孔子像和学校正门广场刻有仁、义、礼、智、信的花坛等。全市同时被授予“首都绿化美化花园式单位”有189个。

（郝克庆）

【语文导报高考版执行总编做作文指导】 2月26日，大兴一中邀请《语文导报》高考版执行总编、中国作家协会会员梦阳为高三学生做题为“抓住自我，学会转化，写好作文，决胜高考”作文写作讲座。讲座旨在提高大兴一中高三学生作文水平。高中语文教师和高三学生330人聆听讲座。

（赵远华）

【举办留学生入学教育讲座】 3月4日，大兴一中举办留学生入学教育讲座，该讲座针对来华留学生特点，讲解营造和谐环境与遵守纪律的重要性，旨在做好留学生教育与管理工作。该校国际部全体师生38人参加讲座。

（贺胜兰）

【获得“阳光体育”冠亚军】 3月6日，大兴一中参加“阳光体育2011年北京市中小学生长跑比赛”，17名运动员在初中男女、高中男女四个组别比赛中，获得高中男子组团体总分第一名，高中女子组团体总分第三名，初中女子组团体总分第二名；个人包揽高中男子组、高中女子组、初中女子组三个组别的冠亚军，获得初中男子组第二名。

（孙文生）

【表彰德育标兵】 3月14日，大兴一中召开学生德育标兵表彰会，表彰58名“2010至2011学年度德育标兵”。本学年，学校开展“寻找身边榜样，评选德育标兵”活动。和“比纪律、比学习、比礼仪、比贡献、比特长”的五比活动，促进班级建设。经学生推荐，班主任把关，学校审核，共评选出58名学生德育标兵。

（耿炳文）

【北京市基础教育研究中心教学视导】 3月15日，北京市基础教育研究中心9位专家到大兴一中进行教学视导。大兴区教委有关领导、进修学校各学科教研员和全区各中学100名教师与该校教师进行为期一天听评课活动。共听取语文、数学、物理、地理、生物、历史、体育、综合实践8个学科22名教师课；分学科召开座谈会，专家进行点评，就教学问题进行交流。市教研中心专家对该校教师专业素养、驾驭课堂能力以及学生整体素质给予肯定，认为该校课堂教学模式高效、开放、和谐，教师注重学生能力和素养养成，引导到位，学生主体性得到充分体现。此次视导，对该校“5211三案导学”教学模式深入推进，深化课堂教学改革，优化课堂教学过程，提高教学质量起到推动作用。

（薛梅）

【1.2爱心基金会捐赠】 3月21日，大兴一中“1.2”爱心基金会组织捐赠活动。由“1.2”爱心基金会发出“助人是快乐之本”倡议，全校学生以团支部为单位为身边需要帮助同学捐款2767.8元。校长荣俊利代表基金会为12名受资助学生每人颁发300元助学金。大兴一中“1.2”爱心基金成立于2003年，是由当时高二（1）班团支部倡仪，同学们把空矿泉水瓶、易拉罐等废弃物集中起来卖掉，用这笔钱来资助生活困难又品学兼优的同学，帮助他们顺利完成学业。当时每个矿泉水瓶

卖0.12元，“1.2”爱心基金每次资助12名同学每人300元。10年来，基金会共收到捐款69472.21元，资助156名贫困生。

（姜苗）

【开心妈妈给家长做家庭教育培训】 3月25日，大兴一中特约“开心妈妈”家庭教育机构创始人、多家中央媒体特约教育专家屈开为初中学生家长进行家庭教育培训。培训旨在指导学生家长更新家庭教育理念，配合学校做好教育工作。培训主题为“走进孩子的心灵”，分“信念系统”和“我们的策略”两个部分。620名学生家长参加活动。

（耿炳文）

【获首批“北京市节约型学校示范校”称号】 3月31日，大兴一中在北京市节约型学校表彰大会上，荣获首批北京市节约型学校示范校荣誉称号。全市有100所学校同时获此称号，大兴区有4所。在节约型学校建设中，该校成立节约型学校领导小组和建设小组，制定节水、节电等方面17项管理制度，建立奖励机制和制约机制，依靠学校课程进行节能减排、环境保护教育。开展“绿色节能”校园建设，生活用水、景观用水和绿化用水等按水质要求分别提供、梯级处理回用，采用雨水、污水分流系统，浇灌用水不使用市政自来水和地下水。建筑照明节能设计完全根据校园建筑的不同功能，进行日照分析，满足不同建筑的采光需求，减少人工照明数量，并实现自然采光与人工照明的切换控制。校园景观灯采用Led光源，校园路灯、景观灯都严格设定自动开关和光控开关，控制时间，节约电量。该校共有20项相关成果分别获得国家和市区级奖励，有13篇论文发表，30个学生实验作品获得区级以上奖励。

（郝克庆）

【组织开展读书圈使用培训】 4月11日，大兴一中党总支开展读书圈使用培训活动。该培训旨在搭建党员学习交流平台，提升党员队伍素质，进一步深化创先争优活动。行政后勤党支部组织委员姜士厂介绍创建读书圈试点经验、通过读书圈资源共享共同提升的典型做法和读书圈使用方法。2010年4月该校以行政后勤党支部为试点在北京市中小学数字图书馆建立读书圈，通过有组织的学习交流，激发行政党员专业发展自驱力，成为数图网站最活跃的读书圈。党建创新案例《创建读书圈，提升党员学习自驱力》在北京市中小学党建信息网参加展评，被全国教育系统

唯一的党建刊物《学校党建与思想教育》2011年第二期以“本期特稿”的形式刊登。

（姜士厂）

【举办首届校园读书文化节】 4月11至25日，大兴一中以“学习红色文化，弘扬红色精神”为主题举办首届校园读书文化节。读书节旨在结合建党90周年，对全校学生进行党史、红色经典等方面的宣传教育，倡导学生学党史、知党情、跟党走，增强广大青少年学生理想信念和爱国爱党热情。活动期间，举办全校性爱心书市，以班级为单位进行图书义

卖,收入捐给学校"1.2"爱心基金会,用以资助本校生活贫困又品学兼优的学生,全校1949名学生参加活动;组织初一、初二学生634名学生开展读书知识竞赛活动,60名学生分别获得一、二、三等奖;组织高一年级666名学生开展了经典诵读比赛,6个班级分别获得一、二、三等奖;组织高二年级649名

学生开展辩论赛,6个班级分别获得一、二、三等奖,评出最佳辩手3名。

(姜苗)

【举行18岁成人仪式】 4月18日,大兴一中组织高三年级学生举行成人仪式。活动旨在培养学生社会责任感、担当意识和感恩情怀。240名18岁成人学生面对五星红旗宣誓,各班代表到主席台前签字,写下一份承诺。四名同学朗诵《十八岁畅想曲》代表同学们表达成人的喜悦和勇于担当的决心。

(姜苗)

【澳大利亚州立中学师生代表团访问】 4月21日,澳大利亚 indooroopilly 州立中学师生代表团一行15人到大兴一中进行交流访问。交流形式有参观校园,现场观摩英语课教学,研讨加强两校间教育和增进友好关系等。

(贺胜兰)

【数字校园建设启动暨资源网应用培训】 4月22日,大兴一中召开数字校园启动暨资源网应用培训大会。该培训旨在为数字化校园建设全面铺开奠定基础,加强大兴教育资源库建设。会议内容有介绍数字校园争办过程与建设数字校园意义,通报数字校园建设方案,邀请大兴区教育信息中心教师做大兴研修网使用培训。246名专任教师参加培训。

(刘博新)

【获北京市青少年科技比赛一等奖】 5月28日,大兴一中选送《大兴图书大厦》建筑模型荣获北京市青少年未来工程师博览与竞赛节能环保抗震建筑模型项目比赛一等奖第一名。该校派出三名学生参加本次比赛。共有14个区县76所学校的600名学生参加此项赛事。

(汤镇 张腊梅)

【举行高中毕业典礼】 6月4日,大兴一中举行2011届高三毕业典礼。学校部分领导和高三师生650人参加大会。会上,校长荣俊利勉励学生发扬一中人精神,做正直优秀人,考出好成绩,考上理想大学,报效祖国。教师和学生代表分别发言。

(李翔)

【发展学生党员】 6月13日,大兴一中高中第三党支部召开党员大会,讨论吸收5名同学入党问题。34名党员认真听取发展对象宣读入党志愿书、介绍人介绍情况、党小组长介绍情况,全体党员充分讨论,投票表决,全票通过吸收五名学生为中共预备党员。五名学生是该校第24期中学生业余党校优秀学员。迄今为止,该校已有71名优秀学员被推优入党。

(李翔)

【获北京市中小学先进基层党组织称号】 6月16日,在"北京市中小学纪念建党90周年

先进基层党组织优秀共产党员先进党务工作者表彰大会暨基层党建工作论坛”上，大兴一中党总支荣获“北京市中小学先进基层党组织”光荣称号。此次大会表彰100个先进基层党组织、100名先进党务工作者、100名优秀党员（简称“三个100”）。近年来，学校党总支团结带领各党支部和广大党员广泛深入开展创先争优活动，在“创”字上当先，在“争”字上用功，在“实”字上见效，不断创新管理机制，创设活动氛围，创活活动载体，活动取得阶段性成果，推动学校各项工作的开展。

（姜士厂）

【世界中学生田径锦标赛上夺冠】 6月17日至25日，大兴一中学生郭振铎、关亚欣在波兰比得哥什举行的2011年世界中学生田径锦标赛上分别获得男、女1500米冠军。锦标赛有来自22个国家和地区的32支男队和28支女队参加，中国中学生代表团由来自全国8所中学24名运动员组成，参加100米、200米、400米、800米、1500米、300米栏、标枪、铅球、三级跳远、铁饼共10个项目的角逐。

（孙文生）

【召开中高考教学研讨会】 7月31日，大兴一中召开中、高考教学研讨会，学校领导班子成员和原初、高三教师68人参加会议。会上，对2011年中、高考进行成绩分析和备考总结，学校领导与各学科教师就2011年中高考成绩和存在问题以及今后改进措施进行研讨。该研讨会旨在分析问题，明确目标，提高教学质量。

（康成顺）

【区委书记为希望之星颁奖】 9月1日，大兴区委书记林克庆，在大兴一中新学年开学典礼上为2011年考取北京大学和清华大学的“希望之星”颁奖。副区长王荣彬，大兴区教育工委书记、教委主任李达参加。

（姜士厂）

【获得北京市教育先锋先进集体称号】 9月6日，大兴一中高中语文组在北京市教育工会举办的“北京市教育先锋表彰大会暨第六届师德论坛”上，被授予“教育先锋先进集体”光荣称号。同时获此称号的单位有80个。高中语文教研组有教师25名，大部分是朝气蓬勃的青年教师，他们在特级教师王德山带领下，秉承敬业爱生精神，在语文教学之路上耕耘和探索，践行着新课程理念。2010

至2011学年，全组教师获得各种荣誉和奖励90人次，其中国家级奖励有32人次。

（王德山）

【庆祝教师节暨师德先进事迹报告会】 9月9日，大兴一中召开庆祝第27个教师节暨师德先进事迹报告会。会上表彰26位师德标兵。三位师德标兵代表做先进事迹报告，全体教职员工302人参加报告会。

（姜苗）

【开展教师基本功说课活动】 9月22日至10月19日，大兴一中举行教师基本功说课比赛，旨在进一步落实该校“名师工程”，提高教师学科素养，夯实教师基本功，聚焦高效课堂，形成相互借鉴、相互学习、相互研讨的氛围。该项比赛由大兴区教师进修学校各学科教研员，该校相关领导、学科督导员、市级学科带头人和骨干教师共52人分别任各科

评委，166名50岁以下教师参加，51人被评为优秀，占30.7%。

（康成顺）

【举行第26期学生业余党校开学典礼】 10月24日，大兴一中举行第26期学生业余党校开学典礼暨专题讲座。开学典礼上，副校长王凤华宣读《大兴一中学生业余党校章程》，校团委书记宣读《大兴一中学生业余党校学员管理条例》，校党总支书记刘振凤发表讲话。然后，由北京师范大学心理学院讲师团讲师陈玲玲做“情绪管理”专题讲座。共169名业余党校学员参加。他们是经自愿报名、团支部讨论、班主任审批、党总支审核、校团委登记等层层遴选。他们将进行为期一年学习，通过考核鉴定结业。迄今为止，该校中学生业余党校已经培训25期3600名学员。

（姜苗）

【开展践行北京精神主题教育活动】 11月至12月，大兴一中党总支组织开展“践行北京精神，做文明有礼北京人”系列主题教育活动，各党支部相继召开弘扬北京精神学习动员会，组织85名教师党员开展“党员魅力在课堂”活动。旨在常规教学中展示党员魅力，树立新时期党员教师形象，引领和带动教师队伍专业发展。

（姜士厂）

【举办学生英语短剧表演】 11月4日，大兴

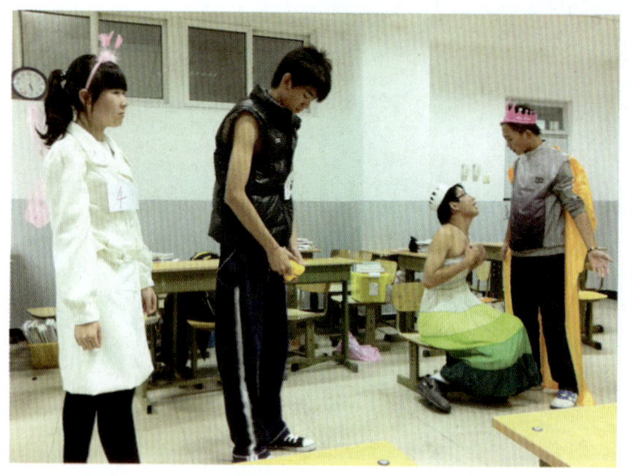

一中举办英语短剧表演赛。参加活动的是高二年级每班5至8人，共98名学生。旨在提高学生英语学习兴趣和英语口语表达水平。比赛邀请学校部分领导、高中英语教师8人担任评委，从参赛选手的语音、语调、语言流畅、表演能力、与同学间配合意识、对本角色的创新能力、时间掌握及回答问题的能力等方面进行打分。比赛评出最佳节目奖、最佳

口语奖和最佳表演奖各 10 名。

（刘丽云）

【承办 UDS 优质课学校建设项目交流活动】 11 月 16 日，大兴一中承办由教育部、首都师范大学基础教育课程研究中心组织的“UDS 优质课学校建设项目”英语学科组交流活动。来自怀柔、延庆两区县和我区 40 多位教师参加交流活动。活动分为现场授课和交流研讨两个阶段。来自北京四中的英语教师赵悦为该校初三(4)班学生上一节英语阅读课，该校一名英语教师上一节语法研究课。大兴区进修学校英语教研员和首师大教师做总结讲评。

（康成顺）

【承办市中学数学教学研究会学术年会】 11 月 18 日，大兴一中承办北京市中学数学教学研究会 2011 年学术年会。大兴区教委副主任扈岩江、北京市中学数学教学研究会理事长王春燕、北京市中学数学教学研究会副理事长方运加、北京市中学数学教学研究会秘书长康杰，北京市基教研数学研究室教研员、北京市各区县数学教研员及部分学校领导和老师 500 人参加。会议设四个分会场分别以“数学教育教学论文展示”、“优秀教学设计展示”、“社会大课堂展示”、“学生学业分析报告”为专题进行交流与研究，然后在主会场由中学数学教学研究会副理事长、首都师范大学数学科学学院教授方运加作大会主题报告。

（康成顺）

【开展新教师汇报课活动】 11 月 7 至 23 日，大兴一中组织新教师开展汇报课活动。语文、数学、英语、物理、政治、体育六个学科 14 位新教师参加。该活动旨在促进新教师专业成长，为学校教师队伍整体优化奠定基础。参与听课的有主管教学领导、相关学科教师共 150 人次。

（康成顺）

【百名奥运英雄进校园】 11 月 27 日，团市委主办“百名奥运英雄进校园”活动在大兴一中举行，奥运冠军陈一冰、毕文静跟同学们进行亲密互动，该校党总支书记刘振凤代表学校接受了陈一冰赠送的亲笔签名比赛服。来自该校和良乡中学、兴华中学等三个区 8 所学校 10 名学生进行街舞、独唱、体操表演、魔术、舞蹈等个人才艺展示。校园小记者对陈一冰和毕文静成功秘籍进行采访。之后是学生与奥运冠军现场切磋，10 名参赛选手被分成陈一冰和毕文静两队，进行 5 项趣味体育活动比赛。最后，陈一冰和毕文静将签名照作为礼物赠给参赛选手。该校 RHA 校园电视台学生进行现场拍摄。“百名奥运英雄进校园”活动是由北京团市委组织发起的一项面向北京市广大中学生的大型活动，旨在让学生通过接触奥运英雄，了解奥林匹克精神，激发爱国热情和参与体育活动的热情。

（姜苗）

【承办全国首届校长教学领导力高峰论坛】 12 月 12 日，全国首届校长教学领导力高峰论坛暨北京市大兴区第十届校长教育思想论坛在大兴一中举行。论坛主题为“校长的生命力在课堂”。来自北京、天津、重庆、江苏、辽宁等全国各地的教育专家、校长 160 多人参加论坛。论坛分为教师现场授课和校长、专家评课两部分，该校初中数学教师张慧娟和重庆市綦江中学教师张绍海，分别上了《等腰三角形的性质和判定的综合应用》一课，该校校长荣俊利和来自天津海河中学副校长董梅、天津苏家园中学校长刘冬青分别对两节课进行分析评价。此次论坛，旨在引导校长聚焦课堂教学，学会听课、评课，有效提升校长教学领导力，为校长、教师提供一个理论学习、思想碰撞、启迪智慧、成果交流的重要活动平台。

（姜苗）

【组织学生参观北京科技馆】 12月16日，大兴一中组织初一、初三年级全体学生630人参观北京科技馆。参观以学生成长需求为本，通过参与适合学生身心发展的科技活动，采用游戏化、探究式互动参与为主多样化教育方式，鼓励学生亲身体验、积极思考，在展览和活动中积累经验、锻炼能力，激发对科学好奇与兴趣，培养学生热爱科技、努力学习知识热情。

（张俊）

【市中小学生虚拟创造邀请赛夺冠】 12月25日，大兴一中高二年级和初二年级共6名

学生参加第六届北京市中小学生虚拟创造邀请赛，并获得比赛冠军，以及方案设计、团体和创意展示三项一等奖。该项比赛是为引导中小学生运用自己的智慧，充分发挥想象，针对当今社会中出现的热点问题，创造性地提出自己对未来社会的预见和设想，培养学生关注社会发展的意识，锻炼对问题的创意解决能力。北京市有81支代表队参赛。

（汤镇　张腊梅）

【开展做智慧教师　建魅力课堂教育活动】

12月，大兴一中党总支组织开展“做智慧

教师，建魅力课堂”主题教育活动，对党员教师开展“党员魅力在课堂”活动，旨在引导广大党员教师通过各种方式的学习，提升教学水平，在课堂上充分展示党员教师的魅力。16日，该校党总支聘请北师大大兴附中特级教师王书香来校给全体教师做“做智慧教师，建魅力课堂”主题报告，240名教师参加。各支部立足课堂教学，弘扬北京精神，激发创新活力，相继开展“党员魅力在课堂”活动，在常规教学中展示党员魅力，树立新时期党员教师的良好形象。活动中，20名党员教师做示范课，全校96名党员教师参与听评课。

（姜士厂）

北京师范大学大兴附属中学

【概　述】 2011年，学校占地面积42991平方米、建筑面积33651平方米，体育场（馆）面积19320平方米。图书馆（室）藏书5.13万册，订阅杂志、报刊543种。固定资产总值2910万元。全年教育经费投入3986万元，其中，国家拨款3986万元。学校信息化经费投入80余万元，拥有计算机740台，校园网出口总带宽100Mbps，数字资源量2000GB，“信息技术”课程2课时/周。普通教室52个、专用教室7个、实验室6个。教职工294人，其中，副高级职称95人、中级职称95人。专任教师244人，包括特级教师1人（王书香）、北京市骨干教师4人、北京市学科教学带头人2人；本科以上学历279人。开设教学班52个，其中，初中班17个、高中班35个。毕业632人，其中，初中203人、高中429人；招生646人，其中，初中206人、高中440人；在校生1963人，其中，初中629人、高中1394人，包括寄宿生1045人。高中录取分数线473分（本区），应届高考本科上线率70%。

学校网址：http://bsddxfz.dxschools.cn/

学校校训是“木铎金声”，意为“师生的超越自我”精神，将这种文化渗透到教育教学之中，潜移默化中影响着学生健康成长。学校2010年设立青海民族班，积极参与推动西部地区教育发展，将首都人民的关爱和厚望传递给青海学子，让“培育京青创新人才、让格桑花在北京盛开”成为民族团结教育主旋律。以科技教育为特色的校本课程体系正在形成。构建“以人为本，尊重师生共同发展”的学校文化，“引导学生主动健康发展”的育人理念，“办家长满意、社会赞誉的优质教育”的办学目标。

2011年，学校获得的荣誉有：北京市党员电化教育示范播放点荣誉称号；大兴区科技教育先进校、科技教育特色校；大兴区落实《学校体育工作条例》先进学校；大兴区中学教师基本功考核先进单位；北京市首届中小学民族艺术展演优秀组织奖。

（孙继春）

【志愿服务在行动】 3月5日，北师大大兴附中团委开展“弘扬奉献精神、志愿服务社会”主题团日活动。这次活动是在区教育团工委的领导下，与兴华中学合作进行主题教育宣传活动。内容包括在“木铎金声”石碑前宣誓、到康庄公园与兴华中学青年志愿服务队一起擦拭公共器材设施、发放“弘扬奉献精神、志愿服务社会”主题传单等。

（孙继春）

【迎接视导】 3月14日，北师大大兴附中迎

接市教委6位专家的工作指导。区教委中教科和进修学校领导、8位教研员，全区中学70余位教师和该校150多名教师参加。该校推荐数学、语文、英语等学科共107节课。通过听课、评课，专家提出宝贵意见和建议，肯定

该校成绩，提出建设性改进意见。

（孙继春）

【科技专家进校园】 3月18日，“大手拉小手——科技专家走进校园科普报告会”在北师大大兴附中举行。中国科学院地理科学与资源研究所副研究员杨汝荣为该校500多名初一、高一年级师生做“神奇的青藏高原”科普知识专题讲座。杨老师通过图片、语言，详细讲解青藏高原。通过这次科普知识讲座，使该校师生进一步了解青藏高原，为办好青海内地高中班提供理论支持。杨汝荣老师主要从事草地资源、草地生态系统研究。曾经考察和研究过中国南方山区的草山草坡，内蒙古草原退化生态系统，青藏高原的草地资源等工作。在西藏考察期间，曾为驻藏部队的官兵讲授过草地生态系统与人类的关系等专题，发表论文60多篇，参与或副主编著作多部。

（孙继春）

【在全国说课标说教材大赛获佳绩】 4月23日和24日，在天津市大港召开的“全国第二届和谐杯‘说课标说教材’”大赛上，北师大

大兴附中政治教师赵璠获得大赛一等奖，一名生物教师、一名地理教师获得二等奖，五位老师获得三等奖。本次大赛是由全国和谐教学法研究会主办。该校有语文、数学、外语、化学、生物、历史、地理、政治八个学科教师参加比赛。此项活动提高了该校教师把握课程标准和教材的能力，推动教师基本功培训开展。

（孙继春）

【获“学校体育工作先进学校”称号】 4月，在大兴区中小学体育工作总结会上，北师大大兴附中获得“大兴区落实《学校体育工作条例》先进学校”荣誉称号。该校坚持走体育特色道路，把发展学生体育特长作为重要工作。严把招生质量关，录取适当倾斜；科学、合理安排体育特长生作息时间，使之学习、锻炼安排合理；学校积极组织学生参加各级各类比赛；教师使用电教手段研究学生动作科学性，作成录像，与世界冠军动作录像同屏幕同步播放等；在群众体育工作开展中，有木铎金声体育节、春季运动会、秋季运动会、冬季长跑等各种体育活动，鼓励同学们参与体育锻炼中来；体育场提供给社区居民搞足球赛等。

（孙继春）

【科技周上获展示】 5月21日，作为北京科技示范校的北师大大兴附中，在2011北京科技周上进行科技展示：有学生们自主研发、获得全国第一名的“绿色节能型场馆”项目作品，获得市级创新一等奖的“自动数卷机”和市级二等奖的新型地下车库模型。作为大兴区唯一的科技金鹏团，北师大大兴附中在科技方面，近三年获得的全国级奖11项，市级166项，区级奖励351项，获奖学生上千人次。

（孙继春）

【参加青年教师教学基本功大赛获奖】 5月24日，北师大大兴附中两位教师在第一届“胜利杯”初中青年教师基本功竞赛活动中，获得一等奖，另有三位老师获得二三等奖。

“胜利杯”初中青年教师基本功竞赛活动是由北京市民族教育学会和西城区教委组织的，2010 年 12 月份启动，该校五位教师参加为期近半年的竞赛活动，活动中有考试题闭卷笔试、板书设计、说课三个环节，最后全市评出 24 个一等奖。该校教师甄宝靖还在颁奖大会上做现场公开课。

（孙继春）

【歌世界舞海洋勾画民族团结景象】 6 月 14 日，来自三江（长江、黄河、澜沧江）之源的青海省玉树县教育演出团在北师大大兴附中举行演出。演出团由玉树县委常委、宣传部长康托带队，主管教育副县长白玛求吉、教育局长玛拉、副局长文德等领导参加。一年前，青海玉树地区发生强烈地震，牵动全国人民的心。党中央、国务院和全国各族人民倾心关怀和大力支持，玉树人民坚强地从废墟上站立起来，以惊人的速度重建家园，用行动证明

玉树人民的精神家园震不垮、压不倒。今天他们满怀感恩之心，带着玉树人民的深情厚谊、坚忍不拔的精神，组建演出团来到首都北京，汇报重建成果并表达感激之情。演出的曲目有：诗舞剧《那一刻》、《玉树不会忘记》、《玉树的希望》、《六字真言》等。近 800 名师生观看演出。

（孙继春）

【教师基本功考核获先进】 6 月 16 日，北师大大兴附中在全区中学教师基本功表彰会上，获得中学教师基本功考核先进单位。教师获奖 105 人次，其中笔试项目一等奖 39 人，二等奖 43 人；优秀课一等奖 10 人，二等奖 13 人。

（孙继春）

【课改中国行走进北师大大兴附中】 7 月 28 日，北师大大兴附中 150 多名教师聆听课改专家、中国教师报记者李炳亭等做关于课改的讲座。“课改中国行”是由中国教师报发起组织的大型公益活动，覆盖 17 个省（自治区，直辖市）50 多个县区。历时一个多月。旨在传播课改经验，破解操作难题，助力区域内涵均衡。

（孙继春）

【承办全国英语能力竞赛总决赛】 7 月 29 日，2011 年全国中学生英语夏令营暨 2010 全国中学生英语能力竞赛（NEPCS）全国总决赛，在北师大大兴附中召开。来自全国 24 个省 300 余营员参加。决赛采用英语演讲、英语辩论、英语风采等形式。学生在全英的语言、文化环境中受到熏陶，促进用英语进行语言、文化交流。2011 年全国中学生英语夏令营暨 2011 年全国中学生英语能力竞赛（NEPCS）全国总决赛是 2010 年全国中学生英语能力竞赛（NEPCS）的一项后续活动。每

年举办一届，至今已成功举办十四届。旨在鼓励提高学生英语听说交流能力，培养自立、创新、团结协作精神。本次活动由国际英语外语教师协会中国英语外语教师协会和国家基础教育实验中心外语教育研究中心主办，天仁报业集团北京研发中心、英语辅导报社、考试与评杂志社和该校联合承办。

（孙继春）

【党支部荣获市委组织部荣誉】 9月6日，北师大大兴附中党支部荣获中共北京市委组织部"北京市党员电化教育示范播放点"荣誉称号。北师大大兴附中党支部现有党员121人。近几年，校党支部在创建学习型党组织活动中认识到：党员电化教育播放点建设，是基层党组织建设重要组成部分，是党员教育重要载体。校党支部组织开展党员电教活动有，时事政治的热点问题；科学发展观；优秀党员事迹；构建和谐社会及和谐校园建设等。随着党建工作和党员示范作用的加强，校党支部引导党员教师加强学习教育理论、教改经验、教育策略、信息技术，认真思考，不断实践，反复提炼，逐渐形成独有教育教学风格。

（孙继春）

【获北京市中小学民族艺术展演组织奖】 9月25日，北师大大兴附中在北京市首届中小学民族艺术展演活动中，荣获优秀组织奖。参与本次活动的有100多个单位。该校高二年级青海班学生及教师共计80余人参加活动，其中南吉昂毛同学获得声乐领唱一等奖、独唱二等奖；群舞《康巴之舞》获得三等奖，指导教师获得优秀指导教师奖。

（孙继春）

【特色品牌学校共同体示范基地授牌】 9月29日，在北师大大兴附中召开中国特色品牌学校共同体示范基地授牌暨全国中学班主任主题班会同课异构、班主任风采大赛仪式。活动是《中国教师报》中国特色品牌学校共同体、中国关心下一代教育研究院学校发展研究中心、北京市大兴区教委联合举办。大兴区副区长王荣彬、大兴区教委党组书记、区委教育工委副书记、区政府教育督导室主任李广成等领导出席。来自北京、天津、河北、山东、重庆等全国部分省、市的优秀班主任代表及北师大大兴附中教师近500余人参与。

（孙继春）

【增进民族团结让格桑花在北京盛开】 9

月30日，北京师范大学大兴附中召开"增进民族团结让格桑花在北京盛开　庆十一联欢会"。北京东方敦煌歌舞团艺术家们和该校师生用一台文艺演出，庆祝祖国62华诞。3000多人参加活动。

（孙继春）

【学生原创校园剧展演】 12月2日，北师大大兴附中高二年级10位同学自编、自导、自演的《迷途青春一念一生》校园剧，作为全区唯一中学校园剧模本，在大兴区中小学艺术教师系列培训活动期间进行展演。

（孙继春）

大兴区第五中学

【概　述】 2011年，学校占地面积13681平方米、建筑面积9216平方米，体育场面积7900平方米。图书馆藏书3万册，订阅杂志、报刊102种。固定资产总值2229.48万元。全年教育经费投入3120.9万元，其中，国家拨款2951万元、自筹经费169.9万元。学校信息化经费投入58.88万元，拥有计算机500台，多媒体教室座位1518个，校园网出口总带宽100Mbps，数字资源量20GB，“信息技术”课程2课时/周。普通教室36个、专用教室4个、实验室5个。教职工224人，其中副高级职称64人、中级职称74人。专任教师184人，包括北京市骨干教师4人、区学科带头人19人、区学科骨干教师18人、骨干班主任6人、科研骨干1人；本科以上学历172人。开设教学班36个，其中，初中班17个、高中班19个。毕业414人，其中，初中244人、高中170人；招生549人，其中。初中293人、高中256人；在校生1518人，其中，初中805人、高中713人，包括寄宿生282人。高中录取分数线447分（本区），应届高考本科上线率31.5%。

网址：http://hcwuz.dxschools.cn/

学校坚持以科学发展观为统领，全面贯彻党的教育方针，全面实施素质教育；坚持以人为本、以德立校，科研兴校，依法治校、依法执教，为每一个学生的全面发展、个性化发展、可持续发展搭建平台的办学思想。工作思路是：以养成教育为重点，整体提升中学生综合素养；以聚焦课堂为中心，不断提高教学质量；以内涵发展为主线，促进教师专业化发展；以师生幸福指数为追求，打造五中教育品牌。学校办学目标是：办人民满意的教育，成为社会认可、家长信赖、学生向往、教师满意学校。

2011年，学校获得北京市“五五”普法先进集体、大兴区教育系统2011年先进基层党组织、大兴区教育教学一等奖，大兴区“十一五”教育科研先进单位、大兴区先进教工之家、大兴区教育系统“五四”红旗团委、英语组被评为北京市优秀教研组。

（吴富国）

【举办提升教师幸福感专题报告】 2月18日，大兴五中邀请北京教育学院曹新美教授做“如何提升教师职业幸福感”专题报告。报告阐述“人类所有努力的伟大目标在于获得幸福”，为消除教师职业倦怠、树立远大职业理想指明方向，该校200多名教职工聆听报告。

（吴富国）

【举办同课异构教学交流活动】 2月19日，大兴五中与外省市学校举行同课异构交流活动。该校两名教师分别与杜郎口中学、昌乐二中教师作初一、高一同课异构教学示范。四位老师有不同的教学模式与不同的教学风

格，天津教科院基教所所长王敏勤教授对四节示范课进行点评。

（吴富国）

【举行庆“三八”国际劳动妇女节大会】 3月7日，大兴五中举行庆祝“三八”国际劳动妇女节大会。150多名女教职工参加。大会表彰该校获得区级“好教师”、“好儿媳”、“好母亲”称号女教师；邀请北京御秀营养配餐研究院营养配餐专家裴玉秀为全体女教职工做《营养与健康》专题讲座。

（吴富国）

【承办北京市基教研中心教学视导现场会】 3月15日，北京市基础教育研究中心教学视导现场会在大兴五中举行。北京市基教研中心主任王燕春、区教育工委书记、教委主任李达等领导参加。听取10个学科24节视导课并进行点评，观摩该校学生课间高密度跑。专家们对该校教师扎实的基本功给予充分肯定，在如何提高课堂追问层次性和深刻度、教学设计连贯性和整体性等方面提出指导意见。李达对学生学习积极性表示赞赏，肯定该校打造高效课堂为核心，教师为主导、学生为主体、活动为主线进行的教学改革，认为该校课堂教学中体现教师充当学生学习的促进者、探究的合作者、发展的引导者的教学理念。

（吴富国）

【“京城活雷锋”光临五中】 3月22日，大兴五中名誉校长、全国学雷锋标兵、道德模范、全国十大社会公益之星孙茂芳来到大兴五中。孙老听取学校学雷锋活动阶段工作汇报，观摩全校师生课间跑步，并和学校领导及师生进行探讨，交流学雷锋心得体会。

（吴富国）

【高鸿源教授来校指导工作】 4月1日，北京师范大学教育学院教授高鸿源等专家到大兴五中进行调研和指导。内容有听两节数学

和地理课，观看该校校园和学生高密度跑，听取于校长工作汇报，并和领导一起座谈。

（吴富国）

【举行党史专家进校园专题报告会】 4月11日，由大兴区教委组织“纪念建党90周年暨党史专家进校园”专题报告会在五中举行。区教委党组书记李广成、中教科及该校领导参加会议。北师大党委副书记、工会主席王炳林教授给300名师生代表宣讲中国共产党党史。

（吴富国）

【开展第五届“校园心理剧”比赛】 5月6日，大兴五中举办第五届“校园心理剧”比赛。比赛由心理教师及初一年级全体师生共315人参与，自编、自导、自演，共评出一等奖

1名、二等奖2名、三等奖3名，受到学校领导及师生欢迎，也开辟全区“校园心理剧”先河。

（吴富国）

【科研骨干教师培训暨课题开题论证会】 6月17日，大兴五中举行科研骨干教师培训暨“十二五”区级科研课题开题论证会。区进校教科室主任、中教研主任等3位专家参加。该校“十二五”区级课题立项负责人先后宣读《利用民俗校本课程提高学生语文素养的途径研究》、《高中数学作业批改方式研究》课题开题报告，三位专家针对开题报告撰写情况和课题推进中可能出现问题为教师作专项辅导。

（吴富国）

【开展科技北京电子巡展活动】 9月21日，由北京市发明协会和大兴区科委组织的“科技北京电子巡展进大兴”活动在五中举行。北京发明协会办公室主任王首等专家为同学们播放北京电视台“科技让生活更美好”系列节目，并与该校学生互动。

（吴富国）

【开展新生主题教育活动】 9月23日，大兴五中团委组织初一队员、高一团员到航天科普基地开展初一建队、高一建团活动。学校相关领导宣读少先队队干部、团支部干部名单，带领全体队员和团员面向队旗、团旗庄严宣誓。随后，近600名同学进行攀登、过绳网等拓展训练。

（吴富国）

【获全国青少年健身操比赛北京赛区二等奖】 9月25日，大兴五中健身操队获全国青少年校园青春健身操北京赛区二等奖。大兴五中青少年健身操队于2011年2月建队，半年多来，辅导教师带领16名队员利用业余时间编创曲目、刻苦训练。整个表演主题鲜明且具有艺术性和观赏性，体现出当代中学生团结一心、不畏强手、勇于拼搏时代精神。“校园青春健身操”是国家教育部体育卫生与艺术教育司组织专家精心创编，包括两套健身操和两套啦啦队操。动作设计面向青少年学生，动作舒展有力、音乐欢快热烈，既是操与舞结合，又是力与美的统一；既有统一的动作，又动感十足，容易激发学生的锻炼兴趣。它丰富了学校大课操间学生活动内容，帮助他们锻炼身体、塑造健美体型，同时在欢快音乐韵律中放松身心，以更好状态去迎接学习挑战。自2006年开始在北京、上海和南京试点，2007、2008、2010年相继推广多个城市，目前全国推广城市数达到26个。

（吴富国）

【进行教师基本功培训】 9月27日，五中邀请进修学校中教研主任郭树林为高中教师做题为《整体把握高中学段教学的特点及规律》教学基本功培训。郭主任从初、高中学习

比较、课程改革背景等方面进行详细解读。该校90多名教师参加培训。

（吴富国）

【开展班主任培训讲座】 10月12日，进修学校副校长汪克良受邀为大兴五中110多名青年教师做题为"做一名智慧的班主任"培训讲座。他结合自己教育经历和班主任工作案例，从"班主任智慧的特征和表现"等方面为教师做讲解，包括发现、坚持、尊重、反思、违规、惩罚，重视教师培训，在与专家交流和反思中开阔眼界、提升素养、提高境界，以教师高素质为基础追求适合学生的教育方式。

（吴富国）

【德育工作交流周活动走进五中】 10月20日，大兴区"2011年德育工作交流周"活动走进大兴五中。区教委副主任扈岩江、中教科领导及其他学校德育主任共9人对五中德育工作进行检查。检查组听取该校工作汇报、与骨干班主任、教师、学生代表进行座谈，查看相关档案材料，观看学生"高密度跑"，会操表演。

（吴富国）

【毕业生参加社会实践活动】 10月21日，五中组织初三、高三年级学生470人到北京大学和圆明园，参加社会实践活动。在北大和圆明园，同学们聆听北京大学校史讲座，参观著名景点，瞻仰革命遗迹，缅怀文化名人。

（吴富国）

【开展党员主题教育活动】 10月22至23

日，五中党支部组织40多名党员，开展"弘扬革命先辈精神　发挥模范带头作用"主题教育活动。内容有参观李大钊纪念馆，重温入党誓词，让党员再一次接受革命传统教育。

（吴富国）

【开展生存拓展训练】 10月28日，五中初二、高二年级480多名学生走进怀柔生存岛，开展为期一天的拓展训练活动。活动项目有趣味分组、选队长、制作队旗、山地障碍赛、攀岩、空中索降等。拓展活动，让学生经历一次人生历练，

（吴富国）

【举办民俗知识讲座】10月31日，五中为260名高一学生举办首场民俗知识讲座——对联欣赏。主讲教师从对联的趣味性出发，谈到古今名联鉴赏，从对联起源、分类、鉴赏方法等内容给学生做辅导。对联是中国民族文学与民俗相结合产物，民俗资源是重要语文教学资源，几年来，该校广大教师致力于民俗资源的开发，为语文教学拓展开辟新途径。

（吴富国）

【组织研究性学习培训】 11月10日，大兴五中开展如何组织研究性学习活动培训。高中70多名教师参加。教科室主任围绕资源整合、教案撰写、活动组织、阶段成果收集等问题对教师们进行培训。通过培训，教师们提高了对研究性学习意义认识，有了在研究性学习中促进教学资源整合、提高学生能力新思路，为进一步组织好学生研究性学习活动奠定基础。

（吴富国）

【举行科技节活动】 11月14日，五中召开以"低碳生活，创造未来"为主题2011至

2012学年科技节。开幕式上，主管领导宣布科技节活动方案，五中“四拾四”低碳小队向全校师生发出“生活要低碳”倡议，初一年级24名同学进行“小飞船表演赛”，拉开该校科技节序幕。本次科技节安排有虚拟创造方案征集、小发明作品征集、可循环使用材料作品制作、校园科学魔术师比赛、电子手抄报设计等活动。区科学技术协会副主席李建国、区科协科普部、区校外办等领导参加。通过科技活动丰富学生业余生活，激发学生对科学实践兴趣与热情，引领同学们逐步加深对科学认识、建立科学判断、树立科学思想，增强创新意识、提高创新能力、提升科学素养。学校近600名学生参加活动。

（吴富国）

【学习方法报社长等来校调研】 11月24日，山西省《学习方法报》社长权凤娇等一行10人来到五中，进行有关学案导学教学模式研究专题调研。参与调研专家听取学校关于学案导学研究工作的汇报并和进行学案导学研究课的教师进行交流。该校校长于万永等主要领导和初、高中教师共13人参加活动。

（吴富国）

【获得校园心理剧比赛表彰】 12月23日，大兴五中在大兴区中学第二届“校园心理剧”表彰总结会上，受到表彰。该校获得优秀组织奖，所选送六部心理剧中《只看我拥有的，不看我没有的》等三部获得“一等奖”；一部获“二等奖”；两部获“三等奖；指导学生编剧、表演的班主任和心理教师获得优秀指导奖。全区35所中学德育干部与心理教师参加大会。

（吴富国）

【承办虚拟创造邀请赛】 12月25日，“第六届北京市中小校学生虚拟创造邀请赛”在大兴五中举行。该校“未来的汽车”项目获得本次比赛一等奖，一名学生获得中学生“博学奖”。市、区等领导和专家光临比赛现场，全市9所中小学代表队共200余名师生参加现场展示活动。

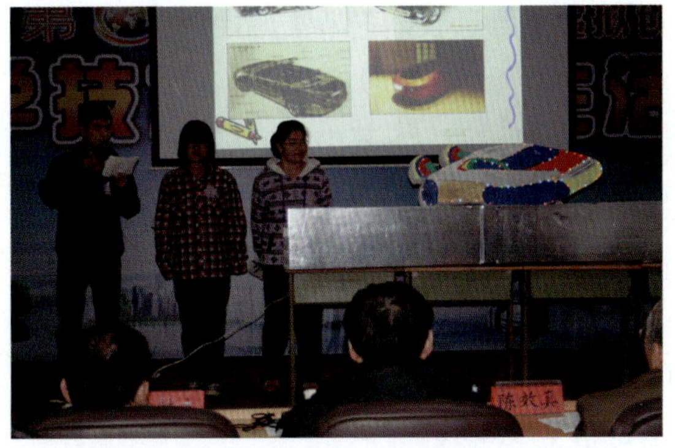

（吴富国）

【概　述】 2011年，学校占地面积58319平方米，建筑面积32538平方米。体育场馆面积20680平方米。图书室藏书总数3.6万册，订阅杂志、报刊150种。固定资产总值3505万元。全年教育经费投入3637.5万元，其中，国家拨款3637.5万元，自筹经费0万元。学校信息化经费投入114万元，拥有计算机681台，多媒体教室座位2682个，校园网出口总带宽440Mbps，数字资源量1520GB，“信息技术”课程1课时/周。普通教室数60个、专用教室15个、实验室数11个。教职工277人，其中，副高级职称92人、中级职称96人。专任教师233人，包括特级教师人数1人、北京市骨干教师6人；本科以上学历230人。开设教学班46个。毕业生667人；招生651人；在校生2261人，其中，包括寄宿生314人。

网址 http://www.bjdxqz.com。

学校追求“务实求真　追求卓越”的校园精神，“和谐七中　幸福成长”的办学目标，“办人民满意教育”的办学宗旨，根据一校两址校情，定下“品牌建设东校区，优质发展西校区”的发展思路，用全新规划促进学校进一步发展，凝聚干部、教师、学生三支队伍的文化成长，达成前行路上的“共识”。要求干部有事业同根、思想同心、风清气正、政通人和、修己安人、敢于担当、重在执行、开拓创新的“干部文化”；要求教师有充满爱心、教艺精湛的“教师文化”；要学生做到求真、崇善、唯美。

2011年，学校获得荣誉有：首都文明单位、2011年度北京市中小学教育科研先进单位、北京市体育传统项目学校、大兴区2011年师德建设先进集体、大兴区教育系统2010至2011年度先进基层党组织、大兴区“十一五”教育信息化先进单位、2010年大兴区中小学科技教育特色学校、2010年大兴区中小学科技教育先进学校、大兴区语言文字规范化示范校、大兴区“十一五”继续教育先进集体、大兴区2009至2010年中学教师基本功考核活动先进单位、2010年大兴区教育领导干部远程培训优秀单位、2010年度大兴区教育系统信息宣传工作先进单位、2010年度北京市大兴区部门决算先进单位、北京市第十四届学生艺术节管乐展演一等奖；大兴区中小学阳光体育竞赛先进学校、大兴区中小学生田径运动会（区直初中组团体总分）第一名、大兴区2011年中学初中组党史知识竞赛先进单位。

（马莹）

【召开教育教学研讨会】 1月23日，大兴七

中召开2010—2011学年第一学期教育教学研讨会。特邀首都师大基教院副院长王海燕

和区进修学校德育教研室主任汪克良，对80位班主任、教研组长和备课组长进行专题培训。区教委副主任、该校教学顾问、《现代教育报》记者应邀参加。王教授以“基于课堂教学的教师发展”为讲座主题，通过“课堂、教学是什么”，“对课程的深层追问”等话题，启发教师们对自己课堂教学进行深入思考。汪克良以大兴区班主任基本功考核为切入点，结合各种案例，指导班主任教师加强学习，提高班主任素养。

（马莹）

【科技教育工作喜获丰收】 2月23日，七中在大兴区中小学2010年科技教育工作总结表彰会上，获得“科技教育先进校”、“科技教育特色校”称号，校长贾海军获得“重视支持科技教育好校长”称号，四位师生分别获得“优秀科技教育管理者”、“优秀科技辅导员”、“优秀科技小明星”等称号。

（曾世娟）

【开展学雷锋系列活动】 3月，大兴七中党支部、团总支组织号召全体教职工、学生参加“学习雷锋”系列活动。活动分为三内容，即发出倡议并招募志愿者。共招募教师志愿者15人；以政治课为载体，为全体学生播放视频《2011感动中国十大人物》；组织师生参加“走进社区公益活动”，由20名由教师和学生共同组成的志愿者队伍走进清源社区，打扫社区卫生，捡拾垃圾，擦拭橱窗。教师为群众解答关于教育教学各种问题。

（高懿蕾）

【西校区初一年级首届学生会成立】 3月11日，大兴七中西校区初一年级召开第一届学生会竞聘大会。活动分为四个阶段：自主报名、资格审核、竞聘演讲、就职演说。通过初选，有52名优秀竞聘者参加现场演讲。竞聘岗位有学生会主席团、纪检部、卫生部、生活部、文艺部、宣传部等。参加竞选学生介绍在班级管理工作中的经验，陈述对学生会认识

和今后工作设想。西校区初一年级27位教师和330名学生参加。共选出25名学生会干部，组成西校区初一年级首届学生会。

（陶颖）

【北京教育学院专家莅临学校指导工作】 3月11日，北京教育学院教授汤丰林等一行四位专家，应邀来到大兴七中，对语文、数学、英语学科教师进行教研指导。指导分为：座谈、听课、访谈三阶段。七中校长和主管教学、教科室工作领导分别从学校管理体制、日常教学状况、教师教科研三方面做介绍；听3个班级的语文、数学、英语课；四位专家分别对三位教师进行评课和教学问题分析；教师与专家交流教学遇到的困难和困惑，讲教学方法、课题研究现状和需求。专家们剖析问题原因，制定策略措施，指导突破教学瓶颈，走上高效教学之路。

（马莹）

【十一五教育信息化工作成果累累】 3月16

日，七中在大兴区“十一五”教育信息化工作总结大会上，被评为“十一五”教育信息化工作先进单位，该校教师李尚荣做一节白板教学现场课。“十一五”期间，大兴七中坚持“统一规划，分层建设，有效实用”信息化发展策略；每年都逐步添加和更新教育教学设备，所有教室、办公室都成为校园网信息点；每年都开展信息技术与学科整合教学公开课，通过培训、实践和竞赛，全体教师均能运用计算机熟练地进行文字编辑、查阅整合资源、制作课件；教师利用多媒体教学平台创设教学情境，激发学生学习兴趣，帮助学生理解重点、突破难点，提高课堂教学效率；引导教师探索信息技术支持下的教与学，实现信息技术与学科教学整合，立项2项国家级子课题和1项区级课题，其中2项已成功结题；组织实验教师参加国家级白板教学大赛，其中5人获一等奖，6人获二等奖。

（房芳）

【大兴区中学生团校讲师团走进七中】 3月23日，七中团委邀请“大兴区中学生团校讲师团”教师李娟，为初一、初二年级学生干部进行关于“学生干部队伍建设”讲座。教育团工委副书记参加活动。李老师指导学生们从四个方面着手提高工作能力，有高度政治敏感性，有为学校、为老师、为他人服务意识；工作上要有主动性，多动脑、多动手、多动口；有团队合作意识，打开思路。共有40名学生聆听讲座。

（高懿蕾）

【管乐团艺术节夺冠】 4月1日，大兴七中管乐团在北京市第十四届学生艺术节大兴赛区集体表演中获得第一名。本次比赛有民族器乐、管乐和特色乐团近20支队伍参加。该校乐团69名团员，组建已有两年。本次比

赛中演奏曲目是《莫扎特第四十交响曲》和《红旗颂》。

（曾世娟）

【开展陶艺陶冶人生活动】 4月8日，“大家走进七中系列活动之一——陶艺陶冶人生”活动在大兴七中西校区举行。首都师范大学美术学院教授、著名陶艺专家胡远先生通过专题讲座、实践指导、教师交流等形式对七中陶艺教学给予指导。讲座中，胡教授通过播放视频、展示幻灯片、示范拉坯机使用方法，进行基本技法演示，指导学生进行拉坯实践。活动激发了学生制作陶艺兴趣。330名初一学生和进修学校美术教研员参加活动。

（吴鹏飞）

【被评为区中小学阳光体育先进单位】 4月8日，大兴七中获得“大兴区中小学阳光体育竞赛先进单位”称号。一年来，大兴七中将阳光体育作为重点工作来抓，在2010年大兴区中小学生田径运动会、体育传统校田径比赛、游泳比赛中均获得中学组团体第一名；被评为大兴区体育传统项目学校。四位体育教师被评为大兴区优秀教练员，一位教师被评为

优秀体育教师，体育组荣获区体育教研组一等奖。

（马莹）

【西校区举办踢毽子比赛】 4月22日，七中西校区举行师生踢毽子比赛。学生组由各班进行选拔，推选出六名选手参加年级赛。教师组由各年级组织进行选拔，再参加全校比赛。76名教师、600多名学生参加活动。三名同学获得前三名，三位老师获教师组前三名。活动给同学们提供沐浴阳光、展示才能的机会，体现大兴七中“和谐七中幸福成长”的育人理念。

（李艳玲）

【生物科技小组为校园植物挂牌】 4月26日，大兴七中生物科技小组60多名学生，为西校区校园内38种、100多棵植物挂上识别牌。生物科技小组学生翻阅大量资料，总结出每种植物的中文名称、拉丁学名、生物学分类、主要习性等内容，并动手做成卡片。

（冯志伟）

【西校区艺术特长展示活动】 5月6日，七中西校区举行学生艺术特长现场展示活动。内容有：啦啦操、跆拳道、舞蹈、乐器演奏、话剧和现场绘画书法、美术作品展览、两人三足跑、学校军乐团表演。300多名学生参与展

示。学生家长330多人观看。

（高懿蕾）

【初一年级举行退队暨入团仪式】 5月18日，大兴七中举行“告别少年，迈向青春”退队暨入团仪式。77名少先队员在少先队队歌声中摘下红领巾，永久珍藏。团干部宣布新团员名单，在《光荣啊，中国共青团》歌声中，为新团员佩戴团徽，颁发团员证，面对团旗宣誓。新团员表示会记住今天青春誓言，不辜负父母师长期望，努力学习，崇尚科学，追求真知，为团徽增辉，为团旗增色。

（高懿蕾）

【开展平安训练营活动】 5月20日，七中东

校区举行“大家走进七中”系列之“王大伟教授平安训练营”活动。中国人民公安大学教授王大伟以“人生第一课　平安大于天”为题，讲授学生自我安全保护知识。区教委纪工委书记王翠华、政保科科长等领导参加。东校区初一年级近600名学生参加活动。

（马莹）

【获得区科研先进单位荣誉称号】 5月25日，大兴七中在大兴区“十一五”教育科研总结表彰大会上，被评为“大兴区‘十一五’科研先进单位”。“十一五”期间，该校遵循教师专业成长规律，为教师搭建专业成长平台，

为教师专业发展制度进行格式规范和内容优化，制定《大兴七中“十一五”教师专业化发展方案》、《教师专业化发展档案管理办法》、《市区级学科带头人、骨干教师评价方案》和《教职员工考核量化方案》等制度。学校组织教师参加市级研训几百人次，国家级研训20多人次，国外研修4人次；市、区级骨干教师共48人，占一线教师21.7%；教师个人获奖2322项；学校承担国家级重点课题子课题3项、区级课题10项，均已成功结题，其中6项荣获区级优秀教育科研成果奖。

（马莹）

【采用网络直播开展教研活动】 10月22至27日，大兴七中开展网络教研说课培训活动。活动分语文、数学、英语、物理、化学和非中考科目六场进行。主讲人均是该校市、区级骨干教师，他们讲解“什么是说课”、“说什么”、“怎么说”。针对说课标、说教材、说学生、说教学目标、说教学重难点、说教法、说学法以及说程序八个步骤，强调注意事项。该校230名一线教师全部参加活动，红星中学、庞各庄中学也有20位教师前来参加培训。

（房芳）

【参加市中学生运动会获得好成绩】 10月21日至23日，大兴七中在北京市第四十九届中学生田径运动会上，获得6枚金牌，分别是女子100米、200米、4×100米、4×400米，女子铅球；铜牌1枚，是女子100米。大兴七中田径训练队每天放学后坚持训练2小时以上。训练内容有体能、身体柔韧性、耐力、爆发力，教练员结合队员身体状况，科学训练，带出一支优秀田径队。

（马莹）

【迎接17家媒体采访】 11月4日，大兴七中迎来由北京教育新闻中心主任王成、大兴教委中教科、办公室领导带领的，来自新华社、中央人民广播电台、中国教育报、中国教育电视台、北京人民广播电台、北京日报、北京青年报等17家媒体记者，对大兴七中近年分址办学、均衡发展所取得成绩进行采访。记者团参观七中西校区校园，了解“志伟工作室”、“鹏飞工作室”，走访各实验室、网络教

室、风雨操场等，随后，随七中校领导观看专题片《和谐七中　幸福成长》，听取校长工作汇报。

（马莹）

【开展语文教学研讨会】 11月8日，西校区初一年级召开语文教学研讨会。北京教育学院博士姜峰、进修学校两名教研员应邀来校指导。研讨会内容有：听1节公开课，针对课堂专题研讨。研讨分为：如何讲试卷讲评课和鲁迅作品，教研员针对期中试卷讲法给老师以具体指导，姜博士对鲁迅作品在初中语文地位讲法做方向引领，教研员提出具体改进意见。西校区12位语文教师和红星中学、庞各庄中学近20名语文教师参加研讨会。

（杨海英）

【开展文化之旅活动】 9至11月，大兴七中继上学期开展“青青教研”、“趣味文体活动”后，又开展“文化之旅”活动。在3个月“文化之旅”中，270名教职走进北京市各大音乐厅、影剧院、博物馆、图书馆，构建一个拓宽视野精神家园，促进“和谐七中，幸福成长”目标实现。

（马莹）

【台湾阶梯教育集团捐赠机器人】 12月1日，大兴七中接受台湾阶梯教育集团捐赠的机器人设备。台湾教育集团董事长颜尚武、创意萝卜机器人科学实验室董事长吴志铭为七中捐赠一套机器人设备并同时带来专业科技辅导人员负责培训。大兴教委副主任参加捐赠仪式。阶梯教育集团在台湾机器人项目地点是在台湾清华大学，项目研究得到台湾最高领导人嘉奖，在大陆唯一一所实验大学是清华大学，大兴七中成为同样项目研究的大陆第一所初中校。

（杨海英）

【纪念一二·九运动】 12月11日，大兴七中组织学生来到抗日战争纪念馆，开展纪念“一二·九”运动76周年活动。活动内容包括：学生听取“一二·九”运动过程的讲解，全体团员重温入团誓词，参观抗日战争纪念馆和卢沟桥。初三年级540多名学生参加。

（曾世娟　高懿蕾）

【开展走进音乐世界活动】 12月17日，大兴七中开展“大家走进七中系列之五——走进音乐世界”活动。中央音乐学院副院长周海宏教授以《走进音乐世界》为题，为初一师生做一次讲座。讲座内容有：什么是严肃音乐，怎样欣赏音乐、怎样培养音乐素养、我们都是音乐天才等几个方面。400名师生参加聆听。

（曾世娟）

大兴区兴华中学

【概　述】 2011年，学校占地面积40626平方米，建筑面积30814平方米，体育场馆面积18028平方米。图书馆藏书6.0946万册，固定资产总值6321万元，全年教育经费投入3159.84万元，其中国家拨款2980.53万元，自筹经费179.3万元。学校开设教学班36个，教职工213人，专任教师171人，其中，副高级专业技术职务70人，中级职务68人，市级骨干教师4人，市级特级教师1人。毕业生418人，高考录取率92.6%。在校生1373人，住宿生751人，高中录取分数线488分。普通教室36个，专用教室10个，实验室10个。

学校网址 http://xinghua.dxschools.cn/。

学校遵循“以爱育人，走进学生心里”的办学理念，秉承“崇德、求实、敬业、创新”的校训，坚持“以优质的高中教育为学生的健康发展服务，为社会主义现代化建设服务”的办学宗旨，向“创京郊名校，争全市一流”的目标奋进。

2011年，学校获得北京市教育科研先进学校、北京市团员青年志愿服务基地、大兴区中学教育教学一等奖、大兴区“十一五”教育科研先进单位、大兴区学校年终安全评比考核工作优秀单位、大兴区中学生田径运动会高中团体第一名。

（李峥）

【开展学生家访工作】 1月19至20日，兴华中学开展学生家访工作。德育副校长、班主任一行20人深入到庞各庄、安定、礼贤、采育、魏善庄、榆垡、青云店等村镇，与三个年级共13名学生家长交流，学生及家长感受到学校的鼓励与关怀。

（李莉）

【为社区共建讲党课】 3月10日，兴华中学为社区共建讲党课。在党支部组织下，该校政治教师袁立柱为枣园东里社区居委会20多名党员和积极分子讲党课。袁老师结合中国社会主义发展、当今社会两大主题——“和平与发展，物质与意识，人大与政协，党与政府”的关系等专题进行讲解剖析，听课人员表示收获颇多。

（任彩清）

【市区两级教研员莅临指导工作】 3月15日，兴华中学迎来市基教研中心和区进修学校共5位教研员，对该校进行教学视导。教研员听了语文、化学、通用技术、信息和体育五个学科共12节课，教研员与授课及听课教师进行评课、研讨交流。教研员肯定该校教师在新课程背景下理念落实、教学行为转变、学生学习方式变化等方面做出的有益尝试。特别是对化学学科同课异构、设计自主活动复习课的教学设计，语文学科注重教师示范引领作用和对学生基础知识积累意识，通用学科在学生动手实践方面的有效尝试，体育学科基于学情流程清晰的课堂设计，信息学科注重算法与流程图并突出学生主体地位等。教研员也从教学设计和教学方法等方面提出一些中肯意见和促进有效课堂的教学建议。

（李慧民）

【举办2011年教学论坛】 3月18日，兴华中学举办2011年教学论坛。论坛主题是“改变教学观念，打造高效课堂”。论坛安排听取“自主合作学习，提高课堂实效”和“考试评

价与诊断技术”两个主题报告。144名教师参加论坛。

（郭海飞）

【参加春风送暖捐款活动】 4月12日，兴华中学响应号召，全校1465名师生共同为新疆和田、内蒙古、青海玉树等灾区捐款12110元。

（魏秀芳）

【召开行进打击乐团阶段工作总结会】 4

月30日，兴华中学召开行进打击乐团总结会。会议内容是总结第一阶段训练工作以及参加北京市第十届学生艺术节比赛情况。学校领导、教师、学生共64人参加。该校行进打击乐团成立于2010年11月，邀请三位专家担任乐团指导，校内三位音乐教师担任辅导教师，历时六个月，完成三个乐曲表演。期间集训三次，共17天，为全校师生展演四次，在北京市学生艺术节比赛中获得二等奖。会上师生共同观看乐团在艺术节中精彩表演，三位辅导教师和三名学生代表发言，校领导赞扬师生努力付出，对团队提出更高更远目标。

（李峥）

【举办兴华杯诗歌朗诵比赛】 5月24日，兴华中学举行“兴华杯”第四届诗歌朗诵比赛。主题是“让青春回归诗歌，让诗歌回归校园”。党支部书记等领导15人观看比赛，10名语文老师担任评委。比赛分三个乐章：响彻云霄、各领风骚、珠联璧合。评分标准为：紧扣主题，内容充实生动；衣着得体，精神饱满，姿态大方；感情饱满真挚，表达自然；吐字清晰，声音宏亮，正确把握朗诵节奏。评出团体优胜奖六个，从11个个人展示节目中，评出2名一等奖，3名二等奖，4名三等奖。

（褚隽）

【举办班主任基本功专题培训会】 5月27日，学校举办班主任基本功专题培训会。北京市55中学教师李梦莉应邀做关于“综合素质评价指导教师做好德育工作”专题报告。李老师运用教育管理案例与班主任交流经验，强调教师应该具有正气、才气、锐气，班主任工作要由管理为主向指导为主转变，关注结果向重视过程转变，班主任向人生导师转变。144名教师到会聆听学习。

（褚隽）

【开展走进社会大课堂活动】 5月29日，兴华中学开展“走进名校，导航人生”社会大课

堂活动。活动分两个部分：参观清华园、北大校园；游览圆明园。通过聆听两所大学在校学生讲解，参观圆明园，同学们了解两所名校历史以及国家因为科技与文化落后而历经创伤，感受到知识的力量与伟大，活动给予学生

学习动力和理想主义教育。高二年级465名学生参加活动。

（褚隽）

【晨露业余党校第十五期学员举行党课学习】 6月1日，兴华中学晨露业余党校第十五期学员180余人聆听北京市中学生业余党校讲师团成员讲党课。讲课者引用前苏联诗人马雅可夫斯基的“做一个战士和活动家”诗句作为主题，生动讲述自己身边那些在艰苦环境下为正义事业而奋斗的典型人物事迹。该校自1997年建立晨露业余党校，至今已成功举办十五期，有2500名学生结业。其中，有2000余人向党组织递交入党申请书，

有30名优秀学生加入中国共产党。

（杨馥铭）

【召开2011年区级课题开题论证会】 6月17日，兴华中学举行区级课题开题论证会。区进修学校副校长王永庆及课题评审组2名专家指导开题，28人参加论证会。7位参与课题研究教师分别从开题宣讲、课题意义、研究内容、研究方法、研究过程、预期效果等方面进行阐述。三位专家逐一对每个课题进行点评，课题全部通过开题论证。

（王秀丽）

【兴华中学开展班主任培训】 8月25至27日，兴华中学开展班主任培训。活动围绕“在严峻课改形势下，班级管理如何适应发展，走出兴华特色之路”进行研讨。一位教师做经验交流，校长诠释“打造精品课堂，建设魅力团队”内涵。共51名新老班主任参加培训。

（李莉）

【2011至2012学年初中部工作启动】 8月29日，学校召开初中部工作启动会。校长李秀亭和初中部教师15人参加会议。李校长提出“小规模、高品质”教学理念，剖析大兴教育形势，并对兴华中学初中部提出创新发

展要求。与会教师明晰教育教学理念，为起步工作做好充分准备。

（刘影）

【召开创建全面无烟校园专题会】 9月20日，兴华中学召开创建“全面无烟校园”专题会，各部门领导、学校控烟监督员18人参加。主管领导带领参会人员学习大兴区教育系统《学校控烟工作实施方案》；宣讲《兴华中学控烟工作方案》；明确各位监督员控烟职责，争取在2011年底前实现学校全面无烟，保障师生身心健康。

（李莉）

【开展团队心理辅导活动】 9月27日，初一年级开展团队心理辅导活动。学生们完成“团队形成”、“解开千千结”等体验活动，进行反思交流，畅谈感悟：集体要想成功，成员必须齐心协力、步调一致、分工合作、承担责任、具有时间观念及自我牺牲精神。共110人参加。

（刘秀华）

【兴华中学举办第五届体育节】 10月14日至11月28日，兴华中学举办第五届体育节。主题是“健康、文明、和谐、拼搏”。体育节包括教育活动和竞技活动，内容有第四届秋运会；彭清一教授励志专场报告会；徐德诗先生“不畏天灾，科学应对”专题报告；棋类对抗赛；男子七人制足球，女子羽毛球团体赛等活动。全校1200多名学生参加体育节。

（李峥）

【邀请北京市特级教师做英语讲座】 10月21日，北京市特级教师、北京四中英语教学顾问李俊和来到兴华中学，为660名高三学生做英语讲座。李老师主要从英语学习方法和如何写开放作文两个方面进行指导。

（褚隽）

【区级校本课题阶段成果展示会】 10月26日，兴华中学召开区级校本课题“提高课堂实效性的实践研究”阶段成果展示会。此次活动是大兴区2011年教育科研周系列活动之一，进修学校副校长王永庆及4位教研员到会，兴华中学校长等领导共32人参加展示会。科研主任做课题研究阶段汇报，听取两位教师研究课并分学科进行交流，王永庆对该校校本课题做全面点评。

（王秀丽）

【承办区中学生18岁成人宣誓仪式】 10月28日，2011年大兴区中学生十八岁成人宣誓仪式在兴华中学举行。仪式主题是“感恩　担责　立志　报国”。区教委党组书记李广成、团大兴区委书记汤敏轩等领导参加大会。该校高三年级全体学生以及全区11所高中校、两所职业学校团干部和十八岁学生代表

共750人出席大会。与会学生在国旗下庄严宣誓后，汤敏轩为十八岁学生代表颁发成人徽章和成人纪念册；李广成寄语全体十八岁成人青年。学生们用手语表演《感恩的心》，向老师和父母献花；最后，学生们填写心愿卡，跨入“成人门”，从此肩负起成人责任，信守诺言，励志前行。

（杨馥铭）

【民族艺术走进兴华中学】 11月15日，兴华中学邀请中国敦善交响乐团铜管五重奏为学校打击乐团50名成员演奏并讲授管乐知

识，演奏的曲目有：《哈巴涅拉》、《斗牛士之歌》、《雨中曲》、《雪绒花》等。

（李峥）

【兴华中学初中部召开主题班会】 11月21日、28日，初一年级召开“学会感恩，点亮真情”，“塑良好习惯，让梦想起航”主题班会。学校师生及家长共224人参加。内容有：指出习惯对自己的影响、用电子显示屏展示照片，道出学习中苦与乐、表演校园情景剧等，表达学生梦想。

（刘影）

【青海海南州体育骨干来校交流】 11月22日，兴华中学迎来青海省海南州7位体育骨干教师，进行学习交流。进修学校中学体育教研员和一名师训教师参加。观摩一名体育教师展示课，进行座谈研讨。该校教科室主任、区体育学科骨干教师参加研讨。研讨会上，体育组组长做学校体育工作总结，青海教师针对该校体育工作、课程模块设置、男女生分班教学、课间操管理、艺术节组织等问题进行交流。

（王秀丽）

【兴华中学召开教学工作会】 11月25日，兴华中学召开“凝聚集体智慧，打造魅力课堂”教学工作会。144名任课教师参加会议。两位教师做专题发言：题目分别是《高质量备课成就高质量课堂》、《厚积薄发，积淀提升：做一名有准备的教师》。校长李秀亭做总结讲话。

（郭海飞）

【承办大兴区中学校长分片交流会】 11月29日，兴华中学承办大兴区中学校长分片交流会。区教委副主任扈岩江，中教科领导和全区高中校的校长15人参加会议。交流会主题是“聚焦课堂，深化课堂教学改革”，观摩两位教师授课，该校校长李秀亭汇报学校在深化课堂教学改革、开展教学方式改革方面的有益探索。

（郭海飞）

【被评为2011年市教育科研先进校】 11月30日，兴华中学被北京教育科学研究院评为2011年北京市教育科研先进学校。“十一五”期间，兴华中学科研工作坚持科学发展观，坚持“先导、务实、求精、创新”工作原则，坚持“以德育德，以爱育人；高效率课堂，精品课堂”工作理念，围绕课程改革中热点、难点、

重点问题开展教科研工作。校长李秀亭在市级课题“示范性高中开展全员心理健康教育的途径与方法的实践研究”中负责实施阶段指导,此课题现已顺利结题。2009—2010学年度,该校126名教师全部申报校级课题,现已完成结题工作,45位教师结题成果分获一、二、三等奖。2011年该校共有1个市级课题、7个区级课题完成立项。“十一五”期间教师撰写科研论文有200余篇获奖,50余篇在各级刊物上发表文章,参与编辑教育教学书籍20余本。参加《北京教育丛书》征文活动,28人获得北京市一等奖。2008至2010年学校教科室连续编辑出版教师论文集《教海撷珍》,并作为《大兴教育研究》专刊出版。此外,学校多次举办“教学论坛”和落实课堂实效性“研究课”活动,有效促进课堂实效性的提高。

(王秀丽　李峥)

【开展社团及课外学习小组活动】 10月至11月,兴华中学社团及课外学习小组活动经筹备、计划、制定实施细则与考核评价方案后全面展开。全校共开设35个特色社团,共990名学生参加。专职辅导教师,固定教室和时间为社团开展提供保障。教师全面参与,社团形式多样,包括:“趣味数学”、“语思社”“开心农场”、“小模型大道理”、“炫影媒体工作室”、“百奥生物实验室”、“英语短剧表演”、“色彩水粉社团”,“鼓乐铿锵”、“健美操”、“国际象棋社团”等。社团活动受到学生喜爱,促进学生身心发展,激发学习兴趣和潜能。

(杨馥铭)

【召开2011年档案信息工作会】 12月7日,兴华中学召开2011年档案信息工作会。办公室主任及兼职档案员、信息员共24人参加。内容有:总结2011年档案、信息工作,表彰优秀档案员和信息员29名;讲编辑照片和视频途径与办法。

(李峥)

首都师范大学大兴附属中学

【概　述】 2011年，学校占地面积67911平方米、建筑面积47873平方米、体育场（馆）面积24000平方米。图书馆（室）藏书7.1万册，订阅杂志、报刊198种。固定资产总值7188.31万元。全年教育经费投入3410.83万元，其中国家拨款3195.58万元、自筹经费215.25万元。学校信息化经费投入199.35万元，拥有计算机504台，多媒体教室座位2800个，校园网出口总带宽200Mbps，数字资源量500GB，“信息技术”课程2课时/周。普通教室54个、专用教室27个、实验室11个。教职工205个，其中，副高级职称59人、中级职称60人。专任教师153人，包括北京市骨干教师1人、北京市学科带头人1人；本科以上学历190人。开设教学班36个，其中，初中班4个、高中班32个。毕业182人，其中，初中0人，高中182人；招生542人，其中，初中161人、高中381人；在校生1418人，其中，初中141人、高中1277人，包括寄宿生865人。高中录取分数线434分（本区），应届高考本科上线率15%。

网址：http://cnudxfz.dxschools.cn/article/index2.asp

学校始终坚持“依法治校，以德立校”的办学方针，以“学会求知，学会做事，学会共处，学会做人”为校训，注重对学生德智体全面培养。

2011年，学校获得荣誉有：“首都绿化美化花园式单位”称号；“北京市教育科研先进学校”；北京市“基础教育课程教材改革实验项目学校”；大兴区“2006～2010年法制宣传教育先进集体”称号；大兴区工会工作先进单位；大兴区“师德建设先进单位”；2010年度大兴区中学教育教学工作一等奖；大兴区“十一五”教育科研先进单位；大兴区“2009～2010年中学教师基本功考核先进单位”；“大兴区中小学阳光体育竞赛先进学校”；2011年中小学春季运动会团体总分第三名；大兴区中小学生篮球比赛“高中男子组第三名”；大兴区中小学生篮球比赛“优秀组织奖”；大兴区第二届校园心理剧优秀组织奖；大兴区“2010年中学生年度时事评选活动学校组织奖”；大兴区首届中小学生明信片创意设计大赛“优秀组织奖”。

（陈世森）

【开展青少年禁毒宣传活动】 2月22日，首师大大兴附中开展青少年禁毒宣传活动。此活动由校团委及天宫院街道办事处共同举办，主题是“禁毒宣传进校园”。旨在加强青少年毒品预防教育，对在校学生进行禁毒宣传教育。讲解相关法律法规，以案释法，提高学生自觉抵制毒品诱惑能力，带来有关宣传禁毒书籍，弥补学生在抵御毒品方面知识匮乏。发放的禁毒书籍包括《禁毒教育——课堂系列》之兴奋类毒品、致幻类毒品抑制类毒品、认清毒品知晓法律、麻醉药品精神药品、易制毒化学品以及《参与禁毒斗争构建和谐社会》、《珍爱生命拒绝毒品》。学生代表40人参加活动。

（白爽）

【开展志愿服务活动】 3月4日，首师大大兴附中开展志愿服务活动。活动旨在弘扬雷锋精神，传承中华民族传统美德。唐仲英爱心小分队成员以及全校团干部代表共23人，来到海子角东里居委会和绿色庄园小区，开展“雷锋精神永相传，师生联手送温暖”志愿服务活动，义务打扫环境卫生，擦拭健身器材、打扫健身活动区域地面，发放未成年人思想道德建设宣传学习材料。

（白爽）

【举办骨干教师示范课活动】 3月14至18日，首师大大兴附中举办为期一周的“骨干教师示范课活动”。本次示范课活动涉及语文、数学、英语、物理、化学、生物、政治、历史、地理、信息、体育、美术12个学科，共有30位市、区级学科带头人和骨干教师参加。教师在讲课中实施“课堂一刻钟练习”制度和“学案导学”教学模式。参与听课教师共计300余人次。

（陈世森）

【接受卫生视导和健康促进校工作指导】 4月26日，首师大大兴附中接受卫生视导和健康促进学校工作指导。教委保健所和疾控中心学卫科共4人参与视导。视导内容有：查看卫生工作档案，对学校传染病防控、食品安全、健康教育、常见病防治、学生课桌椅符合率、眼保健操、健康知识知晓率和学生十项卫生行为等工作进行现场视导，检查学校食堂。经检查以上工作均符合卫生各项检查指标。检查组提出建议：对于各项活动和评比做好记录或总结，规范完善记录，加强管理。

（高素平）

【参加社会实践大课堂活动】 5月14日，首师大大兴附中组织学生参加社会实践大课堂活动。活动旨在开阔学生视野，丰富学生学习生活，增强学生实践能力。他们来到北京航天科普教育基地，参观航空科技图片展，观

看火箭模型放飞，并参与拓展体验活动。高一、高二两个年级师生800余人参加活动。

（高素平）

【山西课改联合体学校校长到校考察交流】 5月16日，山西课改联合体学校12位校长到首师大大兴附中考察交流。双方就新课改以来首师大大兴附中取得的成果进行交流，该校副校长介绍学校“学案导学教学模式”研究实施情况及取得成绩。学校不断深化学案导学教学模式，被誉为“粗粮细做、细粮精做”特色教学典范。山西课改联合体学校校长认为，该校“以课题带动教研”的改革方式为其他学校教育改革提供新思路。

（陈世森）

【举办心理剧展示活动】 5月23日，首师大大兴附中举办“庆祝建党90周年系列活动之心理剧展示”。活动旨在向中国共产党建党90周年献礼，激励学生奋发图强。进修学校德育教研室副主任及3名心理教研员参加活动。8名评委根据主题思想、服装道具、演员

表现、总体印象四方面的标准，评选出21个获奖班级，其中一等奖5个，二等奖7个，三等奖9个。高一、高二年级全体师生800余人参加活动。

（石娟）

【举行绿色出行承诺签名仪式】 5月30日，首师大大兴附中举行“做文明有礼北京人——绿色出行”承诺签名仪式。此活动旨在向学生普及环保理念，推行绿色出行，培养学生社会责任感和使命感，培养学生“降低出行中的能耗和污染，遵守交通规则，礼让他人，共建文明绿色出行环境”意识。校领导及全校师生在横幅上签名承诺。全校1500名师生参加活动。该校一向注重对学生绿色环保教育，2002年学校被团中央等授予“全国保护母亲河活动先进集体”。

（白爽）

【获首都绿化美化花园式单位荣誉称号】 5月，首师大大兴附中荣获“首都绿化美化花园式单位”荣誉称号。首都绿化美化花园式单位是北京市人民政府和首都绿化委员会联合表彰项目。全市评出2010年度首都绿化美化花园式单位共计189个，其中大兴区获此荣誉称号单位有8个。该校高度重视校园环境规划和生态绿化建设，把绿化、美化工作提到学校重要日程，常抓不懈。学校坚持把校园建设作为重要工作来抓，配备相应的绿化管理机构和专职技术管理人员，每年投入充足的绿化资金，大力提高校园环境建设与管理水平，积极推进学校的绿化、美化工作。

（陈世森）

【京港澳学生夏令营到校参观交流】 7月18日，京港澳学生夏令营师生300余人来到首师大大兴附中参观交流。校学生会成员及优

秀学生代表50多人与之举行联欢，校领导陪同夏令营师生参观校园。

（陈世森）

【召开首届教师教育教学思想论坛】 8月28日，首师大大兴附中召开首届“教师教育教学思想论坛”。校领导和本次论坛的获奖教师以及区级学科带头人、骨干教师等70余人参加本次论坛，邀请进修学校副校长和中教研主任参加并进行点评。获奖教师代表进行

典型发言，阐述自己论文。教师分成文科组、理科组和德育组进行小组讨论。

（魏丹丹）

【举行青年教师拜师仪式】 9月23日，首师大大兴附中举行2011至2012学年青年教师拜师仪式。全校205名教师参加活动。新任

的高三教师、任教及班主任工作不到三年的教师，按学科、自愿结对，有16对师徒结对。自2000年开始，该校实施旨在促进青年教师快速成长的“导师制”。从2005年至今，共举办4届师徒结对活动，共结成91对师徒，

促使青年教师迅速成长，涌现出一批市区级骨干教师和学科带头人。

（陈世森）

【做典型发言】 9月28日，首师大大兴附中副校长吴殿更在北京市高中样本校专题研究评审反馈会上，做《基于学案导学教学模式的课例研究》典型发言。大会由北京市教育科学研究院基础教育科学研究所、高中课程改革样本校建设项目组主办，各区县教委中教科领导、区教育科学规划办领导，北京市高中样本校主管领导及教师等150余人参加大会。吴副校长从课题核心概念界定、国内外研究现状述评、选题意义和研究价值、研究目标、研究内容、研究思路、预期成果、实施步骤措施等八个方面对《基于学案导学教学模式的课例研究》课题研究规划做详细阐述。样本校专题评审专家、北京教育科学研究员基教所殷桂金老师做点评。

（桑石山）

【承办大兴区德育工作交流周活动】 10月18日，大兴区“2011年德育工作交流周”在首师大大兴附中举行。来自魏善庄中学、兴华中学等学校德育主任共6人参加活动。听取该校主管领导德育工作汇报；区级骨干班主任经验介绍；召开学校领导、教师、学生座谈会；听一位教师心理活动课；视察心理咨询室、学生公寓并查看学校相关德育工作档案。

（高素平）

【圣乔治学院校长到校友好交流】 10月19日，澳大利亚南澳大利亚州圣乔治学院校长乔治·潘那高普拉斯博士一行2人来到首师大大兴附中进行友好访问。澳大利亚教育界同仁参观学校校园，走进课堂、教师办公室与师生进行亲切交流。圣乔治学院是一所集学前教育、小学教育、中学教育为一体综合性学校，位于南澳大利亚州的阿德莱德地区，是南澳大利亚政府批准的亚洲教育交流示范学

校，学校与中国、韩国制定有长期和短期交流合作项目。经协商两校达成合作意向。

（高岩）

【举行2011年阳光体育秋季运动会】 10月21日，首师大大兴附中举行主题为“胸怀祖国，放眼未来”2011年阳光体育秋季田径运动会。天宫院街道办事处、大兴区体育局领导参加开幕式。比赛分初中组和高中组。初

中组设立田径赛项目共10项，以及跳绳、立定跳远等项目；高中组共设3000m（男）、三级跳远、铅球等14个项目。奖励项目有：男女团体总分、班级团体总分。初中组男女运动员各112人获个人奖项；高中组男女运动员各128人获个人奖项，其中4人打破学校运

动会纪录。全校共36个班级，1500余人参加活动。

（徐娜）

【普法工作获得荣誉】　10月27日，首师大大兴附中在大兴区"五五"普法总结暨"六五"普法启动大会上，获得"2006—2010年法制宣传教育先进集体"称号。该校副校长被评为"法制宣传教育先进个人"，并做题为《夯实基础　积极创新　努力提高青少年法制教育工作实效》典型发言。大会由大兴区依法治区领导小组与大兴区人力资源和社会保障局共同举办。北京市法制宣传领导小组办公室常务副主任、北京市司法局局长于泓源，大兴区委书记林克庆，大兴区人大主任张书领，大兴区政协主席高树旺等领导出席大会。大会上，共有105个学校获"2006—2010年法制宣传教育先进集体"荣誉称号，191人被评为"法制宣传教育先进个人"。

（陈世森）

【初中部接受视导工作】　11月1日，进修学校语文、数学、英语三个学科教研员来到首师大大兴附中初中部指导工作。教研员深入课堂，听三个学科教师常态课。课后分别与三个学科教师进行研讨，对各位教师能够践行新课程标准、熟悉教材教法、因材施教、讲练结合等方面取得的成绩予以充分肯定。

（徐娜）

【获大兴区中小学篮球联赛季军】　11月6日，首师大大兴附中男子篮球队在2011年大兴区中小学篮球联赛上获得高中组季军。本届篮球联赛是有史以来规模最大一次，共计31所学校参赛，共进行60场比赛。该校篮球队从组队训练，到最后获得季军，历时2个月，12名队员在1名教练员带领下，坚持每天利用最后一节课时间训练，取得良好成绩。

（张宝娥）

【河南平顶山名师到校参观交流】　11月15

日，河南省平顶山市名师、北师大高级研修班学员共75人，来到首师大大兴附中参观交流。研修班是平顶山市教委组织、由75位省市级骨干教师和学科带头人组成。他们参观校园并听取"学案导学教学模式"研究及应用汇报。与会名师认为"学案导学教学模式"优化课堂结构，提高教学质量，培养学生

学习习惯和能力，具有很好示范作用和很高借鉴推广价值。

（冯莉）

【荣获基础教育课改试验项目学校称号】 11月，首师大大兴附中在2010至2011学年度北京市基础教育课程教材改革实验工作总结会上，被北京市教育委员会评为2011年“基础教育课程教材改革试验项目学校”。这是国家级教育体制改革试点项目。该校副校长《基于校本资源网建设的学案导学教学模式》论文荣获“2010至2011学年度北京市基础教育课程建设优秀成果一等奖”。该校在抓好常规教研活动、集体备课、课堂研究基础上，推行重点课题“研究性学习课程”、“信息技术与课程整合”及“学案导学课堂教学模式”研究，组织教师积极申报校、区、市级课题，做到人人有课题，人人参与课题研究，以课题带动教研，形成浓厚教科研氛围。

（冯莉）

【举办师德建设专题报告】 12月2日，首师大大兴附中举办师德建设专题报告。学校特邀首师大教授郭海燕为全体教师做“加强教师职业道德建设　发挥党员先锋模范作用”师德建设专题报告。区教委组宣科长、进修学校副校长、校领导及全体教职工200余人聆听报告。郭教授系首都师范大学青年教育艺术研究所所长，中共北京市委讲师团特邀报告人，《教育艺术》杂志主编，多次受邀到各地做报告讲座。郭教授结合最近国内外重大事件，向教师们分析我国当前各种文化发展现象；又以亲身经历事例，为教师们阐释加强师德建设的重要性。

（陈世淼）

【参观北京自然博物馆和北京天文馆】 12月7日，首师大大兴附中组织全体初一师生参观北京自然博物馆和北京天文馆，开展社会实践活动。在北京自然博物馆，师生们参观动物、植物、古生物、人之由来、恐龙世界、水生生物等六个基本陈列馆；在北京天文馆，同学们先后参观蔡司天象厅、SGI数字宇宙剧场、4D科普剧场等场所。初中全体师生160余人参加活动。

（徐娜）

【举行纪念一二九爱国运动演讲比赛】 12月12日，首师大大兴附中举办以“弘扬北京精神、树立爱国之志”为主题的纪念“一二·九”学生爱国运动演讲比赛。旨在弘扬爱国主义精神，激励学生传承“一二·九”精神，树立奋发图强、努力奋进思想。经过初赛选拔，13名选手进入决赛。评委是10位语文

老师。大赛评选出一等奖2人、二等奖4人、三等奖8人，并颁发荣誉证书。校领导及全体师生1500人参加活动。

（陆明辉）

【房山实验中学领导和老师到校参观】 12月16日，房山实验中学领导和老师80余人

来到首师大大兴附中进行校际交流。房山实验中学领导和老师们考察学校教育工作,就“学案导学教学模式”进行交流,分学科进行座谈。

(陈世淼)

【在中学第二届校园心理剧活动中获奖】 12 月 23 日,首师大大兴附中在大兴区中学第二届校园心理剧表彰总结会上获奖。在本次活动中,该校选送 6 个心理剧,2 个获一等奖,3 个获二等奖,1 个获三等奖,学校荣获大兴区第二届校园心理剧优秀组织奖,8 位老师荣获优秀指导奖。该校德育处主任以《心育的目标在踏雪无痕中实现》为主题做大会发言。

(石娟)

大兴区青云店中学

【概　述】 2011年，学校占地面积28590平方米、建筑面积12176平方米，体育场（馆）面积15792平方米。图书馆（室）藏书3.24万册，电子图书200册，订阅杂志、报刊32种。固定资产总值1052.487117万元。全年教育经费投入1160.45471万元，其中，国家拨款1160.45471万元、自筹经费0万元。学校信息化经费投入41万元，拥有计算机201台，多媒体教室座位570个，校园网出口总带宽10Mbps，数字资源量200GB，“信息技术”课程1课时/周。普通教室19个、专用教室10个、实验室6个。教职工84人，其中，高级职称13人、中级职称32人。专任教师67人；本科以上学历1人。开设教学班19个。毕业148人，其中初中148人；招生142人，其中初中142人；在校生496人。

网址：http://bjqydzx.eduzg.cn/

学校发扬“业精　志忠　回报　爱国”的校训，贯彻“以‘红色教育’为主线，强化学校特色建设”的办学理念，坚持“办人民满意的教育”和创京南名校的办学目标。

2011年，学校获得大兴区先进基层党组织、大兴区2006—2010年法制宣传教育先进集体、大兴区科技教育先进学校、大兴区中学教育教学工作一等奖、大兴区教育工会工作先进单位、2010年度大兴区信息宣传工作先进单位、青云店镇精神文明创建工作先进单位等称号。

（杨婕）

【多举措强化师德建设工作】 2月20日，《青云店中学师德建设工作方案》正式出台。方案通过以下7项内容强化师德建设工作：教师职业生涯规划、教师自我评价、年级组内互评、学生评价、工作业绩考核、师德优秀教师经验交流、反思及感悟。教师们通过职业生涯规划，反思过去并制定职业发展规划，自我提升；然后通过教师自我评价、年级组内互评、学生评价和工作业绩考核，推选出师德优秀教师，并用优秀经验和典型事例现身说法，促进全体教师共同提高；教师间交流反思和感悟，警醒自身，以促进教师进一步提高。

（杨婕）

【参加大兴区中小学生田径运动会】 4月8至9日，青云店中学参加大兴区中小学生田径运动会。运动会由大兴区教委和大兴区体育局共同主办，在大兴区石油化工学院进行。该校由1名领队和4名体育教师带队，学生35人参加。参加34个项目比赛，获得140分。该校获得大兴区初中区镇组团体总分第三名。其中3名初三学生获得5分中考加分。

（崔继来）

【举行毛笔字粉笔字比赛】 4月9至13日，青云店中学开展教职工毛笔字、粉笔字比赛。

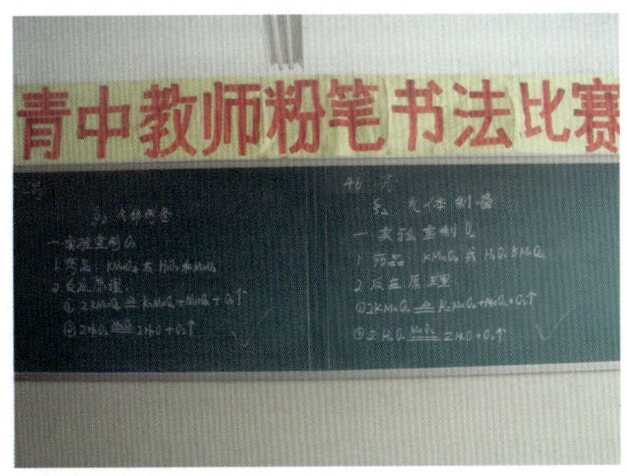

有12人参加毛笔字比赛。经过3位评委的评判，按照正楷字体的标准，评出一等奖2人，二等奖4人，三等奖6人。粉笔字比赛中，69名教师每人设计一篇板书，评审从“字体”和“内容”两方面进行。字体按照行书的标准，要求工整、流畅、清楚；内容要求设计思路清晰简明、重点突出。聘请“字体”评委3人，“内容”方面由各教研组进行自评，评委人数5至12人不等。参赛教师12人获得“双优”，16人获得单项奖。

（李树良）

【接受区学校卫生领导小组检查】 4月11日，大兴区学校卫生领导小组到青云店中学检查工作。小组成员有大兴区中小学卫生保健所和区疾病预防控制中心人员。主要考查该校卫生工作和健康促进学校工作，查看该校食品安全、课桌椅合格率、眼保健操、学生健康知识和十项卫生行为等。检查组充分肯定学校健康促进学校工作，指出工作中存在问题。

（高凤喜）

【急救知识培训会】 4月18日，青云店中学开展急救知识培训会。聘请区红十字培训教师为学校教师作急救知识培训。参加培训有30名教师。培训分为理论知识讲座，讲授有关的急救知识；实际操作，在遇到紧急情况时如何处理、如何抢救急需帮助的人；理论考试和技能考试。30名参加培训人员都拿到急救员证。

（高凤喜）

【党支部开展时事电教系列活动】 4月18日至6月15日，学校党支部开展庆祝建党90周年时事电教系列活动。活动内容包括观看由专业人士主讲的《利比亚战争与中美关系》、《中国共产党建党历程及成功经验》及《颜色革命与中国关系》等一系列电教视频。活动形式是集中观看和书写学习笔记。通过学习提高党员教师们的政治敏感度和自身综合素质。36名党员、24名入党申请人和积极分子参加学习。活动期间共有近400人次参与。

（杨婕）

【绿耕视导进青中】 4月20日，青云店中学接受“绿耕”教学工作指导。北京教育学院教师李军、进修学校历史教研员和“绿耕”学员一行4人，与全体历史教师一起观摩该校两位参加“绿耕”的教师讲授的历史课，李老师和教研员、历史教师对这两节课进行点评与研讨，并就进一步提升课堂质量发表意见。对该校历史教学起到良好促进作用。

（侯继恒）

【基于学生发展校本研究课题阶段交流会】 4月21日，青云店中学召开“基于学生发展校本研究”课题阶段交流座谈会。活动邀请进修学校德育教研室两位教研员参加，学校课题参与者27名一线教师及北臧村中学课题组负责人也共同参与交流会。交流会议题包括：课题负责人介绍学校课题实施方案

以及目前研究情况，三个子课题小组负责人和小组成员作典型发言、案例陈述及阶段研究小结，德育教研员给予工作指导。

（杨婕）

【开展社会大课堂活动】 4月26日，青云店中学组织开展社会大课堂活动。主要是参观北京航空博物馆和居庸关长城。学生386人、教师37人参加活动。建设社会大课堂是首都教育系统贯彻落实党的十七大提出的“加快推进以改善民生为重点的社会建设”、“推动社会主义文化大发展、大繁荣”精神的具体体现，是推进素质教育的重要举措；是适合学生特点、与学校课程结合的活动内容，它搭建学校教育与社会教育相结合、学生校园生活与社会生活相连接的桥梁和平台，它有利于深化教育改革，全面贯彻党的教育方针；有利于体现首都教育现代、开放、社会化理念；有利于推动首都的文化建设和文明建设；有利于动员社会各方面力量为青少年学生创造良好的成长环境、更多的成长机会。

（戢营）

【爱心小分队在行动】 1月至6月，青云店中学爱心小分队19名成员组织多种活动，为人们服务。1月，他们在学校操场上清理口香糖；组织捐助贫困生活动，活动中，选出每班一名家境贫困、品学兼优同学作为受助者共18名，小分队用活动基金432元，为他们买台灯、笔、本等必要学习用具；3月，他们到青云店镇林业站南侧参与植树活动，共植树34棵；4月18日，到青云店镇农贸市场清理白色垃圾，带队教师给大家讲述白色垃圾危害，活动分为两组，他们都不怕脏不怕累，认真捡拾，不放过任何一个“目标”，共清理白色垃圾百余个及其他垃圾约15斤；6月2日，小分队利用端午节慰问青云店镇敬老院老人，送粽子，唠家常，送祝福。

（戢营）

【市政府领导莅临开展调研工作】 6月16日，北京市人民政府研究室副主任王明兰到青云店中学调研。调研形式是座谈，王副主任听取马文祥校长汇报，包括学校硬件设施、学校特色建设以及绩效工资实施后对学校整体发展影响等；该校外地教师引进、去留；教研协作区情况、学校育人为先的德育特色、跆拳道、国际象棋等亮点。在谈到绩效工资这一政策实施情况及影响时，她认真细致听取校长情况汇报和建议。绩效工资实施后，教职工待遇有明显提高，尤其是农村中学，但

因为一些历史因素和政策原因也出现一些现实新问题，在强调收入的同时容易忽视师德和奉献精神等，该校在施行绩效政策上充分发挥教师代表、教代会作用，充分征求大家意见和建议，实施方案在实践中不断完善，使得绩效后教职工的工作心态依然平和、热情不减，没有出现不良现象。区教委中教科领导一同调研。

（杨婕）

【关工委青中分会举行报告会】 8月22至24日，大兴区关心下一代工作委员会青云店中学分会开展“发扬革命传统，争做有为中学生”专题报告会。邀请“五老”成员中的“三老”做报告。三位老同志分别根据亲身经历，讲述几十年来共产党、解放军、人民群众发扬艰苦奋斗、英勇无畏、奋发图强的革命精神，成就今天强盛祖国和幸福生活，鼓励学生们一定要继承、发扬这些光荣传统，好好学习，做有为中学生，把祖国建设得更加强大。142名学生聆听报告。

（李树良）

【食堂食品安全工作检查】 9月5日，青云店中学开展学校食堂食品安全检查工作。检查组是由校长、主管安全副校长、食堂主管领导、学校卫生管理人员及食堂负责人共5人组成。重点检查食堂餐饮服务许可证、从业人员健康证、购物索证索票、加工制作和清毒设施是否完善、库房有无过期变质食品、贮存条件是否符合要求等关键环节。对于检查中发现问题，及时给予指正，限期整改。

（高凤喜）

【实施学生课堂评价】 9月16日，青云店中学召开各班班长、学习委员培训会。培训内容是完成课堂评价和教师作业统计工作。28名小干部参加培训。旨在更好了解课堂实际情况，掌握第一手资料，让学生真正成为课堂主人。从本学期开始，学校实行学生课堂评价制度，每一堂课都由学生从4个方面进行评价，教务处汇总，每个月末将比较集中的问题反馈给任课教师，同时，学习委员进行每周作业统计，包括作业次数和教师批改次数。经过两个星期的施行，学校了解到学生眼中课堂问题，为学校的教学管理提供了依据。

（侯继恒）

【更换节能灯具】 10月12至20日，青云店中学进行更换节能灯具工作。北京市发改委为改善师生的办学条件，委托北京中环优耐特照明有限公司为青云店中学31个办公室、20个普通教室、8个专用教室、2个会议室，更换CHF132K节能灯具913套、CHF132S节能灯具291套、CHF216G节能灯具30套、CHF232G节能灯具65套。更换后，电费由更换前的每月电费9000元降至现在每月6000元，每月节约电费3000元。

（李长安）

【教师反思集出版】 10月18日，青云店中学第一期教师反思集《走向成功》。印制成册，发到了每一位领导、教师的手中。《走向成功》共收录该校任课教师教学反思文章58篇，以教研组为单位编排入册。该反思集中体现教师们在课堂教学中的感悟、困惑与思考，为教师提供一个交流平台，能促进教师教学行为向理论转化，促进教师专业化发展。《走向成功》将成为该校的一个常规性工作，每个月出版一本。

（侯继恒）

【承办“爱我家乡”青少年主题教育演讲比赛】 10月27日，青云店镇“爱我家乡”青少年主题教育演讲比赛在青云店中学召开。青云店镇党委、镇政府领导、教育助理以及全镇所有义务教育学校领导参加活动。来自各个学校的10名参赛选手，用真切的话语、感人的事例从身边生活、环境改变、学校变化等多个方面述说着家乡日新月异的变化。经过8名评委的打分，评选出一、二、三等奖共10

人，青云店中学暴姝文同学以最高分成绩98.16分获得一等奖。全镇中小学生及教师800人参加活动。

（杨婕）

【阳光心语心理拓展】 11月24日，青云店中学和北师大心理学院研究生讲师团开展阳光心语心理拓展活动。该校初一、初二60名学生和5名大学生参加。活动主题“团队协

作”。活动有热身游戏“马兰花开”，心理拓展游戏“钻圈”。两个年级学生分为四组，竞赛形式，内容有选队长、起队名、设计队徽、摆出造型。在指导教师引领下，学生共同合作取得成功。

（魏巍）

【接受健康促进学校工作指导】 12月2日，大兴区健康促进学校领导小组领导小组一行5人，来青云店中学进行健康促进学校工作指导。内容有：查阅2010—2011学年档案；查看学校食堂和卫生室设备；检查学生眼睛保健操和十项卫生行为等。学校主管副校长陪同检查和指导。

（高凤喜）

大兴区魏善庄中学

【概　述】 2011年，学校占地面积79367平方米，建筑面积31424平方米，体育场面积21060平方米。图书馆藏书3.2万册，订阅杂志、报刊96种。固定资产总值6377万元。全年教育经费投入2349万元，其中，国家拨款2322万元、自筹经费27万元。学校信息化经费投入81万元，拥有计算机516台，多媒体教室座位1260个，校园网出口总带宽440Mbps，数字资源量20GB，“信息技术”课程2课时/周。普通教室47个、专用教室11个、实验室11个。教职工178人，其中，高级职称37人、中级职称55人。专任教师139人，包括北京市骨干教师1人；本科以上学历159人。开设教学班34个，其中，初中班24个、高中班10个。毕业340人，其中，初中212人、高中128人；招生276人，其中，初中187人、高中89人；在校生970人，其中，初中680人、高中290人，包括寄宿生180人。高中录取分数线最高445分，最低409分（本区），应届高考本科上线率4.5%。

学校网址：http://wszzx.dxschool.cn

学校以“一切为了学生，办让家长放心的学校”为办学理念，教育学生学好文化知识，教育学生如何做事如何做人。开齐、开全所有科目，开设丰富多彩的第二课堂，发展学生的动手动脑能力。

2011年，学校获得大兴区教育教学一等奖；被评为“大兴区‘十一五’教育信息化先进单位”；获得大兴区贯彻《学校体育工作条例》先进学校称号，被评为大兴区教师基本功考核先进单位。

（李强）

【成功举办第五届读书节】 3月7日至4月11日，魏善庄中学举行“第五届校园读书节”活动。内容有读书讲座、板报评比、图书漂流等。邀请北京中学语文特级教师、区名师工作室教师吴伟民作专题报告；举行“图书漂流、共享‘悦读’”书市；阳光晨读、黑板报、手抄报设计。举办读书节，旨在使全校师生以书为友，广泛交流，开阔眼界，陶冶情操，增长知识才干，提高文化品位。970名师生参加读书节。

（李畅）

【科技专家进校园科普报告会】 3月18日，魏善庄中学举行“大手拉小手——科技专家进校园”科普报告会。中国科学院国家天文台高级工程师、国际天文远程动手教学组织副会长郭红锋教授为该校学生做题为“外星人和地外文明”科普讲座。“大手拉小手”活动增进科学家与青少年交流。活动旨在传播科学知识，引领青少年走进科学殿堂，提高青少年科学素养，推动科技教育工作。300多名学生和教师参加报告会。

（黄山环）

【校本教研协作区又出新举措】 4月11日，魏善庄中学迎来北京十四中大兴安定分校校长和两位中层干部，进行校本教研协作区交流活动。该校请两位十四中大兴安定分校中层干部列席本校各种会议（行政会、校务会、教务及德育工作会）、参与听评课、班会、教研、经验交流等活动。按照大兴区教委部署，魏善庄中学、北京十四中大兴安定分校、青云店中学和垡上中学结为校本教研协作区，开展联片教研工作。这一活动对推进课堂教学改革、提高教师素质发挥着重要作用，教研工作紧密结合课堂教学，发挥各校资源优势，突出重点，在“实”上做文章，通过交流、推介，达到以研促教、以教促研，全面提高教师素质，全面提高教学质量目的。

（黄山环）

【开展交流协作资源共享教研活动】 4月12日，北京十四中大兴安定分校7名物理教师来到魏善庄中学，与该校共同开展教学教研活动。两校物理教师结合实际就今后联片教研工作活动形式、内容及如何促进青年教师专业发展等方面展开讨论。根据教学进度，两校教师进行集体备课。两校教学主任一同参加活动。该校有8名教师参加。

（李强）

【基层支部手拉手　创优争先新形式】 4月12日，魏善庄中学党支部与大兴进校中职教研党支部开展“手拉手专业共发展”活动。区教委党组书记、区委教育工委副书记、区教委督导室主任李广成，教委组宣科科长、进修学校校长、该校与进修学校中职教研党支部党员干部70余人参加活动。进修学校中职教研党支部书记解读活动方案，该校书记宣读“帮带”名单，对活动提出要求，校长为参加活动进校教师颁发聘书，进修学校校长对

两个支部活动开展提出希望。李广成发表重要讲话。

（李金梅）

【承办大兴区信息技术教研活动】 4月13日，大兴区信息技术教学研讨活动在魏善庄中学举行。进修学校信息技术教研员及来自全区信息技术学科教师30余人参加活动。活动包括观摩魏善庄中学三节信息技术展示课，听取该校信息教研组长介绍网络模块教学开设原因、前期准备、开展情况、问题困惑四方面情况。

（李强）

【组织优秀学生开展社会实践活动】 4月29日，魏善庄中学组织50名优秀学生到北京野生动物园进行社会实践活动。活动旨在让

学生走进社会、走进大自然，感受大自然；陶冶学生情操，丰富学生课外生活，培养社会实践能力，在实践中感悟，在感悟中提高。学生们乘车游览整个园区，聆听讲解员关于动植物知识的介绍，看狮子、老虎、大象、孔雀等珍稀动物，观看棕熊、猴子精彩表演，聆听小鸟欢叫，活动使学生增长自然知识。

（李金梅）

【举行水火箭发射表演】 5月13日，魏善庄中学1200余名师生在体育场观看索尼探梦公司带来的水火箭发射表演。内容有听取工作人员讲解科学原理，观看9枚“水火箭”发射，学生用废弃塑料瓶制作“水火

箭”。制作完成后，学生展开竞赛。初一（1）班三位同学制作“水火箭”飞行125米获得冠军。

（黄山环）

【在市高中生技术设计创意大赛获奖】 5月14至15日，魏善庄中学在第二届北京市高中生技术设计创意大赛上获奖。在“悬臂梁结构模型”项目决赛中，三位同学设计的悬臂梁超级链接获二等奖；两名同学获悬臂梁挑战极限B类三等奖。来自全市15个区县近70所学校、133支不同项目队、500多名学生参加了比赛。

（黄山环）

【召开校本课程推介会】 9月21至22日，魏善庄中学分别召开初、高中年级校本课程

推介会。会上观看《魏善庄中学校本课程记录》宣传片、教师课程推介、教务处选课指导。高一、高二，初一、初二学生共630人，教师37人参加活动。该校自2006年开展校本课程至今，已开发出人文素养类、科学探索类、体育运动类、艺术素养类、学科拓展类五大系列四十余门校本课程。通过开展丰富多彩的校本课程，促进学生全面发展，促进教师专业发展，全面提高学校教育教学质量。

（黄山环）

【新建录课室投入使用】 10月19日，魏善庄中学录课室投入使用。录课室集同步录制、实时直播、在线点播、实时导播、自动跟踪、多方交互、后期编辑等多种功能于一身，可应用于课程录制、课程直播、视频会议、教学培训等，满足学校管理和教师教研需求。教师使用自己电脑就能直接收看现场直播，讲课教师可以通过网上点拨，观看自己教学录像进行反思研究，精品课还可以上交上级有关部门参赛，节省人力、物力。管理者可以

随时通过网络收看教师上课情况，了解学生在课堂上表现，达到了解教师、掌握学情目的。开学初，上级拨款72万元，用于该校建设录课室。区教委非常重视录课室建设工

作，教委副主任王滨及中教科、信息中心领导于9月26日到校考察调研录课室建设进展情况。

（黄山环）

【承办大兴区2011教育科研周活动】 10月26日，大兴区2011年教育科研周——大兴区“十二五”规划课题“初中史、地学科学生小组讲授式教学策略研究”研究阶段性成果交流会在魏善庄中学举行。区进修学校科研室副主任、两位课题组负责人、进修学校三位中教研教研员及部分学校科研主任、初中地理、历史教师近80名参加。活动内容有：魏善庄中学课题负责人进行课题研究汇报；听取四位教师汇报课，分学科进行交流；专家们对汇报课做点评，肯定本课题研究有利于推进学生自主学习，使教师指导更加有效而贴近学生需要。

（李强）

【科普报告在魏中】 11月16日，北京药品监督管理局药品不良反应检测中心原中心副主任、医疗咨询专家邓培媛来到魏善庄中学，为师生作主题为《用药安全与健康》科普报告。该校领导、教师及初一、高一全体学生300余人参加。邓老师从国内外重大药害事件导入，通过图片及案例从“药品安全至关重要”、“正确认识药品及药品的不良反应”、

“了解安全用药的基本知识”、“提高自我保护能力增强防范意识”四个方面进行讲解。

（黄山环）

【举行飞去来器现场制作活动】 11月22日，魏善庄中学举行“飞去来器”现场制作活动。初一初二两个年级学生参加。活动旨在引导学生亲历科学探究过程，培养学生动手能力、实践能力和创新精神，使学生初步了解“飞去来器”回旋基本原理。活动组织者向学生介绍制作使用飞去来器“小妙招”。共有学生468人参加。

（黄山环）

【数字校园建设现场调研会】 12月2日，大兴区教育信息中心副主任与资源建设组长、网络管理组教师来到魏善庄中学，对该校数字校园建设准备情况进行调研和实地检查。调研活动内容有：共同观看该校数字校园建设汇报宣传片，学校校长汇报“数字校园”建设情况，查阅学校数字校园档案材料，随机抽

取10名教师进行上机技能测试。数字校园建设工程是2011年区教委重点工程，一期共有37所学校申报，经过第一次方案设计培训后，有27所学校按时上交学校数字校园建设方案，信息中心组织有关专家对上交方案进行分析和研究，选出20所学校进入最终评审，该校是其中一所。

（黄山环）

【科技节圆满闭幕】 12月6日，魏中第三届科技节结束。科技节为期四周，共有970人参加。围绕“科技在身边”主题，开展三大类13项活动，学生参与率达到100%。上交科技作品114件，从中评出一等奖5个，二等奖10个，三等奖24个。

（黄山环）

【在北京市航天知识竞赛中取得佳绩】 12月13日，魏善庄中学代表大兴区参加由北京市教委、市科协、中国航天基金会、中国航天报社主办，东高地青少年科技馆协办的中小学生航天知识竞赛，获得高中组三等奖。全市11万名学生参加区县级初赛，海淀区、大兴区、丰台区等9支代表队进入决赛。航天知识竞赛旨在把科技兴国、科学技术创新和可持续发展战略、目标，变为青少年容易理解和参与内容。

（黄山环）

【承办初中教师教学协作片说课展示活动】

12月17日，2011年大兴区初中教师（魏善庄片）说课展示活动在魏善庄中学举行。来自大兴一中、青云店中学、安定中学、垡上中学和该校129名选手进行14个学科说课展示。进修学校书记、中教研领导及各校教学主管领导参加活动。活动中，教师们从教材分析、学法、教法、教学过程、板书设计等方面对教材进行讲解。他们用先进教育理念、科学教学设计、现代化教学手段、流畅教学语言、精彩教学课件和扎实教学基本功，展现教师风采。该校有27人参加，12人获得一等奖，15人获得二等奖。

（黄山环）

北京市第十四中学大兴安定分校

【概　述】 2011年，学校占地面积70645平方米、建筑面积14445平方米，体育场面积26442.2平方米。图书室藏书1.6万册，订阅杂志、报刊36种。固定资产总值2991.74万元。全年教育经费投入1572.69万元，全部属于国家拨款。学校信息化经费投入43.4万元，拥有计算机324台，其中包括多媒体36台、笔记本电脑20台。多媒体教室座位378个，校园网出口总带宽100Mbps，数字资源量120GB，“信息技术”课程1课时/周。普通教室32个、专用教室12个、实验室7个。教职工129人，其中，高级职称14人，中级职称50人。专任教师96人，特级教师0人，北京市骨干教师0人，北京市学科教学带头人0人；本科以上学历97人。开设教学班24个。毕业人数248人、招生180人，寄宿生240人。

网址：sszadfx. Dxschools. cn

学校坚持用崇高目标激励人、用先进文化引领人、用深厚情感凝聚人、用规范制度约束人的办学理念，坚持对每名学生负责、助每名学生成功，以及理解有深度、思考有广度、执行有力度、结果有效度的办学特色目标，将学校办成一所学生学会做人、学会求知、学会审美、学会健身，教师成为人师与经师的集合体，做到政治坚定、方向明确，治学严谨、学风端正，安神定气、人和物谐，同比先进，区争一流。通过内涵发展，经过三年努力，建设成为大兴区有特色办学的品牌学校、大兴区全面育人的示范学校、区内外不断扩大社会影响力的和谐学校。

2011年，学校获得首都绿化美化花园式单位；第五届全国中小学班级管理创新暨班主任经验交流大会优秀组织奖；北京市节约型示范学校；被正式批准为北京市体育传统学校；大兴区教育系统2010—2011年度先进基层党组织；大兴区“十一五”继续教育先进集体；大兴区工会工作先进单位；大兴区中小学阳光体育竞赛先进学校；大兴区落实《学校体育工作条例》先进单位；大兴区教育系统内部审计工作先进集体；大兴区中小学学生田径运动会区镇初中组团体总分第二名；大兴区教育系统三星级教代会等荣誉称号。

（张国芳）

【家长开放日活动】 3月15至19日，北京十四中大兴安定分校举办“家长开放日”活动。开放所有年级，开放课程的听课时间为上午第2节课至第4节课。家长可随堂听课，并对教学提出意见和建议。听课后家长收看学校宣传片，进一步了解学校情况。中午家长和学生一同在食堂用餐，体验学校生活。本次活动有600名家长参加，共听课480节，提出意见、建议75条，学校共收集意见反馈表600份。举办“家长开放日”活动，旨在增加孩子与父母之间的沟通和理解，家长亲身感受子女在校学习和生活，让家长走近孩子，倾听心声，走进教室，关注教育；加强学校、教师与家长的沟通，共同促进孩子健康成长。

（张九兴）

【纪念建党90周年系列活动】 3月31日，北京十四中大兴安定分校启动庆祝建党90周年系列活动。党支部书记做动员讲话。系列活动从2011年3月至7月，主要内容有：党史知识竞赛、党员献优课、主题征文、建党90周年宣传图片展、红色歌曲大家唱、走访老党员老干部等。450人参加党史知识竞

赛，35名党员讲党员献优课35节，收集主题

征文92篇，700多人参观图片展，700余人参加红色歌曲大家唱活动，走访老党员12名，整个活动取得很成功。

（闫君）

【组织参加区级班主任基本功培训】 4月13日，北京十四中大兴安定分校举行班主任基本功培训。进修学校德育研究室主任汪克良主讲“班主任基本功考核——班会指导”，他从“教师的智慧——发现、教师的智慧——坚持、教师的智慧——尊重”等几个方面，讲解如何做一个有智慧的班主任。24名班主任参加培训。

（杨东雅）

【谁不说俺家乡好社会实践活动表彰】 4月19日，北京十四中大兴安定分校举行寒假期间学生参加“谁不说俺家乡好”社会实践活动表彰会。寒假前，该校启动由后安定、伙达营、佟营、郑福庄四村120多名学生参加的主题为“谁不说俺家乡好”社会大课堂实践活动，聘任四名“关工委”退休老教师做具体辅导工作。参与活动的有26名家长辅导员及全体学生家长。活动内容是要求同学对家乡在社会生活、文化教育、传统乡土文化习俗、社会主义新文化发展、文明庭院、敬老家庭好风尚、村风、村貌及村中突出人物进行走访、了解，从中获取知识、得到启发、受到教育。活动得到镇政府、村委会、广大村民支持和学生家长积极配合。

（王海艳）

【承办交互白板现场交流活动】 5月5日，北京十四中学大兴安定分校承办大兴区中学交互白板应用现场交流活动。活动由区教育信息中心组织。信息中心主任、教师以及来自全区各中学教导主任和教师共计40余人参加活动。该校5位教师分别进行授课或说课。

（何磊）

【参加北京市中小学生绑腿跑比赛】 5月21日，北京十四中大兴安定分校参加2011年阳光体育北京市中小学生勇敢小伙伴绑腿跑比赛，获得最佳敢斗奖称号。这项赛事是由北京市教委、北京市体育局主办，海淀实验四小承办的。活动旨在大力倡导少年儿童参与文明、健康、活泼的励志性活动，对培养学生健康体魄、高尚趣味、合作精神和集体荣誉感等方面起到积极作用，对推动“全国亿万青少年阳光体育运动”深入开展，吸引广大学生“走向操场，走进大自然，走到阳光下”，也起到推动作用。全市有31所中小学校近500名学生参加总决赛。

（李琨 岳聪颖）

【开展“阳光心语”进校园活动】 5月27日，北京市第十四中学大兴安定分校开展“认识自我，调整自我，打造安定阳光青年”阳光心语心理拓展进校园活动。活动中，北师大师英爱心社13名大学生志愿者围绕“认识自我”主题，在初二年级230名学生中开展心理拓展活动。

（许曼）

【举行文明礼仪知识讲座】 6月1日，北京十四中大兴安定校邀请大兴二职师生做“文明礼仪伴我行，做文明幸福安中人”文明礼仪

知识讲座。主讲教师从站姿、坐姿讲起，讲授作为一名中学生应该做到的文明礼仪，二职学生做现场展示。初一、初二共624名师生参加。

（王海艳）

【党支部带领党员参观红色根据地】 7月9日，北京十四中大兴安定分校党支部组织全体党员参观门头沟区“冀热察抗日根据地”。这是该校党支部年度计划里“做忠诚于党的教育事业的优秀党员”主题教育活动之一。活动内容还有6名预备党员转正宣誓，老党员重温入党誓词。50名党员参加活动。

（闫君）

【参加中小学信息技术创新大赛获奖】 7月16至23日，北京十四中大兴安定分校师生参加在河北石家庄举行的第九届NOC中小学信息技术创新与实践活动决赛。本次大赛历时3个月，该校师生通过初赛、复赛，共有3名学生参加全国决赛，1名学生获全国二等奖，2名获三等奖；2名教师荣获特等奖，3名一等奖。“全国中小学信息技术创新与实践活动”（简称“NOC活动”）是在教育部、国家知识产权局的关怀指导下开展的面向在校中小学师生一项运用信息技术、培养创新思维、提升实践能力与增强知识产权意识的活动，旨在提高创新实践能力，是中小学科技创新活动优秀成果集中展示的载体。2007年，经国家科技部批准，国家科学技术奖励工作办公室正式设立“恩欧希教育信息化发明创新奖”。

（刘国正）

【参加全国中小学信息技术创新与实践活动】 7月20日至23日，北京十四中学大兴安定分校5名教师参加在石家庄市鹿泉一中举行的“第九届全国中小学信息技术创新与实践活动”比赛，杨林获得说课创新奖并受组委会邀请，做现场说课展示；其余四位教师分别获得说课项目一、二等奖。

（何磊）

【开展社会志愿服务活动】 9月30日，北京十四中大兴安定分校唐仲英爱心小分队全体成员15人来到安定镇敬老院，开展社会志愿服务活动。活动中，同学们将自己亲手制作

的50个爱心捶背器、23张祝福贺卡，作为礼物向老人赠送，并为老人们表演诗朗诵《安定，我可爱的家乡》等精彩节目。

（许曼）

【举办“青春船长法治启航”启动仪式】 11月28日，大兴区“青春船长　法治启航”启动仪式在北京十四中大兴安定分校举行。市法制宣传教育领导小组办公室副主任、市司法局副局长吴庆宝，区依法治区领导小组副组长、副区长沈洁，区教委、区法治领导小组领

导以及校长代表，各镇街道司法所所长参加。“青春船长　法治启航”青少年法制宣传教育活动，由公安大学等高校法律专业学生担任青春船长，它以“心连心、手拉手，小手拉大手”、校内校外相结合方式，开展符合青少年心理和年龄特点法制宣传活动，旨在使学生牢固树立爱国意识、守法意识和公民意识，养成遵纪守法的行为习惯，促进学生健康成长。该校360名学生参加活动。

（杨东雅）

【18名教师当选区骨干、学带，总数位居农村校第二】 11月，在新一届区级学科带头人、骨干教师、骨干班主任评选中，北京十四中大兴安定分校共有18人当选，总人数比该校上届多出13名，在全区农村校中位居第二。其中，杨林、党立春等五位教师被评为区级学科带头人；马涛、福洪亮等十二位教师被评为区级骨干教师；郭秀莲被评为区级骨干班主任。杨林、党立春、李红仙三位教师，被聘为区级名师工作站的名师。

（张国芳）

【纪念12.9运动暨新团员入团宣誓】 12月

9日，北京十四中大兴安定分校团委举行新团员入团宣誓大会。纪念“12·9”运动76周年，旨在增强学生爱国意识。近年来，该校团委坚持对入团积极分子进行团课培训，再经过严格筛选，测评，发展符合入团条件的同学成为光荣共青团员。本次共发展新团员69名。

（许曼）

【参加学生体能素质课题总结大会】 12月15日，北京十四中大兴安定分校在首都体育学院举行的“中国青少年体能素质课课练”总结大会上，被评为课题研讨积极参与奖、中国青少年体能素质课课练实验学校。4月份该校申请参加“中国青少年体能素质课课练”课题，6名体育教师利用体育课“课课练”时间寻求行之有效的练习方法。经过近两个学期的测试、采集、实验、总结、撰写，论文均被《中国青少年体能素质课课练创新研究》录用。

（张翠、岳聪颖）

【荣获“北京市节约型示范学校”称号】 12月，北京十四中大兴安定分校被评为“北京市节约型示范学校”。该校于2006年重新整合。开学之初，教师、学生都存在着一定程度浪费现象，学校领导极为重视，建立以校长为组长的节约型学校建设领导小组，制定职责，制定规划及具体措施；在全校大搞宣传教育，提高师生节约意识；开展以环保、节约为主题综合实践活动；开展校园“节约用水、节约用电、节约用纸、节约粮食”活动，以及“节约小模范”评选、“节约型家庭”教育活动等。取得显而易见的成效：获捐赠图书3000余本，为学校节约购买图书经费约8000元；每月节约水费500到1000元，一年1万多元；一年节约电费8640元，节约纸张20箱，环保回收获得5800元……这些活动，大大增强了学生的节约意识、环保意识。

（杜万东）

大兴区榆垡中学

【概　述】 2011年，学校占地面积71326.2平方米、建筑面积35000平方米，体育场（馆）面积10000平方米。图书馆（室）藏书4万册，订阅杂志、报刊267种。固定资产总值6473万元。全年教育经费投入2350.530812万元，其中，国家拨款2350.530812万元。学校信息化经费投入11万元，拥有计算机278台，多媒体教室座位120个，校园网出口总带宽100Mbps，数字资源量130GB，“信息技术”课程2课时/周。普通教室48个、专用教室26个、实验室12个。教职工187人，其中，高级职称39人、中级职称58人。专任教师122人，包括北京市骨干教师1人，本科以上学历144人。开设教学班27个，其中，初中班20个、高中班7个。毕业266人，其中，初中201人、高中65人；招生270人，其中，初中180人、高中90人；在校生871人，其中，初中613人、高中258人，包括寄宿生186人。高中录取分数线381分（本区），应届高考本科上线率6%。

网址：www.yfzx.dxschools.cn

学校坚持“以人为本、依法治校，一切为了师生的发展，一切为了学校的明天”办学思想。关注学生全面发展，培养特长，提高学生创新精神，努力建设一支群体结构合理、具有高尚师德、富有参与意识和创新精神、个人专业知识扎实、教育理念前卫、教育教学成绩突出的教师队伍，努力创建一所让学生成才、家长满意、社会信任的京郊农村名校。

2011年，学校被评为首都中小学校园文化建设创新校；北京市教育科研先进学校；大兴区师德建设先进集体；大兴区中学教育教学工作一等奖；大兴区落实《学校体育工作条例》先进学校；大兴区中学教师教学基本功考核先进单位；大兴区“十一五”教育科研先进单位；大兴区2006－2010年法制宣传教育先进集体；大兴区教育系统信息宣传工作先进单位；大兴区教育系统内部审计工作先进单位；教代会五星级单位等荣誉称号。

（宋玉珠）

【组织社会大课堂实践活动】 4月16日，榆垡中学组织初一、高一学生开展社会大课堂实践活动。地点在北京航天科普教育基地。内容为拓展训练和观摩火箭模型发射。拓展训练项目有，森林攀爬、趣味游戏、勇敢道路和智力拓展，学生在体能、心理、生理、智力、爱心等方面得到锻炼，在运动中享受轻松快乐，树立科学人生信念和卓越团队精神，全方位提升健康人格品质。初一、高一学生300人参加活动。

（吴伟）

【学生艺术节优秀节目展演】 4月25日，榆垡中学举办第三届学生艺术节优秀节目展演。艺术节主题为“走进艺术殿堂”，旨在推

动学校艺术教育改革和发展，丰富活跃同学们课余文化生活，营造浓厚校园文化艺术氛围，激发同学们的艺术兴趣和爱好。展演节目均在市区级比赛中获过奖。全校780名学生观看演出。

（孙静）

【举行2011届高三学生成人仪式】 4月27日，榆垡中学高三年级举行2011届学生成人仪式。内容有唱国歌，观看学生成长记录短片，聆听家长、教师寄语，18岁成人宣誓等，使学生认识到自己已经长大，应该学会感恩，承担责任。教师21人，学生92人，家长12人参加活动。

（裴玉）

【观看曲剧传统剧目】 5月19日，榆垡中学全体师生观看由北京曲剧团演出的传统剧目《烟壶》。旨在重温历史，感受国难，高扬爱国精神。该剧讲的是清末民初老北京古月轩鼻烟壶世家的事情，宣扬爱国精神。演员们演技精湛，字正腔圆。1000名师生观看。

（谢建国）

【三组区级课题获得殊荣】 5月25日，榆垡中学被评为大兴区"十一五"教育科研先进单位。这是在大兴区"十一五"教育科研总结表彰大会获得的。会上，通报78项教育科研优秀成果，对21个教育科研先进单位、33名教育科研优秀管理者、114名教育科研先进个人进行表彰。该校一名教师负责课题《中学历史图片教学的研究》以其新颖选材、科学合理研究过程和充实完整结题资料获得一等奖，另两位教师负责的课题分获二、三等奖，他们均被评为大兴区"十一五"教育科研先进个人。教科室主任获得"优秀管理者"称号。

（许久敏）

【赴北京市第十三中学进行教学交流】 5月28日，榆垡中学全体初三教师到北京市第十三中学，进行教学交流。两校教师按学科分成五个组。该校教师结合复习要点，向十三中教师请教，听取他们复习策略。十三中教师介绍复习做法和成功经验。该校40名教师及领导参加活动。

（李明）

【红五月教职工歌咏比赛喜获奖】 5月30日，榆垡中学教师合唱队参加大兴区教育系统"红歌献给党"红五月歌咏比赛决赛，获得一等奖和最佳组织奖。比赛由大兴区教育工会主办，主题是"红歌献给党"，形式为团体

表演。全区23所学校参加，评出一等奖8个，二等奖15个，"最佳创新奖"4个，"最佳组织奖"8个。

（王颖）

【开展控烟主题教育活动】 5月30日，榆垡中学开展"远离烟草，让我们健康成长"主题教育活动。学校主管领导向全体师生明确活动要求、步骤、目的、意义，解读《世界卫生组织烟草控制框架公约》主要内容，一名学生做"远离烟草，让我们健康成长"发言，下发控

烟、戒烟宣传材料。活动包括：召开主题班会；张贴“吸烟有害”宣传画；下发“吸烟有害”告家长书。全校师生1000人参与活动。

（谢建国）

【被授予首都中小学校园文化建设创新校】 6月18日，榆垡中学被授予“首都中小学校园文化建设创新校（园）”称号。此项活动由北京市联合国教科文组织协会、北京科技教育促进会和北京教育杂志社联合举办。该校校长亲自挂帅，师生全员参与班级文化创建工作。制定《关于班级文化建设的指导意见》《学风建设指导意见》，为班级文化建设开展奠定基础，将校园建设纳入到校园文化建设中。每个班级都有班徽、口号、集体照、班歌、图书柜、展板等，具有自己特独文化建设主题；学校挖掘教育资源，把握班级舆论目标，有针对性地开展提升班级特色文化活动，如诗歌朗诵比赛，剪纸、绘画比赛、校园剧等班级特色文化活动开展21次。校园环境文化中的书香气息，思想内涵建设直接影响着师生成长和发展。校园文化建设成为学生学

业引路人，成为学生成长路途中心灵守护者。参加校园文化建设学生和教师有1200人。

（谢建国）

【体育传统校运动会上获奖】 9月23日，榆垡中学在大兴区中小学体育传统校田径运动会上获得高中组团体总分第五名。该比赛由大兴区教委和大兴区体育局联办，以“阳光体育运动”为主题，采取团体比赛形式。设置三个组别进行比赛，比赛共进行两天。全区40支代表队近六百名运动员参加比赛，评出团体总分前六名。该校四位教练员教师和33名运动员参加比赛。

（宋玉珠）

【全国青少年校园青春健身操大赛中获奖】 9月25日，榆垡中学在2011年“肯德基全国青少年校园青春健身操大赛”中荣获北京赛区二等奖。该比赛由北京市教委体卫艺处举办。“校园青春健身操”是国家教育部体育卫生与艺术教育司组织专家于2006年4月编写适合16至22岁青少年的《系列校园青春健身操》教材，动作设计面向青少年学生。2006年教育部体育卫生与艺术教育司、中国关心下一代工作委员会健康体育发展中心、百胜餐饮集团旗下品牌肯德基支持的“肯德基全国青少年校园青春健身操大赛”正式启动。9月初开始，该校指导教师从高一、高二两个年级选出12名学生，利用中午和放学时间开展训练，历时一个月。

（宋玉珠）

【举行说课培训】 10月10日，榆垡中学对全校教师进行说课培训。邀请进修学校中教研主任郭树林、初中各科教研员及北师大大兴附中两位教师主讲，主题为“专家引领　同伴示范　技能提高”。北师大大兴附中两位教师及该校一位教师分别阐述对课标理解、教学重点挖掘，教程设计、教学理念，给教师做说课展示；郭老师从“什么是说课”、“如何

说课”、“如何说好课”及“说课与备课上课的关系”、“说课技巧”等方面做专题解读；进校教研员结合《大兴区学科说课评价标准》分学科进行具体指导，分析教师撰写的说课稿，肯定优点，指出不足，提出修改建议。183名教师参加培训。

（许久敏）

【区中小学艺术节优秀节目巡演】　10月12日，榆垡中学迎来“搭建艺术舞台、装点五彩校园”大兴区中小学艺术节优秀节目巡演演出。巡演节目全部来自区中小学艺术节获奖作品，形式有舞蹈、器乐、歌曲、校园剧、朗诵等，共10个节目。800名师生观看演出。

（谢建国）

【组织重阳节敬老活动】　10月13日，学校工会组织重阳节敬老活动。敬老活动主题是“九九重阳节，浓浓敬老情”。老教师齐聚大兴区埝坛公园，游埝坛水库、坐游艇、览秋色、聊家常，送祝福，校工会赠每人送一套健身器和老年杂志。该校离退休教师及领导36人参加活动。

（贺争光）

【承办2011年中学德育交流周活动】　10月18日，榆垡中学迎来“2011年大兴区中学德育交流周活动”。区教委中教科副科长、德育教研室教研员及大兴五中、六中、庞各庄中学、郭家务中学、定福庄中学、北臧村中学的德育主任以及榆垡中学相关领导共21人参加交流活动。内容有听取该校主管领导《让校园文化为学生成长导航》主题汇报，区级骨干班主任典型案例交流，召开学校领导、任课教师、学生代表三个座谈会，听初中一堂心理课，参观校容校貌和校园文化建设，查看该校年度计划、总结、教案、听课记录及学科渗透德育相关档案等。

（谢建国）

【获全国目标教学大赛一等奖】　11月4日，榆垡中学两位教师荣获全国目标教学大赛一等奖。这次大赛在山东省潍坊市举行，由中国教育学会教育学分会目标教学专业委员会与中国教育报基础教育周刊主办，潍坊市教育科学研究院协办，全国各省市教育界2000余名专家、学者、校长和教师参加，200余名教师进行现场讲课比赛。有选手比赛、教师研讨、专家点评与专题报告等环节。该校代表北京市参赛的两名教师，以学案导学及由学定教的独特教法而获奖。

（余清叶）

【党员赴李大钊同志故居参观】 11月12日，榆垡中学党支部组织全体党员、干部赴唐山市乐亭县，进行“重温誓词　牢记使命　创先争优　敢当旗帜　爱岗敬业　师德表率”主题教育活动。活动内容有参观李大钊故居、李大钊纪念馆、在纪念馆重温入党誓词。全校35位党员参加活动。

（王颖）

【赴河北省衡水中学学习】 11月29日，榆垡中学组织年级主任、年级组长、班主任以及校级骨干教师共37人，去往河北省衡水中学学习。活动包括：听取衡水中学领导做“创新文化建设，构建特色学校”报告，听课76节，观看学生跑操等。

（张颖）

【参加大兴区初中教师说课展示活动】 12月17日，“2011年大兴区初中教师（榆垡片）说课展示活动”在榆垡中学举行，大兴七中、兴华中学、礼贤中学、郭家务中学、大辛庄中学及该校14个学科近120位教师进行说课展示。区教委副主任扈岩江、进修学校中教研主任郭树林参加。活动分学科进行，说课内容有教学背景分析、教学目标设定、教学重难点突破、教学过程设计及学习效果评价，以及说课稿编写到课件制作，从时间把握到教法运用。说课展示活动是大兴区教委、进修学校为教师搭建成长舞台，展示中教师间相互交流、互相学习，不断提升教育教学技能，促进自身专业发展。

（许久敏）

【进校教科室来校督导】 12月21日，进修学校教科室主任带领督导组一行7人，到榆垡中学督导验收教科室建设。督导组听取学校科研工作及教科室建设情况汇报，查阅科研工作档案，听该校《新课标下农村高中分层

作业设计研究》课题组研究课，并与讲课教师进行交流，并与该校《新课标下农村高中分层作业设计研究》、《思维导图在初三化学总复习中的应用研究》两组区级课题及《初中数学课堂中学生错误资源的利用研究》市级课题负责人、教师座谈，了解课题研究进展，询问研究遇到的困难，提出指导性建议。该校科研制度建设完善、学校引领和政策保障有力、教师研究热情高、研究能力不断提高、课题过程管理细致，得到督导组领导、专家肯定。

（许久敏）

【组织“六五”普法进社区宣传调查】 12月22日，榆垡中学组织“六五”普法进社区宣传调查活动。主题是“人人都是榆垡形象，处处都是法律考场”。该校初一年级走进物美榆垡店开展法制宣传。通过现场采访、问卷调查，下发普法材料，观看普法展板等活动，特别是引用居民身边典型案例进行法制宣传，增强全民法制宣传教育针对性和实效性。

活动受到群众欢迎，学生们获得一次宣传法制教育历练，学生学法、守法、用法意识逐步增强。120名学生参加活动。

（周宇芹）

大兴区兴海学校

【概　述】 2011年，学校占地面积53000平方米，建筑面积14200平方米。体育场面积21500平方米，配有400米塑胶田径场。图书馆藏书4.1万册，订阅杂志、报刊8种，固定资产总值3878.1万元，全年教育经费投入2102万元，其中，国家拨款2102万元，学校信息化经费投入1万元，拥有计算机300台，多媒体教室座位1530个，校园网出口总带宽400Mbps，数字资源量66GB，“信息技术”课中学1课时/周，小学1课时/周。全校共设46个多媒体教室，10个专用教室，5个实验室。2003年建成“兴海远航”网。教职工143人，其中，中学高级职称13人、中级职称20人；小学高级职称54人，中级职称23人。专任教师126人，区级骨干教师8人、区级骨干班主任3人，区级学科带头人2人；本科以上学历117人。开设教学班42个，其中，初中班12个、小学班30个。毕业268人，其中，初中85人、小学183人；招生333人，其中，初中136人、小学197人；在校生1426人，其中，初中340人、小学1086人。

网址：http://xinghai.dxschools.cn

学校坚持“为人的发展服务”的办学理念，坚持“以人为本，以质为重，以法为准，以和为贵”的管理原则。坚持科学的发展观，以提高教育质量为核心，以民族团结教育为特色，以两支队伍建设为重点，彰显“浩融·和谐”的文化内涵。

2011年，学校获得北京市初中建设工程先进学校、北京市健康促进学校、北京市百所好家长学校、大兴区先进基层党组织、大兴区文明单位、大兴区课改先进集体、大兴区实施素质教育先进学校、大兴区“优秀领导班子”、大兴区教育教学一等奖、大兴区青年教师基本功考核优秀校、北京市星星火炬少先大队等荣誉称号。

（李蕊）

【进修学校英语教研员到校指导教学】 3月10日，大兴区教师进修学校两名英语教研员来到兴海学校指导英语教学工作。两位教研员分别听五年级和六年级两位教师常态课，并与7位英语教师进行研讨。研讨中，教研员结合两节常态课进行教学指导，肯定优点，指出问题，提出建议，并解答教师在英语教学中存在的疑惑。还对学生作业完成情况，学生英语练习册使用等方面进行指导。

（刘凤）

【开展同伴研修活动】 3月10日至5月19日，兴海学校开展同伴研修教学研究活动。

本次教研活动，每个教研组议定同一教学内容，组内教师全体参与共备一节课，完成教学设计。先由一人执教，通过听课、评课，研讨教学设计，对其中不足进行修正，完善教案，再由另一位教师上课，再研讨交流，最后进行

组内成果展示。本次同伴研修活动共有11个教研组参加，有62名教师讲课62节，67名教师参与听、评课。

（刘凤）

【举行安全应急疏散演练】 3月28日、29日，兴海学校中、小学部分别举行"强化安全意识，提高避险能力"安全应急疏散演练。全校学生共1420人，教师133人参加演练。演练中学生按照学校安全应急疏散预案，在安

全疏散信号发出后，迅速而有序从教学楼疏散，到操场集合。疏散中无一学生遗留在教室，也无一学生出现伤情，达到演练目的。

（侯振生）

【举办艺术节】 4月18日至5月24日，兴海学校举办第九届艺术节。全校初一、初二共260名学生参加。艺术节包括个人创作和文艺汇演，其中共设4项个人创作节目，包括

书法、绘画、手抄报、手工制作，共收集作品1809件。文艺汇演以"明德修身——中华古诗文朗诵比赛"为主题，8个班共展示8个朗诵节目和8个个人表演节目。经过9位评委评审，评出一等奖1个，二等奖2个，三等奖5个。

（侯振生）

【小学部召开家长会】 4月29日，小学部召开一至六年级学生家长会。小学部1000余名学生家长参加。邀请进修学校德育研究室教研员作题为"家校和谐为孩子的成长助力"家教讲座。讲座之后，学校向家长汇报本学期教育教学方面工作开展情况，建议家长要注意对学生心理方面疏导与教育，防止学生产生心理问题。

（殷丽娟）

【与市教委基教一处开展1+1共建活动】 5月27日，北京市教委基教一处党支部两位

教师在大兴教委中、小教科领导陪同下来到兴海学校，与该校党支部开展"1+1"互助活动。基教一处党支部表达希望与兴海学校党支部紧密联系开展活动，并以此为载体确实为基层学校办实事，促进基层学校和党支部工作的愿望。兴海学校校长介绍学校及党支部基本情况，希望以此为契机，全面提升学校

各方面工作。最后，中教科长表达希望双方建立长期联系，在工作中进行有效对接，互助共赢，共同促进的愿望。双方在为基层农村学校在教师专业发展方面搭建平台和努力为学校及教师发展做好桥梁和纽带作用方面达成共识。该校校级班子4名成员参加活动。

（李蕊）

【进校科研室专家到校进行开题论证】 6月2日，进修学校科研室副主任及两位科研员来到兴海学校，对该校2011年立项"十二五"区级课题进行现场开题。区进修学校专家组对该校两位区级骨干教师负责的两项课题进行开题论证。课题负责人对开题报告进行陈述，三位专家围绕开题报告，结合研究选题、研究内容、研究方法、研究进程等进行现场指导，提出修改意见，提出如何进行下一步工作意见和建议。有领导和教师30名参加论证会。

（周萍）

【获得区教师基本功考核先进单位】 6月16日，兴海学校在大兴区中学教师专业化发展大会上，被评为大兴区中学教师基本功考核先进单位。该校共43名教师参加考核，共获

得一等奖6名，二等奖6名。在大兴区教师教学基本功考核优秀课评比中，1位教师获一等奖，3位教师获二等奖。

（周萍）

【上好开学教育第一课】 9月1日，兴海学校开展"回忆往昔，珍惜幸福，耕耘希望"开学教育第一课。有352名学生参加。包括"忆往昔峥嵘岁月，惜今日幸福时光，将爱国情化效国行"；"文明礼仪——伴随一生成长的名片"两部分内容。在"忆往昔峥嵘岁月，惜今日幸福时光，将爱国情化效国行"这个主题中，学校主管领导回顾中国共产党90年艰苦奋斗历程以及革命先烈所做的突出贡献，讴歌共产党90年来艰苦卓绝的斗争，和伟大革命精神，告诫学生不能忘记先辈的付出和牺牲；在"文明礼仪——伴随一生成长的名片"主题中，领导讲礼仪基本原则：敬人、自律、适度、真诚，学生观看央视一套"开学第一课"，要求每位同学认真观看并上交观后感。

（侯振生）

【镇政府为学校添置空调】 9月6日，兴海学校接受西红门镇政府45台为学校添置的空调。今年暑期，该校进行抗震加固，供暖管道年久失修，致使办公室供暖出现问题。西红门镇政府了解到这个情况后，专门为学校添置45台新空调，由镇政府副镇长鲁大春带队，把空调送到学校。140余名教师感谢政府关怀，表示不辜负政府和人民群众希望，办人民满意教育。

（薛永东）

【召开教研协作区研讨会】 11月10日，兴海学校召开教研协作区工作研讨会。区教委副主任扈岩江、进修学校校长王宪福，以及兴海、孙村、狼垡、金海、五中、亦庄实验学校六

所中学校长、副校长和教务主任共12人参加会议。研讨会内容有：兴海学校校长介绍协作区工作方式和工作设想；分校长和教务主任两个组进行研讨，达成共识的内容是建立协作区的公共邮箱，教学信息共享、教学资源共享，联合成立大的学科教研组，定期组织优秀教师展示课等。

（周萍）

【攀登英语项目组专家到校指导】 11月16日，北师大攀登英语项目组专家及进修学校英语教研员到兴海学校指导攀登英语工作。指导组专家与该校领导及英语组6位教师听一年级攀登英语输入课；观看一年级各班攀登英语评价墙。专家对教师课堂教学进行点评，对课堂教学环节安排、时间处理、评价指导、小干部培养等方面进行指导。

（刘凤）

【召开班主任工作研讨会】 11月18日，兴海学校召开班主任工作研讨会。研讨会主

题是“加强班级管理，凸显班级特色”，共有52位班主任参加。主题分别是：中学部围绕提高质量抓特色；小学部围绕班级特色建设经验介绍。班主任介绍教育教学中成功案例，交流班级管理和学生习惯培养的成功经验。

（周萍　侯振生）

【走进城区社会大课堂】 12月6日，兴海学校开展社会大课堂活动。初中部372名师生参加活动。活动形式有观看展览和聆听讲解。内容有参观中国人民抗日战争纪念馆主

馆和日本侵华罪证展两个部分。主题是“缅怀先烈，勿忘国耻”。

（侯振生）

【承办学校发展共同体课堂交流活动】 12月16日，兴海学校小学部承办“和合教育”发

展共同体课堂交流活动。共同体成员校枣园小学、旧宫二小、青云店一小的校长和相关学科15名教师参加。发展共同体顾问姜利民应邀参加。活动主题是“怎样上好解决实际问题复习课”，这也是该校区级立项课题。参加活动领导和教师听该校两节复习课，进行

研讨与交流。姜老师结合课程内容对应用题复习课与训练课提出建议。

（刘凤）

【践行北京精神　争当文明小使者】 12 月

31 日，兴海学校小学部开展“践行北京精神争当文明小使者活动”活动。活动旨在让学生认识爱国是北京精神的核心、创新是北京精神的精髓、包容是北京精神的特征、厚德是北京精神的品质。少先队大队向全体队员发出号召。形式有队员利用假期，立足家庭，走入社区，走向社会，参与“争当文明小使者”活动，开展力所能及活动；迎新年越野赛等。1100 余名师生参加活动。

（常志明）

大兴区旧宫中学

【概　述】 2011年，大兴区旧宫中学占地面积32276平方米、建筑面积13114平方米，体育场（馆）面积1084平方米。图书馆（室）藏书4.9399万册，电子图书0册，订阅杂志、报刊19种。固定资产总值3115.77万元。全年教育经费投入2031万元，其中，国家拨款2015万元、自筹经费16万元。学校信息化经费投入30万元，拥有计算机256台多媒体教室座位90个，校园网出口总带宽4Mbps，数字资源38GB，"信息技术"课程2课时/周。普通教室24、专用教室6个、实验室5个。教职工152人，其中，高级职称38人，中级职称43人。专任教师120人，包括北京市骨干教师1人；本科以上学历115人。开设教学班24个，其中初中班12个、高中班12个。毕业224人，其中，初中105人，高中119人；招生242人，其中，初中114人、高中128人；在校生696人，其中初中325人、高中371人，包括住宿生148人。高中录取分数线388（本区），应届高考本科上线率4.72%。

网址：http://jgzx.dxschools.cn

学校坚持"民本"思想，以队伍建设为核心，学校办学效益争创全区中上游水平。

学校校训：求实、创新、勤奋、成才。

学校办学理念：以人为本、求真务实、和谐发展、全面提升。

2011年，学校获得大兴区先进基层党组织、大兴区教育教学工作一等奖、大兴区中学教育教学基本功考核先进单位、大兴区五四红旗团委等称号。

（苏宝元）

【开展学雷锋走进社区活动】 3月4日，旧宫中学组织学雷锋进社区活动。活动内容是到学校周边佳和园新区和清逸园小区开展义务劳动。任务有绿化带捡拾白色垃圾和擦

站牌。全校837名学生参加活动，共捡拾垃圾20余袋，擦洗公交站牌等60余块。

（苏宝元）

【举办春季运动会】 4月15日，旧宫中学举办春季运动会。运动会以田径运动为主，趣味运动为辅。全校六个年级837名学生参加运动会，100余名教师参与组织、裁判等工作。除常规田径赛项目外，增设教师接力赛和师生配合接力赛。运动会还给优秀班级颁发了精神文明奖。

（苏宝元）

【走进中国科技馆和鸟巢】 4月29日，旧宫中学学生走进中国科技馆和鸟巢参观。活动主题为"观察科技文化、了解自然知识、感受现代建筑和奥林匹克文化"。学生写出活动感受。该学校初一、初二、高一、高二学生658人参加活动。

（苏宝元）

【语文网络直播课】 5月31日，旧宫中学初中语文教师李冬梅讲授网络直播课。活动由

进修学校中学语文教研组组织。主要研讨“高效阅读中的阅读效率”问题。李老师讲练《高效阅读》课本中的三篇文章。全区各校初中语文教师通过视频直播观看，利用网络发帖方式进行研讨。进修学校中学语文教

研员给予点评。该校及周边学校50名教师参与现场听评课。

（苏宝元）

【校志编写老教师座谈会】 5月11日至6月1日，该校每周三召开校志编写座谈会。邀请建校初期吴志明、李德欧、李冀伟等老校长、老教师，回忆学校沿革，人事变动、教学科研、校舍变化等内容。座谈会共召开4次，共邀请老教师19人次。

（苏宝元）

【说课比赛决赛】 6月5至25日，旧宫中学

举办说课比赛决赛。决赛共有18名选手参加，设有评委9名，依据5项评分项目，包括教材分析、教法、学法、教学过程、教师基本功等；标准涉及到教材的地位及作用、教学目标、教学重点、难点，选择教学方法、指导学生学习方法、教学思路、多媒体使用、板书设计、语言使用、教态等多个细目。决赛共进行4次。3名教师获得一等奖，并获得参加市级说课比赛资格。

（苏宝元）

【举行住宿生消防灭火应急演练】 10月25日，旧宫中学政教处、安保处、宿管办联合组织消防灭火应急演练。全校147名住宿生全部参与。安保主任讲解灭火基本常识，注意事项及如何采取紧急措施，并做灭火器灭火演示，安排学生进行独自灭火和配合灭火演练。住宿学生基本学会使用灭火器。

（苏宝元）

【获全国目标教学赛课一二等奖】 10月26日，旧宫中学两位老师在全国目标教学赛课活动中分获一二等奖。比赛主题为“目标教学”。本次大赛由中国教育学会教育学分会组织，全国各省市选派优秀教师参加，比赛地点设在山东潍坊市第一中学。

（苏宝元）

【举行高二地理区级公开课】 10月26日，旧宫中学教师林辉讲授一堂地理课例研究课。本次研究课由区进修学校中教研地理教研组组织。研究课课题为《产业转移》。进校地理教研员和全区18名高中地理老师参加听评课、研讨。

（苏宝元）

【全国英语基本功大赛获得一等奖】 11月

21 日，旧宫中学教师杨冬莲在第五届全国英语教师基本功大赛上获展评课一等奖。杨老师的课题为《英语动词时态》。本次大赛由国家基础教育实验中心外语教育研究中心主办。参赛教师来自全国 32 个省市，500 余人参加，地点在河南郑州 101 中学。大赛旨在落实国家教育发展纲要，提高教师业务水平，提升高中英语课堂教学质量，激励表彰业务精湛的英语教师。活动从 2007 年开始，每年举行一次，大赛分为两个比赛项目：一是全国高中英语课堂优秀课展评；二是全国高中英语教师基本功大赛。评审委员会由 24 位国内语言学专家、学者及各省英语教研员组成。

（苏宝元）

【师生跳绳比赛】 11 月 21 日，旧宫中学举行跳绳比赛。比赛内容有单人跳单绳、集体跳长绳。其中集体跳长绳还有班主任和一名任课教师参加。初一、初二、高一、高二四个年级师生参加比赛。共决出男女一等奖共 8 名，集体一等奖 4 个班级。共有学生 672 人、教师 32 人参加比赛。

（苏宝元）

【协办鲁迅研究课】 12 月 6 日，北京市鲁迅研究市级公开课在旧宫中学举行。本次活动教师进修学校中教研由大兴区中学语文组承办。研究主题为“鲁迅作品在初中语文教学中的讲授”。该校教师于凯讲授《从百草园到三味书屋》，课程展示了于凯老师对鲁迅作

品的研究成果。由北京教育学院鲁迅作品负责人姜峰博士进行点评。全市 120 名语文教师参与听评课。

（苏宝元）

大兴区德茂中学

【概　述】 2011 年，学校占地面积 25289 平方米、建筑面积 1 万平方米，体育场馆面积 10476 平方米。图书馆（室）藏书总数 26112 万册，订阅杂志、报刊 78 种。固定资产总值 1968.23 万元。全年国家拨款教育经费投入 1258.86 万元，学校信息化经费投入 5.3 万元，拥有计算机 189 台，多媒体教室座位 761 个，校园网出口总宽带 100Mbps，数字资源量 30GB，“信息技术”课程 1 课时/周。有普通教室 20 个、音、美、阅览室等专用教室 10 个，理化生实验室各 1 个。教职工 102 人，其中，高级职称 15 人、中级职称 30 人。专任教师 82 人，包括北京市骨干教师 4 人，区级学科带头人 3 名，区级骨干教师 16 人，区级骨干班主任 5 人；本科以上学历 81 人。开设教学班 22 个。毕业生 223 人，招生 255 人，在校生 761 人。中考录取情况普高升学率为 94%，其中考入示范校 80 人，占毕业学生 50%，500 分以上学生数 68 人，占总人数的 43%。

学校网址：http://dmzx.dxschools.cn

学校以“树品牌意识，创京南名校”为办学目标，贯彻“一切为了学生发展”的办学理念，坚持“志存高远，尚德笃行，勤学善思，学有所长”的学生观和“敬业爱生，勤奋进取，营造和谐校园；求真务实，博学创新，成就幸福人生”的教师观。

2011 年，学校获得大兴区先进基层党组织、大兴区中学教师教学基本功考核先进单位、大兴区中学教育教学工作一等奖、大兴区“十一五”教育科研先进单位、大兴区“十一五”继续教育先进集体、大兴区工会工作先进单位，北京市第十四届学生艺术节民乐展演一等奖等荣誉称号。

（张海玲）

【召开十二五科研课题申报培训会】 3 月 24 日，德茂中学召开“十二五”科研课题申报培训会。科研室主任介绍课题研究背景、如何确定主题、选材、填写《大兴区教育科学规划课题申请书》、选择合作伙伴、在教育教学中实际操作等内容。12 位老师参与培训。讨论并提出 1 个市级、4 个区级、7 个校级科研课题，内容涉及校园文化建设、学生作业研究、数学错题研究、家校合作研究等。

（宋玲洁）

【开展教研伙伴开放周活动】 3 月 25 日，德茂中学开展“教研伙伴开放周”活动。有 24 人参加指导、作课活动，60 人次参加听课、评课。“教研伙伴”是指在同一个年级（或不同年级）同一学科备课组的 2 名教师，水平相当，但在在知识、能力、风格等方面具有互补性，因此结成“教研伙伴”，形成一带一。因为是自由结组，他们开展教研活动可以不受

时间、地点、内容的限制，因此有利于提高他们的教学水平，形成一同搞好教研局面。这

是该校教师队伍建设一个重要举措。

（张海玲）

【**举行英语短剧大赛**】 4月2日，德茂中学举行"Fly in English Dream show of demao Middle school"英语剧大赛。初一、初二年级14个班、近500多名学生和教师参加。英语教研组17位教师担任评委。评比项目有英语剧编排、表演、口语表达、内容等几方面。比赛评选出最佳表演奖4个，一等奖4个，二等奖5个。四位教师获得最佳指导奖。活动旨在锻炼同学们英语听、说、表演等综合能力，提高其学习英语兴趣。

（张海玲）

【**举行青年教师评优课活动**】 4月1至16日，德茂中学举行青年教师评优课活动。教龄在4年以下的15位青年教师参加。校领导班子成员、同学科教研组长及备课组长共20人担任评委，按照区进修学校制定的评优课标准进行打分评议，最后评出一等奖7人，二等奖8人。

（宋玲洁）

【**开展心理体验活动**】 5月20日，德茂中学开展"正确认识自己，寻找理想自我"心理体验活动。北京师范大学"师英爱心社"11位大学生和该校初一年级257名学生参加活动。活动中，爱心社同学和该校学生展开对话及游戏，经过引导，学生能够正确认识、评价自我，建立积极自我概念，更好发展自我。

（张英）

【**首届社团文化节开幕**】 6月3日，德茂中学举行首届"色彩·青春"社团文化节。团总支领导向师生汇报社团开展情况。在学校"一切为了学生发展"理念指导下，该校自2010年11月开始组建学生社团，现已有动漫社、舞蹈社、光影社、低碳社、篮球社等18个学生社团，近200名学生参加。根据《德茂中学社团制度》相关条款，指导教师推荐，学生选举，文化节共评选出10位优秀社长，40位优秀社员。展示大型漫画"春之声"、集体诗

朗诵《青春，中国》舞蹈《Nobody》等节目。初一、初二14个班520人参加活动。

（张英）

【**"十二五"首批区级立项课题开题论证会**】6月7日，德茂中学举行"十二五"首批区级立项课题开题论证会。会议由科研室主任主持，五位老师分别就《以读促写提高初中生英语写作水平的研究》、《初中生数学易错题原因分析研究》、《新课程背景下初中校学生作

业有效性的研究》、《新课程背景下初中数学题组教学的研究》、《初中学生社团建设的研究》课题进行阐述，区进修学校副校长王永庆

及两位科研员进行指导。该校校长与参与课题研究27位老师参加论证会。

（宋玲洁）

【获大兴区教师基本功考核先进单位】　6月16日，德茂中学在大兴区第三轮中学教师教学基本功考核总结暨第四轮中学教师教学基本功考核启动会上，获"大兴区教师基本功考核先进单位"。在大兴区第三轮中学教师教学基本功考核比赛中，该校76名教师参赛，20人获一等奖，15人获二等奖，获奖率为46.05%，居全区首位。其中4位教师分别获得地理、历史、化学和体育单科第一名。

（宋玲洁）

【召开课堂教学改革研讨会】　8月26至30日，德茂中学两次召开2011—2012学年度课堂教学改革研讨会。参加第一次人员有干部、教研组长、备课组长共28人。主题是围绕"先学后教"课堂教学模式和课堂教学评价等问题进行讨论。参加第二次课堂教学改革研讨会的教师有97人，内容是四位教师就小组合作和课堂教学评价做主题发言。

（宋玲洁）

【教师说课比赛】　10月11至28日，德茂中学举行教师说课比赛。78名教师参加。区进校教研员、学校各学科教研组长及备课组长共15人担任评委，说课比赛程序与标准严格按照进修学校中教研下发的各科说课标准进行。评出一等奖32名。

（张海玲）

【承办大兴区中学德育交流周】　10月18日，大兴区原红星地区中学德育工作交流周活动在德茂中学举行。中教科副科长和原红星地区各中学的政教主任参加活动。该校校长李富荣从班主任队伍建设、常规管理工作、文化建设、家校结合工作、主题教育工作等五个方面汇报学校德育工作开展与落实情况。交流活动还有师生座谈、档案检查、骨干班主任班级管理案例交流和一节心理课。

（张英）

【进行教学观摩活动】　12月5日，德茂中学举行音乐课观摩活动。7位青海省海南州音乐教师培训班教师和进修学校2位音乐教研员和该校音乐教师等共16人参加。教师们观摩该校两位音乐教师两节课，观看学生乐团演奏，并与副校长于瑶座谈，了解德茂中学学生乐团发展史。

（韩大伟）

【伯克利大学代表来校访问交流】　12月13日，伯克利大学代表吉姆·沃克先生莅临德茂中学进行访问交流，并为初二年级学生作名为《美国中学生的学习与生活》专题报告。该校师生就如何激发学生学习英语兴趣、怎样学好英语、中学生如何为自己减压等问题与沃克教授进行交流。本次交流活动，开阔学生眼界，为学生提供一个与外国名校代表

交流平台，也是该校与外国教育人员及机构进行交流的有益尝试。伯克利大学，是加州大学的10所独立大学里历史最悠久、学术最繁荣、思想最自由大学。

（张英）

【教学协作区说课展示活动中获奖】 12月17日，“2011年大兴区初中教师说课展示活动——德茂教学协作区展示活动”在德茂中学举行。来自亦庄、太和、红星、旧宫、北京八中亦庄分校、北师大大兴附中和德茂七所中学160多位教师进行说课展示。参加这次活动的领导有区教委中教科科长、区进修学校校长和上列学校校长、书记。该校有23位教师参加，其中有19位教师获区级一等奖，4位教师获二等奖。

（宋玲洁）

北京市第二中学亦庄学校

【概　述】 2011 年，北京市第二中学亦庄学校占地 68592.8 万平方米，建筑面积 54913.69 平方米，其中，产权建筑面积 54913.69 万平方米。体育场占地面积 1.28 万平方米。图书馆藏书 3.5 万册。固定资产总值 2574.49 亿元。全年教育经费投入 3328 万元，其中，国家拨款 2109 万元、自筹经费 1219 万元。学校信息化经费投入 310 万元，拥有计算机 430 台，多媒体教室 92 个，信息化设备资产 400 万元，网络信息点数 522 个，校园网出口总带宽 20Mbps，数字资源量 200GB，“信息技术”课程 27 课时/周。有普通教室 108 个、专用教室 19 个、实验室 8 个。教职工 262 人，其中，高级教师 30 人、中级教师 69 人。专任教师 185 人，包括特级教师 5 人、北京市学科教学带头人 2 人；本科以上 180 人。开设教学班 72 个，其中，小学班 40 个、初中班 14 个、高中班 12 个、国际高中班 6 个。毕业 507 人，其中，小学 134 人、初中 167 人、高中 186 人、国际高中 20 人；招生 481 人，其中，小学 240 人、初中 120 人、高中 74 人、国际高中 47 人；在校生 1888 人，其中，小学 1153 人、初中 362 人、高中 264 人、国际高中 105 人，包括寄宿生 430 人。高中录取分数线 485 分，应届高考本科上线 54%。

学校网址：www.bdaschool.com

北京市第二中学亦庄学校担任着北京亦庄国际高端产业新城基础教育配套功能的重要责任，以“德育、教学、服务”三位一体的“质量求发展”为教育教学管理模式，以建成“高质量、有特色、国际化、现代化的北京南城名校”为办学目标。学校立足于学生个体成长，着眼于学生整体发展，依托其特色鲜明的地域优势，全方位实施特色教育和素质教育。

2011 年，该校被评为北京市节约型示范校和大兴区语言文字规范化示范校。在 2011 年“京城百所特色校”评选活动中，被授予“最受家长欢迎的品牌示范校”的称号。

（侯萱）

【出版首期红领巾小记者报】 3 月 20 日，北京二中亦庄学校第一期《红领巾小记者报》出版。《红领巾小记者报》由二中亦庄学校校园红通社小记者站主办，主要报道校园新闻、好人好事、班级风采等内容，文字、美术等编辑工作全部由 38 名小记者担任。为确保质量，学校特邀了专业报社编辑来校培训，小编辑通过选稿、校稿、定稿等实践操作，提高文字编辑能力。

（侯萱）

【接待美国学校交流访问】 3 月 21 日，二中亦庄学校接待美国佛罗里达伯克利学校交流访问团。访问团由师生一行 16 人组成，与二中亦庄学校国际高中部学生交流学习，共 14 天。期间，他们走进课堂学习汉语，开展文艺体育活动，到中国学生家庭度周末，体验北京人生活，学习剪纸和书法，游览北京名胜古迹。该校与美国佛罗里达伯克利学校建立友好关系。

（侯萱）

【建设中草药文化园】 4 月，二中亦庄学校建设中草药文化园。该种植园占地面积 300 平方米，由北京太洋树康中药饮片厂提供中草药种子，邀请北京中医药协会李京生和北京教学植物园高付元指导学生种植中草药。中草药文化园共种植60种中草药，该校为种植的中草药制作标牌，标明药名、药效及使用方法。学生在科技课学习中草药知识，各班级召开主题班队会活动。该校以中草药文化园为研究基地，撰写完成《中草药种植体验与健康知识传播活动》方案，经大兴区推荐参加北京市科协青少部主办的2011年“大手拉小

手青少年科技传播行动”优秀项目评选，获得一等奖。该校1000余名小学生参与建设。

（侯萱　陶思霖）

【参加跆拳道比赛获奖】　4月23日，二中亦

庄学校跆拳道队在2011年首届体育传统项目学校跆拳道比赛中获奖。获得中学组团体总分第一名、小学组团体总分第六名、团体女子甲组品势第一名、团体男子乙组品势第二名的好成绩；获个人项目金牌13枚、银牌10枚、铜牌6枚；3位同学获跆拳道精英奖；3名教练获优秀教练员奖。该项赛事由北京市体育局、北京市教委主办，比赛宗旨是深入贯彻落实中央和北京市关于加强青少年体育锻炼、增强青少年体质工作精神，促进中小学生体育运动水平提高。来自全市中小学校91支队伍共820多名运动员参加本次比赛。

（侯萱）

【举办春季科技体育运动会】　4月29日，二中亦庄学校举办春季科技体育运动会。旨在提高青少年科技素质，促进青少年全面发展，以“科技、创新、运动、拼搏”为主题。设置有旱船运输接力、侧影船模接力、校园定向植

物认知、障碍接力、拔河比赛等16个运动项目。1100余名小学部师生及近百名家长参加。

（侯萱）

【承办科技活动周消防科普活动】　5月16日，中国消防协会2011年科技活动周消防科普活动启动仪式在二中亦庄学校举行。为落实科技部、中宣部和中国科协《关于举办2011年科技活动周的通知》精神，中国消防协会于5月16日至21日在全国各地组织开展主题为“参加消防科技活动，学习消防安全

知识”的消防科普活动。仪式是由中国消防协会主办,中国消防协会科普教育工作委员会、北京消防协会、团中央青少年消防安全教育基地和北京二中亦庄学校联合承办。该校进行消防疏散及救生演习。仪式上,中国消防协会常务副会长王铁民讲话,与会领导向学生赠送消防宣传品。

(侯萱)

【区进修学校教研员视导】 6月2日,进修学校到北京二中亦庄学校进行教学视导。57位教研员深入课堂,视导小学、初中、高中共31个学科,听课124节。听课后,学科教研员分别与教师进行交流,针对课堂教学情况进行分析并给予中肯建议。进修学校将此次教学视导情况汇总并形成报告反馈给区教委和二中亦庄学校。通过此次视导工作,进修学校对二中亦庄学校教学问题进行剖析,并提出发展、提升教学质量策略。

(侯萱)

【改造校园环境】 7月26日至8月31日,二中亦庄学校进行校园环境改造和设备更新。该工程由市政府专项拨款1033万元,其中,投资280万元,修缮90间教室地面和墙面;投资150万元,安装教学楼塑钢窗;投资68万元,改造20个卫生间;投资57万,更换和改造教学楼消防管道;投资50万元,改造部分办公室;投资120万元,修缮北广场;投资30万元,更换教学楼及学生公寓饮水机;投资20万元,更换学生桌椅600套和教职工办公桌椅180套;投资48万元,安装电子屏;投资210万元,更换76间教室的黑板和多媒体设备。

(侯萱　张绪龙)

【参加全国青少年航海模型教育竞赛】 8月3至5日,二中亦庄学校参加第十二届“我爱祖国海疆”全国青少年航海模型教育竞赛获奖。在导弹护卫艇制作、导弹护卫艇航向、纸折船载重极限、“走向深蓝”护航对抗等竞赛中,16人次分别获得中学组、小学组一、二、三等奖及优胜奖。该项比赛由国家体育总局、教育部、中国科协、共青团中央、全国妇联和中国关工委共同主办,共有来自全国各地

24个省(市)、自治区的青少年选手700多人参加在浙江宁波举行的总决赛。

(侯萱)

【参加首届暑期英语课程培训】 8月5日,二中亦庄学校国际部举行首届暑期语言课程培训活动。培训地点在加拿大,时间是一个月。该培训由该校国际部组织,加拿大马尼

托巴省温尼伯大学语言学院承办，旨在快速提升学生语言能力，为学生尽早适应留学生活。活动期间，该校学生在全英语学习环境下，完成语言专业学习、口语训练、团队合作培训等课程，并深入加拿大家庭进行家庭住宿体验，了解加拿大风土人情。该校 20 名学生获得温尼伯大学语言学院颁发的暑期语言培训结业证书。

（侯萱）

【举办首次拓展培训】 8 月 25 至 27 日，二中亦庄学校举办“铸魂 · 职业化课程”拓展培训。培训由北京北青教育传媒有限公司承办，旨在提升教师对学校归属感和对学校文化、学校发展方向及学校愿景认同感，增强教师对高质量完成本职工作的信心。采取形式有课堂授课与团队互动相结合。特邀北京师范大学心理学院院长许燕作题为“教师的人生规划与成长”主题讲座，开展“星光大道”、“解绳扣”、“人生三大锯”、“过电网”、“生命之旅”等一系列拓展项目。该校 149 名教师参加培训。

（侯萱　王紫媛）

【顺利完成学校转制工作】 9 月 1 日，北京第二中学亦庄学校举行 2011 – 2012 学年开学典礼，标志着完成转制工作，转制为公办学校。自 2010 年初，大兴区和经济技术开发区行政资源整合以来，大兴区委、区政府、开发区工委、管委会对提升实验学校办学水平十分重视，把它列为两区深度融合的重点工程和亮点工程。经过近一年的调研，4 月 15 日，大兴区教委、开发区社会发展局正式启动全面提升实验学校办学水平的工作；通过调查研究和论证，结合亦庄实际情况，两区的教育行政管理部门制定了《关于全面提升亦庄地区办学水平的意见》和《关于北京经济技术开发区实验学校提升办学水平的实施方案》。学校按照两个文件要求，做好了资产处置和公办学校机构、编制的审批工作，逐步优化师资队伍，做好新学年招生入学工作，改造完善硬件设备，深化与名校的合作等工作。5 月 25 日，经大兴区机构编委会 2011 年第一次会议研究，同意成立北京经济技术开发区实验学校，为大兴区教委所属全额拨款科级

事业单位。8 月 11 日，经大兴区编制委员会研究，同意北京经济技术开发区实验学校更名为北京市第二中学亦庄学校。

（侯萱　江培英）

【开办小学校本英语教学班】 9 月 6 日，二中亦庄学校开办小学校本英语教学班。该校在小学一至六年级开设了 7 个校本英语教学班，旨在通过实验与研究，开发和利用校本材料，探索小学英语阅读教学的有效方法，构建一套能充分发挥学生潜能，使学生能掌握阅读技巧，并受学生喜欢的阅读教学模式，在实践中形成一套适合学生发展的特色英语课程体系，为学生英语长期性学习奠定基础。课程由该校小学部英语组 7 位教师授课，每周 3 课时。该校小学部 210 名学

生参加。

（侯萱 李永平）

【特级教师、市学科带头人做示范课】 9月19至26日，二中亦庄学校中学部组织开展特级教师、市学科带头人示范课活动。该活动旨在进一步发挥特级教师、市学科带头人示范和引领、辐射作用，提高全体教师的课堂教学水平，推进课程改革，打造优质课堂。该校苏怀堂、付华、徐雅娟、程中一4位特级教师和焦艳玲、虎占智2位市学科带头人均以常态课作教学示范，累计听课225人次。

（侯萱）

【国家总督学柳斌视导】 10月10日，原国

家教委副主任、国家总督学、中国教育国际交流协会会长柳斌到二中亦庄学校视察。柳斌一行参观教学大楼、体育场、中草药文化园和国际高中教学区等；听取该校领导工作汇报，询问办学特色等有关情况；大兴教委主任李达向柳叔学介绍大兴区基础教育发展概况，及二中亦庄学校下一步发展规划。一同前来视察的还有大兴区副区长王荣彬、大兴教委主任、开发区社发局文教办副局长等领导。

（侯萱）

【开展青年语文教师系列培训】 10月11日，二中亦庄学校小学部开展青年语文教师教研活动。教研活动主题为“学与思，琢与磨，知与行，相交错”，教师们交流研讨。旨在为小学青年语文教师的成长提供专业引领。该校小学部20名青年语文教师参加。

（侯萱）

【区德育工作交流周进校园】 10月21日，“2011年大兴区中学德育工作交流周”活动走进二中亦庄学校，进校德育研究室副主任及7所中学政教主任来到该校检查德育工作。内容有：听取该校主管中学部德育工作副校长汇报，进行班主任管理案例交流，查看该校德育档案资料，分组与该校领导干部、教师、学生进行座谈，观摩一堂心理课，多角度了解二中亦庄学校德育工作情况。

（侯萱）

【承办区教育科研周系列活动】 11月1日，大兴区2011年教育科研周系列活动之十——“新课程背景下初中数学题组教学的研究”现场交流会在二中亦庄学校举行。交流会对二中亦庄学校《新课程背景下初中数学题组教学的研究》课题组汇报展开交流与讨论。会议认为题组教学能照顾到不同层次学生，能展示知识形成过程，可以优化课堂教学，提高课堂教学效率，能使学生深度参与课堂教学；课题组教学对老师能力提出较高要求。进修学校4位教研员及100名大兴区各学校教师参加。

（侯萱）

【举行数学教学交流研讨活动】 11月10日，二中亦庄学校举行主题为“展示、交流、研讨”数学教学交流研讨活动。旨在加强区内各校之间交流，共享优秀教育资源。与会教师分成初中和高中两组，观摩该校4名教师

研究课，分初中、高中进行研讨。区进校3位教研员及29所学校150名数学教师参加活动。

（侯萱）

【开办初中英语思达兴趣班】 11月18日，二中亦庄学校初中英语思达兴趣班开始上课。英语思达兴趣班开办旨在激发学生潜力，帮助学生在英语学科方面实现自我超越和突破。开设课程有：积极阅读、英语沙龙、大耳朵听力、Problem Based Learning等。每周2课时。该校在初一年级学生中进行口试和笔试，选出18名学生作为第一期思达班的学员，由学校4名优秀英语教师负责授课。

（侯萱）

【举行党支部成立大会】 11月28日，中共北京二中亦庄学校党支部正式成立。9月1日，经济技术开发区实验学校转制为公办学校，更名为北京市第二中学亦庄学校。10月31日，经中共北京市大兴区委教育工作委员会研究决定，同意该校成立党支部。该校根据党章及有关要求按程序建立党组织，于11月28日召开党支部成立大会。该校党支部领导及77名党员、29名入党积极分子参加成立大会。

（侯萱　江培英）

【启动英语学习平台】 11月28日，二中亦庄学校小学部启动英语学习平台工作。该英语学习平台研发工作组联合美国加州大学伯克利分校语音实验室，研发语音纠正和智能外语学习技术，在二中亦庄学校小学部进行推广和试行。该英语学习平台的功能有：音节打分技术，可以帮助学生通过电脑练习发音和听力；在线学习技术，学生可以在线练习单词认读、拼写和学习简单语法；小游戏，如单词大灌篮、打地鼠、垂钓高手、拆弹专家等，作为课堂练习的延续和补充。英语教师通过学习平台了解学生学习情况和问题，及时调整教学工作。家长可以开通账号，看到孩子成绩，及时与老师进行沟通。全校900余名小学生使用该英语学习平台。

（侯萱）

【承办区中学学校特色建设工作培训会】 12月1日，大兴区中学学校特色建设工作培训会在二中亦庄学校召开。该培训会由大兴教委中教科主办，旨在进一步提高校长创建特色学校实践能力，引导校长不断学习，提升教育理念，创新教育模式和教学方式，提升学校的文化品位和发展内涵，实现学校均衡、优质、特色发展，满足中学生个性化发展和社会对多样化教育需求。区中教科特邀北京教科院基教所副所长张熙博士做专题讲座，张副所长分“为什么要进行特色建设”、“特色是什么”、“特色建设怎样做”三个专题进行阐述。全区35所中学的校长、主任参加本次培训。

（侯萱）

【开展国际志愿者日活动】 12月5日，二中亦庄学校开展庆祝“国际志愿者日”活动。

该活动由校团委组织，以“弘扬志愿精神，奉献一片爱心”为主题，成立6支唐仲英爱心小分队，成员们在主题横幅上签字，宣誓充分发挥唐仲英爱心小分队示范、带动作用，让志愿者精神在校园每个角落闪光，开展弘扬志愿精神主题黑板报比赛、争当社区文明小使者、学雷锋交通劝导活动、春风护绿活动、主题班会、征文比赛及“学雷锋我报名”志愿者申请

等系列活动，全校626名中学生参加活动。

（侯萱　王紫媛）

【开展名师进校园系列活动】 9月23日至12月15日，二中亦庄学校开展“名师进校园”系列活动。旨在通过邀请名师、专家到校，开展讲座、听评课、论坛、专题研讨等活动，促进学校教师专业成长，提升学校教学水

平。共组织三次活动：9月23日，特邀海淀区教研中心4位教育教学专家及名师工作室导师视导英语、数学、物理、化学四个学科研究课，围绕“如何提高课堂教学质量”和“探索提高课堂教学效果的有效途径”主题展开；12月2日，特邀北京教科院基础教育教学研究中心小学数学室主任、特级教师吴正宪做示范课并讲座；12月15日，特邀全国优秀教师、北京市优秀教师王文丽，上古诗鉴赏课并讲座。全校185名教师参加。

（侯萱）

【参加区级初中教师说课大赛获奖】 12月17日，二中亦庄学校在大兴区第四轮教师基本功考核初中教师说课大赛中获奖。大兴区35所学校选派教师参赛。该校派出包括语文、数学、英语、物理、化学、地理、历史、政治、生物、体育、音乐11个学科11位教师参加活动。结果10名教师获一等奖，1名教师获二等奖。

（侯萱　焦艳玲）

【举行合作办学签约仪式】 12月27日，北京经济技术开发区实验学校与北京市第二中学举行合作办学协议签约仪式。签约旨在积极引进北京二中的优质“基因”资源，全方

位带动教育教学质量提升，推动新区教育事业创新和发展。合作办学期限暂定为6年，有效期至2018年8月31日。协议内容包

括:北京经济技术开发区实验学校正式更名为北京市第二中学亦庄学校,该校教师将不定期赴北京二中学习取经,学习北京二中先进办学理念、教育教学管理模式和方法,及时掌握最新课改信息、教研动态;青年教师到北京二中进修;二中优秀教师也将到亦庄学校进行交流;优秀学生互动,开展体育、艺术、科技等特色项目交流学习活动。北京经济技术开发区工委、管委会、市教委、大兴教委、东城教委及开发区社会发展局的领导出席签约仪式。

（侯萱　江培英）

职业教育

总　类

【概　述】　2011年，大兴区有中等职业学校9所，其中教育部门办2所，非教育部门办3所，民办4所；附设中职班1个（不计校数）。在校生共16384人。教育部门办的职业学校2所，开设专业14个，教学班133个，在校生5549人（外省市4072人），招生1499人，完成招生计划105%，毕业生1843人，学生就业率98%，参加高考录取率100%；教职工587人，其中专任教师441人，学历合格率91.5%，具有高级专业技术职务115人，中级专业技术职务186人。

2011年，大兴区职业教育立足内涵发展、加强管理，坚持以服务为宗旨、以就业为导向，以提高质量为重点，面向市场、面向社会办学，努力提升职业教育服务地方经济发展的水平。目前，两所中等职业学校不断深化“以工作过程为导向”的职业教育教学改革，积极推进职业教育课程改革。在教育内容上，实施课程内容岗位化、教学内容模块化、实训内容项目化；在教学方式上，坚持合作、交流、探究导向，推行教学场所现场化、教学形式培训化；在课程评价改革方面，坚持学生从业能力需求导向，实行模块过关评价、作品展示评价等；在专业教育方法和策略选用上，坚持任务引领和项目教学导向，用工作任务、项目引领专业教育过程；在教学环境的改造上，努力实现学校环境与工作环境，校园文化与企业文化的有机融合。在德育工作的创新方面，坚持育人为本、德育为先，在深入贯彻《中等职业学校德育大纲》的同时，以抓管理、强素质为主线，突出职业学校办学特色，加强德育管理工作。

（宋薇）

【承办全国农村职、成教育协作会】　4月20至22日，教育部职成教司主办，北京市教委和大兴区教委承办的全国农村职业教育试点省份座谈会暨部分中心城市农村成人教育协作会在大兴区召开。来自18个省（区、市）教育厅（委）及相关部委的负责人共91人参加。大兴区副区长王荣彬向全国各地代表介绍大兴区和北京经济技术开发区的经济发展状况，并结合新区面临的机遇与挑战，指出农村职业教育和成人教育在全区经济发展中必然有所作为、大有作为。区教委主任李达作题为《努力建设农村职成教育网络，构筑新型农民培养的综合教育服务平台》的主题发言，向与会代表介绍农村职业教育和成人教育的发展历程和经验做法，展示大兴区农村职业教育和成人教育成果。

（宋薇）

【参加职业学校骨干教师专业培训】　4月22日，由北京市教委组织，首都师范大学承办“大兴区中等职业学校第八期专业骨干教师培训”开班。教委职成科领导、进修学校副校长、职教研教研员和各职业学校教务主任、教师共40多人参加。首都师范大学主管培训

领导说明活动目的、过程、方法和预期效果。进修学校副校长要求本区教师通过培训能够在知识、技能和思想上都得到很大提高，尽快

成长为大兴区骨干力量，并希望和首都师范大学的合作与交流继续加强。培训从22日开始每周两节课，为期一个学期。

（王秋萍）

【召开学科带头人、骨干教师研讨会】 5月12日，职教研室召开职业学校教师座谈会。座谈会旨在明确职教研室工作任务和努力方向，更好完成本职工作。参加人员是各校学科带头人、骨干教师和教务主任共90多人。会议内容有是如何发挥学科带头人、骨干教师作用等。教师们积极发言，提出很多合理化建议，如：加强教师对外交流；组织教师进行专业培训；帮助指导教师参加教研活动等。

（王秋萍）

【开展职教教师优秀课展示活动】 5月18日，教委职成科、教师进修学校职教研室在大兴一职开展职业学校教师优秀课展示活动。旨在通过听评课交流，促进职业学校的教学改革和创新。大兴一职推出10节优秀课。职成科科长李小凯在活动总结中，强调职业学校发展与教育质量、课堂的关系，课堂要贴近社会、贴近专业与行业需求，还要调整好文化课与专业课的关系。

（王秋萍）

【参观生物制药基地】 6月9日，进修学校职教研室组织两所职业学校12名教师参观位于念坛开发区的“以领生物制药基地”。活动旨在开阔教师视野，提高课堂教学实效性。教师们了解该制药基地的历史、发展、前景和主要产品；一些主要药物生产、销售流程和市场开拓与发展，详细咨询基地用人情况、对于员工各方面要求和行业操作规则。

（王秋萍）

【开展企业安全生产培训】 6月15日、17日，大兴职教集团举办2011年首次大兴区安全生产法人代表、安全生产管理人员安全生产培训。培训分别与兴丰街道办事处、林校路街道办事处合作办班。兴丰街道办事处培训130人，林校路街道办事处培训170人。重点解读《国务院关于进一步加强安全生产工作通知》（23号）文件精神。目的是增强企业安

全生产自主责任意识。参加培训的300人均取得区安全生产监督管理局颁发的安全生产培训证书。

（杨海波）

【职业技能实训基地暨资源战略合作协议签约】 6 月 17 日，大兴区城乡劳动力职业技能实训基地启动暨职业技能培训资源战略合作协议签约仪式在大兴二职举行。大兴区区委副书记、区长李长友出席签字仪式并做重要讲话，要求政府、院校、企业以及社会各方面要密切配合，通力合作，共同维护好人民群众利益，实现共建、共享、共赢目标，为实施“科教兴区”、“人才强区”战略，促进大兴和谐稳定发展做出积极地贡献。市人保局副局长任建新、市政府督导室副主任刘莉等领导，7 家驻区职业教育院校领导，北京威卡威汽车零部件股份有限公司等用工单位主要负责

人出席签约仪式。大兴区城乡劳动力职业技能实训基地的建立，对充分体现政府主导，整合培训资源，实现“人才强区、产业富区”目标的重要。实训基地总占地面积约 30 余亩，拥有机电、物流、生物制药等实训设备，总面积达 1200 平方米，建成有生物培养、纯化分离、高压灭菌、制药生产工艺系统、制药模拟、药品质检、药品制剂、药品包装等十二个实习实训专业教室。基地投入使用前，大兴二职已经培训失地农民 215 人，完成 4000 余人短、中、长期社会培训任务。签约仪式后北京威卡威汽车零部件股份有限公司 100 名员工在二职上课。

（张健）

【召开职业学校教务主任会】 9 月 8 日，教委职成科、进修学校职教研室召开各校教务主任会。职教研室领导介绍本学期职教研室主要工作思路和目标，强调十二五期间改革与创新方向。教务主任结合本校办学特点与重点工作进行交流，研讨大兴职业教育新前景、市场对就业人员的需求等问题。进修学校副校长王书明进行题为“如何充分发挥职业学校课堂吸引力，借助教育改革新形势打造特色职教”的发言，职成科科长王启囤做总结，强调职业教育要适应新形势、建立新起点、发展新思路，把特色教育作为重点，提出本学期大兴职业教育工作指出明确、具体目标。

（王秋萍）

【调研进修学校指导工作】 9 月 21 日，区委教育工委书记、区教委主任李达莅临进修学校，开展调研指导工作。进修学校校长王宪福、书记李元俊以及副校长李库才和王书明全程陪同。李达与进修学校干部进行座谈，王宪福简要汇报学校工作。李达对档案室、阅览室、图书室、计算机房、录课室、阅卷系统、会议室以及教师办公环境等进行视察，听

取学校硬件建设和相关资金、设备投入等情况汇报。视察中，李达对近两年学校硬件建设、校园环境、内部管理等工作给予充分肯定，就今后如何进一步加强学校整体工作提出指导性建议。

（张宁）

【中职学校学生实习管理工作会】　9月26日，职成科召开区中等职业学校学生实习管理工作会。大兴一职、二职负责实习管理工作的主管校长和实习就业办主任共4人参加。与会人员共同学习教育部提出的“加强职校学生实习管理工作措施”、“北京市教育委员会关于在中等职业学校推行学生实习实训责任保险的通知”、“关于印发《中等职业学校学生实习责任保险实施方案》的通知”、“中等职业学校学生顶岗实习管理规定（征求意见稿）”等文件材料，并就学生实习管理中存在的若干问题展开座谈。

（宋薇）

【组织职业学校教师参观动漫周】　10月22日，职教研室组织15名职业学校专业课教师，参观了第十二届世界动漫周。动漫周展出全世界十几个国家的动漫作品，在展览会现场还有各种动漫真人秀、各国优秀动漫作品展播和各企业公司相关专业的宣传和展示活动。教师参观学习专业知识、专业制作技巧，了解北京市动漫游戏产业发展现状、北京市文化创意产业发展前景、各区职业学校动漫专业发展现状等，为本区职业教育发展，尤其是动漫专业的发展和课堂教学都提供丰富资源。

（王秋萍）

【迎来中国人民大学续教学院领导考察】　10月24日，中国人民大学继续教育学院主任龚伟一行到大兴职教集团考察。与职教集团洽谈建立大兴区中国人民大学教程教育办学点。经过协商，双方达成协议：由职教集团负责大兴区远程教育的招生报名、注册、入学考试工作，并提供相关工作所需的硬件设施；由中国人民大学继续教育学院负责提供招生简章、报名和宣传相关材料，负责对招生咨询人员的岗前培训和业务考核，学生学习课程的安排和相关的考试和评价。具体实施方案是：由中国人民大学远程教育学院的龚主任为招生教师作招生工作培训，另一位教师做具体报名、注册、入学考试程序安排进行指导，组织职教集团全体教职工做招生工作安排，展开招生，定期召开招生工作会，以及与职教集团开展非学历教育项目培训合作等。

（杨海波）

【举办第二期特种作业理论考试】　10月29日，职教集团联合大兴二职举办大兴区第二期特种作业理论考试。考试成立领导组、教

务组、后勤保卫组、计算机组。参加考试人数3081人。

（杨海波）

【视导大兴二职实训基地】　11月2日，进修

学校职教研室组织8名专业课教师走进大兴二职实训基地进行视导。内容有参观物流实训库房、物流指挥中心实训车间、制药包装实训车间、机械车床实训车间，听叉车实训课。教研员对专业课教学和实训工作提出合理化建议，肯定职业教育的课堂应该设在实训基地，应该与企业实习紧密结合培养优秀劳动者的培训方式。

（王秋萍）

【1474名中职生获国家资助】 11月7日，职成科完成2011至2012学年度大兴区中等职业学校学生资助工作，并上报至北京市学生资助事务管理中心核准。共有1474名中职生符合条件获国家资助，涉及资金235.1万元。其中，获得政府奖学金的学生人数为53人，共计10.6万元；获得助学金的学生人数为1325人，共计204.22万元；获得免除学费的学生人数为96人，共计20.28万元。

（宋薇）

【进修学校职教研室开展公开课活动】 12月13日，进修学校职教研室开展教师公开课活动。30多名教师参加。大兴一职推出8节由学科带头人和骨干教师主讲的优秀课，课后就专业课中实训设备应用、课堂教学中对学生评价等问题进行研讨，教师们提出任务驱动、多方位评价、竞赛调动兴趣等建议对于帮助教师提高专业课课堂实效性有很大帮助。

（王秋萍）

【召开大兴区招生就业工作研讨会】 12月15日，职教集团组织召开职业学校招生就业工作研讨会。区教委副主任扈岩江、职成科科长、大兴二职书记、大兴一职副校长等相关老师共10人参加。会议内容有：总结2011年职校招生就业工作，研讨招生就业工作中困难，找出相应解决措施。

（杨海波）

【举行中职校区级骨干教师评选活动】 10月25日至12月30日，区教委举行中等职业学校区级骨干教师、学科带头人以及骨干班主任的评选工作。评选原则是公平竞争、全面考核、择优选用，经学校初评，职成科和进修学校职教研组织复评、现场说课、答辩等，以及区骨干教师评审委员会集中评审，最后评选出学科带头人20名，学科骨干教师45名，骨干班主任10名。

（宋薇）

职业教育学校

大兴区第一职业学校

【概　述】 2011年，大兴区第一职业学校占地面积18.47万平方米，产权建筑面积8.9万平方米。图书馆建筑面积1900平方米，藏书7.6万册，其中，纸质图书6.1万册，电子图书1.5万册。固定资产总值9062万元，其中教学、科研仪器设备总值为1202万元。全年教育经费投入5635万元，其中，国家拨款4892万元，自筹经费743万元。学校信息化经费投入80万元，拥有计算机809台，多媒体教室座位450个，网络信息点数990个，校园网出口总带宽100Mbps，上网课程数12门，数字资源量18TB。设有三系一室，开设园林技术、航空服务、汽车运用与维修等共8个专业，45个教学班。教职工285人，其中，专任教师176人，教辅人员69人。专任教师中具有研究生学历8人，本科及以上学历占教师总数的99%；高级专业技术职务69人，中级93人；“双师型”教师62人。毕业生406人，就业率98%，职业资格证书取证率85%；招生421人，全日制在校生2247人，非全日制学生2009人。

网址：http：//www. dxyz. com. cn/

学校是教育部认定的国家级重点校。学校以创建创新型学校为先导，坚持“德育为首，全面育人，内造素质，外塑形象”的办学方针，遵循“专业企业有机接轨、中职高职相互融通、国内国外联合办学”的职教理念，贯彻“以上岗就业为导向、以企业需求为标准、以职业能力为本位”的教学原则，走出了一条“质量立校、品牌强校、特色名校”的办学之路。

2011年，大兴一职被国家体育总局审核批准为国家级青少年俱乐部；获得第七届全国中等职业学校“文明风采”竞赛活动优秀组织奖；被评为“2010年度大兴区教育系统信息宣传工作先进单位”；校党支部获得大兴教委“先进基层党组织”称号；校女子足球队在龙杯国际邀请赛中夺得桂冠；获第二届大兴区校园心理剧“优秀组织奖”。

（宋思均）

【迎来调研指导女足工作】 2月17日，大兴一职迎来国家体育总局、教育部、北京市体育局、市教委近50人女足工作调研组。大兴区

副区长王荣彬及区教委、区体育局的领导陪同调研。该校校长汇报学校近几年女足工作开展情况，调研组领导观看学生分组对抗训练课，走进教室和学生宿舍，召开调研工作交流研讨会。

（宋思均）

【担任京港地铁大兴线客服大使】 2月28日，大兴一职60名学生结束在京港地铁大兴线担任客服大使工作。60名学生是经过选拔，进行为期一周理论培训与实践训练后正式上岗。他们分布在地铁大兴线11个站点，

为乘客提供规范标准服务。

（宋思均）

【女足荣获龙杯国际邀请赛冠军】 3月6日，大兴一职女子足球队以全胜战绩荣获龙杯国际邀请赛冠军。本次比赛有顺义国际学校队、德威女子足球队、京西国际女子足球队、ISB女子足球队、DCB国际女子足球队和大兴一职队等6支队伍参赛。

（宋思均）

【神州泰岳杯论文评比中获奖】 3月10日，大兴一职在北京市电子与信息技术专业委员会举办的第三届“神州泰岳杯”优秀论文评选活动中，有13名教师14人次获奖。其中有4位教师论文获得一等奖，5位教师获得二等奖，5位教师获得三等奖。全校共上交论文21篇，获奖比例62%。

（宋思均）

【开展清明节祭英烈网上祭拜活动】 4月5日，大兴一职开展“清明节祭英烈”网上祭拜活动。活动旨在通过网上“敬献花圈”——“鞠躬祭拜”——“留言缅怀”等低碳环保祭拜方式表达他们对革命先烈缅怀之情。清明祭拜，是中华民族传统习俗，也是引导青少年缅怀革命先烈，传承优良传统，激发爱国热情方式。该校500名学生参与活动。

（宋思均）

【挂牌国家级青少年俱乐部】 4月14日，大兴一职经国家体育总局审核批准成为国家级青少年俱乐部。国家青少年俱乐部的挂牌，

促进该校素质教育与特色教学的发展，也标志该校体育运动走上科学和可持续发展道路。

（宋思均）

【五四表彰活动中喜获佳绩】 4月28日，大兴一职在大兴区教育系统纪念“五·四运动”92周年表彰会上，喜获佳绩。该校团委

被授予“大兴区五四红旗团委”称号；该校实施青年志愿团服务项目被评为中学志愿服务优秀项目；两位老师被授予大兴区十佳青年教师和教育系统五四青年标兵称号。

（宋思均）

【承办北京市职教系统运动会】 5月7至8日，2011年北京市职教系统运动会在大兴一职召开。该校获得阳光工程2011年北京市职教系统运动会“（教职工）团体总分第一名”、“（中职郊区组）团体总分第一名”、“精神文明奖”以及“突出贡献奖”。本次运动会是由北京市教育委员会、北京市体育局、北京市人力资源和社会保障局主办，大兴一职承办，有45所高职、中专、技校、职高师生参加。

（宋思均）

【举行教育教学成果展示会】 5月26日，大兴一职举行教育教学成果展示会。展示会共设篮球馆、科技报告厅两个区域，分别展示该校园林技术、电子商务、航空服务、机电技术应用、汽车运用与维修、动漫设计、女子足球等专业学生的职业技能和综合素质。两个展区各有特色：篮球馆展区，有园林专业学生设计和施工的庭院景观，制作的植物标本、昆虫标本和园林景观沙盘，也有计算机系学生带来特色体验项目以及COSPLAY表演，还有机电专业工业机器人实训设备操作和电子产品制作流程；科技报告厅展区，学生们通过舞台表演展示专业技能。全校师生及用人单位领导近2000人参加展示会。

（宋思均）

【立项课题申报通过区级审核】 5月，大兴一职向区教委申请6项教育研究课题。其中，“职业高中文化基础课德育建构的行动研究”、“中职机电技术应用专业教学项目技能有效量化的研究”、“电子商务教学中加强学生职业道德素养的研究”、“初中女足学生运动中自我保护能力培养的研究”四个课题现已顺利通过区级课题审核。本次课题顺利通过审核是学校深化教育教学改革的动力，是提高教师教科研能力的途径，会促进该校人才培养模式的创新，有利于教师专业化发展，确立该校“十二五”教育教学实践研究基本方向。

（宋思均）

【受邀为红星中学讲文明礼仪】 9月25日，大兴一职受邀为红星中学开设一堂文明礼仪教育讲座。讲座中，主讲教师以中外文明经典为引导，以案例为载体，讲解校园礼仪、仪容服饰礼仪、沟通交往礼仪、行为举止礼仪等内容，一职学生做具体示范。红星中学100多名学生聆听讲座。

（宋思均）

【举办心理健康知识讲座】 9月29日，大兴一职举办“智慧点亮青春岁月”主题心理健康知识讲座。著名心理专家褚常萍教授应邀主讲，全校1000多名学生聆听讲座。讲座上，褚老师通过寓言故事、真实案例等多种形式讲解心理健康知识，结合职业学校学生特点，从如何认识自己、规划人生、管理情绪、与人相处、感受幸福等方面传授给学生五大生

存智慧。针对学生青春期生理及心理特点，褚老师还特别围绕与异性正确交往的主题与学生展开交流。

（宋思均）

【为全国中学生运动会提供服务】 9月23日，大兴一职10航服班5名学生在专业老师带领下，来到北京第八十中学为第十一届全国中学生运动会北京代表团总结表彰会做颁奖和礼仪服务。

（宋思均）

【参加大兴区十八岁成人宣誓仪式】 10月

28日，大兴一职成人代表、国旗班以及航空服务专业学生共17人参加大兴区教育团工委组织开展以"感恩 担责 立志 报国"为主题中学生十八岁成人宣誓仪式。活动中，国旗班完成出旗、展旗等任务，航空服务专业学生手捧蜡烛、唱响《感恩的心》，表达他们对父母、学校及伟大祖国的浓浓感恩之情。礼仪服务工作中，航空服务专业学生动作规范标准，服务一流。

（宋思均）

【召开鼎盛杯动漫大赛颁奖大会】 10月29日，大兴一职为"鼎盛杯"动漫大赛颁奖大会上获奖的教师和学生颁奖。计算机系主任作"计算机系专业发展建设与展望总结汇报"，副主任宣读"鼎盛杯"动漫大赛获奖名单，校长和书记为获奖教师和学生颁发证书。计算机系教师对动漫大赛参赛作品进行展示和总结。"鼎盛杯"动漫大赛是由北京市职业技术教育学会动漫专业委员会主办的大型比赛，该校有6名教师、35名学生参加，投送作品28份，获奖作品18份，其中一等奖1个、二等奖2个、三等奖9个、优秀奖6个，优秀指导教师奖1个。

（宋思均）

【全国职业教育教学能力大赛获奖】 10月29至31日，大兴一职汽修专业两位老师参加2011年全国职业教育汽车教师教学能力大赛（中职组），一位老师获全车电器检修项目三等奖，一位老师获发动机拆装项目优秀奖。全国职业教育汽车教师教学能力大赛是由教育部指导，中国汽车文化促进会、教育部职业技术教育中心研究所等联合主办的赛事，也是全国职业教育成果展示高级平台，该

校汽修专业是首次参加此类全国性大赛。

（宋思均）

【举办情绪管理知识讲座】 11月3日，大兴一职学生干部聆听北师大心理学院研究生讲师团教师邵红云做心理知识讲座。讲座主题为“情绪管理，获得幸福力”。通过讲述故事、观看视频、现场指导等方式进行分析与讲解。全校100多名班干部参加。

（宋思均）

【举办实习生就业指导知识讲座】 11月3至16日，大兴一职为实习生举办两次关于职业发展路径讲座。讲座由世界第二大食品和饮料公司——卡夫食品公司中国北京区HR经理左宜、就业处主任李俊迁主讲。两位主讲人从不同角度，对企业文化、企业制度和企业用人标准，职业发展路径，如何顺利实习以及正确规划人生等方面进行讲解和分析。2010级近400位毕业生聆听讲座。

（宋思均）

【深入开展创先争优主题教育活动】 11月

10至11日，大兴一职党支部组织党员开展“缅怀革命先烈　弘扬革命精神”教育活动。八个党小组分别到河北省唐山市乐亭县无产阶级革命家李大钊同志纪念馆、狼牙山革命圣地、卢沟桥抗日战争纪念馆、怀柔焦庄户地道战遗址纪念馆、“平北红色第一村”——延庆县沙塘沟村、北京山猫军事主题户外运动基地参观学习。各党小组严格按照预定计划进行，保证学习实效性。在参观学习中深切缅怀老一辈革命先烈，展开讨论。活动结束后，每位党员按照要求结合自身工作岗位写出自己参观学习体会。党支部近100名党员参加活动。

（宋思均）

【北京职业教育学院领导来校调研】 11月18日，北京教育学院职业教育学院领导和教师来大兴一职进行调研指导。在调研过程中，各位领导观摩航空服务专业老师公开课——《中国历史之文字篇》。课上，教师紧跟新课标的要求，注重对学生进行学习兴趣的培养，以分组合作、互助学习的模式开展教学活动，营造了积极、活跃的良好教学氛围。在教师的带领下，同学们主动参与，分组合作，互助学习，收效良好。课后，北京教育学院职业教育学院吴院长及听课教师对此次公开课给予了高度评价，同时提出了宝贵的改进建议。

（宋思均）

【召开校企合作座谈会】 12月27日，大兴一职召开校企合作座谈会。北京中进万国汽车销售服务有限公司、安迅金融设备系统有限公司、万都汽车底盘系统有限公司等七家单位主管领导与一职相关领导进行交流。七家企业人力资源主管对学校专业建设提出宝贵建议：继续加强实操教学，提高学生动手能力，帮助学生培养职业素质、找准发展定位、做好人生规划，适当延长实习期限，实现学校与企业需求无缝隙对接。该校领导与用人单位主管就“学校和企业之间应如何配合”、“企业需要哪些政策支持”、“企业需要职业学校重点培养学生哪些素质”等问题进行交流并达成共识，形成企业与职业学校共同发展“双赢”局面。

（宋思均）

大兴区第二职业学校

【概　述】 2011年，大兴区第二职业学校占地面积13.63万平方米，产权建筑面积70468.5平方米。图书馆建筑面积600平方米，藏书73424册。固定资产总值1.8083亿元，其中，教学、科研仪器设备总值2221万元。全年教育经费投入3778万元，其中，国家拨款3478万元、自筹经费299万元。学校信息化经费投入560万元，拥有计算机1471台，多媒体教室座位3101个，网络信息点数1502个，校园网出口总宽带210Mbps，上网课程数18门。设有东校区（原二职）、西校区（原五职）、黄村办学点和礼贤办学点（原四职）等4个校区。西校区专业以生物制药和网络信息为主；东校区专业以物流和机电为主，另建有30亩劳动力职业技能实训基地；黄村办学点有联办大专院校5所，开展远程和成人学历教育工作。学校开设生物技术制药、计算机网络技术和机械制造技术等共11个专业，122个教学班，其中职高班83个，卫校班12个，社培班3个，成人教育班24个。教职工299人，其中，专任教师238人、教辅人员19人。专任教师中具有研究生学历9人，本科及以上学历占教师总数的97%；高级专业技术职务70人、中级96人；市级学科带头人1人、区级学科带头人10人、区级骨干教师23人、区级骨干班主任5人。聘请校外教师16人；“双师型”教师28人。毕业生1301人（其中职高869人，成人294人，党校148人），就业率98%，职业资格证书取证率99%；招生1364人，其中职高生837人，成人教育527人（含远程87人）；在校生4808人，其中职高2940人，卫校464人，成人1265人（含远程157人）；短期培训学员798名。

网址：http://erzhi.dxschools.cn

学校以“重德、敬业、乐学、精技”为校训，坚持以“服务为宗旨，以就业为导向，面向市场，适应需求”的办学方向。坚持全员育人，以让学生“学会做人、学会做事、学会学习、学会生存、学会创造”为基本目标，实现学生全面发展。不断增强教职工的职教意识和市场意识，强化就业教育，提高学生综合专业技能，努力实现“让学生成才、让家长放心、让社会满意”的办学目标。

2011年学校被大兴区教育工会评为教育系统五星级教代会；被大兴区教育委员会评为教育系统信息宣传工作先进单位；荣获大兴区总工会第八套广播操比赛三等奖。

（史玉玲）

【与北京卫生学校签署联办协议】 1月19日，大兴二职与北京卫生学校签署联合办学协议。北京卫生学校校长兰文恒与二职校长邓景全出席签字仪式。协议双方以实现资源共享和培养适应社会的中等卫生职业人才为目标，以生物制药专业开发与课程建设为合作内容。合作时间为2011年9月1日至2016年8月31日，甲乙双方成立联合办学指导委员会，实行总分校体制。北京卫生学校

为甲方，负责招生、规范与指导分校的教育教学工作；大兴二职为乙方，负责实施教育教学及常规运行管理，定期出席办学联席会。联合办学各专业学制3年，毕业后获得中等专业学校学历证书，首年联办拟定招生500至600人，以实际录取人数为准。

（史玉玲）

【举办美学与教师魅力讲座】 3月4日，大兴二职举办“美学与教师魅力”讲座。邀请北京行政学院、北京市委党校赵祖达教授讲授，旨在全面提高教师的素质和修养，全力打造名教师。赵祖达教授从教师内在精神美、外在形象美、审美通则与教师素养魅力四个方面，运用风趣幽默语言，用生活中美学小故事，让师者要拥有“大其心、虚其心、潜其心、善其心”精神世界，将内在美转化为外在风度和气质，做到内外兼修，真正成为名师。全校360余名教师聆听讲座。

（史玉玲）

【参加全国职业院校技能大赛获奖】 3月30日，大兴二职在2011年北京市中等职业学校技能比赛暨全国职业院校技能大赛中获奖，其中1人获得单项二等奖，1人获得单项三等奖，8人获得单项优秀奖，3人获得团体优秀奖。2011年北京市中等职业学校技能比赛暨全国职业院校技能大赛北京地区预赛由北京市教育委员会、北京教育科学研究院、北京市职业技术教育学会举办，旨在加强职业院校教学实践，提高学生综合职业能力。本次比赛共设计算机应用技术技能、电工电子技术技能、烹饪技能、现代制造技术技能等12个专业类别的48个比赛项目。竞赛委员会根据参赛学生（队）总数，按10%、20%、30%的比例分设一、二、三等奖。大兴二职组

织学生参加现代制造技术技能和现代物流技能的比赛。

（史玉玲）

【专业技能展示】 4月26至28日，大兴二职举办专业技能成果汇报展示活动。展示活动意在使学生进一步了解各专业教学要求，熟练掌握专业技能。机械、计算机、生物制药

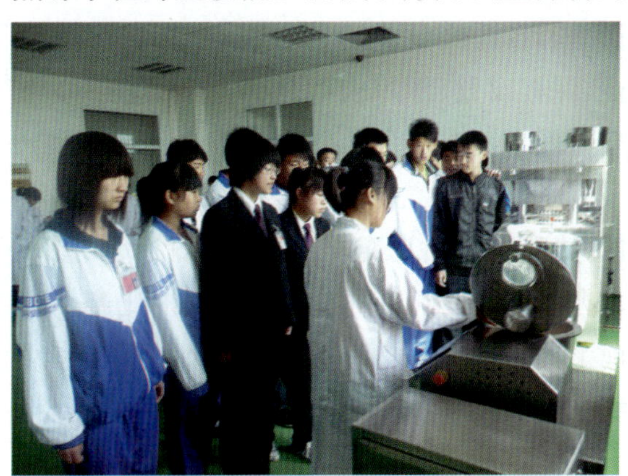

和会计等专业438名学生代表参加汇报展示，内容包括：钳工、电工、CAD制图、photoshop计算机绘图、flash动画制作、网页设计、电子板报、计算机组装、药品包装、药物制剂、药物质量检验、珠算、点钞等。全校2566人参与活动。

（史玉玲）

【举办文明礼仪规范展示活动】 4月29日，大兴二职举办“文明礼仪规范展示”活动。活动旨在培养学生良好行为习惯，提高自身

道德修养，营造良好校园文明氛围。大兴区教委副主任扈岩江、马士义，职成科领导、各中学校长及大兴新闻报的记者共40多人应邀参加。展示活动以班级为单位，全校63个教学班，2200余名学生进行“坐姿”、“站姿”、“行走”等基本文明礼仪动作展示。

（史玉玲）

【迎接国家中职示范校项目研修班成员参观考察】 5月10日，大兴二职迎来国家中职示范校项目实施方法研修班成员到校参观考察。陪同65名研修班成员参观考察的有教育部职业技术教育中心研究所培训中心主任王平安和大兴区教委职成科科长李小凯。考察内容有观看学校宣传片，了解学校工作体制、办学模式及发展规模；参观生物制药实训设备和校园文化设施，询问学生在校所学专业、课程设置、学习及生活情况等，了解学校教育教学情况。

（史玉玲）

【举办师德演讲比赛】 5月20日，大兴二职举办“讲师德　铸师魂”师德演讲比赛。赛前上交师德征文255篇，采用论文审核和小组推荐的形式推荐出参赛选手10名，分设一、二、三等奖。参赛选手从班主任爱心抚

育、任课教师不放弃不抛弃等方面诠释教师责任与爱。比赛设评委10名、记分员3名，根据平均分确定比赛名次，取一等奖2名、二等奖3名、三等奖5名。二职重视师德师风建设，注意引导教师将良好师德师风融入日常教学，形成治学严谨、执教从严良好风尚。

（史玉玲）

【进行叉车培训】 5月31日，大兴二职对区内职校学员进行叉车培训。二职教师钱进春到区职业技术学校对60余名学员进行为期8天的叉车培训，对进一步贯彻区政府“统筹驻区职业教育资源，构建大职业教育体系”方针，实现“资源共享、优势互补”起推动作用。

（张健）

【聘请外籍教师进课堂】 6月2至15日，大兴二职聘请外教进课堂。旨在给学生创造良好语言环境，激发讲外语欲望，营造轻松快乐学习气氛，北京新天地语言培训学校8名美籍外教为制药、商务等专业学生授课。教学中穿插小故事、小游戏等快乐元素，营造出轻松活泼教学氛围，“玩中学”、“做中学”的教学模式突破学生口语和听力障碍。“寓教于游戏中”的教学方式，打破制约英语教学工作的瓶颈。英语教研组部分教师参与外教的教学，在与外教学习交流过程中学习他们灵活、多样、创新的教学方法，了解学生对英语学习需要、困惑和难点。

（张健）

【农民医药培训班开课】 10月10日，大兴二职与大兴区劳动局合作开办北臧村镇农民医药培训班。培训为期4周，有近200名失地农民参加。学习内容是药品经营、药物学、职业道德、就业观等课程。还接受北京同仁堂医药集团教育学院专业培训。培训是按照企业用人标准和岗位具体要求，开展有针对性、实效性的“入职培训”，满足企业用人

需求。

（张健）

【**举办首届体育节**】 10月14日至12月16日，大兴二职举办首届体育节。体育节以“我运动、我阳光、我参与、我成长，开启健康生活，畅享运动快乐，让运动成为习惯，让生命更加精彩”为主题，旨在提高师生参与体育锻炼意识，增强师生身体素质。10月14日汇操比赛拉开体育节序幕，全校62个班级，2200多名学生分成11个组进行比赛，评选出一等奖3名，二等奖6名，三等奖9名，精神文明奖5名。体育节期间，学生开展篮球、足球、乒乓球、跳绳等比赛，教师开展跳绳、踢毽等单项和10人8字跳绳、拔河等集体项目比赛。全校2570余名师生参与。

（张海娟）

【**开展心理健康教育课**】 11月1日，大兴二职举办心理健康教育课。北京师范大学师英爱心社同学，做《把握当下——开启你的智慧

生活》心理健康教育课。大兴教育团工委书记等领导深入课堂，与学生们一起聆听讲座。本月师英爱心社还将到该校为学生做3次心理拓展活动。旨在通过心理健康讲座、心理拓展等活动，促使学生心理健康。

（刘丽娟）

【**举行消防疏散演练**】 11月11日，大兴二职开展消防疏散演练活动。本活动旨在加强学校重大安全事故应对能力，强化师生消防安全意识，保障师生生命安全。演练以逃生避险为主要内容，51个在校班级1790名师生

参加演练。警报拉响后，各班学生在教师组织下，按照逃生线路，紧张、有序、安全撤离到空旷的操场。

（史玉玲）

【**举办校园艺术节**】 11月14日至12月29日，大兴二职举办第二届校园艺术节。本届艺术节以“弘扬北京精神　做文明中职生”为主题，旨在丰富学生校园文化生活，提高学生审美意识。设置书法、板报、演讲、卡拉OK等12个比赛项目。全校51个班级、1100多名学生参加本届校园艺术节12个项目比赛，420人次获奖。

（刘丽娟）

【**迎接市政府教育督导室督导检查**】 11月23日，大兴二职迎接市政府教育督导室督导检查。北京市政府教育督导室处长马千里带领专家组成员，在大兴区教委职成科科长陪同下到大兴二职进行教育法律法规执行情况督导检查。专家组成员就职高生就业率、重点专业和区情是否关联、合并后师资培训情况、双师型教师与本专业相符率、教育附加费

投入情况和区域内师资互动、资源共享情况与学校相关处室人员进行研讨。研讨会后，专家组成员参观学校实验实训设备，与学校部分教师进行座谈，了解教育法律法规贯彻执行和师资培训等情况。

（史玉玲）

【举行联合办学质量检查】 12月2日，北京卫生学校到二职进行办学质量检查。大兴二职首次与北京卫生学校联合办学，共有卫校班12个，学生464名，是卫校所有联办校中学生数最多校区。本次检查由卫校副校长江红带队，顺义、房山、丰台等校区主管校长及卫校相关业务部门主管领导参加。检查内容包括分校自查报告、办学环境安全检查、听课、召开学生座谈会等，分组查看安全、教学管理、学生管理、新生教育等方面材料，并根据实际给出反馈意见。办学质量检查促进学校教育教学管理的规范化，有利于教育教学工作开展。

（宋金平）

【通过教代会星级评估】 12月9日，大兴二职顺利通过教代会星级评估。区教育工会检查组干训主任陈淑君等一行四人到校，以《大兴区教代会工作星级评估标准》为依据，查看学校党支部工作手册、工会民主管理台账、教代会规范性档案资料等，问卷方式调查学校教代会工作情况。大兴二职资源重组后，一校四址，学校根据实际情况改选教代会代表，定期对教代会代表进行培训，充分发挥教代会作用，被大兴区教育系统评为五星级教代会。

（史玉玲）

【推进双证书制度】 12月15至20日，大兴二职组织装配钳工、仓库保管工专场考试。参加考试的有钳工113人，仓库保管工87人，考试分为理论与实操两部分。经过考核，95人通过钳工考试，通过率84%；82人通过仓库保管工考试，通过率94%。大兴区劳动和社会保障局职业技能鉴定管理中心为学校双证书制的实行提供保障，既增强学生学习积极性，提高动手能力，又增加学生就业机会，促进其就业稳定性。

（宋金平）

【市级公开课展示】 12月15日，大兴二职进行市级公开课展示。市级学科带头人杨桂兰老师做机电专业《CAD》学科展示课一节，参加展示活动的有北京教育学院职教院院长吴安民、两位专家以及各区县职业学校领导和市级学科带头人、骨干教师共12人。展示课以工作过程为导向，采取小组合作探究、学生实际操作、作品展示评价等方式进行。课后，领导和专家对公开课进行点评，肯定在培养学生团队协作精神、探究能力及实践能力方面的突破。

（宋金平）

成人教育

总　类

【概　述】 2011年，大兴区有各级各类成人学校531所，其中成人综合院校——社区学院1所，开设专业5个，在校生4665人，招生653人，毕业722人，教职工102人，其中专任教师72人，教师合格率100%，具有高级专业职称14人，中级37人。镇成人学校14所，村成人学校516所。成人学历教育招生1491人，毕业生1448人，在校生8527人；完成职业技能培训20614人，超额完成计划1.5倍；完成农民引导性培训44059人，超额完成计划的4.4倍；社区教育完成19.9万人次；全年总计培训263327人次。

2011年，大兴区成人教育得到进一步发展。随着大兴新区城乡一体化进程的加快，建设北京南部高技术制造业和战略性新兴产业聚集区的实施，以及农村拆迁范围逐步扩大，镇成人学校在完成学历教育、农民实用技术推广培训、农村剩余劳动力转移培训和社区教育的基础上，紧紧围绕区政府“四有”工作宗旨，承担培养“有文化、懂技术、会经营”新型农民的任务，进一步开展针对拆迁农民的引导性培训，既增强拆迁农民的就业能力、理财观念，又促进其生活观念和方式的转变。

（宋薇）

【西红门镇成人学校培训老年合唱团】 1月12日，西红门镇成人学校对同兴园社区老年合唱团开展培训活动。聘请兴海学校教师张振华进行授课。同兴园老年合唱团成立于2007年，有团员40多人，年纪最小的也有50多岁。老年合唱团4月20日参加中央电视

台音乐频道举行的《微笑与歌声》比赛，获得三等奖。

（张广山）

【庞各庄成校举办甘薯栽培技术培训】 3月3日，庞各庄镇成人学校举办甘薯栽培技术培训班。采用专题讲座，座谈等方式，向91名农民讲授选种和贮藏，育苗，选苗，生长期管理等甘薯栽培、管理技术。

（张楠）

【获得“安全生产培训机构四级资质”证书】 3月4日，全区14所镇成人学校和北京市兴教恒通信息咨询中心（隶属职教集团办事处）获得“北京市安全生产培训机构四级资质”证书。区教委、区安监局联合举行仪式。区安监局党组成员、纪检组长杨玲荣为14所镇成人学校和北京市兴教恒通信息咨询中心颁发“北京市安全生产培训机构四级资质”证书。通过市级专家考核评审组的综合评

定,14所镇成人学校和北京市兴教恒通信息咨询中心达到开展安全生产培训机构四级资质的标准,可以按照国务院、北京市关于安全生产培训的有关规定,为区内企业负责人、企业安全生产管理人员和特种作业之外的其他操作人员进行培训。

(宋薇)

【榆垡镇设立安全生产宣传咨询志愿服务站】 3月5日,榆垡镇成人学校与镇安全科在物美超市榆垡店前设立安全生产宣传咨询志愿者服务站,并开展咨询活动。咨询重点是安全用电、正确使用燃气、火灾逃生等方面;对咨询人的提问进行现场解答。活动当日有100余人前来咨询,发放宣传材料1700余份。

(赵立刚)

【长子营镇成人学校举办工艺品培训】 3月25日和4月21日,长子营镇成人学校与镇妇联联合对全镇80多名妇女,进行手工艺品串珠培训。聘请大兴凤飞职业学校教师王忠茹进行授课。本次共培训妇女380人次,辐射北辛庄、上黎城、沁水营、靳七营、李堡等22个村。

(刘占昆)

【《北臧村镇农民教育报》正式发刊】 3月28日,《北臧村镇农民教育报》正式向北臧村镇地区拆迁居民免费发放。《北臧村镇农民教育报》由北京市大兴区教委、北臧村镇政府主办,北臧村镇成人学校承办,通过农民教育信息平台,发送到拆迁农民的手机上。《北臧村镇农民教育报》设置有新区聚焦、政策选编、理财指导、教育资讯、健康讲堂、就业快报、有奖竞猜等主要栏目。为确保其正常运行,成立区教委和北臧村镇领导共同参与组

织的领导机构,明确工作职责,制定稿件内容审核流程和工作制度。

(巴文扬)

【探寻创业新点子点燃青年创业激情】 3月30日,榆垡镇成人学校举办"YBC青年创业者"培训班。培训对象是榆垡村青年服务队队员。培训由团大兴区委YBC大兴办公室李超讲解,培训内容包括:YBC的模式、运作原理、项目评审工作等,有60名青年服务队队员参加培训。中国青年国际创业计划(英文名Youth Business China,简称"YBC")是由共青团中央、中华全国青年联合会等机构联合倡议发起的教育性公益项目。帮助的对象是18至35岁的青年人、失业、半失业或者待业,有很好的创业点子和创业激情,但缺乏商业经验,筹措不到启动资金的人,通过审核的创业青年可获得3至5万元启动资金,并可获得"一对一"陪伴式创业导师辅导,了解创业知识和经商之道。YBC专项资金仅能用于创业启动金,资助金额一般不高于人民币5万元,无息无抵押无担保,三年内分期偿还,资金循环使用。而YBC的导师必须具有5年以上持续的经营管理工作经历,导师辅导创业青年时,应承诺不以营利为目的。

(赵立刚)

【青云店举办企业法人安全生产培训】 4月9日，青云店镇成人学校举办企业法人安全生产培训。培训共分五期，每期12学时。聘请北京市安全生产专家俞教授，采取面授讲座形式。培训内容为国务院23号和北京市政府40号文件，消防安全知识和特种设备安全知识等。共有120名企业法人、各单位安全员参加培训，经考核全部合格。自2011年3月以来，全区14所镇成人学校获得北京市

安监局批准颁发的安全生产培训机构四级资质证书后，该校是第一个举办安全生产培训的学校。

（赵舰）

【调研搬迁农民培训需求】 4月11至15日，区教委职成科与各镇成人学校联合对黄村、北臧村、榆垡、魏善庄、采育五镇开展搬迁农民培训需求的调研。职成科科长李小凯参加调研，并与村党支部书记、镇成人学校干部教师进行沟通。本次调研活动形成以下六点初步认识：村党支部、村委会非常重视和支持搬迁农民培训工作，并提供坚强组织保障；搬迁农民中，大部分人员能够正确对待搬迁；农民搬迁后居住地非常分散，严重影响培训和就业，待农民回迁后再集中开展教育培训活动将会取得较好效果；“4050”和“3040”人员的就业需求程度大于30岁以下的人员；转变思想观念、转变生活方式的引导性教育培训是当务之急；职业技能培训要坚持以“订单式”培训为主，职业技能人员贮备培训为辅的工作思路。

（宋薇）

【旧宫成校举办妇女家教理财培训】 4月15至16日，旧宫镇成人学校开展女性农民家教理财培训活动。活动由成人学校与镇妇联合办，主题为金钥匙女性金融理财，培训对象为本镇有家教理财需求的女性，培训分4期，每期半天，每期55人参加，内容有子女教育、人生规划、消费规划、理财规划。

（顿聚山）

【北臧村成校举行搬迁农民引导培训】 4月15日至8月20日，北臧村镇成人学校聘请高水平专家为搬迁农民讲授投资理财、健康养生、文明礼仪、就业培训四个方面知识。旨在更好地为本地居民服务，本着“立足农村、服务农民”的办学思想。培训范围为北臧村镇

6个搬迁村的农村劳动力。五个村412人参加培训。

（巴文扬）

【青云店迎接全国成教工作会代表参观】 4月22日，青云店镇成人学校接待全国农村职业教育试点省份座谈会暨部分中心城市农村

成人教育协作会与会代表的参观。与会代表30余人在北京市教委领导和大兴区教委领导陪同下参观学校阅览室、培训教室,听取校长关于近年来学校发展情况、教育培训开展情况、农民远程教育站点及流动课堂车使用情况经验介绍,直观地体验我区农村成人教育发展成果。

(赵舰)

【庞各庄成校举行专管员计算机培训】 6月2日,庞各庄镇成人学校举办村级专管员计算机培训班。采取方式有集中授课,上机操作,个别指导等形式,对53名村级专管员进行专管员专用软件使用操作方法辅导。经过学习,53名村级专管员都掌握操作方法,能够正确使用该软件进行工作。

(张楠)

【举办西瓜二茬栽培技术培训】 6月5日,庞各庄镇成人学校举办西瓜二茬管理技术培训班。形式有专题讲座、座谈。聘请种植专家讲授如何断蔓、施肥、管理等栽培技术,可增加二茬西瓜品质。该培训班有125人参加。

(张楠)

【榆垡成校开展科技支农送书下乡活动】 6月9日,榆垡镇成人学校在榆垡集市开展科技支农送书下乡活动。所赠送图书包括种植、养殖、法律知识、生活常识等方面。共发放图书500余册。

(赵立刚)

【西红门镇成校举办家政服务培训】 6月10日至7月2日,西红门镇成人学校对西红门65名失地搬迁农民进行再就业前家政服务培训。培训内容主要有:老年病人护理、孕妇护理、产妇护理、中餐基本操作、客房服务注意事项等。经过20多天120学时培训,有58人获得合格证书。

(张广山)

【长子营镇成立农民田间学校】 6月11日,长子营镇成立农民田间学校。学校以蔬菜病虫综合防治技术培训为主。该学校倡导“以人为本、能力为先”的教学理念,采用“启发式”、“互动式”和“参与式”的教学方式。其特点是以农民为中心、以田间为课堂、以农田生态系统调查为基础、以实践为手段,致力于将农民培养成为本土专家、成为当地的科技带头人,从而辐射带动更多的农户。田间学校的成立,为农民提供蔬菜病虫害防治的技术平台。

(刘占昆)

【市远郊区县职成工作会在安定成校召开】

6月16日，北京市远郊区县职成工作会在安定镇成人学校召开。会议由北京市教委职成处处长陈斌主持，大兴区教委职成科科长及10个远郊区县教委主抓职成教育领导共18人参加会议。主要议题有：听取安定镇成人学校校长工作汇报，陈处长布置今后全市农村成人教育培训重点工作，与会者对在当前形势下如何发展农村职成教育、提高为农服务水平献计献策。

（信向东）

【旧宫成校举办低压电工取证培训】 7月28日至8月20日，旧宫镇成人学校举办农民低压电工取证培训。此次培训是该校与旧宫镇社保所合作，培训对象是本镇农民，内容为低压电工取证培训理论课。121人参加培训，均获得合格证。

（顿聚山）

【魏善庄成校举办提升党员素质讲座】 8月，魏善庄镇成人学校举办“提升党员和积极分子素质”讲座。讲座旨在使全镇党员和积极分子认清目前国内形势，提升素质。讲座由清华大学教授王向明主讲，以“怎么才能提高党员积极分子素质”为主题，讲座中对胡锦涛总书记讲话做全面解读。全镇300名党员和积极分子参加学习。

（侯春来）

【参加自编教材（讲义）和多媒体课件评选活动获奖】 9月15至16日，区教委职成科组织职成系统各校参加北京市农村成人教育优秀自编教材（讲义）和多媒体课件评选活动。经北京教科院评定，大兴区5所学校的12份参赛作品获奖，其中二等奖3个，三等奖9个，区教委获优秀组织奖。

（宋薇）

【庞各庄镇成校举办中式面点师培训】 8月12日至9月28日，庞各庄镇成人学校举办两期中式面点师培训班。形式有集中授课、实际操作。讲授内容有面点原料知识，制作工艺，烧饼、肉饼、蒸饺、馄饨等面食制作方法技能，并进行理论知识和实际操作两种形式

考试。经过为期40多天学习与实践，122名学员全部通过考核。

（张楠）

【青云店成校举行残疾人计算机培训】 10月17日，青云店镇成人学校举办残疾人及残疾人专职委员计算机培训班。来自该镇49个村39名残疾人专职委员及13名残疾人，共计52人参加，培训时间是14天。培训内容有计算机实际操作、文档编辑、绘图和网络应用等。通过培训，学员基本掌握计算机基础知识，掌握网络浏览、收发电子邮件等日常应用问题，提高了残疾人专职委员计算机应用能力，经考核全部合格，52人均取得北京市劳动局签发合格证书。

（赵舰）

【举办“全民终身学习活动周”】 10月15至21日，区学习型城区领导小组办公室举办“2011年大兴区全民终身学习活动周”活动。社区学院、14个镇成人学校、5个街道办事处

分别在辖区内以培训、讲座、发放宣传册等形式开展各项活动。一周内，共举办各类培训班22期，培训本地农民3015人次、外地农民工1600多人次。大兴区获中国成人教育协会颁发的“成功组织奖”。

（宋薇）

【采育镇成校举办提升农民观念讲座】 10月20至21日，采育镇成人学校和镇“四有”工作办公室联合对镇内东半壁店村、大里庄村、倪家村、龙门庄村160名农民进行“农民观念提升”讲座。讲座在东半壁店村礼堂举行，由镇成人学校三位老师主讲，讲座内容有就业与再就业、消费与理财、生活观念与生活方式等知识。

（金真屹）

【庞各庄镇成校开展科普赶集活动】 10月20至21日，庞各庄镇成人学校采取科普赶集形式，利用流动课堂车，向农民宣传农业科技知识，并发放《甘薯实用技术培训自编教材》3000余册。

（张楠）

【黄村镇成人校接受综合督导评价】 10月26日，大兴区人民政府教育督导室对黄村镇成人学校教育教学工作进行督导评价。评价内容有：分析学校发展规划和自评材料，查阅相关档案，对教师进行个别访谈和问卷调查，召开相关人员座谈会，察看学校设备使用和管理情况，提出工作改进措施等。督导结果是该校学历教育突出，在全区成人学历教育方面起到领军作用，做出突出贡献；对拆迁农民引导性培训效果显著，得到社会广泛认可和好评；2010年农民引导性培训经验在《人民日报大地教育参考月刊》上发表，提高了成人学校的社会声誉。

（张丽芝）

【青云店镇成人学校举行养牛培训】 10月29日，青云店镇成人学校举行犊牛保健与奶牛疾病防治培训。有26家养殖专业户参加培训。由镇兽医站聘请的专家进行授课，主要讲解在奶牛养殖过程中的疾病防治等内容。

（赵舰）

【榆垡成校与市农广校联合开办财会中专

班】 10月29日，榆垡镇成人学校与北京市农广校联合举办第一期财会中专班开学。区教委副主任扈岩江、北京市农广校副校长昝景会等领导出席。榆垡镇副镇长陈虎致词，昝校长对学员提出要求，典礼后立即开班上课。本期财会中专班共有学员40人，学制一年。

（赵立刚）

【瀛海镇智能楼宇培训】 11月9日至12月17日，瀛海镇成人学校与镇社保科、大兴新媒体学院联合举办两期智能楼宇培训班。共有学员140人。培训教材是《智能楼宇管理员》、《智能楼宇管理师》。培训形式有面授和实操。经考试，140人均取得上岗资格证书。随着瀛海镇的迅速发展和社区管理的日益规范，智能楼宇管理师应运而生。这是一个新的就业渠道，也是为瀛海镇回迁小区定向培训的。

（刘贵贤）

【安定镇成立果树田间学校】 11月30日，安定镇成人学校果树培训基地暨安定果树田间学校挂牌成立。该基地是学校与位于后安定村的贾尚精品梨园合作建成。成立后，该校利用丰富的教师资源与梨园100余种果树精品形成良好的基地教学资源，为安定镇广大果农开展果树栽培与管理开展培训工作。

（信向东）

【旧宫镇成校举行农民库管员培训】 12月1至27日，旧宫镇成人学校举办镇内农民库管员取证培训。培训是与旧宫镇社保所合作，培训对象为该镇农民，培训内容为库管员取证培训理论课，180人参加培训，全部合格，取得上岗合格证。

（顿聚山）

【大兴老干部大学安定分校挂牌成立】 12月27日，安定镇成人学校举行大兴老干部大学安定分校揭牌仪式。大兴区委老干部局党组书记、局长、老干部大学校长、安定镇党委书记为分校揭牌；安定镇党委副书记、镇长致

贺词，来自本镇33个村支部书记、大兴老干部大学部分教师和学员代表以及安定分校学员代表共60余人参加活动。

（信向东）

【服务搬迁农民有新举措】 1至12月，我区镇成人学校服务搬迁农民教育培训不断有新举措。北臧村镇成人学校的《北臧村镇农民教育报》和榆垡镇成人学校的《今日榆垡——搬迁农民专刊》于2011年上半年创刊，截止年底分别已出刊八期。区教委依托下属的镇成人学校（社区教育中心），与镇政府合作，以手机和报纸为载体，为搬迁农民及时提供新区发展动态、政策法律宣讲、理财知识、心理健康、城市生活方式、就业培训、企业招聘等教育培训服务信息，以达到为搬迁农民提供引导性培训和就业服务的目的。

（宋薇）

成人教育学校

大兴区社区学院

【概　述】 2011年，社区学院占地面积10549平方米，建筑面积7100平方米，绿化及交通用地400平方米，其他用地6000平方米，固定资产总值840万。2011年全年教育经费投入1545万元，其中国拨1092万元，自筹453万元。多媒体教室35间，计算机房7间，有计算机350台（全部安装了宽带网及校园局域网）、综合楼设有会议中心、阶梯教室、可容纳150人就餐的餐厅及更加现代化的教学设备。2011年大兴区社区学院机构编制102人，下设党政办公室、电大教务处、联合办学处、农民培训处、社区教育协会、电教中心等10个科室。2011年学院教职工102人，其中高级职称14人，中级职称37人，专任教师72人，本科以上学历96人，研究生7人，在读硕士学位4人。

2011年，社区学院遵循区教委"提高质量，优质均衡，改革创新"教育工作指导方针，办学形式有电大远程开放教育、联合办学、奥鹏网络教育、中专、"一村一名大学生计划"项目、短期培训、职工素质教育等，培养本、专科地方建设人才，推进指导社区教育，对失地农民、职工、教育系统会计人员进行培训，推进大兴区农村城市化进程。2011年，被中国成人教育协会评为全国成人教育先进集体；被大兴区社会建设工作领导小组评为北京市大兴区枢纽型社会组织；被大兴区民政局评为"2011年度社会组织等级评估3A级"。

大兴社区学院网址：http://dxsqxy.btvu.org/

大兴社区教育协会网址：http://shequ.daxingedu.cn/

北京广播电视大学大兴分校网址：http://dxddzx.btvu.org/

大兴社区学院电话：69220139

（陈慧）

【社区教育理论研讨优秀论文表彰】 1月6日，社区教育协会在校长大厦召开2010年度大兴区社区教育理论研讨暨优秀论文表彰会。区教委职成科科长、社区教育协会领导参加。社区教育协会秘书长主持会议。内容有宣读协会优秀论文表彰决定，本次论文共征集46篇，评选出一等奖6篇，二等奖16篇，三等奖22篇。区教委职成科科长讲话。

（袁凤美）

【教学反思征文】 3月14日，社区学院举行教学反思征文颁奖大会。举行教育反思征文活动旨在提高教师教育教学水平和教科研能力。共征集反思论文38篇，经过专家依照论文内容、论点、感受等标准进行评选，共评出一等奖4篇，二等奖8篇。

（陈慧）

【应邀为企业管理者培训】 4月7日至29日，社区学院应采育镇工业开发区和采育镇成人学校邀请，派出3名教师利用三个周末为采育镇工业开发区北京金鹏纸业有限公司中高层领导进行企业管理知识培训。培训内容有：企业管理者如何树立现代化管理意识；建立高度责任感，对企业进行科学有效地管理；面对众多企业的竞争，如何树立大市场营销观念等多方面。400余人次参加培训。

（陈慧）

【联合举办大兴区教育系统会计培训】 4月14日，大兴区社区学院与大兴区教委财建

科联合举办大兴区教育系统会计人员培训班。培训旨为加强教育系统会计基础工作，提高会计人员职业道德水准和业务素质。培训为期4天。培训课程本着求真务实、学以致用、按需施教、讲求实效的原则，帮助会计人员及时掌握最新法律法规和前沿专业知识，解决工作中遇到的疑难问题，提升会计人员的工作能力和职业道德素养。全区教育系统135个单位的财会人员参加学习。

（陈慧）

【开展说课比赛活动】 5月，社区学院理工教研室专兼职教师进行说课比赛初赛。旨在提高教师讲课水平和业务素质，创新教学方法，提高教学质量，按照学院督导处安排而进行。涉及课程有《网络信息制作与发布》、

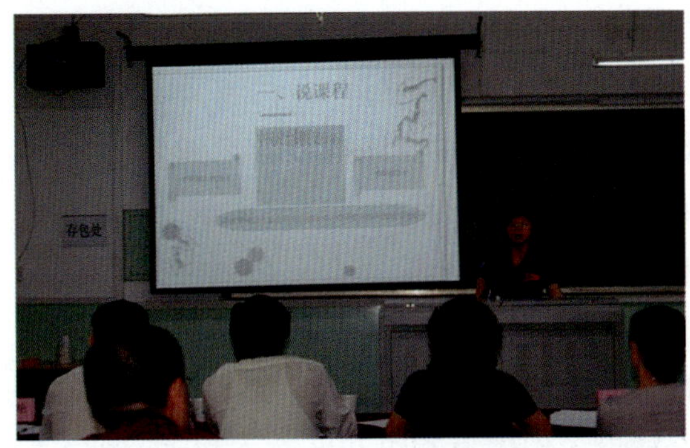

《dreamweaver网页设计》、《photoshop图像处理》、《计算机基础》、《统计学原理》等；说课内容包括六方面：课程定位、课程设计、教法学法、教学手段、教学过程、资源运用等。有10位教师参加。经过比赛，三位教师突出，被推荐参加学院说课比赛。

（王建营）

【在职党员进社区活动动员会】 6月13日，社区学院党支部按照区委教育工委的通知要求，召开在职党员进社区工作动员会。学院党支部要求党员在居住区内亮明党员身份，提供本人特长，在“八小时外”接受居住地社区党组织的协助管理与监督。党员积极领取《在职党员报到登记卡》，在社区内带头宣传党的路线方针政策，树立党员文明形象，推动社区精神文明建设；积极发挥先锋作用，参加社区公益活动、社区文化活动，在社区建设中争当志愿者。有56名党员参加活动。

（陈慧）

【唱响红色经典歌曲】 6月22日，社区学院举办第五届合唱比赛。有102人参加比赛。比赛以处室为单位进行，按照内容、台风、激情、表情动作，服装等方面进行打分，经过10

名评委的评选，结果是电大教务处获得一等奖，党政办公室等三个处室被评为二等奖，招生办等三个处室被评为三等奖。

（陈慧）

【被认定为第二批枢纽型社会组织】 8月9日，区教育协会在大兴区召开的第二批“枢纽型”社会组织认定工作会上被认定为第二批“枢纽型”社会组织，并被授予铜牌。大兴区社区教育协会依托大兴区社区学院，在区社会建设工作领导小组和区教委协调、领导下的“枢纽型”社会组织，对区内各教育培训类社会组织的联系、服务和管理，为全区社会组织健康有序发展服务。

（袁凤美　陈慧）

【自编教材送乡镇】 8月，社区学院编撰校本教材“新市民”培训系列丛书，无偿赠送给

全区14个乡镇每个乡镇150套。在北京建设世界城市、大兴新区经济迅猛发展形势下，社区学院根据区委区政府建设新农村、服务新农民的精神，自年初开始对新区内的北臧村镇多个村新市民进行培训，为新区实现拆迁农民达到“四有”（安置就业有岗位、经营增收有资产、稳定生活有保障、服务管理有组织）做出努力与贡献。

（陈慧）

【接受区民政局评估专家组评估】 10月27日，大兴区社区教育协会接受大兴区民政局社会组织评估专家组对大兴区社区教育协会的评估。大兴区民政局社会组织评估专家组根据《大兴区社会组织评估管理办法》，采用听取汇报、审核档案材料、个别访谈等方式，对大兴区社区教育协会工作进行全面评估。社区学院院长、社区教育协会会长、社区教育协会秘书长，分别向评估专家组汇报协会基本情况和主要工作。最终被评为“2011年度社会组织等级评估3A级”。

（陈慧）

【举办专题讲座】 11月28日，大兴社区学院邀请北京电大科研处处长高勤丽为全体教师做主题为“北京开放大学的规划思路与建设实践”讲座。讲座主要内容是美国高等教育和远程教育的现状与特点。有80名教师参加聆听。

（陈慧）

大兴区亦庄镇成人学校

【概　述】 2011年，学校占地面积2118.35平方米，建筑面积1828.05平方米。图书室一间，藏书8000册。固定资产总值105.8万元，其中，教学、教研仪器设备总值59万元。全年教育经费投入33.9万元，其中，国家拨款14.3万元、自筹经费19.6万元。学校拥有计算机50台，多媒体教室座位200个。普通教室4个、专用教室3个。学校与中国农业大学、中国地质大学、中央电大大兴分校联合办学开展远程学历教育，开设农林经济管理、金融学和公共管理等共18个专业，10个教学班。教职工6人，全部为专任教师，本科及以上学历占教师总数的100％；高级专业技术职务1人、中级5人；兼职教师20人。

学校以"服务"为宗旨，以"求实"为原则，以"发展"为核心，以"和谐"为目标，开展学历教育，实用技能培训，社区教育，农民转岗培训，企业法人安全培训和各类岗位培训。密切联系群众，充分发挥学校与社区居民的纽带桥梁作用。利用教育的优势，为加快亦庄城市化进程服务。

学校网址：http://yzcrxx.cn

（尹柱良）

【举行企业法人和安全员培训】 4月20日，亦庄镇成人学校举办企业法人和安全员培训。邀请市安监局工作人员俞胜章进行讲课。内容包括法律法规、事故处置、隐患的排查治理、事故案例、安全生产违法行为等。此

次培训人员343人，取证率100％。

（尹柱良）

【红十字会亦庄分站成立】 5月12日，"红十字会应急救护教育中心亦庄工作站"在亦庄成人学校成立。"红十字会应急救护教育中心亦庄工作站"是市、区、镇三级红十字会组织体系向基层服务延伸的创新举措，也是市、区红十字会在亦庄镇开展的试点。主要是通过镇成人学校社区教育中心作用，依托社区教育网络，更好地为本镇和开发区机

关、企事业单位以及社区居民提供避险逃生、家庭安全服务，增强居民自我防护意识、提高自救互救技能。

（齐志冬）

【举办急救知识讲座】 5月12日，亦庄成人

学校举办红十字会急救知识讲座。讲座旨在增强机关、企事业单位和社区居民的自我防护意识、提高自救互救技能。讲座由红十字会应急救护专家马桂林主讲，分为红十字运动、现代救护理论、心肺复苏、创伤救护、意

外伤害与突发事件五个部分的知识。企事业、社区工作者共60余人参加学习。

（齐志冬）

【学校校志整理完成】 5月30日，亦庄镇成人学校校志整理完成。校志内容从学校沿革、教研科研、学校德育、校园文化、学校荣誉、历任校长6个方面对建校至今进行了梳理。

（齐志冬）

【举办全民终身学习活动周活动】 10月18日，亦庄镇成人学校承办亦庄镇2011年“全民终身学习活动周”活动。活动邀请区、镇各

级领导、美术家、社区居民代表45人参加。活动倡导“全民学习、终身学习”并结合该镇实际情况以“学习、创新、发展”为主题，开展书画、摄影、诗词、散文等学习教育活动。活动展出由镇成人学校为社区书画爱好者裱糊的书画、剪纸作品80余幅。

（李宾）

【协办宝善村拆迁农民转岗培训班】 11月5日，亦庄成人学校协助镇政府进行宝善村拆迁农民转岗培训。本次培训为期2天，聘请东城区职业技术学校李老师对合理理财、转变生活方式、就业等方面进行培训。宝善村拆迁农民共410人参加。

（李宾）

【开办创业者培训班】 11月7日，亦庄成人

学校联合镇人力资源服务中心举办创业者培训班。培训为期一个月。邀请东城区职业技术学校李老师主讲，分为创业入门、市场经济理论、企业投资理论、企业经营与管理、公共关系、投资选项、经济法规、项目论证、市场预测、开业指导等理论知识内容。参加培训人员均为失业人员，共85人，经考核，由北京市创业指导中心颁发证书，83人取得证书。

（李宾）

【编制老年人计算机基础操作用书】 12 月 2 日，亦庄成人学校编写、出版《计算机基础操作实用教程》一书。该校 3 位教师从参考大量计算机教材、询问老年人对计算机的疑惑、结合自己实操等方面出发，反复修改、校对，最终从计算机基础知识、windowsXP 系统基本操作、文档处理、网上冲浪、常用通信工具 5 方面讲解计算机知识。本册教程主要针对老年人学习计算机知识，图文并茂，深入浅出，通俗易懂。

（尹柱良）

【举办首届老年人计算机培训班】 12 月 15 日，亦庄镇成人学校首届老年人计算机培训班正式上课。培训旨在普及老年人电脑知识，丰富老年人晚年生活，使他们掌握电脑知识，打开网络世界大门，分享网络带来的快乐。培训班共 25 人，年龄在 55 至 72 岁之间，外请专业教师授课 13 次，主要包括电脑基本操作、浏览网页、网上娱乐等几方面内容。

（尹柱良）

【社区教育科研征文获奖】 12 月 21 日，亦庄镇成人学校在 2011 大兴区社区教育科研征文颁奖大会上荣获 1 等奖 1 名，2 等奖 3 名，3 等奖 12 名。活动由大兴区社区教育协会主办，采取征文的形式，总结社区教育的经验。该校动员全镇 17 个社区居委会领导和宣传员全部参与此项活动，上交合格论文 30 余篇。

（尹柱良）

大兴区礼贤镇成人学校

【概　述】 2011年，学校占地10231平方米，非产权建筑面积5800平方米。图书室建筑面积78平方米，藏书5800册，全部为纸质版图书。固定资产总值2026772.23元，其中，教学、科研仪器设备总值1231706.32元。全年教育经费投入473300元，其中，国家拨款395700元，自筹经费77600元。学校信息化经费投入47460元，目前拥有计算机50台。教职工6人，本科及以上学历占教师总数100%。

（侯伟）

【举办金钥匙理财培训】 4月7至8日，礼贤镇成人学校联合镇妇联举办"金钥匙"女性金融知识培训。培训内容共分消费规划、人生规划、理财规划和子女教育规划这四大模块，通过图文并茂的幻灯片和实际案例进

行讲解。通过两天的女性金融知识培训，使农村女性在家庭财务管理和家庭理财方面做出更加明智的决定，能够利用这些知识为自己及其家人创造更美好的未来。柏树庄、西里河两个村共50名女性参加培训。

（侯伟）

【举办各类培训】 礼贤镇成人学校分别在5月10日至6月20日，举办低压电工培训班，52人参加；5月20日至6月20日，举办叉车培训班，181人参加；6月1日至25日，举办电气焊培训班，38人参加。这是礼贤镇成人学校通过深入调研，在区教委、镇政府工作方针指引下，将开展农民技能培训作为全年工作重点，并积极贯彻执行，为帮助农民转移就业成功，缓解企业用工缺口而举行的培训。

（侯伟）

【开展拓展训练】 6月27日，礼贤镇成人学校教职工参加拓展训练。拓展训练有"信任背摔"、"天使之手"、"运球"等。在训练中是人与人之间的沟通、关爱和信任的大考验，更体验到前所未有的激情、责任、思考和挑战，感受到以团队为核心，集思广益，奋力拼搏，才能顺利完成一个又一个训练项目，每一个人努力付出，才能完成了拥有共同目标和强大凝聚力的优秀集体的蜕变与成长。全体6名教师参加。

（侯伟）

【满足需求办好学历教育】 9月4日，礼贤镇成人学校完成中国农业大学注册工作。这是为满足礼贤镇农民提升文化水平需求，为农民外出就业提供应聘基础，该校常年开办中央广播电视大学、中国农业大学、中国地质大学网络教育班。2011年招收新生57人，毕业130人，目前在校生135人。

（侯伟）

【区督导办公室到校指导工作】 9月27日，大兴区督导办公室一行6人来到礼贤镇成人学校指导工作。内容有：听取校长三年工作汇报，检查学校三年工作档案，检查指导学校

制度建立、培训完成情况、工作调研、社区教育完成等工作，深入了解学校金属画基地

建设。方式有听取汇报、座谈等形式。

（侯伟）

【参加文化创意产业博览会】 11月9日至11月13日，礼贤镇成人学校基地的金属画作品参加第六届中国北京国际文化创意产业博览会。金属画由铝制易拉罐制成，利用铝金属的延展性，通过艺术加工，成就一幅幅精美的画卷，新颖独特，兼具节约环保的理念，并且通过制作传统书法及古代画作等作品，传递出文化中国之深厚。

（侯伟）

【申报乡镇成人学校特色课程建设和教学资源建设试点成功】 11月14日，礼贤镇成人学校申报北京市乡镇成人学校特色课程建设和教学资源建设试点成功。北京市教科院职成教研中心2011年为引导成人教育向科研化、教学化发展，力图通过以特色课程建设和教育资源试点建设带动学校向前发展。礼贤镇成人学校金属画课程经过2年的教学实践，已经独立形成一门极具特色的课程，在北京市十所成人教育学校中，被选为四所建设试点之一。

（侯伟）

【喜获北京市农民培训优秀项目一等奖】
11月24日，礼贤镇成人学校金属手工艺画被评为北京市农民培训优秀项目一等奖。自从2010年金属画基地建设至今，学校投入大量人力物力建设基地，工作一直侧重于基地建设与发展：为基地聘请教师，投入资金改造适合基地发展的培训室、办公室、展室等，并配备课桌椅、计算机等专用设备，保证基地健康发展。在此基础上，在全镇大力招收学员，确保基地在百姓中落地生根，达到可持续性发展。

（侯伟）

【首期残疾人计算机培训班圆满结束】 11月24日至12月14日，礼贤镇成人学校举办首期残疾人电脑培训班。残疾人是一个弱势群体，随着人民物质文化水平提高，残疾人生存与发展问题日渐引起社会关注。由于自身残疾和家庭经济困难等原因，大部分残疾人还没有接触过电脑，不懂电脑操作，而电脑是信息化时代残疾人与外界交流沟通，了解社会发展的最有效工具之一。为了帮助残疾人掌握一技之长，改善残疾人生产生活状况，同时，配合依法推进按比例安排残疾人就业工作的开展，拓宽残疾人就业渠道，提高残疾人职业技能水平和平等参与社会的能力，礼贤镇成人学校联合镇残联举办首期残疾人电脑培训班。培训班由学校计算机教师对计算机基础知识等初级内容进行详细讲解，学员们都非常专心听课，认真做好笔记，善于学习，勤于思考，学习气氛十分浓厚。学习结束时，他们纷纷表示非常感激党和政府的关怀，感谢社会各界人士的帮助，在今后的工作中，以此次学习为动力，克服身体残疾限制，用勤劳

的双手,奋力拼搏,积极进取,创造幸福生活。

(侯伟)

【学校基地接受考察指导】 12 月 11 日,

北京市教委职成处副处长陈斌、房山区职成科科长、房山区社区教育中心主任来到学校金属画基地参观指导工作。自礼贤镇成人学校建立金属画基地以来,得到北京市教委职成处大力支持。

(侯伟)

【参加首届北京青年创新创业博览会】 12 月 6 日至 10 日,礼贤镇成人学校参加首届北京青年创新创业博览会。该校外聘请教师培训本镇农民,利用废旧易拉罐制作手工艺品被列入由团市委、市科委、市教委、国资委等单位在中华世纪坛举办"创新十二五 创业新北京——北京青年创新创业博览会"。共有 123 个创新项目参加首届北京青年创新创业博览会。

(侯伟)

特殊教育

【概　述】 2011 年,大兴区公立中小学共有随班就读学生 286 人,其中,小学有检测鉴定证明的 206 人,中学有检测鉴定证明的 80 人,分布在全区 58 所普通学校,采取随班就读方式学习。中小学承担随班就读工作的教师 839 人。区教委认真贯彻落实《北京市“十二五”时期儿童发展规划》中提出的特殊教育发展目标和《京兴教发[2004]22 号大兴区教育委员会关于开展残疾儿童少年随班就读工作的实施意见》等文件精神,坚持以人为本,落实科学发展观。加强对随班就读工作的领导,加强对随班就读工作的检查和巡回指导,并给予必要的经费支持。为了推动随班就读工作的深入,组织开展了“随班就读课堂教学评优活动”、“随班就读教育教学论文评比活动”,出版了《大兴区随班就读论文集》和《大兴区随班就读案例集》。以提高残疾儿童少年社会适应能力为重点,开展了“随班就读课堂教学有效性的研究”,取得了一定的实效,为进一步推进随班就读工作的深入开展创造了条件。

2011 年,大兴区有特殊教育学校 1 所,教学班 9 个,毕业生 0 人,招生 6 人,在校生 60 人(外省市 7 人),教职工 28 人,其中专任教师 24 人;残疾儿童入学率 99%,巩固率 100%。

特殊教育中心占地面积 3294 平方米、建筑面积 2584.85 平方米、体育场馆面积 1254.42 平方米。图书室藏书 0.1 万册。固定资产总值 650.78 万元。全年教育经费投入 434.60 万元,其中,国家拨款 349 万元。学校信息化经费投入 16.33 万元,拥有计算机 53 台,多媒体教室座位 9 个,普通教室 9 个、专用教室 8 个。教职工 28 人,其中,副高级职称 1 人、中级职称 18 人。专任教师 24 人,包括本科以上学历 20 人。开设教学班 9 个。该中心遵循“以中心的发展为中心,以教师的发展为基础,以学生的发展为目的”的办学理念,坚持“以服务育人、管理育人、教育育人。以科研为抓手,不断深化课程改革,优化学生潜能,发展学生特长,为学生健康生活和未来发展奠定基础,不断提高学生适应社会和融入社会的能力,全面提升教育教学水平。”

该中心被评为大兴区教育领导干部远程培训优秀单位、大兴区教育系统 2010－2011 学年度先进基层党组织。

网址:www.tejiao.daxingedu.cn。

（刘健）

【启动期末考试改革实验】 1 月 10 日,大兴特教中心期末考试改革实验启动。学生期末考试分为试卷笔试和期末能力展示两部分。两部分成绩按比例记为学生期末成绩。笔试部分从生活语文、生活数学、常识三个学科对学生掌握基础文化知识进行检验;能力部分以教育成果展方式呈现,邀请家长参加观看。学生以班级为单位在知识能力、生活情景表演、手工制作、歌舞表演等项目中展示他们适应生活、掌握技能和体验快乐的综合能力。此次实验,对学生的心理、生理、智力、情感、行为,态度、学习过程、学习方法等方面进行全方位的综合性评价。

（刘健）

【召开新学期工作会】 2 月 18 日,大兴特教中心召开新学期工作会。会上,中心主任张德胜对本年度工作总体思路进行解读:团队逐渐走向规范,形成一定的凝聚力、态度积极并相互理解。制定特教中心团队绩效发展五步走战略规划,即:“一条主线、二个目标、三项工作、四个核心、五个完善”,帮助团队结构稳定下来,力求实现团队均衡、达成共识,取得团队绩效。各部门分管领导对学校博客建设、教师培训、综合实践活动课程、团队心理疏导等十五项工作规划做具体部署，提出明确要求。全体教职工 28 人参加会议。

（刘健）

【召开教职工大会临时会议】 3 月 2 日，大兴特教中心召开第三届教职工大会第二次临时会议。工会主席主持会议。大会讨论通过首届《"特教名师"工程实施方案》、第一届《校级骨干教师评选方案》、第一届《骨干班主任评选方案》多项议案。中心主任张德胜做大会总结，指出：为中心更好发展，将为教师搭建更广阔平台，教师多学习、多深造，把自己的经验、知识向外传播，充分发挥自己的优势，为特殊教育的发展做出自己的贡献。全体教职工 28 人参加会议。

（刘健）

【进行校内安全大检查】 3 月 4 日，特教中心领导班子在"两会"召开之际进行校园安全大检查。检查依照学校安全制度要求，重点检查教学楼内水电设施、校园内外的灭火器、监控设施等项目，大部分项目符合要求。检查发现存在小部分灭火器过期、摆放位置不正确、洗手间漏水等问题。领导班子针对问题督促各部门负责人及时整改。

（刘健）

【召开党员会】 3 月 7 日，大兴特教中心召开全体党员会议。书记张德胜宣读特教中心党支部工作计划，指出：中心将以科学发展观为指导，提高党的建设科学化水平，加强和改进党的思想、组织、作风和制度建设，增强党组织的凝聚力和战斗力；加强党员队伍和教师队伍建设，提高整体素质；塑造"特教文化"，开展"好党员、好习惯、好人生"主题活动，提供思想和组织保证。要求全体党员要养成四个好习惯，学会"四个正确面对"，并在责任区内积极发挥作用，带动身边教职工努力学习和工作。党员和积极分子 16 人参加会议。

（刘健）

【调研职业康复站工作】 3 月 17 日，大兴区残联、区关工委、区教委小教科领导到特教中心调研职业康复站工作。调研分座谈和实地参观。中心主任张德胜就学校整体情况、教师队伍建设、送教上门、随班就读及职业康复站工作做汇报。区残联理事长李艳芬针对开展职业技能康复培训，全面提高残疾人整体素质，提升残疾人参与社会、融入社会、奉献社会的能力等问题提出自己想法。区残联、区教委领导参观职业康复站工作间、康复训练室、日间照料室等基础设施，对职业康复站的工作项目和销售难题提出有效建议。

（刘健）

【开展教学沙龙活动】 3 月 26 日，大兴特教中心开展"如何有效制定个别化教育计划"为主题的教学沙龙活动。该活动由沙龙成员杨国京主持，旨在借助沙龙平台，促进新老教师沟通，交流实践经验、破解课改疑惑，促进教育教学工作深入开展。活动中，教师对个别化教育计划中的教学目标统整表、匹配表、教学内容选定等问题进行探讨。20 名任课教师参加活动。

（刘健）

【组织校级骨干教师评选】 4 月 11 至 21 日，大兴特教中心组织第一届校级骨干教师评选工作。评选要求：参评教师从事教学工作 3 年以上，具有大学专科学历，年龄在 45 岁以下；能承担或参与区级及以上科研课题。评选办法：候选人进行备课、说课、上课、评课等四项全能赛，并提交近三年工作业绩和一篇教学论文，经学校考核小组综合评定。该活动有 12 名教师参评，最终评选出 3 名骨干教师。

（刘健）

【**成立家教协会**】 4 月 19 日，大兴特教中心成立家教协会。成立协会旨在为学生营造和谐健康的成长环境，促进家长教师间的相互交流，增进家长之间的团结互助，让家长作为主体身份主动参与班级教育管理，协助班级开展活动，重新认识家长在学校教育过程中的角色、地位、职责，有效整合家庭、学校的资源。协会主要工作有：组织家长培训、定期开展家长教师教育经验座谈会、个案指导、辅助学生实践活动等。特教中心主任张德胜任协会会长，副主任赵红影及学生家长李燕敏任

协会副会长，张红蕾、李春英等 11 人为家教协会委员。

（刘健）

【**召开主题教育大会**】 4 月 25 日，大兴特教中心召开“党风廉政建设”、“珍惜岗位、廉洁履职”主题教育大会。会议由主任张德胜主持。会上学习区教委文件精神，分别与中心副主任、各部门负责人及全体教师签订党风廉政建设责任书。对党员干部提出三点要求：一要加强学习，提高认识，增强反腐倡廉的责任感和自觉性；二要明确责任，认真执行党风廉政建设责任制；三要自重自省，严于律己。张德胜宣读《大兴特教中心开展“珍惜岗位、廉洁履职”主题教育实施方案》，要求中心干部教师增强服务大局意识、爱岗敬业意识、从政风险意识，从我做起、从身边事做起，珍惜岗位，防微杜渐，做好本职工作。全体教职工 28 人参与会议。

（刘健）

【**“十二五”市级科研课题开题**】 4 月 28 日，大兴特教中心“十二五”市级科研课题《特殊教育学校教师工作压力与心理调节问题研究》开题。研究旨在充分了解教师心理压力，有效帮助教师舒缓压力，达到办好优质特殊

教育目标；了解教师心理世界，创造健康有益的工作和学习环境。课题实施时间为 2 月至 12 月，采用培训、讲座、论坛、网上咨询、读书博客及心灵成长工作坊等形式进行。特聘请北京市教育协会特殊教育研究会会长周月霞、北京特教专家曹家启、大兴区教师进修学校副校长孙国强、副校长王永庆、科研室主任魏希芬、德育研究室主任汪克良组成课题专家组指导课题研究。

（刘健）

【**举办残疾人融合运动会**】 5 月 13 日，大兴特教中心与兴丰街道、大兴六小联合举办主题为“快乐融合与爱同行”残疾人融合运动会。该活动旨在通过体育运动，丰富社区残疾人与特教中心学生文化生活，激发他们参与体育运动的热情，融入社会享受健康生活。运动会设置滚球、丢沙包、套圈、托球跑等 15 个竞赛项目，共评出一、二、三等奖 63 名。兴丰街道 11 支运动员代表队，大兴六小部分师

生和特教中心全体师生共220人参加融合运动会。

（刘健）

【开展特殊教育专业培训】 7月9日至8月8日，大兴特教中心在暑期组织教师开展特殊教育教师专业培训。培训包括：蒙台梭利教育法、理论知识与蒙氏六学科的教具操作；感觉统合器械操作、实践训练；奥尔夫音乐等内容。该活动旨在促使教师掌握专业技术，利用好校内蒙台梭利、感觉统合、奥尔夫等专业设备，通过专业特殊教育教学活动的开展，为学生提供有效教育环境，教育康复结合促进残疾儿童的优势发挥、和谐成长。活动为期28天，共有25人参与，全部结业并取得教师任职资格证书。

（刘健）

【参加“全国特奥日”活动】 7月20日，大兴特教中心师生与家长20人参加“全国特奥日”活动。活动主题是“家庭的参与，让特奥更精彩”。活动由北京市残联组织，在北京市残疾人体育训练职业技能培训中心篮球馆进行。活动以竞赛形式开展，每个家庭以一位家长、一个特奥运动员为单位共同参与高尔夫球、定点投篮、沙包掷准等特殊奥林匹克运动项目。

（刘健）

【召开课程改革实验研讨会】 9月15日，大兴特教中心召开课程改革实验研讨会。会议对《大兴特教中心运用蒙台梭利教育理念进行课程改革实验方案》（讨论稿）中的实验项目、研究方法、教材、与传统教法的区别、实验范围与规模、实验的结果等多方面问题进行探讨。研讨会在实验项目可行性，教材应采用蒙台梭利教材与现用结合，实验要在低学段进行，研究结果以校本教材和论文的方式呈现等方面达成共识，部分内容还需要调整。学校中层以上干部12人参加研讨会。

（刘健）

【开设新课程】 9月20日，大兴特教中心开设新课程。课程实验按照《培智学校义务教育课程标准》规定设置课程名称，严格执行课程设置比例。低学段课程变化：原课程生活语文、生活数学、生活适应、绘画与手工、劳动技能相对应进行蒙氏语文、蒙氏数学、蒙氏日常、蒙氏美工、蒙氏日常，并使用蒙氏教具和教材。低、中、高年级的运动与保健、康复训练两个学科根据学生情况合理进行体育运动和感觉统合训练。唱游与律动进行奥尔夫音乐教学法。课程由取得蒙氏教学任职资格的教师担任。学生期末评价考核为笔试、能力展示和教具操作三部分组成。

（刘健）

【开展听推门课活动】 10月10日，大兴特教中心领导班子成员走进课堂听低年级三节推门课。听课旨在了解课程改革实施情况，探讨教学中的疑难困惑、解决硬件设施设备和教师需求等。课后班子成员与教师对教学中走线活动、毯上活动、操作手法、课堂常规和备课细节等问题进行深入探讨。

（刘健）

【对特殊教育教师进行基本功考试】 10月14日，大兴特教中心进行特教学校教师基本功理论考试。由北京市特教中心统一出题，

区教委小教科领导和中心主任张德胜监考。特教中心50岁以下教师22人参加考试，全部达标。该活动是《北京市特殊教育学校教

师基本功工作方案及考试工作安排》的一部分，另一部分是教师基本功展示，包括：教师核心专业知识、展示制订的个别化教育计划、教学设计、说课和答辩五个内容。各校预先比赛，按名额分配评选出优秀教师参加市级比赛。

（刘健）

【开展培训活动】　10月21日至12月30

日，特教中心开展“LTC领导力团队教练”培训活动。该培训旨在打造提升教师专业队伍，促进团队和谐。培训内容包括：掌握SMART目标设定、5R教练技术、3F聆听技术、意识地图、领导力模型、4P性格解析等专业教练技术。采取集中讲座、小组讨论、组员互动等学习形式，以作业呈现、现场交流汇报进行考核。活动为期三个月，每两周一次，特教中心有25位教师全程参与，并取得结业证书。

（刘健）

【开展安全防火知识培训】　11月7日，大兴特教中心开展安全防火知识培训。消防队主讲员从消防知识、消防意识、消防工具三方面向大家讲授防火、灭火基本措施，消防器材的分类和使用，以及逃生自救知识等内容。全体教职工28人参加培训。

（刘健）

【举办美颜专题讲座】　11月14日，大兴特教中心举办“打造魅力女性，享受智慧人生”讲座。讲师从四季养生、服饰搭配、美颜技术等方面为女教师传达时尚与魅力女性的生活、工作方式，为教师在忙碌的工作中照顾自己、关注自己提供操作方法。女教师21人参与活动。

（刘健）

【开展“爱心心连心、奉献手拉手”活动】　11月19日，大兴特教中心家长教师协会与中国妇女发展基金会“心灵财富基金”专项组联合举办“爱心心连心、奉献手拉手”培训活动。活动旨在打开孩子、家长、教师眼界，树立孩子自信心、感恩心，懂得感恩家长、感恩学校、感恩社会。家长和学生在义工带领下进行抛接桔子、表达感谢、过圈、活动感言等集体互动活动。学生、家长60余人参加活动。

（刘健）

【表彰优秀班级】　11月21日，大兴特教中心对本周获得“天使班”称号的优秀班级进行表彰。包括：环保天使班、美德少年天使班、文明守纪天使班。该评比活动由中层以上领导每周对班级卫生、文明礼貌和日常行为三大项15小项进行评比打分，优胜班级周一表彰，流动红旗挂在班级门口。该活动旨在规范和完善同学自身行为，为班级、校园营

造积极和谐氛围。全校师生80人参与活动。

（刘健）

【举办儿童行为发育障碍讲座】 11月24日，大兴特教中心举办关于儿童行为发育障碍讲座。三位专家讲解孤独症的病因和如何面对自己的孩子，介绍数码听觉统合训练、数字化行为训练治疗、感觉统合训练治疗、植物芳香治疗、应用行为分析、结构化教学、语言治疗、自主交往训练等先进的康复医疗手段。特教中心也将通过与融合教育基地的合作发展成为儿童行为发育障碍方面的专业学校。教师、学生家长50人参加学习。

（刘健）

【举办童叟书画笔会活动】 11月26日，大兴特教中心举办“迎新年，献爱心，童叟书画笔会”活动。邀请大兴老年书画研究会的十几位书画会员参加。书画会员与学生互动一同挥笔泼墨作画、写字，留下“春蚕吐丝尽，蜡烛泪始干。莫道耕耘苦，吾本特教人”、“践行北京精神传承中华美德”、牡丹图、荷花图等30多幅书画作品。80余人参与此次活动。

（刘健）

【开展教师基本功展示活动】 12月19至23日，大兴特教中心开展教师基本功核心专业技能展示活动。活动分教学设计、个别化教育计划、说课和答辩四部分内容。全体教师均为评委参与打分，采取四项比赛内容累计得分，最终评出综合能力一等奖两名，推选参与市基本功比赛，单项一等奖4名，校内给予表彰和鼓励。45岁以下教师16人参加此次活动。

（刘健）

【举行元旦联欢会】 12月31日，大兴特教中心举行“新年钟声，心的脚步”元旦联欢会。中心主任张德胜致辞，学生在教师协助下表演诗朗诵《同在蓝色星球上》、表演唱《爱是你我》、舞蹈《粉刷匠》、《幸福拍手歌》等近20个节目。全体师生与家长80人参加活动。

（刘健）

民族教育

总　类

【概　述】 2011 年，大兴区少数民族学校小学有 6 所，中学 1 所，幼儿园 1 所，分别是礼贤第一中心小学、安定中心小学东白塔民族小学、黄村镇第一中心小学狼各庄民族小学、榆垡第一中心小学留士庄回民小学、榆垡第二中心小学崔指挥营回民小学、庞各庄第一中心小学薛营回民小学、礼贤民族中学、大兴区民族幼儿园。有少数民族学生 379 人。此外，全区还有少数民族学生 2715 人，分布在全区 87 所学校（含完小）就读。

2011 年，区教委认真贯彻第四次全国教育工作会和全国教育工作会议精神，努力做好民族教育工作，促进民族融合，以建党 90 周年为契机，坚持“深化民族教育改革”和“保持民族特色”相结合，把民族教育纳入“十二五”发展规划，制订加强学校民族工作意见，定期召开民族学校工作会议，传达相关民族政策；投入资金，改善民族学校的校园环境及硬件设施、配备，使民族学校在主要项目上均已达到北京市小学办学标准的条件要求；对民族学校的领导干部进行定期培训，提高其管理能力；与其他区县的民族学校建立手拉手关系，借鉴先进的民族教育工作经验。

学校从民族教育特点出发，结合学校教育工作，有阶段地开展民族教育活动。礼贤第一中心小学开发具有回族特色的《民族采风》、《民族工艺》、《民族体育》、《民族音乐》等系列校本课程，创建民族传统文化长廊，介绍民族风俗文化，增进师生对祖国多元文化和理解。安定中心小学东白塔民族小学以“传承民族文化”为切入点，以武术和书法为突破口，与北京市牛街民族武术社合作成立“牛街民族武术社青少年训练基地”，与北京市北海诗书画院合作成立“北海诗书画院东白塔分院”，打造“文韬武略”的民族教育特色。兴海学校以民族教育为特色，开展民族教育进社区、班级民族文化建设等活动；礼贤民族中学开展民族趣味体育运动会等活动；北师大大兴附中以青海内地高中班教育教学为抓手，开展民族团结教育活动。其它学校根据本地民族文化特色，开展丰富多彩的民族文化教育活动，促进民族融合。2011 年，礼贤第一中心小学和兴海学校被评为“北京市民族团结教育示范校”。

（李春岭　杨清华）

【礼贤一小开展家访活动】 1 月 19 日，礼贤一小开展“走进学生家庭，全面了解学生”主题家访活动。全体正、副班主任教师共 26 名参加。教师们走进 146 个家庭，和家长们了解学生在家表现、优势和不足，听取家长对学校工作意见、建议。家访活动，为教师与家长架起桥梁，使教师全面了解了学生，学生与家长对教师工作有更新认识，拉近家校距离，为开展教育工作奠定基础。

（张秀芝）

【礼贤一小清明节扫墓活动】 4 月 2 日，礼贤一小48名少先队员人来到民族英雄刘文才烈士墓前进行清明节祭扫活动。内容有介绍刘文才英雄事迹，学生代表敬献花圈。少先队员们向烈士墓碑前宣誓：继承革命遗志，

发扬革命精神，努力学习，奋发向上，成为新一代接班人。

（杨彬）

【崔指挥营回民小学开展主题教育活动】 4月28日，榆垡镇第一中心小学崔指挥营回民小学开展“踏青植树，航天科普伴我行”主题活动。活动旨在通过队员们共同参与，挑战自我，智慧比拼，团队协作，让队员融入大自然，了解自我，享受快乐。活动内容有：参观中国古代农具展馆，了解中国古代农具知识；观赏梨花，学习梨树知识；参观航天科普教育基地，观看模拟发射火箭过程；进行拓展训练，项目有森林攀爬（艰难险阻、登峰造极、背水一战等）、智过趣桥、翻山越岭、自过晃桥、进退两难等勇敢者道路，三国、东吴军队拓展训练，以及轮胎阵：如翻山越岭、智过障碍、勇闯天险等挑战项目。该校五年级的9名同学参加活动。

（焦深麟）

【狼各庄民族小学举办民族趣味运动会】 4月29日，黄村镇第一中心小学狼各庄民族小学举行民族趣味运动会。运动会旨在展示学生精神风貌，推动学校民族体育活动开展，丰富学校师生文化生活。运动会上，一、二年级比赛项目是角球；三至六年级比赛项目是绫球、夹包。角球在北京古代叫做击桡，在近代叫打靶或者粘包。绫球运动是根据北京满族、回族“拽包”活动，而形成的一项体育运动项目。共314名学生参加运动会。

（张秀娥）

【养成教育交流走进礼贤一小】 5月16日，由大兴教委小教科领导、进修学校德育教研室教研员和各小学德育干部共14人，走进礼贤一小荆家务完小，参加养成教育交流活动。中心校校长、荆家务完小领导全程参与。德育干部们深入课堂感受学校课堂常规养成教育成果，参观校园环境和班级文化，观看学生诵读《弟子规》《论语》《孟子》等国学内容，听取德育干部工作汇报，参观学校心理小屋，多功能教室，阅览室等。

（刘福江）

【畅言英语语音实验项目到礼贤一小调研】 5月19日，礼贤一小迎来区教委小教科、进修学校小教研英语教研员和科大迅飞信息科技股份有限公司工程师共3人，对“畅言英

语语音实验”项目进展情况进行调研和指导。该校校长和全体英语教师共 20 人参加活动。由该校教师上一节《Unit 11 uncle jack’ farm》课；教研员对教具使用情况进行点评与指导；该校教师谈教具使用的优点及困惑；工程师进行教具使用培训。活动使该校英语教师对“畅言英语语音实验”项目在促进小学英语课堂教学上有更深刻认识，对教具使用有进一步了解。

（张秀芝）

【礼贤一小开展英语交流活动】 10 月 11 日，礼贤一小组织 11 名英语教师参加英语大组教研活动，接受进校教研员工作指导。活动内容有：两位教师分别谈五年级故事教学及四年级词汇教学，教师对于新教具使用进行研讨交流，教研员对该校新教具使用进行指导。

（张秀芝）

【礼贤一小启动常青藤智力体操活动】 10 月 21 日，礼贤一小孙营完小举行中国国际象棋协会“常青藤智力体操”启动仪式。中国国际象棋协会邱梁平女士等一行 7 人参加，并且代表棋协向学生赠送 40 副国际象棋。随后，三至六年级 72 名学生现场对弈。“常青藤智力体操计划”是中国国际象棋协会联合地方教育局在中小学生中推广的每周一次的课间智力对弈计划。这项活动旨在通过与传统教育体系有机融合的方式，充分发挥国际象棋的社会性情景模拟体验作用，完善中国青少年儿童的素质培养体系。该校是此计划首批试点学校之一。

（刘广阔）

【薛营回民小学接受落实常规教育检查】 10 月 25 日，庞各庄第一中心小学薛营回民小学接受大兴区少工委“落实常规教育”检查。检查旨在查看学生良好行为习惯养成成果。少工委检查组成员听、评 6 节常态课，包括 3 节语文课、1 节数学课、1 节科学课、1 节

班会；观看学生藏头诗、手抄报作品、石头艺术画等展示，观看穿大鞋、推铁环、跳绳等民族体育项目展示，还观看学生课间活动，有六年级羽毛球、五年级跳长绳、四年级推铁环、三年级跳房子、一、二年级扔沙包等。检查组肯定该校落实常规教育工作。落实常规教育活动，提升该校教师贯彻常规、落实常规意识，促进学生养成良好行为习惯，为将来成长奠定基础。

（薛东爽　石佳）

【礼贤一小开展抓好一日常规培养一生习惯交流活动】 10 月 25 日，进修学校副校长汪克良同 10 位德育干部来到礼贤镇孙营完小进行“抓好一日常规、培养一生习惯”交流活动。内容有听该校一至六年级数学、语文、心理 6 节课，检查学生上课习惯和班级文化，观看有 45 名学生组成的国学诵读、折纸、英语、国际象棋、空竹、绫球等小社团活动展示，参观该校专栏，专用教室，办公室、校园环境，听该校辅导员老师工作汇报等。

（刘广阔）

【薛营小学教师参加教学大赛获佳绩】 10月31日，庞各庄第一中心小学薛营回民小学的三位教师在北京市第四届“巨人杯”民族小学青年教师教学大赛中获奖。其中两位教师荣获一等奖；一位教师荣获二等奖。该项赛事由北京市教育学会民族教育研究会主办、北京巨人文化发展有限公司文化艺术培训学校赞助、宣武区回民小学承办、宣武分院小学教研室协办。本次比赛全市有五十余所民族教育学会理事学校、140多名教师参加，共有11个主题教育活动，15节民族团结教育课，18节语文课，12节英语课，11节数学课。大赛评出优秀组织奖10名，一等奖25名，二等奖24名。

（薛东爽　石佳）

【接受区教育督导室规范化验收】 12月1日，大兴区人民政府教育督导室一行10余人，来到榆垡镇第二中心小学崔指挥营回民小学进行规范化验收。工作内容包括：听取学校工作汇报，抽样检测学生动手、审美、信息技术应用等能力，查阅相关工作档案资料，对领导干部、部分教师进行个别访谈，听语文、科学等6节课，查看专用教室配备、管理、使用情况和校园环境等。验收结果是该校达到规范要求，验收合格。

（柳月梅）

【礼贤一小举行攀登英语家长开放日】 12月22、30日，礼贤一小举行攀登英语教学开放日活动。60多名学生家长受邀走进课堂，和孩子们一起感受攀登英语。该校一名英语老师执教一节攀登英语课，向家长们介绍学校开展攀登英语教学活动情况，各班家长交流自己在家辅导孩子攀登英语学习经验。活动旨在密切家校联系，使家长对攀登英语有进一步了解。

（张秀芝）

民族教育学校

大兴区民族幼儿园

【概　述】 2011 年，北京市大兴区民族幼儿园为北京市一级一类幼儿园。为日托制。占地面积 2733.11 平方米，建筑面积 1990.41 平方米。固定资产 1984584.72 万元。全年教育经费投入 349 万元，其中国家拨款 9914.55 万元。普通教室 13 个。教室内设有电视、电脑等教学设施。教职工 30 人，其中教师 25 人，保健员 1 人；大学本科 17 人，专科 11 人；小学高级教师 13 人。开设 7 个教学班，其中小班 3 个、中班 2 个、大班 2 个。幼儿入园 101 人，离园 69 人，在园 246 人。

网址：http://minyou.9ye.com/

该园园训：团结、友爱、真诚、创新。办园理念“以师幼健康为先，以民族团结为重，以品德育人为基础，以智力开发为主线，让幼儿健康快乐每一天。”园徽主体由两个牵手的小朋友依偎在老师的怀抱中，整体组成一个心的形状，心心相印，环环相扣。体现了该园一直秉承的团结互助、尊老爱幼、无私奉献的优良传统，突出了友情、亲情、师生情。师幼关系和谐，形成了以爱为主线的园所文化。园徽的颜色，由三原色组成，醒目亮丽，体现孩子的纯真、可爱、活泼。

2011 年，该园荣获全区学校年终安全评比考核工作优秀单位；“红歌献给党”红五月歌咏比赛二等奖及最佳创新奖；教师才艺大赛朗读比赛集体三等奖；大兴区教育系统内部审计工作先进单位。

（王美娟　毕文静）

【庆三八礼仪培训活动】 3 月 5 日，幼儿园举行庆“三八”礼仪培训活动。活动旨在提高教师品味，享受多彩生活。活动分五个组，结合该园实际情况与幼儿教师职业特点，从社交礼仪、餐桌礼仪、公共场所礼仪、做客与待客礼仪、丝巾系法等方面做讲解与演示。34 名教师参加培训。

（毕文静）

【开展消防安全知识讲座】 3 月 24 日，幼儿园举办消防安全知识讲座。该园邀请北京市友安防火中心宣传员为教职工讲解“消防安全”知识。活动旨在让教师树立防控意识，确保园所消防安全。宣传员用照片、数字、文字讲解消防安全重要性和必要性。34 名教师参加活动。

（王美娟）

【开展读书日专题活动】 4 月 22 日，民族幼儿园开展“书香伴我成长”读书日专题活动。

活动由该园业务部门组织。旨在4·23世界读书日到来之际，营造读书氛围。活动面向全园6个班，共计192名幼儿及其家长参加，各班小朋友积极借阅图书。

（王美娟）

【开展绿色出行活动】 5月3日，民族幼儿园开展“绿色出行　你我同行”宣传活动。此活动由该园教工团支部组织，在大门口举行。9名团员利用早晨幼儿来园时，向幼儿家长发放“绿色出行　你我同行”宣传材料，倡导“三公里步行、五公里骑车、十公里公交”低碳出行。此次活动旨在提高思想认识，增强环保意识。

（王美娟）

【开展幼小衔接活动】 5月16日，幼儿园组织大班幼儿赴大兴二小参观。活动旨在让幼儿提前了解小学生活，为幼儿顺利适应小学生活做铺垫。活动由业务园长联系并组织，有10名教师、69名幼儿参加活动。幼儿在老师带领下，带着老师事先布置的任务和自己想了解问题，参观大兴二小升旗仪式、观摩一年级小学生上课、参观计算机室、户外操场及运动器材等，还与小学生进行交流。

（毕文静）

【开展博爱在京城募捐活动】 5月20日，民族幼儿园开展“博爱在京城　博爱在大兴”募捐活动。活动旨在帮助贫困家庭和看不起病的孩子。活动由该园工会组织，全园34名教职工，129名幼儿在家长的带领下献出爱心，共募集善款2278.6元。

（王美娟）

【向党的生日献礼】 6月30日，大兴区民族幼儿园全体党员与幼儿一起制作小花朵，组成一面党旗，向党的生日献礼。该活动由幼儿园党支部组织，在小会议室及各年龄班同时进行，全园师生200余人，利用皱纹纸制

作红花和黄花，组成一面党旗。此次活动旨在用实际行动感染熏陶下一代，庆祝党的生日。

（毕文静）

【开展应急救护技能知识培训】 8月27日，幼儿园开展应急救护技能知识专题培训。培训旨在提高自我保护意识；学习应急救护知识；掌握自救互救技能。培训由北京市综合应急志愿服务总队先遣急救队队长赵晨主讲，分为“急救原则”、“心肺复苏法”、“如何止血”、“创伤的处理与包扎”、“地震、火灾发生后如何进行自救和互救”、“突发疾病如何预防及病前征兆”等专题。全园34人参加。

（王美娟）

【开展民族课程观摩课活动】 10月21日，大兴民族幼儿园开展民族课程观摩课活动。

活动由该园课题负责人做观摩课——小格桑（大班舞蹈创编活动）。观摩课分为献哈达，赏藏族舞蹈和根据歌词创编舞蹈动作三部分。全园24名教师参与活动。

（毕文静）

【确立园本课程主题】 10月22日，民族幼儿园组织教师研讨，确立“园本课程”主题。活动由园长牵头，业务园长介绍园本课程研究背景，分析该园现状。根据该园现有少数民族实际情况，确立以“民族特色教育”作为园本课程主题。活动采用现场交流形式，教师代表10人参与活动，发表建议10份。

（王美娟）

【开展广播操展评活动】 10月24日至30日，民族幼儿园开展教师广播操展评活动。

教师分年龄班进行广播操及民族舞蹈展示，34名教师参与投票。三位教师获得动作规范奖，四位教师获得最佳表现奖。

（毕文静）

【开展弱视筛查活动】 11月22日，幼儿园开展弱视筛查活动。邀请光彩明天儿童眼科医院医生进行筛查。活动旨在预防儿童弱视，掌握科学护眼知识，让患有眼疾的幼儿尽早得以确诊医治，使他们能够健康快乐地学习生活。受邀医生对该园中大班124名幼儿进行弱视筛查，初步筛查有10名幼儿患有不同程度眼疾，园所保健室一直关注10名幼儿后续确诊及治疗，向教师、家长发放科学护眼知识。

（王美娟）

【开展北京市双一园开放周活动】 12月1日，大兴区民族幼儿园开展北京市双一园开放周活动。区内十一建华、采育一幼等8所幼儿园园长和教师共计38人，参观该园环境创设，观摩区角活动、教育活动和户外广播操，并与该校教师交流。

（毕文静）

大兴区安定镇东白塔民族小学

【概　述】 2011年，安定镇东白塔民族小学占地面积14430平方米，建筑面积2094平方米，武术馆面积200平方米。图书馆藏书0.7033万册。固定资产总值376.94万元。学校拥有计算机68台，多媒体教室座位260个，校园网出口总宽带100Mbps，信息技术课时每周2课时。普通教室6个，专用教室6个。在校生141人，开设教学班6个。教职工14人，其中，中级职称9人，专任教师14人，本科以上学历9人。区级学科带头人1人，区级骨干教师2人。

学校以“传承民族文化”为切入点，以“武术”和“书法”为突破口，以“多元发展、全面育人”为宗旨，打造学校“文武特色”的民族教育之路。

2011年，学校荣获“全球功夫网杯”北京市中小学武术集体项目第二名。

（薛艳）

【举办消防知识讲座】 3月11日，东白塔民族小学举办消防安全知识讲座。讲座旨在帮助全校师生认识：隐患险于明火，防范胜于救灾。由北京永安宏泰防火咨询服务中心人员主讲，重点讲解各类火灾的诱发原因及如何进行防火、灭火、逃生、自救等基本知识，并于现场演示常见灭火器、应急消防设备的正确操作应用方法。全校师生160人参加学习。

（薛艳）

【开展“文明礼仪伴我行”活动】 3月14日，安定中心小学东白塔民族小学开展“同创文明校风　共建和谐校园——文明礼仪伴我行”活动。内容是对学生们在学习方面、行为习惯等方面提出要求，评选“优秀班集体”和“校园之星”活动，全体师生在“同创文明校风，共建和谐校园”条幅上，签下自己姓名，许下一份郑重承诺。全校师生160人参加活动。

（薛艳）

【举行跳绳、踢毽比赛】 3月31日，东白塔民族小学举行跳绳、踢毽比赛。比赛项目包括踢毽、单摇跳、双摇跳、单人编花、八字穿梭跳5个项目。经过比赛，各个单项决出前三名，并且产生班级团体总分前三名。全校学生共160人参加比赛。

（薛艳）

【举行“地书”比赛活动】 4月1日，安定中

心小学东白塔民族小学开展“地书”比赛活动。“地书”是我国书法艺术中一个创造性的分支，就是一种把大地当纸的书法艺术。东白塔小学传承中华民族传统文化，让学生每天在固定时间进行“地书”练习，按月进行活动评比，每班选出10名小选手参加，5位评委老师根据书写内容、规范、创新等评比项目进行量化打分。共有60名同学参赛。

（薛艳）

【参加“京南杯”诵读大赛获奖】 4月23日，东白塔民族小学参加“快乐阅读，潜心思考，勤于实践，勇于创新”——大兴区第二届“京南杯”诵读大赛活动。比赛分为低、中、高年级三组。该校《感谢母亲》获低年级组一等奖；《我骄傲我是中国人》荣获中年级组二等奖；《纯净的蓝光》荣获读书征文比赛二等奖。还有6位教师分别获得小学教师读书征文比赛二等奖和三等奖。参加诵读比赛的师生共28人。

（薛艳）

【举行一日常规主题教育交流活动】 5月17日，安定中心小学东白塔民族小学举行“抓好学生一日常规　培养学生一生习惯”主题教育交流活动。大兴区教委小教科及进修学校德育教研室教师共15人参加。内容有：听取校长一日常规工作汇报，分别听取语文、数学、体育、音乐学科共6节课；观看武术表演及地书展示；参观校园环境及专用教室、心理咨询室；进行心理问卷调查。

（薛艳）

【开展教学交流活动】 5月27日，安定中心小学东白塔民族小学与本镇西芦各庄小学开展“骨干引领　共促提高”教学交流活动。

内容是由两校骨干教师讲授两节语文课，并进行评课。有10余位语文老师参加交流活动。

（薛艳）

【台盟市委领导慰问】 5月31日，台盟北京市委领导到安定中心小学东白塔民族小学进行慰问。给孩子们送来“六一”儿童节礼物和节日祝福，参观学校专用教室，观看该校武术队表演，与学生们一起做游戏。全校学生150人参加活动。

（薛艳）

【参加“全球功夫网杯”武术比赛】 11月12至13日，安定中心小学东白塔民族小学武术

队15人，在“全球功夫网杯”北京市2011年中小学生武术比赛中，获得集体项目第二名，

个人单项赛中获得七个奖项,其中一枚金牌、两枚银牌、一个第四名、一个第五名、两个第八名。这是该校第三次参加该项赛事。“全球功夫网杯”北京市中小学生武术比赛是由北京市教育委员会、北京市体育局主办,北京学生活动管理中心、北京市职教体育协会、北京少林武术学校、全球功夫网承办的武术赛事,每年举办一次。2011 年全市有 100 多所中小学及教育机构参加比赛,1000 多名选手参加。

(薛艳)

【开展查字典比赛】 11 月 19 日,东白塔民族小学进行查字典比赛。比赛限时 10 分钟,内容包括:写出字的音序、部首、页码、写出字典中第一个词语等。全校三至六年级 98 名学生参加比赛,经过 5 名评委依据时间、准确率、书写清晰等标准进行评判,评出“查字典小能手”12 名。

(薛艳)

【举行英语诵读活动】12 月 2 日,东白塔民族小学进行英语诵读活动。朗诵内容为每单元中课文、歌谣、歌曲。5 名评委从发音、语速、语音、语调及现场表现各方面进行评审,最终评出一等奖 2 名,二等奖 3 名,三等奖 4 名。全校 1 至 6 年级 150 名学生参加比赛。

(薛艳)

大兴区礼贤民族中学

【概　述】 2011年，礼贤民族中学占地42712平方米，校舍占地17282平方米，体育场面积21459平方米。图书馆藏书4.0万册。学校固定资产总值4803.48万元。全年教育经费投入1532.95万元(国家拨款)。拥有计算机363台，多媒体教室座位1440个，校园网出口总带宽100Mbps，数字资源量1200GB，“信息技术”课程1课时/周。普通教室31个，专用教室12个，实验室6个。教职工119人，其中，高级职称20人，中级职称79人。专任教师74人，包括大兴区学科骨干教师5人，大兴区骨干班主任2人，本科及以上学历78人。少数民族教师11人。开设初中教学班16个。初中毕业281人，招生129人，在校生515人，其中，少数民族66人，借读生32人，住宿生120人。

学校网址：http://lxmzzx.dxschools.cn。

学校树立“德育为首”理念，广泛开展各类主题教育和德育活动。抓好德育队伍建设，不断加强班团干部队伍建设，深入开展爱国主义、集体主义、革命传统教育，增强师生法纪、安全意识，提高师生心理健康水平；教学上实行目标管理，教师树立“向课堂要质量”意识，进行教学改革，加强校本教研，强化教学常规，执行课程计划，注重反思与交流，管理上做到以制度为本，坚持依法治校的理念；以教师为本，关心青年教师成才、鼓励和帮助教师脱颖而出；以学生为本，注重学生早期责任心、爱心、耐心、细心的引导和打磨，养成“四自五讲”（自觉、自爱、自主、自立；做人讲诚信，行为讲规范，学习讲勤奋，校内外讲形象，社会上讲公德）的行为和习惯；学校注重学生身心健康全面发展，先后开通当面咨询、电话咨询等渠道，帮助学生应对亲情隔阂、交友困惑、中考忧虑、青春期心理卫生等问题。

2011年，该校党支部被大兴区教育委员会授予“先进基层党支部”称号；被大兴区教育工会授予“工会工作先进单位”称号；荣获“北京市中小学校园足球比赛优秀组织奖”；

（郭建兵）

【举行安全疏散演练】 2月28日，礼贤民族中学组织全体住宿学生进行防震、防火疏散演练。旨在提高学生安全防范技能。过程分为各班主任给学生介绍防震、防火保护措施等知识、学生在班主任指导下进行应急疏散演习。应急避险演练时，当疏散命令下达，学生在教师组织下按照既定路线有序撤离，撤离过程中，学生能够按照要求不推挤和喧哗。演练结束后，负责领导进行分析和总结，班主任针对班级问题进行再教育。有168名学生参加演练。

（郭建兵）

【举办优秀作业展览】 4月1至2日，礼贤

民族中学举行"优秀作业展览"活动。旨在规范汉字书写，提升责任意识。展览中，学生们争相翻阅优秀作业，仔细阅览作文，欣赏英语漂亮书写并与周围同学交流讨论。他们对优秀作业赞不绝口，决心向作业优秀的同学学习。各学科共评出优秀作业115人次，全校751名学生参与作业展览活动。

（郭建兵）

【召开励志报告会】 4月9日，礼贤民族中学与北京工商大学联合开展"红色1+1"义务支教社会实践活动。旨在对学生进行励志教育。内容是接受大学生赠书、聆听三位大学生报告。大学生报告分别从中学生如何培养自己的世界观、人生观、思想觉悟、道德修养；如何学习、如何正确对待友情和爱情，如何缓解压力、有效学习等方面进行诠释，介绍当今大学生活，激发初中生对大学生活向往，

鼓励学生们加倍努力，为实现梦想而奋斗。全校850为师生参加报告会。

（郭建兵）

【组织爱心捐助活动】 4月11日，礼贤民族中学开展"送温暖　献爱心"捐助活动。全校117名教职工为新疆和田、内蒙古、江西、青海玉树地震灾区捐款4210元，送去爱心和温暖。

（郭建兵）

【举行党史知识竞赛】 5月3日，为纪念建党90周年，礼贤民族中学组织初一、初二年级学生，举行"迎接建党九十周年"党史知识竞赛。竞赛分初赛和决赛，初赛形式是书面选择题，共100道，内容是从1919年"五四"运动，到新中国解放以后的今天近百年来国内发生的重大事件，让学生回顾祖国百年历史，感悟中国共产党的伟大。两个年级329名学生参加初赛。48名学生进入决赛，结果评出一等奖6名，二等奖12名，三等奖30名。

（郭建兵）

【召开市级科研课题现场研讨会】 5月11日，礼贤民族中学迎来"北京市义务教育学生学业水平城乡差异分析及对策研究"课题组两位教研员，以及安定中学、采育中学、魏善庄中学共20名数学教师，和该校11名领导

和教师，听3节数学课，进行评课，开展教学研究，分析数学学科水平城乡存在差异，为课题研究做准备。

（郭建兵）

【召开教学工作研讨会】 8月26日，礼贤民族中学召开教学工作研讨会。研讨会是为总结经验，寻找不足，制定措施，提高成绩。会

上,分析上学期各年级考试情况,对薄弱学科提出改进建议。各年级主管就本年级情况宣读教学工作计划、方案,提交会议讨论、修订、通过,以指导新学期教学工作。共有47人参加研讨会。

(郭建兵)

【开展说课培训讲座活动】 9月28日,礼贤民族中学开展"说课"培训活动。邀请区进修学校中教研主任郭树林,为117名教师进行"说课"讲座。郭老师分别从"说课定义、说课类型、说课与备课上课关系、说课一般内

容要求、怎样说好一节课、准备说课一般过程等六个方面进行讲解指导,指出"说课答辩是对教师教学基本功的综合考察,是教师教学设计、实施、研究、评价等方面能力的反映"。

(郭建兵)

【学生走进社会大课堂】 10月28日,礼贤民族中学校组织学生进行社会实践活动。旨在让学生走进社会,了解历史,对学生进行

爱国主义教育。活动内容有参观圆明园、中国航空博物馆。450名师生参加活动。

(郭建兵)

【举办第五届校园文化节】 11月21日至12月21日,礼贤民族中学举办第五届校园文化艺术节。举办文化艺术节旨在弘扬校园文化,提高师生艺术鉴赏和表演水平,丰富学校文化生活,促进学生素质全面发展,充分体现"提高综合素质,共创和谐校园"的主题。文化节的内容有红歌合唱会、班级造型、独唱、舞蹈、朗诵、书法、绘画、剪纸、手抄报等三类9项。全校16个班500人参加活动,286人次获奖。

(郭建兵)

民办教育

总　类

【概　述】 2011年,大兴区有社会力量办学机构125所,在校生14 7223人(含培训机构在校生)包括民办中小学15所,在校生11533人;民办幼儿园20所,在校生5699人;86所培训机构,全年培训130455人次。

2011年,区教委民办教育工作坚持科学发展观,牢固树立为基层服务的宗旨,按照大兴区教委2011年的工作计划,结合区域发展情况,在大兴区十二五规划开局之年和“两区”不断融合的背景下,坚持规范和发展并重,以规范管理、制度创新和协调服务为重点,加大培训力度,不断提高教学质量,规范民办学校的办学行为,引导民办学校公益办学、特色办学、安全办学。培训形式有短期培训、全日制、寄宿制等多种形式;办学层次有中小学、幼儿园、高等教育助学和各级各类短期培训,涵盖学历教育、职业教育、学前教育;培训对象面向儿童、青少年、成人,培训内容有文化教育、艺术培训和各种岗位、资格证书培训。民办学校的发展,坚持立足于大兴区的实际,不断增强民办教育对大兴区经济社会服务贡献能力,满足人民群众对教育多样性的需求。在民办学校的日常管理中,坚持发展和稳定并重,通过年检工作、培训交流、组织抽查、信访监督、评优评先等形式,规范民办学校的办学行为,引导民办学校健康有序发展。涌现出东方时尚驾驶学校、十一建华幼儿园、红黄蓝幼儿园等一批办学特色突出、信誉高、社会知名的民办学校。

（宋长勇）

【布朗幼儿园参观海洋科普展】 3月5日,布朗幼儿园到大兴黄村参观海洋科普展。幼儿观看各种珊瑚、贝类及深海鱼类,并向教师提出各种疑问。活动旨在让幼儿了解各种海底生物的科普知识。167名师生参加活动。

（朱凤琳）

【中芯幼儿园签订科研课题协议】 3月22日,北京市中芯幼儿园与北京师范大学心理学院签订“儿童社会情绪能力项目课题”合作协议。内容包括:评估参与儿童各方面情绪能力发展情况,反馈给家长;为该园提供儿童社会情绪能力发展规律指导,设置培养训练课程建议与培训。

（蔡素凤）

【举行民办学校英语教师培训】 3月26、27日,大兴区民办教育服务中心和大兴区教委社教科联合举行“大兴区民办校英语教师培训”。培训由东方百闻教育集团百闻外语培训学校承办,主题为“如何提高课堂教学效果”,方式为理论讲解与课堂演示相结合,内容有如何使用多元化教学手段、如何利用读写课提高学生综合运用语言能力。共有28所民办校近100名英语教师参加。

（宋丽红）

【完成2010年民办学校年检工作】 3月31日,大兴区民办学校年检工作结束。全区共有112所民办学校按时参加。年检采取实地察看、查阅资料等方式，重点检查民办学校的办学条件、教学管理、后勤管理、执行政策和办学效益等方面，切实掌握民办学校的办学情况和存在问题。年检结果是：55所为合格；6所为基本合格；44所因存在问题被限期整改；7所学校正在变更之中。另外，4所学校由于办学条件差且未参加年检，办学许可

证到期失效；12所学校未按时参加年检，被暂缓年检。

（宋长勇）

【21世纪实验幼儿园开展中俄文化友好交流活动】 4月10日，21世纪实验幼儿园亦庄园开展“我是中俄文化友好交流小使者”系列活动。该活动由中国少年儿童出版总社主办、俄罗斯开心球公司协办。活动共分为两部分，包括“开心球儿童表演剧活动”及“我是中俄文化友好交流小使者绘画活动”。全园共300人参加。

（冯娟 明雪）

【21世纪实验幼儿园开展师徒结对活动】 4月13日，21世纪实验幼儿园亦庄园开展“手拉手，共成长”师徒结对活动。该活动由该园保教部门组织，全园共10个班级的20名教师参加，共结对10组。此活动为期一个学期，围绕教师合作学习、自主发展等内容开展活动，教师、幼儿、园所多边受益。

（冯娟 明雪）

【召开大兴区民办校园长安全工作会】 4月14日，大兴区民办教育服务中心与大兴教委政保科、社教科联合，在大兴区西红门镇京豫陈学校举行“落实中小学及幼儿园内部安全检查工作规范”安全会议。聘请区公安分局内保大队副大队长张振宇和一名警官参加。警官以京豫陈学校为例，对学校安全管理制度、监控室设施、摄像头安装部位、消防设施维护与保养及食堂安全管理等内容进行现场指导与讲解。大兴教委已审批的29个民办校负责人参加。

（宋丽红）

【大地双语幼儿园举行家长开放日】 4月14至15日，大地双语幼儿园举行小、中、大班户外体智能家长开放日活动。体智能活动是一项使幼儿体能、智能得到全面发展的运动。此次活动共150个家庭参加，在大地幼教体智能教师带领下，幼儿利用泡棉、报纸等多

种材料，与家长身体互动，充分发展了幼儿跑、跳、钻、爬能力。

（吴海燕）

【人大代表调研幼儿园】 4月18日，大兴区副区长王荣彬等领导共11人到21世纪实验幼儿园亦庄园调研。调研内容有幼儿园园所设施、办园水平、办园特色及师资队伍等方

面。园长向领导介绍办园理念，并带领领导

参观特色课程。

（冯娟　明雪）

【检查民办校食堂卫生安全】 4月18至22日，大兴区民办教育服务中心对大兴区自办校5所平房校食堂卫生安全进行检查。内容有对食堂食品及原料摆放地点、烟道清理、主副食留样、器皿卫生、厨房刀具摆放、厨余垃圾处理等情况进行逐一检查，对存在问题的学校提出整改意见。

（宋丽红）

【琴岛金钰幼儿园开展消防疏散演练】 4月29日，大兴区琴岛金钰双语艺术幼儿园开展

消防疏散演习。活动旨在让教职员工和幼儿增强消防安全意识，知道如何逃生。活动前，教师为幼儿讲解安全知识及自救自护方法。活动中各班幼儿在保教人员带领下，用湿毛巾，捂住口鼻，弯下腰，按指定路线迅速撤离教室，集中到园区安全区域，并清点人数。整个疏散活动用时2分零5秒。全园师生136人参加演练。

（丁源）

【中芯幼儿园举行教师趣味运动会】 5月6日，中芯幼儿园举行教师趣味运动会。运动会以团队合作为主题，旨在团结教师队伍，强化体育健身理念，丰富教师文化生活。运动会包括“2分钟8字跳绳”、排球类“请君入

瓮”、“头上运西瓜接力”三个项目比赛。全园48名教师参与。

（蔡素凤）

【21世纪实验幼儿园举行足球比赛】 5月11日，21世纪实验幼儿园亦庄园举办“第三届大力神杯足球比赛”。该活动为期一个月，旨在培养孩子竞争意识和团体意识集体荣誉感，锻炼孩子们的身体灵活性，下肢力量、耐力、快速前进突破等各种能力。中大班共30人参加。比赛结果是大蓝班获冠军，大粉班为亚军。

（冯娟　明雪）

【大地双语园接受开发区社发局儿童节礼物】 5月30日，大地双语幼儿园在开发区实验学校接受北京市经济技术开发区社发局赠送的价值4000元“六·一”儿童节礼物。社发局局长郑海涛出席赠送仪式。

（吴海燕）

【中芯幼儿园举办六一节爱心义卖】 6月1日，中芯幼儿园举办庆“六一”儿童节暨爱心义卖亲子活动。活动分为三个区，为艺术、体能和爱心义卖区，共有9个亲子活动。爱心义卖区有幼儿美术作品及从家里带来的玩具标价义卖，义卖所得善款5480.10元，分别

捐助给顺义蓝天孤儿院和大兴希望之家院童。共有400人参加活动。

（蔡素凤）

【琴岛金钰幼儿园举行开放教学】 6月24日，大兴区琴岛金钰双语艺术幼儿园举行教育教学展示半日开放活动。目的让家长全面了解幼儿园教育质量和孩子们在园表现，增强家园沟通、消除家长顾虑，同时指导和帮助家长树立正确育儿观。活动展示内容包括幼儿园环境创设、幼儿早餐、教学活动、课间操以及户外活动。126名家长参加活动。

（丁源）

【21世纪实验幼园开展英文童话剧活动】 7月12日，21世纪实验幼儿园开展英文童话剧表演活动。该活动由幼儿园保教部组织，全体中班幼儿参加，涉及班级14个，幼儿350名。活动内容包括：剧目选择、服装道具准备、音乐编选、排练彩排，孩子们将这一学期

学过的知识用全英文台词表演给家长。

（冯娟　明雪）

【做好停办自办学校在校生分流安置工作】 8月31日，区停办自办学校在校生分流安置工作完毕。暑期，大兴区7所自办学校因合同到期、拆迁等原因停办，共有3489名学生涉及分流安置。全区共提供3569个学位来安置分流学生，接收学校为公办学校和已审批自办学校。各镇政府分别成立分流安置工作小组。明确人员分工和职责并下校办公。在停办学校和接收学校均设立分流安置处，专人负责分流学生的政策咨询和登记。区教委成立三个检查小组对各镇的工作进行检查，重点检查各镇工作的落实情况。区政府教育督导室成立三个督导小组，到各镇进行督查。各镇制定详细具体的学生分流安置方案，接收学校准备好相应的师资、实施设备及教室。

（宋长勇）

【中芯幼儿园体育教学警察训练营】 9月5至30日，中芯幼儿园大班组全体幼儿进行为期四周的“警察训练营”活动。内容有强化幼儿组织纪律，进行队列训练；专注力和瞬时记忆能力的特警手语教学；综合练习，设置攀爬网、跨越障碍、走平衡木和彩虹伞等闯关活动。考核阶段，结合园内果园场景，按指令由

团队行动模拟完成“丛林任务”。依据活动情况进行点评，并给每位幼儿颁发警察纪念徽章。26 名大班幼儿参加活动。

（尉明茗　李雅荣）

【布朗幼儿园开展我们爱国旗活动】 9 月 30 日，布朗幼儿园开展“我们爱国旗”主题教育活动。教师给幼儿讲祖国和国庆的知识，了解我国的首都是北京，北京有天安门，认识国旗上面的五颗星，并带领幼儿制作国旗，激发幼儿热爱祖国的情感。全园 180 名幼儿参加活动。

（周金玲）

【琴岛金钰被评为 3A 级幼儿园】 10 月 11 日，大兴区琴岛金钰双语艺术幼儿园通过大兴区民政局考核，被评为 3A 级幼儿园。大兴区民政局社团办 4 位领导来到幼儿园，对幼儿园工作进行评估考核，领导们通过听园长汇报、检查该园的依法办园、教育教学、财务管理、安全设施、工会活动、社区服务、并询问在园老师福利待遇等方式，全面了解幼儿园基本情况。

（丁源）

【中芯幼儿园进行家委会换届选举】 11 月 3 日，中芯幼儿园进行家委会换届选举。由中芯幼儿园 20 位家长组成的第三届家委会，设有主席一名，副主席二名。家委会设有五组，分别为生活组、教育组、财务组、咨询组和活动组。家委会配合幼儿园规划目标，完善幼儿园各项工作，协调家庭教育与幼儿园教育和谐发展，促使家园双方密切联系，形成教育合力，在培养孩子观念与行动上共同进步，促进幼儿健康成长，为孩子今后发展奠定坚实基础，充分发挥家园共育。

（蔡素凤）

【民办学校鼓号队教师业务培训】 11 月 6 日和 12 日，大兴区民办教育服务中心对全区民办学校鼓号队负责教师进行业务培训。培训聘请原大兴区鼓乐团总指挥、总教练李老师主讲。李老师介绍鼓号队艺术特点、发展状况等；详细讲解鼓号队乐器编制、队员选择、组织管理；

具体指导乐器演奏方法，进行分组训练和合奏训练。通过本次培训和现场指导训练，使参训教师基本掌握鼓号队基础操作技能。

（宋丽红）

【教委开展民办幼儿园考核工作】 11 月 7 日，区教委对 20 所民办幼儿园办学情况进行考核。考核组由学前科、社教科、进修学校、妇幼保健所相关人员组成。考核内容包括：依法办学、教育教学、卫生保健，财务管理等工作。考核结果，5 所优秀，14 所合格，1 所暂缓。

（宋长勇）

【大地双语幼儿园举办巧手妈咪秀】 11 月 10 日，大地双语幼儿园举办小班“巧手妈咪秀”主题活动。此次活动共有 60 多个家庭参加，家长和幼儿一起动手，利用废旧物品，制作飞盘、布娃娃等玩具 60 余件，将作品在校园大厅进行展示。“巧手妈咪秀”主题活动得到孩子们喜爱，赢得全园家长称赞。

（吴海燕）

【中芯幼儿园举办家长主题讲座】 11 月 14 日，中芯幼儿园举办家长主题讲座。主讲人是中华书局副编审暨中华书局经典教育推广中心主任祝安顺，内容是开展经学含义、读经书目安排、读经历史变迁和文化属性，以及读经教育。100名家长参加活动。

（蔡素凤）

【大地双语园被评为市级学前教育先进单位】 11月24日，大地双语幼儿园被评为北京市先进学前教育工作单位。这是在北京市学前教育委员会组织的北京市学前教育系第二届“辛勤育苗”评选活动中，该园获得的荣誉。全市共有125家单位获此殊荣。

（吴海燕）

【民办学校骨干班主任培训】 11月27日，大兴区民办教育服务中心组织全区自办学校骨干班主任培训。培训请大兴区黄村镇第一中心小学骨干教师何艳梅以其亲身经历和体验，以“民主班集体的建设”为主题进行；进

修学校副校长汪克良做“做一名智慧的班主任”专题报告；大兴区民办教育中心主任进行总结。本次培训采取专家思想引领和骨干事迹报告相结合方式，突出以人为本、自主发展等新课程理念，使民办学校教师开阔眼界，提高教育境界，为大兴区民办学校进一步发展积淀底蕴。自办学校60名班主任参加培训。

（宋丽红）

【琴岛金钰幼儿园教师外出参观】 12月1日、2日，大兴区琴岛金钰双语艺术幼儿园组织教师到大兴七幼、八幼进行参观学习。参观内容包括幼儿园环境创设、幼儿早餐、教学活动、课间操以及户外活动。全园10名教师参加活动。

（王绍婷）

【举办民办学校校长培训班】 12月21日，教委社教科举办民办学校校长培训班。市教委民办教育处处长李开发、北京教科院民办教育研究所所长王文源，区教委副主任王滨及全区所有民办学校的校长（园长）参加。

培训的主要内容包括：“民办教育存在的突出问题与对策、北京民办教育相关政策的解读及发展趋势和消防安全工作”。

（宋长勇）

【布朗幼儿园开展快乐圣诞节活动】 12月25日，布朗幼儿园在全园开展“快乐的圣诞节”活动。幼儿园大厅两旁圣诞树灯光闪烁，各班为幼儿准备圣诞树、礼物、音乐等。中班幼儿把带来的水果加工成水果沙拉，大班幼儿带来和爸爸、妈妈一起做的美食，送到各班分享。教师和幼儿都戴上圣诞帽，跳起欢乐舞蹈。园长身着圣诞老人服装到各班送礼物，与幼儿亲切拥抱，祝愿幼儿健康快乐成长。

（周金玲）

民办教育学校

大兴区红黄蓝幼儿园

【概　述】 2011年,北京市大兴区红黄蓝幼儿园为民办园类别,为日托制。占地面积4350平方米、校舍建筑面积2954平方米。固定资产100万元。拥有专用教室12个,功能教室3个。教职工65人,其中教师27名,学历专科以上;保健员2人,学历层次专科以上。开设12个教学班,其中托班2个、小班2个、中班2个、大班2个、混龄班4个。幼儿入园100人、离园76人、在园328人。

网址:http://www.rybbaby.com

(张筠筠)

【教师技能技巧考核】 1月4日,大兴区红黄蓝幼儿园开展教师技能技巧考核。园长和主任共计4人担任评委,从舞蹈、声乐、边弹边唱、美术、讲故事五个方面进行考核,全园35名教师参加。从中评选出五项全能和单项前三名各1人。

(张筠筠)

【教师辩论会】 4月13日,大兴区红黄蓝幼儿园开展主题为"生态式脱稿剪纸为幼儿出示范画和不出示范画"辩论会。通过实践探究,教师深刻意识到幼儿是具有创造潜能自主学习能力的发现者、学习者;从原来只关注教育目标完成逐渐向实现目标与孩子需要相结合转变,从关注教育形式本身转向关注孩子在活动中主动发展。改变教学方式,增强幼儿自信心,幼儿敢于下剪、敢于讲述自己作品。活动后孩子思维活跃,幼儿能积极主动

参与活动。孩子们养成认真观察、爱提问、爱思考好习惯。

(张筠筠)

【毕业班幼儿参观小学活动】 4月28日,大兴区红黄蓝幼儿园大班54名幼儿及家长在老师带领下,参观北师大附小大兴分校。孩子们走进教室,熟悉教室环境,聆听老师教导,目睹学生学习情况。之后,又参观音乐教室、图书室、办公区等。此次活动意在让幼儿对小学生活有进一步了解,感受小学生活与幼儿园生活不同,做好入学前心理准备,也为幼小衔接工作顺利开展奠定基础。

(张筠筠)

【班级半日活动评比】 5月17日,红黄蓝幼儿园接受公司教研中心专家、领导和红黄蓝各

直属园保教主任共17人，对该园进行半日观摩活动评审。活动中教师更新教育观念，设计体现出幼儿自主性、个性化发展的活动，活动能调动幼儿主体性，关注个体差异，发挥生活教育意义，减少幼儿等待时间隐性浪费。全公司有18所直属园参加。红一班荣获第一名。

（张筠筠）

【教职工为红十字会捐款】 5月22日至6月1日，大兴区红黄蓝幼儿园组织全园师生向大兴红十字会进行“博爱在京城、博爱在大

兴”的募捐活动。捐款金额占黄村东里居委会总额的三分之二。为开展对大兴区0——18岁患有白血病、血友病、再生性障碍贫血、恶性肿瘤和肾衰竭患者的救助工作做出微薄的贡献。

（张筠筠）

【被评为国家民非企业4A级单位】 10月11日，红黄蓝幼儿园接受北京市民政局领导对该园设施设备、管理建设、卫生保健、教育教学、财务、安全、卫生等各方面考核评估。该园被评为国家民非企业4A级单位。

（张筠筠）

【北京市一级一类揭牌仪式】 10月26日，大兴区红黄蓝幼儿园举行北京市一级一类揭牌仪式，红黄蓝教育机构创始人总裁，史燕来女士和幼儿园管理部总监蔺玉华参加仪式，

并发表致辞，还邀请两名幼儿家长参加，家长代表对幼儿园表示祝贺。

（张筠筠）

【提升家园互动平台校讯通】 12月1日，红黄蓝幼儿园开通与家长校讯通平台。教师通过校讯通与家长交流互动，分享育儿知识，展现班级精彩活动，教师和家长之间沟通更方便、更快捷。

（张筠筠）

【接受北京市公安系统联合检查】 12月12日，红黄蓝幼儿园代表大兴区教育系统接受北京市公安局、北京市教委、北京市综治办联合安全检查。市局领导先对园所人防、物防、技防设施进行检查，又对安全档案资料进行梳理，领导提出每一个细节完善落实再次强化每一名师生员工安全意识，有效提升该园安保工作水平。

（张筠筠）

大兴区十一建华实验幼儿园

【概　述】　十一建华实验幼儿园是由北京市十一学校和北京市建华学校联合主办的一所民办幼儿园。2011 年，幼儿园占地面积 9000 平方米、校舍建筑面积 4600 平方米。拥有舞蹈教室、木工房、和陶泥房等专用教室 4 个，普通教室 15 个。教室内设有多媒体设备、钢琴和蒙氏教具等教学设施。教职工 79 人，其中，专职教师 35 人，保育教师 23 人，专职保健医 3 人。教师学历层次为本科、研究生以上学历有 70%。幼儿园开设 15 个教学班，其中，托班 2 个、小班 6 个、中班 4 个、大班 3 个。在园幼儿 420 人。

（李晓静）

【欢乐闹元宵活动】　2 月 14 日至 18 日，幼儿园组织为期一周的欢乐闹元宵活动。在一周的主题活动中，幼儿了解了关于元宵节的来历、民间传说以及各民族的风俗习惯。孩子们自己动手包元宵，和爸爸妈妈一起制作

花灯，感受节日的气氛。2 月 17 日，幼儿园展出了幼儿自己制作的花灯，并组织猜灯谜、游黄河等元宵游园活动。

（张秀超）

【父母学院正式开课】　3 月 5 日，十一建华实验幼儿园父母学院正式开课，首批约百名家长来园听课、学习。父母学院旨在帮助家长正确认识幼儿教育，了解幼儿园的价值追求及管理方式，为家长提供专业的育儿指导。所有新入园幼儿的家长均需进入父母学院完成 12 个课时的学习，包括开学典礼、半日活动体验、亲子活动、保健知识讲座、幼儿心理学讲座、毕业典礼六个主题。

（席建荣）

【到小学留学】　3 月 28 日，即将毕业的 60 名大班幼儿到小学“留学”一天。他们一起参加了升旗仪式，参观了小学校园，给六年级的哥哥姐姐送上了自己亲手制作的礼物，还为他们表演了节目。在小学教室里，由小学的老师为幼儿上了一节课，孩子们做了一次真正的小学生。

（张秀超）

【举办首届教学节】　十一建华幼儿园于 4 月 11 日至 5 月 13 日举办首届教学节。此次教学节，为期四周，分对内展示交流和对外展示研讨两个阶段。教学节活动参与班级 14 个，共展示半日活动 28 次，教育活动 56 节，参与的教师 28 名，聘请专家 4 名。涉及的教育活动内容有：语言、社会、运动、游戏、数学、科学、音乐和美术。组织形式有自主区域、集体、分组活动。

（张丽丽）

【举办阳光运动会】　6 月 15 日，幼儿园举行首届阳光运动会。运动会主题是“我运动，我快乐，我健康”，在开幕式后设置自选运动项

目。9 个班级 206 名幼儿打破班级界限，没有成人陪同，自己自由选择设置在幼儿园室内外的十二个运动项目，每参与一个项目，负责该项目的教师就在孩子佩戴的“通关文牒”上盖小印章。在孩子们奔跑欢悦的海洋中，家长志愿者组成的安全管理员坚守在各个点位，为孩子们的安全保驾护航。

（张秀超）

【守望生命师德活动】 9 月 10 日，幼儿园组织“守望生命”师德活动，27 名教师参加。两位园长分别带领两组教师学习“全国优秀教师”甘兰佑事迹，教师发表自己心得感想。之后来到慕田峪长城脚下，进行庄严宣誓活动，教师们在长幅红绸上抒写自己的教育誓言，表达对幼教事业的热爱与奉献之情。

（张秀超）

【首届师带徒计划启动】 10 月 6 日，幼儿园启动首届师带徒计划。首届师带徒计划以“青蓝携手、共创辉煌”为主题，5 对老教师与新入职教师结成对子，师傅带动徒弟进步，徒弟促进师傅发展，形成互促共赢局面。大会内容包括拜师仪式，互赠礼物，师、徒代表讲话，表达尊师、爱徒、互相学习意愿。全园 35 名教师参加拜师大会。

（张丽丽）

【举行书香家庭活动】 11 月 2 日至 12 月 20 日，幼儿园开展“书香家庭”读书系列活动。活动包括：11 月上旬组织“家庭购书活动”，304 名家长带着孩子走进书的天地、走进书的海洋，自己选购图书；11 月下旬组织“亲子阅读活动”，倡导家长和孩子共同读书；12 月上旬开展“亲子征文活动”，收到文章共 56 篇；12 月中旬评选“书香家庭”，对此次读书活动表现优异家庭予以表彰。评出一等奖 5 名，二等奖 10 名，三等奖 15 名，优秀奖 20 名。该园旨在通过读书活动，营造浓郁的家园共读氛围，让孩们沐浴在书香之中，快乐成长。

（张秀超）

【林崇德一行来园参观】 11 月 16 日，北师大教授，著名教育家林崇德、陈英和一行人在

校长李金初等人陪同下来该园参观。林崇德一行人参观了该园木工房、陶泥房、石磨等户外环境。在参观室内开放式自主小社会活动时，对这种打破班级限制、幼儿自由活动的形式表现出很大兴趣。

（张秀超）

【为教师开设书法讲堂】 9 月开始，幼儿园外聘书法导师，为教师开设“书法讲堂”，

给爱好书法的教师提供学习书法平台，丰富教师业余生活，提升个人素质，促进教师专业能力提高。书法讲堂每周活动一次。有15名教师参加。

（张秀超）

【构建理论思辨场域】 9月至12月，十一建华幼儿园构建理论思辨场域。旨在帮助教师更好地解读人生中心教育，提升教师对课程的理解力，帮助教师搭建从理论到实践的桥梁，学习形式是以宿舍为单位划分小组，每组自荐小组长，小组长负责组织本组成员学习。组织教师学习蒙台梭利论著六册：《童年的秘密》、《发现孩子》、《有吸收力的心灵》、《儿童的自发成长》、《蒙台梭利早期教育法》、《蒙台梭利早期教育手册》，并组织汇报学习情况。全园共30名教师参加活动。

（张秀超）

北京市中芯学校

【概　述】 2011年,学校占地面积26,800平方米,建筑面积10,392平方米,体育场面积14,000平方米。图书馆藏书15,398册,订阅杂志、报刊51种。固定资产总值378.45万元,全年教育经费投入1110.50万元。学校信息化经费投入159.31万元,拥有计算机80台,多媒体教师座位420个,校园网出口总带宽8Mbps,“信息技术”课程1课时/周。普通教室30个,专用教室16个。教职工80人,专任教师68人,其中本科以上学历65人。开设教学班25个。6年级毕业30人,在校生538人。

网址为http://bj.smic-school.cn.

（李雅荣）

【科学讲座地球生命的演化】 2月25日,中芯学校开展“地球生命的演化”讲座。邀请地球物理科学家张少泉教授讲授。他讲述地球在宇宙中位置、地球寿命及地球生命起源等。令学生对宇宙、地球及地球生命有进一步了解和认识。375名师生参加聆听。

（吴海燕）

【启动“爱心菜园”活动】 3月10日,中芯学校举行“爱心菜园”启动仪式。中学部全体学生参加,科学老师介绍种植菜园基本劳动及田间管理过程、注意事项等,以班级为单位进行种植。共有25个班级、376名学生参加。种植菜园面积为150㎡。

（吴海燕）

【参加CCTV少儿节目—挑战小勇士】 3月17至22日,中芯学校四、五、六三个年级10名学生在体育教师、保健医教师带领下参加CCTV少儿节目——“挑战小勇士”比赛。参赛活动有:“黑白跳”、“挑战独木桥”、“粉刷匠”、“泥浆大战”等,团体成功晋级。

（李雅荣）

【春季趣味运动会】 5月11日,中芯学校举行春季趣味运动会。比赛项目有“百步穿杨、海底捞月、请君入瓮、拔河、车轮滚滚、乒乓小将、翻饼烙饼、排山倒海”等十几个。竞赛分为6组,以班级为单位,在班主任老师带领下,根据竞赛场地顺序图,完成适合本年级或本水平的比赛项目。最终C1-2、C2-2、C3-1、C4-2、C6、C8获得每组第一名。

（张强）

【学生健康100%建立档案】 5月24日,中芯学校为380名学生体检。旨在普查学生健康状况，健全健康档案，筛查低常视力、肥胖、贫血、营养不良或有先天性疾病的儿童，并对档案进行特别管理，提高学生在校健康素质。该校建档率达到100%。

（郭早霞）

【第十一年捐助母亲水窖】 6月1日，中芯学校四年级2班谢喆惠同学用自己积攒的1000元，到中国妇女基金会“母亲水窖办公室”又捐助了一口“母亲水窖”。这是她第11次捐助。在2010年12月25日“中国妇联”揭晓捐助“母亲水窖”新闻人物，她是年龄最小的一个。

（李雅荣）

【举办国际日活动】 6月1日，中芯校举办“国际日活动”。380名学生及340名学生家长齐聚在一起，每个班级代表一个国家，各班按照这个国家风俗习惯准备节目、食物，

每班分别设立5个展示摊位，每个学生、老师有20元代金券，可以去观看“各国”“各民族”富有传统特色文艺节目，参加他们设计的游戏，品尝各国独具特色美食。国际日活动是该校为庆祝学校多元文化发展，为来自不同国家不同民族的学生提供一个体验和交流的机会所举办的大型活动。

（薛琦）

【举办外教英语夏令营】 7月11日至8月3日，中芯学校为学生举办外教英语夏令营。在正规教学基础上，穿插戏剧、音乐、游戏、体育等活动，让孩子们学习纯正美式英语，培

养良好品格、沟通能力、合作能力、领导能力、动手能力等。本次共开设15个班级，美国外教18人，为255名学生提供全英文学习环境。

（尹肖丰）

【召开关于有效教学思考专家报告】 8月29日，中芯学校为全体老师做“关于有效教学的思考”专题报告。主讲人是原北京光明小学校长刘永胜。讲座强调课堂教学是师生积极生命体验过程，要充满教育智慧，要与学生生命经验相联系，要给学生准确表扬和激励，要不断反馈自己的教学。60名教师参加活动。

（刘贵华）

【我要知道爸爸妈妈生日】 10月25日，中芯学校开展主题为“我要知道爸爸、妈妈的生日”品德教育活动。111名一年级学生参加。活动以一份调查表为载体，要求学生通过询问，记录下自己爸爸妈妈生日。通过反馈知道父母生日的学生占到总人数的92%，学校要求学生做到将亲人生日记住，并在当天送

上一份自己亲手制作的祝福卡。

（李云花）

【把美术课堂搬到世界公园】 10月28日，中芯学校组织“把美术课堂搬到世界公园”活动。两位美术老师带领初中部84名学生现场写生。从选择写生地点，具体叙述可以

入画的位置，融入自己想法与创造，分为实景写生，局部特写，组合穿插，相互切换等，注重绘画技法，并融入自己情感与审美，培养他们热爱生活。

（吴帆）

【聆听专家讲座】 11月12日，中芯学校组织全体教师听专题报告。主讲人是原北师大二附中校长魏义钧，主题是“如何提升教师自身专业能力”。魏校长总结自身成长经历，得出教师要有一个好品格，因为自己品格直接影响着学生；教师要对教材有一个全面的把握，形成自己的知识体系，帮助学生建构知识体系，而且PPT不能代替板书，板书可以给学生不断强化的功效。60名教师聆听讲座。

（刘贵华）

【华应龙老师数学观摩课】 12月16日，中芯学校邀请全国知名数学特级教师华应龙，为教师们上数学观摩课。华老师巧妙导入课题，发现问题，用科学思想去解决问题。华老师与教师从“青年教师如何成长”、“教师如何走进课堂”、“教师如何备课”等方面进行交流。该校36名教师参与活动。

（梁杰）

【心手相连爱心义卖】 12月17至18日，中芯学校暨幼儿园组织“心手相连·爱心义卖”活动。活动在亦庄沃尔玛山姆店举行。义卖分8个场次，每个场次1小时，最后共募

得善款43817元9角人民币，全部捐助给北京光爱儿童之家。义卖活动由中芯学校和幼儿园600多名师生共同参与。过程由学生自己主持和表演节目；义卖品是孩子们自己制作的卡片、年画、气球、和油画，卡片共870多份，年画共500多份，气球600多个。

（费章娟）

北京市私立君谊中学

【概　述】 2011年，北京市私立君谊学校占地面积2.48万平方米，建筑面积1.24万平方米其中，体育场馆面积1.1万平方米。图书馆（室）藏书2.4万册，其中电子图书2万册。固定资产总值560万元。全年教育经费投入890万元，其中，国家拨款0万元、自筹经费890万元。学校信息化经费投入20万元，拥有用计算机131台，多媒体教室座位660个，校园网出口总带宽10Mbps，数字资源量256GB，信息技术课程10课时/周。普通教室21个、专用教室1个、实验室3个。教职工120人，其中，高级职称22人，中级职称36人。专任教师63人，包括特级教师1人、北京市骨干教师1人、北京市学科带头人1人；本科以上学历63人。开设教学班18个，其中，初中班7个，高中班11个。毕业生134人，其中，初中46人、高中人88人；招生142人，其中，初中27人、高中人115人；在校生355人，其中，初中136人、高中219人，包括寄宿生304人。高中录取分数线315分（本区），应届高科本科上线率46%。

学校网址：www.junyi.org。

（焦杨）

【与司法部、CCTV联合拍摄电视剧】 2月17日至3月21日，君谊中学与司法部、中央电视台合作拍摄电视剧《我的初二3班》。23名传媒专业同学参与拍摄。为不断拓展学生升学道路和发展空间，该校开办传媒专业。传媒专业开设主持与播音，表演，编导等相关专业。意在帮助有传媒学习倾向学生，更早把握时机，更好掌握基本技能，为给传媒

专业学生更多实践机会。该电视剧以学校发生案例为依据，开展普法知识宣传。

（焦杨）

【获得特色建设先进学校称号】 5月18至20日，君谊中学参加了中国民办教育协会中小学委员会在上海召开的“民办教育特色建设课题推进大会”上被授予“特色建设先进学校”称号。有43所民办学校参加会议。该校自建校以来，一直坚持以“特色教育”建设为生存、发展基础，开展大量有特色教育教学活动。为开拓学生的升学道路，该校从单一普通高考学习，发展成为集美术专业、传媒专

业、篮球体育专业等多种专业定向培养的高考专业模式。专门培养有特定高考方向专业

人才，不仅开发专业课程，修建专业教室，聘请专业教师，还与专业名校联合对口培养。经过多年的努力，逐渐形成独具特色教学模式，不仅拓展教学范围，还开拓学生生存空间。该校与全国30多所学校在“特色教育”建设工作突出民办学校一同获此殊荣。这是该校第一次获得国家级荣誉称号，也是对该校多年特色教育工作的肯定。

（焦杨）

【迎接美国牛津中小学校长访问】 8月15日，君谊中学邀请美国牛津中小学校长 Mary Sue Lindsay 访问该校。加强国际间教育合作，是该校一直努力的方向，也是该校工作重点。为加强合作，该校除每年定期组织学生出国访问，同时也邀请一些外籍专家进行互访。美国牛津中小学是美国知名私立学校，

在管理和创新方面有着独到见解和成功经验。

（焦杨）

【受邀参加个性化教育国际会议】 8月13至14日，君谊中学受中国民办教育协会邀请参加在北京举办的“个性化教育国际会议”。会议由国家教委主持，邀请国际教育专家共同探讨个性化教育问题。国务委员陈至立做重要讲话。该校选送论文《浅谈个性化教育的方法与模式》在本次会议上获得二等奖。交到大会的论文有1000多篇，共评选出一二三等奖论文共200篇，其中一等奖10篇，二等奖48篇。“个性化教育国际会议”由中国教育学会、中国民办教育协会主办，亚太地区联合国教科文组织协会联合会和国内多家重要教育机构支持，学大教育承办的2011年个性化教育国际会议。来自美国、加拿大、澳大利亚、津巴布韦、日本、意大利等国以及国际教育组织和香港地区的专家，全国各地幼儿园、中小学学校教师、校长，政府及有关教育机构代表800多人参加本次会议。会议由中国民办教育协会会长陶西平主持，全国人大常委会副委员长陈至立出席开幕式并致辞。她指出要坚持全面发展与个性发展的统一，培养和促进学生实现德智体美全面发展。教育部副部长刘利民、中国教育学会会长顾明远教授，中国教育国际交流学会名誉会长柳斌、华东师大叶澜教授、上海市教委副主任尹后庆等国内外专家学者均在会议上发言；与会嘉宾还包括国家行政学院常务副院长魏礼群，全国人大常委会委员、民进中央副主席朱永新等。同时，本次个性化教育国际会议汇聚全国幼儿园、中小学校长、骨干教师、国内外教育专家、学者、政府及有关教育机构共近千人。

（焦杨）

校外教育

总　类

【召开青少年学生校外教育工作联席会】 1月20日,大兴区青少年学生校外教育工作联席会在少年宫召开,副区长王荣彬、教委主任

李达及36家联席会议成员单位相关领导、部分中小学校校长参加会议。教育工会主席杨子仲做题为《整合资源 规范管理 再创佳绩》工作总结;王荣彬在会上做重要讲话,讲话对校外教育联席会一年工作给予充分肯定,并明确要求大兴区"十二·五"教育规划颁布与实施中,充分发挥校外教育联席会重要作用,做到场所网络化,成员制度化;抓住契机,深度融合,为培养跨世纪优秀人才搭建平台。

(刘秀梅)

【召开校外教育工作布置会】 2月23日,大兴区2010年科技教育工作总结表彰暨2011年校外教育工作布置会在少年宫召开。教育工会主席杨子仲等领导出席会议。来自全区63所(其中:中学26所、小学37所)中小学校长、校外教育主管领导、科技、艺术教师及学生代表140余人参加会议。会上,区科协副主席李建国宣布2010年科技教育先进集体、先进个人名单并颁奖,38个先进集体代表和77名先进个人代表领奖。少年宫主任助理刘本明,做题为《创抓机遇 扎实工作 推进科技教育工作创新发展》中小学科技教育工作报告。区校外办、少年宫主任巴文丽对2011年上半年全区中小学校外教育工作思路和计划进行布置和重点解读。杨子仲做讲话,充分肯定本区多年来科技教育工作成绩,

要求认真学习《国家中长期教育改革和发展规划纲要》,进一步把校外教育工作提到重要议事日程。

(刘秀梅)

【成立青少年艺术教育研究会】 3月29日,大兴区青少年艺术教育研究会成立大会在少年宫召开。北京市教委体卫艺处副处长王军、中国水墨研究院院长戴振宇、区教育工会主席杨子仲等领导以及区青少年艺术教育研究会会员、市区级艺术特色校校长、全区各中小学主管艺术教育领导、音美教师150余人

参加会议。会上，宣布区青少年艺术教育研究会理事、常务理事人选、研究会的领导分工。青少年艺术教育研究会会长杨子仲讲话，讲话分为三部分：提高认识，切实增强搞好学校艺术教育的责任感、使命感；明确目标，充分发挥艺术教育研究会的重要作用；加强领导，努力开创全区艺术教育新局面。王军做《艺术教育发展进行时》专题讲座，讲座内容分为：北京学校艺术教育发展现状；北

京学校艺术教育发展的对策；北京学校教育未来十年的发展路线图三部分。

（刘秀梅）

【垡上中学举办英语手抄报比赛】 4月5日，垡上中学举办英语手抄报比赛活动。比赛旨在规范学生英语书写，培养学生运用英语及动手能力，增强对英语体验，激发学习英语兴趣。全校学生169名学生参加活动。每名学生设计一张英语手抄报，分别评选出年级“十佳手抄报”，参与校级评选。共评出一等奖5名，二等奖10名，三等奖15名。获奖手抄报以展板形式在校园中展出。

（王国宏）

【大兴三中在大兴区艺术节上获佳绩】 4月18日，大兴三中在大兴区第14届艺术节上，获得集体项目和个人项目共35个奖项。其中集体项目民族舞、管乐、2个校园情景剧获得一等奖；个人项目，民族舞和2幅绘画、2幅书法获得一等奖，另有26名同学在独唱、

朗诵、舞蹈、名族器乐、管乐、绘画、软笔书法、硬笔书法、摄影等项目中取得二、三等奖。

（董金锁）

【孙村中学开展校园读书季活动】 4月22日，孙村中学开展校园读书季活动。活动主题是“以书为友 在阅读中成长”，旨在培养读书习惯并在阅读中获得乐趣。读书季活动持续到暑假，为期三个月依据方案学校购买新

书260册；制作展板8块用于读书季校园宣传；举行有642人次学生参加的阅读指导；开展读书征文评选，有33篇优秀稿件用于学校广播站广播；开展有28名选手参加的演讲比赛，评选出一等奖6名、二等奖10名；开设“爱心书吧”图书交流角，学生自愿把自己喜

爱图书带到交流角相互交换阅读，参与交流的有 78 册图书。全校学生有近 300 人参加。

（王凯　王鹏）

【大兴八中艺术节举行文艺汇演】 5 月 28 日，大兴八中举行第五届学生艺术节文艺汇演。参加汇演节目是经过班级、年级推荐，德育处和团委联合审定、选拔出来的，有相声、小品、乐器演奏、诗朗诵、歌舞共 18 个节目。参加人员里 4 个合唱队共 160 人，其他节目 27 人。9 名评委依据节目内容、表演效果、着装台风等进行量化打分，评出一等奖 6 个，二等奖 8 个。

（张开望）

【召开校外教育工作布置会】 8 月 30 日，2011－2012 学年度第一学期校外教育工作布置会在少年宫召开。全区 53 所中小学主管校外教育工作领导和 80 多名科技教师参加。会议由少年宫副主任刘本明对过去一年

工作做回顾与总结，并对本学期校外教育工作进行全面布置，对科技教育和艺术教育中重点工作进行强调。区科协科普部副部长薛超介绍科协新学期工作活动安排，少年宫活动处主任刘清松介绍校外活动资源利用及选择参与活动项目。最后，由校外办主任巴文丽对校外教育工作提出具体的要求：定政策，为教师提供保障；抓队伍，管理队伍和教师队伍建设；抓活动，分为普及类活动、创新活动、实践活动；重评价，给学校参与校外活动提供依据和保障。会上，区校外办还对本区新开发的“校外教育活动网上报名系统”进行实用培训。

（刘秀梅）

【大兴七小开展社会大课堂活动】 10 月 12 日，大兴七小组织全体学生分别到红星快乐营、大皮营劳动基地、航天基地开展社会大课堂实践活动。一、二、三、六年级学生在红星快乐营农庄中心广场瞻仰毛泽东雕像，观看毛泽东 1955 年为红星集体农庄亲笔题写的按语，观看 2000 余张毛泽东照片，参观农业科普知识区，参加接力铁环等拓展活动。四年级学生在大皮营劳动教育基地参加石膏浇铸、拉坯、小棒游戏、桌上足球、包饺子、豆塑粘贴画等实践活动。五年级学生观看火箭模拟发射、航天知识展览、参加拓展训练和挖红薯等实践活动。全校师生 734 人参加活动。

（邓海涛）

科普活动

【承办未来工程师大赛教师培训】 3月28日，由北京学生活动管理中心与区教委联合举办，为期1天北京市青少年未来工程师大赛教师培训在大兴一中举行，来自全市170余名教师参加培训。培训特聘请中国教育电视台原总工程师杨名甲、北京市青少年科技馆特级教师汪耆年担任主讲。两位专家首先对未来工程师大赛各项目及竞赛规程进行详细解读，分别就竞赛项目创新技能技巧和展示项目创意设计进行现场讲座。

（刘秀梅）

【召开市区级科技教育示范校工作会】 4月12日，市区级科技教育示范校工作会在少年宫召开。6所市级科技教育示范校和13所区级科技教育示范校、1所新申报学校校长或主管副校长23人参加会议。区科协吕新颖等领导参加会议。会议上，活动处主任刘清松对市区两级科技教育示范校评审认定等相关工作进行布置。与会领导向科技教育示范校发放科普图书、科普互动展品。工作会还对科技教育示范校承办区级科技活动工作进行安排。

（刘秀梅）

【组织科技英语创意大赛教师培训】 4月12日，中小学生科技英语创意大赛教师培训在少年宫进行。培训聘请北京市“中小学生科技英语创意大赛”活动专家王金霞、李晨，为各校辅导教师作专题培训，参加本次培训共有27所学校，总计37人参与活动。培训过程中，两位专家就比赛规程、评分标准、上交资料格式、实验内容设计、选材等方面结合具体案例进行耐心、细致地指导。

（刘秀梅）

【举办区中小学生科技英语创意大赛】 5月8日，区校外教育办公室在大兴八中举办

“2011年大兴区中小学生科技英语创意大赛”。全区中小学共有20支代表队，200余人参加比赛。结果长子营镇第一中心小学、大兴三小、金海学校、德茂中学二队、兴华中学获得一等奖。

（刘秀梅）

【组织区青少年未来工程师竞赛】 5月14、15日，大兴区青少年未来工程师博览与竞赛活动分别在大兴一中和大兴三小举行，来自

全区 23 所学校 290 余名师生参赛。活动共有五个项目：航天器探月归来、木梁承重、排雷机器人、节能环保抗震建筑、创意环保乐队。采育镇第三中心小学、黄村镇第二中心小学、榆垡镇第二中心小学、垡上中学等学校首次加入这项活动，是有史以来参赛学生人数最多的一次。航天器探月归来项目增加“航天器”现场制作环节；木梁承重项目把木梁重量由 60 克降到 50 克，在现场承重测试阶段组织形式上进行改进。长子营镇第一中心小学、大兴一中、大兴四中分校分别获得航天器探月归来、节能环保抗震建筑、创意环保乐队项目的第一名，大兴三小荣获木梁承重、排雷机器人项目的第一名。大兴三小、长子营镇第一中心小学、黄村镇第二中心小学分别荣获小学组团体总分前三名；大兴一中、北师大大兴附中、大兴四中分别荣获中学组团体总分前三名。

（刘秀梅）

【举办北京市青少年未来工程师竞赛】 5 月 28 至 29 日，北京市青少年未来工程师博览与竞赛活动在区少年宫举行，来自全市 14 个区县 76 所学校近 600 名师生参赛。北京市教委体卫艺处徐春生、区教育工会主席杨子仲等领导参加开幕式。在少年宫剧场前厅，还举办“生活的创意、创意的生活”博览活动。开放 200 多平米电子阅览室，师生可凭参赛证件在阅览室学习科技知识。东城南区景泰小学 2 队、大兴三小 2 队、大兴三小 1 队、北京五中分校分别获得航天器探月归来、木梁承重、排雷机器人、创意环保乐队项目的第一名；大兴一中、海淀区中关村一小分获中小学组节能环保抗震建筑项目第一名；大兴区、东城区、海淀区、西城区、丰台区、怀柔区分别荣获团体总分前六名。

（刘秀梅）

【长子营二中心小学参加科普下乡公益活动】 6 月 10 日，索尼探梦科技馆“科普下乡公益活动走进长子营第二中心小学。在操场

上，科技馆讲解员表演“氦气变声”科技实验、“水火箭”发射过程，射程近百米的“水火箭”飞向高空。学生在班主任老师和讲解员指导下，用塑料可乐瓶和塑料片制作“水火箭”，低年级进行气球火箭制作。一个个形状各异的火箭制成后，学生分组在操场进行发射比赛。索尼探梦科技馆“科普下乡公益活动”自 2008 年开启以来，已深入到 120 余所农村中小学校园，近六万名学生从索尼探梦科普活动中受益。

（张友杰）

【组织教师培训】 9 月 5 日，“青少年科技创新大赛及金鹏论坛”教师培训在少年宫举行，全区 40 多所中小学 70 名科技教师参加培训。培训聘请北京市西城区科技馆周又红担任主讲教师。培训内容主要包括科学研究论文如何选题、开题；“青少年科技创新大赛及

金鹏论坛”论文的写作侧重点及评审标准；科学研究实验器材使用方法等三个方面，针对近年来学生科学研究论文存在的研究项目陈旧、研究手段单一、研究程度粗浅等主要问题深入开展。重点向教师们传授几种常用的

科学实验器材及检验方法，帮助教师掌握科学研究方法并和与会教师探讨现有选题。

（刘秀梅）

【举行学生科技节开幕式】 10 月 9 日，主题为“低碳生活、创造未来”的大兴区第二十九届学生科技节开幕式在北师大大兴附中隆重举行。副区长王荣彬、区教委主任李达等参加开幕式。来自全区 60 余所中小学 500 余名师生参加本届科技节开幕式活动。区校外办主任巴文丽宣布 2010－2011 学年度“科技教育奖励资金”获奖学校名单及大兴区第一届中小学生“十佳科技之星”名单，与会领导为获奖学校代表颁奖，奖励资金共计 18.6 万元。同时也为“十佳科技之星”颁发证书。今年长子营镇第一中心小学经过评审认定为新一届区级科技教育示范校。王荣彬讲话中对本区一年来科技教育工作及成绩给与充分肯定，并向全区中小学校提出推动科技教育工作稳步提升；务本求实、注重普及，营造科技教育工作浓厚氛围；强化队伍、培育精英，促进科技教育工作蒸蒸日上的希望。开幕式结

束之后，各级领导和师生们一起观看索尼探梦科普表演、航空火箭模型发射展演、北师大大兴附中科技教育特色项目展示活动。

（刘秀梅）

【举办首次海模教师培训活动】 10 月 11 日，区校外办举办本区首次海模教师培训活动，全区 28 所中小学近 40 名教师参加。原东城科技馆海模特技教师徐玮，杭州中天模型有限公司专业培训师，北京中奥之光科技发展有限公司技术主管为活动做专项培训。培训内容是：海模活动情况简介；微型帆船模

型制作；杭州号电动直航模型制作；水池试模实践。培训方式为：专家讲座；动手制作；试

模实践。参加培训各校教师认真听取专家的讲解，积极动手进行模型制作、放航。

（刘秀梅）

【承办北京市中小学电子制作创新研讨会】 10月14日，北京市中小学电子制作创新暨通用技术课研讨会在北京八中亦庄分校举行。研讨会主题是：普及电子知识，培养创新精神。教育部教学仪器研究所副所长刘诗海等领导参加会议。会上，北京市无线电运动协会为中小学电子制作先进集体颁奖，向部分优秀辅导员赠书；25中教师介绍全国一等奖创新作品“电子停车牌”，一名学生介绍全国一等奖创新作品“电子密码锁”。该校有14名学生参加，8人荣获一等奖，5人荣获二等奖，1人荣获三奖，该校获得优秀组织奖。共有300名中小学教师及学生参加研讨会。

（陈晓）

【举办校外群众活动实践与研究课程研讨会】 11月8日，全市校外教育系统群文教师40余人汇聚少年宫，参加北京市《校外群众活动实践与研究》课程研讨会。北京市校外教育教研室主任武迎选等领导参加研讨会。市教研室教研员葛宜科针对全市校外教育系统十二五继续教育学分分布和培训情况进行介绍，并阐述研讨会目的在于增强群文教师续教培训的实效性。少年宫副主任程德玲对《校外群众活动实践与研究》课程方案及课程框架进行解读，全市群文教师们针对课程框架及自身需求纷纷发表建议：课程培训应分层开展，让全市优秀资源流动起来，实现多赢；了解区域特点，针对区域开展有效培训；希望课程多设计参与式培训；在调研全市情况下，合理安排培训时间，更好的解决工学矛盾。

（刘秀梅）

【组织“月全食”观测活动】 12月10日，少年宫与大兴一小联合组织“月全食”观测活动。参与“月全食”观测活动学生和家长有100多人。邀请北京市天文馆的科普专家贾桂山为学生及家长进行月全食知识互动讲座。在观测现场，准备8架天文望远镜并通过CCD系统对月全食过程进行视频直播，安排专职天文教师对月全食全过程讲解。让学生和家长们更直观地观测到月全食过程。

（刘秀梅　韩秋红）

【举办金鹏科技论坛活动】 12月14日，“2011年大兴区金鹏科技论坛活动——现场论坛”在北京师范大学大兴附中举行，全区18所中小学240多名师生参加。北京朝阳区青少年活动中心教研室主任韩静、北京教学植物园特级教师高付元等5位专家评委；大兴科协科普部部长薛超、北师大大兴附中校长王宾参加现场论坛。参与区级“中小学生金鹏科技论坛”的学校共27所，收到科研论文作品85件。参加现场展示5个项目是在全区一等奖中选出具有代表性的作品。论坛分为现场展示、师生辩论、专家点评三个环节。学生自己解决“秋季野生观赏植物是怎样应用于社区绿化的?”“大兴区公共自行车的使用情况是怎样的?”“井盖损坏了或被盗了有什么好办法?”等发生在现实生活中的问题。

（刘秀梅）

【采育中学在北京市虚拟创造比赛中获佳绩】 12月23日，采育中学在区少年宫举行的第六届北京市中小学生虚拟创造邀请方案比赛中，作品《科技让我们成为“超人”》获得大兴区二等奖。作品以神奇大自然再生奇妙能力为切入点，假设在理想世界中，人类如果有自我修复能力，通过科技论证解决人类困惑，给残疾朋友带来福音，为医学界做出贡献。

（高华）

校外教育机构

大兴区少年宫

【概　述】 2011年,大兴区少年宫整体建筑面积21255平方米(由妇女儿童活动中心、大兴区少年宫两家共用),少年宫使用面积16000平方米。固定资产总值2167万元,全年教育经费投入1987万元,其中国拨1368万元,自筹619万元。全年培训中小学生13000人次,开设专项培训班136个,群文活动150000人。有教职工83人,包括教师77人,管理3人,工人3人,其中高级教师职称12人,中级职称37人,初级职称30人;市级骨干教师2人,区级骨干教师4人。普通教室8个,声乐教室3个,合唱教室1个,舞蹈教室4个,器乐教室17个,美术教室9个,武术教室1个,跆拳道教室1个,其它专用教室10个,共54个教室。

2011年,在北京市中小学生艺术节个人项目作品类有941名学生分别获得一、二、三等奖;个人项目表演类有675名学生分别获得一、二、三等奖;集体类节目中全区共有58所学校,156个节目,2426人参加比赛,其中一等奖35个、二等奖53个、三等奖68个,北京市中小学生艺术节综合成绩名列郊区县首位;北京市学生第五届校外艺术节大兴少年宫获两个一等奖、四个二等奖、两个三等奖,与全市校外教育机构相比,总体成绩位居全市第四,郊区县第一。北京金帆书画大兴分院是市教委首批命名的学生书画社团,多年的成绩是令人瞩目。北京市电视书法大赛,5名学员分获金、银、铜奖,获奖数量、获奖比例全市第一。区少儿合唱团又被命名为北京市阳光少年合唱团。少年宫现有市级学生社团2个,区级学生社团11个。学生活动更是丰富多彩,共计23万人次中小学生参加各种校外活动。“我参与、我体验、我快乐、我成长”这一活动理念成为每一项活动的主题。大兴区少年宫原名大兴县少年宫,建成于1986年,同年大兴区校外教育办公室成立,办公地点也设在少年宫,实行“两块牌子,一套人马”的运行机制。隶属于大兴区教委,是大兴唯一一所集艺术、体育、科技、德育于一体的综合性公益活动场所。现任领导班子设少年宫主任1人,书记1人,副主任三人。办公地点:大兴区黄村镇弘和北路一号。

(刘秀梅)

【举行教师才艺大赛】 2月20日,在少年宫剧场,区校外办、区少年宫举办主题为:“颂和谐社会、展教师风采”2011年大兴区教师才艺大赛——朗诵比赛活动。大赛内容是朗诵专场比赛,设个人和集体两个组别,全区共有

31所中小学、幼儿园教师213人报名参赛。12名教师获得个人组一等奖、评出个人二等奖22名、三等奖25名、优秀奖16名。大兴五幼、北京二中亦庄学校、黄村镇第一幼儿园、狼垡中学、孙村中学获得集体一等奖，大赛组委会从北京儿童艺术剧院、丰台少年宫、东城少年宫聘请多位专业教师担任比赛的评委。比赛结束后对参赛教师表现进行点评。

（刘秀梅）

【参加香港国际武术比赛】 3月11至15日，少年宫武术队12人在任智星教练带领下，参加2011年“武德杯”第九届香港国际武术比赛，这次参赛运动员共计8000多人、来自53个国家和地区。少年宫武术队取得男子M5枪术第一名，男子M4长拳第二，女子F3长拳第二名等优异成绩。任智星教练做为2011年“武德杯”第九届香港国际武术比赛特约裁判员参与裁判工作，获最佳武术推广贡献奖。

（刘秀梅）

【举行第十四届学生艺术节】 3月14至4月7日，大兴区第十四届学生艺术节在少年

宫举行。进行个人项目朗诵、曲艺、戏剧、民乐、声乐、西乐、书画个人类作品、舞蹈和集体项目器乐、舞蹈、戏剧等项目的比赛，组织专场晚会13场，全区共有近1100人参加个人表演项目的比赛，有近1500人参加集体项目比赛。本次艺术节特点是以个人项目为主，集体项目内容新增行进打击乐、校园集体舞。大兴区学生艺术节创办于1989年，至今已历经23年。艺术节宗旨目的是立足普及、重在参与。通过开展具有时代特征、校园特色、学生特点的艺术活动，弘扬中华民族优秀文化，展示学校艺术教育丰硕成果。

（刘秀梅）

【石景山青少年活动中心来访】 3月24日，石景山青少年活动中心美术部教师在主任吴子龙带领下，来少年宫参观交流。少年宫党支部书记柴雨生及相关领导和美术部的全体教师与来访嘉宾进行深入座谈。美术部部长张琦就美术部的发展现状，课程设置，学生活动，教师团队建设，部门管理等九个方面内容进行交流介绍。

（刘秀梅）

【组织中小学校园集体舞辅导教师培训】 4月13至15日，区校外办对全区中小学校园集体舞辅导教师进行培训，全区25所小学、22所中学，86位教师参加培训。培训内容是校园集体舞比赛要求；相关比赛集体舞队形、动作指导。培训方式为现场训练和讲解。这是为2011年6月举行的大兴区第十四届学生艺术节中小学校园集体舞展示活动做好准备。

（刘秀梅）

【参加优秀案例总结表彰会】 4月14日，

“2010年北京市郊区县校外教育机构优秀案例展评活动”总结表彰会在昌平五中隆重举行。北京市学生活动管理中心副主任史建华及各远郊区县少年宫主任、11个郊区县校外教育机构教学干部、2010年参赛教师以及2011年即将参赛教师150余人参加活动。少年宫共有3名教师参加活动，活动处教师薛杰在群众活动评比中荣获一等奖；器乐部二胡教师冯颖在小组活动中荣获一等奖；体育部武术教师任智星荣获二等奖。薛杰案例《快乐假日——红领巾游戏节》作为优秀案例做现场交流。

（刘秀梅）

【通州区青少年活动中心来访】 5月12日，通州区青少年活动中心，35周岁以下青年教师30余人，来到少年宫与青年教师们一起开展交流学习活动。少年宫主任巴文丽首先就大兴区少年宫新宫建设、建筑特点、部门职能

分工等方面做整体介绍；通州区青少年活动中心领导详细介绍通州区青少年活动中心于2009年启动的“完善自我，快乐成长”青年教师培养方案。少年宫教研室主任程德玲就几年来在教师队伍建设方面所做的工作做简要汇报。会上，青年教师代表讲述他们的心路历程和成长过程。

（刘秀梅）

【举办少年儿童游戏节】 6月1日，在少年宫院内举办“沐浴党的阳光 体验快乐成长——大兴区少年儿童游戏节”活动。来自全区各中小学、SOS儿童村孩子参与活动，共计500人。大兴区教育工会主席杨子仲、

北京市SOS村村长等领导参加活动。SOS村领导向少年宫和区妇女儿童活动中心赠送锦旗。游戏节内容包括：跳绳、踢毽、滚铁环、抽陀螺、丢沙包、投篮、摔泥碗、遥控车、轮滑、晃板挑战赛、玩具易货等20项体育、体验游戏。

（刘秀梅）

【举办中小学艺术教育管理专题讲座】 6月3日，在少年宫三层多功能厅，举办大兴区中小学艺术教育管理专题讲座。全区学校主管艺术教育的副校长、音乐教师、市区级艺术特色学校校长、区艺术教育研究会的理事，共计130余人聆听讲座。本次讲座聘请中央音乐学院副院长周海宏，做题为《走进音乐的世界——兼谈艺术对人类生活的影响》专题讲座。周海宏从“音乐人人懂”到“音乐何须懂”两个辩证的角度，讲述音乐特性，结合人

们日常生活，讲述音乐重要性。

（刘秀梅）

【“十二五”区级规划立项课题开题论证会】 7月12日，少年宫“十二五”区级规划立项课题开题论证会在少年宫召开。参加论证会的有：进修学校副校长王永庆和两位科研专家、少年宫两个课题组全体成员及教研室教师共记20余人。首先由区级重点课题负责人、少年宫主任巴文丽宣读《基于生活世界理论大兴校外德育模式的实践研究》开题报告。与会专家分别对该课题进行论证；教师张建云陈述《校内外教育衔接视角下学生社团建设与发展的实践研究》开题报告，专家们在肯定课题研究意义同时，也提出其中存在的不足、改进意见，以及今后操作实施方面可预见性的问题。两个课题都通过开题审核。

（刘秀梅）

【蓓蕾艺术幼儿园综合汇报】 7月13日，在少年宫礼堂，成功举办少年宫蓓蕾艺术幼儿

园“2011学年度期末汇报演出和庆祝建党90周年幼儿绘画、手工、书法作品展”综合汇报活动。教委幼教科科长李志霜，少年宫主任巴文丽等领导参加活动，石景山区少年宫幼儿部的部分领导与教师也应邀来到活动现场，少年宫蓓蕾艺术幼儿园240名幼儿和近300名家长共同参加汇报活动。幼儿绘画类作品展在少年宫剧场展厅展出，本次参展作品涵盖水墨画、想象画、指印画、纸版画、皱纹纸画、黑白线描、彩色线描、手撕贴画、软陶、泥塑、剪纸、手工编织、创意手工制作等。演出开始前，由少年宫主任巴文丽致开幕词并表彰优秀家长。汇报演出分为文艺演出和优秀学员家长表彰两部分。

（刘秀梅）

【参加2011香港国际青少年合唱节】 7月19日，北京市阳光少年艺术团大兴少年宫合唱团16人小合唱《找馍馍》和《枣儿红了》参加由香港童声合唱协会主办、国际合唱联盟和中国教育学会音乐教育分会协办的“2011香港国际青少年合唱节”F组的现场决赛。与来自世界10多个国家和地区的29个小合唱队进行激烈角逐，获得银奖第二名。

（刘秀梅）

【参加“2011唱红歌颂党情”合唱精品展演】 7月28日，全国青少年宫系统“2011唱红

歌颂党情”合唱精品展演在人民大会堂小礼堂举行。来自全国各地少年宫系统的13支合唱团在这参加表演。本区少年宫兴星少儿

合唱团50人被特邀参加，表演《欢乐的那达慕》、《春天来到我们的战场》，获得金奖。

（刘秀梅）

【组织艺术教师行进管乐培训】 9月19日，由中国敦善文化艺术公司、少工委、区校外教育办公室、少年宫联合举办的中小学艺术教师行进管乐培训在少年宫举行，全区中小学41位教师参加。培训8次，历时两个半月。少工委副主任李学静等领导参加开班仪式，并对参加培训教师提出要求。培训聘请荷兰皇家海牙音乐学院管乐指挥、世界著名低音单簧管演奏家张积喜教授，中央音乐学院远程教育学院打击乐顾问、行进管乐专家陈卓樱教授主讲。培训内容有：行进乐团行进的基础编排、行进乐团管乐队合奏训练与行进训练、编排和指挥行进乐团要领、乐曲排练

技巧、训练示范乐队和如何使用乐队训练技巧及方法等诸多方面。

（刘秀梅）

【组织艺术节优秀节目巡演】 10月11至14日，由区校外教育办公室组织的"搭建艺术舞台、装点五彩校园"艺术节优秀节目巡演活动结束。巡演共有25个艺术之星个人节目，6个一等奖集体节目，16所学校近百名学生分成三组参与演出。分别走进长子营镇第一中心小学、北京十四中安定分校、榆垡镇第二中

心小学、榆垡中学、礼贤第二中心小学和礼贤民族中学六所学校，为近3000名师生演出。

（刘秀梅）

【北京国际青少年武术比赛】 10月15、16日，少年宫武术队一行26人在任智星教练带领下参加2011年北京国际青少年武术比赛。活动由北京体育局、中国武术协会主办，北京学生活动管理中心、北京市体育竞赛管理中心协办，参赛运动员来自全国各地共计3000多人。少年宫武术队分别在男女棍、刀、拳中获得10个第一名。

（刘秀梅）

【第六届北京电视书法大奖赛】 10月16日，由北京市文联、北京书法家协会和中央数

字电视书画频道共同举办的"第六届北京电视书法大奖赛"结束。少年宫软笔书法班有

4名同学获得三等奖、8名同学获二等奖、5名同学获一等奖。在软笔书法辅导教师窦志强的带领下，共5名学生参加电视决赛，通过看图片创作、唐诗补句创作、听音乐创作以及素质问答，获得1个银奖；1个铜奖；3个优秀奖，窦志强老师连续第三次获得优秀园丁奖。

（刘秀梅）

【“职业倦怠与心理减压”专题讲座】 11月2日，少年宫工会开展“职业倦怠与心理减压”专题讲座，83位教职工参加。讲座由北京翰亚文化中心理事长、国家二级心理咨询师、区妇联公益培训课程金牌讲师王燕斌主讲。教授通过各类典型事例提醒在座的教师们：除了社会理解和支持，学校领导重视外，教师个人更要注重心理健康的保健，从工作

中去寻快乐、找到激情和动力，从而享受工作带给大家的快乐。

（刘秀梅）

【举行录像课评比活动表彰总结大会】 11月2日，少年宫召开第四届小组专业教师录像课评比活动表彰总结大会。评审小组针对28位教师40分钟教学实录进行评审，评选出一等奖7名，二等奖9名；三等奖12名；会上首先由少年宫副主任、校外教育研究室主任程德玲针对本届录像课活动，围绕活动组织实施情况、活动呈现的特点与亮点及活动中存在的问题和反思三方面作全面细致总结。随后对活动中获奖教师进行表彰，观看

优秀活动片段集锦，由教研室教研员对部分优秀课例做现场点评，并由教师代表结合自己参赛感受与体会做典型发言。

（刘秀梅）

【举办艺术教师系列培训活动】 11月4日，区少年宫举办“合唱培训展大师魅力，内容充实惠及全区教师——大兴区中小学艺术教师系列培训活动”。全区40多所中小学的60多名音乐教师参加活动，中国合唱协会副理事长、国家大剧院合唱团指挥、中国音乐学院指挥系教授吴灵芬做培训，与区女教师合唱团合作，演绎两首合唱作品的艺术处理。

（刘秀梅）

【组织“科学建议奖”教师培训】 11月17日，在少年宫举办中小学生“科学建议奖”教师培训活动，全区23所中小学31名教师参加。区校外办聘请北京教学植物园技术科科长、北京市特级教师、中国科技辅导员协会青少年科技教育专家辅导团成员高付元为本次

活动做专项培训。培训内容包括四个方面：什么是科学建议；学生撰写科学建议内容及要求；参与科学建议奖对学生成长影响；科学建议奖评审标准。

（刘秀梅）

【举办校外艺术节展演工作研讨会】 11月23日，少年宫召开第五届北京市学生校外艺术节展演工作研讨会。少年宫相关领导、参赛教师以及歌舞部、器乐部部分教师参加会议。教务处领导对展演工作做整体总结，少年宫主任巴文丽做《感谢、感动、感悟》讲话。各位参赛教师对这次展演活动进行反思和展望，与会的领导也逐一对这项工作提出意见和建议。

（刘秀梅）

【组织艺术教师校园剧编导培训班】 11月25日和12月2日，校外教育办公室、少年宫举办为期2天的“大兴区艺术教师校园剧编导培训班”，全区22所学校37位教师参加。特邀请中国儿童艺术剧院教师魏玉祥授课。培训主要内容是：结合校园戏剧谈如何进行导演构思、组织舞台行动、组织舞台调度、处理戏剧的节奏、气氛等，并一起现场欣赏本区中学和小学各一部原创校园剧作品，魏老师组织培训教师结合这次编导培训所学知识对这两部作品进行剖析、提出二度创作的设想。

（刘秀梅）

【参加中小学生跆拳道比赛】 11月26至27日，由北京市教委、北京市体育局主办，北京市中小学生体协、北京市跆拳道协会承办，2000多人参与的“北京市第五届中小学生跆拳道比赛”，在石景山体育馆举行，少年宫跆拳道队获得成绩：第一名2人，第二名6人，第三名8人，第五名12人。其中3人享受高考20分提档政策，3人享受中考加6分政策。

（刘秀梅）

【参加金银帆奖颁奖典礼】 12月4日，2011年北京阳光少年文化节闭幕式暨第25届北京市中小学生金银帆奖颁奖典礼在北京国安剧院隆重举行。北京市教委主任姜沛民等领导出席大会。共有44个单位获得优秀组织奖、20名学生荣获金帆奖、93名学生荣获银帆奖。大兴一中关亚欣、郭振铎荣获第25届北京市学生中小学生金帆奖，魏春雨荣获银帆奖。区少年宫荣获北京阳光少年文化节优秀组织奖，小型声乐团被命名为北京市阳光少年艺术团分团。

（刘秀梅）

【到丰台少年宫交流学习】 12月14日，少年宫教研室组织器乐部及活动处16位教师，到丰台少年宫交流学习。丰台少年宫主任王振民围绕转变观念和队伍建设两方面，结合“加强培训、搭建平台、提供机会”的管理理念做了简明扼要的介绍。教师们根据自己专业特点开展分组活动。其中器乐部教师分别观摩古筝、电子琴、大提琴、手风琴、打击乐，扬琴现场教学，并利用课间休息时间与授课教师进行简短沟通与交流；活动处教师围绕人员分工、活动项目、校内外沟通合作、活动总结表彰创新形式等几方面与丰台少年宫活动处教师进行热烈交谈。最后，由器乐部李艳、冯颖两位部长代表听课教师们对几节观摩课中学生积极的学习状态、教师严谨教学方法谈感受和体会。

（刘秀梅）

体育·美育

体　育

【概　述】 2011年，大兴区学校体育工作以树立“健康第一”为宗旨，以落实中共中央《加强青少年体育 增强青少年体质》为主线，以开展阳光体育活动为突破口，确保学生每天一小时体育锻炼时间，务本求实、锐意进取，竞技体育屡创佳绩。承办常青藤全国国际象棋公开赛，19个省市自治区及海外的近千名棋手参加；创新中小学田径运动会，开幕式上21所学校进行体育特色项目展示；参加“市中学生田径运动会”共获奖牌35枚，团体总分获郊区组第三名，获“体育道德风尚奖”、“优秀组织奖”；组队参加世界中学生田径锦标赛、全国中学生越野锦标赛，获金牌6枚；代表北京市参加第十一届全国中运会，总分列郊区县之首，获“区县贡献奖”；组队参加市级校园足球赛，7支队伍获奖，荣获“区县组织贡献奖”；组织3500人次参加区级单项比赛，组队参加市级阳光体育单项比赛，在全市评选中，蝉联“阳光体育联赛优胜奖”；做好全员体质测试，确保测试数据上报率达到100%，对1022名学生进行《国家学生体质健康标准》区级测试；强化传统校建设和学校体育设施对外开放工作，三所学校受到市级表彰；“北京市金帆奖表彰会”上，两名运动员获金帆奖、一名获银帆奖，实现新突破。

（李晶）

【举办中小学生游泳比赛】 1月8日，区教委体美科举办“2011年大兴区中小学生游泳比赛”。全区17所学校的210名运动员参加比赛。大兴七中、大兴一中、大兴八中分获中学组团体总分前三名，大兴八小、北京小学大兴分校、团河小学分获小学组团体总分前三名。

（李晶）

【全国常青藤智力体操实验在大兴启动】 1月20至21日，全国“美巢杯”常青藤智力体操实验启动仪式暨大兴区“阳阳小吃杯”第七届中小学生国际象棋比赛在大兴九小开幕。来自全区各中小学的近300名国际象棋教练员、运动员参加开幕式。大兴九小和礼贤一小被授予“常青藤”智力体操试点学校。常青藤智力体操是中国国际象棋协会联合地方教育局在中小学生中推广的每周一次课间智力对弈计划，旨在通过与传统教育体系有机融合的方式，发挥国际象棋的社会性情景模拟体验作用，增进中小学生成长中的三维基础能力、创造力、领导力、意志力的提升，从而完善中国青少年儿童的素质培养体系。具体做法是中小学利用课间时间，开展每周一次的全校性棋艺比赛的同时，进行国际象棋基础教育，并且通过校际间的团体联赛检验项目成果。大兴区作为试点区域，中国国际象棋协会常青藤计划推广部将提供国际象棋教学与裁判的培训，为学校开设国际象棋校本课提供师资，辅导课间操（比赛）的组织，并组织校际间的联赛。在第七届中小学生国际象棋比赛中，来自大兴一中、红星中学、青云店中学、大兴九小等16所学校的409名国际象棋爱好者参加。大兴一中和红星中学分获中学组团体总分第一名和第二名，大兴九小和瀛海一小分获小学组团体总分第一名和第二名。

（李晶）

【国家体育总局教育部及市相关部门调研指导大兴区青少年女子足球工作】 2月17日，国家体育总局、教育部和北京市体育局、市教委组成的调研组近50人到大兴一职调研青少年女子足球工作。副区长王荣彬，区教委主任李达，区体育局局长年晓波等领导陪同调研。调研组成员首先了解大兴一职女子足球运动开展的基本情况并观看队员们一堂分组对抗训练课。训练课结束后，国家体育总局足球运动管理中心副主任薛立、北京市教委副主任郑萼、北京市体育局副局长李晋康等领导分别讲话，问候女足队员并鼓励大家刻苦训练，再接再厉不断取得新的、更大的成绩。座谈会上，大兴一职领导和四位教练员先后汇报学校开展女子足球运动取得的成效并恳请与会领导关注女足发展中面临的困难和问题。国家体育总局、市体育局、市教委等领导在讲话中肯定大兴一职女足取得的成绩并就相关政策进行解读。

（李晶）

【召开中小学体育工作会议】 2月25日，区教委体美科召开“2011年大兴区中小学体育工作会议”。区教委副主任安有文、体美科科长李克明、进修学校体育教研员及全区各中小学主管体育工作的领导近200人参加。会议总结2010年体美科工作，提出2011年大兴区学校体育工作总体思路：以牢固树立“健康第一”为宗旨，以落实中共中央、国务院《关于加强青少年体育增强青少年体质的意见》和北京市委、市政府《关于加强青少年体育增强青少年体质的实施意见》为主线，继续落实《国家学生体质健康标准》、《学校体育工作条例》，确保学生每天一小时体育锻炼时间，开展学生群体活动，组织各项赛事，提高竞技水平，调动学生参加体育活动的积极性和主动性。分别表彰“2010年大兴区落实阳光体育证书制度先进班集体”、“大兴区中小学优秀体育教研组”、“大兴区中小学优秀体育教师”。安有文对2011年学校体育工作提出具体要求：高度重视学校体育工作，规范办学；狠抓落实，务求实效；采取措施，着力提高体育教师综合素质。

（李晶）

【参加香港国际武术比赛】 3月11至15日，少年宫武术队12人在任智星教练带领下，参加2011年“武德杯”第九届香港国际武术比赛，参赛运动员共计8000多人、来自53个国家和地区。少年宫武术队取得男子M5枪术第一名，男子M4长拳第二，女子F3长拳第二名等优异成绩。任智星教练作为2011年“武德杯”第九届香港国际武术比赛特约裁判员参与裁判工作，并获最佳武术推广贡献奖。

（刘秀梅）

【大兴一中包揽团体、个人四项冠军】 3月27日，大兴一中长跑队的男、女各5名队员参加“2011年全国中学生越野跑锦标赛”，再次包揽男、女团体和个人四项冠军，创造全国中学生越野锦标赛一个学校连续两次包揽全部冠军的历史。

（孙文生）

【举办新区中小学生田径运动会】　4月8日，区教委、区体育局、开发区社会发展局共同主办的“2011年新区中小学生田径运动会”举行。副区长王荣彬、区政协副主席刘志茹、北京石油化工学院副院长王林川、北京市教育委员会体卫艺处处长王东江、区人大教科文卫委员会主任刘景波、区政协教文卫体委员会主任杨海霞、开发区社会发展局文教办主任袁长友、区教委、区体育局的领导及部分人大代表、政协委员出席开幕式。区委教育工委书记、教委主任李达发表致辞；全体参会人员一同观看专题片《沐浴阳光下 健康为明天—大兴区中小学体育工作纪实》；会上还表彰一批落实“学校体育工作条例”先进学校和“阳光体育竞赛”先进学校。全区71所学校的837名运动员参加比赛。争夺120个项目的金牌。其中，2人破2项最高纪录，6人破6项区运动会记录。兴华中学、大兴一中、首师大大兴附中分获高中组团体总分的前三名；大兴七中、大兴一中、大兴三中分获区直属初中组团体总分的前三名；大兴二小、大兴八小、大兴三小分获区直属小学组团体总分的前三名；长子营中学、安定中学、青云店中学分获区镇初中组团体总分的前三名；榆垡二小、庞各庄二小、长子营一小分获区镇小学组团体总分的前三名。

（李晶）

【长子营中学体育工作成绩喜人】　4月9日，长子营中学在大兴区中小学田径运动会及阳光体育展示活动中，64名同学代表全区参加课间操特色展示，42名体育特长生参加比赛。获得运动会团体总分第一名、大兴区学校体育工作条例先进校、大兴区中小学阳光体育竞赛先进校等荣誉。体育组被评为大兴区中小学优秀体育教研组。两位体育教师被评为大兴区优秀体育教练员。该校体育工

作在续写18年全区农村学校第二名成绩之后，又连续3年保持第一名。

（高杰　薛振霞）

【举行高三体育会考工作】　4月15至16日，举行高三体育会考。3197名高三年级考生参加。区教委成立“大兴区高三体育会考”领导小组，制定会考工作方案和安全预案，并专门召开考前动员会，对近百名考务人员进行培训。

（李晶）

【举办中小学生《国家学生体质健康标准》测试赛】　4月23至24日，区教委体美科举行“大兴区2011年体质健康标准测试赛”。共有33校1022名学生参加比赛。本阶段比赛共分高中组、区直初中组、区直小学组三个组别。区教委本着公开、公平和公正的原则，以真实检测出全区学生的体质健康状况为出发点，对所有参加测试赛的学校年级和班级号

进行统一指定，从全区学生学籍档案管理库（以下简称“CIMS 系统”）中调出各校被抽中的班级学生的有关数据资料，要求各校均必须以 CIMS 系统提供的学生名单为准全额参加测试。按照《国家学生体质健康标准》的选测项目要求，所有学生凭统一发放的学生本人 IC 卡分别进行身高体重、肺活量、台阶测试、立定跳远、握力（男）和坐位体前屈（女）等项目的测试。大兴一小、大兴十小、大兴六小分获区直小学组前三名；大兴四中、大兴七中、大兴五中（初）分获区直初中组前三名；北师大大兴附中（高）、魏善庄（高）、兴华（高）分获高中组前三名。

（李晶）

【举办初中毕业升学体育考试】 5 月 9 至 11 日，组织初三升学体育考试。36 所学校的 5347 名（男 2701 人、女 2646 人）学生参加现场考试。18 日，210 人参加缓考。初三学生体育考试成绩在原有体育现场考试

30 分基础上增加 10 分体育过程性考核成绩。考试结果，及格率 99.79%，优秀率 93.64%。

（李晶）

【举办中小学校园足球比赛】 7 月 6 日，区教委、区体育局主办，大兴二小承办“我运动、我快乐、我健康”“奥运城市杯”——2011 年大兴区中小学校园足球比赛。全区 16 支代表队的近 300 名运动员参加。本届足球赛历时 8 天共 24 场次，采用单循环，分组循环和交叉淘汰，决赛，附加赛等方法决出总名次。大兴五中获高中男子组冠军；礼贤中学、大辛庄中学分获初中男子组冠亚军；枣园小学、魏善庄镇西芦垡小学分获小学男子组冠亚军；北臧村中心小学、瀛海一小分获小学女子组冠亚军。

（李晶）

【大兴体校参加北京市青少年锦标赛获奖】 7 至 8 月，大兴体校组队参加 2011 年北京市青少年锦标赛。参赛项目 9 个（摔跤、柔道、举重、跆拳道、足球、手球、田径、散打、网球），单项比赛获得金牌 7 枚、银牌 5 枚、铜牌 10 枚，四至八名 26 人次；团体项目足球获得女子甲组、女子乙组冠军，手球女队获得第四名，男队获得第五名。

（侯巧兰　王勇）

【大兴一中参加全国中学生田径锦标赛获奖】 8 月 8 至 11 日，大兴一中组队参加全国中学生田径锦标赛。来自全国各省市、自治区 131 所学校 1700 名运动员参加了为期四天的比赛。该校运动员参加中长跑、短跑、跨栏、投掷等项目的比赛，以 5 枚金牌 4 枚

银牌1枚铜牌的成绩，刷新该校参加全国中学生田径竞赛成绩，男子甲组和女子乙组团体总分均获得第三名，学校团体总分获得第七名，在北京市参赛的25个学校中位列第二。

（孙文生）

【举办“澜爵酒堡”杯常青藤全国国际象棋公开赛】 8月18至21日，中国国际象棋协会主办，大兴区教委、大兴区体育局、大兴九小承办“澜爵酒堡”杯常青藤全国国际象棋公开赛。来自全国19个省市及海外的共900余名国际象棋爱好者参加。大兴区重视国际象棋运动的开展与普及，区教委、区体育局配合，已举办七届区域性比赛，并多次组队参加全国邀请赛和公开赛。比赛中，大兴区36所学校500余名选手参赛，其中大兴九小三年级组、六年级组、枣园小学四年级组、大兴一中高中组分别夺得各组别团体总分第一名。

（李晶）

【召开学校体育工作会议】 9月6日，区教委体美科召开“2011年大兴区学校体育工作会议”。区教委副主任马二军、体美科科长李克明，区进修学校体育教研员及全区中小学主管体育工作的领导、体育教研组长参加。简要回顾学校体育工作，对“2011年大兴区中小学《国家学生体质健康标准》测试赛”（直属初中组、直属小学组、高中组）获得前三名的学校，及“2011年大兴区优秀体育教研组评比”荣获一等奖的学校进行表彰。对新学期的体育工作进行部署，提出2011年下半年将以确保学生每天一小时体育锻炼时间为重点，做好以下几个方面工作：充分认识加强学校体育工作，增强学生体质的重要性和紧迫性，制定《大兴区中小学阳光体育联赛优胜奖评估办法（试行）》；推进教科研工作，促进体育教师专业化发展；加强课堂教学管理，全面实施《国家学生体质健康标准》；全面开展阳光体育运动。

（李晶）

【举办中学体育教学观摩展示活动】 9月15日，区教委体美科举办区中学体育教学观摩展示活动。来自全区27所中学近百余名一线体育教师参加观摩学习。参加展示的四节课分别为：亦庄实验中学周京媛的“健身操（高二女生）”、北师大大兴附中李学兵的“跨栏跑（高二男生）”、兴海学校刘静宇的“武术健身拳（初三男生）”、旧宫中学曾孝奎的“篮球（初三女生）”。四位教师从场地设计，到组织教法的编排，既突出教材特点又结合学生的实际运动能力，利用课堂45分钟，充分调动学生的运动热情。展现四位教师良好的教学能力。前来观摩学习的教师表示，四位教师的课代表区中学体育教师的教学水平，也展现青年体育教师的风采。

（李晶）

【举办中小学体育传统校田径运动会】 9月23日，区教委体美科举办“2011年大兴区中小学体育传统校田径运动会”。来自全区40支代表队的近600名运动员参加比赛。兴华中学、大兴一中、北师大大兴附中分获高中组团体总分前三名；大兴七中、大兴一中、长子营中学分获初中组团体总分前三名；庞各庄第二中心小学、长子营第一中心小学、安定中心小学分获小学组团体总分前三名。

（李晶）

【区教委在“第十一届全国中学生运动会北

京代表团总结表彰会”上获奖】 9月23日，“第十一届全国中学生运动会北京代表团总结表彰会”召开。大会表彰为本届中运会北京代表团做出贡献的区县和学校，并为优秀运动员、优秀教练员、优秀体育科研论文获奖者和优秀校长颁发获奖证书。本届运动会，大兴区代表队总积分名列远郊区县之首，获“区县贡献奖”；大兴一中获“学校贡献奖”；大兴一职女子足球队获“体育道德风尚奖”；三名教师的科研论文在本届运动会科学论文报告会上分别获得二等奖、三等奖。教育部、国家体育总局、共青团中央联合主办的第十一届全国中学生运动会，北京代表团摘取体育道德风尚奖，获得金牌总数第四名、奖牌总数第五名、团体总分第四名的成绩。

（李晶）

【参加北京国际青少年武术比赛】 10月15、16日，少年宫武术队一行26人在任智星教练带领下参加2011年北京国际青少年武术比赛。活动由北京体育局、中国武术协会主办，北京学生活动管理中心、北京市体育竞赛管理中心协办，参赛运动员来自全国各地共计3000多人。少年宫武术队分别在男女棍、刀、拳等比赛项目中获得10个第一名。

（刘秀梅）

【打破市中学生田径运动会两项纪录】 10月21至23日，大兴一中16名运动员代表大兴区中学生参加“阳光体育北京市第四十九届中学生田径运动会”，获得9枚金牌、6枚银牌、8枚铜牌，初三(5)班关亚欣同学打破800米、1500米市中学生田径运动会两项纪录。

（孙文生）

【参加“阳光体育2011年第49届北京市中学生田径运动会”获奖】 10月21至23日，北京市教委、北京市体育局主办，北京学生活动管理中心承办“阳光体育2011年第49届北京市中学生田径运动会”。来自全市的近千名运动员参加。大兴区代表团共夺得奖牌35枚。其中，金牌11枚，银牌8枚、铜牌16枚，打破市中学生田径运动会纪录2项（大兴一中的关亚欣打破800米和1500米市运会记录），取得团体总分460.5分，摘取“阳光体育2011年第49届北京市中学生田径运

动会体育道德风尚奖”，获得郊区组团体总分第三名、郊区初中组团体总分第三名，郊区高中组团体总分第三名。

（李晶）

【枣园小学获北京市中小学生足球联赛亚军】 10月23至29日，枣园小学足球队参加“我运动、我快乐、我健康——奥运城市杯”北京市中小学生校园足球联赛获得小学男子甲组亚军。该校足球队获得大兴区中小学生校园足球联赛小学男子甲组冠军后，代表大兴区参加北京市中小学生校园足球联赛。经过小组三场比赛，以“两胜一平”的战绩获得小组第一名，晋级八强。球队以3∶1淘汰门头沟育园小学，进入四强；接着又以

3:0 淘汰顺义杨镇中心小学，进入决赛。

（李显峰）

【举办中小学生阳光体育系列比赛】 10 至 11 月，区教委体美科利用双休日时间，分别组织中小学生篮球比赛、中小学生跳绳比赛、中小学生乒乓球比赛等阳光体育系列活动。来自全区九十三支代表队的一千三百余名学生参加比赛。在篮球比赛中，大兴一中（高中男子组）、大兴七中（初中男子组）、青云店第二中心小学（小学男子组）、大兴七中（初中女子组）、大兴四小（小学女子组）分获各组别第一名；在乒乓球比赛中，大兴一中（高中女子组）、大兴一中（高中男子组）、北师大大兴附中（初中男子组）、大兴一中（初中女子组）、枣园小学（小学男子组）、亦庄三羊完小（小学女子组）分获各组别团体总分第一名；在跳绳比赛中，堡上中学获得中学组团体总分第一名，大兴五小获得小学组团体总分第一名。2007 年以来，区教委树立“健康第一”的指导思想，开展“全国亿万学生阳光体育运动”，切实保证中小学生每天一小时校园体育活动时间，为推动学校阳光体育活动的开展，为学生身心的健康发展打下基础。

（李晶）

【召开落实中小学生每天一小时校园体育活动工作会】 11 月 9 日，区教委体美科召开“大兴区落实中小学生每天一小时校园体育活动工作会”。区教委副主任马二军、体美科科长李克明及全区各中小学主管体育工作的领导 200 人参加。会上，李克明科长对教育部《关于切实保证中小学生每天一小时校园体育活动的规定》进行解读，要求全区中小学在贯彻落实《规定》的基础上，全面实施大兴区《关于加强中小学体育工作落实每天一小时校园体育活动工作方案》，把考核评估与体育活动有机结合，执行《大兴区中小学阳光体育联赛优胜奖评估办法》。

（李晶）

【参加北京市中小学校园足球赛获奖】 11 月 13 日，北京奥运城市发展促进会、北京市教委、北京市体育局共同举办的“我运动、我快乐、我健康”“奥运城市杯”——2011 年北京市中小学校园足球赛总结表彰会召开。大兴区成为全市十六个区县中唯一在各个组别中均有获奖学校的区县。其中枣园小学获小学男子甲组第二名、魏善庄镇第一中心小学获小学男子甲组第五名、旧宫镇第一中心小学获小学男子乙组第四名、北臧村镇中心小学获小学女子组第三名、瀛海镇第一中心小学获小学女子组第四名、大兴一中获高中男子组第四名、礼贤中学获初中男子组第七名。在“校园足球赛征文、绘画、摄影、动漫比赛”中，大兴区共 83 件作品分获一、二、三等奖，同时大兴区获校园足球赛系列活动“区县组织贡献奖”。

（李晶）

【召开体育传统校暨体育设施开放校工作会】 11 月 17 日，区体育局、区教委召开“大兴区体育传统校暨体育设施开放校工作会”。区教委副主任马二军、区体育局副局长刘国亮、区教委体美科科长李克明、区体育局业务科科长尹莉，以及市区两级体育传统校的主管领导和体育组长参加。李科长首先肯定各校在各级体育比赛中所取得的成绩和所做出的突出贡献，随后通报市级体育传统校检查结果及体育设施开放校的开放情况，并对传统校信息统计工作进行指导。榆垡中学在会上作学校体育设施开放工作的典型发言。刘国亮代表区体育局、区教委对传统校和开放校工作提出新的要求，对2010年和今年开放工作成效突出的六所学校提出表彰，分别是大兴一中、大兴八中、兴华中学、榆垡中学、安定中心小校、长子营第一中心小学。

（李晶）

【区教委获北京市中小学阳光体育联赛优胜奖"】 11月25日，"2011年北京市学生阳光体育展示大会暨全国青年迎青奥北京长跑

活动和第五届北京市学生阳光体育冬季长跑活动启动仪式"举行。大兴区教委获"2010－2011学年度北京市中小学阳光体育联赛优胜奖"。2008年起，市教委把本市的全年学生体育比赛活动列入到学生阳光体育联赛的评估范围，到年终把所有参赛情况和比赛成绩进行积分汇总并排序，并对获得联赛积分前六名的区县颁发优胜奖。区教委贯彻中央和市委的文件精神，开展学生阳光体育运动，组织开展中小学生各种比赛，提高体育运动水平，在联赛积分排名中，已连续三年获得"北京市中小学阳光体育联赛优胜奖"。

（李晶）

【参加中小学生跆拳道比赛】 11月26至27日，由北京市教委、北京市体育局主办，北京市中小学生体协、北京市跆拳道协会承办，2000多人参与的"北京市第五届中小学生跆拳道比赛"在石景山体育馆举行。大兴区少年宫跆拳道队成绩喜人：第一名2人，第二名6人，第三名8人，第五名12人。其中3人享受高考20分提档政策，3人享受中考加6分政策。

（刘秀梅）

美　育

【成立青少年艺术教育研究会】 3月29日，大兴区青少年艺术教育研究会成立大会在少年宫召开。北京市教委体卫艺处副处长王军、中国水墨研究院院长戴振宇、区教育工会主席杨子仲等领导以及区青少年艺术教育研究会会员、市区级艺术特色校校长、全区各中小学主管艺术教育领导、音美教师150余人参加会议。会上，宣布区青少年艺术教育研究会理事、常务理事人选、研究会的领导分工。青少年艺术教育研究会会长杨子仲讲话，讲话分为三部分：提高认识，切实增强搞好学校艺术教育的责任感、使命感；明确目标，充分发挥艺术教育研究会的重要作用；加强领导，努力开创全区艺术教育新局面。王军对所有参会人员做《艺术教育发展进行时》专题讲讲座，讲座内容分为：北京学校艺术教育发展现状；北京学校艺术教育发展对策；北京学校教育未来十年发展路线图三大部分。

（刘秀梅）

【组织中小学校园集体舞辅导教师培训】 4月13至15日，区校外办对全区中小学校园集体舞辅导教师进行培训，全区共有25所小学、22所中学，共计86位教师参加培训。培训内容是校园集体舞比赛要求；相关比赛集体舞队形、动作指导。培训方式为现场训练和讲解。为2011年6月举行的大兴区第十四届学生艺术节中小学校园集体舞展示活动做好准备。

（刘秀梅）

【举办中小学艺术教育管理专题讲座】 6月3日，在少年宫三层多功能厅，举办大兴区中小学艺术教育管理专题讲座。全区学校主管艺术教育的副校长、音乐教师；市、区级艺术特色学校校长；区艺术教育研究会的理事，共计130余人聆听讲座。讲座聘请中央音乐学院副院长周海宏教授，做题为《走进音乐的世界——兼谈艺术对人类生活的影响》专题讲座。周海宏从“音乐人人懂”到“音乐何须懂”两个辩证的角度，讲述音乐特性，然后又结合人们日常生活，讲述音乐重要性。

（刘秀梅）

【组织艺术教师行进管乐培训】 9月19日，由中国敦善文化艺术公司、少工委、区校外教育办公室、少年宫联合举办的中小学艺术教师行进管乐培训在少年宫举行，全区中小学41位教师参加。培训8次，历时两个半月。少工委副主任李学静等领导参加开班仪式，并对参加培训教师提出要求。培训聘请荷兰皇家海牙音乐学院管乐指挥、世界著名的低音单簧管演奏家张积喜；中央音乐学院远程教育学院打击乐顾问、行进管乐专家陈卓樱主讲。培训内容有：行进乐团行进的基础编排、行进乐团管乐队合奏训练与行进训练、编排和指挥行进乐团要领、乐曲排练技巧、训练示范乐队和如何使用乐队训练技巧及方法等诸多方面。

（刘秀梅）

【组织艺术节优秀节目巡演】 10月11至14日，由区校外教育办公室组织的“搭建艺术舞台、装点五彩校园”艺术节优秀节目巡演活动结束。巡演共有25个艺术之星个人节目，6个一等奖集体节目，16所学校近百名学生分成三组参与演出。分别走进长子营镇第一中心小学、北京十四中安定分校、榆垡镇第二中心小学、榆垡中学、礼贤第二中心小学和礼贤民族中学六所学校，为近3000名师生演出。

（刘秀梅）

【参加第六届北京电视书法大奖赛】 10月16日，由北京市文联、北京书法家协会和中央数字电视书画频道共同举办“第六届北京电视书法大奖赛”结束。大兴区少年宫软笔书法班有4名同学获得三等奖、8名同学获得二等奖、5名同学获一等奖。在软笔书法辅导教师窦志强的带领下，共5名学生参加电视决赛，通过看图片创作、唐诗补句创作、听音乐创作以及素质问答，获得1个银奖；1个铜奖；3个优秀奖，窦老师连续第三次获得优秀园丁奖。

（刘秀梅）

【举办艺术教师系列培训活动】 11月4日，区少年宫举办“合唱培训展大师魅力 内容充实惠全区教师——大兴区中小学艺术教师系列培训活动”。全区40多所中小学的60多名音乐教师参加。中国合唱协会副理事长、国家大剧院合唱团指挥、中国音乐学院指挥系教授吴灵芬为全区音乐教师做培训。吴灵芬与全区女教师合唱团合作，演绎两首合唱作品的艺术处理与演绎的全过程。

（刘秀梅）

【组织艺术教师校园剧编导培训班】 11月25日和12月2日，校外教育办公室、少年宫举办为期两天的“大兴区艺术教师校园剧编导培训班”，全区22所学校37位教师参加。特邀请中国儿童艺术剧院教师魏玉祥授课。培训主要内容是：结合校园戏剧谈如何进行导演构思 、组织舞台行动 、组织舞台调度、处理戏剧的节奏、气氛等，并一起现场欣赏本区中学和小学各一部原创校园剧作品，魏玉祥组织培训教师结合这次编导培训所学知识对这两部作品进行剖析、提出二度创作的设想。

（刘秀梅）

卫生保健

【概　述】 2011年，大兴区学校卫生工作以保证学生健康为目标，以健康促进学校工作为切入点，以师生健康体检为基础，以食品安全和传染病防控工作为重点，以提高人员业务素质为保障，坚持自查、指导、培训相结合的工作模式。一年来，共下发指导性文件12个；召开学校卫生、食品安全、常见病防治工作会6次；对全区各级各类学校进行传染病防控、食品安全、学校卫生、健康促进检查与指导6次，累计学校200所；加强学校晨午检管理，实行学生发热及传染病周报告制度；开展预防肥胖、爱眼、青春期、控烟、急救等宣传教育活动，共计发放健康教育材料12次，发放材料十万余份；加强对学校食品安全管理，编制《大兴区学校食堂管理指导手册》；对学校主管领导、校医和保健教师、食堂管理员培训4次，共计培训800余人次；积极推进健康促进学校工作，对健康促进学校工作进行指导，完成5所学校的区级验收，对15所学校进行健康促进学校效果评估，接受健康促进学校市级验收，目前全区共有健康促进学校41所。按时完成中招体检、教师体检、女工体检和学生健康体检工作，共计体检73938人。投资150余万元用于改善学校的医务室配备。

（李影）

【召开中招体检工作会】 3月2日，区中小学卫生保健所在大兴三小召开2011年中招体检工作会。区考试中心主任王俊辉，保健所所长张俊军、保健所党支部书记牛建国等领导及各中学主管招生工作的校长、保健所全体职工共计110余人参加。会议解读《2011年中招体检工作意见》，具体部署中招体检安全问题，王俊辉重点就体检中的安全问题提出具体要求。本次会议理清中招体检工作思路，明确工作任务。张俊军做总结发言，强调此项工作一定要做细、做好、做牢。会上分别与各校签订2011年中招体检责任书。

（李影）

【召开学校卫生工作会】 3月3日，保健所召开2010至2011学年度第二学期学校卫生工作会。全区各中小学、职业学校、幼儿园的主管领导、校医或保健教师以及保健所的全体职工，共计102个单位的209人参加会议。所长张俊军首先对上学期学校卫生工作进行全面总结，内容涉及学校卫生的九个方面，与会人员对学校卫生工作有宏观理解和微观把控。副所长侯大民对本学期学校卫生工作进行详细部署，并提出每项工作的具体要求。

（李影）

【完成中招体检工作】 3月15日至4月20日，保健所完成本学年度中招体检工作。此项体检涉及36所中学的5544名学生，其中完全合格人数为1361人，占体检总人数的24.55%；专业受限人数为4033人，占体检总人数的72.75%；不合格人数150人，占体检

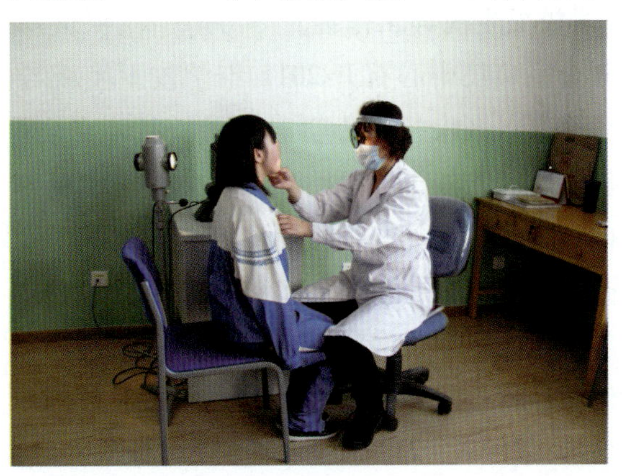

总人数的2.71%。体检分析结果提示：要关注学生健康，努力改善健康状况。此次体检严格遵循北京市体检中心关于做好2011年中招体检工作的有关要求，一切按照保健所中招体检工作意见及既定程序进行，确保检出结果真实、准确、无偏差。为了使工作做到公开、透明，保健所专门成立信访、来访办公室，同时公布联系电话。所长负责接待、解答家长提出的关于中招体检方面的一切问题。

（李影）

【召开新校医保健教师岗前培训会】 3月22日，保健所对全区新上岗的校医、保健教师进行岗前培训。共有32人参加。所长张俊军进行开班讲话，强调本次培训的重要性，希望大家尽快适应学校卫生工作。副所长侯大民介绍校医的《十三条职责》。培训的内容涉及《学校食堂的常规管理》、《学校传染病防控管理》、《视力检查及眼保健操》、《血压测量》、《课桌椅测量及身高体重测量》、《健康信息管理系统使用及体检表解读；学生常见病防治》。培训涵盖学校医务室工作的方方面面，起到对新上岗的校医和保健教师的指导作用，受到大家的一致认可。

（李影）

【学校卫生视导工作会】 4月6日，保健所联合区疾控中心召开2011年学校卫生视导工作会。区疾控中心学卫科科长甘亚弟、保健所所长张俊军等领导参加。会上确定视导的日程、视导内容。视导内容包括：常规检查、学生的十项卫生行为、课桌椅、眼保健操、学生和教师相关问卷调查、传染病管理、学校健康教育、食品安全检查、常见病防控等。

（李影）

【庞各庄中学接受卫生工作检查组视导】 4月12日，保健所联合疾控中心卫生工作检查组到庞各庄中学视导。视导内容包括了解学校基本情况；食品卫生情况；学生身高测量；指导学生正确的坐姿与眼睛保健操的正确做

法；师生问卷调查；检查、评价学校档案。检查组对学校的健康卫生工作给予充分的肯定，并进一步强调，要牢固树立“卫生安全第一，健康第一”的思想理念，时刻把学校的校园健康与卫生工作落到实处。保健所张所长和侯副所长及学校部分领导8人参与本次视导。

（李环　张静）

【对各校医务室设备进行调查与配备】 4月中旬至6月底，保健所对全区62所学校的医务室设备现有情况进行细致调查，配合教委完成学校医务室设备的配备工作。配备的医务室设备包括诊查床、诊查桌等52项，总价值150余万元。

（李影）

【对学校清真食堂进行调查】 4至9月，保健所历时半年时间，对全区范围内中小学清真食堂进行摸底调查。根据北京市教育委员会关于中小学清真餐建设的专款说明，大兴区有14所学校的清真食堂和12所学校的清

真灶参与建设、改造。共涉及清真饮食习惯的师生1100人左右。并于2012年3月开始对上述清真食堂和清真灶进行改造,8月底全面完成。

(李影)

【组织全区部分教职工体检】 5月9至27日,保健所完成区教委所属42个单位,总计3393名教职工的健康体检工作。体检设眼科、内科、妇科、B超、放射科、心电图及化验等。体检项目包括:内科、心电图、放射科、B超、化验、眼底(40岁以上),女教师另加妇科常规、乳腺扫描、子宫和附件B超。保健所与北京军区医协体检中心合作,聘用14名副主任医师以上的专家为教师体检。对本次体检数据进行统计、汇总、分析。结果显示,受检人群中发病率分别为眼科2.51%、内科32.1%、妇科54.28%、B超44.92%、放射科0.47%、心电图3.36%、化验36.49%。

(李影)

【进行健康促进学校区级验收】 5月18至20日,保健所联合区疾控中心及区红十字会对全区5所创建健康促进学校已满两年的学校进行区级验收。根据《北京市健康促进学校第二阶段工作管理办法》及《大兴区全面开展健康促进学校工作管理办法》,验收依据《北京市健康促进学校考核标准》(中小学部分),5所学校全部通过本次验收。

(李影)

【太和中学举行猩红热防治知识讲座】 5月20日,太和中学举行"猩红热防治知识"讲座。特邀瀛海卫生院CDC医生主讲。讲座就猩红热致病因素、传播途径、易感人群、临床表现、并发症、如何预防等几个方面进行讲解,加深大家对该病认识和理解。

(刘坤)

【开展学校控烟工作】 5月23日,保健所下发通知,要求各校彻底贯彻"吸烟有害健康"的理念,做好控烟宣传教育活动。各校以"世界无烟日"为切入点,以点带面。设置学校控烟监督员、结合绘画、张贴宣传画等丰富多彩的活动对全体师生进行控烟宣传教育。本次活动共收取活动记录113份。

(李影)

【召开学校食品安全工作会】 5月27日,保健所在校长大厦召开大兴区学校食品安全工作会。区教委副主任安有文、保健所所长张俊军、教委财建科副科长肖前英及全区中小学、职业学校、幼儿园(含已审批的民办校)主管食品安全的校长、学校食堂管理员、食堂主管财务的人员,共128个单位的307人参加。肖前英结合食堂管理办法对自主经营食堂和对外承包食堂的财务管理问题进行讲解;保健所副所长侯大民结合食堂管理办法进行食品安全内容的讲解。安有文对全区学校食品安全工作提出具体要求。本次会议以《大兴区学校食堂管理指导手册》为载体,以《学校食堂管理办法》为主线,采用以会代训的形式,共计发放《大兴区学校食堂管理指导手册》400余本。

(李影)

【完成女工体检工作】 6月2至14日,保健所完成全区女工体检工作。受检人群涉及60个单位,共计2386人。检查内容包括妇科常规、宫颈刮片、红外线乳腺扫描、子宫和附件B超。其中妇科发病率为59.72%、B超检出率为4.86%。

(李影)

【完成食品安全抽查工作】 9月6至9日，保健所联合区教委政保科、区卫生监督所对学校食品安全工作进行抽查。全区3所小学、16所中学、2所职业学校、1所九年一贯制学校共计22所学校接受检查。检查以现场查看食堂为主，重点检查食堂餐饮服务证、从业人员健康证、购物索证索票、食品及原材料贮存、食品加工操作、食品留样等重要环节。对于索证索票不全、食品留样重量不足等问题提出整改意见并限时整改，进行自查并上交自查报告。

（李影）

【完成学生建卡体检工作】 9月12日至12月21日，保健所完成学生建卡体检工作。全区中小学、职业学校、特教中心及体校的共计65001名学生建卡。保健所及时对体检数据进行准确、详细的统计与分析。其中对视力、营养、龋齿、沙眼、贫血五个与学生健康关系密切的方面提出意见和建议。

（李影）

【开展健康促进学校区级评估】 9月15日，区健康促进学校领导小组办公室组织相关单位的评估人员，对全区10年来的健康促进学校工作进行效果评估。依据《2011年北京市健康促进学校验收及全市健康促进学校工作效果评估方案》，评估组成员由区中小学卫生保健所、区疾病预防控制中心和区红十字会等单位的人员组成，共计评估学校15所，其中包括8所已经挂牌的健康促进学校和7所非健康促进学校。评估通过听汇报、看档案、做问卷、实地检查等形式，对学校的健康政策、物质环境、社会环境、社区关系、个人技能、健康服务等进行全面评估。看档案，主要是依据评估标准对学校两年来的工作进行评价；做问卷，主要对小学六年级、初中三年级、高中三年级部分学生和教师进行问卷调查，了解健促校师生与非健促校师生在知、信、行方面的区别；实地检查，主要是对学校教学物质环境、食堂环境及学生的卫生行为等进

行实地查看。评估的结果统一填写到评估记录表中，同时也反馈给学校，以便学校进一步完善相关工作。

（李影）

【大兴八中接受健康促进学校检查评估】 9月26日，大兴八中接受区中小学保健所、疾控中心、红十字会对健康促进学校工作检查评估。检查评估小组一行7人，听主管领导关于学校健康促进学校工作汇报；对卫生情况、学生眼保健操、学生十项卫生行为、食堂及教室教学物质环境等方面进行检查；就健康卫生知识对高三(1)班、初三(5)班学生和20名教师、2名校医进行答卷测试。通过检查，评估小组给学校提出的建议有：改善教室黑板照明条件；在学校明显位置展示健康促进校承诺；明确控烟责任人，完善器材、设备使用、维修记录；每学期进行一次肥胖和血压偏高的血压监测；积极开展健康知识培训，完善培训记录等。

（张开望）

【发放《我的爱眼日记》宣传手册】 9月，保健所发放《我的爱眼日记》宣传手册。为推进学生的眼部健康教育，面向各小学二、三年级学生发放《我的爱眼日记》宣传手册，共计13998册。本活动旨在宣传、指导，唤起学生和家长对眼部健康的关注。帮助学生养成良好的用眼卫生习惯，掌握正确的爱眼护眼方法。

（李影）

【举办校医保健教师继续教育培训】 10月18至21日，保健所举办2011年校医保健教师继续教育培训。全区中小学、职业学校、幼儿园、少年宫等110个单位的校医和保健教师，共计120余人参加。保健所所长张俊军在开班前对培训提出具体要求。培训聘请市、区疾控中心和卫生监督所的专家授课。市疾控中心学校卫生所的3位专家，从全市卫生工作的角度分别讲解学生肥胖的防治、学校教学环境和视力不良的预防及无烟学校的评估标准等内容；区疾控中心的专家分别讲解如何创建健康促进学校、学校开展艾滋病健康教育技巧、托幼学校日常卫生与传染病消毒等内容；区卫生监督所的专家讲解创建食品安全示范校及食堂五常管理等内容。培训内容贴近学校卫生工作实际，对校医保健教师日常工作开展有很大帮助。

（李影）

【组织健康促进学校市级验收】 11月3日，北京市健康促进学校验收组对区健康促进学校工作进行全面验收。验收组抽取庞各庄镇第二中心小学作为通过区级"健康促进学校"验收的学校代表进行市级验收。验收组听取校长许士凤的汇报、查看档案材料、实地检测学校教育教学环境、检查学生眼保健操和十项卫生行为等，全面了解学校的健康促进工作的整体情况。验收组对大兴区健康促进学校工作给予充分肯定和高度评价。结果，全区5所申报市级健康促进的学校全部通过市级验收。至此，大兴区健康促进校达到41所。

（李影）

【卫生保健所简介】 大兴区中小学卫生保健所是大兴区教委直属的事业单位，1987年成立。2009年起实行一所两址，老址位于大兴区黄村镇龙河路东侧，新址位于大兴区黄村镇滨河西里37号。

保健所现有正式职工39人，其中卫生技术人员占职工总数的64.10%，有中、高级卫生技术人员13人，占卫生技术人员总数的52%。具有彩色多普勒超声诊断仪、心电图、

X光机、红外线乳腺扫描仪、全自动生化仪、酶标仪等多种医疗设备。

保健所的主要服务对象是辖区内的中小学、职业学校师生，依据《学校卫生工作条例》开展学校卫生工作。主要负责本地区中小学生体质健康状况的调查研究、毕业生体检及教师体检，完成各类体检统计、分析、评价和反馈；负责全区校医和保健教师的业务培训与指导、学生常见病的预防宣传与矫治、学校食品安全的检查与指导、学校传染病防控的宣传与指导、学校健康教育与健康促进工作；对影响学生健康的主要因素进行调查研究，并结合实际开展科研工作。

（李影）

教育教学研究

学前教育教学研究

【概　述】 教师进修学校学前教研室承担着对全区各类型幼儿园教育教学质量提升的指导与评价任务,隶属进修学校小幼教研室,共有5名教研员,1名市级骨干教师,全部为幼儿园高级教师。内设一名主任负责教研室全面工作。设两个教研组,教研一组主要负责幼儿园健康领域和科学领域的教学;教研二组主要负责艺术领域和语言领域的教学。

2011年,全体教研员教学视导57所园次,听评课总计1117节。通过教学视导促进幼儿园教育教学质量的提升,指导的3所幼儿园12月份全部通过北京市二类幼儿园的验收。以课题教研为先导,组织课题教研活动深入实践,调动广大教师和幼儿园参与的积极性。"十二五"市级课题申报44个被立项,7个获得重点课题。本年度以北京市幼儿园教师半日活动评比为依托,不断提高教师教育教学基本功。指导5名教师参加"北京市幼儿园教师优秀半日活动评比",促进骨干教师队伍专业化水平的不断提升。

(吕艳静)

【召开业务园长工作会】 2月24日,进修学校学前教研室召开新学期业务园长工作会,60余名园长参加活动。学前教研员吕艳静做2010年下半学期学前教研室工作总结。安排三位教师分别总结2010年大兴区幼儿教师基本功考核达标——理论考核;教育活动设计;说课答辩情况。学前教研室主任薛娟带领参会人员解读《学前教研室2011年工作计划》。最后,为"十一五"期间在北京市学前教育研究会立项的12个课题颁发优秀课题结题证书。此会旨在进一步明确指导思

想和工作目标,更加有效地服务于全区学前教育教学工作。

(吕艳静)

【开展幼儿园教师半日活动评优工作】 3月至6月,进修学校学前教研室组织全区各类型幼儿园开展"大兴区幼儿园教师半日活动评优"活动。比赛从生活活动、活动区活动、教学活动、户外活动和教育环境六方面现场观摩评比,综合评价打分。最终在34名参加决赛教师中评出一等奖5名,推荐参加北京市幼儿园教师半日活动评优。该活动旨在进一步提高教师专业素质,促进教师专业发展,提升幼儿园半日活动质量,同时为市级幼儿园教师半日活动评优做好充分的准备。

(吕艳静)

【组织课题教研活动】 4月2日,学前教研室在进修学校召开课题教研活动即"农村幼

儿园角色活动区的设置与指导策略的研究”。区七所实验园20余名教师和业务园长参加活动。教研员吕艳静解读本学期“农村幼儿园角色活动区的设置与指导策略的研究”课题教研活动计划，重点说明原始资料收集单使用及要求。征集课题研究过程中的困惑和建议。活动拉开对“农村幼儿园角色活动区的设置与指导策略的研究”序幕。6月8日、10月13日、12月8日分别召开课题阶段性研究与交流活动。

（吕艳静）

【组织课题教研活动】 4月20日，学前教研室“生活环节中渗透语言教育”课题组在教师进修学校开展教研活动，课题实验园业务园长、教师20余人参加活动。活动从学习《纲要》语言领域目标开始，结合各自工作实践探讨生活环节中渗透语言教育途径。教研员王长江对照《纲要》，分析案例、解读课题方案。明确在幼儿园生活环节中渗透语言教育，要创设宽松的语言环境，让幼儿敢于说话，喜欢说话。开展丰富多彩的活动中学习、运用语言，寓幼儿语言教育于一日生活之中。

（吕艳静）

【组织共同体学习活动】 5月4日，区教委学前科和进修学校学前教研室联合开展“示范引领组”学习活动。北京市早期教育研究所教研员徐明、区教委学前科科长李志霜等领导参加活动。15个园所分为3个汇报小组，徐明针对各园汇报内容提出建议和想法。“示范引领组”由直属幼儿园和一级一类以上各类型幼儿园组成，在区幼教事业中起到示范引领作用。42人参加活动。

（吕艳静）

【组织“专业发展二组”学习活动】 5月25日，幼儿园学习与发展共同体“专业发展二组”20余位教师在小星星幼儿园进行观摩研讨活动，区教委学前科马国娟参加活动。进修学校教研员王长江带领大家在活动中，重温共同体学习发展目标，观摩小星星幼儿园三名教师教育活动并研讨，针对各幼儿园课程设置，对“幼儿园课程的专业化建设”做解释，并布置下阶段工作。幼儿园学习与发展共同体“专业发展二组”由部分民办园、部队幼儿园及企业园组成，旨在加强幼儿园课程专业化建设，给幼儿更适宜的教育。

（吕艳静）

【组织年度工作考核】 6月15至29日，进修学校学前教研室与教委学前科、妇幼保健院共同完成对大兴五幼等22所幼儿园级类

园年度工作考核，通过半日活动观摩、听取工作汇报、查阅档案资料等多种形式，对各园教育教学工作进行口头交流反馈与书面评价。22所幼儿园通过考核。

（吕艳静）

【组织课题教研活动】 6月21日，学前教研室组织实验园在大兴七幼，召开“幼儿园种植活动”课题交流。进修学校学前教研室主任薛娟主持，大兴七幼实验班教师及十一建华幼儿园教师交流实践经验，把本班实验期间各种影像资料、文字资料以及在实验过程中反思、困惑问题，与大家分享。并针对困惑问

题进行讨论交流。交流活动后，参观大兴七

幼实验小菜园。

（吕艳静）

【举办幼儿园园长年度系列培训】 7月4至18日，进修学校学前教研室与教委学前科、进校干训、师训部门协调联合完成北京市教委专项培训：园长、业务园长和新教师三项培训，共计26场次，共500余人参加。旨在更新幼儿园园长、业务园长管理理念与知识，开阔管理工作视野，促进园所专业化发展；促使新教师尽快熟悉岗位工作，推动学前教育均衡发展。活动由北京市教委学前教育处发起，区教委学前教育科、人事科，教师进修学校干训、师训、学前教研室联合承办，聘请市知名园长、教研员，优秀业务园长、教师组成专家培训团队，对区各类型幼儿园园长、业务园长、新任教师进行现场培训。

（吕艳静）

【组织幼儿教师申报市级课题工作】 9月，进修学校学前教研室组织全区各类型幼儿园进行课题申报工作。共申报课题49个，现已立项批准的有44个，其中有7个课题被列为市级重点课题，其中教研室立项4个市级重点课题。今年是十二五开题的第一年，学前教研室利用北京市学前教育研究会研训一体的平台，科研带教研，教研促科研。

（吕艳静）

【进行幼儿园教育教学全面视导活动】 9月至12月，进修学校学前教研室对57所幼儿园开展教学视导工作。针对活动区、教育活动、环境创设、户外活动、业务材料进行认真细致指导，对托、小、中、大班听评课总计1117节。教研室采取有针对性教学视导。力求在视导过程中规范园所业务管理，用理论联系实际方式解读《纲要》精神在教师教育行为中的体现，促进业务管理者、教师的专业化成长，促进幼儿的身心和谐发展。

（吕艳静）

【进行教育教学工作考核】 11月8至17日学前教研室参加对区内19所民办幼儿园年度考核工作。根据《北京市教育委员会关于修订本市民办幼儿园年度考核评价标准及细则的通知》相关内容，采取实际查看班级活动、听取园长自查工作汇报、查看相关档案资料、现场反馈方法，对民办园进行考核。进修学校学前教研室将19所民办幼儿园教育教学考核结果以书面报告报送学前科。

（吕艳静）

【参与承担北京援助新疆和田幼儿双语教师培训】 12月3至29日，进修学校学前教研室教研员贾士莹和大兴区第一幼儿园朱鸿雁，受北京市教育委员会、北京教育科学研究院委托，赴新疆和田地区进行幼儿双语教师培训工作。贾士莹和朱鸿雁承担幼儿园健康领域课程的培训内容，完成25节教师班课程，1节园长班课程，承担阶段总结主持以及毕业典礼节目编排等工作任务。

（吕艳静）

小学教育教学研究

【概述】 大兴区教师进修学校小学教研室承担着全区小学教育的课程改革推进、课堂教学优化、教师教学能力提升等工作。隶属教师进修学校小幼教研室。现有30人，设主管副校长1人、主任1人、副主任1人，有学科教研员28人。其中特级教师1人，市级学科带头人3人（含特级教师），市级骨干教师13人。小学教研室下设语文、数学、英语、科学、艺术、综合、品德、教务等8个业务组。

2011年，小学教研室认真学习和贯彻落实国家和北京市《中长期教育改革和发展规划纲要》要求，以“教研文化构建和专业发展”为工作目标，努力建设学习型、研究型、创新型教研团队，组织第二、三批大兴区学科教师教学基本功考核达标工作，组织对直属、中心校的整体视导和学科抽测及分析反馈工作。继续深化“课题教研”，聚集课堂教学，以“课题”为抓手，深入开展教学方法及学习策略的研究，做好“十二五”统领性课题的管理与指导，落实各学科子课题立项及实验校课题的研究与推进工作。继续做好国学实验研究、攀登英语、畅言新技术英语等实验项目研究，以阶段展示、交流为手段推进攀登英语、国学实验等项目的深入开展。为不断深化课改理念，定期组织学科骨干开展教学研究活动，及时推出阶段性成果，引领全区各学科教学的方向。

（于海荣）

【召开关键教学事件子课题研讨交流会】 3月2日，北京市重点规划课题——《解析关键教学事件，提高阅读教学实效性的研究》子课题研讨会在校长大厦召开。进修学校副校长课题负责人刘芳和课题核心组成员参加活动，共计40人。刘芳指出：作为研究者，要重视预设，要关注生成性事件，注意阶段性研究成果分享。通过交流研讨活动，各子课题负责人进一步明确后续研究方向，为更有效地推进课题研究进程，奠定坚实基础。

（于海荣）

【组织唱歌学英语实验校负责人会】 3月7日，“大兴区唱歌学英语实验校负责人会”在进修学校召开，区教委小教科科长周爱彬、小学教研室主任柏东河、7所实验校主要负责人及英语教师代表20人参加会议。周爱彬围绕各校课题实验工作与各校负责人及英语教师进行深入交流。周爱彬从时间和人员安排、实验年级的范围、歌曲的选择和初期实验工作面临的困难等方面进行了解。英语教研员薛洺对上学期整体实验工作开展情况进行总结，结合课题实验的总体目标对本学期工作计划和具体活动安排进行说明，帮助各实验校明确本学期工作重点。大兴六小教师和瀛海第一中心小学教师围绕学校课题实验工作进行经验介绍。

（薛洺）

【小学英语中心组教研活动】 3月22日，进修学校小教研英语组在进修学校和旧宫一中心分别进行主题为“提高对话教学实效，发展学生口语能力”一、二年级中心组教研活动。近40位教师参加活动。在一年级组活动中，教师们观看北师大大兴附小教师张海燕课堂实录，围绕“教学目标的制定、教学活动有效实施和对话情景创设”等话题提出看法和建议。在二年级活动中，英语教研员田娟和旧宫一中心教师分别讲第七单元的第三课时对话教学。教师们针对“创设情景，激发学生进行语言表达的积极性和为学生搭建语言表达舞台”进行研讨。

（薛洺）

【组织领导干部听评课活动】 3月29日，进修学校小教研在北京小学大兴分校组织开展“大兴区小学领导干部听评课系列活动”。北京市基教研中心科学教研员特级教师彭香，区教委小教科副科长寇国新以及全区各小学主任、科学骨干教师近100人参加活动。活动中，与会人员首先观摩采育一中心教师李长征呈现的五年级科学现场课——《骨骼》。彭香对《骨骼》一课进行点评，结合此课例做“如何听评课”专题讲座。

（王国凤）

【小学综合视导工作完成】 3月30日至4月21日，区教委小教科联合进修学校小学教研室对26所直属、中心校整体综合视导，教研员共听课271节，形成视导调研报告27个。本次视导调研工作突出调研与指导并重原则，及时将视导情况反馈学校，为改进学校教学工作服务。同时安排44位中心校主任全程参与，深入课堂同教研员共同听课、评课，了解学校教学管理优势、方法，在参与中获得提高。

（龚常玉）

【召开教具实验启动暨培训会】 4月12日，区教委在进修学校召开科大讯飞畅言智能语音教具实验启动暨培训会。区教委副主任扈岩江、进修学校中小教研英语教研员及8所中小学实验校教师近100人参加活动。进修学校副校长刘芳介绍项目实施背景以及下一步实验项目推进进程。扈岩江明确教委对实验工作的大力支持并提出具体要求：提高认识高度；做好组织管理；抓好细节落实；做好经验总结。科大讯飞项目工程师余宇为全体与会人员作“畅言智能语音教具系统使用”专题讲座。

（高新明）

【组织小学英语专题教研活动】 4月19日，进修学校小教研英语组在北京小学翡翠城分校组织以“提高对话教学实效，发展学生口语能力”为主题专题教研活动。英语组特邀北京市基教研中心英语室主任沈玲娣参加活动。本区所有的英语学科带头人、骨干教师和部分学校教师代表近80人参与活动。北京小学翡翠城分校教师王越琛和张杰分别进行语音教学和对话教学现场课展示；张杰结合学校整体工作以及课内外教学活动就如何培养学生口语能力做经验介绍。沈玲娣结合现场课和说课就教师们的困惑与问题进行现场答疑和针对性的指导。

（刘彦英）

【与天津东丽区教研室进行教研交流】 4月22日，天津市东丽区教研室教研同行前来大兴交流教研经验。共有30人参加本次活动。进修学校副校长刘芳做关于“新形势下的教师专业发展策略”同伴研修实践探索的报告，针对小学教研室备战全国小学数学课赛、北京市小学语文课赛以及如何落实课题教研思路进行具体阐述。进修学校小学教研室主任柏东河就教研室人员构成、岗位设置、职称层次、学科研究水平等方面作整体介绍，就小学教研室目前阶段工作情况，区小学教师基本功达标工程、大兴区质量监控与评价、小学教研室视导调研工作以及区三级课程管理体系做详细介绍。东丽区教研室主任李铁峰表示，大兴区小学教研室着眼当前教师的需求，创新教研模式，提升教师专业素养，很多经验对于他们有借鉴意义。

（于海荣）

【召开统领性课题开题会】 4月28日，在进修学校召开区小学教研室统领性课题，即中

国教育学会“十二五”教育科研规划课题——《解析关键教学事件，提高学科教学有效性的研究》开题会。中国教育学会小学语文专业委员会副理事长、北京市小学语文教育学会理事长、特级教师李春旺等3名专家，小学教研室全体学科教研员30余人参加开题会。进修学校副校长、课题负责人刘芳做开题报告。各位专家认为该课题研究目的明确，研究思路清晰，拟采用的研究方法和步骤可行。本课题通过开题审核。

（于海荣）

【参加全国小学数学课赛获奖】 4月29日，全国第十届深化小学数学教学改革观摩交流会在福建省厦门市举行。进修学校小教研数

学组马希明带领北京小学大兴分校教师孙贵合参加课赛。在全国32名选手中，孙贵合《三角形边的关系》一课以总分第一名成绩，摘取全国小学数学课堂大赛一等奖第一名桂冠。这在大兴区教育界第一次。

（董翠娟）

【小学课题教研系列研究成果征集】 4月，根据《大兴区小学课题教研系列成果评选计划》，征集小学课题教研系列研究成果。课题成果征集活动共征集论文69篇、教师研修故事39篇。小学课题成果评审组根据《大兴区小学课题教研系列成果评选方案》推荐参与全国论文评选的69篇，31篇论文在全国教学方法创新论文征文评选中获一等奖，38篇论文获二等奖；评出11篇教师研修故事获得教学故事一等奖，13篇教师研修故事获得教学故事二等奖。

（龚常玉）

【完成小学质量监控工作】 5月6日，区教委小教科和进修学校小教研联合对小学五年级数学、英语和三年级科学进行质量抽测，五年级数学、英语分别抽测全区42个直属、镇中心校85个教学班，共计2611名学生；科学抽测全区43个直属、镇中心校及完小87个教学班，共计2691名学生。进修学校小学教研室将对此次抽测进行全面分析，并及时向各学校进行反馈。本次质量抽测旨在提高教育教学质量，深入了解区直属、中心校的教学发展现状，引领教师教学和学校的教学管理。

（龚常玉）

【举行小学生硬笔书法比赛】 5月7日在大兴七小举行大兴区第四届小学生硬笔书法比赛决赛，比赛分为低、中、高三场进行，截至5月9日，评选工作圆满结束，共评出一等奖591名，二等奖615名。优秀指导教师355名，评出大兴二小、大兴五小等八所小学为团体成绩优胜奖，大兴三小、金海学校、黄村镇

一中心为优秀组织奖，一并予以表彰。为表彰优秀学生，比赛组委会将推荐一等奖学生的优秀作品参加由北京教科院课程教材中心组织的“庆祝建党90周年北京市中小学生写字和书法教育优秀成果评比”。

（龚常玉）

【召开小学监控、评价反馈会】 5月20日，在进修学校组织召开全区小学教学质量监控和评价反馈会。会议由五年级数学、英语和三年级科学教研员针对学科质量监控评价情况对全区校长和教导主任进行分析汇报。汇报从命题原则、测试基本情况、基本情况分析和试题分析与建议四方面进行具体阐述。进修学校小学教研室主任柏东河就本学期全区26所学校视导调研工作进行总结反馈，表扬视导调研工作中发现的优点，客观分析发现的不足，提出具体解决建议。区小教科科长周爱彬就教学质量监控评价工作进行总结发言，表扬成绩突出和进步明显的学校，也要求一些学校要认真分析找原因，努力提高教学质量。全区各小学校长、教学副校长、教导主任100余人参加会议。

（龚常玉）

【北京市规划课题核心组主题交流会】 5月

23日，北京市规划重点课题——《解析关键教学事件，提高小学阅读教学实效性的研究》课题组召开以“课题进展与规划”为主题的核心引领组成员沟通交流会。10人参加交流会。进修学校副校长、课题负责人刘芳就今后研究工作推进提出四点部署：建立三级

研修团队制度；确定“课题例会”安排；明确过程指导与推进机制；落实成果整理要求。研讨会旨在解决各子项目区域负责人的研究进程与研究困扰，明确规划今后课题研究方向与进度。

（于海荣）

【举行小学品德与生活学科教研活动】 5月24日，品德与生活学科在大兴三小组织教研

活动，区内部分任课教师及参与第二轮基本功说课教师80多人参加活动。活动主题是“关注学生生活 提高课堂教学实效”，大兴三小教师马爽做研究课《感受夏天》，课后结合这节课进行专题研讨。还进行“如何进行说课”专题培训，由品德与生活学科教研员辛士梅结合第一轮说课及第二轮教学设计考核情况做分析介绍，并结合一些具体案例进行详细讲解。金海学校教师黎洁做《动脑拼七巧板》现场说课展示。

（辛士梅）

【语文课题教研活动】 5月26日，在大兴二小举行区小学中年级语文课题教研活动，100余名教师参加活动。活动依托中国教育学会规划课题子课题《小学中年级语文自主学习阅读教学基本模式的研究》和《小学中年级学生质疑能力培养的研究》开展课题教研活动。课题教研活动第一环节是现场观摩三节研究课，然后是现场分组研讨。《小学中年级语文自主学习阅读教学基本模式的研究》课题组成员从中年级学生如何开展自主学习和自主学习时机把握等几方面进行深度交流；《小学中年级学生质疑能力培养的研究》课题组成员紧紧围绕研究课中学生质疑时机和学生质疑能力培养交流看法。课题负责人进行总结，肯定作课教师的课堂表现，要求课题组成员一定围绕课题开展研究，并做好把视频资料转为文字资料工作，及时进行反思，以便促进今后的研究。

（于海荣）

【承办北京市数学教研活动】 5月31日，

“建设教研新模式，城乡教师共成长”——安小、芳小手拉手现场会在安定镇中心小学召开。教研活动由北京市基础教育研究中心主办，进修学校和安定镇中心小学共同承办。北京市数学骨干教师培训班学员、外区县部分教研员及骨干教师、区各小学教导主任、数学骨干教师240余人参加活动。教研活动主体内容是由安定镇中心小学教师谢倩和芳草地小学教师乔海燕同上《搭配》一课。课后，北京市特级教师吴正宪和区小教研数学组董翠娟及安定镇中心小学一名数学教师对学生

进行课后访谈。最后，吴正宪带领大家对“同课异构”两节数学课进行研讨与交流，从“专业地读懂教材，用心地读懂学生，智慧地读懂课堂”对数学教师们进行专业引领。

（董翠娟）

【召开小学学校课程开发与管理现场研讨会】 6月8日，由北京教育科学研究院课程教材发展研究中心主办，大兴区教育委员会承办，北京师范大学大兴附属小学协办的“为每名学生创造适合的课程——北京市小学学校课程开发与管理现场研讨会”在北京师范大学大兴附属小学隆重举行。北京教科院课程教材发展研究中心主任杨德军，区教委副主任安有文等领导、市区学校代表及学生家长共180人参加。研讨会分为参观校园、现场展示、主题报告及现场研讨四个板块。北京教科院课程教材发展研究中心研究员李群进行总结性点评，肯定学校工作，对学校今后课程建设提出希望，对为每名学生创建适合的校本课程的想法提出更深层次思考和点播。

（何艳萍）

【完成小学六年级教学质量监控工作】 6月16至18日，举行2010——2011学年度小学六年级毕业考试，同时全区对六年级进行教学质量监控工作，监控考场包括42所直属、中心校及完小共84个考场，2571名学生。监考工作采用各校轮换监考，从考试各个环节保证监控工作真实、有效。此次六年级毕业考试监控首次采用无纸阅卷，即电脑网上阅卷。18日完成小学六年级毕业考试监控工作。

（龚常玉）

【组织基本功考核达标现场说课工作】 6月25至30日，在小学基本功考核第一阶段综合知识笔试和现场教学设计考核的基础上，分别在进修学校、北小分校、大兴五小北校区组织13个学科教师进行教学基本功达标考核现场说课和学科技能达标两项考核工作，1007位教师参加考核。考核属于大兴区基本功考核达标工程的第二轮第二阶段工作，区教委将依据两个阶段的考核成绩，为教师颁发学科达标合格证。

（龚常玉）

【介绍教研工作经验】 6月28日，“北京市小学数学教研工作研讨会”在北京市朝阳实验小学举行，全市80余名小学数学教研员全部参加会议。特级教师马希明代表大兴区小学数学教研室在会上进行题为“我对教研和教研员的认识”教研工作经验介绍。北京市基教研中心小学数学室主任吴正宪对大兴区小学数学开展的“近名师，自教研”，即观看名师录像课，进行网上研修教研新做法给与充分地肯定，并向全市推广。

（董翠娟）

【举行传统文化教育骨干教师培训】 8月22至25日，由区教委小教科、进修学校联合组织“大兴区传统文化教育骨干教师培训”。中央教科所原副所长滕纯、区教委副主任安有文及全区各校课题负责人、骨干教师共计280多人参加。在为期4天的培训中，专家们从孔子智慧、国学精神、传统文化与古琴欣赏等方面进行讲座和现场展示，让我们了解我国厚重的历史与文化。

（何艳萍）

【开展数学网上研修活动】 9月16日，进修学校小学数学组在进修学校召开小学数学学科骨干教师网上研修动员会。会议提出“近名师，自教研”网上研修主题，同时树立“骨干教师观看百节优秀课例”的研修目标。这是继前两个学年之后，开展的第三次看课例网上研修活动。会上，马希明老师具体讲解本次网上研修活动安排和要求。研修活动从9月至2012年元月，每周安排一节北京市第十届小学数学课堂教学观摩活动优秀课例。要求骨干教师在规定时间内，写一篇不低于500字学习体会，上传到大兴区教师研修网，进行回贴交流。

（董翠娟）

【召开“学校课程建设”现场会】 9月28日，“学校课程建设”现场会在青云店第一中心小学召开，北京基教研中心教授陶礼光、区教委副主任安有文以及来自全区46所小学的教导主任和德育干部近100人参加活动。与会领导选听五节优秀校本课程：《探寻古诗文脉络》、《小种植——种蒜》、《叶画》、《粮食知多少》及《校园安全伴我行》，其中前两节课分别在青云店第一中心小学新规划设计的“国学文化墙”和“综合实践园”实地授课。课后集中开会，青云店第一中心小学副校长王涛以“建设以研究性学习为重点的自主课程，促进学生全面发展”为题作经验介绍。陶礼光对活动进行点评，对大兴区小学研究性学习校本课程创建给予充分肯定。安有文总结讲话，她提出，要以此次活动为契机，将研究性学习有效融入到校本课程，充分结合学校地域优势，整合各项资源，使全区学校校本课程质量逐步提升，形成特色。

（龚常玉）

【组织小学各学科区县教研员联动研讨活动】 9月29日，北京教科院基教研中心在大兴区召开小学各学科区县教研员联动研讨活动。北京教科院基教研中心副主任贾美华

带领22位市级教研员参加活动。区教委副主任安有文、进修学校校长王宪福、通州区教师研修学院副院长唐桂春、房山区小教研主任武维民以及两区30位教研员也参与活动。活动分为两个阶段。第一阶段是市区两级教研员一同走进课堂。13个学科22位市级专家以及来自通州区、房山区教研员走进大兴6所小学一线课堂和大兴区综合实践活动基地，共同听23节课，与授课教师进行深度交流。第二阶段是市级教研员针对本区课堂教学进行集体反馈。反馈结束后，北京教科院基教研中心副主任贾美华要求教师在课堂上既要关注全体又要注意面向个体；要给孩子学习空间和时间，让学生自主建构概念，关注学生参与广度与深度；关注提升教师教学设计能力。

（于海荣）

【举行小学教师基本功考核达标笔试】 10月22日，进修学校小学教研室根据区教委《关于开展小学教师基本功考核达标工程的

实施方案》（京兴教发 38 号）文件的精神和《大兴区小学教师基本功达标细则》的要求，

组织第三轮小学教师基本功考核达标工程第一阶段综合知识笔试和现场教学设计考核。区教委副主任安有文等相关领导共同巡视考场，检查考纪考风情况，具体指导第三轮基本功考核达标工作。基本功考核达标工作报名教师 504 人，288 人合格。

（于海荣）

【组织数学主题教研活动】 10 月 25 至 27 日，进修学校小教研数学组开展“读懂学生数

学学习过程，构建和谐高效数学课堂”主题教研活动。教研活动为期三天，分低、中、高年级段，分别在北京师范大学大兴附属小学、北京小学大兴分校、大兴区第五小学举行。北京师范大学教授张春丽走进区教研活动现场亲临指导。教研活动围绕研究主题，本区六位老师呈现六节研究课。张春丽和数学组教研员们分别就每节研究课和从“如何读懂学生”的角度，结合鲜活案例，对数学教师们进行面对面的指导与引领。

（董翠娟）

【召开小学五年级语文质量监控反馈会】 10 月 27 日，区小学五年级语文质量监控反馈会在大兴二小召开。北京市基教研中心小学语文教研室主任张立军等领导、进修学校小学教研室小学语文组全体教研员以及全区各小学教导主任 50 余人参加活动，反馈会通过网络对全区进行现场直播。张立军介绍大兴区在 2010 年北京市小学五年级语文质量监控总体情况，从总体水平来看，全区五年级学生语文学业水平达到《课程标准》要求，整体表现处于良好水平。

（于海荣）

【完成教学质量监控评价阅卷工作】 11 月 2 日，区小教科和进修学校小教研共同组织对全区小学四年级 85 个教学班的语文、英语、品德与社会三个学科教学质量监控评价工作。11 月 5 日，进修学校小教研组织三个学科教研员和 108 名抽调学科教师，进行大兴区小学教学质量监控评价阅卷工作。阅卷工作采用电脑阅卷。电脑阅卷是利用计算机网络系统和图像扫描技术的无纸化阅卷方式。由于本次小学教学质量监控评价阅卷工作采用电脑阅卷方式，得出的数据准确，对于学校的教学质量评价更加科学。

（于海荣）

【组织小学英语专题教研活动】 11 月 29 日，进修学校小学英语教研组在大兴五小组织以“优化教学活动，提高课堂实效”为主题

的专题教研活动。全区二、五年级英语任课教师及工作五年以下青年教师近100人参加活动。大兴五小教师张文和魏善庄第一中心小学教师吕岩进行五年级故事教学和二年级词汇教学现场课展示并进行课后反思。薛洺和高新明两位教研员结合两节现场课进行有针对性的点评。教研员们强调:让学生“在做中学,在学中做”,课堂活动形式要具有多样性,要注意活动的层次和梯度;教学中要关注不同层次的学生,落实以学生为本的教学原则。

（刘彦英）

【举办数学专题讲座】 11月29日,进修学校小教研数学组在北京师范大学大兴附属小学举办“我怎样修改小学数学课堂练习”专题讲座。专题讲座特别邀请数学特级教师刘德武主讲,全区200人参加活动。刘德武和数学教师们交流数学课堂练习主要功能,并列举大量修改小学数学课堂练习实例,将很多一线教师练习设计原题一一呈现,并将修改后的练习题与原题进行对比,和教师们一起分析如何将“低水平的练习”修改成“有思维价值的练习”。

（董翠娟）

【召开教育科研规划课题研讨会】 12月6日,在大兴三小召开北京市品德与生活学科“十二五”教育科研规划课题“品德与生活(社会)课程资源开发与利用的问题与对策研究”子课题研讨活动。活动的主题是“基于信息技术环境下多媒体资源使用问题与对策研究”。北京教科院基教研中心品德与生活(社会)教研室主任胡玲、大兴区教师进修学校小教研主任柏东河等领导和来自全市各区县的教研员、骨干教师,以及大兴区的部分学科教师共100多人参加活动。马爽、黎洁两位教师展示两节课,教研员辛士梅结合前一阶段课题研究情况做题为《课题引领 立足课堂 追求实效》专题发言。胡玲对大兴区子课题研究及两节现场课作点评,明确下一步研究的思路和方向。

（辛士梅）

【召开课题阶段总结会】 12月22日,在进修学校召开中国教育学会“十二五”科研规划重点课题子课题“小学低年级语文教学中写字教学策略的研究”阶段总结会,20多名实验教师参加会议,各实验校教师分别对一学期研究工作情况进行交流,专业指导组各位教师针对下校调研情况,在课时分配和把握笔画要领指导等方面提出一些建议,课题负责人龚常玉对整体实验工作进行回顾总

结，并希望大家做好后期计划，加强自身专业素养的提高，注重积累，扎实做好研究工作。

（龚常玉）

【完成新一届小学学科带头人和骨干教师评选】 12 月 26 日，进修学校小学教研室完成组织评选大兴区新一届小学学科带头人和骨干教师工作。小学教研室 11 月 3 日安排上交申报材料，12 日组织进行学科教学知识笔试，11 月 23、24 日组织现场说课答辩。教研员两人一组，按照标准打分，核对成绩。12 月 26 日根据申报材料打分和学科专业知识笔试成绩两项总分评出大兴区小学学科带头人 138 人；根据申报材料打分、学科专业知识笔试成绩和现场说课答辩成绩三项总分评出大兴区小学学科骨干教师 302 人。

（于海荣）

【参加北京市学科联动总结会】 12 月 29 日，进修学校小学教研室主任柏东河带领语数英等 12 名学科教研员参加北京教科院基教研中心在九华山庄组织的“城乡一体化背景下，提升农村教师教学能力研究暨学科联动总结会”。北京市基教一处副处长张凤华等领导，市基教研中心各学科教研员及来自大兴、通州、房山、密云、顺义等区县部分教研员、学校教师代表 80 多人参加大会。北京教科院基教研中心副主任贾美华围绕“城乡一体化背景下，提升农村教师教学能力研究暨学科联动总结交流”做主题发言。柏东河代表大兴区小学教研室以“学科联动——教研员专业成长的有效途径”发言。全国小学数学现场课大赛一等奖获得者北京小学大兴分校教师孙贵合作为市区学科联动的最大收益者，介绍自己成长历程。

（刘静）

中学教育教学研究

【概　述】 进修学校中学教研室承担全区中学及职业学校课程改革推进、课堂教学优化、考试评价改革研究、教师教学能力提升和教学工作调研等工作。它隶属进修学校中职教研室（中职教研室下设中学教研室和职教研室），现有41人，设主管副校长1人、主任1人、副主任1人，有学科教研员41人。其中特级教师2人，市级学科带头人2人，市级骨干教师19人，市级兼职教研员7人。具有中学高级教师职称41人。中教研下设语文、数学、英语、物理、化学、生物、政治、地理、历史、技术、体音美学科、教务等12个业务组。部门先后被评为“北京市先进集体”、“北京市课程改革先进集体”、“大兴区学习型部门”。

2011年，中教研室以教师教学基本功培训工作为重点，促进教师专业发展 。第一，总结大兴区第三轮教师基本功展示活动，启动第四轮基本功展示活动。组织全区初、高中教师说课活动，初中以教研协作区为单位开展分学科说课展示交流活动。在全市基本功比赛中有5名教师获得市级一等奖，10名教师获得市级二等奖，8名教师获得市级三等奖。第二，推进多样化主体性课堂教学模式，构建高效课堂教学。继续试验基于“学案导学”的目标引领、自主参与的课堂教学模式，并逐渐形成学校特色、学科特色。第三，开展同步课程教学资源建设，实现优质资源共享。倡导各校教师集体备课、电子备课、资源共享；以学科为单位通过网上学科研修活动，建设同步课程教学资源。第四，2011年中、高考备考工作日趋精细化。分数统计细化到学校、班级、学生的小题具体得分情况。与2010年相比区中、高考成绩有一定提升，高考上线率达到57%，中考总分平均分达到432分，均为近三年最高水平。第五，推进校本教研协作区建设，深入开展联片教研。通过教研协作区联片教研，形成“中心辐射、城乡互动”合作研究格局，提高教学研究的针对性和实效性。

（王书明）

【孙村中学开展学案导学系列活动】 2月至6月，孙村中学开展“学案导学”教学模式系列学习研究及实践活动。此项活动由校长主持，副校长负责具体工作安排，校教务处负责布置实施，旨在有效推动学校课堂教学改革，提高课堂教学效果。活动有：2月18日启动《“学案导学”教学模式方案》，一线教师45人全部参加；12名教师到大兴三中听课、10名教师参加全国高效课堂研讨会、12人赴“洋思”学习等；召开研究学习会议、以教研组为单位进行实际操作、骨干教师做研讨课等；召开经验介绍会、问题分析会等。

（谷维军）

【召开教学教研工作会】 3月8日，进修学校中教研语文组在进修学校召开“2011年大兴区中学语文教学教研工作会”。会上总结

2010年高中语文教师基本功考试整体情况，介绍本学期“高中语文教师基本功展示”培训安排。颁发第22届“星雨杯”初中教学论文评比、第31届大兴区平时优秀作文评比获奖证书。回顾上一学期中学语文特色活动及取得成绩，解读本学期中学语文组教研工作计划，反馈2010年中学语文骨干教师、学科带头人评价中发现的问题，会议旨在推进中学语文教学改革进程，提升全区中学语文教学水平。

（逯秀滨　王桂利）

【举行中考英语备考策略辅导】 3月9日，进修学校中教研英语组在进修学校举行“大兴、燕山2011年中考英语备考策略辅导”教研活动。教研员刘素伟做《把握学段特点 构建高效课堂》备课辅导，并特别强调初三年级英语教学特点。北师大教授曹瑞珍做《英语中考能力要求与能力培养》专题讲座。来自燕山16名英语教师和本区初三英语教师100余人参加活动。

（逯秀滨　王桂利）

【郭家务中学开展同课异构模式交流】 3月14至25日，郭家务中学开展“同课异构”教学模式交流活动。全校58名教师参加，观摩同学科成员做课，课后研讨交流，以“互相学习、研讨、提高”为理念，本着“创新、高效”原则，利用个性化教学设计，同一学科、同一课题用不同方式讲授学习，在授课过程中重视学生知识获得与探究过程。

（田秀杰）

【视导中学教学工作】 3月15日，北京市基教研中心对4所中学进行教学视导。区教委主任李达等领导及中教研全体教研员参加视导，来自全区各中学240余名教师参加活动。市基教中心15个学科33位教研员分4组，走进大兴一中、北师大大兴附中、大兴五中、兴华中学课堂，听课77节。课后，进行学科组内评课、研讨交流。市教研员充分肯定在新课程背景下理念落实、教学行为转变、学生学习方式变化等，同时也提出意见和建议。

（逯秀滨　王桂利）

【参加第12届春蕾杯征文比赛】 3月17日，进修学校中教研语文组领回“第十二届全国青少年‘春蕾杯’征文活动”获奖证书。2010年12月组织初中17353名同学、高中9026名同学，共计26379名同学参加四个参赛组征文活动。初中16人获一等奖，43人获二等奖；高中8人获一等奖，23人获二等奖。另，全区有551人获三等奖、629人获优秀奖。

（逯秀滨　王桂利）

【举办教材使用培训活动】 3月22日，进修学校中教研语文组在北师大大兴附中举办“大兴区初中语文《高效阅读・上卷》教材使用培训”活动。中国教育学会教育发展中心语文教研室主任鲁小宁等领导和全区初二年级语文教师等130余人参加活动。活动中，门头沟教师进修学校中学语文教研室主任李玉兰就“高效阅读课题简介”、“《高效阅读》教材介绍”、“《高效阅读》教材使用建议”等三个方面进行讲座。进修学校中学语文教研员李学栋就《高效阅读·上卷》课时安排、教学设计、辅助资料选用等问题做补充说明。

（逯秀滨　王桂利）

【邀请特级教师做辅导】　3月31日，进修学校中教研体育组邀请海淀区特级教师索玉华为全区中学体育教师做“教师基本功之体操教材教法辅导”。辅导分室内理论讲解分析、现场操作展示两部分进行。强调体育教材中所有体操项目只要保护方法正确，及时，安全性不是问题，只要有正确保护加上有效得当的练习方法，使学生达到教学目标并不难，教师们要善于学习与思考，提高自己业务能力。全区31名体育教师参加活动。

（逯秀滨　王桂利）

【召开“北京市2011中考语文研讨会”】　3月31日至4月1日，“北京市2011中考语文

研讨会”在大兴区第七中学召开，230名教师参加活动。北京市基教研中心语文教研室主任刘宇新、区教委副主任扈岩江等领导及北京市各区县初三语文教研员、区初中语文学科骨干教师出席会议。会上，大兴七中教师秦秀梅做题为《拨开浮云见明月——把握议论文材料使用意图》研究课。主任刘宇新以“加强教学评价研究，促进教研工作发展”为主题从“考试”、“评价”、“教学”、“教研”等多个层面对语文学科的实质做深入解读。使与会教师对“语文评价的导向和反馈功能”有了较深刻的认识，在“考研”与“教研”有机结合方面达成了共识。

（逯秀滨　王桂利）

【完成高考一模网上阅卷工作】　4月7至8日，进修学校中教研组织区300名高三教师

进行首次网上阅卷工作。区教委副主任扈岩江、进修学校校长王宪福视察阅卷工作。网上阅卷采用双判制，整个阅卷工作规范、快捷、准确、数据统计及时。截至4月8日下午3点整个阅卷工作顺利完成。下午5点，统计工作结束，并及时将成绩反馈给各校。精准的数据统计为各科教研员正在进行一模情况分析提供有力依据。

（逯秀滨　王桂利）

【开展中学信息技术研究课活动】　4月13日，进修学校中教研技术组组织部分初高中信息技术教师去魏善庄中学开展研究课活动。活动期间由信息技术教师崔福成、陈书

生和白建永分别做《组建网络》、《组建家庭局域网》和《PHOTOSHOP 中的滤镜》研究课。在教学中教师通过提问方式，充分调动学生参与课堂活动积极性，收到良好教学效果。共 42 位教师参加活动。

（逯秀滨　王桂利）

【完成区首次初三一模统一网上阅卷工作】 4 月 29 至 30 日，中教研组织首次全区初三一模统一网上阅卷工作。来自全区各中学阅卷教师和教研员 300 余人参加。顺利完成从考试结束后收卷、试卷扫描、试题分区，到组织教师试批、阅卷，成绩录入、统计、考生成绩返至各校等工作。

（逯秀滨　王桂利）

【召开区高中物理研讨会】 5 月 11 日，进修学校中教研物理组在学校六楼会议室举行“大兴区高中物理教学基本功”研讨会。高中物理教师 48 人参会，市基教中心物理室主任特级教师陶昌宏做报告“如何提高物理教师的专业素养”。报告阐述提高物理教师专业素养主要从专业知识和专业技能两个方面入手，同时作为一名物理教师还要热爱自己所从事的专业。与会教师发表自己的观点，和陶昌宏进行近距离沟通，感觉受益匪浅。

（逯秀滨　王桂利）

【参加市教学现场课展示与交流活动】 5 月 11 至 12 日，进修学校中教研化学教研员与采育中学化学教师刘双帆参加在顺义杨镇一中举行的初中化学实验复习教学现场课展示与交流活动。活动形式为现场课片断展示，以本区（县）2011 年一模试卷第 32 题讲解和评析为主要内容。全市共有 19 个区县，20 位教师参加。一天半时间，各区教师按预先抽签顺序进行展示。刘双帆获一等奖。

（逯秀滨　王桂利　高华）

【加强教师基本功培训】 5 月 19 日，进修学校中教研体育组在教师进修学校组织中学体育教师基本功培训活动。东城区中学体育教研室主任、北京市特级教师张立新做讲座。讲座包括三部分内容：教材与《课标》解读、教案与教学计划制定、说课与演示文稿制作。从课程基本理念、《课标》要求、五方面具体目标、体育与健康课程结构特点等理论知识讲到教案设计中教学目标制定、练习密度预测等课堂教学中实际问题。整个讲座图文

并茂，理论与教学实践紧密结合。全区 153 名体育教师参加培训。

（逯秀滨　王桂利）

【垡上中学参加课题成果征评获奖】 5 月 28 日，垡上中学 20 名教师在北京市教育科学院“十一五”规划课题“用概念图和思维导图培养学生系统建构知识能力的学案设计研究”总课题组优秀案例评比活动中获奖。评选共设案例、课例、论文三个项目。该校 20 名教师共上交参评作品 22 篇，获得 2 个一等奖，7 个二等奖，7 个三等奖。

（王国宏）

【开展高中英语教师基本功培训活动】 5月31日，进修学校中教研英语组在进修学校举办“大兴区高中英语教师基本功培训”活动。邀请北京特级教师马成霞做讲座。马成霞对提高英语教师素质内涵进行深入浅出事例讲解。通过高中英语教师基本功系列培训活动，旨在进一步深化课程改革，推进教师培训工作，提升高中英语教师教育教学能力，提高高中英语学科教育教学质量。全区266名高中英语教师参加培训。

（逯秀滨　王桂利）

【组织音乐教学基本功培训】 5月31日，进修学校中教研音乐组在进校组织全区中学音乐教师教学基本功培训活动。全区35所学校52名音乐教师参加培训。北京教育科学院基础教育教学研究中心音乐教研员梁洪来就“北京市高中教师教学基本功展示活动”音乐学科内容总体说明进行讲座。他从高中教师基本功展示内容为切入点，用形象比喻，生活化语言为教师诠释着相关内容。为音乐教师的学科能力及专业素养提升指明努力方向。

（逯秀滨　王桂利）

【开展历史学科观摩课展示活动】 6月8日，中学历史学科“绿色耕耘”大兴项目组在大兴七中举办观摩课展示活动，由王辉做《日出之国》。北京教育学院社科系教授朱筱新和大兴项目组长李军出席活动。进修学校副校长冯向一、进修学校教研员及32位初中历史教师参加听课。课后专家们与参加活动的教师就如何提高课堂实效性、怎样做好初高中教学衔接进行研讨。朱筱新对王辉的课进行点评，肯定她教学方法灵活，教学重点突出，注重培养学生综合素质，在落实新课程理念上有独到之处。对全区初中历史学科的教学工作给予肯定。

（逯秀滨　王桂利）

【召开体育课题研讨会】 6月16日，中国教育学会体育与卫生分会“十二五”规划重点课题《中国青少年体能素质“课课练”创新研究》总课题组负责人郝军应邀来参加进修学校中教研体育组组织的“课课练”课题研讨会。活动主要对6所学校申报的子课题进行论证。子课题申报单位兴华中学、八中、旧宫中学、亦庄中学、郭家务中学、十四中大兴安定分校课题负责人共8人参加研讨会。

（逯秀滨　王桂利）

【金海学校举行推广会】 8月29日，金海学校举行伙伴互助行动研究模式推广会。主管科研工作教师结合自己在十一学校学习体会，为该校教师做《教研组如何有效地进行集体备课》讲座，学校印发学习辅导材料50份。讲座活动中教师从集体备课的指导思想、概念、好处和如何开展集体备课等八个方面讲解如何有效进行集体备课。教师们在听讲座中积极思考，提出疑惑进行交流。45名教师参加活动。

（李怡）

【举行体育教学观摩展示活动】 9月15日，进修学校中教研体育组组织中学体育教学观摩展示活动在北师大大兴附中进行。来自全区27所中学107名一线体育教师参加观摩学习。区教委副主任马二军等领导全程观摩活动。参加展示的四节课分别为：亦庄实验中学周京媛的“健身操”、北师大大兴附中李学兵的“跨栏跑”、兴海学校刘静宇的“武术健身拳”、旧宫中学曾孝奎的“篮球”。四位老师教学各具特色，从场地设计到组织教法编排，新颖实用。

（逯秀滨　王桂利）

【举行初中政治学科网络直播活动】 9月29日，进修学校中教研政治组联合北京市基础教育中心在大兴五中共同举行初中政治学科以普法宣传为主题网络直播观摩课活动。32名政治教师参与现场活动。大兴五中刘海静做《环境保护不能忘》现场课，采育中学裴国良跨校做《健康上网 文明相伴》现场课。课上学生思维活跃，互动充分，整个活动突出法律、德育教育效果明显。全区政治教师利用网络远程观摩该课，并积极在网上留言交流。

（逯秀滨　王桂利）

【大辛庄中学深入开展课题研究活动】 10月8日，大辛庄中学《蚯蚓增加土壤肥力的极限实验研究》、《亚硝酸盐对金鱼生命活动影响的实验研究》、《大辛庄中学校园节能低碳方案设计》、《大辛庄地区居民偏方使用情况调查》等15项社会实践调查和实验课题陆续开题研究。直接参与学生近50人，指导教师20人。着力培养和发展中学生自主学习能力和实践能力，落实新课程改革理念。学生们经历调研选题、实际研究完成研究成果，撰写研究报告或论文等三个步骤。每个课题研究历时三个月时间，培养了学生独立思考、操作、实践能力，发展个性特长。

（刘志强）

【大兴三中在初一开设外教英语课】 10月12至18日，大兴三中组织美国外教走进初一年级英语课堂活动。来自美国的外籍教师Douglas Hagen和Preston Dahl走进初一年级教室，用纯正英语，与学生进行直接交流，创设良好学习环境。活动时间是每班隔周一节，初一年级12个教学班560多名学生，每班4节，共48节外教英语课。活动持续到12月底。

（董金锁）

【召开2011年高考学科研讨会】 10月15

日，进修学校中教研在大兴三中组织召开大兴区高考学科研讨会。北京市教育考试院科研处处长丁秀涛带领高考9学科考试评价专家为高三教师做“大兴区2011年高考学科评价”讲座。各学科评价专家围绕着2011年区高考考生成绩与全市整体及郊区县的比较做多维度比较分析。统计数据科学准确地反映考生在各知识组块、各能力组块得分情况，同时也呈现出各类学校具体情况。学科评价专家也就试题特点、备考建议等与老师们做交流活动。区教委副主任扈岩江等领导及全区高三各学科教师350人参加会议。

（逯秀滨　王桂利）

【培训区考试命题工作】　10月17日，进修学校中教研邀请北京市教育考试院命题处处长张芃为教研员做关于考试命题培训。张芃从试题编制一般原理与方法出发，围绕着考试类型与质量指标、测验、考试的设计、试题编制基本要求、错误或有瑕疵题目举例与分析、工作流程与管理五个方面进行讲解。45名教研员参加培训活动。

（逯秀滨　王桂利）

【举办“生物学中的概念教学”讲座】　10月21日，进修学校中教研生物组邀请北京师范大学生命科学学院教授王健在进修学校为生物教师做“生物学中的概念教学”学术讲座。全区92名生物教师参加活动。王健重点讲解新课程重视“核心概念”教学，要求教师在教学中把过于追求生物学事实性知识记忆，转向对“核心概念”把握和深层次理解，强调教师帮助学生掌握教材中核心概念要做到：重视学生的经验、注重以学习者为中心、创造冲突的真实学习情境、注重互动学习方式。

（逯秀滨　王桂利）

【举行教研暨网络直播活动】　10月28日，进修学校中教研化学组在魏善庄中学举行初、高中化学联合教研暨网络视频直播活动。魏善庄中学领导及化学组全体老师共12人参加现场活动。第一阶段是课堂教学观摩。第二阶段是课时教学设计及单元教学设计介绍。第三阶段是课后研讨。活动主题是初、高中化学知识衔接研究，目的是引导初中教师在教学中关注学生的后续发展、高中教师在教学中能找准学生学习起点，从而提高课堂教学效率及为学生可持续发展服务。活动采取网络视频直播，首次尝试在直播室中交流的形式。

（逯秀滨　王桂利）

【开展高中地理课例研究活动】　10月至11月，进修学校中教研地理组集中举行以“新课标、新课堂”为主题高中课例研究活动。近10位教师分别在本校做课，针对“西气东输”、“产业转移”、“自然界的水循环”、“冷热不均引起大气运动”、“自然环境的整体性”等课题的教学做课堂示范，参加活动教师近20人，课后进行认真评课。探讨新型高效课堂的问题所在，分享成功经验，促进教师们对新课改的理解更上新台阶。

（逯秀滨　王桂利）

【举行地理学科高考研讨会】　11月10日，进修学校中教研地理组在大兴三中召开2011年大兴区地理学科高考研讨会。全区高三地理教师20人参加会议。北京教育考试院高考评价小组的成员、北京市第56中教师乌雪梅分析2011年北京市及地理学科高考情况，对北京试题进行分析，预测高考的方向和趋势。两位高三地理老师做高三复习经验介绍，与老师们分享自已成功的方法和措施。

（逯秀滨　王桂利）

【获生物学科教学设计一等奖】 11月10至12日，进修学校中教研生物组参加在浙江宁波召开的中国教育学会生物学教学专业委员会第十三届全国学术年会。本届学术年会主题是“课堂教学与教师专业化成长”。具体内容包括：全国特级教师教学展示；教学设计评比交流；专家报告等内容。在会上中教研生物组刘海涛指导大兴七中冯志伟的《鸟类生长和发育》一节教学设计，荣获全国教学设计一等奖。

（逯秀滨　王桂利）

【大兴六中举办说课比赛】 11月14日，大兴六中举行说课比赛。活动旨在全面提高该校教育教学质量，促进教师教育教学，提升

2011年11月学校聘请进校教研员说课比赛

科研水平。邀请进修学校中教研主任郭树林及各学科教研员、本校领导、教师共20人担任评委。分为语文、数学、英语、理化生、史地政、音体美6个小组进行。评委按照教学与教学目的分析、教学过程与教学方法分析、教学评价分析、说课设计及艺术等四个方面量化打分。活动评出一等奖6名，二等奖12名。全校共31位教师参加。

（毛悦）

【举办北京市数学年会】 11月18日，进修学校中教研数学组在大兴一中组织召开“2011年北京市中学数学教学研究会学术年会”。研讨会由北京市教科院基教研中心主办，大兴区教委、大兴进校、大兴一中承办。

市基教研中心主任王燕春等领导及各区县数学教研员，还有部分学校的领导、教师等500余人出席会议。会议分三个阶段进行，第一阶段是分别以“学生学业分析报告”等为专题进行四个分会场交流与研究；第二阶段是由中学数学教学研究会副理事长、首都师范大学数学科学学院教授方运加做大会主题报告：何谓“合情推理”——再问“数学教育安全吗”；第三阶段由中学数学教学研究会理事长王燕春做总结讲话。

（逯秀滨　王桂利）

【参加说课评比活动】 11月21日，进修学校中教研20位教研员参加北京市十四中学大兴安定分校校本教研说课评比活动。15个学科74位教师分组进行现场说课，同学科

教师及教研员根据量化标准进行现场打分。参与说课教师准备认真，打分客观公正。整

个活动，程序规范，进行有序。在说课展示结束后，教研员结合活动中各说课教师不同情况做点评。

（逯秀滨　王桂利）

【参加全国高中英语教师基本功大赛】 11月18至23日，进修学校中教研英语组参加在郑州市举办第五届全国高中英语教师教学基本功大赛暨教学观摩研讨会。大兴一中扈琳代表北京市参赛，中教研英语组王郁松为领队和指导教师。经过和其他各省优秀选手激烈角逐，获课堂教学优秀课展评一等奖和最佳教学设计奖。在大赛中，团队教师还获得优秀课例和优秀论文等奖项。充分展示大兴区英语教师综合实力。

（逯秀滨　王桂利）

【召开高中语文教学研讨会】 11月22日，进修学校中教研语文组在北师大大兴附中组织召开“大兴区第十届高中语文教学研讨会”。北京师范大学文学院副教授张秋玲、进修学校、部分学校主管教学领导及全体高中语文教师共150人参加大会。本届研讨会专题是“利用校园文学深化高中语文课堂教学改革”。北师大大兴附中陈大伟、柴艳、路遥、金成鑫等四位教师，围绕这个专题分别做“雨中遐想”、“记念刘和珍君”、“一庭春色”、“一日看尽长安花”现场研究展示课。北京师范大学文学院副教授张秋玲做题为“课改改的是什么”专题报告，最后大会公布区“第十届高中语文教学论文评比”结果，向48位教师颁发奖状和证书。

（逯秀滨　王桂利）

【完成新一届中学学科带头人说课答辩活动】 11月27至28日，进修学校中教研分别在北师大大兴附中、进修学校组织召开2011年新一届学科带头人选拔说课答辩会。在第一轮材料筛选、硬件量化基础上遴

选出中学校长、各学科教师共计200余名候选人参加说课答辩。共设16个评审组，评审组由教委副主任扈岩江，进校副校长王书明以及中教研教研员、特级教师、市级学科带头人、市级骨干等51名领导、教师组成。评审组成员按照评选条件，公正评价，保证答辩质量。三年一届的学科带头人、骨干教师评选工作，旨在进一步加强我区教师队伍建设，不断提高广大教师业务素质，培养造就一支高素质、高水平教师队伍，全面提升

教育教学水平。

（逯秀滨　王桂利）

【北京八中亦庄分校实施走班制】 12 月 5 日，北京八中亦庄分校数学实施“走班制”教学模式，进行分层教学实验。该校两位数学教师以 92 名学生几次数学考试成绩及平时成绩作为参考，把学生分在两个 A 班和两个 B 班。A 班为基础班，B 班为提高班，每班 23 人左右。经过几个月对于学生学习状态和成绩的观察，大多数学生表示更加适应现在的分班模式，学习成绩也有所进步。

（隗和雪）

【举行化学实验创新技能大赛】 12 月 16 日，进修学校中教研化学组在大兴四中举行初中化学实验创新比赛。来自 18 所学校 24 名选手参加比赛。比赛是本学期“加强实验教学，提升教师实验能力”系列活动之四。大部分老师准备 PPT 演示文稿，对实验创新之处进行细致的说明。本次活动，展示初中化学教师实验能力，同时也推选出比较好的、有推广使用价值的创新实验，促进实验教学开展。

（逯秀滨　王桂利）

【开展说课展示活动】 12 月 17 日，进修学校中教研与教委中教科在 6 个中学教学协作区即榆垡片、采育片、魏善庄片、庞各庄片、德茂片、兴海片举行大兴区初中教师说课展示活动。区教委副主任扈岩江、进校校长王宪福等领导参加活动。活动中，说课教师按照各学科提前布置的同一课题，以学科专业为基础，通过鲜活素材及教师教育智慧做各具风采的展示。说课稿规范、翔实，演示文稿设计简洁美观大方，体现教师们对说课的理解，同时又是对教学的深入理解。在说课之后进行答辩。全区 35 所初中校，661 名教师进行说课展示，其中 309 人获一等奖，352 人获二等奖。

（逯秀滨　王桂利）

【举行教研协作区联片教研活动】 12 月 20 日，进修学校中教研数学组在庞各庄中学组织教研协作区联片教研活动。北京市基教研

中心主任、北京市数学特级教师王燕春，区教委副主任扈岩江等领导及进修学校中学数学组教研员，6 所中学校长和教师 100 余人参加。活动分听课、评课、讲座三部分进行。听取庞中四位数学教师公开课，做课堂教学评价指导；与会专家就数学知识、思想的关联；初中阶段数学题分析；数学观点等多方面为大家做数学辅导课。

（逯秀滨　王桂利　李环　张静）

【参加论文总结会】 12 月 23 日，进修学校中教研历史组参加北京市历史教研室和市历史教学研究会在北京第十一学校召开 2011 年度北京市中学历史教学论文评比总结会。全区六篇论文荣获一等奖，两篇获二等奖。其中一等奖论文获奖数量约占全市一等奖论文获奖数量 10%，居于全市前列，这也说明全区历史教师在新课程理论研究方面的整体实力有明显提升。

（逯秀滨　王桂利）

【垡上中学走进杜郎口中学学习】 12月23日，垡上中学26名干部与教师在校长带领下，走进山东省聊城市茌平县杜郎口中学，进行学习活动。活动旨在为加强学校干部教师

对新课程认识，开阔眼界，提升教师队伍业务水平。内容有聆听语文、英语、数学三节观摩课。参加杜郎口中学教师反思会，教师们分学科走入课堂，亲身体验到“活而有序”的课堂教学模式，切身感受到杜郎口中学“我参与，我快乐；我自信，我成长”浓厚学习氛围。

（王国宏）

【召开物理教职工实验技能大赛总结会】 12月27日，进修学校中教研物理组在进修

学校组织召开“大兴区首届中学物理教职工实验技能大赛总结会”。大赛由区总工会和区教育工会主办，进修学校承办，教育工会主席杨子仲和进修学校校长王宪福到会并为获奖教师颁奖。北京市基教研中心的陶昌宏做关于实验教学报告。全区35所学校，109名教师参加笔试和实验操作考试。评出一等奖28名，二等奖41名。

（逯秀滨　王桂利）

教育科学研究

【概　述】 进修学校科研室承担大兴区中小幼职的教育科研业务指导、课题管理、科研培训等工作，结合大兴区教育改革中热点及难点问题开展针对性研究，同时通过调研为教育行政部门决策提供咨询、参谋。部门设主管副校长1人，主任1人，副主任1人。下设教育科学规划办，教育科学研究室，《大兴教育研究》编辑部，大兴区教育史志办，兼管大兴区教育学会。共有科研员16人。

2011年，进修学校科研室完成《大兴区普通高中综合素质评价实施现状调研报告》、《大兴区青年教师专业发展现状调查报告》、《大兴区学校教育科研管理人员队伍现状调查》、《校长校本研究中的问题分析及对策研究》和《课程改革促进学校发展案例研究报告》的撰写，并集结成册，为教育行政部门决策提供参考和依据。

年内全区获批市“十二五”规划课题2项，市教育学会“十二五”规划课题14项，区规划办立项174项课题，并完成课题开题工作。召开大兴区“十二五”教育科研工作大会，对区“十一五”期间教育科研工作进行系统全面的总结，对78项教育科研优秀成果、21个教育科研先进单位、33名教育科研优秀管理者、114名教育科研先进个人进行表彰奖励，并完成教育科研成果的编辑和出版工作。完成大兴区第五期科研骨干教师研修班培训。完成区新一届科研骨干教师评选工作。举办区“十二五”2011年科研周。启动教育科研网，标志着区教育科研管理工作迈向信息化管理之路。协助市教科院基教所组织课改征文工作，共征集课改征文570篇，获一等奖13篇，二等奖53篇，三等奖120篇。组织参加市教育学会“京研杯”等征文活动2次，共征集征文534篇，其中一等奖26篇，二等奖107篇，三等奖126篇。完成9所学校的科研督导工作，并撰写9所学校的科研督导报告，以书面的形式给予反馈。年内全区共有20所学校被评为北京市科研先进校。完成6期《大兴教育研究》刊物的出版发行工作，配合杂志栏目建设工作，组织四次专栏征文活动，评审稿件近800篇，270篇获奖。

（王芳）

【召开教育科研工作总结会】 1月18日，大兴区2010 ~2011学年度第一学期教育科研工作总结会在进修学校召开。全区中小幼职学校科研主任近百人参加大会。进修学校副校长王永庆对全区科研工作做总结。本学期科研室进一步加强科研队伍建设，加强科研课题管理，强化科研氛围创设，全区科研工作整体水平得以提升，区校科研活动、学术活动蓬勃开展，科研工作区域推进取得显著成效。进校科研室主任魏希芬就科研室相关的具体工作进行解读、布置和反馈。会上为6所学校颁发大兴区2010教育科研周组织奖。

（王芳）

【举办北京市2010年规划课题开题会】 1月19日，北京市2010年规划课题《校长校本研究促进学校发展的实践研究》开题会在大兴区行政服务中心举办。北京教科院教育科学规划办主任耿申等专家到会指导开题，区教委副主任扈岩江等领导及课题组成员20余人参加开题会。会上，课题负责人王永庆陈述本课题研究方案。耿申对课题研究方案进行指导。扈岩江对课题研究给予充分肯定，希望课题组成员加强学习，深化研究，切实发挥课题对本区科研工作发展推进作用；各校以校本研究为抓手，结合学校发展中的现实问题，开展研究，促进学校工作的不断改进；课题组成员要多向市级专家请教，在专家的指导下科学研究，扎实工作，做出实效。

（王永庆）

【召开大兴区“十一五”教育科学成果评审会】 2月25至26日，大兴区“十一五”教育科学成果评审会在房山区德宝会议中心召开。设立由区教委主任李达担任组长的领导小组。区教委副主任扈岩江亲临现场指导评审工作。评委们根据《大兴区教育科学“十一五”优秀成果评选表彰办法》、《大兴区“十一五”教育科学成果评审工作实施方案》和《大兴区教育科学规划课题成果鉴定评估参照指标》文件，对评分标准进行充分研讨和确定。进修学校校长王宪福代表领导小组对评审工作提出四条要求：一是质量第一，二是严把标准，三是程序规范，四是公平公正；要求每位评委按照文件及有关规定要求完成评审工作。评审工作历时两天。评审结果由领导小组最终确定。评审结果将在5月召开的“十二五”教育科研大会上公布。

（王芳）

【召开科研工作会】 3月4日，大兴区2010—2011学年度第二学期科研工作会在进修学校召开。区教委副主任扈岩江等领导出席会议。全区中小幼职学校科研主任近百人参加大会。会上，进修学校副校长王永庆对大兴区“十一五”科研工作做简要回顾，并结合“十一五”科研工作取得成绩和存在的问题，对“十二五”重点工作进行说明。扈岩江充分肯定本区“十一五”科研工作取得成绩，要求进一步加强科研队伍建设，提高对科研工作重视程度；坚持以课题为引领，重视研究过程和研究成果的推广应用；确保研究经费的落实，为教科研工作推动提供充足保障。科研室副主任桂登岚就“十二五”首批区规划课题申报工作进行部署和说明。科研室主任魏希芬对“十一五”教育科研先进单位及个人评选、2011市级课题申报、各级各类征文上交等工作进行说明和布置。

（王芳）

【召开大兴区“十二五”选题培训会】 3月10日，进修学校科研室组织召开大兴区“十二五”2011年度教育科学规划课题选题培训会。会议特别邀请北京师范大学教师教育研究中心主任、博士生导师朱旭东作专题培训。全区中小幼职科研主任及教师共200余人参会。朱旭东结合本区基层学校确定的课

题进行现场指导，为参会教师作“课题选题”专题讲座。培训为各校课题申报和课题研究工作提供专业指导和帮助。

（王芳）

【召开小学生综合素质评价交流会】 4月19日，大兴区小学生综合素质评价工作交流会在进修学校召开。北京市教科院基础教育研究所所长赵学勤、区教委副主任安有文、各校代表10余人参加会议。会上，大兴八小、枣园小学等六所学校就综合素质评价工作进行交流。赵学勤对各校发言进行点评，并对此项工作提出建议和要求。

（王永庆）

【召开课题指导专家组工作会】 4月21日，大兴区“十二五”教育科学规划课题指导专家组工作会在进修学校召开。会上，区规划领导小组聘任新一届24位课题指导专家，进修学校副校长王永庆代表领导小组向与会专家颁发聘书，科研室主任魏希芬就“十二五”2011年立项课题评审工作进行解读。工作会是区“十二五”教育科学规划课题首次会议，标志着大兴区“十二五”教育科研工作拉开序幕。

（王永庆）

【召开“十二五”教育科研工作会】 5月25日，大兴区“十二五”教育科研工作会议在校长大厦召开。北京市教育科学规划办主任耿申，区委教育工委书记、区教委主任李达等领导出席大会。全区中小幼职、少年宫、特教中心、社区学院等单位校长、科研负责领导和教师300余人参加大会。会上，以专题片形式对大兴区“十一五”期间教育科研工作进行系统全面总结；对78项教育科研优秀成果，21个教育科研先进单位、33名教育科研优秀管理者、114名教育科研先进个人进行表彰。李达要求各学校增强教育科研工作自觉性，提高认识，转变观念；开创教育科研工作新局面；要加强领导，强化保障，建立健全科研工作长效机制。教委副主任扈岩江做题为《加强教育科研工作，促进教育质量提高》报告。耿申就教育科研的价值、校长在教育科研工作中的作用、一线教师做什么样研究等问题提出指导和建议。大会系统总结大兴区“十

一五”教育科研工作，全面启动“十二五”教育科研工作。

（王永庆）

【完成立项课题开题工作】 5月至6月，科研室进行区级课题现场开题，完成68所学校共156个课题开题工作。现场开题是对立项课题一次面对面指导和针对性培训，现场开题累计培训教师1000余人，对宣传教育科研工作，有效推进本区教育科研工作纵深发展起到促进作用。本年度大兴区规划办立项区级课题174项。

（桂登岚）

【完成科研骨干教师研修班培训】 6月底，大兴区“十一五”第五期科研骨干教师研修班结课。本期骨干班历时一学年，参与研修

的70余名学员通过理论联系实际，系统学习以课题研究为主的80学时课程，全部顺利结业，其中有15名教师被评为优秀学员。

（王芳）

【完成基础教育科研论文评审工作】 6月底，进修学校科研室完成2011年大兴区基础教育科研论文评审工作。科研论文评选范围是“十二五”区级首批立项课题或正在研究中的市区级课题研究成果。评选活动共收到426篇参评论文，其中近200篇论文分获一、二、三等奖。

（王芳）

【召开2011－2012学年度第一学期科研工作会】 9月2日，大兴区2011－2012学年度第一学期科研工作会在进修学校召开。全区中小幼职学校科研主任等近百人参加大会。进修学校副校长王永庆全面总结上学期科研工作，针对当前本区科研工作存在问题提出具体建议和要求。科研室主任魏希芬对本学期重点工作进行解读。科研会议使各校进一步明确工作目标、工作思路和工作要点。

（王芳）

【召开科研管理培训会】 9月21日，“十二五”区级立项课题《基层学校科研管理人员科研管理能力培训途径研究》培训会在进修学校召开，来自本区6所中学，8所小学，4所幼儿园科研主任参加培训会。进修学校科研室主任魏希芬对区科研管理队伍现状，此课题研究意义、内容、采用方法、组织实施的具体设想进行详细解读，希望通过课题研究，提升基层学校科研管理人员管理水平，使研究真正成为促进教师发展、学校发展有效途径。

（魏希芬）

【调研社会大课堂】 9月22日，北京市中小学生社会大课堂办公室主任武迎选等领导来本区调研资源单位建设情况。进修学校副校长王永庆，大课堂课题组教研员全程参加。在调研过程中，北京航天科普教育基地经理刘军详细介绍资源单位基本情况。武迎选对航天科普教育基地为北京中小学所提供的优质服务给予肯定，同时指出：当前，北京市中小学生社会大课堂工作已进入到常态化运行阶段，为了推进北京社会大课堂建设，市大课堂办公室将对运作比较好的资源单位进行分类管理，建立资源单位联盟，搭建同类资源

单位相互交流、学习、研讨的平台，为学生创建良好的社会实践场所。

（王永庆）

【召开学校科研管理人员培训会】 9月28至29日，进修学校科研室组织全区中小幼职科研主任走进昌平，进行规范系统培训。进修学校副校长王永庆解读《大兴区“十二五”科研规划》，科研室主任魏希芬解读《大兴区学校科研室建设标准》和《大兴区教育科学规划课题管理办法》，科研室副主任桂登岚讲解“研修网教育科研专栏”的使用。培训人员分别走进昌平三中、昌盛园小学、教工幼儿园考察学习。顺义区教科所所长赵文增做题

为《推进中小学教科室建设的实践与思考》讲座。

（勾宏苹）

【举行"十二五"第一期科研骨干班开班典礼】　10月13日，大兴区"十二五"第一期科研骨干教师研修班开班典礼在进修学校举行，科研骨干教师80余人参加培训。本期骨干研修班为期一学年，将采用集中讲授与分组交流互动、自主学习与分组指导研讨的方式完成培训与学习任务。进修学校科研室主任魏希芬就办班思路、培训内容、培训形式、培训评价等方面内容进行全面解读和说明。进修学校副校长王永庆希望学员们在培训交流过程中将学习、思考、实践结合起来，处理好学习与工作的关系，真正做到来有所学，学有所获。

（王芳）

【召开科研周暨教研科研网启动培训大会】

10月25日，大兴区2011年教育科研周开幕式及科研网启动培训会在大兴五中召开。参加开幕式的领导有区教委副主任扈岩江等领导，进修学校校长王宪福校长和各业务部门主管领导、全区中小幼职科研主任、区规划课题负责人200余人参加会议。进修学校副校长王永庆就科研周活动安排进行总体说明和推介。黄村镇一中心科研主任熊倩代表科研周分会场做发言。王宪福开通大兴区教育科研网。扈岩江对本届科研周活动提出三点要求：提高认识，明确目的，把科研周活动办成一个学习、交流、展示的大会；加强组织，落实责任，做好各分会场的组织协调工作；加强研究，提升质量，要借助科研周活动，营造科研氛围，提高科研工作的实效，多出科研成果。会议邀请信息中心教师李勇做教育科研网使用的培训。本届科研周历时一周，共设九个分会场开展市区课题研究成果展示、交流、研讨活动。

（王芳）

【完成科研骨干复评、答辩工作】　11月22日，区新一届科研骨干教师复评答辩工作在进修学校进行。经过资格审查及初评，有55名教师进入复评、答辩阶段。区教委、进修学校成立以教委副主任扈岩江为组长，进修学校校长王宪福为副组长的领导小组，聘请市级专家朱懋勋、佟德等作为评审专家。复评、答辩分中学、小学、综合三组进行。评委依据答辩教师的答辩情况打分并书写评审意见。整个评审工作遵循公平公正原则，复评及答辩工作顺利完成。评选出新一届科研骨干教师30人。

（王芳）

【召开中小学生社会大课堂工作会】 12月27日，区教委召开中小学生社会大课堂工作会，会议在大兴宾馆举行。区教委副主任扈岩江等相关领导、教师，大兴辖区内17家市级大课堂资源单位领导及工作人员30余人参加会议。会议分两个阶段进行。第一阶段召开大课堂运行团队工作会。第二阶段召开大兴区社会大课堂资源单位工作会。扈岩江向各资源单位颁发北京市教委授予的“北京市中小学生社会大课堂资源单位”牌匾。区教委副科长李淑新做总结发言，高度评价17家市级社会大课堂资源单位在大课堂活动中的积极作用，感谢各资源单位长期以来对教育的支持，希望各资源单位与教育行政和业务部门紧密结合，加强大课堂资源与课程建设整合，更好地服务于学生学习与实践。

（王永庆）

招生与考试

【概　述】 2011年，大兴区教育考试中心全年组织各级各类报名报考7次，组织考试9次，累计组考3567场次，考生总人数40438人，考试总科次为136885科次。其中普通高等学校招生考试报名3552人，报考13115科次，组考122场次；春季高中毕业会考报名6907人，25340科次，组考860场次；夏季高中毕业会考报名4575人，10785科次，组考367场次；高级中等学校招生考试报名5304人，26520科次，组考905场次；成人高等学校招生考试报名10753人，报考32981科次，组考363场次；高等教育自学考试4月报考4914人，15138科次，组考505场次；10月报考4035人，12608科次，组考430场次；全年审办毕业180人；计算机应用基础上机考试上半年报考279人，279科次，组考10场次；下半年报考119人，119科次，组考5场次。考试中心高招办、成招办、自考办、中招办分别获得北京教育考试院招生考试工作目标管理考评一等奖。

（周晓维）

【组织2011年春季普通高中会考】 1月11至13日，区教育考试中心组织大兴区2011年春季普通高中会考的考试工作。会考报名总人数为6907人，报考总科次为25340科次，其中：语文3278科次，数学3354科次，外语3401科次，政治575科次，物理3423科次，化学3479科次，生物724科次，历史3546科次，地理3560科次。开设大兴一中、兴华中学、北师大大兴附中、首师大大兴附中四个考点。

（孙洪清）

【组织高等教育自学考试毕业审定工作】 1至12月，考试中心自考办组织高等教育自学考试毕业审定工作。6月，经过4月份的高等教育自学考试，大兴区有一批考生完成自己的学业。通过市区两级自考办的审定，共有89名考生毕业，其中：专科毕业生61人，本科毕业生28人。12月，经过10月份的高等教育自学考试，大兴区又有一批考生完成自己的学业。通过市区两级自考办的审定，共有91名考生毕业，其中：专科毕业生51人，本科毕业生40人。

（刘新华）

【组织高等教育自学考试】 4月9、10、16、17日，考试中心组织北京市高等教育自学考试大兴区组考工作。本次考试4914名考生报考，报考科次为15138科次，考试分别在一个普通考点大兴一职和北京市监狱、北京市女子监狱、北京市外地罪犯遣送处、大兴团河未成年管教所四个特殊考点进行。考试中心向普通考点派出联络员、保密员24人次，特殊考点派出监考员32人次，组考工作严格细致，顺利完成自考工作。

（刘新华）

【举办高考填报志愿辅导与咨询会】 5月6日，考试中心高招办在大兴一中报告厅组织召开有13所市属高校的招生办领导、中学主管高考校长、高三年级主任、高三全体班主任和高三任课教师参加的大兴区高考填报志愿辅导与咨询会。相邀的高校就考生关心的内容：高校特色专业及就业情况，本校录取的原则，近几年高考录取分数分布情况（录取分数最高的专业、其次的专业、最差的专业），填报学校时注意的问题进行解答。

（孙洪清）

【完成中考体育考试】 5月9至11日，考试中心完成中考体育考试。体育考试在首师大大兴附中进行。报考人数为5347人,其中男生2701人,女生2645人。考务工作人员150人。按照考试项目划分,男生必考项目1000米2701人,篮球2701人。男生限选项目实心球1786人,引体向上915人。女生必考项目800米2646人,实心球217人。初中校参加考试的顺序通过抓阄确定。男生分成218组,女生分成215组。成绩评定严格按照新的成绩标准。考生按组检录,进场考试,公布成绩。起点、终点摄像监控。5月18日在首师大大兴附中进行补考。5月24日公布成绩。5月27日以校为单位,到体美科核分。

(王俊英)

【组织普通高等教育招生考试】 6月7至8日,考试中心组织大兴区参加普通高等教育招生考试。全区参加考试3552人,其中:文科1392人,理科1981人,单招单考179人。共开设五个考点,分别为大兴一中、北师大大兴附中、兴华中学、首师大大兴附中和大兴八中。大兴一中、兴华中学为理工类考点,北师大大兴附中、首师大大兴附中为文史类考点,大兴八中为单考单招考点。理工类考生共有2088人,其中75名考生参加自主招生考试已提前录取,还剩2013名考生参加高招考试。考试设68个考场。大兴一中开设45个考场,考生1350名;兴华中学开设23(20+3)个考场,考生663名。文史类考生共有1513人,其中86名考生参加自主招生考试已提前录取,还剩1427名考生参加高招考试,共48场。北师大大兴附中开设25个考场,考生750名;首师大大兴附中开设23(18+5)个考场,考生677名。单考单招考生共有269人,其中有90名考生参加自主招生考试已提前录取,还剩179名考生参加单考单招考试,共6场。考点设在大兴八中。

(孙洪清)

【组织中等教育招生考试】 6月24至26日,考试中心中招办组织大兴区中等教育招生考试。全区5304名初三毕业生参加考试,其中有报考资格的考生4590人。招生考试包括文化课5科和体育学科。即语文(120分,其中作文调至50分)、数学(120分)、外语(120分)、物理(100分)、化学(80分);体育(40分,其中10分为过程性考核分数);满分为580分(不含加减分)。文化课考试采取全市统一考试科目、统一考试时间、统一组织考试、分区县网上评卷的方式进行。全区共设13个考点,181个考场。参与考试工作人员合计768人。

(王俊英)

【组织中考阅卷工作】 6月27日至7月1日,考试中心组织中考阅卷工作。全区中考阅卷工作在考试中心计算机房进行。考试中心负责组织协调此项工作。选拔各科阅卷教师共计188人。以半天为一个工作单元。网上评卷教师按科目、题目分组评卷,按需要安排专家组成员、评卷组长和评卷教师。专家组确定评分细则,设立题目组,组织评卷组长培训,监控评卷进度与质量,裁决三评仍超出误差范围的试卷成绩。评卷组长培训本题目组的评卷教师、监控本题目组阅卷教师的评卷进度和质量。评卷教师按照评分标准的要求和评卷组长的安排,完成由评卷系统产生的评卷任务。根据每份试卷均随机派给两位评卷教师评分的原则,系统随机向每位阅卷教师分批发送评卷任务。主观题评卷过程分为试评、正评、重评三个阶段。全部完成5304名考生5科文化课试卷的网上阅卷工作。7月2日，技术组完成考生成绩的合成以及数据的备份和上交工作。

（王俊英）

【组织普通高中会考工作】 7月5至7日，考试中心组织普通高中会考工作。大兴区2011年北京市夏季普通高中会考在大兴一中、兴华中学、北师大大兴附中、首师大大兴附中四个考点举行。全区会考报名总人数为4575人，报考总科次为10785科次。其中，语文320科次、数学432科次、外语809科次、政治3678科次、物理448科次、化学841科次、生物3497科次、历史405科次、地理355科次。

（孙洪清）

【普通高考录取工作结束】 8月6日，普通高考录取工作结束。大兴区录取总数为3251人，录取率为85.49%。其中统招2871人，录取率为85.12%（文史1142人录取率为82.04%，理工1729人录取率为87.28%），单考单招录取129人，自主招生251人。

（孙洪清）

【组织全国成人高等学校招生考试报名现场确认工作】 9月2至6日，考试中心在中心报考大厅组织全国成人高等学校招生考试大兴区报名现场确认工作。26名工作人员分两组同步流水作业。资格审查组审验考生身份证、外地考生暂住证、专升本考生大专毕业证。审验合格现场照相，打印复合单考生核对后留存，为制作准考证存档。全区共报名确认10753人，其中，专升本类考生3938人，高中起点本科722人，高中起点专科6093人。

（戴丽娟）

【组织全国成人高等学校招生考试】 10月15至16日，考试中心组织全国成人高等学校大兴区招生考试工作。全区共报考10753人，设置大兴一中等11个考点，363个考场，考生参加考试率94.27%。其中，专升本考生考三门课程：政治、英语和专业课，专业课按文史中医、艺术、经管、理工、法学、教育、医学和农学八类专业的不同，依次为大学语文、艺术概论、高数（二）、高数（一）、民法、教育理论、医学综合和生态学基础；高中起专科考生考三门课程：语文、数学和英语；高中起本科考生除考高起专的三门课程外，文史类加考史地一门课程，理工类加考理化一门课程。参与考试组织工作的教师1188人，全部经过三次培训，确保考试安全顺利完成。

（戴丽娟）

【组织高等教育自学考试】 10月22、23、29、30日，考试中心组织北京市高等教育自学考试大兴区组考工作。全区4035名考生报考，报考12608科次，考试分别在1个普通考点大兴一职和北京市监狱、北京市女子监狱、北京市外地罪犯遣送处、大兴团河未成年管教所4个特殊考点进行。考试中心向普通考点派出联络员、保密员24人次，特殊考点派出监考员32人次。组考工作严格细致，自考工作顺利完成。

（刘新华）

【考试中心简介】 大兴区教育考试中心2001年12月成立，是由原大兴区教育局高等学校招生办公室、高级中等学校招生办公室和原大兴区成人教育局成人高等学校招生办公室、高等教育自学考试办公室调整合并组建而成。其主要职责是负责组织辖区内各级各类学校教育考试招生工作。

考试中心内设四个办公室，分别是高级中等学校招生办公室（中招办）；高等学校招生办公室（高招办）；高等教育自学考试办公室和成人高等学校招生办公室（成、自考办）；考试中心办公室（中心办）。

考试中心主要负责以下工作：高等学校招生考试的报名、组考、录取工作；成人高等学校招生考试的报名、组考工作；高等教育自学考试、文凭考试及有关考试的报名、组考、成绩管理、验证工作；高级中等学校招生考试的报名、组考、阅卷、录取工作；普通高中学生毕业会考的报名、组考、成绩管理工作；小学毕业生升入初中的招生工作；考试中心还根据地区政治、经济的需要，面向社会开展各类教育招生考试的咨询、辅导、宣传、服务工作。

考试中心接受北京市教育考试院和大兴区教育委员会领导。大兴区人民政府设立大兴区招生考试工作委员会，由主管副区长任主任，相关委、办、局领导参加，对辖区范围内的招生考试工作进行指导和协调。

考试中心是各级各类教育考试招生的办事机构。在中心领导和领导班子的带领下，坚持高起点、高标准的原则，强化统一管理，增强服务意识，造就一支政治觉悟高、业务水平精、工作作风正、团结向上、具有团队精神的考试招生队伍，并逐步建立考试招生的管理体制，使考试招生工作朝着规范化、标准化和科学化的方向发展。

几年来，在市有关部门的指导下，在区教育工委、区教委的直接领导下，中心全员上下一致，团结合作，共同奋斗，克服许许多多的困难，安全、平稳、顺利地完成中考、高考、成招、自考和高中毕业会考等教育考试招生工作，取得突出的成绩，为大兴地区社会的稳定做出贡献，得到市区领导的好评和奖励，得到学校、考生、家长和社会的认可。

网址：http://kszx.daxingedu.cn/

（周晓维）

现代教育技术

信息技术

【概　述】　教育信息中心隶属于教师进修学校,下设应用指导组、资源建设组、网络直播组、制作组、网络管理组。共有教研员25名,其中中学高级教师6人。主要职责和任务:推进教育信息化建设,推广新技术新媒体在教育教学中的应用。为区教委制定教育信息化发展规划和决策提供依据,为全区中、小学,幼儿园应用信息技术促进教育改革、创新发展提升教育质量服务。保证教育网络安全畅通。

2011年,全区有170所学校建成校园网,并且全部接入北京教育网,外网出口带宽达到440兆;更新城域网核心交换设备和学校三层交换设备,小学每校配2台服务器,中学每校配3台服务器;建成区级网站14个,校级门户网站75个;建立资源账号8218个,区级共享教学资源目录7810条,通用资源目录2883条,资源总量达到3T;发放学生证件卡25928张,学籍卡18110张,保证全区性教育教学应用和校级应用的正常运行。围绕提高教师对信息技术的理解和运用能力,校长基于信息化的领导力,学校信息化办公室主任的教育教学指导能力,学校网管员专业技能与实践能力,开展一系列培训,共培训3561人次。完成区教委OA协同办公系统前期调研报告、需求报告、系统主要参数指标的撰写,以及项目的招投标工作;完成对20所数字校园建设前期调研、方案初评、以及最后的专家论证会;起草了《数字校园建设项目立项审批制度》、《数字校园建设资金申请审批制度》、《数字校园建设认证体系》、《大兴区学科教师应用现代教育技术能力认证体系》等相关草案;《数字校园建设与应用研究》被中央电教馆立项为全国教育技术研究"十二五"重点课题;启动"数字课堂建设与应用"平板电脑实验项目。参加北京市中小学师生电脑作品大赛取得一二三等奖58项;参加北京市第十二届小学电化教育年会"三优"联评活动,教学设计、课例、论文评选取得132项奖励。教育信息中心办公地点在大兴区第一中学体育馆东侧。

（王世东）

【扩容教育信息网带宽出口】　1月13日,经进修学校信息中心调试,大兴教育网出口带宽增至440M。2000年区教育网正式开通运行,网络出口带宽为2M,经过四次扩容,2009年达到了240M,1月13日区教育网新增的200M出口带宽正式开通使用,这是本区教育网出口第五次扩容。

（瞿涛）

【召开区级数字校园建设启动会】　1月19日,进修学校信息中心在区教委召开区中小学数字校园建设启动会。北京市教育网络和信息中心主任武装，区教委主要领导以及24所中小学校长参加会议。大兴一中、黄村镇第一中心小学分别交流学校数字校园建设方案，信息中心李勇对本区数字校园建设总体规划进行说明，进修学校校长王宪福宣读大兴区数字校园领导小组、应用推广小组和技术支持小组名单，区教委副主任王滨做会议总结。王滨要求各学校要重视学校的教育信息化建设，积极申办区级数字校园实验校，通

过数字校园建设，用实践来证明信息技术对教育的革命性影响。共30人参加会议。

（李勇）

【庞各庄二小开展交互式白板使用培训】 3月2日，庞各庄二小开展交互式白板使用培

训活动。邀请信息中心教师马丽梅进行现场授课，马丽梅对交互式白板在教学中运用较广的聚光灯、拉幕、插入音乐、插入图片、超链接以及建立图库等基本功能进行讲解示范，教师了解到电子白板强大功能和在现代化教学中的巨大优势。20人参加培训。

（于秋华）

【完成OA协同办公系统的需求调研工作】 3月3日至7月8日，进修学校信息中心完成OA协同办公系统需求调研工作。信息中心专门成立OA协同办公平台项目组，制定需求调研计划和产品调研计划，完成对教委17个科室、进修学校7个业务部门、考试中心、少年宫、校外办、装备站、保健站、特教中心以及部分中小学的走访调研工作，同时完成对多家OA产品、即时通讯产品以及电子邮箱产品调研工作，根据调研结果，撰写了10000字的《大兴区教委政务信息化需求报告》和

15000字的《OA协同办公系统需求指标》，为项目招标和实施做好准备。

（马丽梅）

【长子营中学举行电子白板使用培训】 3月4日，长子营中学信息办公室对35名任课教

师进行电子白板使用培训。培训由该校信息技术教师授课。教师从电子白板硬件构成、书写功能、笔迹编辑、图片编辑以及如何在电子白板上进行 PPT 文件操作等几方面进行详细讲解与演示，老师们认真学习、记录。

（王树友　薛振霞）

【召开教育信息化工作总结大会】 3 月 16 日，由区教委主办、进修学校信息中心协办的大兴区“十一五”教育信息化工作总结大会在瀛海镇第一中心小学召开。北京市教育网络和信息中心书记、主任武装，区委教育工委书记、教委主任李达等领导出席会议。区教委和进修学校主任以上干部、中小学校校长、直属幼儿园园长、信息化办公室主任、先进个人代表等 228 人参加会议。大会由欣赏学生机器人表演、观摩教师利用信息技术手段做课、说课、观看专题片《腾飞》等内容组成。武装对北京市“十二五”教育信息化的发展规划进行阐述，提出“智慧北京”的建设口号和率先实现教育现代化奋斗目标。李达讲话，对全区信息化工作提出校长要更新观念、提高认识、加强落实，学校要加强信息化队伍建设，加强信息化应用推广，加大对全区信息化督导工作等要求。

（李步霏）

【召开电脑制作研修组成立大会】 3 月 31 日，进修学校信息中心召开“大兴区中小学电脑制作研修组成立大会”。进修学校副校长李库才及大兴区中小学电脑制作研修组 27 位成员参加会议。会上向 27 位兼职教研员颁发聘书。信息中心主任陈志涛对“大兴区中小学电脑制作研修组实施方案”向参会人员进行解读。信息中心副主任王世东结合本区师生电脑作品存在的问题、应对策略及今后工作思路做总结。北京市第十四中学大兴安定分校教师刘国正和大兴区第一中学教师汤震分别做 DV 制作、电脑动画制作交流。

（巩秀红）

【完成教育骨干网分中心设备升级改造工程】 4 月 10 至 24 日，进修学校信息中心完成大兴区教育骨干网各分中心设备升级改造工程。通过和厂家工程师交流研讨，最终制定出设备配置方案和部署策略，信息中心工作人员对全区的 14 个分中心更换设备并进行调试，经过三周时间完成分中心设备的升级工作。

（瞿涛）

【完成身份认证系统需求分析工作】 4 月 12 日至 5 月 14 日，进修学校信息中心完成全区教师统一身份认证系统需求分析工作。该工作确定大兴区教育网教师统一身份认证系统和单点登录系统设计方案，方案对教师实名身份数据的管理和维护流程进行整体考虑，尤其在确保数据有效性方面，将人事科调令系统与教师实名身份数据库进行整合，实现管理模式创新。

（李勇）

【召开资源建设与应用总结表彰会】 4 月 14 日，进修学校信息中心在大兴三小学召开大兴区资源建设与应用总结表彰会。会议由信

息中心副主任王世东做2010年度全区资源工作总结报告，总结全区每所学校使用和应用情况，分析教育资源建设与应用的重要性，

并对下一年度工作提出具体任务和要求。会议由大兴三小教师范福海和庞各庄中学教师段旭升做资源建设与应用心得交流发言。会议对获得2010年度北京教育网络和信息中心资源建设工作先进单位13所学校和25个先进个人进行表彰。全区有125所学校132名教师参加会议。

（焦红梅）

【举行网管教师核心团队研讨会】　4月15至16日，进修学校信息中心在进修学校举行区网管教师核心团队交流研讨会。25位教

师参加研讨会。会上，参会教师对《大兴区中小学网络管理教师核心团队职责（讨论稿）》进行讨论，最终制定《网络管理教师核心团队职责》。教师们针对如何为全区培养一支好钻研、懂技术、新思路的网管教师队伍进行研讨交流，研读《大兴区网络管理教师“十二五”培训计划》，为大兴区“十二五”期间中小学网络管理教师队伍建设提出具有代表性建议和意见。最后，网管教师在技术、应用、管理等方面进行广泛交流学习。

（瞿涛）

【参加数字图书馆应用评比】　4月20日，北京教育学院在昌平召开“2010年度北京市中小学数字图书馆应用评比总结表彰大会”。评比活动于2010年5月开始至10月31日结束。主题围绕“北京市中小学数字图书馆”并具有本区或本校的特点、有创新。各区县、或学校、或年级、或班级、或个人根据自身情况选取或自编主题开展读书活动，充分发挥“北京市中小学数字图书馆”平台特有优势，有心得、收获、成果。活动设区（县）、学校优秀组织奖；教师、学生一、二、三等奖、优秀奖；先进个人奖。经北京教育学院中小学数字图书馆应用推广活动项目组专家评审，大兴区教育信息中心获区县优秀组织奖；9所学校获优秀组织奖；9人获先进个人奖；读书征文获奖作品5人获一等奖；10人获二等奖；23人获三等奖；30人获优秀奖；优秀家长征文获奖19人；读书征文活动获奖作品小学生9人获一等奖；15人获二等奖；21人获三等奖；18人获优秀奖。

（李佩霞）

【完成中小学三层交换设备发放工作】 5月5至12日，进修学校信息中心完成全区75所中小学三层核心交换设备发放工作。此次配发的交换机为H3C 5500，做好调拨单核对和设备号记录工作，共发放三层交换设备75台。

（瞿涛）

【完成教育科研平台开发工作】 5月8日至7月9日，进修学校信息中心完成教师研修网教育科研平台开发工作。该平台为进修学校教科研部门提供课题在线管理、研究、交流和总结功能。包括科研部门对全区课题负责人和负责单位发出公告的“科研公告”；课题详细信息的“课题名录”；每课题讨论、研究、管理和组织活动的“课题协作组”；每课题研究的成果展示“课题成果”；区级科研成果总结展示“科研成果”；关于科研课题的相关文件“科研文件”；以及科研相关知识汇总“科研知识”。

（李勇）

【对学校网管教师进行三层交换设备技术培训】 5月16至20日，进修学校信息中心在进修学校对学校网管教师进行三层交换设备技术培训。培训由信息中心教师张海涛和H3C厂家工程师主讲，培训内容涉及网络交换机的维护、配置及管理；校园网网络安全监控及管理；地址绑定和网络流量监控与分析。全区75名网管教师参加为期4天的培训。

（瞿涛）

【召开数字校园建设领导小组工作研讨会】 5月18日，进修学校信息中心在校长大厦组织召开大兴区数字校园建设领导小组第一

次工作研讨会。区教委副主任扈岩江以及数字校园建设领导小组其他成员共14人参加研讨会。信息中心教师李勇针对大兴区数字校园建设总体方案和首批区级数字校园实验学校考核评选方案进行详细汇报。研讨会重点对首批区级数字校园实验学校考核评选方案进行交流和研讨，最终确定大兴区首批区级数字校园评选办法和实施方案。

（李勇）

【举办第一次数字校园建设培训会】 5月27至28日，进修学校信息中心在河北省涿州物探培训中心组织实验申报学校召开第一次数字校园建设培训会。37所申报学校校长和数字校园主要负责人参加培训。培训会第一天由信息中心教师李勇针对大兴区数字校园建设总体方案、大兴区数字校园方案设计、大兴区数字校园实验学校考核评定方案进行讲解；信息中心主任陈志涛对数字校园课题研究开题报告进行讲解；第二天培训内容为专家讲座和分组学习讨论。培训会印发《大兴区数字校园建设白皮书》。

（李勇）

【组织学术论文征集活动】 7月5日至10月31日,进修学校信息中心组织北京市中小学教育文献信息研究会2011年学术论文征集活动。在全市中小学教师范围内征集,以数字环境下信息资源建设为主要内容写出学术论文,共征集11篇论文,择优报送。由北京教育学院组成学术论文评审委员会,评选出一、二、三等奖。区信息中心报送11篇。获一等奖1名、获二等奖3名、获优秀奖2名。

(李佩霞)

【参加信息技术创新与实践决赛】 7月21至23日,进修学校信息中心带领本区教师参加在河北省鹿泉市鹿泉一中举办的"第九届全国中小学信息技术创新与实践活动"(NOC)决赛。信息中心在赛前组织两轮说课,对来自本区26所交互白板课题学校的55名实验教师给予指导。"NOC教学创新奖"是根据《国家科学技术奖励条例》面向广大师生设立的唯一一个以促进"自主创新"为目的重要奖项,也是NOC活动的最高奖项。大赛中本区有3人夺得"NOC教学创新奖";有20人获得"教学创新与实践活动现场决赛"一等奖;32人获得二等奖;3人获得三等奖。来自全国1600余名教师参加本次大赛决赛。

(巩秀红)

【参加创新课件案例评比】 9月1至30日,进修学校信息中心组织参加北京市教育网络和信息中心举办的"北京市第六届创新教学案例、优秀课件和试卷评比活动"。参赛作品符合新课程改革要求,与新课程体系和新教材相对应。评审由北京教育网络和信息中心聘请专家组进行。课件评审要求具备科学性、教育性、技术性、艺术性,有利于完成知识、能力、情感等目标。教案评审要求作品要有教学目标、教学方法、教学程序、环节、板书等设计。试卷评审要求试卷内容信息、试题、答案、试题指标明细等填写完整、正确、无误,试题的选取设计要依据新课程标准来体现教学评价理念,试题本身要具有科学性,试题的内容与确定的测试目标(即课程标准内容)相符合。信息中心从收集到的526件作品中初选出100件优质作品报送北京市教育网络和信息中心参加评比。本区有1人获一等奖,3人获二等奖,5人获三等奖,27人获优秀奖。

(焦红梅)

【完成软件正版化工作】 9月6日,进修学校信息中心完成对教委的软件正版化工作。按照市经信委的要求,统一给教委全部50台办公电脑更换正版操作系统和软件。教委授权正版操作系统为Windows XP和Windows 7,办公软件为WPS2005政府版。

(瞿涛)

【北京教育资源网使用与编目培训】 9月15日,进修学校信息中心在大兴三小举办北京教育资源网使用与编目培训。对全区142名骨干教师进行为期一天的集中面授培训,信息中心教师焦红梅主讲,培训内容是北京教育资源网的使用方法和对教学资源进行编目，通过上机实际操作，教师们都掌握北京教育资源网使用方法和资源编目。

（焦红梅）

【组织学校填写调查统计表】 9月28日，进修学校信息中心组织80所中小学填写《义务教育学校互联网接入情况调查统计表》。调查表调查互联网接入学校的教师数、学生数、互联网接入方式、带宽以及接入费用。收到80份调查表经整理统计后上报北京市教育委员会。

（瞿涛）

【完成全区中小学资源服务器使用培训工作】 10月24日至11月4日，进修学校信息中心在教师进修学校完成全区中小学资源服

务器使用培训。培训共计六天，75所学校121名网管员参加培训。培训内容为：服务器硬件维护、配置及管理；windows server 2008 r2的配置管理和中小学资源管理平台的搭建。培训采用理论讲解和实际操作相结合的方式进行。

（瞿涛）

【召开数字校园实验申报学校方案设计培训会】 11月1日，进修学校信息中心在大兴七中组织召开数字校园第二次方案设计培训会。最终进入数字校园建设方案评审的20所区级数字校园实验申报学校校长和信息办主任参加会议。信息中心教师李勇做“有效降低投资风险，确保数字校园建设成功”主题报告，报告对《大兴区数字校园五级认证评价方案》、《大兴区教师现代教育技术分级认证方案》、《大兴区数字校园建设项目管理方案和数字校园建设方案》进行详细说明，要求各申报学校按照数字校园五级评价方案修改本学校建设方案。教师进修学校副校长李库才做会议总结，他强调各学校校长一定要高度重视，落实到实处，为后续学校积累成功经验。

（李勇）

【市区级卡管系统应用培训】 11月2日，进修学校信息中心在大兴三小对全区157所

中小学（公立和私立校）CMIS管理员进行为期1天面授培训。由信息中心教师焦红梅主讲，培训内容是新市区级卡管系统主要功能和使用；新制卡数据、补卡数据、换卡数据上

报的方法；新服务器的使用和CMIS库、卡管库的迁移方法，并进行实际操作。157名教师掌握新市区级卡管系统主要功能和使用。

（焦红梅）

【举行信息技术专业培训】 11月6至9日，由进修学校信息中心协助北京市教育网络和信息中心组织的北京市中小学骨干教师信息技术专业培训在进修学校举行。培训为期4天，主要内容为windows server 2008 r2的配置管理和网络设备的配置。来自全市各区县34位教师参加培训。培训采用理论学习和实际操作相结合的方式，组织调用10组实验设备。

（瞿涛）

【组织下校调研工作】 11月28日至12月9日，进修学校信息中心对全区最终进入数字校园实验校评审20所申报学校进行下校调

研工作。对学校数字校园建设准备情况进行实地考核，调研小组通过查看文件、与学校领导交流访谈等方式对20所学校信息化规范管理和现有信息化应用情况进行详细调研和评价。调研小组对每一所申报学校的教师进行90分钟的信息技术应用技能测试，各学校自己选择10名教师参加测试。

（李勇）

【举行网络管理教师业务水平选拔测试】 12月6日，进修学校信息中心在教师进修学校举行2011年大兴区网络管理教师业务水平选拔测试。有108名学校网管员参加测试。测试方式为网上答卷，试题为题库中随机抽取。测试共选拔出44名成绩优秀的教师，信息中心将对这些教师重点培训后参加北京市举办的网络管理教师技能大赛。

（瞿涛）

【组织北京市学生网络生活方式调查】 12月9至15日，进修学校信息中心组织完成《北京市学生网络生活方式调查表》工作。调查表是北京市教育科学“十一五”规划重大课题中的一部分，调查表主要内容为中小学学生电脑、网络在生活中使用情况。信息中心组织10所学校进行填写，共发放调查表3700份，收回有效调查表3680份。

（瞿涛）

【召开数字校园建设方案评审会】 12月15至16日，进修学校信息中心在河北省涿州物探培训中心组织召开大兴区中小学数字校园建设方案评审会。最终进入方案评审阶段的20所区级数字校园实验申报学校校长和学校信息办主任共40人参加会议。20所学校校长分别对本学校数字校园建设方案做陈述汇报，评审会聘请北京教育网络和信息中心主任武装等评审专家，对20所学校的数字校园建设方案作点评和评价，专家的评价结果

将作为确定首批区级数字校园实验学校的重要参考依据，上报区级数字校园建设领导小组。

（李勇）

【组织中小学校园网络基本情况调查】 12月19日，进修学校信息中心组织全区96所中小学填写《中小学校园网络基本情况调查表》。此调查表是配合北京市教委承担的“市政府2012年实事工程”项目开展。调查表主要内容为教师数、学生数、互联网接入方式及带宽。调查共收到调查表96份，已整理统计后上报北京市教育委员会。

（瞿涛）

教育技术装备

【概　述】 大兴区中小学教学技术装备管理站属全额拨款事业单位，2011年，固定资产总值1782606.19元。全站教职工33人，其中管理岗位7人，工勤技能岗位6人，专业技术岗位20人。

装备站工作任务和主要职责是：为全区普教系统教育教学服务，搞好学校教学仪器设备配备与管理。主要活动是根据政府采购要求，采购全区普教系统所需各种仪器设备，合理配置到学校；根据国有资产管理相关规定，对全区各学校国有资产调拨、使用与管理、报废等工作实施统一管理。年初重新调整站内组织机构，成立装备管理处和资产管理处，装备管理处下设采购组和计划验收组，负责全区中小学幼儿园、无学生单位及各镇成人学校教育教学仪器配备与验收，工作内容是采集学校设备需求的数据，按规范的政府采购程序进行采购，按严格的验收程序验收等工作。资产管理处下设资产管理组和库房组，承担全区中小学教育资产管理。主要工作是《中小学办学条件管理系统》网络版培训、录入，专用教室使用管理，理化生实验员培训，图书管理员培训，自制教具组织与管理物资的调拨。

装备管理处完成采购、验收项目10419.8万元，其主要项目有：为全区中小学骨干教师和学科带头人配备笔记本电脑1613台，为农村66所学校配备食堂设备，为16所中小学配备425套交互式多媒体电视，组织全站人员进行专业技术相关培训六次。资产管理处管理组组织全区中小学资产管理员、图书管理员、理化生实验室实验员和实验教师等相关培训六次，深入100余所中小学现场指导资产管理工作。

注：2009年12月原址兴业大街大兴一幼南50米拆迁，办公地点临时迁至滨河西里37号保健所三层。

（刘志齐）

【更新设备】 1至4月，装备站为全区66所农村学校新建、更新教职工食堂设备，共投入311万元。1月17日，装备站为全区学科带头人、骨干教师、骨干班主任、财务购置笔记本电脑1613台。3月15日，装备站完成为学科带头人、骨干教师发放1240台计算机和373台行政办公计算机115台财金网计算机任务。4月28日，装备站为全区部分学校更新已到报废年限的教师机、学生机，更新教师机1849台、学生机1732台。

（朱登辉　陈颖）

【举办固定资产管理员软件培训班】 3月10日，装备站组织全区乡镇幼儿园、成人学校固定资产管理员，在北师大大兴附中举办《北京市中小学校办学条件管理系统》软件培训班。就本区乡镇幼儿园、成人学校的固定资产管理工作实现数据及时同步进行说明，保证国有资产有效使用和管理，40名教师参加学习

培训。

（陈占荣）

【购置设备筹建新学校】 4至8月，为北京八中亦庄分校、景山学校大兴分校、北京实验二小大兴实验学校3所新建学校和民办改公办的北京二中亦庄学校购置教学、办公、生活等设备，共投入资金3100万元。保障4所学校于2011年9月1日顺利开学。

（朱登辉）

【视察黄村镇第三中心小学】 4月27日，北京市教育技术设备中心主任杨立胡等领导到黄村镇第三中心小学指导工作。市领导视察黄村镇第三中心小学仪器室、实验室、体育器材室、图书室、计算机教室、普通教室等，杨立胡主任对我区固定资产管理工作给予很高评价。随后就学校固定资产管理进行研讨，对装备管理工作提出符合本区特点的要求。

（陈占荣）

【检查抗震加固工作】 5月20至25日，装备站管理组检查抗震加固工作。管理组利用5天时间走访22所抗震加固学校，需要转移的设备涉及多媒体设备、计算机机房、教学仪器设备、空调、饮水机、黑板等，管理组就以上设备进行分类，分别安排11家公司承担恢复工作，使全区抗震加固设备转移、安装工作走在全市前列。

（陈颖）

【组织自制教具评选】 6月10日，装备站组织中小学自制教具评选。经过自制教具征集工作，全区所属中小学上交自制教具作品100余件，邀请专家评选区级优秀作品一等奖5名，二等奖10名，三等奖20名，评选三个优秀组织奖。推荐优秀自制教具作品参加市里比赛。

（陈颖）

【完成上半年固定资产报废工作】 6月15日、11月15日，装备站资产管理处分别完成上半年及下半年固定资产报废工作。涉及71所学校，报废总资金分别是3203889.3元和3075044.45元，报废资产包括电子产品、电气设备、家具类、文艺体育类及儿童玩具等设备。

（陈颖）

【举办软件培训】 10月27日，装备站在兴华中学对区各单位新更换固定资产管理人员

进行专业知识培训。目前，《北京市中小学校办学条件管理系统软件》容纳学校办学条件的各类信息，是中小学办学条件工作的依据。装备站负责资产管理的教师进行系统软件讲座。培训旨在解决系统应用中遇到的困难和问题，保障软件中统计数据质量，以确保统计

数据规范、准确、完整。培训涉及新换固定资产管理员的47所学校，47人参加培训。

（陈占荣）

【购置摄像机单反相机】 11月1日，装备站采购95台数码高清摄像机和146台单反相机。其中每所直属中小学、乡镇中学及乡镇中心校配备1台数码高清摄像机和1台单反相机，每所幼儿园及无学生单位配备1台单反相机。保证每所学校都有摄录设备。

（朱登辉）

【组织中小学实验员培训会】 11月29日，装备站管理组组织召开大兴区中小学实验员培训会。邀请丰台二中教师王会兰就中小

学实验员如何管理好仪器账、如何管理好仪器室、如何做到账物相符、如何更好地为教学服务等进行培训。全区理、化、生、科学专兼职实验员150人参加培训会，该培训内容也将作为本区实验室、仪器室规范管理评价标准。

（陈占荣）

【"书香燕京"师生征文】 12月12日，装备站管理组组织大兴区中小学教师及学生参加

北京市"书香燕京"师生征文活动。活动由6月份开始征集论文，共有239教师获奖，435名学生获奖。装备站被评为北京市优秀组织奖。

（陈占荣）

【中小学固定资产年终交流会】 12月14至28日，装备站管理组组织全区中小学固定资产年终交流会。交流会分片进行，会上由各校资产管理员介绍本校固定资产管理情况、工作中遇到的困难、改进措施、经验等内容，与会教师相互学习，进行工作交流。

（陈占荣）

教师

【概　述】 2011年，大兴区现有教职工9976人，其中，在职特级教师12人，市级学科带头人15人、市级骨干教师108人；区级学科带头人367人、区级骨干教师1052人。中学高级职称教师1377人，中学一级职称教师1447人，小学高级职称教师2401人。初中教师本科及以上学历占88.36%，小学教师本科及以上学历占93.38%；35岁以下青年教师占教师总数的43.82%。全区教育系统广大干部、教师坚持以邓小平理论、“三个代表”重要思想为指导，坚持科学发展观，以全面提高教师队伍师德水平、专业精神、学科素养、学术能力为目标，以结构调整和用人制度改革为重点，实现教师队伍的重大转变，逐步建成一支素质优良、结构合理、富有活力、勇于创新的教师队伍。

进修学校师训是大兴区教师培训指导机构，承担全区中小学、幼儿园、职业高中师资培训组织管理、规划指导、检查反馈、鉴定评估等业务工作，对全区中小学在职教师进行有目的、有计划、有组织的培训。该部门设主管校长1人，主任1人，副主任1人。下设三个教学组两个办公室：中学教学组、小学教学组、幼教组、继教办公室、培训办公室，共有教师18人。

（桂宗连　贾富华）

【召开核增绩效工资会议】 1月7日，人事科召开核增绩效工资会议。根据区人保局会议精神，布置教委系统在职人员核增绩效工资、离退休（退职）人员增加离退休生活费工作。在职人员2010年按月人均500元（年人均6000元）标准为事业单位核增绩效工资，离休人员按照北京市统一标准自2010年1月1日按离休时的职务或待遇增加离休生活补助，义务教育单位退休、退职人员调整按职务和年龄增加的生活补贴标准，非义务教育单位退休退职人员同时按职务和年龄增加生活补贴。

（靳振勇）

【举行语文脱产班结业展示活动】 1月17日，大兴区2010年小学语文脱产班在北京小学大兴分校召开结业展示会。培训班经过17周系统培训，圆满完成680课时培训任务，21名学员全部顺利结业。北京教育学院脱产培训总项目负责人李宝荣等领导参加展示活动，参加活动的还有参训学员及学员所在校领导共42人。进修学校师训部副主任王云阁代表区县项目组做工作总结，五名学员做现场展示说课和板书设计。李宝荣做大会总结，充分肯定区脱产培训取得的明显效果和突出特色，勉励学员们学以致用，不断提升。

（王云阁）

【金海学校开展教育故事活动】 1月19日，

金海学校全体教师（包括新建、志远完小），开展教育故事交流活动。活动分为七个大组进行，75名教师把搜集、记录本学期在教育

教学中发生的感人故事，并从“尊重每一个孩子”、“如何对待不完成作业的学生”、“面对上课不会听讲的学生怎么办”、“学会宽容”等几个专题进行交流并将75名教师的教育故事编辑成册，定名为《金海学校教育故事集》。

（石春梅）

【召开音美教师培训研讨会】　2月23日，进修学校师训部在教师进修学校召开音美教师专业技能提升培训研讨会。进修学校副校长

冯向一等领导，师训部分教师，中小教研室音美教研员，少年宫音美专职教师15人参加。会议主题是了解培训需求，确定培训内容。冯向一就培训项目背景、培训目标、培训任务等作简要介绍。与会人员围绕“训什么、怎样训”进行深入研讨和交流，并分组研讨，初步制定培训内容。

（王云阁）

【召开英语教师培训方案研讨会】　3月8日，进修学校师训部在教师进修学校召开“十二五”英语教师培训方案研讨会。全国基础外语教育研究培训中心、外语教学与研究出版社培训主管罗曼与区教委主管领导、学科教师共同研讨“十二五”英语教师培训方案。进修学校副校长冯向一介绍“十五”和“十一五”期间本区英语教师培训总体情况，总结培训取得成效，并提出“十二五”教师培训初步设想。与会专家、领导、学科教师共同初步确定“十二五”期间本区英语教师培训内容。市区各级领导及专家、学科教师共12人参加研讨会。

（贾富华）

【枣园小学开展教师专题培训活动】　3月10日，枣园小学邀请北京市特级教师孔祥旭对教研组长和年级主任进行“科学分析考试，制定有效措施”专题培训活动。孔祥旭以具体数据说明应该科学、合理分析每一次测验，从考试中找到离散度、标准差、差异系数、相对位置数以及Z分数和T分数，学会看学生成绩分布情况确定有效措施，才能更好地查漏补缺。教师进行现场操作，学会科学的计算方法。45名教师参加培训。

（王艳梅）

【培训第三期外省脱产学员】　3月21日，进修学校师训部在教师进修学校举行青海省海南州第三期培训学员开班典礼，教委人事科

科长白建松等领导参加。进修学校副校长冯向一重点介绍培训课程具体安排，在学习和生活方面对学员们提出明确要求。东城区教育

研修学院副院长王建平做《小学英语教学活动设计与实施》专题讲座，20 名小学英语骨干教师作为学员正式开始脱产培训学习。培训以提高小学英语教师教学设计与实施技能为主题，采用专家讲座和观摩研讨培训方式，为期 20 天。20 名参加培训教师全部结业。

（贾富华）

【庞各庄中学续教工作取得成果】 4 月 27 日，庞各庄中学在“大兴区‘十二五’教师队伍建设会议”上，荣获“大兴区‘十一五’继续教育先进集体”称号。十一五期间，该校认真贯彻上级教育主管部门方针政策，确立以校为本的教师继续教育工作体系，在校本培训理念和总体思路上，突出“提升教师综合素质，促进教师专业发展”核心观念，将学习与交流相结合，教研与科研相结合，教育理论与教学实践相结合，有效提升整体素质。

（李环　张静）

【召开“十二五”教师队伍建设大会】 4 月 27 日，大兴区“十二五”教师队伍建设大会在校长大厦召开。开发区工委委员、管委会副主任王合生，大兴区教委主任李达等领导出席大会，全区各中小学、幼儿园、职业学校、成人学校校长、书记，部分受表彰的先进集体和个人代表等 300 余人参加大会。进修学校校长王宪福做题为《统筹规划 求实创新 全力推进教师队伍建设》工作总结，总结通过大量数据、图表、案例和图片对大兴区“十一五”教师培训工作做总体回顾。李达等领导也发表重要讲话，解读《大兴区“十二五”教师队伍建设规划》等相关文件，就教师队伍建设工作提出意见和希望。对 12 位特级教师，123 位市级学科带头人和骨干教师，23 个继续教育先进集体和 42 名继续教育先进个人进行表彰。

（桂宗连　贾富华）

【开展青海省海南州第四期培训】 5 月 9 日，进修学校师训部举行青海省海南州第四期培训学员开班典礼。14 名高中理科骨干教师和 5 名校长、青海省海南州教育局祁永芳、区教委人事科科长白建松等领导以及北师大大兴附中、大兴三中、兴华中学、大兴七小等四所中小学实践校领导参加典礼。会上，副主任王云阁介绍培训活动具体安排。高中理科教师培训围绕提高物理、化学、生物等学科教学基本技能展开，安排专家讲座、观摩研讨、实践操作等内容。参训校长将分别走进大兴七小、兴华中学等四所学校挂职学习，进行实地岗位培训。培训学习时间为 20 天。参训教师全部结业。

（贾富华）

【高中政治培训班开展教学实践活动】 5 月 11 日，北京教育学院尚九宾和进修学校师训部等 5 位专家分别带领“绿色耕耘”高中政治培训班 29 位学员，分成 5 组分别深入兴华中学、大兴一中、首师大附中及榆垡中学，开展教学实践追踪指导活动。活动中，8 位学员进行教学展示，每人分别执教一节高中政治现场课。课后学员与指导教师一起围绕着如何培养学生正确的世界观、人生观、价值观，提高课堂效率，增强教学针对性等高中政治教学中存在的突出问题进行研讨。

（贾富华）

【召开教师培训工作大会】 6 月 3 日，进修学校师训部召开大兴区 2011 年教师培训工作大会。全区中小学、职高、幼儿园等100多个单位领导和继续教育负责人约200人参加大会。进修学校副校长冯向一布置“十一五”教师继续教育结业登记表和证书的填写、盖章等相关事宜，通报“十二五”音美教师专业技能提升工程、英语教师培训、中心幼儿园教师培训、新教师培训等几项重点

工作。大会为“十一五”教师继续教育工作画上圆满的句号，也为“十二五”开局之年培训工作有效落实奠定基础。

（贾富华）

【进行历史教学观摩研讨活动】 6月8日，进修学校师训部组织“绿色耕耘”培训项目中学历史“教非所学”培训班在大兴七中进行教学观摩研讨活动。北京教育学院历史系教授朱筱新、进修学校副校长冯向一等专家领导，以及28名学员参加活动。活动中聘请大兴七中教师做《日出之国》现场展示课，课后交流研讨。朱筱新和进校历史教研员王柏行从课堂的合理导入、充分体现学生的主体性、新颖的问题设计、准确发挥教师的功能、合理的三维目标、适当的深度等几个方面，对该课给予高度评价。

（贾富华）

【完成审核盖章工作】 6月7至10日，进修学校师训部进行大兴区“十一五”教师继续教育结业证书、结业登记表报审工作。完成全区120个单位、8244名教师继续教育结业证书和登记表审核、盖章。全区8244名教师

将获得北京市“十一五”教师继续教育结业证书。

（贾富华）

【召开人事工作会】 6月10日，人事科召开“2011年教育系统人事工作会议”。150名单位领导参加。科长白建松就2011年教师职称评审、教职工考核、人事调配等工作进行政策说明。教委副主任马士义结合2011年的人事工作进行强调说明。

（桂宗连）

【举办继续教育项目培训】 6月13日，第一期“北京市农村幼儿教师继续教育项目培训”正式启动。区各镇中心园60余名青年教师参加培训。各镇中心园入职三年以内（含三年）教师为第一期培训学员。培训结合青年教师特点及需求，设计培训课程，分别聘请市级幼教专家、外区优秀学前教研员、市级骨干教师进行授课。培训共50学时。培训期间带领学员深入到城区市级示范幼儿园进行实地教学观摩和研讨交流。培训采用专家讲座与教学

观摩相结全的方式，收到良好的效果。

（贾富华）

【启动音乐、美术教师专业技能提升培训】 6月22日，区“音乐、美术教师专业技能提升工程”在少年宫音美培训基地正式启动。进修学校副校长冯向一、少年宫主任巴文丽及特聘学科指导教师靳玉奎出席启动仪式。冯向一就“音美教师专业技能提升工程”实施背景以及实施方案做介绍。音乐、美术学科均包括5个模块培训内容，每名学员至少完成3个模块、不少于120学时学习。培训启动音乐学科必修模块“钢琴即兴伴奏”第一期基础班，该模块培训专门聘请大兴一中教师靳玉奎和少年宫教师王倩文进行授课，钢琴即兴伴奏共培训48学时。培训采用讲练结合的方式，使参训教师专业素养与教学技能得到提高。

（贾富华）

【初中历史、高中政治培训班结业】 7月11日，进修学校师训部举行北京教育学院远郊区县2011年“绿色耕耘”大兴区初中历史、高中政治培训班结业典礼。北京教育学院人文学院院长陈琳，初中历史、高中政治两个学科培训项目负责人李军、尚九宾，进修学校副校长冯向一等专家领导及两个班56名学员参加典礼。会上，项目负责人李军和尚九宾分别对两个项目的设计思路、培训过程及成果进行总结。采育中学、兴华中学的学员代表发言，分享学习收获并对各位任课教师表示感谢。冯向一对学员培训成果给予充分肯定，希望学员在未来的工作中保持积极学习状态。两班学员全部取得结业证书。

（贾富华）

【迎接绩效工资检查】 7月20日，市教委、市人保局、市纪检监察局、区人保局等部门对大兴区义务教育学校实施绩效工资情况检查。部分义务教育学校的校长、会计26人参加会议。会上听取区义务教育学校实施绩效工资情况汇报，对部分义务教育学校实施绩效工资情况进行调研。

（靳振勇）

【组织教师职称评审】 7月24至28日，区

中评委和高评委完成全区教育系统中级和高级职称集中评审工作。经评审，中学高级教师职称通过112名，中学一级教师职称通过109名，小学高级教师职称通过143名。

（桂宗连）

【组织中学英语教师培训】 8月2至15日，进修学校师训部组织中学英语教师到北京外国语大学附属外国语学校参加“歆语工程”北京京郊教师培训。“歆语工程”是由市教委、北京外国语大学主办，全国基础外语教育研究培训中心、外语教学与研究出版社承办的针对中小学英语教师推出的师资培训项目。培训课程覆盖语言素质、教学素质两大方面，其中教学素质中教学技能课程按照国家《英语课程标准》“话题—功能—结构—任务”总体教学原则设计，按话题组织教学。经过两周培训，48名中学英语教师修完规定课程，全部获得结业证书。

（贾富华）

【举办中小学新教师培训】 8月20至24日，进修学校师训部举办2011年中小学新教师培训。中小学即将上岗的190名新教师全部参加培训。新教师集中培训40学时，聘请区政府、教委、进修学校等各级领导和教研员分别介绍市区两级教师继续教育政策、大兴区区情和教情、教师职业道德、教育法规、课程改革、如何备课、班主任工作等方面内容，使新教师了解相关政策，尽快进入教师角色。参训的新教师圆满完成培训任务，达到预期效果。

（贾富华）

【举办物理、化学培训班开学典礼】 8月22日，进修学校师训部举办北京教育学院2011“绿色耕耘”物理、化学培训班开学典礼。北京教育学院副院长钟祖荣等专家领导及60余名学员参加开学典礼。数理学院副院长李春艳代表项目组作重要讲话。指出，“十二五”培训将更加关注不同层次教师需求，在更新和完善教师专业知识结构的同时，注重教师教学技能提升，尤其是教学实施能力，切实提高培训针对性和实效性。钟祖荣做《可持续发展视野下的基础教育》专题讲座。

（贾富华）

【启动“十二五”中小学教师脱产培训】 8月28日，进修学校师训部在北京小学大兴分校召开大兴区“十二五”中小学教师脱产培训启动仪式。区教委副主任马士义等领导出席，区内中小学主管师训工作领导及80名脱产培训学员参加仪式。会上，进修学校副校长冯向一解读《大兴区中小学教师脱产培训管理办法》。该办法对培训定位、培训内容和形式、培训工作安排、培训结业考核办法等做详细阐述，对研修站的标准与职责、指导教师管理及职责、学员管理和要求及研修站项目质量监控、培训成果收集整理、优秀学员评选等提出明确规定和要求。区教委和进修学校领导为大兴一中、大兴五中、北京小学大兴分校颁发区级脱产培训基地校铜牌。本模式旨在为落实大兴区“十二五”教师队伍建设会议精神，进一步提升中青年教师教育教学能力。“十二五”期间本区将依据《大兴区“十二五”教师队伍建设规划》及《大兴区“十二五”教师培训实施意见》，继续采用“教师研修工作站”模式，对中青年教师进行系统脱产培训。培训历时一学期，共720课时。

（贾富华）

【红星中学教师专业化成长讲座】 8月31日，红星中学组织全体教师聆听北京市优秀德育工作者杨凤娟关于教师专业化成长的报告。杨凤娟结合自己点滴生活中关于教育、

教学和教师三方面做详尽讲解。杨凤娟用她的随笔《藏爱》向教师们解读她与众不同的教育理念，那就是"'完美'的教师都能自觉接纳学生的'不完美'，然后把概念上的'完美'藏在永远一往情深的关怀里，发自内心地呼唤并安静地等待学生醒悟、自律、成长。"给全体教师提出殷切的希望：教师要"硬头皮"干活，且要多看书、多学习，脚踏实地地"去做"，因为只有做才是迈出成功的第一步。该校和其他四所学校共205名教师参加。

（刘永志）

【开发区实验学校转制】 9月1日，开发区实验学校转制为教委所属全额拨款事业单位，定名为北京市第二中学亦庄学校。按照区委、开发区工委、区政府、开发区管委会决定，第一批接收人员88人。11月25日完成接收人员的基本情况认定和工资报批工作。

（靳振勇）

【召开下半年师训工作大会】 9月16日，进修学校师训部召开大兴区2011年下半年师训工作大会。区教委副主任安有文、进修学校副校长冯向一等领导出席会议，与会的还有全区100多名中小学及幼儿园继续教育负责人。冯向一通报暑期培训工作，详细部署本学期即将开办的北京教育学院组织的"国培计划"和"绿色耕耘"培训项目、首师大"基于农村中小学课堂的课程研究与农村教师专业发展"项目等市级培训，以及"音美教师专业技能提升工程"、脱产培训、幼儿教师培训、信息技术培训、英语教师培训等区级培训相关工作。安有文强调要抓好、落实师训布置

工作，并对与会领导以及师训部门提出明确要求：各校会后要按照会议精神安排学校工作，将各项培训落实到位。

（贾富华）

【召开项目研讨会】 9月29日，在进修学校召开首师大"基于农村中小学课堂的课程研究与农村教师专业发展"研修项目研讨会。首师大项目负责人刘晓玫带领各学科研修指导教师一行6人来到大兴，就项目计划和活动安排与区级负责人和学科教师进行深入细致研讨交流。进修学校师训部主管领导以及中小学七个学科负责人参加活动。刘晓玫介

绍该项目实施背景，中学语文、数学、英语、物理、化学，小学语文、数学共七个学科分组进行研讨交流。首师大学科指导教师和各学科教师围绕总项目研修计划要求，结合本学科特点和学员情况，就本学科研修活动开展进行研讨，初步制定本学科研修计划。共16人参加研讨会。

（贾富华）

【培训第五批青海省海南州教师】 10月10日，进修学校师训部迎来青海省海南州第五批培训学员——25名中学心理健康教育教师。在教师进修学校举行开班典礼，青海省海南州教师继续教育中心主任兰才让等领导出席，全体参训学员参加典礼。进修学校副校长冯向一详细介绍培训具体安排和相关要求，兰才让对学员们提出明确要求和希望。典礼结束后，北师大心理学硕士王育韵做《发展心理学》专题讲座。培训为期30天。培训过程中，学员将接受比较系统的心理教育理论培训和实践训练。授课教师有高校的学科专家、市区级教研员以及一线骨干教师，他们将从不同层面、不同角度来授课，满足青海教师需求。培训采用专家讲座与教学观摩相结合的方式，取得良好效果，25名学员全部获得结业证书。

（贾富华）

【启动骨干教师研修项目】 10月13日，首都师范大学“基于农村中小学课堂的课程研究与农村教师专业发展”区级骨干教师研修项目在教师进修学校举行启动仪式。首都师范大学院长郑开义等领导出席，首都师范大学项目负责人刘晓玫等7位学科指导教师和全区参训64名学员参加仪式。刘晓玫解读项目方案。她指出，大兴区区级骨干教师研修计划是北京市教委“基于农村中小学课堂的课程研究与农村教师专业发展”项目实施方案中的一部分。通过组织针对各学科区级骨干教师研修活动，促进大兴教师队伍发展和教育质量提高。启动仪式结束后，中学语

文、数学、英语、物理、化学，小学语文、数学共七个学科指导教师分别与学员们一起研讨制定本学科研修计划。

（贾富华）

【举办美术教师专业技能培训】 10月14日“音美教师专业技能提升工程”——中学美术教师专业技能培训在少年宫音美培训基地

开课，全区17所中学的22位美术教师参加培训。此次是“中国画——写意山水”选修模块的培训，该模块的培训专门聘请北京教

育学院朝阳分院教授刘存惠承担授课任务，为期6天。参训教师全部合格结业。

（贾富华）

【参加全国教师培训学术研讨会】 10月22至23日，教师进修学校副校长冯向一带领师训部教师一行10人参加2011年全国教师培训学术研讨会。会议由北京市教育委员会主办，北京教育学院承办，来自全国各地从事教师培训研究与实践的领导、专家、学者、培训者、中小学校长、优秀教师等共计500余人参加会议。研讨会围绕“中小学教师专业化的政策、理论和实践”为主题展开，面向全国征集关于教师培训学术论文200余篇。本区王云阁、贾富华、刘伟、赵洁、韩志超、程凤英等六位教师撰写的论文被收录在《2011年全国教师培训学术研讨会论文汇编》中。贾富华就“教师培训的课程建设与质量评价”在分论坛上做题为《浅谈对小学数学教师带薪脱产培训评估的思考》专题发言。来自全国31个省市的500余名教师培训工作者参加会议。

（贾富华）

【召开外省脱产培训研讨会】 11月8日，进修学校师训部组织召开第六期青海省海南州脱产培训研讨会。进校主管师训和中职教研室副校长、音体美三个学科教研员，以及培训班三位班主任等10位领导和教师参加活动。培训班跨初中和高中两个学段，涉及音乐、美术、体育三个学科。师训部就培训方案制定和组织实施召开研讨会。各学科初步确定培训内容。将“说课”纳入每个学科的培训中，美术学科的培训将突出理论与实践的结合，把讲座、实践、鉴赏等内容有机融合，体育学科将强化教材教法指导，将研究课堂与听评课结合，以研代训；音乐学科把理论讲座、教法辅导、技能训练、戏剧鉴赏等有机结合起来，提高学员的教学能力和艺术素养。

（贾富华）

【举行远程培训项目开班典礼】 11月14日，进修学校师训部组织在进修学校六楼录课室举行“国培计划（2011）”县级教师培训机构培训者远程培训项目开班典礼。通过网络视频会议形式，在中国教师研修网主会场，北京、广西、福建、湖北、海南、青海、天津等分会场同步召开，各地有300所机构，1.5万名教师通过视频直播远程收看。本区作为北京仅有的两个分会场之一进行全国网络直播，

来自区教委，进修学校的领导以及中教研、小教研、师训、科研、德育、信息六个业务部门51名培训者参加开班典礼。典礼结束后，区远程培训项目负责人、师训部主任张桂清详细解读本区培训实施方案，明确班级管理者、辅导教师、组长、技术人员职责，布置学习任务。

（贾富华）

【培训农村幼儿教师】 11月15日，北京市

农村幼儿教师继续教育项目大兴区第二期培训正式启动。此培训是由北京市幼儿教师资培训中心统一领导,各区县负责组织,市级骨干教师参与授课,共同合作完成。全区118名农村幼儿教师参加此培训,培训共50学时。培训期间将带领学员深入到城区市级示

范幼儿园进行实地教学观摩和研讨交流。培训采取理论讲座与实践观摩相结合方式,收到良好效果。

(贾富华)

【举行跨区教学研讨活动】 11月16日,首都师范大学"基于农村中小学课堂的课程研究与农村教师专业发展"项目初中英语骨干教师培训班跨区教学研讨活动在大兴一中进行。来自顺义、延庆、大兴三个区县30多名参训学员参加活动,活动由首师大英语学科组项目指导教师邵燕南教授组织。大兴一中教师执教语法教学常态课,北京四中教师执教英语阅读课。课后,两位授课教师介绍教学设计思路和授课感受,学员畅谈自己听课感想。跨区研讨活动旨在拓宽教学视野,促进对阅读课教学更深层次的思考和反思。

(贾富华)

【数学骨干教师培训班开展实践研修活动】

11月17和24日,首都师范大学"基于农村中小学课堂的课程研究与农村教师专业发展"项目小学数学骨干教师培训班先后走进大兴二小、大兴九小开展教学实践研修活动。活动中,由培训班六名学员上现场研究课,课后授课教师反思教学中的成功与不足,展开热烈研讨,首都师范大学教授曾小平结合学生"实物→表象→符号→关系"学习过程,对每节课都做深入点评。活动旨在以区级骨干教师为核心力量,基于课堂,立足研究,注重实践,提高教师的学科课程理解能力和学

科素养,提高课堂教学的质量,探索如何发挥骨干教师作用的教师发展机制。先后有40人参加活动。

(贾富华)

【开展语文教学实践活动】 11月17日,首都师范大学"基于农村中小学课堂的课程研究与农村教师专业发展"项目区级骨干教师小学语文研修班,在大兴八小开展教学实践研修活动。活动特别聘请北京市基教研中心小语教研室教研员李英杰、首都师范大学教授孙素英进行教学点评和现场答疑。研修班学员执教《它们怎样睡觉》、《台湾的蝴蝶

谷》、《账单》第二课时。课后，授课教师介绍备课思路和上课感受，李英杰结合讲课内容以及当前阅读教学中存在的一些普遍问题，提出建议。她特别强调，在教学时要考虑学生的发展点，精心设计学生学的过程，引导学生发现知识的盲点，增强教学方法运用的目的性。

（贾富华）

【组织化学教学实践活动】 11月29日，北京教育学院"绿色耕耘"中学化学"发展前期"班结束连续五周、每周二进行的教学实践活动。培训由北京教育学院教授王钦忠和大兴区教师进修学校中学化学教研员刘春凤共同负责，培训内容注重课堂实践和问题研究，围绕教研主题进行课例实践研究。22名学员分成4个学习小组，每组由两位老师进行教学指导。在15所中学完成22节研究课。

（贾富华）

【召开研修站脱产培训座谈会】 11月30日，区教委人事科副科长寇国新带领大兴区脱产培训质量监控小组成员来到大兴一中，参加研修站脱产培训座谈会。大兴一中副校长王凤华，9名学科指导教师和11名脱产研修学员参加会议。会上，寇国新指出，大兴一中优质资源多，文化底蕴丰厚，学员要珍惜学习机会。研修站点负责人王凤华通报培训情况。研修学员表示培训中不仅收获教育教学经验，还收获大兴一中教师的工作精神。进修学校副校长冯向一对于培训后继工作进行部署，提出具体要求。

（贾富华）

【评选新一届区级骨干教师】 12月9至10日，区教委人事科组织大兴区学科带头人及骨干教师评委会成员，开展新一届区级学科带头人及骨干教师评选工作。本着信息公开原则；公开、公正、公平原则；校际均衡、学科均衡原则；干部、教师共同发展原则；志愿优先原则，评选学科带头人367人，骨干教师1052人（其中农村专项195人）。

（桂宗连）

【区际间教学交流】 12月23日，首师大"基于农村中小学课堂的课程研究与农村教师专业发展"区级骨干教师研修项目大兴区骨干教师培训班小学数学、中学数学、中学英语共30名研修班学员，分别来到延庆四小、三中、十一学校进行课堂教学交流活动。该培训项目立足课堂，以课堂教学实践研修为主要形式，提高骨干教师课程理解力和学科素养，以及课堂教学实施能力。活动中，北京小学大兴分校教师郭金执教《用数对确定位置》，延庆四小教师卫素霞执教《组合图形的面积》，安定中学的杨林与延庆三中教师同时执教师大版初二英语第六单元，进行同课异构，延庆十一学校程宝栓执教《角的平分线》，外请河北保定市第三中学章巍执教《一次函数关系的建立》。课后，两区教师就课堂中呈现的教学风格、教学设计和教学理念进行深入研讨。首都师范大学三个学科负责人不仅肯定优点，提出合理化建议，还结合讲课内容进行专题讲座。

（贾富华）

【完成中国画培训】 12月27日，进修学校师训部完成美术教师专业技能——中国画写意山水、花鸟两期培训。第一期，10月14日

至 11 月 8 日，第二期 11 月 22 日至 12 月 27 日。每期培训 48 学时，两期共培训 47 名美

术专业教师。该培训聘请北京教育学院朝阳分院特级教师、教授刘存惠授课。刘存惠分别对写意花鸟画和山水画的构图方法、笔墨技法进行讲解与示范，针对初中中国画教学中各种问题进行分析，就美术教法、学法提出见解。两期教师全部合格结业。

（贾富华）

教育团体

大兴区教育学会

【概　述】 2011年,大兴区教育学会以科学发展观为指导,坚持以人为本,贯彻“百花齐放,百家争鸣”方针,发挥群众性教育学术团体的优势,开展教育科学理论研究和实际问题研究。一年来,成立大兴区教育学会民族教育研究会和大兴区教育学会学校后勤管理研究会。完成学会刊物《大兴教育研究》6期刊物的出版发行工作,组织4次专栏征文活动,征集稿件800余篇,270篇获奖。召开《大兴教育研究》通讯员工作会,表彰14名优秀通讯员。参加市教育学会第五届“京研杯”征文活动,其中一等奖26人,二等奖107人,三等奖126人。有3位同志被评为市学会刊物首届优秀兼职编辑。完成各级课题开题工作,立项市学会课题14项、市规划课题2项、区级规划课题174项。大兴区教育学会建于1984年12月29日,隶属大兴区教委。主要职能是团结并组织全区广大教育工作者,开展学术交流活动,普及科研理论知识,进行教育科学理论研究和实际问题研究。目前教育学会组织机构:会长李克仁,秘书长王永庆,拥有“学习科学研究会”、“民族教育研究会”等16个分支机构。办公地点在大兴区教师进修学校内。

(王永庆)

【召开通讯员培训会】 1月6日,教育学会刊物《大兴教育研究》2010年度优秀通讯员表彰暨2011年度通讯员培训会在进修学校召开。来自全区中小学、职业学校、幼儿园的70余名通讯员出席。进修学校校长王宪福等领导及《大兴教育研究》各位编辑参加会议。王宪福对近年来《大兴教育研究》办刊质量给予高度评价,同时对通讯员如何更好地开展工作提出重要指导意见。会上表彰24名优秀通讯员,向66名2011年度通讯员颁发聘书。5位优秀通讯员交流工作经验。编辑张德纯总结上一年通讯员工作情况。编辑霍全安做《与 <大兴教育研究> 共同成长》培训讲座。

(张德纯)

【完成《北京教育丛书》征文评审】 3至5月,区教育学会组织2011年研用丛书征文活动。活动共收到征文834篇。截止到5月底,大兴区研用《北京教育丛书》征文评审工作结束,共评出一等奖36篇,二等奖127篇,三等奖191篇。《北京教育丛书》是首都优秀教师智慧结晶,撰写丛书和读用丛书是市委市政府、市教委推进首都教育事业发展的一项重要举措。

(王芳)

【参加市教育学会工作交流会】 11月2日,区教育学会组织本区获奖教师代表,参加北京市教育学会首届优秀兼职编辑工作会。勾宏苹、曹春宁、沈蓉晖等教师获得北京市教育学会优秀兼职编辑称号,并做典型发言。区教育学会秘书长王永庆主持分会场活动,在主会场上作大会发言。《北京教育教学研究》编辑部主任任亚芳对大兴区组织市学会的征文活动和征订工作给予充分肯定。2011年本区参加市“京研杯”征文活动一等奖26人，二等奖107人，三等奖126人，较2010年有大幅提高。

（王永庆）

【召开北京市教育学会开题论证会】　11月18日，北京市教育学会“十二五”教育科学规划课题开题论证会在进修学校召开。2012年本区共有14项课题在市教育学会立项。市教育学会学术委员会委派两位专家祁德渊、李佳来本区进行开题指导。立项课题的负责人及课题组成员30余人参会。会上，区少年宫主任巴文丽、北师大大兴附小校长甄艳玲主持的两项课题进行现场开题。祁德渊、李佳两位专家对课题研究提出指导性意见。14个立项课题全部通过开题审核，批准立项。通过开题论证，全面启动本区在市学会立项课题研究工作。

（王芳）

【召开通讯员总结表彰会】　12月29日，《大兴教育研究》通讯员总结表彰会在进修学校召开。来自全区中学、小学、幼儿园近50名通讯员参加会议。会上，进修学校校长王宪福宣读本年度优秀通讯员名单，并和《北京教育教学研究》编辑部主任任亚芳一同为优秀通讯员颁奖。编辑张德纯作通讯员工作专题总结。石春梅等优秀通讯员代表和参会通讯员交流工作经验。任亚芳对如何做好通讯员工作、提升办刊质量，如何使《大兴教育研究》在大兴教育中发挥更好的作用等问题进行辅导，并对《大兴教育研究》提出正确把握办刊方向、增进与广大教师的沟通、加强通讯员队伍建设等建议。进修学校副校长王永庆做总结。

（张德纯）

大兴区老教育工作者协会

【概　述】 大兴区老教育工作者协会1993年成立，办公地点位于黄村镇龙河路黄村东里23号楼院内。由一名正会长，一名常务副会长，两名副会长和一名办公室工作人员组成。本会宗旨是在区教育工委、区教委领导下，坚持党的基本路线和教育方针，依照国家法律、法规和政策，开展各项活动，为老教育工作者发挥余热、健康长寿、安度晚年创造条件，为大兴教育事业和两个文明建设做贡献。2011年，大兴区老教育工作者协会在区教育工委、区教委领导支持下，以迎接建党90周年为契机，围绕老教协总会“四项工程”“五个起来”开展工作。3月份区老教协基层分会进行换届。对新上任的分会长进行有关协会工作的培训，进一步加强基层组织建设，给离退休老教师搭建联谊平台，组织他们参加活动，维护教师权益。为了推进学习型社团建设，对协会会刊《常青藤》进行改版，调整、充实栏目。订市总会会刊《老教育工作之友》3700份。所属乐龄金帆艺术团大兴分团，深入社区演出，为构建和谐社区、和谐社会做贡献。台球队、门球队常年坚持活动，组织友谊赛。截止到年底，大兴区教育系统离退休老同志已经达到3700人，现有基层分会87个，在2011年的全区评先活动中，有16个单位被评为老龄工作先进单位。

（王素华）

【召开老教协工作大会】 4月15日，教育系统关心下一代工作委员会、老教育工作者协会2011年工作大会在校长大厦召开。会议宣布调整后的关工委成员名单，任命老教协基层分会新一届分会长。教育关工委主任李克仁在讲话中对今后关工委、老教协工作提出希望和要求。区老教协会长、教育关工委常务副主任陈万泉对关工委、老教协的重点工作做具体部署和说明。全区教育系统各单位关工委领导小组常务副组长和老教协分会长近200人参加会议。

（王素华）

【离退休教师书画作品获奖】 6至7月，本区9名离退休教师书画作品在“‘浓墨重彩颂党恩’北京教育系统老同志庆祝建党90周年书画作品展”上展出。其中退休教师秦佑兰的绘画作品、王丕金的书法作品获得一等奖，胡学芳的绘画作品获得二等奖。

（王素华）

【获北京老教育工作者总会表彰】 6月25日，北京老教育工作者总会在东城区少年宫召开表彰大会，对在全市、区县、高校老教育工作者活动中有较大影响、较高水准的文化社团予以表彰。北京乐龄金帆艺术团大兴分团、区老教协老教师台球队、礼贤镇第二中心小学老教协分会退休教师活动室、魏善庄中学老教协分会台球俱乐部、兴华中学老教协分会“长者赞和谐摄影协会”、采育镇第一中心小学老教协分会篆刻组六个文化社团被授予“2011 年北京老教育工作者协会优秀文化社团”称号，并予以表彰。

（王素华）

【走进社区共度重阳】 9 月 29 日，在九九重阳节即将到来之际，乐龄金帆艺术团大兴分团与黄村东里社区居委会联合举办庆祝重阳节联欢会。他们共表演合唱、表演唱、相声、时妆表演等十多个节目，这是老教师艺术团第三年参加该社区重阳节联欢活动。

（王素华）

【举办环湖千人健步行活动】 10 月 11 日，由市委教育工委、市教委、北京老教育工作者协会总会主办，大兴区协办的北京老教育工作者重阳节环湖千人健步行活动在南海子公园举行。来自各区县、各高校 1200 余名老教育工作者来到南海子公园，呼吸着清新的空气，欣赏着大自然的美景，北京教育界老领导陈大白等参加活动。

（王素华）

交流与合作

【举行大兴区与北师大共建“优质教育实验区”签约仪式】 1 月 13 日，区人民政府和北京师范大学就双方共建“优质教育实验区”的合作意向，举行框架协议签约仪式。北京市政府教育督导室副主任刘莉，北师大校长钟秉林、常务副校长董奇、副校长葛剑平，大兴区区委书记、开发区工委书记林克庆，区长李长友等领导及北师大相关学部领导、区委办、区政府办、区教委、北京经济技术开发区社会发展局等部门的有关领导参加签约仪式。为进一步深化大兴区教育改革，扩大优质教育资源总量，全面提升教育质量，推进教育优质均衡发展的具体举措。该项目包括：基础教育试验改革（双方将共同开展五项实验）；能力建设项目（主要有六个项目）。

（陈钟楠）

【举行北京景山学校大兴实验学校合作项目签约仪式】 1 月 18 日，区教委与北京景山学校签署共建北京景山学校大兴实验学校合作项目的协议。东城区教委、北京景山学校、大兴区教委及相关单位的领导到会参加签字仪式。该项目是在东城区教委、大兴区教委、北京景山学校和兴创投资有限公司努力下，扩大大兴区优质教育资源总量的有益尝试，是激活本区教育生机活力的重要举措，旨在借助北京景山学校先进的办学理念、办学模式、校园文化和教科研成果，发挥名校的资源和品牌效应，为大兴输送、培育优质教育资源，满足人民群众对优质教育的需求。

（陈钟楠）

【中英联合校长领导力高研班视导学校】 3 月 22 日，中英联合校长领导力高研班走进庞各庄中学指导工作。形式有听报告、听评课及经验交流。校长做《庞中展望》、《赴美考察报告》工作汇报；高研班走进课堂，听教师公开课；对所听课进行评议。最后由北京教育学院教授李雯结合汇报和听课做评价，就课程和培训做总结和安排。此次视导在办学理念、文化氛围创设、学校规范管理等方面进行探讨。36 人参与视导工作。

（李环　张静）

【接纳首都师范大学教育硕士到校实习】 4 月 12 至 22 日，首师大大兴附中接收 12 名首都师范大学教育硕士到校实习。涉及现代教育技术、心理健康教育、化学、历史、物理、数学、语文和英语 8 个学科。该校积极探索与国内外中学、高校交流合作，首师大大兴附中现已和北京联合大学、中央美院、首都师范大学等高校建立友好往来。

（冯莉）

【澳大利亚州立中学代表团访问】 4 月 21 日，澳大利亚 indooroopilly 州立中学师生代表团一行 15 人到大兴一中进行交流访问。参观校园，现场观摩英语课教学，双方就加强两校间教育交流和增进姊妹友好关系等议题进行交流。

（贺胜兰）

【举行北京第二实验小学大兴实验学校合作项目签约仪式】 4 月 21 日，区教委举行北京第二实验小学大兴实验学校合作项目签约仪式。大兴区政府、西城区政府、西城区教委、北京第二实验小学、大兴区委教育工委书记、区教委领导参加签约仪式。此项目是继北京八中大兴分校、北京八中亦庄分校、北京十四中安定分校、北京三十五中采育分校、北京回民中学礼贤分校、北京十三中榆垡分校、北京小学大兴分校、北京小学翡翠城分校等合作办学项目启动之后，西城区与大兴区再次合作。旨在激活大兴教育的生机与活力，促进大兴教育的优质发展，让更多孩子享受北京的优质教育资源。

（陈钟楠）

【外国友人到少年宫学习交流】 6月15日，来自澳大利亚、挪威、印度、台湾等国家和地区的校长、教育官员、主管等一行17人来到区少年宫，进行学习与交流。区教委办公室副主任李小凯，少年宫主任巴文丽携部分领导给予热情接待。在少年宫领导陪同下，来访者兴致勃勃参观少年宫主要专业活动教室、演播室、科技俱乐部、陶艺工作室和剧场，并对少年宫先进的硬件设施、丰富的校园文化表示充分肯定和赞许，之后，双方又互赠礼品留作纪念。

（刘秀梅）

【德国柏林“步步高”舞蹈团到少年宫开展交流活动】 10月11日，德国柏林“步步高”舞蹈团到少年宫开展中德文化交流活动。少年宫主任巴文丽全面介绍大兴少年宫目前整体发展情况，柏林“步步高”（Tanzteam Step by Step）舞蹈团团长、总编舞伊芙琳・里希特女士一行30人，分成四组分别体验工艺美术、舞蹈、声乐、古筝和武术五个专业项目的活动，并与各个兴趣小组学员进行零距离的互动与交流，并在舞台上把所学到的技能、技巧进行公开展示。少年宫主任巴文丽并与伊芙琳・里希特女士互赠礼品，留作纪念。

（刘秀梅）

【开展与朝阳区老干部管理服务中心工作交流活动】 10月25日，老教师管理站与朝阳区教委老干部管理服务中心的领导进行工作交流。朝阳教委老干部管理服务中心主任王文忠、中心下属老干部活动站站长李爱丽、老教师合唱团团长祈连荣来到大兴教委老教师管理站，与管理站领导一起就老干部工作的经验进行交流。双方都认为有许多值得借鉴的地方，为促进老干部工作更好地开展，提高老干部工作水平，应加强交流与合作。双方领导最后决定两单位建立友好合作关系。

（张瑞莹）

【广州市越秀少年宫来访】 10月26日，广州市越秀区少年宫一行9人在主任权延红的带领下，来到少年宫，开展主要业务管理方面交流考察。少年宫副主任赵学松向来访者全面介绍少年宫主要职能和目前整体发展情况，并播放少年宫在中国教育电视台播放的专题纪录片。双方在教务管理、教师队伍建设和群文活动开展等方面进行深入交流，相互学习、相互促进。越秀少年宫全体成员详细参观大兴少年宫的活动场馆、剧场等硬件设施。

（刘秀梅）

【区政府与首都师范大学签订“十二五”时期区域教育合作项目协议】 12月15日，大兴区人民政府与首都师范大学签订“十二五”时期区域教育合作项目协议。2009年4月15日，大兴区人民政府便与首都师范大学签署“区域教育合作项目”协议书。双方通力合作，依托首师大的教育资源优势，在骨干教师培养、课程改革推进、教师学历层次提高、高中教师专业化能力提升等方面开展一系列的活动。副区长王荣彬主持签约仪式。首都师范大学校长助理、教育学院院长孟繁华，区委教育工委书记、区教委主任李达分别致辞，大兴区区长李长友和首都师范大学校长刘新成在合作意向书上签字。此活动标志着大兴区人民政府和首都师范大学双方“十二五”时期区域教育合作正式启动。

（陈钟楠）

先进集体
先进个人名录

集体荣誉统计

国家级集体荣誉

全国成人教育先进集体

大兴区社区学院

全国语文教改示范校

大兴区第八小学

北京师范大学大兴附属小学

全国消防安全教育示范学校

大兴区庞各庄中学

全国优秀少先队集体

大兴区第二小学六(5)中队

市级集体荣誉

北京市中小学教育科研先进学校

大兴区第一中学

大兴区第五中学

大兴区兴华中学

大兴区德茂中学

大兴区采育中学

北京师范大学大兴附属中学

大兴区第七中学

首都师范大学大兴附属中学

大兴区榆垡中学

大兴区第一小学

大兴区滨河小学

大兴区枣园小学

北京小学大兴分校

大兴区第七小学

大兴区团河小学

大兴区第十小学

北京小学翡翠城分校

大兴区黄村镇第一中心小学

大兴区魏善庄镇第一中心小学

大兴区采育镇第一中心小学

北京市基础教育学生综合素质评价工作先进单位

大兴区第二小学

大兴区第九小学

北京师范大学大兴附属小学

大兴区第五小学

大兴区旧官镇第二中心小学

大兴区金海学校

北京小学翡翠城分校

大兴区旧官镇第一中心小学

大兴区黄村镇第一中心小学

大兴区第八中学

北京小学大兴分校

北京市中小学先进基层党组织

大兴区第一中学

大兴区旧宫镇第一中心小学

大兴区黄村镇第一中心小学

大兴区兴华中学

大兴区第一小学

首都中小学校校园文化建设魅力学校

大兴区第一中学

首都中小学校校园文化建设创新校

大兴区旧宫镇第一中心小学

大兴区魏善庄中学

首都中小学校校园文化建设特色校

大兴区第十小学

首都绿化美化花园式先进单位

大兴区第一中学

北京市中小学第四届和谐校园先进学校

大兴区亦庄镇第二中心小学

北京市中小学综合实践活动课程特色学校

大兴区团河小学

北京市基层双拥工作示范单位

大兴区庞各庄镇第二中心小学

北京市健康促进学校

大兴区青云店镇第一中心小学

大兴区第一小学

北京市基础教育课程建设先进单位

大兴区红星中学

大兴区团河小学

北京市教育试点改革项目基础教育课程教材改革试验项目学校

大兴区第一中学

大兴区黄村镇第三中心小学

大兴区旧宫镇第一中心小学

北京小学大兴分校

大兴区团河小学

北京师范大学大兴附属小学

北京市教育工会教育先锋先进集体

大兴区第一中学高中语文教研组

大兴区第二幼儿园中班年级组

北京市教育工会教育先锋号

北京小学大兴分校

北京市少先队星星火炬奖

大兴区第一小学少先队大队

大兴区枣园小学少先队大队

北京小学大兴分校少先队大队

大兴区第二小学六(9)中队

大兴区第三小学六(2)中队

大兴区第五小学五(5)中队

大兴区第八小学六(3)中队

大兴区北臧村镇中心小学少先队大队

大兴区旧宫镇第二中心小学少先队大队

北京师范大学大兴附属中学初一少先队大队

北京市五四红旗团支部

大兴区第六中学教工团支部

大兴区第一职业学校2008“动漫”班级团支部

北京市“优秀教研组”

大兴区第五中学英语教研组

北京市科技示范校

大兴区长子营镇第二中心小学

北京市校外教育(中小学生社会大课堂建设)先进集体

大兴区第一中学

北京市教育系统“五五”普法先进集体

大兴区教育委员会

大兴区第一中学

大兴区第五中学

大兴区青云店中学

大兴区第七小学

大兴区滨河小学

北京市奥林匹克教育学校体育后备人才培养基地检查评估优秀学校

大兴区第一中学

大兴区第一职业学校

北京市红领巾读书活动示范单位

大兴区礼贤镇第二中心小学

大兴区旧宫镇第二中心小学

北京市节约型中小学示范学校

大兴区第六中学

大兴区滨河小学

北京市第二中学亦庄学校

大兴区青云店中学

北京小学大兴分校

北京市第十四中学大兴安定分校

大兴区团河小学

北京师范大学大兴附小

大兴区第十小学

大兴区第三中学

北京市节水型单位

大兴区魏善庄中学

北京市教育科学“十一五”规划重点课题先进实验学校

大兴区枣园小学

北京市党员电化教育示范播放点

北京师范大学大兴附属中学

北京市中小学资源建设与应用先进单位

大兴区第一中学

大兴区旧宫镇第一中心小学

北京教育系统关心下一代工作先进集体

大兴区旧宫镇第二中心小学

北京市先进学前教育单位

大兴区第五幼儿园

大兴区第三幼儿园

大兴区第七幼儿园

大兴区黄村镇第一中心幼儿园

北京市国民体质监测工作先进单位

大兴区西红门双语幼儿园

北京市广播电视大学招生工作先进集体

大兴区社区学院

北京市单位内部安全保卫工作集体三等功

北京市第二中学亦庄学校

北京市离退休干部党支部建设工作创新项目单位

大兴区老教师管理站

北京市老教育工作者协会优秀文化活动社团

大兴区老教师管理站

区级集体荣誉

大兴区“十一五”教育科研先进单位

大兴区第一中学

北京师范大学大兴附属中学

大兴区第五中学

大兴区第七中学

大兴区兴华中学

大兴区德茂中学

首都师范大学大兴附属中学

大兴区榆垡中学

大兴区采育中学

大兴区第一小学

大兴区第十小学

大兴区第七小学

大兴区滨河小学

大兴区团河小学

北京小学大兴分校

大兴区黄村镇第一中心小学

大兴区魏善庄镇第一中心小学

大兴区采育镇第一中心小学
大兴区第一幼儿园
大兴区第三幼儿园
大兴区第五幼儿园

大兴区先进基层党组织

大兴区青云店中学
大兴区第一职业学校
大兴区第三幼儿园

大兴区教育系统先进基层党组织

大兴区第五中学
大兴区枣园小学
大兴区旧宫镇第二中心小学
大兴区德茂中学
大兴区兴华中学
大兴区第五幼儿园
大兴区特殊教育中心
大兴区魏善庄中学
大兴区旧宫中学
北京小学翡翠城分校
大兴区金海学校
大兴区长子营中学
大兴区黄村镇第三中心小学
大兴区第八小学
北京小学大兴分校
大兴区亦庄镇第一中心小学
大兴区团河小学
大兴区第七中学
大兴区青云店中学
北京师范大学大兴附属小学

大兴区教育系统“五四”红旗团委

大兴区第五中学
大兴区第一中学
大兴区德茂中学
大兴区魏善庄中学
大兴区旧宫中学
大兴区红星中学
大兴区第一职业学校
大兴区第三中学
大兴区第八中学
大兴区采育中学

大兴区教育系统“青年文明号”

大兴区第一中学　高中语文教研组
大兴区第三中学　语文教研组
大兴区第四中学　数学教研组
大兴区第八中学　初中物理教研组
北京十四中大兴安定分校　物理教研组
大兴区旧宫镇第二中心小学　青年教师研修团队
大兴区旧宫镇第一中心小学　英语教研组
大兴区第五幼儿园　交互式电子白板教研组
大兴区魏善庄中学　高中英语教研组
大兴区第九小学　六年级教研组
大兴区第三幼儿园　分园教研组
大兴区第八小学　英语教研组
大兴区青云店镇第一中心小学　六年级教研组
大兴区黄村镇第一中心幼儿园　学前儿童入学适应性教研组
北京师范大学大兴附属中学　高中地理教研组
大兴区德茂中学　政史地生教研组
大兴区金海学校　一至六年级英语组
大兴区金海学校　七至九年级英语教研组
大兴区第二职业学校　语文教研组
大兴区第二小学　美术教研组
大兴区第三小学　英语教研组

大兴区第五小学　五年级数学教研组
大兴区庞各庄镇第二中心小学　体育教研组
大兴区榆垡镇第一中心小学　低年级教研组

全区学校年终安全评比考核工作优秀单位

大兴区第五中学
大兴区民族幼儿园
大兴区礼贤镇第二中心小学
大兴区黄村镇第一中心小学
大兴区第五幼儿园
大兴区第三幼儿园
大兴区第一小学
大兴区黄村镇第一中心幼儿园
大兴区第四中学
大兴区第一职业学校

大兴区实施小学规范化建设工程软件建设先进学校

大兴区青云店镇第一中心小学
大兴区亦庄镇第一中心小学
大兴区第九小学

大兴区2006—2010年法制宣传教育先进集体

大兴区定福庄中学
大兴区德茂中学
大兴区旧宫镇第二中心小学
大兴区金海学校
大兴区亦庄镇第二中心小学
大兴区孙村中学
大兴区北臧村中学
大兴区团河小学
大兴区青云店中学
大兴区第四中学
首都师范大学大兴附属中学

大兴区中学教师教学基本功考核先进单位

大兴区第一中学
北京师范大学大兴附属中学
大兴区兴华中学
大兴区第五中学
大兴区德茂中学
大兴区第七中学
大兴区旧宫中学
大兴区第六中学
大兴区亦庄中学
大兴区第四中学
大兴区第三中学
大兴区魏善庄中学
大兴区金海学校
首都师范大学大兴附属中学
大兴区榆垡中学
大兴区兴海学校
大兴区庞各庄中学

大兴区教育系统内部审计工作先进单位

大兴区民族幼儿园
大兴区北臧村镇成人学校
大兴区魏善庄中学
北京小学翡翠城分校
大兴区金海学校
大兴区长子营中学
大兴区第三幼儿园
大兴区团河小学
大兴区黄村镇第一中心幼儿园
北京十四中安定分校
大兴区第八小学
大兴区第八幼儿园

大兴区教育系统信息宣传工作先进单位

大兴区枣园小学
大兴区长子营镇第二中心小学
北京师范大学大兴附属中学

大兴区第一中学
大兴区礼贤镇第二中心小学
亦庄镇第二中心幼儿园
大兴区瀛海镇第二中心小学
大兴区旧宫镇第二中心小学
大兴区旧宫镇第一中心小学
大兴区德茂中学
大兴区黄村镇第一中心小学
大兴区第五幼儿园
北京小学翡翠城分校
大兴区金海学校
大兴区第九小学
大兴区第三幼儿园
大兴区庞各庄镇第二中心小学
大兴区青云店镇第一中心小学
大兴区孙村中学
大兴区垡上中学
北京小学大兴分校
大兴区团河小学
大兴区第一小学
大兴区第七幼儿园
大兴区第七中学
大兴区第四中学
大兴区青云店中学
大兴区第一职业学校
大兴区采育镇第一中心幼儿园

大兴区“十一五”教育信息化先进单位

大兴区枣园小学
北京师范大学大兴附属中学
大兴区第一中学
大兴区瀛海镇第一中心小学
大兴区黄村镇第一中心小学
大兴区第五幼儿园
大兴区魏善庄中学
北京小学翡翠城分校
大兴区长子营中学
大兴区第三幼儿园
大兴区安定中心小学
大兴区黄村镇第二中心小学
大兴区第七中学

大兴区“十一五”继续教育先进集体

大兴区第一中学
大兴区旧宫镇第二中心小学
大兴区旧宫镇第一中心小学
大兴区黄村镇第一中心小学
北京小学翡翠城分校
大兴区德茂中学
大兴区第三幼儿园
大兴区亦庄中学
大兴区亦庄镇第一中心小学
大兴区庞各庄中学
大兴区第七幼儿园
大兴区第七中学

大兴区 2010 年中学教育教学一等奖单位

大兴区第一中学
大兴区第七中学
北京师范大学大兴附属中学
大兴区德茂中学
大兴区第五中学
大兴区第三中学
大兴区兴华中学
大兴区旧宫中学
大兴区青云店中学
大兴区第八中学
大兴区魏善庄中学
大兴区榆垡中学

大兴区长子营中学
首都师范大学大兴附属中学
大兴区第四中学
大兴区兴海学校

大兴区 2010 年中学教育教学二等奖单位

大兴区采育中学
大兴区金海学校
大兴区亦庄中学
大兴区第六中学
大兴区大辛庄中学
大兴区红星中学
大兴区孙村中学
大兴区北臧村中学

大兴区师德建设先进集体

大兴区第七幼儿园
大兴区第四幼儿园
大兴区黄村镇第一中心幼儿园
北京小学大兴分校
大兴区旧宫镇第二中心小学
大兴区第十小学
北京小学翡翠城分校
大兴区亦庄镇第二中心小学
大兴区黄村镇第一中心小学
大兴区安定镇中心小学
大兴区第五小学
大兴区第一中学
大兴区榆垡中学
大兴区教师进修学校
大兴区魏善庄中学
大兴区金海学校
大兴区德茂中学
首都师范大学大兴附属中学
大兴区第七中学
大兴区第一职业学校

大兴区小学特色学校创建工作优类校

大兴区枣园小学
大兴区瀛海镇第二中心小学
大兴区黄村镇第一中心小学
大兴区长子营镇第一中心小学
大兴区北臧村镇中心小学
大兴区第八小学
北京小学大兴分校
大兴区团河小学
北京师范大学大兴附小

大兴区教育工会文体活动先进单位

大兴区第一中学
大兴区兴华中学
大兴区德茂中学
大兴区礼贤民族中学
大兴区亦庄中学
大兴区庞各庄中学
大兴区社区学院
大兴区老教师黄村管理站
大兴区第一小学
大兴区团河小学
大兴区亦庄镇第一中心小学
大兴区长子营镇第二中心小学
大兴区旧宫镇第一中心小学
大兴区榆垡镇第一中心小学
大兴区榆垡镇第二中心小学
大兴区庞各庄镇第二中心小学
大兴区第二幼儿园
大兴区民族幼儿园
大兴区第五幼儿园
大兴区黄村镇第二中心幼儿园

大兴区优秀少年军校

大兴区第一小学

大兴区第八小学

大兴区长子营镇第一中心小学

大兴区安定镇中心小学

大兴区旧宫镇第二中心小学

大兴区庞各庄镇第二中心小学

大兴区黄村镇第一中心小学

大兴区黄村镇第二中心小学

大兴区瀛海镇第一中心小学

大兴区枣园小学

大兴区礼贤镇第二中心小学

大兴区长子营镇第二中心小学

大兴区榆垡镇第一中心小学

大兴区大兴第七中学

大兴区榆垡中学

大兴区金海学校

大兴区先进少年军校

大兴区第八小学

大兴区落实《学校体育工作条例》先进学校

北京师范大学大兴附属中学

大兴区德茂中学

大兴区黄村镇第一中心小学

大兴区科技教育特色学校

大兴区第一中学

大兴区旧宫镇第一中心小学

大兴区亦庄镇第二中心小学

北京小学大兴分校

大兴区第一小学

大兴区第七中学

大兴区科技教育先进学校

大兴区第一中学

大兴区黄村镇第一中心小学

大兴区亦庄镇第二中心小学

大兴区魏善庄中学

大兴区庞各庄镇第二中心小学

大兴区第一小学

大兴区第七中学

大兴区第四中学

大兴区青云店中学

大兴区教育领导干部远程培训优秀单位

大兴区第一中学

大兴区礼贤镇第二中心小学

大兴区德茂中学

大兴区第五幼儿园

大兴区特殊教育中心

大兴区第一小学

大兴区第七中学

大兴区安定镇成人学校

大兴区工会工作先进单位

大兴区第四中学

大兴区第八中学

大兴区青云店中学

大兴区大辛庄中学

大兴区北臧村中学

大兴区红星中学

大兴区黄村镇第一中心小学

大兴区黄村镇第三中心小学

大兴区旧宫镇第二中心小学

大兴区采育镇第三中心小学

大兴区第四小学

大兴区第五小学

大兴区第八小学

北京小学大兴分校

大兴区青云店镇第一中心小学

大兴区青云店镇第二中心小学

大兴区第六幼儿园
大兴区第七幼儿园
大兴区黄村镇第一中心幼儿园
大兴区西红门双语幼儿园

大兴区教育系统五星级教代会

大兴区第三中学
大兴区金海学校
大兴区第二职业学校
大兴区亦庄镇第二中心小学
大兴区榆垡中学
大兴区长子营中学
大兴区教师进修学校
大兴区第三小学

大兴区教育工会信息宣传先进单位

大兴区第二职业学校
大兴区第五小学
大兴区老教师黄村管理站
大兴区第七幼儿园
大兴区第二幼儿园
大兴区采育中学
大兴区亦庄镇第一中心小学
大兴区榆垡镇第一中心小学
大兴区青云店镇第二中心小学
大兴区第一职业学校
大兴区黄村镇第一中心幼儿园
大兴区第四幼儿园
大兴区第五幼儿园
大兴区太和中学
大兴区第一小学
大兴区第三幼儿园

大兴区先进镇中心园

大兴区黄村镇第二中心幼儿园
大兴区亦庄镇中心幼儿园
大兴区瀛海镇第二中心幼儿园
大兴区黄村镇第一中心幼儿园
大兴区采育镇第一中心幼儿园

大兴区小学优秀教研组

大兴区瀛海镇第一中心小学英语教研组
大兴区礼贤镇第二中心小学数学教研组
大兴区瀛海镇第二中心小学语数教研组
大兴区旧宫镇第二中心小学五年级教研组
大兴区旧宫镇第一中心小学
北京小学翡翠城分校英语教研组
大兴区第八小学五年级教研组
大兴区青云店镇第一中心小学二年级教研组
北京小学大兴分校英语教研组
大兴区团河小学高年级组
大兴区第一小学语文教研组
北京师范大学大兴附属小学语文教研组
大兴区安定镇中心小学三年级教研组

大兴区少先队组织建设规范化先进集体

大兴区第一小学少先队大队
大兴区第二小学少先队大队
大兴区第三小学少先队大队
大兴区第五小学少先队大队
大兴区第七小学少先队大队
大兴区第八小学少先队大队
大兴区第十小学少先队大队
北京小学大兴分校少先队大队
北京小学翡翠城分校少先队大队
大兴区长子营镇第一中心小学少先队大队
大兴区旧宫镇第一中心小学少先队大队
大兴区旧宫镇第二中心小学少先队大队
大兴区采育镇第一中心小学少先队大队
大兴区瀛海镇第二中心小学四海小学少先队大队

大兴区魏善庄镇第一中心小学王各庄完小少先队大队

大兴区黄村镇第一中心小学观音寺完小少先队大队

大兴区黄村镇第三中心小学少先队大队

大兴区北臧村镇中心小学诸营完小少先队大队

大兴区亦庄镇第一中心小学三羊小学少先队大队

大兴区庞各庄镇第二中心小学赵村完小少先队大队

大兴区榆垡镇第二中心小学南张华小学少先队大队

大兴区青云店镇第二中心小学南红门完小少先队大队

大兴区少先队信息工作先进集体

大兴区第二小学

大兴区第四小学

大兴区第九小学

大兴区第十小学

大兴区特殊教育中心

大兴区庞各庄镇第二中心小学

大兴区安定镇中心小学

大兴区亦庄镇第二中心小学

大兴区旧宫镇第一中心小学

大兴区旧宫镇第二中心小学

大兴区语言文字规范化达标校

大兴区旧宫镇第二中心小学

北京小学大兴分校

北京市第二中学亦庄学校

大兴区部门决算先进单位

大兴区旧宫镇第二中心小学

大兴区北臧村镇成人学校

大兴区西红门双语幼儿园

大兴区亦庄镇第一中心小学

大兴区黄村镇第一中心幼儿园

大兴区第七中学

大兴区电子化学籍管理先进单位

大兴区黄村镇第三中心小学

大兴区旧宫镇第一中心小学

大兴区黄村镇第一中心小学

北京小学翡翠城分校

大兴区第九小学

大兴区团河小学

大兴区第一小学

大兴区第十小学

大兴区安定镇中心小学

大兴区枢纽型社会组织

大兴区社区学院

个人荣誉统计

国家级个人荣誉

全国优秀少先队辅导员

北京第二实验小学大兴实验学校　房炳云

市级个人荣誉

北京市基础教育学生综合素质评价工作先进个人

大兴区旧宫镇第一中心小学　肖利荣
杨素美

大兴区采育镇第二中心小学　高建国

大兴区第二小学　张新颖

大兴区第五小学　张丽

大兴区庞各庄镇第二中心小学　刘斌

大兴区旧宫镇第二中心小学　李明艳　胡戈

大兴区团河小学　李兵

大兴区兴海学校　杨秋艳

大兴区第十小学　刘玉梅

大兴区长子营镇第二中心小学　牛惠

大兴区第九小学　贾艳红

大兴区黄村镇第三中心小学　刘敏

北京小学翡翠城分校　冯颖

大兴区瀛海镇第一中心小学　齐顺格

大兴区第三小学　闫学英

大兴区青云店镇第二中心小学　刘波

大兴区教育委员会中学教育科　崔连娜

大兴区兴华中学　任艳华

大兴区第五中学　王巍

大兴区亦庄镇第一中心小学　窦文双

大兴区第二小学　王英

大兴区北臧村镇中心小学　张海松

大兴区金海学校　李玉香

大兴区采育镇第一中心小学　刘振生

北京小学大兴分校　姚雪莲

大兴区第十小学　安莉娜

大兴区礼贤镇第二中心小学　闫龙飞

大兴区第一小学　佟秀舫

大兴区魏善庄镇第二中心小学　张建伟

大兴区枣园小学　李盛琦

大兴区瀛海镇第一中心小学　马广英

北京师范大学大兴附属小学　闫旭

大兴区黄村镇第一中心小学　杨立云

大兴区第八中学　白志敏

大兴区榆垡中学　康万宇

2011 年北京市小学“紫禁杯”优秀班主任一等奖

大兴区第十小学　曹桂茹

大兴区旧宫镇第二中心小学　崔志平

大兴区长子营镇第一中心小学　张淑桂

大兴区第二小学　张美玲

北京小学翡翠城分校　冯颖

2011年北京市小学“紫禁杯”优秀班主任二等奖

大兴区枣园小学　张敏
大兴区瀛海镇第二中心小学　王建平
大兴区第八小学　贾素然
大兴区亦庄镇第二中心小学　谷春暖
大兴区榆垡镇第二中心小学　赵翠翠
大兴区旧宫镇第一中心小学　王艳玲

2011年北京市中学“紫禁杯”优秀班主任一等奖

大兴区第一中学　韩玉凤
大兴区第四中学　申连颖
大兴区第七中学　祁娇
大兴区魏善庄中学　田德红

2011年北京市中学“紫禁杯”优秀班主任二等奖

大兴区第三中学　杨再勇
大兴区第五中学　徐春花
大兴区第六中学　肖潘
大兴区采育中学　袁国萍
大兴区孙村中学　徐平

北京市辅导员金质奖章

大兴区黄村镇第三中心小学　李素芝
大兴区安定镇中心小学　马俊
大兴区滨河小学　史殿柏
大兴区滨河小学　高海红
大兴区青云店镇第二中心小学　刘波
大兴区青云店镇第二中心小学　龙毅
大兴区第七小学　邓海涛
大兴区采育镇第三中心小学　刘彤
大兴区第八小学　张新媛
大兴区黄村镇第一中心小学　杨磊
大兴区旧宫镇第二中心小学　韩咏梅
大兴区特殊教育中心　赵洪影

北京市辅导员银质奖章

北京师范大学大兴附属小学　王炳玉
大兴区魏善庄镇第二中心小学　李新华
大兴区黄村镇第一中心小学　李书凤
大兴区黄村镇第一中心小学　郭立军
大兴区第五小学　张丽
大兴区第五小学　王开红
大兴区第一小学　佟秀舫
大兴区第三小学　房炳云
大兴区第十小学　聂精通
大兴区采育镇第二中心小学　张波
大兴区北臧村镇中心小学　于海涛
大兴区榆垡镇第二中心小学　吴焕静
大兴区第六小学　李宝进
大兴区魏善庄镇第一中心小学　李伟
大兴区旧宫镇第一中心小学　何呈祥
大兴区兴海学校　常志明
大兴区庞各庄镇第二中心小学　刘斌
大兴区礼贤镇第一中心小学　谭亚娜
大兴区安定镇中心小学　马静
大兴区金海学校　刘川
大兴区黄村镇第二中心小学　孙俊影

北京市优秀少先队辅导员

大兴区第十小学　聂精通
大兴区黄村镇第一中心小学　郭立军
大兴区黄村镇第三中心小学　李素芝
大兴区庞各庄镇第二中心小学　刘斌
大兴区长子营镇第一中心小学　何呈祥

北京市优秀学前教育工作者

大兴区民族幼儿园　张征

大兴区黄村镇第二幼儿园　孟祥玲

大兴区第一幼儿园　侯艳静

大兴区第一幼儿园　张志霞

大兴区第一幼儿园　尹永梅

大兴区第一幼儿园　王宏玲

大兴区第五幼儿园　韩美娟

大兴区第五幼儿园　马瑶

大兴区西红门双语幼儿园　刘旭

大兴区第三幼儿园　温月英

大兴区第三幼儿园　施春颖

大兴区第六幼儿园　耿天天

大兴区第八幼儿园　于秀梅

北京市中小学优秀共产党员

北京师范大学大兴附小学　王娜

北京市中小学优秀党务工作者

大兴区黄村镇第一中心小学　赵东玲

北京市万名孝星

大兴区黄村镇第一中心小学　赵东玲

北京市教育系统“教育先锋”先进个人

大兴区黄村镇第一中心小学　杨玉芬

大兴区第三幼儿园　殷巍

大兴区德茂中学　方雄玉

北京市红领巾读书活动优秀辅导员

大兴区黄村镇第一中心小学　刘民

大兴区第八小学　张新媛

第二届北京奥运城市体育文化节优秀志愿者

大兴区民族幼儿园　勾漫丽

北京市教育系统“五五”普法先进个人

大兴区黄村镇第三中心小学　李艳

大兴区第一幼儿园　弋东

大兴区黄村镇第一中心小学　张东海

北京市第三次市民体质监测工作先进个人

大兴区第一幼儿园　王宏玲

北京市公安局个人三等功

大兴区第一幼儿园　弋东

北京广播电视大学优秀教务工作者

大兴区社区学院　高长云

北京广播电视大学教学资源配置工作先进个人

大兴区社区学院　籍素林

北京市中小学资源建设与应用先进个人

大兴区旧宫镇第一中学小学　肖玉辉

区级个人荣誉

大兴区优秀共产党员

大兴区黄村镇第一中心小学　赵东玲

大兴区亦庄镇第一中心小学　魏爱民

大兴区亦庄镇第一中心小学　闫俊美

大兴区亦庄镇第一中心小学　曹春宁

大兴区兴华中学　郭小帅

大兴区第三幼儿园　张洋

大兴区旧宫镇第一中心小学　刘永春

大兴区教育系统2010年“十佳”共产党员

大兴区德茂中学　周文艳

北京师范大学大兴附属小学　王娜

大兴区第三幼儿园　张洋

大兴区第五小学　李学静

大兴区第七中学　孙世芳

大兴区第一中学　李翔

北京师范大学大兴附属中学　郑朝颖

大兴区黄村镇第一幼儿园　白淑新

大兴区教师进修学校　郭树林

大兴区第一职业学校　王宁

大兴区教育系统优秀党务工作者

大兴区亦庄镇第一中心小学　王德友

大兴区第三幼儿园　温月英

大兴区旧宫镇第二中心小学　邵俊霞

大兴区第八幼儿园　于秀梅

大兴区教育系统优秀共产党员

大兴区第六中学　马燕

大兴区民族幼儿园　程凤维

大兴区采育镇第三中心小学　张文远

大兴区黄村镇第三中心小学　刘二昆

大兴区第一幼儿园　弋东

大兴区黄村镇第一中心小学　杨立云

大兴区黄村镇第一中心小学　刘久红

大兴区黄村镇第一中心小学　邵雪梅

大兴区黄村镇第一中心小学　李艳

大兴区黄村镇第一中心小学　刘万好

大兴区黄村镇第一中心小学　郭艳菊

大兴区黄村镇第一中心小学　钟华

大兴区黄村镇第一中心小学　魏志红

大兴区黄村镇第一中心小学　王涛

大兴区黄村镇第一中心小学　李胜玲

大兴区黄村镇第一中心小学　张亚娟

大兴区黄村镇第一中心小学　邱永新

大兴区黄村镇第一中心小学　赵春梅

大兴区特殊教育中心　刘健

大兴区太和中学　王春宏

大兴区旧宫中学　吴永海

大兴区旧宫中学　张倩

大兴区旧宫中学　杨冬莲

大兴区旧宫中学　王会武

大兴区旧宫中学　王忠武

大兴区旧宫中学　李震

大兴区旧宫镇第二中心小学　高笑梅

大兴区旧宫镇第二中心小学　邓冰涛

大兴区第六小学　陈静怡

大兴区第六小学　杨峰

大兴区庞各庄镇第二中心小学　胡美丽

大兴区庞各庄镇第二中心小学　李文华

大兴区青云店镇第一中心小学　郑伟

大兴区青云店镇第一中心小学　赵继新

大兴区第六幼儿园　秦秀玲

北京小学大兴分校　王旭

大兴区亦庄镇第一中心小学　魏爱民

大兴区亦庄镇第一中心小学　闫俊美

大兴区亦庄镇第一中心小学　曹春宁

大兴区第三幼儿园　吴秀珍

大兴区第七幼儿园　郭秀琴

大兴区社区学院　何玉松

大兴区社区学院　张凤全

大兴区社区学院　于福荣

大兴区社区学院　李立群

大兴区第八小学　张红

大兴区第八小学　李峰

大兴区第八小学　崔宝兴

大兴区大辛庄中学　刘志强

大兴区大辛庄中学　王彦平

大兴区狼垡中学　蔡胜利

大兴区垡上中学　张燕

大兴区垡上中学　张运波

大兴区安定镇中心小学　薛艳

大兴区安定镇中心小学　马静

大兴区安定镇中心小学　韩相忠
大兴区安定镇中心小学　卢秀启

大兴区优秀共青团员：

大兴区第八幼儿园　张晓娜

大兴区教育系统“五四”青年标兵

大兴区第一中学　孙会波
大兴区第三中学　李美谕
大兴区第四中学　陈新伟
大兴区第五中学　徐春花
大兴区第五中学　靳娜
大兴区第六中学　袁飞
大兴区第七中学　冯志伟
大兴区第七中学　祁娇
大兴区第八中学　李娜
大兴区第八中学　马丽
北京师范大学大兴附中　王娜
大兴区兴华中学　闫花妮
大兴区兴华中学　任艳华
首都师范大学大兴附属中学　徐洋
首都师范大学大兴附属中学　马鹏飞
大兴区采育中学　刘海清
大兴区采育中学　陈冰
大兴区凤河营中学　汪相禹
大兴区青云店中学　魏巍
大兴区长子营中学　常春颖
大兴区长子营中学　赵晓敬
大兴区大辛庄中学　王静
大兴区魏善庄中学　田德红
大兴区魏善庄中学　史丽艳
大兴区郭家务中学　赵颖
大兴区榆垡中学　胡雪兵
大兴区榆垡中学　胡媛媛
大兴区兴海学校　杨金秀
大兴区金海学校　赵莲
大兴区狼垡中学　马娜欣
北京十四中安定分校　杨林
大兴区孙村中学　王雪松
大兴区旧宫中学　岳敏
大兴区亦庄中学　金莹
大兴区红星中学　申建
大兴区庞各庄中学　武征
大兴区定福庄中学　毕仕伟
大兴区礼贤民族中学　毕淑然
大兴区第一职业学校　孙海曼
大兴区第二职业学校　韩向英
大兴区第一小学　于凤娟
大兴区第二小学　顾占海
大兴区第二小学　宋聪影
大兴区第三小学　石进宇
大兴区第四小学　佟佳
大兴区第六小学　张春秋
大兴区第七小学　齐斌
大兴区第九小学　荣峥
大兴区第十小学　勾宏娟
大兴区团河小学　李影辉
大兴区滨河小学　王海涛
大兴区枣园小学　常丽君
北京小学大兴分校　贾晓村
大兴区青云店镇第二中心小学　杨井娟
大兴区采育镇第一中心小学　王尊佑
大兴区采育镇第二中心小学　郭建锋
大兴区长子营镇第一中心小学　李秋建
大兴区长子营镇第二中心小学　牛惠
大兴区黄村镇第二中心小学　王宇

大兴区礼贤镇第一中心小学　马娜
大兴区礼贤镇第二中心小学　韩硕
大兴区榆垡镇第一中心小学　朱艳梅
大兴区榆垡镇第二中心小学　夏东辉
大兴区魏善庄镇第一中心小学　孙丽
大兴区瀛海镇第一中心小学　左秋霞
大兴区安定镇中心小学　薛艳
大兴区北臧村镇中心小学　张海松
大兴区亦庄镇第一中心小学　魏爱民
大兴区亦庄镇第二中心小学　张超
大兴区旧宫镇第一中心小学　王颖慧
大兴区第二幼儿园　谷蕾
大兴区第四幼儿园　王艳杰
大兴区第八幼儿园　李丽
大兴区第九幼儿园　韩丹华
大兴区北臧村镇中心幼儿园　于洪月
大兴区榆垡镇第二中心幼儿园　吴立华
大兴区瀛海镇第二中心幼儿园　丛林娜
大兴区亦庄镇第二中心幼儿园　白洁
大兴区教师进修学校　王芳
大兴区社区学院　邢燕华
大兴区少年宫　韩志
大兴区采育镇第三中心小学　刘海燕
大兴区民族幼儿园　勾漫丽
大兴区黄村镇第二幼儿园　孟祥玲
大兴区黄村镇第三中心小学　王建兵
大兴区第一幼儿园　王占丽
大兴区黄村镇第一中心小学　王霞
大兴区第五幼儿园　李萌
大兴区西红门双语幼儿园　郭雅伟
大兴区特殊教育中心　张红蕾
大兴区第二职业学校　胡静
北京小学翡翠城分校　李秀梅
大兴区第三幼儿园　周娜
大兴区旧宫镇第二中心小学　陈桂媛
大兴区庞各庄镇第二中心小学　胡美丽
大兴区青云店镇第一中心小学　郑伟
大兴区第六幼儿园　耿天天
大兴区垡上中学　周红
大兴区北臧村中学　张超
大兴区太和中学　崔建
大兴区第三中学　陈立英
大兴区第七幼儿园　佟立娜

新区优秀青年人才

北京师范大学大兴附属小学　甄艳玲

大兴区十佳青年教师

大兴区黄村镇第一中心小学　尹素敏
大兴区第八小学　杨宝娥
大兴区德茂中学　张英
大兴区第一中学　矫雪莲
北京师范大学大兴附属中学　王艳华
北京十四中安定分校　党立春
大兴区第五小学　张丽
北京师范大学大兴附属小学　韩起晌
大兴区黄村镇第一中心幼儿园　王娜
大兴区第一职业学校　王宁

大兴区师德标兵

大兴区第一幼儿园　杨爽
大兴区第二幼儿园　连雪梅
大兴区第三幼儿园　周娜
大兴区第四幼儿园　王艳杰
大兴区第五幼儿园　王洋
大兴区第六幼儿园　聂晨杰
大兴区第七幼儿园　肖艳丽

大兴区第八幼儿园　梁燕
大兴区第九幼儿园　韩丹华
大兴区民族幼儿园　王蕊
大兴区黄村镇第一中心幼儿园　孙丽苗
大兴区黄村镇第二中心幼儿园　朱小靖
大兴区瀛海镇第二中心幼儿园　武凤凤
大兴区亦庄镇第一中心幼儿园　王玲玲
大兴区亦庄镇第二中心幼儿园　汪凌云
大兴区西红门镇双语幼儿园　李丹丹
大兴区长子营镇中心幼儿园　杨国辉
大兴区魏善庄镇第一中心幼儿园　回秀影
大兴区旧宫镇中心幼儿园　甄艳红
大兴区第一小学　张慧明
大兴区第二小学　焦桂杰
大兴区第二小学　曹书芹
大兴区第三小学　景凤萍
大兴区第四小学　李桃
大兴区第五小学　张京娴
大兴区第六小学　徐凤梅
大兴区第七小学　陈秀梅
大兴区第八小学　汤红芬
大兴区第九小学　高亚东
大兴区第十小学　肖杰
大兴区枣园小学　唐丽红
大兴区团河小学　尹林
大兴区滨河小学　刘雁南
北京师范大学大兴附属小学　李春梅
北京小学翡翠城分校　李秀梅
北京小学大兴分校　佟建涛
大兴区黄村镇第一中心小学　杨立云
大兴区黄村镇第一中心小学　闫瑾
大兴区黄村镇第二中心小学　孙士军
大兴区黄村镇第三中心小学　刘坤
大兴区庞各庄镇第一中心小学　石佳
大兴区庞各庄镇第二中心小学　李春洁
大兴区青云店镇第一中心小学　刘京京
大兴区青云店镇第二中心小学　李立
大兴区礼贤镇第一中心小学　王伟
大兴区礼贤镇第二中心小学　赵玉梅
大兴区长子营镇第一中心小学　李秋建
大兴区长子营镇第二中心小学　何影
大兴区采育镇第一中心小学　孙建新
大兴区采育镇第二中心小学　张波
大兴区采育镇第三中心小学　邓陆芳
大兴区亦庄镇第一中心小学　魏爱民
大兴区亦庄镇第二中心小学　王增军
大兴区榆垡镇第一中心小学　李清志
大兴区榆垡镇第二中心小学　夏东辉
大兴区旧宫镇第一中心小学　张伟
大兴区旧宫镇第二中心小学　季玉环
大兴区瀛海镇第一中心小学　张海庄
大兴区瀛海镇第二中心小学　吴雁
大兴区魏善庄镇第一中心小学　李自利
大兴区安定镇中心小学　刘伟
大兴区北臧村镇中心小学　董伟
大兴区第一中学　孙会波
大兴区第一中学　韩玉凤
大兴区第三中学　吴瑞霞
大兴区第三中学　杨再勇
大兴区第四中学　张亚朋
大兴区第五中学　任艳辉
大兴区第五中学　赵彤
大兴区第六中学　范亭亭
大兴区第七中学　李雪梅

大兴区第七中学　李尚荣
大兴区第八中学　李娜
大兴区第八中学　马丽
大兴区兴华中学　司爱萍
大兴区兴华中学　任艳华
北京师范大学大兴附属中学　李翠格
北京师范大学大兴附属中学　陈医嘉
首都师范大学大兴附属中学　孙永红
首都师范大学大兴附属中学　李立群
大兴区采育中学　刘海清
大兴区采育中学　付桂清
大兴区榆垡中学　刘振亮
大兴区榆垡中学　张建波
大兴区魏善庄中学　郝建秀
大兴区魏善庄中学　韩振辉
大兴区大辛庄中学　王静
大兴区亦庄中学　李雪
大兴区凤河营中学　汪相禹
大兴区北臧村中学　巴淼
大兴区郭家务中学　张青春
大兴区孙村中学　徐平
大兴区长子营中学　常春颖
大兴区太和中学　徐娜
大兴区青云店中学　许杰
大兴区礼贤民族中学　紫春雨
大兴区红星中学　张文忠
大兴区狼垡中学　闫洪波
大兴区庞各庄中学　刘新
大兴区旧宫中学　韩辉阳
大兴区定福庄中学　韩金哲
大兴区垡上中学　赵颖
大兴区德茂中学　曹盛春
北京十四中大兴安定分校　张倩
大兴区金海学校　张敏
大兴区兴海学校　张雨
大兴区第一职业学校　王海振
大兴区第一职业学校　王英
大兴区第二职业学校　王红岭
大兴区第二职业学校　司文杰
大兴区教师进修学校　周平安
大兴区教师进修学校　梁吉涛
大兴区特殊教育中心　王利桂
大兴区考试中心　刘新华
大兴区少年宫　任智星
大兴区社区学院　李春艳
大兴区老教师活动站　魏丽颖

大兴区“十一五”教育科研优秀管理者

北京师范大学大兴附属中学　曹正宝
大兴区第七中学　房芳
首都师范大学大兴附属中学　杨长正
大兴区德茂中学　虎占智
大兴区榆垡中学　刘丰
大兴区第五中学　孙福顺
大兴区第八中学　刘志
大兴区兴华中学　王秀丽
大兴区采育中学　王丽娟
大兴区大辛庄中学　刘志强
大兴区少年宫　程德玲
大兴区第二职业学校　李亚静
大兴区第一小学　薛志红
大兴区第五小学　张京娴
大兴区第十小学　王秀娥
大兴区滨河小学　姚景兰
大兴区枣园小学　卢秀香

大兴区瀛海镇第一中心小学　孙凤杰
大兴区瀛海镇第二中心小学　王洪靖
大兴区第四小学　张克环
大兴区第七小学　巩芬
北京小学大兴分校　王爱平
大兴区团河小学　郑桂春
大兴区黄村镇第一中心小学　熊倩
大兴区青云店第二中心小学　李秀珍
大兴区第一幼儿园　何学清
大兴区第五幼儿园　张继红
大兴区第三幼儿园　张洋
大兴区教师进修学校　魏希芬
大兴区教师进修学校　霍全安
大兴区教师进修学校　胡书明
大兴区教师进修学校　何清
大兴区教师进修学校　吴庆美

大兴区“十一五”教育科研先进个人

大兴区安定镇中心小学　薛艳
北京师范大学大兴附属小学　韩起峋
北京小学大兴分校　马莉
北京小学大兴分校　张建
北京小学翡翠城分校　张文凤
大兴区北臧村中学　赵金菊
大兴区采育镇第一中心小学　裴东华
大兴区长子营镇第二中心小学　何影
大兴区长子营中学　李海影
大兴区第八小学　田志斌
大兴区第八中学　亓学敏
大兴区第二幼儿园　郭媛
大兴区第九小学　魏红梅
大兴区第六小学　李霁
大兴区第六中学　于万杰
大兴区第七中学　杜喜娟
大兴区第七中学　孙宪云
大兴区第七中学　冯志伟
大兴区第三小学　郭建荣
大兴区第三中学　于营春
大兴区第四幼儿园　张秀梅
大兴区第五小学　陈东华
大兴区第五中学　张才玉
大兴区第一幼儿园　范文丽
大兴区第一中学　刘博新
大兴区第一中学　高云
北京师范大学大兴附属小学　甄艳玲
北京师范大学大兴附属中学　赵建宏
北京小学大兴分校　马金鹤
北京小学大兴分校　李春岭
大兴区北臧村镇中心小学　李永安
大兴区滨河小学　吴爽
大兴区采育中学　陈冰
大兴区长子营镇第一中心小学　王长海
大兴区大辛庄中学　宁莉莉
大兴区第八中学　李云秋
大兴区第二小学　曹书芹
大兴区第二职业学校　杨桂兰
大兴区第九幼儿园　韩丹华
大兴区第六幼儿园　关海燕
大兴区第七小学　吴欣宇
大兴区第七中学　刘传霞
大兴区第七中学　王辉
大兴区第三小学　郭华
大兴区第三幼儿园　温月英
大兴区第十小学　高爱军
大兴区第四中学　侯爱芹

大兴区第五幼儿园　马瑶
大兴区第一小学　王俊敏
大兴区第一职业中学　周宝玉
大兴区第一中学　蔡静
大兴区第一中学　李翔
大兴区第一中学　周海峰
大兴区德茂中学　周文艳
大兴区红星中学　张文忠
大兴区黄村镇第三中心小学　程术民
大兴区黄村镇第一中心小学　齐新
大兴区黄村镇第一中心小学　肖艳梅
大兴区黄村镇第一中心小学　杨玉芬
大兴区黄村镇第一中心小学　于书仿
大兴区旧宫镇第二中心小学　李辉
大兴区旧宫中学　任英
大兴区礼贤镇第一中心小学　马秀芳
大兴区庞各庄镇第一中心小学　关娜
大兴区青云店镇第一中心小学　王月武
北京十四中大兴安定分校　毕艳玲
首都师范大学大兴附属中学　兰海英
大兴区孙村中学　常俊玲
大兴区团河小学　张桂明
大兴区魏善庄镇第一中心小学　崔建梅
大兴区兴海学校　刘凤
大兴区兴华中学　刘秀华
大兴区亦庄镇第二中心小学　谷春暖
大兴区亦庄中学　王翠岭
大兴区瀛海镇第一中心小学　齐顺格
大兴区榆垡中学　原传江
大兴区枣园小学　王久玲
大兴区教师进修学校　柏东河
大兴区教师进修学校　王芳
大兴区教师进修学校　王书明
大兴区教师进修学校　张德纯
大兴区教师进修学校　勾宏苹
大兴区教师进修学校　刘静
大兴区第一中学　张腊梅
大兴区德茂中学　杨志勇
大兴区黄村镇第二中心小学　于永林
大兴区黄村镇第三中心小学　李艳
大兴区黄村镇第一中心小学　桑艳芝
大兴区黄村镇第一中心小学　赵颖
大兴区黄村镇第一中心小学　何艳梅
大兴区黄村镇第一中心小学　王雅丽
大兴区旧宫镇第一中心小学　张殿影
大兴区礼贤镇第二中心小学　刘影
大兴区礼贤镇第一中心小学　张凤丽
大兴区青云店镇第二中心小学　李立
大兴区青云店中学　杨婕
首都师范大学大兴附属中学　吴殿更
大兴区孙村中学　聂福来
大兴区太和中学　崔建
大兴区魏善庄镇第二中心小学　戴亚芳
大兴区魏善庄中学　李强
大兴区兴海学校　邢君红
大兴区兴华中学　郭春阳
大兴区亦庄镇第一中心小学　李桂段
大兴区瀛海镇第二中心小学　吴雁
大兴区榆垡中学　胡雪兵
大兴区榆垡中学　贺争光
大兴区枣园小学　王艳梅
大兴区教师进修学校　桂登岚
大兴区教师进修学校　姜清芳
大兴区教师进修学校　王金萍

大兴区教师进修学校　郑尚
大兴区教师进修学校　冯秀琴
大兴区教师进修学校　周平安

大兴区“十一五”教育信息化先进个人

大兴区黄村镇第一中心小学　李玉山
大兴区亦庄镇第一中心小学　曹春宁
北京小学翡翠城分校　张文凤
北京小学翡翠城分校　刘砚春
大兴区第三幼儿园　李慧君
大兴区北臧村镇中心小学　张海松
大兴区安定中心小学　卜朝辉
大兴区亦庄镇第一中心小学　曹春宁

大兴区“十一五”继续教育优秀管理者

大兴区民族幼儿园　李艳青
大兴区亦庄镇中心幼儿园　谭亚静
大兴区黄村镇第三中心小学　张殿珺
大兴区第三幼儿园　张洋
大兴区旧宫镇第二中心小学　李辉
大兴区青云店镇第一中心小学　靳连成
大兴区安定中心小学　卜朝辉
大兴区亦庄镇第一中心小学　曹春宁

大兴区教育系统优秀电子化学籍管理员

大兴区第六中学　裴玉秀
大兴区瀛海镇第一中心小学　路进彩
大兴区黄村镇第一中心小学　李玉山
大兴区黄村镇第一中心小学　王权镇
大兴区黄村镇第一中心小学　刘彦生
大兴区黄村镇第一中心小学　芦茂江
大兴区黄村镇第一中心小学　乔建辉
大兴区亦庄镇第一中心小学　孙飞
大兴区亦庄镇第一中心小学　顾可
大兴区太和中学　倪娜
大兴区第八小学　吴君涛
大兴区安定镇中心小学　窦玉甫
大兴区安定镇中心小学　金立华

大兴区教育系统电子化学籍管理先进个人

大兴区礼贤镇第一中心小学　兰金龙
大兴区礼贤镇第一中心小学　刘彬
北京师范大学大兴附小学　张海松
大兴区狼垡中学　赵冬美

大兴区优秀少先队辅导员

大兴区第一小学　佟秀舫
大兴区第二小学　吴井丽
大兴区第二小学　韩立颖
大兴区第二小学　毕耀青
大兴区第二小学　李雪连
大兴区第三小学　麻亚滨
大兴区第三小学　郭华
大兴区第三小学　赵艳
大兴区第四小学　何丹赫
大兴区第五小学　张丽
大兴区第五小学　唐卿
大兴区第六小学　李红娟
大兴区第七小学　马学丽
大兴区第八小学　王秀伟
大兴区第八小学　武玮
大兴区第九小学　潘宝华
大兴区第十小学　聂精通
大兴区第十小学　陶怡
大兴区第十小学　孙启龙
大兴区滨河小学　霍金茹
大兴区滨河小学　张敏
大兴区枣园小学　鲍丽雅
北京小学大兴分校　孙月艳

北京小学大兴分校　肖冬梅
北京小学大兴分校　王亚娟
北京师范大学大兴附属小学　代建云
大兴区特殊教育中心　张冬梅
大兴区黄村镇第一中心小学　付亚利
大兴区黄村镇第一中心小学　李书凤
大兴区黄村镇第一中心小学　王亚军
大兴区黄村镇第一中心小学　邱永新
大兴区黄村镇第三中心小学　亢士静
大兴区黄村镇第三中心小学　梁金环
大兴区黄村镇第三中心小学　肖岩
大兴区长子营镇第一中心小学　何呈祥
大兴区长子营镇第一中心小学　赵鹤
大兴区长子营镇第二中心小学　刘秀英
大兴区采育镇第一中心小学　孙伟
大兴区采育镇第一中心小学　孙建新
大兴区采育镇第一中心小学　李秀丽
大兴区采育镇第二中心小学　郭建峰
大兴区采育镇第三中心小学　刘海燕
大兴区魏善庄镇第一中心小学　刘洪波
大兴区魏善庄镇第一中心小学　王亚娜
大兴区魏善庄镇第二中心小学　李新华
大兴区魏善庄镇第二中心小学　韩树精
大兴区青云店镇第一中心小学　付波
大兴区青云店镇第二中心小学　张玉伟
大兴区庞各庄镇第一中心小学　杨浩学
大兴区庞各庄镇第一中心小学　石佳
大兴区庞各庄镇第二中心小学　贾雪娟
大兴区庞各庄镇第二中心小学　杨翠红
大兴区榆垡镇第一中心小学　朱振江
大兴区榆垡镇第一中心小学　闫娇娜
大兴区榆垡镇第二中心小学　赵金虎
大兴区榆垡镇第二中心小学　郑少宇
大兴区榆垡镇第二中心小学　王国军
大兴区礼贤镇第一中心小学　谭亚娜
大兴区礼贤镇第一中心小学　穆怀良
大兴区礼贤镇第二中心小学　韩硕
大兴区礼贤镇第二中心小学　赵玉梅
大兴区北臧村镇中心小学　刘福苹
大兴区安定镇中心小学　金立华
大兴区亦庄镇第一中心小学　张文雪
大兴区亦庄镇第一中心小学　张争
大兴区亦庄镇第一中心小学　王欣
大兴区亦庄镇第二中心小学　周洁
大兴区兴海学校　张雨
大兴区兴海学校　王运秋
大兴区金海学校　张敏
大兴区旧宫镇第一中心小学　梁常芳
大兴区旧宫镇第二中心小学　季玉环
大兴区瀛海镇第一中心小学　彭建军
大兴区瀛海镇第一中心小学　左秋霞
大兴区瀛海镇第二中心小学　杨曼
大兴区瀛海镇第二中心小学　杨兰芝

大兴区第五届十佳少先队辅导员

大兴区安定镇中心小学　马静
大兴区第五小学　王开红
大兴区黄村镇第二中心小学　孙俊颖
大兴区庞各庄镇第二中心小学　刘斌
大兴区采育镇第一中心小学　刘越
北京小学翡翠城分校　迟辉
大兴区第八小学　张新媛
大兴区旧宫镇第一中心小学　姜国兰
大兴区北臧村镇中心小学诸营完小　谢海燕
大兴区团河小学　谭承朴

大兴区中小学重视科技教育好校长

大兴区黄村镇第一中心小学　郝素梅

大兴区第六小学　陈俊文

大兴区庞各庄镇第二中心小学　许士凤

大兴区第一小学　高晓光

大兴区第三中学　陈明秀

大兴区 2011 年中学紫金杯优秀班主任

大兴区长子营中学　崔树清

大兴区太和中学　刘文月

大兴区垡上中学　高辉

大兴区安定中学　韩俊雷

北京师范大学大兴附属中学　姜雷

大兴区大辛庄中学　宁莉莉

大兴区庞各庄中学　张静

大兴区兴华中学　郭春阳

大兴区兴海学校　邵凤娟

大兴区小学优秀德育干部

大兴区黄村镇第一中心小学　李妲

大兴区庞各庄镇第二中心小学　刘斌

大兴区第八小学　张新媛

大兴区瀛海镇第一中心小学　李兰培

大兴区黄村镇第三中心小学　李素芝

大兴区亦庄镇第一中心小学　姜洪立

大兴区小学优秀教导主任

大兴区黄村镇第一中心小学　胡伟

大兴区第八小学　张景春

大兴区 2010 年中学优秀教务主任

大兴区第一中学　王凤华

大兴区第七中学　赵凤琴

大兴区第三中学　张雪峰

大兴区德茂中学　方雄玉

大兴区旧宫中学　张景玉

大兴区兴华中学　李慧民

大兴区第八中学　程占梅

首都师范大学大兴附属中学　王守权

大兴区兴海学校　周萍

大兴区青云店中学　王晓

大兴区 2010 年中学优秀优秀政教主任

大兴区第一中学　王宁

大兴区第三中学　张京梅

大兴区礼贤中学　王冰

大兴区德茂中学　刘恩林

大兴区狼垡中学　田永江

大兴区魏善庄中学　张凯

大兴区第七中学　曾世娟

大兴区长子营中学　高杰

大兴区垡上中学　王立成

首都师范大学大兴附属中学　邢军

大兴区优秀完小管理干部

大兴区采育镇第三中心小学　高利军

大兴区黄村镇第一中心小学　王海涛

大兴区黄村镇第一中心小学　骆玉芬

大兴区黄村镇第一中心小学　郭立军

大兴区黄村镇第一中心小学　陈永

大兴区黄村镇第一中心小学　赵书会

大兴区黄村镇第一中心小学　赵燕辉

大兴区黄村镇第一中心小学　齐新

大兴区亦庄镇第一中心小学　马永芳

大兴区亦庄镇第一中心小学　张争

大兴区庞各庄镇第二中心小学　贾雪娟

大兴区庞各庄镇第二中心小学　吴世伟

大兴区庞各庄镇第二中心小学　勾洪静

大兴区亦庄镇第一中心小学　马永芳

大兴区礼贤镇第一中心小学　林茂芝

大兴区礼贤镇第一中心小学　李永红
大兴区礼贤镇第一中心小学　刘广阔
大兴区礼贤镇第一中心小学　刘福江
大兴区安定镇中心小学　李忠宇
大兴区安定镇中心小学　张月光
大兴区安定镇中心小学　崔英
大兴区安定镇中心小学　金立华

大兴区教育系统优秀工会干部

大兴区第六中学　王新刚
北京师范大学大兴附属中学　赵洪发
大兴区定福庄中学　贯胜强
大兴区魏善庄中学　张凯
大兴区长子营镇第一中心小学　陈杰明
首都师范大学大兴附属中学　赵凤美
大兴区第二小学　解涛
大兴区魏善庄镇第一中心小学　陈志勇
大兴区采育中学　温希岭
大兴区安定镇中心小学　刘占彬
大兴区郭家务中学　李绍良
大兴区庞各庄镇第一中心小学　陈玉平
北京市第十四中学大兴安定分校　李颖
大兴区第三幼儿园　张美新
大兴区中小学教学技术装备管理站　白金波
大兴区北臧村镇中心小学　赵玉江
大兴区兴海学校　薛永东
大兴区教委房管维修所　孙德才
大兴区第四小学　刘学明
大兴区教育考试中心　韩凤启
大兴区礼贤镇第二中心小学　王新
大兴区北臧村中学　李彦和

大兴区教育系统卫生保健工作先进个人

大兴区民族幼儿园　勾漫丽
大兴区第一幼儿园　王宏玲
大兴区第六幼儿园　朱秀良

大兴区教育系统领导干部远程培训优秀学员

大兴区民族幼儿园　王美娟
北京第二实验小学大兴实验学校　房炳云
大兴区特殊教育中心　刘健
大兴区太和中学　王春宏
大兴区第一小学　王敬申
大兴区第七幼儿园　赵旭莹
大兴区社区学院　何玉松

大兴区教育系统信息宣传工作优秀主管领导

大兴区亦庄镇第二中心幼儿园　王丽
大兴区黄村镇第一中心小学　赵东玲
大兴区第五幼儿园　刘辉
大兴区第二职业高中　张艳
大兴区第三幼儿园　吴秀珍
大兴区旧宫镇第二中心小学　高笑梅
大兴区第六小学　陈俊文
大兴区庞各庄镇第二中心小学　韩素芳
大兴区垡上中学　王克勇
大兴区第一小学　王东妹
北京师范大学大兴附属小学　江勇
大兴区第七幼儿园　郭秀琴
大兴区采育镇第一中心幼儿园　胡书艳

大兴区教育系统信息宣传工作优秀信息员

大兴区亦庄镇第二中心幼儿园　刘岩
大兴区黄村镇第一中心小学　吴立燕
大兴区特殊教育中心　张艳
大兴区第五幼儿园　李静
大兴区第二职业学校　史玉玲
大兴区第三幼儿园　李慧君
大兴区旧宫镇第二中心小学　赵洪

大兴区第六小学　蔡文影
大兴区庞各庄镇第二中心小学　于秋华
大兴区青云店镇第一中心小学　孙岩
大兴区垡上中学　王国宏
大兴区第一小学　佟秀舫
大兴区第七幼儿园　陈亚红
大兴区旧宫镇第一中心小学　姜国兰
大兴区采育镇第一中心幼儿园　翟维钊

大兴区教育系统内部审计优秀工作者

大兴区黄村镇第三中心小学　孟繁忠
北京八中亦庄分校　石凤仙
大兴区第七幼儿园　宋小妹
大兴区第八幼儿园　孙秀静

大兴区教育系统“科学教子好母亲”

大兴区第二小学　王海霞
大兴区第五小学　孔红
大兴区第七小学　王东丽
大兴区第九小学　郝健
大兴区黄村镇第一中心小学　刘宝芝
大兴区旧宫镇第一中心小学　刘意茹
大兴区庞各庄镇第一中心小学　刘青华
大兴区采育镇第一中心小学　周文清
大兴区长子营镇第一中心小学　任永欣
北京师范大学大兴附属小学　赵海霞
北京小学大兴分校　刘建新
大兴区第一中学　刘丽云
大兴区第三中学　杜存霞
大兴区第八中学　王华
大兴区郭家务中学　贾建娜
首都师范大学大兴附属中学　魏玉兰
大兴区德茂中学　宋荣花
大兴区长子营中学　刘永红
大兴区金海学校　骆晓蕾
大兴区第二职业学校　徐瑞华

大兴区“教书育人好教师”

大兴区第二幼儿园　郑少华
大兴区第六幼儿园　耿天天
大兴区长子营镇中心幼儿园　杨国辉
大兴区第五小学　张洁
大兴区第七小学　巩芬
大兴区第八小学　秦淑焕
大兴区第十小学　贾光敏
大兴区黄村镇第一中心小学　肖艳梅
大兴区黄村镇第二中心小学　王宇
大兴区采育镇第一中心小学　刘平
大兴区亦庄镇第一中心小学　孙向晶
北京小学翡翠城分校　李颖
北京小学大兴分校　佟建涛
大兴区第三中学　王艳红
大兴区第七中学　郭义敏
大兴区凤河营中学　闫明伟
大兴区孙村中学　王伟
大兴区金海学校　李淑馨
北京师范大学大兴附属中学　王艳华
大兴区垡上中学　周红

大兴区教育系统“孝敬公婆好儿媳”

大兴区瀛海镇第二中心幼儿园　丛林娜
大兴区第四幼儿园　王安巍
大兴区第一小学　高荣珍
大兴区第四小学　曹立君
大兴区第五小学　张志霞
大兴区第八小学　刘崇杰
大兴区黄村镇第一中心小学　杨燕华
大兴区长子营镇第二中心小学　王俊艳

大兴区庞各庄镇第一中心小学　张艳红
大兴区安定镇中心小学　王艳
大兴区第一中学　韩玉凤
大兴区第三中学　王京丽
大兴区第四中学　陈金红
大兴区第八中学　王淑侠
北京十四中大兴安定分校　孟凡丽
大兴区垡上中学　闫学文
首都师范大学大兴附属中学　张学英
大兴区大辛庄中学　卢锦平
大兴区长子营中学　韩淑敏
大兴区少年宫　王桂荣

大兴区教育系统部门决算先进个人

大兴区旧宫镇第二中心小学　王杰

大兴区教育系统资产管理先进个人

大兴区第八幼儿园　吴娟

大兴区教育系统后勤管理先进个人

大兴区采育镇第二中心小学　胡继明
大兴区第八幼儿园　孙秀静

大兴区优秀科技教育管理者

大兴区庞各庄镇第二中心小学　韩素芳
大兴区第一小学　许明珠
大兴区大辛庄中学　刘志强
大兴区安定镇中心小学　芦俊

大兴区优秀科技辅导员

大兴区第一小学　王玉颖
大兴区大辛庄中学　宁嘉珺
大兴区狼垡中学　闫洪波
大兴区安定镇中心小学　金立华

北京市特级教师名录

序　号	单　位	姓　名	科　目
1	大兴区教师进修学校	郭树林	数学
2	大兴区教师进修学校	马希明	数学
3	大兴区教师进修学校	马丽红	信息
4	大兴区第一中学	苏怀堂	数学
5	大兴区第一中学	王德山	语文
6	大兴区第一中学	张雅丽	地理
7	大兴区第一中学	陈凤英	化学
8	大兴区第七中学	刘传霞	英语
9	北京师范大学大兴附属中学	王书香	化学
10	大兴区兴华中学	孙士珍	英语
11	北京小学大兴分校	张景浩	品德与社会
12	大兴区黄村镇第一中心小学	郝素梅	德育

北京市学科带头人名录

序　号	单　位	姓　名	科　目
1	大兴区教师进修学校	王国凤	科学
2	大兴区教师进修学校	年淑跃	美术
3	大兴区教师进修学校	冯兰艳	语文
4	大兴区教师进修学校	李学栋	语文
5	大兴区教师进修学校	王书明	政治
6	大兴区第一中学	李翔	地理
7	大兴区第一中学	刘丽云	英语
8	北京师范大学大兴附属中学	孙健	生物
9	北京师范大学大兴附属中学	杨凤娟	物理
10	首都师范大学大兴附属中学	吴殿更	化学
11	大兴区第二职业高中	杨桂兰	机械制图
12	大兴区德茂中学	虎占智	数学
13	大兴区亦庄中学	焦艳玲	数学
14	北京小学大兴分校	王敏	数学
15	大兴区黄村镇第一中心小学	熊倩	语文

北京市骨干教师名录

序　号	单　位	姓　名	科　目
1	大兴区教师进修学校	龚常玉	美术
2	大兴区教师进修学校	刘静	品德
3	大兴区教师进修学校	董翠娟	数学
4	大兴区教师进修学校	冯文凯	数学
5	大兴区教师进修学校	刘娟	数学
6	大兴区教师进修学校	梁吉涛	体育
7	大兴区教师进修学校	于淑清	音乐
8	大兴区教师进修学校	高新明	英语
9	大兴区教师进修学校	李萍	语文
10	大兴区教师进修学校	刘芳	语文
11	大兴区教师进修学校	王雪莲	语文
12	大兴区教师进修学校	柏东河	综合实践
13	大兴区教师进修学校	何艳萍	综合实践
14	大兴区教师进修学校	刘春凤	化学
15	大兴区教师进修学校	聂士江	化学
16	大兴区教师进修学校	王哲	化学
17	大兴区教师进修学校	王柏行	历史
18	大兴区教师进修学校	刘鹏	美术
19	大兴区教师进修学校	吕占福	数学
20	大兴区教师进修学校	庞秀兰	数学
21	大兴区教师进修学校	杨林军	数学
22	大兴区教师进修学校	赵岚	物理
23	大兴区教师进修学校	吕争	信息技术
24	大兴区教师进修学校	王郁松	英语

序　号	单　位	姓　名	科　目
25	大兴区教师进修学校	张先森	英语
26	大兴区教师进修学校	郑玉林	英语
27	大兴区教师进修学校	包树珍	语文
28	大兴区教师进修学校	宋宗颖	语文
29	大兴区教师进修学校	周平安	语文
30	大兴区教师进修学校	张柳静	政治
31	大兴区教师进修学校	黄慧敏	综合实践
32	大兴区教师进修学校	高大伟	计算机
33	大兴区第一中学	沈铁军	地理
34	大兴区第一中学	徐树德	生物
35	大兴区第一中学	鲍继红	英语
36	大兴区第一中学	李凤洁	英语
37	大兴区第一中学	李继伟	英语
38	大兴区第一中学	康珺	语文
39	大兴区第一中学	张秀芳	政治
40	大兴区第五中学	马雪萍	物理
41	大兴区第五中学	李月芝	心理
42	大兴区第五中学	孙源飞	英语
43	大兴区第五中学	丁书侠	政治
44	大兴区第七中学	郭义敏	化学
45	大兴区第七中学	姚宝利	数学
46	大兴区第七中学	谢学军	体育
47	大兴区第七中学	孙世芳	物理
48	大兴区第七中学	张立新	英语
49	大兴区第七中学	杨海英	语文

序　号	单　位	姓　名	科　目
50	大兴区第八中学	李云秋	语文
51	北京师范大学大兴附属中学	郭广玉	地理
52	北京师范大学大兴附属中学	宁晓君	化学
53	北京师范大学大兴附属中学	赵建宏	化学
54	北京师范大学大兴附属中学	张月英	信息技术
55	北京师范大学大兴附属中学	柴艳	语文
56	北京师范大学大兴附属中学	李在卉	政治
57	首都师范大学大兴附属中学	张凯	政治
58	大兴区第一职业高中	王宁	计算机
59	大兴区旧宫中学	康义新	历史
60	大兴区德茂中学	崔维国	数学
61	大兴区德茂中学	柳春妍	数学
62	大兴区德茂中学	栾瑞红	数学
63	大兴区德茂中学	由广慧	数学
64	大兴区兴华中学	马忠德	数学
65	大兴区兴华中学	刘秀华	心理
66	大兴区兴华中学	王莉莉	语文
67	大兴区榆垡中学	施景辉	数学
68	大兴区庞各庄中学	徐庆	体育
69	大兴区庞各庄中学	张艳杰	英语
70	大兴区魏善庄中学	王威	英语
71	大兴区亦庄中学	李进辉	语文
72	大兴区采育中学	王丽娟	政治
73	北京小学大兴分校	姚艳玲	科学
74	北京小学大兴分校	王爱平	美术

序　号	单　位	姓　名	科　目
75	北京小学大兴分校	马莉	数学
76	北京小学大兴分校	孙贵合	数学
77	北京小学大兴分校	吴少东	体育
78	北京小学大兴分校	郝丽萍	语文
79	北京小学大兴分校	贾晓村	语文
80	北京小学翡翠城分校	齐向春	品德
81	北京小学翡翠城分校	侯艳玲	数学
82	大兴区第三小学	陈秋霞	数学
83	大兴区第五小学	张京娴	数学
84	大兴区第八小学	安红梅	英语
85	大兴区第八小学	杨宝娥	语文
86	北京师范大学大兴附属小学	宁书平	劳技
87	大兴区采育镇第一中心小学	李长征	科学
88	大兴区黄村镇第一中心小学	赵敏	科学
89	大兴区黄村镇第一中心小学	杨燕华	美术
90	大兴区黄村镇第一中心小学	李凤娟	数学
91	大兴区黄村镇第一中心小学	马晖	数学
92	大兴区黄村镇第一中心小学	尹素敏	数学
93	大兴区黄村镇第一中心小学	张烨	数学
94	大兴区黄村镇第一中心小学	胡伟	语文
95	大兴区黄村镇第一中心小学	齐新	语文
96	大兴区黄村镇第一中心小学	王琛	语文
97	大兴区黄村镇第一中心小学	王海涛	语文
98	大兴区旧宫镇第一中心小学	张殿影	美术
99	大兴区魏善庄镇第一中心小学	李伟	品德

序　号	单　位	姓　名	科　目
100	大兴区魏善庄镇第一中心小学	孙丽	品德
101	大兴区魏善庄镇第一中心小学	崔建梅	数学
102	大兴区青云店镇第一中心小学	王瑜	语文
103	大兴区第二幼儿园	吕艳静	学前教育
104	大兴区第三幼儿园	张沿	学前教育
105	大兴区第三幼儿园	张洋	学前教育
106	大兴区黄村镇第一中心幼儿园	孙国彦	学前教育
107	大兴区少年宫	刘清松	科技教育
108	大兴区少年宫	张建云	音乐

大兴区幼儿园学科带头人名录

序　号	单　位	姓　名	性　别	科　目
1	大兴区第一幼儿园	侯艳静	女	幼儿园全科
2	大兴区第一幼儿园	马慧芝	女	幼儿园全科
3	大兴区第一幼儿园	王占丽	女	幼儿园全科
4	大兴区第二幼儿园	孙静	女	幼儿园全科
5	大兴区第二幼儿园	郭媛	女	幼儿园全科
6	大兴区第二幼儿园	郑少华	女	幼儿园全科
7	大兴区第三幼儿园	温月英	女	幼儿园全科
8	大兴区第三幼儿园	王静	女	幼儿园全科
9	大兴区第三幼儿园	耿蕊	女	幼儿园全科
10	大兴区第四幼儿园	姚宝丹	女	幼儿园全科
11	大兴区第四幼儿园	杨红	女	幼儿园全科
12	大兴区第五幼儿园	马瑶	女	幼儿园全科
13	大兴区第五幼儿园	李静	女	幼儿园全科
14	大兴区第五幼儿园	汪丽	女	幼儿园全科
15	大兴区第五幼儿园	王洋	女	幼儿园全科
16	大兴区第七幼儿园	赵旭莹	女	幼儿园全科
17	大兴区第八幼儿园	张秀梅	女	幼儿园全科
18	大兴区第八幼儿园	李丽	女	幼儿园全科
19	大兴区第九幼儿园	韩丹华	女	幼儿园全科
20	大兴区长子营镇中心幼儿园	杨国辉	女	幼儿园全科
21	大兴区黄村镇第一中心幼儿园	王娜	女	幼儿园全科
22	大兴区黄村镇第一中心幼儿园	白淑新	女	幼儿园全科
23	大兴区西红门双语幼儿园	刘旭	女	幼儿园全科
24	大兴区西红门双语幼儿园	李丹丹	女	幼儿园全科

序　号	单　位	姓　名	性　别	科　目
25	大兴区西红门双语幼儿园	郭雅伟	女	幼儿园全科
26	大兴区亦庄镇第二中心幼儿园	刘岩	女	幼儿园全科
27	大兴区亦庄镇第二中心幼儿园	莘立然	女	幼儿园全科
28	大兴区亦庄第三中心幼儿园	孙娜	女	幼儿园全科
29	大兴区榆垡镇第二中心幼儿园	吴立华	女	幼儿园全科

大兴区小学学科带头人名录

序号	单位	姓名	性别	学科
1	北京第二实验小学大兴实验学校	梁常芳	女	语文
2	北京第二实验小学大兴实验学校	张娜	女	数学
3	北京第二实验小学大兴实验学校	沈玉新	女	英语
4	北京第二实验小学大兴实验学校	洪巍巍	女	体育
5	大兴区第一小学	王俊敏	女	数学
6	大兴区第一小学	王玉颖	女	科学
7	大兴区第二小学	张艳清	女	语文
8	大兴区第二小学	张国敏	女	语文
9	大兴区第二小学	刘蕊	女	语文
10	大兴区第二小学	陈占玲	女	语文
11	大兴区第二小学	王海云	女	数学
12	大兴区第二小学	顾占海	男	数学
13	大兴区第二小学	梁山	男	数学
14	大兴区第二小学	曾春香	女	数学
15	大兴区第二小学	杨霞	女	数学
16	大兴区第二小学	杜金兰	女	英语
17	大兴区第二小学	马丽	女	英语
18	大兴区第二小学	刘冬梅	女	英语
19	大兴区第三小学	袁花梅	女	语文
20	大兴区第三小学	闫学英	女	数学
21	大兴区第三小学	李翠红	女	数学
22	大兴区第三小学	石进宇	女	品社
23	大兴区第三小学	范福海	男	品社
24	大兴区第三小学	李铁兵	男	音乐

序号	单位	姓名	性别	学科
25	大兴区第五小学	孙严	男	语文
26	大兴区第五小学	段晓炜	女	数学
27	大兴区第五小学	王明兰	女	数学
28	大兴区第五小学	张文	女	英语
29	大兴区第五小学	丁玉荣	女	劳技
30	大兴区第五小学	薛洪涛	男	体育
31	大兴区第五小学	刘莉娜	女	美术
32	大兴区第七小学	房桂莲	女	语文
33	大兴区第七小学	王东丽	女	语文
34	大兴区第七小学	魏素梅	女	语文
35	大兴区第七小学	吴新宇	女	数学
36	大兴区第七小学	巩芬	女	英语
37	大兴区第七小学	刘鑫	男	写字
38	大兴区第八小学	李峰	男	语文
39	大兴区第八小学	郭影	女	语文
40	大兴区第八小学	张敏	女	语文
41	大兴区第八小学	杨静	女	数学
42	大兴区第八小学	石艳	女	数学
43	大兴区第八小学	秦淑焕	女	数学
44	大兴区第八小学	张秀莉	女	数学
45	大兴区第八小学	刘宝莲	女	英语
46	大兴区第八小学	付林琳	女	音乐
47	大兴区第八小学	姜海霞	女	美术
48	大兴区第九小学	李小林	男	体育
49	大兴区第十小学	贾光敏	女	信息

序　号	单　位	姓　名	性　别	学　科
50	北京师范大学大兴附属小学	王娜	女	语文
51	北京师范大学大兴附属小学	张会林	男	语文
52	北京师范大学大兴附属小学	马超	男	数学
53	北京师范大学大兴附属小学	王静	女	英语
54	北京师范大学大兴附属小学	张海燕	女	英语
55	北京师范大学大兴附属小学	李春梅	女	英语
56	北京师范大学大兴附属小学	韩起岣	男	体育
57	北京师范大学大兴附属小学	赵振凤	女	综实
58	北京小学大兴分校	邓雅琴	女	语文
59	北京小学大兴分校	赵海丽	女	语文
60	北京小学大兴分校	李春岭	女	语文
61	北京小学大兴分校	马俊生	男	语文
62	北京小学大兴分校	白纯舵	女	语文
63	北京小学大兴分校	张建	男	语文
64	北京小学大兴分校	佟建涛	女	语文
65	北京小学大兴分校	马金鹤	女	语文
66	北京小学大兴分校	郑自苹	女	数学
67	北京小学大兴分校	蒋建民	女	数学
68	北京小学大兴分校	高静	女	数学
69	北京小学大兴分校	肖冬梅	女	数学
70	北京小学大兴分校	福纪	女	数学
71	北京小学大兴分校	李全燕	女	英语
72	北京小学大兴分校	钱国明	男	英语
73	北京小学大兴分校	王旭	男	体育
74	北京小学大兴分校	赵一芒	男	体育

序　号	单　位	姓　名	性　别	学　科
75	北京小学大兴分校	张静	女	美术
76	北京小学大兴分校	巴德新	女	综实
77	北京小学翡翠城分校	张建颖	女	语文
78	北京小学翡翠城分校	金卫鑫	男	数学
79	北京小学翡翠城分校	张春丽	女	数学
80	北京小学翡翠城分校	薛松杰	男	音乐
81	北京小学翡翠城分校	迟辉	女	音乐
82	大兴区滨河小学	毕海荣	女	语文
83	大兴区滨河小学	付春萍	女	语文
84	大兴区滨河小学	高海红	女	语文
85	大兴区滨河小学	李桂芸	女	语文
86	大兴区滨河小学	李雪艳	女	数学
87	大兴区滨河小学	吴爽	女	英语
88	大兴区团河小学	郑桂春	女	科学
89	大兴区团河小学	高艳荣	女	科学
90	大兴区枣园小学	王艳梅	女	数学
91	大兴区枣园小学	刘娜	女	数学
92	大兴区枣园小学	郭宇巍	女	英语
93	大兴区安定中心小学	卜朝辉	男	数学
94	大兴区安定中心小学	刘颖	女	数学
95	大兴区安定中心小学	薛艳	女	数学
96	大兴区采育第一中心小学	信荣双	女	语文
97	大兴区采育第一中心小学	刘平	女	数学
98	大兴区长子营镇第二中心小学	何影	女	语文
99	大兴区黄村镇第一中心小学	杨玉芬	女	语文

序 号	单 位	姓 名	性 别	学 科
100	大兴区黄村镇第一中心小学	毕海燕	女	语文
101	大兴区黄村镇第一中心小学	师立军	男	语文
102	大兴区黄村镇第一中心小学	吴雪锋	女	语文
103	大兴区黄村镇第一中心小学	何昕	女	语文
104	大兴区黄村镇第一中心小学	李学娟	女	语文
105	大兴区黄村镇第一中心小学	赵丽丽	女	语文
106	大兴区黄村镇第一中心小学	王春艳	女	语文
107	大兴区黄村镇第一中心小学	付亚利	女	数学
108	大兴区黄村镇第二中心小学	王宇	女	数学
109	大兴区旧宫镇第一中心小学	刘顺鑫	女	语文
110	大兴区旧宫镇第一中心小学	高金侠	女	语文
111	大兴区旧宫镇第一中心小学	刘小垒	女	数学
112	大兴区旧宫镇第一中心小学	宋彬杰	男	体育
113	大兴区旧宫镇第一中心小学	王玲	女	体育
114	大兴区旧宫镇第一中心小学	张静	女	音乐
115	大兴区旧宫镇第二中心小学	胡戈	女	语文
116	大兴区旧宫镇第二中心小学	石慧	女	语文
117	大兴区旧宫镇第二中心小学	陈桂媛	女	英语
118	大兴区旧宫镇第二中心小学	赵桂荣	女	信息
119	大兴区礼贤镇第二中心小学	孙彦勇	男	数学
120	大兴区礼贤镇第二中心小学	闫龙飞	女	数学
121	大兴区庞各庄镇第一中心小学	张艳红	女	语文
122	大兴区庞各庄镇第一中心小学	关娜	女	语文
123	大兴区庞各庄镇第一中心小学	佟秀明	男	数学
124	大兴区庞各庄镇第二中心小学	胡美丽	女	语文

序　号	单　位	姓　名	性　别	学　科
125	大兴区青云店镇第一中心小学	张冬坡	男	英语
126	大兴区青云店镇第一中心小学	刘桂松	男	劳技
127	大兴区青云店镇第一中心小学	郑伟	男	美术
128	大兴区青云店镇第一中心小学	李彦伟	男	综实
129	大兴区魏善庄镇第一中心小学	王新东	男	语文
130	大兴区魏善庄镇第一中心小学	谢建光	男	数学
131	大兴区亦庄镇第一中心小学	吕筱军	女	语文
132	大兴区亦庄镇第一中心小学	孙向晶	女	数学
133	大兴区亦庄镇第二中心小学	王增军	男	科学
134	大兴区榆垡镇第一中心小学	殷宁宁	女	语文
135	大兴区金海学校	黎洁	女	品生
136	大兴区兴海学校	刘凤	女	数学

大兴区中学学科带头人名录

序号	单位	姓名	性别	学科
1	大兴区第一中学	杜永波	男	政治
2	大兴区第一中学	张俊	女	语文
3	大兴区第一中学	朱喜良	男	语文
4	大兴区第一中学	郝迎春	女	语文
5	大兴区第一中学	姜苗	女	语文
6	大兴区第一中学	高云	女	语文
7	大兴区第一中学	焦雪青	女	英语
8	大兴区第一中学	刘铁成	男	英语
9	大兴区第一中学	马振春	男	音乐
10	大兴区第一中学	张慧英	女	信息
11	大兴区第一中学	代玉美	女	心理
12	大兴区第一中学	韦中燊	男	物理
13	大兴区第一中学	王一	男	物理
14	大兴区第一中学	陈功义	男	物理
15	大兴区第一中学	王京	女	物理
16	大兴区第一中学	张文	男	通用技术
17	大兴区第一中学	史宝清	女	体育
18	大兴区第一中学	赵桂鹏	男	体育
19	大兴区第一中学	李明新	男	体育
20	大兴区第一中学	孙会波	男	数学
21	大兴区第一中学	张慧娟	女	数学
22	大兴区第一中学	韩玉凤	女	数学
23	大兴区第一中学	万黎遐	女	数学
24	大兴区第一中学	张健	女	生物

序　号	单　位	姓　名	性　别	学　科
25	大兴区第一中学	靳颖	女	生物
26	大兴区第一中学	蔡静	女	生物
27	大兴区第一中学	魏宪辉	女	生物
28	大兴区第一中学	张月春	女	历史
29	大兴区第一中学	王启岩	男	历史
30	大兴区第一中学	张妍	女	化学
31	大兴区第一中学	刘翠茹	女	化学
32	大兴区第一中学	刑伟	女	化学
33	大兴区第一中学	刘丽	女	化学
34	大兴区第一中学	张雪皓	女	化学
35	大兴区第一中学	徐飞	男	地理
36	大兴区第三中学	于营春	女	政治
37	大兴区第三中学	吴瑞霞	女	语文
38	大兴区第三中学	牛俊梅	女	语文
39	大兴区第三中学	王淑敏	女	英语
40	大兴区第三中学	李霞	女	英语
41	大兴区第三中学	左莉晖	女	英语
42	大兴区第三中学	刘伟	女	英语
43	大兴区第三中学	徐壮	女	英语
44	大兴区第三中学	兰贺	女	音乐
45	大兴区第三中学	赵云	女	物理
46	大兴区第三中学	陈红	女	物理
47	大兴区第三中学	李立东	男	物理
48	大兴区第三中学	吴炳义	男	地理
49	大兴区第四中学	徐喆	女	化学

序　号	单　位	姓　名	性　别	学　科
50	大兴区第五中学	徐春花	女	政治
51	大兴区第五中学	徐士娟	女	语文
52	大兴区第五中学	陈秀云	女	语文
53	大兴区第五中学	张艾雪	女	语文
54	大兴区第五中学	闫龙凤	女	语文
55	大兴区第五中学	姚凤菊	女	语文
56	大兴区第五中学	陈红艳	女	英语
57	大兴区第五中学	索士双	女	英语
58	大兴区第五中学	班淑贤	女	英语
59	大兴区第五中学	赵静	女	英语
60	大兴区第五中学	刘海静	女	思想品德
61	大兴区第五中学	赵艳侠	女	数学
62	大兴区第五中学	赵彤	女	数学
63	大兴区第五中学	李忠翠	女	数学
64	大兴区第五中学	靳娜	女	数学
65	大兴区第五中学	张月秋	女	历史
66	大兴区第五中学	李慧卿	女	化学
67	大兴区第五中学	任艳辉	女	化学
68	大兴区第六中学	马燕	女	政治
69	大兴区第六中学	薛红霞	女	语文
70	大兴区第七中学	李江	女	政治
71	大兴区第七中学	王振英	女	政治
72	大兴区第七中学	孙建江	男	语文
73	大兴区第七中学	亢迎春	女	语文
74	大兴区第七中学	王艳侠	女	英语

序　号	单　位	姓　名	性　别	学　科
75	大兴区第七中学	赵晓红	女	英语
76	大兴区第七中学	张秋玉	女	英语
77	大兴区第七中学	马莹	女	信息
78	大兴区第七中学	韩尚庆	男	数学
79	大兴区第七中学	张秀芝	女	数学
80	大兴区第七中学	冯志伟	男	生物
81	大兴区第七中学	吴鹏飞	男	美术
82	大兴区第七中学	林永亮	女	美术
83	大兴区第七中学	王辉	女	历史
84	大兴区第七中学	孟亮	女	美术
85	大兴区第七中学	尹伟伟	女	化学
86	大兴区第七中学	孙宪云	女	地理
87	大兴区第八中学	王淑侠	女	语文
88	大兴区第八中学	赵兵	女	语文
89	大兴区第八中学	程锦	女	信息
90	大兴区第八中学	马丽	女	物理
91	大兴区第八中学	亓学敏	女	化学
92	北京师范大学大兴附中	赵欣	女	政治
93	北京师范大学大兴附中	曹正宝	男	政治
94	北京师范大学大兴附中	郑朝颖	女	语文
95	北京师范大学大兴附中	韩玲彦	女	语文
96	北京师范大学大兴附中	房芳	女	语文
97	北京师范大学大兴附中	朱红霞	女	语文
98	北京师范大学大兴附中	周春红	女	语文
99	北京师范大学大兴附中	蔡金平	女	语文

序　号	单　位	姓　名	性　别	学　科
100	北京师范大学大兴附中	窦少云	女	英语
101	北京师范大学大兴附中	赵冬菊	女	英语
102	北京师范大学大兴附中	王春艳	女	英语
103	北京师范大学大兴附中	毕艳杰	女	英语
104	北京师范大学大兴附中	董蕤	女	英语
105	北京师范大学大兴附中	王春静	女	英语
106	北京师范大学大兴附中	朱月红	女	音乐
107	北京师范大学大兴附中	王贺	女	音乐
108	北京师范大学大兴附中	张丹	女	物理
109	北京师范大学大兴附中	郭宇	女	通用
110	北京师范大学大兴附中	甄宝静	女	数学
111	北京师范大学大兴附中	王娜	女	数学
112	北京师范大学大兴附中	陈昊	男	数学
113	北京师范大学大兴附中	吴美艳	女	数学
114	北京师范大学大兴附中	卜艳芳	女	数学
115	北京师范大学大兴附中	汤明娇	女	数学
116	北京师范大学大兴附中	阮亚男	女	数学
117	北京师范大学大兴附中	迟淑艳	女	美术
118	北京师范大学大兴附中	付伟凭	女	化学
119	北京师范大学大兴附中	吕丽娟	女	地理
120	北京市第八中学亦庄分校	周文艳	女	英语
121	北京市第二中学亦庄学校	陈志刚	男	化学
122	北京市第十四中学大兴安定分校	杨林	男	英语
123	北京市第十四中学大兴安定分校	王秋菊	女	音乐
124	北京市第十四中学大兴安定分校	党立春	女	物理

序号	单位	姓名	性别	学科
125	北京市第十四中学大兴安定分校	岳聪颖	女	体育
126	北京市第十四中学大兴安定分校	李红仙	女	历史
127	首都师范大学大兴附属中学	钟永红	女	政治
128	首都师范大学大兴附属中学	高润宏	女	语文
129	首都师范大学大兴附属中学	高岩	女	语文
130	首都师范大学大兴附属中学	邓双燕	女	英语
131	首都师范大学大兴附属中学	王锋德	男	英语
132	首都师范大学大兴附属中学	潘艳	女	物理
133	首都师范大学大兴附属中学	徐洋	男	物理
134	首都师范大学大兴附属中学	李金仲	男	通用技术
135	首都师范大学大兴附属中学	刘海燕	女	体育
136	首都师范大学大兴附属中学	程岩	女	数学
137	首都师范大学大兴附属中学	杨长正	男	生物
138	首都师范大学大兴附属中学	兰海英	女	历史
139	大兴区大辛庄中学	杜金苹	女	数学
140	大兴区德茂中学	付泽锋	男	政治
141	大兴区德茂中学	白生发	男	语文
142	大兴区德茂中学	杜文凤	女	数学
143	大兴区定福庄中学	韩金哲	女	语文
144	大兴区旧宫中学	李冬梅	女	语文
145	大兴区旧宫中学	肖剑	男	语文
146	大兴区旧宫中学	任英	女	历史
147	大兴区庞各庄中学	张静	女	数学
148	大兴区青云店中学	侯继恒	女	数学
149	大兴区孙村中学	王伟	女	数学

序 号	单 位	姓 名	性 别	学 科
150	大兴区魏善庄中学	周玉姣	女	高中语文
151	大兴区魏善庄中学	崔福成	男	信息技术
152	大兴区魏善庄中学	刘长远	男	体育
153	大兴区魏善庄中学	郭中威	女	高中数学
154	大兴区兴海学校	刘军辉	女	劳技
155	大兴区兴华中学	张静	女	政治
156	大兴区兴华中学	冯振华	女	政治
157	大兴区兴华中学	赵平	男	语文
158	大兴区兴华中学	郭春阳	男	语文
159	大兴区兴华中学	赵娟	女	英语
160	大兴区兴华中学	高君恩	男	数学
161	大兴区兴华中学	韩自荣	男	化学
162	大兴区兴华中学	韩继滨	男	化学
163	大兴区兴华中学	任艳华	女	化学
164	大兴区兴华中学	于玲	女	地理
165	大兴区亦庄中学	王翠岭	女	心理、政治
166	大兴区榆垡中学	胡雪兵	女	物理
167	大兴区榆垡中学	张素香	女	数学
168	大兴区榆垡中学	贺争光	男	历史
169	大兴区榆垡中学	张杰	女	化学

大兴区小学校长学科带头人名录

序　号	单　位	姓　名	性　别	科　目
1	北京第二实验小学大兴实验学校	张富国	男	语文
2	北京师范大学大兴附属小学	甄艳玲	女	语文
3	北京小学翡翠城分校	张文凤	女	品社
4	大兴区礼贤第二中心小学	鲍铁燕	女	英语
5	大兴区魏善庄镇第一中心小学	李洪祥	男	语文
6	大兴区瀛海第一中心小学	王学武	男	科学

大兴区中学校长学科带头人名录

序　号	单　位	姓　名	性　别	科　目
1	北京市第二中学亦庄学校	王群会	男	语文
2	大兴区第五中学	于万永	男	物理
3	大兴区第七中学	贾海军	男	语文
4	首都师范大学大兴附属中学	朱国占	男	地理
5	大兴区魏善庄中学	吕斌	男	英语

大兴区小学骨干班主任名录

序　号	单　位	姓　名	性　别
1	北京第二实验小学大兴实验学校	宋占勇	男
2	北京第二实验小学大兴实验学校	王峥	女
3	北京小学大兴分校	黄亚娟	女
4	北京小学大兴分校	张洪莲	女
5	北京小学大兴分校	郝俊江	男
6	北京小学大兴分校	郝金培	女
7	北京小学大兴分校	孙月艳	女
8	北京小学翡翠城分校	马文学	女
9	北京小学翡翠城分校	李秀梅	女
10	大兴区第一小学	黄艳影	女
11	大兴区第二小学	王新	女
12	大兴区第二小学	陈建莲	女
13	大兴区第二小学	李雪连	女
14	大兴区第二小学	王新蕾	女
15	大兴区第二小学	毕耀青	女
16	大兴区第二小学	马月兰	女
17	大兴区第二小学	许会娴	女
18	大兴区第二小学	钱雪梅	女
19	大兴区第二小学	李海霞	女
20	大兴区第二小学	张云明	女
21	大兴区第三小学	景凤萍	女
22	大兴区第三小学	毕静	女
23	大兴区第三小学	闫永芹	女
24	大兴区第三小学	董会芝	女

序　号	单　位	姓　名	性　别
25	大兴区第三小学	郭华	女
26	大兴区第四小学	佟佳	女
27	大兴区第五小学	江明	女
28	大兴区第五小学	张秀芳	女
29	大兴区第五小学	孔红	女
30	大兴区第五小学	朱静	女
31	大兴区第五小学	姚书春	女
32	大兴区第五小学	周淑艳	女
33	大兴区第五小学	杨春	女
34	大兴区第六小学	李红娟	女
35	大兴区第七小学	李明兰	女
36	大兴区第八小学	魏艳丽	女
37	大兴区第九小学	吴春兰	女
38	大兴区第九小学	荣峥	女
39	大兴区第九小学	刘小溪	女
40	大兴区第十小学	肖洁	女
41	大兴区第十小学	曹桂茹	女
42	大兴区第十小学	安莉娜	女
43	大兴区北臧村镇中心小学	王静	女
44	大兴区北臧村镇中心小学	张辉	男
45	大兴区采育镇第二中心小学	高建国	男
46	大兴区长子营镇第二中心小学	刘秀英	女
47	大兴区黄村镇第一中心小学	刘明雅	女
48	大兴区黄村镇第一中心小学	赵艳娥	女
49	大兴区黄村镇第一中心小学	桑艳芝	女

序　号	单　位	姓　名	性　别
50	大兴区黄村镇第一中心小学	何艳梅	女
51	大兴区黄村镇第一中心小学	张金翠	女
52	大兴区黄村镇第一中心小学	高亚萍	女
53	大兴区黄村镇第一中心小学	李振红	女
54	大兴区黄村镇第一中心小学	张雪妍	女
55	大兴区黄村镇第二中心小学	赵秋红	女
56	大兴区黄村镇第二中心小学	邝素杰	女
57	大兴区黄村镇第三中心小学	王尚华	女
58	大兴区黄村镇第三中心小学	赵玉双	女
59	大兴区黄村镇第三中心小学	李新颖	女
60	大兴区黄村镇第三中心小学	石建华	女
61	大兴区旧宫镇第一中心小学	张伟	男
62	大兴区旧宫镇第一中心小学	王艳玲	女
63	大兴区旧宫镇第一中心小学	肖利荣	女
64	大兴区旧宫镇第二中心小学	崔志平	女
65	大兴区旧宫镇第二中心小学	韩少华	女
66	大兴区旧宫镇第二中心小学	赵宁	女
67	大兴区礼贤镇第一中心小学	郭建萌	女
68	大兴区礼贤镇第一中心小学	黄伟	男
69	大兴区礼贤镇第一中心小学	张亚丹	女
70	大兴区庞各庄镇第一中心小学	张海建	女
71	大兴区庞各庄镇第二中心小学	杨翠红	女
72	大兴区庞各庄镇第二中心小学	王芳	女
73	大兴区庞各庄镇第二中心小学	曹艳侠	女
74	大兴区庞各庄镇第二中心小学	郑文君	女

序号	单位	姓名	性别
75	大兴区青云店镇第二中心小学	于春莉	女
76	大兴区青云店镇第二中心小学	王然	女
77	大兴区魏善庄镇第一中心小学	魏国庆	男
78	大兴区魏善庄镇第二中心小学	尤英	女
79	大兴区亦庄镇第一中心小学	杜海波	女
80	大兴区亦庄镇第一中心小学	赵宇	女
81	大兴区亦庄镇第二中心小学	王银环	女
82	大兴区亦庄镇第二中心小学	张春红	女
83	大兴区亦庄镇第二中心小学	周洁	女
84	大兴区瀛海镇第二中心小学	王建平	女
85	大兴区瀛海镇第二中心小学	蔡建花	女
86	大兴区榆垡镇第二中心小学	王娟	女
87	大兴区榆垡镇第二中心小学	赵翠翠	女
88	大兴区榆垡镇第二中心小学	郑少宇	男
89	大兴区榆垡镇第二中心小学	魏峥	女
90	大兴区榆垡镇第二中心小学	蒋建峥	女
91	大兴区团河小学	李兵	男
92	大兴区团河小学	赵立会	女
93	大兴区枣园小学	杨海明	女
94	大兴区枣园小学	邢怡	女
95	大兴区枣园小学	张建平	女
96	大兴区枣园小学	张敏	女
97	大兴区金海学校	李艳	女
98	大兴区兴海学校	杨秋艳	女
99	大兴区特殊教育中心	李雪	女

大兴区中学骨干班主任名录

序　号	单　位	姓　名	性　别
1	大兴区第一中学	付春花	女
2	大兴区第一中学	扈琳	女
3	大兴区第一中学	刘海清	女
4	大兴区第一中学	韩金达	男
5	大兴区第一中学	孔庆辉	男
6	大兴区第一中学	祖歌	女
7	大兴区第三中学	郭平庭	女
8	大兴区第三中学	宋阳	女
9	大兴区第三中学	曲宁	女
10	大兴区第三中学	宋辉	女
11	大兴区第三中学	刘艳	女
12	大兴区第三中学	郭权飞	女
13	大兴区第三中学	张然	女
14	大兴区第四中学	计娜	女
15	大兴区第四中学	张蕊	女
16	大兴区第五中学	陈昱	女
17	大兴区第五中学	李剑英	女
18	大兴区第五中学	朱云龙	男
19	大兴区第五中学	王珍	女
20	大兴区第五中学	彭旭	女
21	大兴区第五中学	代春菊	女
22	大兴区第六中学	贾立华	女
23	大兴区第六中学	肖潘	女
24	大兴区第七中学	郭昱	女

序 号	单 位	姓 名	性 别
25	大兴区第七中学	赵英慧	女
26	大兴区第七中学	佟永峰	男
27	大兴区第七中学	姚宝利	男
28	大兴区第七中学	景天硕	女
29	大兴区第七中学	李云英	女
30	大兴区第七中学	陈红岩	女
31	大兴区第八中学	白志敏	女
32	大兴区第八中学	王淑侠	女
33	大兴区第八中学	刘辉	女
34	大兴区第八中学	韩红艳	女
35	北京师范大学大兴附属中学	李翠格	女
36	北京师范大学大兴附属中学	崔建礼	女
37	北京师范大学大兴附属中学	张微	女
38	北京师范大学大兴附属中学	宋莹	女
39	北京师范大学大兴附属中学	姜雷	男
40	北京师范大学大兴附属中学	张伟	男
41	北京市第十四中学大兴安定分校	郭秀莲	女
42	首都师范大学大兴附属中学	李立平	女
43	首都师范大学大兴附属中学	李秀梅	女
44	首都师范大学大兴附属中学	张凝	女
45	首都师范大学大兴附属中学	马秀川	女
46	首都师范大学大兴附属中学	王雪	女
47	首都师范大学大兴附属中学	徐娜	女
48	大兴区北臧村中学	巴淼	女
49	大兴区北臧村中学	魏文淼	女

序号	单位	姓名	性别
50	大兴区采育中学	裴亚兰	女
51	大兴区采育中学	袁国萍	女
52	大兴区采育中学	王金英	女
53	大兴区采育中学	霍小霞	女
54	大兴区采育中学	刘德生	男
55	大兴区长子营中学	张伟	男
56	大兴区长子营中学	贾颖	女
57	大兴区大辛庄中学	吴旭	男
58	大兴区德茂中学	陈怡	女
59	大兴区德茂中学	李丹丹	女
60	大兴区德茂中学	赵娜	女
61	大兴区德茂中学	赵旭	男
62	大兴区德茂中学	刘朝红	女
63	大兴区定福庄中学	毕仕伟	男
64	大兴区定福庄中学	张文会	女
65	大兴区垡上中学	赵颖	女
66	大兴区凤河营中学	汪相禹	男
67	大兴区红星中学	申建	女
68	大兴区金海学校	李淑馨	女
69	大兴区金海学校	高学静	女
70	大兴区旧宫中学	岳敏	女
71	大兴区旧宫中学	谢平	女
72	大兴区旧宫中学	王睿	男
73	大兴区旧宫中学	姜威	男
74	大兴区旧宫中学	王欣	女

序　号	单　位	姓　名	性　别
75	大兴区狼垡中学	郭维燕	女
76	大兴区礼贤民族中学	臧会卓	男
77	大兴区礼贤民族中学	尹宝利	男
78	大兴区庞各庄中学	武征	女
79	大兴区庞各庄中学	冯秀娟	女
80	大兴区庞各庄中学	马静	女
81	大兴区青云店中学	米国艳	女
82	大兴区青云店中学	刘燕	女
83	大兴区青云店中学	张垒	女
84	大兴区太和中学	刘文月	女
85	大兴区魏善庄中学	曹建涛	男
86	大兴区魏善庄中学	张希凡	女
87	大兴区魏善庄中学	孙雪飞	女
88	大兴区魏善庄中学	王玉婷	女
89	大兴区魏善庄中学	张扬	女
90	大兴区魏善庄中学	穆艳玲	女
91	大兴区魏善庄中学	王宝山	男
92	大兴区兴海学校	杨金秀	女
93	大兴区兴海学校	邵凤娟	女
94	大兴区兴华中学	刘晓波	女
95	大兴区兴华中学	李光	男
96	大兴区兴华中学	郭春阳	男
97	大兴区兴华中学	吕嵩山	男
98	大兴区亦庄中学	徐娜	女
99	大兴区榆垡中学	武静	女
100	大兴区榆垡中学	景雪敬	女

大兴区职业学校骨干班主任名录

序　号	单　位	姓　名	性　别
1	大兴区第一职业学校	刘淑萍	女
2	大兴区第一职业学校	孙延朋	男
3	大兴区第一职业学校	王卫平	女
4	大兴区第一职业学校	王英	女
5	大兴区第一职业学校	蔡辉	女
6	大兴区第二职业学校	吴春华	女
7	大兴区第二职业学校	张金艳	女
8	大兴区第二职业学校	李炳娟	女
9	大兴区第二职业学校	段春燕	女
10	大兴区第二职业学校	王黎明	男

大兴区幼儿园骨干教师名册

序　号	单　位	姓　名	性　别
1	大兴区第二幼儿园	李敏	女
2	大兴区第一幼儿园	王亚青	女
3	大兴区第五幼儿园	李晨	女
4	大兴区第七幼儿园	肖艳丽	女
5	大兴区第四幼儿园	王春静	女
6	大兴区第五幼儿园	梁利民	女
7	大兴区第六幼儿园	吴帅	女
8	大兴区黄村镇第一中心幼儿园	贾建媛	女
9	大兴区第五幼儿园	李萌	女
10	大兴区第三幼儿园	王丹	女
11	大兴区第二幼儿园	郭青	女
12	大兴区第二幼儿园	魏晓娇	女
13	大兴区第九幼儿园	卜敬	女
14	大兴区黄村镇第一中心幼儿园	孙丽苗	女
15	大兴区黄村镇第一中心幼儿园	郑亮	女
16	大兴区第一幼儿园	杨爽	女
17	大兴区第二幼儿园	连雪梅	女
18	大兴区黄村镇第一中心幼儿园	赵京雪	女
19	大兴区第二幼儿园	刘　磊	女
20	大兴区第四幼儿园	王艳杰	女
21	大兴区第五幼儿园	马　迎	女
22	大兴区第七幼儿园	佟立娜	女
23	大兴区第五幼儿园	孙小义	女
24	大兴区第二幼儿园	谷　蕾	女

序　号	单　位	姓　名	性　别
25	大兴区第七幼儿园	鲍 彬	女
26	大兴区亦庄镇中心幼儿园	王玲玲	女
27	大兴区第一幼儿园	马笑娜	女
28	大兴区第七幼儿园	王 楠	女
29	大兴区民族幼儿园	孙 帅	女
30	大兴区第一幼儿园	耿 敬	女
31	大兴区第五幼儿园	武再红	女
32	大兴区第六幼儿园	肖亚芳	女
33	大兴区民族幼儿园	王 蕊	女
34	大兴区第三幼儿园	周 娜	女
35	大兴区第六幼儿园	赵秋艳	女
36	大兴区第一幼儿园	卞 铮	女
37	大兴区第四幼儿园	姜 娜	女
38	大兴区第七幼儿园	裴春蕊	女
39	大兴区第二幼儿园	李 征	女
40	大兴区黄村镇第一中心幼儿园	李 梅	女
41	大兴区亦庄第四中心幼儿园	谭亚静	女
42	大兴区第六幼儿园	郑丽芳	女
43	大兴区第一幼儿园	顾晴朗	女
44	大兴区第二幼儿园	陈 月	女
45	大兴区第二幼儿园	史凌云	女
46	大兴区民族幼儿园	张 征	女
47	大兴区第三幼儿园	韩晶晶	女
48	大兴区民族幼儿园	李 丽	女
49	大兴区第二幼儿园	刘 健	女

序　号	单　位	姓　名	性　别
50	大兴区第八幼儿园	张 翠	女
51	大兴区第三幼儿园	王 倩	女
52	大兴区青云店镇中心幼儿园	任双颖	女
53	大兴区西红门双语幼儿园	崔 娜	女
54	大兴区西红门双语幼儿园	钟 蕾	女
55	大兴区榆垡镇第一中心幼儿园	宁亚娇	女
56	大兴区黄村镇第二中心幼儿园	孟祥玲	女
57	大兴区亦庄第四中心幼儿园	丁晓萌	女
58	大兴区青云店镇中心幼儿园	金建秋	女
59	大兴区魏善庄镇第二中心幼儿园	邢 影	女
60	大兴区亦庄镇中心幼儿园	刘 芳	女
61	大兴区亦庄镇中心幼儿园	贾海燕	女
62	大兴区黄村镇第二中心幼儿园	朱小靖	女
63	大兴区魏善庄镇第一中心幼儿园	李 娜	女
64	大兴区庞各庄镇中心幼儿园	王 燕	女

大兴区小学学科骨干教师名录

序号	单位	姓名	性别	科目
1	北京第二实验小学大兴实验学校	姚凤清	女	英语
2	北京第二实验小学大兴实验学校	闫媛媛	女	语文
3	北京第二实验小学大兴实验学校	崔英	女	语文
4	北京第二实验小学大兴实验学校	姚林涛	男	数学
5	北京第二实验小学大兴实验学校	赵慧宇	女	音乐
6	北京景山学校大兴实验学校	孙刚成	男	科学
7	北京景山学校大兴实验学校	李俏	女	英语
8	北京市第二中学亦庄学校	孟昭婧	女	语文
9	北京小学大兴分校	关娜	女	科学
10	北京小学大兴分校	刘向东	女	美术
11	北京小学大兴分校	朱佳	女	信息技术
12	北京小学大兴分校	杜昕俣	男	音乐
13	北京小学大兴分校	陶怡	女	音乐
14	北京小学大兴分校	王颖	女	英语
15	北京小学大兴分校	李素亚	女	英语
16	北京小学大兴分校	张微	女	数学
17	北京小学大兴分校	梁山	女	数学
18	北京小学大兴分校	刘建新	女	数学
19	北京小学大兴分校	肖蕊	女	数学
20	北京小学大兴分校	郭金	女	数学
21	北京小学翡翠城分校	黄远	女	美术
22	北京小学翡翠城分校	赵电兴	男	体育
23	北京小学翡翠城分校	宋海楠	女	体育
24	北京小学翡翠城分校	王海婷	女	音乐

序　号	单　位	姓　名	性　别	科　目
25	北京小学翡翠城分校	赵宪辉	女	英语
26	北京小学翡翠城分校	张杰	男	英语
27	北京小学翡翠城分校	牛晓磊	女	语文
28	北京小学翡翠城分校	王锐锋	男	语文
29	北京小学翡翠城分校	刘佳	女	语文
30	北京小学翡翠城分校	李颖	女	语文
31	北京小学翡翠城分校	杨书杰	女	数学
32	北京小学翡翠城分校	崔海冬	男	数学
33	大兴区第一小学	张娜	女	英语
34	大兴区第一小学	于凤娟	女	英语
35	大兴区第一小学	蔡连昆	女	英语
36	大兴区第一小学	任亚娟	女	语文
37	大兴区第一小学	王继荣	女	语文
38	大兴区第一小学	勾宏帅	女	数学
39	大兴区第二小学	杜鹃	女	美术
40	大兴区第二小学	张金枝	女	品生
41	大兴区第二小学	李菁	女	体育
42	大兴区第二小学	王慧莲	女	英语
43	大兴区第二小学	王净	女	英语
44	大兴区第二小学	宋聪颖	女	语文
45	大兴区第二小学	王海霞	女	语文
46	大兴区第二小学	魏娟	女	数学
47	大兴区第二小学	任秀菊	女	数学
48	大兴区第二小学	张美玲	女	数学
49	大兴区第二小学	李军	女	数学

序　号	单　位	姓　名	性　别	科　目
50	大兴区第二小学	孙海	女	数学
51	大兴区第三小学	马爽	女	品生
52	大兴区第三小学	何静	女	音乐
53	大兴区第三小学	刘洪月	女	综合实践
54	大兴区第三小学	巴洪新	女	英语
55	大兴区第三小学	高媛媛	女	语文
56	大兴区第三小学	仇俊平	女	数学
57	大兴区第三小学	郭颖杰	女	数学
58	大兴区第三小学	杜菊花	女	数学
59	大兴区第三小学	王红英	女	数学
60	大兴区第四小学	李桃	女	英语
61	大兴区第四小学	姬艳红	女	数学
62	大兴区第四小学	张存秀	女	数学
63	大兴区第五小学	苏双鸽	女	美术
64	大兴区第五小学	颜昊哲	男	体育
65	大兴区第五小学	杨雪	女	音乐
66	大兴区第五小学	陈亚彬	女	英语
67	大兴区第五小学	李莉	女	英语
68	大兴区第五小学	张小青	女	语文
69	大兴区第五小学	李潘	女	语文
70	大兴区第五小学	张洁	女	语文
71	大兴区第五小学	李少玲	女	语文
72	大兴区第五小学	郝建双	女	数学
73	大兴区第五小学	王丹	女	数学
74	大兴区第五小学	田甜	女	数学

序　号	单　位	姓　名	性　别	科　目
75	大兴区第五小学	郭新玲	女	数学
76	大兴区第五小学	王颖	女	数学
77	大兴区第六小学	卢健	女	语文
78	大兴区第六小学	张春秋	女	数学
79	大兴区第六小学	陈静怡	女	数学
80	大兴区第七小学	蒙海侠	女	劳技
81	大兴区第七小学	裴克奎	男	体育
82	大兴区第七小学	高金华	女	语文
83	大兴区第七小学	马学丽	女	语文
84	大兴区第七小学	陈秀梅	女	数学
85	大兴区第八小学	李海侠	女	美术
86	大兴区第八小学	刘洁	女	综合实践
87	大兴区第八小学	郭山亮	男	英语
88	大兴区第八小学	郭伟	女	语文
89	大兴区第八小学	郭鸿	女	语文
90	大兴区第八小学	刘颖	女	语文
91	大兴区第八小学	贾素然	女	语文
92	大兴区第八小学	汤红芬	女	数学
93	大兴区第八小学	李秋冬	女	数学
94	大兴区第八小学	张青	女	数学
95	大兴区第九小学	觉雪峰	男	写字
96	大兴区第九小学	吴静	女	语文
97	大兴区第九小学	郝健	女	数学
98	大兴区第九小学	杨文亚	女	数学
99	大兴区第十小学	马娜	女	音乐

序　号	单　位	姓　名	性　别	科　目
100	大兴区第十小学	刘玉梅	女	语文
101	大兴区第十小学	于淑艳	女	语文
102	大兴区第十小学	高文美	女	数学
103	大兴区第十小学	杨玉芳	女	数学
104	北京师范大学大兴附属小学	韩振亮	男	美术
105	北京师范大学大兴附属小学	于海燕	女	美术
106	北京师范大学大兴附属小学	梁晓微	女	体育
107	北京师范大学大兴附属小学	屈国庆	男	信息技术
108	北京师范大学大兴附属小学	王囡囡	女	音乐
109	北京师范大学大兴附属小学	陈东华	女	英语
110	北京师范大学大兴附属小学	代建云	女	英语
111	北京师范大学大兴附属小学	闫旭	女	语文
112	北京师范大学大兴附属小学	李远	男	语文
113	北京师范大学大兴附属小学	赵海霞	女	语文
114	北京师范大学大兴附属小学	王继红	女	数学
115	北京师范大学大兴附属小学	李想	女	数学
116	北京师范大学大兴附属小学	史丽静	女	数学
117	大兴区滨河小学	周婵娟	女	品社
118	大兴区滨河小学	夏春杰	男	体育
119	大兴区滨河小学	王静雪	女	音乐
120	大兴区滨河小学	陈霞	女	语文
121	大兴区滨河小学	刘雁楠	女	语文
122	大兴区滨河小学	李舒环	女	数学
123	大兴区滨河小学	赵雪飞	女	数学
124	大兴区滨河小学	刘旋	女	数学

序号	单位	姓名	性别	科目
125	大兴区团河小学	侯绍颖	女	品社
126	大兴区团河小学	尹琳	女	英语
127	大兴区团河小学	李影辉	女	语文
128	大兴区团河小学	张玉芝	女	语文
129	大兴区团河小学	张淑俊	女	数学
130	大兴区枣园小学	卢秀香	女	美术
131	大兴区枣园小学	常丽君	女	综合实践
132	大兴区枣园小学	丁春凤	女	英语
133	大兴区枣园小学	马怡平	女	英语
134	大兴区枣园小学	段金宇	女	语文
135	大兴区枣园小学	鲍丽雅	女	语文
136	大兴区枣园小学	韩梦娇	女	语文
137	大兴区枣园小学	申静	女	语文
138	大兴区枣园小学	王菊	女	数学
139	大兴区安定中心小学	苏美凤	女	数学
140	大兴区安定中心小学	安立军	男	数学
141	大兴区安定中心小学	李树香	女	语文
142	大兴区北臧村镇中心小学	刘福苹	女	劳技
143	大兴区采育镇第一中心小学	裴春坡	男	科学
144	大兴区采育镇第一中心小学	王丙超	男	美术
145	大兴区采育镇第一中心小学	王琛	女	英语
146	大兴区采育镇第一中心小学	刘越	女	英语
147	大兴区采育镇第一中心小学	裴东华	女	语文
148	大兴区采育镇第一中心小学	孙伟	男	数学
149	大兴区采育镇第一中心小学	于洪波	男	体育

序　号	单　位	姓　名	性　别	科　目
150	大兴区采育镇第一中心小学	孙建新	女	数学
151	大兴区采育镇第一中心小学	闫凤颖	女	数学
152	大兴区采育镇第二中心小学	李凯	男	科学
153	大兴区采育镇第二中心小学	赵宏伟	男	数学
154	大兴区采育镇第三中心小学	邓陆芳	女	英语
155	大兴区采育镇第三中心小学	曹淑新	女	语文
156	大兴区长子营镇第一中心小学	李苹	女	写字
157	大兴区长子营镇第一中心小学	闫亚丽	女	英语
158	大兴区长子营镇第一中心小学	李秋建	女	语文
159	大兴区长子营镇第一中心小学	张淑桂	女	语文
160	大兴区长子营镇第一中心小学	郑凤林	男	数学
161	大兴区长子营镇第一中心小学	张春艳	女	英语
162	大兴区长子营镇第二中心小学	于金彪	男	体育
163	大兴区长子营镇第二中心小学	牛慧	女	音乐
164	大兴区长子营镇第二中心小学	张雨会	女	语文
165	大兴区长子营镇第二中心小学	王俊艳	女	数学
166	大兴区长子营镇第二中心小学	叶广欣	女	英语
167	大兴区黄村镇第一中心小学	龚娟	女	美术
168	大兴区黄村镇第一中心小学	付健美	女	体育
169	大兴区黄村镇第一中心小学	时淑雅	女	音乐
170	大兴区黄村镇第一中心小学	蒋琳琳	女	英语
171	大兴区黄村镇第一中心小学	张静	女	英语
172	大兴区黄村镇第一中心小学	王芳	女	英语
173	大兴区黄村镇第一中心小学	王霞	女	英语
174	大兴区黄村镇第一中心小学	马薇	女	语文

序号	单位	姓名	性别	科目
175	大兴区黄村镇第一中心小学	巴亚丹	女	语文
176	大兴区黄村镇第一中心小学	李迎臣	女	语文
177	大兴区黄村镇第一中心小学	张爱娟	女	语文
178	大兴区黄村镇第一中心小学	张淑梅	女	语文
179	大兴区黄村镇第一中心小学	师广梅	女	语文
180	大兴区黄村镇第一中心小学	潘锦	女	语文
181	大兴区黄村镇第一中心小学	赵东伟	女	语文
182	大兴区黄村镇第一中心小学	肖艳梅	女	语文
183	大兴区黄村镇第一中心小学	张军	女	语文
184	大兴区黄村镇第一中心小学	胡照楠	男	数学
185	大兴区黄村镇第一中心小学	黄巍	女	数学
186	大兴区黄村镇第一中心小学	闫瑾	女	语文
187	大兴区黄村镇第一中心小学	刘久红	女	语文
188	大兴区黄村镇第一中心小学	唐云	女	语文
189	大兴区黄村镇第一中心小学	李立红	女	语文
190	大兴区黄村镇第一中心小学	陈艳东	女	语文
191	大兴区黄村镇第一中心小学	张秋霜	女	数学
192	大兴区黄村镇第一中心小学	张秀娥	女	数学
193	大兴区黄村镇第一中心小学	陈新影	女	数学
194	大兴区黄村镇第一中心小学	孙平	女	数学
195	大兴区黄村镇第二中心小学	殷海涛	男	体育
196	大兴区黄村镇第二中心小学	姚九利	女	语文
197	大兴区黄村镇第二中心小学	孙士军	男	数学
198	大兴区黄村镇第二中心小学	任淑艳	女	综合实践
199	大兴区黄村镇第三中心小学	张春红	女	美术

序号	单位	姓名	性别	科目
200	大兴区黄村镇第三中心小学	张娟	女	科学
201	大兴区黄村镇第三中心小学	周文清	女	品社
202	大兴区黄村镇第三中心小学	刘二昆	女	数学
203	大兴区旧宫镇第一中心小学	马金花	女	美术
204	大兴区旧宫镇第一中心小学	马香茹	女	品社
205	大兴区旧宫镇第一中心小学	闫凤国	男	体育
206	大兴区旧宫镇第一中心小学	松明	女	英语
207	大兴区旧宫镇第一中心小学	高霞	女	英语
208	大兴区旧宫镇第一中心小学	王颖慧	女	英语
209	大兴区旧宫镇第一中心小学	高俊英	女	语文
210	大兴区旧宫镇第一中心小学	张淑田	女	数学
211	大兴区旧宫镇第二中心小学	陈丽静	女	美术
212	大兴区旧宫镇第二中心小学	张洪亮	男	品社
213	大兴区旧宫镇第二中心小学	季玉环	女	数学
214	大兴区礼贤镇第一中心小学	白亚娟	女	语文
215	大兴区礼贤镇第一中心小学	张久海	男	语文
216	大兴区礼贤镇第一中心小学	马秀芳	女	语文
217	大兴区礼贤镇第一中心小学	王伟	女	数学
218	大兴区礼贤镇第一中心小学	谭亚娜	女	品生
219	大兴区礼贤镇第一中心小学	郭永林	男	体育
220	大兴区礼贤镇第一中心小学	马俊芳	女	英语
221	大兴区礼贤镇第一中心小学	孙占玲	女	语文
222	大兴区礼贤镇第二中心小学	李建萍	女	品社
223	大兴区礼贤镇第二中心小学	刘影	女	语文
224	大兴区礼贤镇第二中心小学	韩硕	女	数学

序号	单位	姓名	性别	科目
225	大兴区礼贤镇第二中心小学	刘宝川	女	美术
226	大兴区礼贤镇第二中心小学	赵玉梅	女	语文
227	大兴区庞各庄镇第一中心小学	佟玲玲	女	美术
228	大兴区庞各庄镇第一中心小学	石佳	女	语文
229	大兴区庞各庄镇第一中心小学	郭然	男	数学
230	大兴区庞各庄镇第一中心小学	焦臣	女	数学
231	大兴区庞各庄镇第二中心小学	路敬	女	科学
232	大兴区庞各庄镇第二中心小学	赵宏艳	女	综合实践
233	大兴区庞各庄镇第二中心小学	何兰兰	女	语文
234	大兴区庞各庄镇第二中心小学	任振丽	女	数学
235	大兴区庞各庄镇第二中心小学	祝薇	女	数学
236	大兴区青云店镇第一中心小学	杨建	男	科学
237	大兴区青云店镇第一中心小学	靳连成	男	语文
238	大兴区青云店镇第一中心小学	刘竞争	女	语文
239	大兴区青云店镇第一中心小学	刘晶	女	语文
240	大兴区青云店镇第一中心小学	刘京京	女	数学
241	大兴区青云店镇第一中心小学	张洪侠	女	数学
242	大兴区青云店镇第二中心小学	李东生	男	英语
243	大兴区青云店镇第二中心小学	李立	女	语文
244	大兴区青云店镇第二中心小学	魏星	女	语文
245	大兴区魏善庄镇第一中心小学	王雪艳	女	英语
246	大兴区魏善庄镇第一中心小学	刘峥	女	英语
247	大兴区魏善庄镇第一中心小学	毕木蕊	女	语文
248	大兴区魏善庄镇第一中心小学	郝振栋	男	语文
249	大兴区魏善庄镇第一中心小学	张克奇	男	数学

序　号	单　位	姓　名	性　别	科　目
250	大兴区魏善庄镇第一中心小学	郝艳方	女	数学
251	大兴区魏善庄镇第一中心小学	张立华	女	语文
252	大兴区魏善庄镇第一中心小学	李娜	女	语文
253	大兴区魏善庄镇第二中心小学	戴亚芳	女	语文
254	大兴区魏善庄镇第二中心小学	傅景丽	女	劳技
255	大兴区亦庄镇第一中心小学	张继强	男	体育
256	大兴区亦庄镇第一中心小学	张蕾	女	语文
257	大兴区亦庄镇第一中心小学	陈晶	女	语文
258	大兴区亦庄镇第一中心小学	杜立芳	女	语文
259	大兴区亦庄镇第一中心小学	张文雪	女	语文
260	大兴区亦庄镇第一中心小学	马莹	女	语文
261	大兴区亦庄镇第一中心小学	白静	女	数学
262	大兴区亦庄镇第一中心小学	郎明月	女	体育
263	大兴区亦庄镇第一中心小学	张金平	女	英语
264	大兴区亦庄镇第一中心小学	周晶	女	英语
265	大兴区亦庄镇第一中心小学	魏爱民	女	数学
266	大兴区亦庄镇第二中心小学	张勇	男	体育
267	大兴区亦庄镇第二中心小学	邹威武	女	美术
268	大兴区亦庄镇第二中心小学	陈宇	女	音乐
269	大兴区亦庄镇第二中心小学	张广阔	女	语文
270	大兴区亦庄镇第二中心小学	谷春暖	女	数学
271	大兴区瀛海镇第一中心小学	王苗杰	女	科学
272	大兴区瀛海镇第一中心小学	牛孟军	男	体育
273	大兴区瀛海镇第一中心小学	吴丹	女	音乐
274	大兴区瀛海镇第一中心小学	左秋霞	女	语文
275	大兴区瀛海镇第一中心小学	齐顺格	女	数学
276	大兴区瀛海镇第一中心小学	扈建伟	女	数学

序　号	单　位	姓　名	性　别	科　目
277	大兴区瀛海镇第二中心小学	孙培培	女	数学
278	大兴区瀛海镇第二中心小学	王洪靖	女	数学
279	大兴区瀛海镇第二中心小学	孟庆玲	女	数学
280	大兴区瀛海镇第二中心小学	郁有丽	女	语文
281	大兴区瀛海镇第二中心小学	杨学东	男	数学
282	大兴区榆垡镇第一中心小学	李昆	女	语文
283	大兴区榆垡镇第一中心小学	李玉东	男	科学
284	大兴区榆垡镇第一中心小学	李春玲	女	英语
285	大兴区榆垡镇第一中心小学	魏微	女	数学
286	大兴区榆垡镇第一中心小学	鲍春雪	女	数学
287	大兴区榆垡镇第二中心小学	纪凤鹏	男	语文
288	大兴区榆垡镇第二中心小学	夏东辉	女	语文
289	大兴区榆垡镇第二中心小学	郭晶	女	英语
290	大兴区金海学校	姜艳	女	英语
291	大兴区金海学校	赵莲	女	语文
292	大兴区金海学校	李俊京	女	语文
293	大兴区金海学校	张燕	女	语文
294	大兴区金海学校	郑凤瑞	女	语文
295	大兴区金海学校	张敏	女	数学
296	大兴区金海学校	景艳艳	女	数学
297	大兴区金海学校	张艳	女	美术
298	大兴区金海学校	邱士洋	女	品社
299	大兴区金海学校	汪秀红	女	语文
300	大兴区兴海学校	宁春娇	女	英语
301	大兴区兴海学校	张雨	男	语文
302	大兴区特殊教育中心	张丽颖	女	数学

大兴区中学学科骨干教师名录

序　号	单　位	姓　名	性　别	科　目
1	大兴区第一中学	张韩妮	女	政治
2	大兴区第一中学	周海峰	女	语文
3	大兴区第一中学	赵远华	女	语文
4	大兴区第一中学	薛梅	女	语文
5	大兴区第一中学	薛凤瑜	女	语文
6	大兴区第一中学	矫雪莲	女	语文
7	大兴区第一中学	郝学萍	女	语文
8	大兴区第一中学	赵光辉	女	英语
9	大兴区第一中学	杨燕	女	英语
10	大兴区第一中学	吴宇辉	女	英语
11	大兴区第一中学	王亚军	女	英语
12	大兴区第一中学	马志新	女	英语
13	大兴区第一中学	代庆贺	男	英语
14	大兴区第一中学	戎丽	女	音乐
15	大兴区第一中学	王爱民	女	物理
16	大兴区第一中学	梁乃丽	女	物理
17	大兴区第一中学	李文良	男	物理
18	大兴区第一中学	高景龙	男	物理
19	大兴区第一中学	张秀春	女	数学
20	大兴区第一中学	杨清静	女	数学
21	大兴区第一中学	康成顺	男	数学
22	大兴区第一中学	张腊梅	女	美术
23	大兴区第一中学	赵建玲	女	历史
24	大兴区第一中学	李明亮	男	历史

序　号	单　位	姓　名	性　别	科　目
25	大兴区第一中学	迟丽霞	女	历史
26	大兴区第一中学	周庆华	男	化学
27	大兴区第一中学	周军怀	男	地理
28	大兴区第一中学	滑丽萍	女	地理
29	大兴区第三中学	李雪明	女	政治
30	大兴区第三中学	徐常秀	男	语文
31	大兴区第三中学	肖林林	女	语文
32	大兴区第三中学	王京丽	女	语文
33	大兴区第三中学	马博	女	语文
34	大兴区第三中学	刘洪燕	女	语文
35	大兴区第三中学	刘飞	女	语文
36	大兴区第三中学	李美玲	女	语文
37	大兴区第三中学	傅建平	女	语文
38	大兴区第三中学	臧颖	女	英语
39	大兴区第三中学	田杰	女	英语
40	大兴区第三中学	梁慧媛	女	英语
41	大兴区第三中学	李玉善	女	英语
42	大兴区第三中学	李影	女	英语
43	大兴区第三中学	代玉会	女	英语
44	大兴区第三中学	孙艳	女	物理
45	大兴区第三中学	刘婷	女	物理
46	大兴区第三中学	杨再勇	男	数学
47	大兴区第三中学	师春红	女	数学
48	大兴区第三中学	李素坤	女	数学
49	大兴区第三中学	李素坤	女	数学

序号	单位	姓名	性别	科目
50	大兴区第三中学	顾丽娟	女	化学
51	大兴区第四中学	杨立春	女	语文
52	大兴区第四中学	冷红梅	女	语文
53	大兴区第四中学	陈新伟	女	英语
54	大兴区第四中学	巴洪方	女	英语
55	大兴区第四中学	徐长永	男	信息技术
56	大兴区第四中学	王艳	女	体育
57	大兴区第四中学	李忠艳	女	化学
58	大兴区第四中学	孙锦霞	女	地理
59	大兴区第五中学	高绚丽	女	政治
60	大兴区第五中学	赵国良	男	语文
61	大兴区第五中学	孔艳萍	女	语文
62	大兴区第五中学	赵广侠	女	英语
63	大兴区第五中学	张松燕	女	英语
64	大兴区第五中学	李晓燕	女	英语
65	大兴区第五中学	郎彬彬	女	英语
66	大兴区第五中学	王智慧	女	信息技术
67	大兴区第五中学	张杰	女	物理
68	大兴区第五中学	孙兵	男	物理
69	大兴区第五中学	郭胜男	女	物理
70	大兴区第五中学	赵胜慧	男	数学
71	大兴区第五中学	王燕	女	数学
72	大兴区第五中学	狄树琴	女	数学
73	大兴区第五中学	朱立凤	女	美术
74	大兴区第五中学	唐静	女	美术

序号	单位	姓名	性别	科目
75	大兴区第五中学	闫梅茹	女	化学
76	大兴区第五中学	刘绯	女	化学
77	大兴区第六中学	毛悦	女	语文
78	大兴区第六中学	顾新爽	女	语文
79	大兴区第六中学	范玲	女	音乐
80	大兴区第六中学	杨辉	女	心理
81	大兴区第六中学	刘玉晶	女	物理
82	大兴区第六中学	孔凡红	女	化学
83	大兴区第六中学	于万杰	女	语文
84	大兴区第七中学	芦春霞	女	政治
85	大兴区第七中学	刘金霞	女	政治
86	大兴区第七中学	高懿蕾	女	政治
87	大兴区第七中学	张玉冰	女	语文
88	大兴区第七中学	吴连才	男	语文
89	大兴区第七中学	王秀珍	女	语文
90	大兴区第七中学	王方华	女	语文
91	大兴区第七中学	孟凡玲	女	语文
92	大兴区第七中学	耿芝灵	女	语文
93	大兴区第七中学	赵亚娟	女	英语
94	大兴区第七中学	王薇薇	女	英语
95	大兴区第七中学	祁娇	女	英语
96	大兴区第七中学	梁爽	女	英语
97	大兴区第七中学	郝雅茜	女	英语
98	大兴区第七中学	郭瑞莲	女	英语
99	大兴区第七中学	陈阳	女	英语

序　号	单　位	姓　名	性　别	科　目
100	大兴区第七中学	吕月杰	女	物理
101	大兴区第七中学	陈美娥	女	物理
102	大兴区第七中学	刘彦波	女	数学
103	大兴区第七中学	李尚荣	男	数学
104	大兴区第七中学	张颖	女	生物
105	大兴区第七中学	隋凤	女	历史
106	大兴区第七中学	张卓妍	女	化学
107	大兴区第七中学	李文忠	男	化学
108	大兴区第七中学	张兰	女	地理
109	大兴区第七中学	王靖	女	地理
110	大兴区第八中学	孙丽丽	女	语文
111	大兴区第八中学	张建新	女	英语
112	大兴区第八中学	孙宝莅	女	英语
113	大兴区第八中学	柳建伟	女	英语
114	大兴区第八中学	李玉梅	女	英语
115	大兴区第八中学	李娜	女	英语
116	大兴区第八中学	黄莉	女	英语
117	大兴区第八中学	李莉	女	音乐
118	大兴区第八中学	信欣	女	心理
119	大兴区第八中学	李淑梅	女	通技
120	大兴区第八中学	王海涛	男	体育
121	大兴区第八中学	林月华	女	体育
122	大兴区第八中学	冯军红	女	体育
123	大兴区第八中学	张海云	女	数学
124	大兴区第八中学	徐丹丹	女	数学

序　号	单　位	姓　名	性　别	科　目
125	大兴区第八中学	芦金兰	女	生物
126	大兴区第八中学	陈艳红	女	生物
127	大兴区第八中学	张影	女	化学
128	大兴区第八中学	康云	女	化学
129	大兴区第八中学	郝建梅	女	化学
130	北京师范大学大兴附属中学	赵璠	女	政治
131	北京师范大学大兴附属中学	孙敏	女	政治
132	北京师范大学大兴附属中学	邵茜	女	政治
133	北京师范大学大兴附属中学	赫艳华	女	政治
134	北京师范大学大兴附属中学	杨冬一	女	语文
135	北京师范大学大兴附属中学	沙丹	女	语文
136	北京师范大学大兴附属中学	任广军	女	语文
137	北京师范大学大兴附属中学	马丽娜	女	语文
138	北京师范大学大兴附属中学	崔雨	女	语文
139	北京师范大学大兴附属中学	陈大伟	男	语文
140	北京师范大学大兴附属中学	吴立英	女	英语
141	北京师范大学大兴附属中学	王银萍	女	英语
142	北京师范大学大兴附属中学	田颖	女	英语
143	北京师范大学大兴附属中学	孙若男	女	英语
144	北京师范大学大兴附属中学	刘欣	女	英语
145	北京师范大学大兴附属中学	刘芳	女	英语
146	北京师范大学大兴附属中学	王东亮	女	信息技术
147	北京师范大学大兴附属中学	闫龙舞	女	心里
148	北京师范大学大兴附属中学	朱荷瑾	女	物理
149	北京师范大学大兴附属中学	连宝亮	男	体育

序　号	单　位	姓　名	性　别	科　目
150	北京师范大学大兴附属中学	李彦静	女	体育
151	北京师范大学大兴附属中学	许仁杰	男	数学
152	北京师范大学大兴附属中学	李雪伶	女	数学
153	北京师范大学大兴附属中学	韩颖	女	数学
154	北京师范大学大兴附属中学	常丽娟	女	数学
155	北京师范大学大兴附属中学	邹帅	女	生物
156	北京师范大学大兴附属中学	路文龙	男	化学
157	北京师范大学大兴附属中学	陆放	女	化学
158	北京师范大学大兴附属中学	刘宏	女	化学
159	北京师范大学大兴附属中学	陈医嘉	女	化学
160	北京师范大学大兴附属中学	史民霞	女	地理
161	首都师范大学大兴附属中学	张伟	女	政治
162	首都师范大学大兴附属中学	魏玉兰	女	政治
163	首都师范大学大兴附属中学	郑宁宁	女	语文
164	首都师范大学大兴附属中学	于澜	女	语文
165	首都师范大学大兴附属中学	尹丽敏	女	语文
166	首都师范大学大兴附属中学	王秀慧	女	语文
167	首都师范大学大兴附属中学	邵建霞	女	语文
168	首都师范大学大兴附属中学	白洁	女	英语
169	首都师范大学大兴附属中学	王爽	女	信息技术
170	首都师范大学大兴附属中学	李晓林	男	信息技术
171	首都师范大学大兴附属中学	孟雷	男	物理
172	首都师范大学大兴附属中学	李颖	女	物理
173	首都师范大学大兴附属中学	桑石山	男	通用技术
174	首都师范大学大兴附属中学	张宝娥	女	体育

序号	单位	姓名	性别	科目
175	首都师范大学大兴附属中学	赵连亭	女	数学
176	首都师范大学大兴附属中学	韦艳	女	数学
177	首都师范大学大兴附属中学	孔祥红	女	数学
178	首都师范大学大兴附属中学	宁亚会	女	生物
179	首都师范大学大兴附属中学	李君	女	生物
180	首都师范大学大兴附属中学	何卫东	女	美术
181	首都师范大学大兴附属中学	张霞芳	女	化学
182	首都师范大学大兴附属中学	孙会兰	女	化学
183	首都师范大学大兴附属中学	董秀杰	女	化学
184	首都师范大学大兴附属中学	曹凤鸣	女	化学
185	北京市第八中学亦庄分校	普东高	男	劳技
186	北京市第二中学亦庄学校	曲淑清	女	数学
187	北京市第二中学亦庄学校	刘彩云	女	历史
188	北京市第二中学亦庄学校	周京媛	女	体育
189	北京市第二中学亦庄学校	江培英	女	语文
190	北京市第二中学亦庄学校	胡爱江	女	化学
191	北京市第十四中学大兴安定分校	杨东亚	女	语文
192	北京市第十四中学大兴安定分校	闫翠景	女	语文
193	北京市第十四中学大兴安定分校	马涛	女	语文
194	北京市第十四中学大兴安定分校	王立芬	女	英语
195	北京市第十四中学大兴安定分校	韩秀英	女	英语
196	北京市第十四中学大兴安定分校	张九兴	男	物理
197	北京市第十四中学大兴安定分校	王静	女	物理
198	北京市第十四中学大兴安定分校	孟凡丽	女	物理
199	北京市第十四中学大兴安定分校	李君	女	数学

序　号	单　位	姓　名	性　别	科　目
200	北京市第十四中学大兴安定分校	韩俊雷	男	数学
201	北京市第十四中学大兴安定分校	赵秋燕	女	语文
202	北京市第十四中学大兴安定分校	福洪亮	男	英语
203	大兴区北臧村中学	赵金菊	女	物理
204	大兴区北臧村中学	杨海静	女	数学
205	大兴区北臧村中学	侯国辉	男	信息
206	大兴区采育中学	裴国良	男	政治
207	大兴区采育中学	傅桂青	女	英语
208	大兴区采育中学	刘征	女	数学
209	大兴区采育中学	王俊红	女	化学
210	大兴区采育中学	孟洪伟	男	数学
211	大兴区采育中学	李会姣	女	化学
212	大兴区采育中学	郭燕霞	女	物理
213	大兴区采育中学	范有武	男	英语
214	大兴区长子营中学	何天宁	女	语文
215	大兴区长子营中学	陈素霜	女	语文
216	大兴区长子营中学	耿丽娜	女	英语
217	大兴区长子营中学	张敬国	男	数学
218	大兴区长子营中学	刘文娟	女	数学
219	大兴区长子营中学	矫宗良	男	数学
220	大兴区长子营中学	张颖	男	数学
221	大兴区长子营中学	张海莲	女	语文
222	大兴区长子营中学	胡志永	男	物理
223	大兴区长子营中学	常春颖	女	语文
224	大兴区大辛庄中学	宁莉莉	女	数学

序　号	单　位	姓　名	性　别	科　目
225	大兴区大辛庄中学	马钟华	女	历史
226	大兴区大辛庄中学	高武臣	男	英语
227	大兴区德茂中学	杨志勇	男	政治
228	大兴区德茂中学	张英	女	语文
229	大兴区德茂中学	宋玲杰	女	语文
230	大兴区德茂中学	王兵兵	女	英语
231	大兴区德茂中学	段飞飞	女	英语
232	大兴区德茂中学	姬春荣	女	音乐
233	大兴区德茂中学	杨春红	女	信息
234	大兴区德茂中学	禚伟	男	数学
235	大兴区德茂中学	李艳菊	女	数学
236	大兴区德茂中学	刘娜	女	历史
237	大兴区德茂中学	崔志宏	女	地理
238	大兴区德茂中学	王海燕	女	语文
239	大兴区德茂中学	刘涛	男	体育
240	大兴区德茂中学	韩大伟	男	音乐
241	大兴区德茂中学	郭然	女	语文
242	大兴区德茂中学	付平平	女	化学
243	大兴区德茂中学	方雄玉	男	物理
244	大兴区定福庄中学	张艳	女	音乐
245	大兴区定福庄中学	王嘉平	女	英语
246	大兴区垡上中学	王继红	女	语文
247	大兴区垡上中学	王国宏	女	语文
249	大兴区垡上中学	陈康	女	语文
250	大兴区垡上中学	周红	女	音乐

序　号	单　位	姓　名	性　别	科　目
251	大兴区垡上中学	韩艳茹	女	数学
252	大兴区凤河营中学	闫明伟	女	语文
253	大兴区凤河营中学	胡晶晶	女	语文
254	大兴区郭家务中学	贾建娜	女	语文
255	大兴区郭家务中学	刘伟	女	化学
256	大兴区郭家务中学	张新宇	男	语文
257	大兴区郭家务中学	殷京红	女	政治
258	大兴区郭家务中学	高素敏	女	数学
259	大兴区郭家务中学	巴雪嵩	女	英语
260	大兴区红星中学	王丽娟	女	数学
261	大兴区红星中学	苏佳佳	女	历史
262	大兴区金海学校	周岩	女	数学
263	大兴区金海学校	姜久娜	女	数学
264	大兴区金海学校	高文红	女	历史
265	大兴区金海学校	周敬	女	生物
266	大兴区旧宫中学	杨冬连	女	英语
267	大兴区旧宫中学	曾孝奎	男	体育
268	大兴区旧宫中学	金鑫	女	数学
269	大兴区旧宫中学	赵秀凤	女	生物
270	大兴区旧宫中学	赵勇	男	数学
271	大兴区旧宫中学	张倩	女	历史
272	大兴区旧宫中学	徐贵芳	女	英语
273	大兴区旧宫中学	潘巍	男	化学
274	大兴区旧宫中学	林辉	女	地理
275	大兴区旧宫中学	姜丽	女	政治

序　号	单　位	姓　名	性　别	科　目
276	大兴区狼垡中学	屈连凤	女	语文
277	大兴区狼垡中学	陈建明	女	语文
278	大兴区狼垡中学	王雷	男	数学
279	大兴区狼垡中学	霍红霞	女	数学
280	大兴区狼垡中学	高媛	女	历史
281	大兴区狼垡中学	张华	女	语文
282	大兴区狼垡中学	曾志云	女	英语
283	大兴区狼垡中学	韩亚彬	女	语文
284	大兴区礼贤民族中学	柔致超	男	语文
285	大兴区礼贤民族中学	刘爱青	女	语文
286	大兴区礼贤民族中学	高振美	女	语文
287	大兴区礼贤民族中学	王亚玲	女	数学
288	大兴区礼贤民族中学	张欣	女	美术
289	大兴区庞各庄中学	李冰雪	女	语文
290	大兴区庞各庄中学	张平	女	音乐
291	大兴区庞各庄中学	王会欣	女	劳技
292	大兴区庞各庄中学	杨自波	女	物理
293	大兴区庞各庄中学	刘新	女	物理
294	大兴区庞各庄中学	杨继宇	女	语文
295	大兴区庞各庄中学	吴琼	女	数学
296	大兴区庞各庄中学	王强	男	化学
297	大兴区庞各庄中学	李洪伟	女	英语
298	大兴区青云店中学	刘凤兰	女	英语
299	大兴区青云店中学	张春吉	男	体育
300	大兴区青云店中学	王丽娜	女	数学

序　号	单　位	姓　名	性　别	科　目
301	大兴区青云店中学	赵静涛	女	英语
302	大兴区青云店中学	马贺	女	英语
303	大兴区青云店中学	罗广文	男	数学
304	大兴区孙村中学	孙雅贤	女	语文
305	大兴区孙村中学	徐平	女	英语
306	大兴区孙村中学	常俊玲	女	物理
307	大兴区孙村中学	杨颖聪	女	数学
308	大兴区孙村中学	张海竺	女	音乐
309	大兴区孙村中学	谷维军	男	数学
310	大兴区太和中学	杨娜	女	语文
311	大兴区太和中学	杨檬	女	数学
312	大兴区太和中学	陈颖	女	地理
313	大兴区太和中学	张雪	女	化学
314	大兴区太和中学	冯文珍	女	政治
315	大兴区魏善庄中学	王大成	男	美术
316	大兴区魏善庄中学	申美华	女	历史
317	大兴区魏善庄中学	田德红	女	语文
318	大兴区魏善庄中学	李凤霞	女	物理
319	大兴区魏善庄中学	焦艳芳	女	物理
320	大兴区魏善庄中学	张娇	女	地理
321	大兴区魏善庄中学	周凤娟	女	语文
322	大兴区魏善庄中学	龙金莲	女	语文
323	大兴区魏善庄中学	王英韫	女	数学
324	大兴区魏善庄中学	李秀娟	女	数学
325	大兴区魏善庄中学	范桂利	女	数学

序号	单位	姓名	性别	科目
326	大兴区魏善庄中学	陈广欣	女	数学
327	大兴区魏善庄中学	刘芬	女	地理
328	大兴区魏善庄中学	张秀华	男	英语
329	大兴区魏善庄中学	张蕾	女	语文
330	大兴区魏善庄中学	王佳	女	英语
331	大兴区魏善庄中学	孙红莲	女	物理
332	大兴区魏善庄中学	乔宗超	女	语文
333	大兴区魏善庄中学	刘玉丹	女	数学
334	大兴区魏善庄中学	刘秋红	女	物理
335	大兴区兴海学校	张永红	女	政治
336	大兴区兴海学校	薛勋	男	物理
337	大兴区兴海学校	周妹	女	语文
338	大兴区兴海学校	任宝贵	男	历史
339	大兴区兴海学校	祁宣	女	地理
340	大兴区兴海学校	祁桂秀	女	数学
341	大兴区兴华中学	张秀云	女	语文
342	大兴区兴华中学	刘影	女	语文
343	大兴区兴华中学	郭海飞	女	语文
344	大兴区兴华中学	赵南	女	英语
345	大兴区兴华中学	白俊武	男	英语
346	大兴区兴华中学	朱晓	女	信息
347	大兴区兴华中学	高丽丽	女	物理
348	大兴区兴华中学	包建娇	女	物理
349	大兴区兴华中学	贾卫东	男	体育
350	大兴区兴华中学	杨娜	女	数学

序　号	单　位	姓　名	性　别	科　目
351	大兴区兴华中学	轩超	女	数学
352	大兴区兴华中学	马永红	女	数学
353	大兴区兴华中学	马利荣	女	生物
354	大兴区兴华中学	高亚丽	女	劳技
355	大兴区兴华中学	闫花妮	女	化学
356	大兴区亦庄中学	李雪	女	英语
357	大兴区亦庄中学	王春喜	男	生物
358	大兴区亦庄中学	李海永	男	物理
359	大兴区榆垡中学	张大龙	男	政治
360	大兴区榆垡中学	周宇芹	女	英语
361	大兴区榆垡中学	郑艳梅	女	英语
362	大兴区榆垡中学	张颖	女	心理
363	大兴区榆垡中学	张亚芳	女	物理
364	大兴区榆垡中学	王宇辉	男	物理
365	大兴区榆垡中学	殷少兵	男	体育
366	大兴区榆垡中学	胡媛媛	女	数学
367	大兴区榆垡中学	张艳秋	女	历史
368	大兴区榆垡中学	赵红霞	女	英语
369	大兴区榆垡中学	原传江	男	数学
370	大兴区榆垡中学	余清叶	女	语文
371	大兴区榆垡中学	宋玉珠	女	语文
372	大兴区榆垡中学	韩俊明	女	心理
373	大兴区榆垡中学	高旭利	女	数学

大兴区职业学校学科骨干教师名录

序　号	单　位	姓　名	性　别	科　目
1	大兴区第一职业学校	刘晓颖	女	语文
2	大兴区第一职业学校	张颂	女	机械
3	大兴区第一职业学校	李政哲	男	政治
4	大兴区第一职业学校	纪春旺	男	排版设计
5	大兴区第一职业学校	卢佳东	女	中间画
6	大兴区第一职业学校	孙守双	男	民航史地知识概述 民航法律法规与实务
7	大兴区第一职业学校	李永刚	男	数控机床
8	大兴区第一职业学校	高长燕	女	办公软件及应用
9	大兴区第一职业学校	李海燕	女	礼仪
10	大兴区第一职业学校	曲文红	女	政治
11	大兴区第一职业学校	苏晓慧	女	英语
12	大兴区第一职业学校	张立佳	男	动态网站设计
13	大兴区第一职业学校	贾丽娜	女	静态网站设计
14	大兴区第一职业学校	周亚粹	女	语文
15	大兴区第一职业学校	秦永春	男	网络服务器配置与管理
16	大兴区第一职业学校	闫彦	女	平面制图
17	大兴区第一职业学校	刘巍	女	数学
18	大兴区第一职业学校	张红霞	女	机械
19	大兴区第一职业学校	高玉敏	女	语文
20	大兴区第一职业学校	李丹	女	音乐
21	大兴区第一职业学校	熊丽秋	女	汽车底盘
22	大兴区第一职业学校	王欣	女	数学
23	大兴区第二职业学校	李亚静	女	数学

序　号	单　位	姓　名	性　别	科　目
24	大兴区第二职业学校	张艳	女	专业英语
25	大兴区第二职业学校	王艳杰	女	计算机
26	大兴区第二职业学校	王颖超	女	数学
27	大兴区第二职业学校	方雨	女	德育
28	大兴区第二职业学校	闫晶	女	专业英语
29	大兴区第二职业学校	李媛媛	女	专业英语
30	大兴区第二职业学校	韩秀霞	女	语文
31	大兴区第二职业学校	张昆	女	化学
32	大兴区第二职业学校	刘兰芬	女	计算机
33	大兴区第二职业学校	谭俊芬	女	计算机
34	大兴区第二职业学校	蔚科	男	平面设计
35	大兴区第二职业学校	葛娜	女	语文
36	大兴区第二职业学校	段京南	男	电工
37	大兴区第二职业学校	刘明辉	女	机械制图
38	大兴区第二职业学校	王昆	女	基础会计
39	大兴区第二职业学校	马海舰	男	专业英语
40	大兴区第二职业学校	王明坤	女	数学
41	大兴区第二职业学校	胡春艳	女	政治
42	大兴区第二职业学校	张润	女	语文
43	大兴区第二职业学校	辛雪	女	生物
44	大兴区第二职业学校	于世伟	男	机械
45	大兴区第二职业学校	王红岭	女	钳工

大兴区科研骨干教师名录

序　号	单　位	姓　名	性　别
1	北京市第二中学亦庄学校	张雯	女
2	大兴区第四中学	侯爱芹	女
3	大兴区第五中学	孙福顺	男
4	大兴区第七中学	杜喜娟	女
5	大兴区第八中学	刘志	男
6	大兴区长子营中学	崔树清	女
7	大兴区长子营中学	李海影	女
8	大兴区大辛庄中学	刘玉姝	女
9	大兴区旧宫中学	卢秋蓝	女
10	大兴区庞各庄中学	高振沧	男
11	大兴区青云店中学	杨婕	女
12	大兴区魏善庄中学	鲍雅利	女
13	大兴区兴华中学	赵媛媛	女
14	北京小学大兴分校	王娜	女
15	大兴区第一小学	王清超	女
16	大兴区第二小学	曹书芹	女
17	大兴区第二小学	郭红伟	女
18	大兴区第五小学	范素辉	女
19	大兴区第八小学	张景春	女
20	大兴区第十小学	高爱军	女
21	大兴区第十小学	王秀娥	女
22	大兴区枣园小学	李盛琦	女
23	大兴区黄村镇第一中心小学	赵书会	女
24	大兴区黄村镇第一中心小学	赵颖	女

序　号	单　位	姓　名	性　别
25	大兴区黄村镇第三中心小学	李艳	女
26	大兴区黄村镇第三中心小学	程术民	女
27	大兴区旧宫镇第二中心小学	张伟	女
28	大兴区礼贤镇第一中心小学	张凤丽	女
29	大兴区榆垡镇第二中心小学	纪中生	男
30	大兴区金海学校	石春梅	女

大兴区科技骨干教师名录

序　号	单　位	姓　名	性　别	科　目
1	大兴区第一中学	薛金华	男	劳动技术
2	大兴区第三中学	李春雷	男	物理
3	大兴区第八中学	刘维维	女	信息技术
4	北京师范大学大兴附属中学	李洁	男	信息技术
5	大兴区采育中学	高军	男	劳动技术
6	大兴区第一小学	许明珠	女	科技、英语
7	大兴区第三小学	李魁	男	信息技术
8	大兴区第五小学	何振永	男	劳动技术
9	大兴区黄村镇第一中心小学	魏杰	女	综合实践
10	大兴区长子营第一中心小学	孟庆旭	男	综合实践
11	大兴区长子营镇第二中心小学	张友杰	男	信息技术
12	大兴区少年宫	申树航	男	科技模型

大兴区辅导员骨干教师名录

序　号	单　位	姓　名	性　别
1	北京第二实验小学大兴实验学校	房炳云	女
2	北京小学大兴分校	于海涛	女
3	大兴区第五小学	张丽	女
4	大兴区第七小学	邓海涛	女
5	大兴区枣园小学	张宇迪	女
6	大兴区采育镇第三中心小学	刘彤	女
7	大兴区黄村镇第一中心小学	李妲	女
8	大兴区黄村镇第三中心小学	李素芝	女
9	大兴区旧宫镇第二中心小学	韩咏梅	女
10	大兴区庞各庄镇第二中心小学	刘斌	女

大兴区校外教育骨干教师名录

序　号	单　位	姓　名	性　别	科　目
1	大兴区少年宫	孙风广	男	航空模型
2	大兴区少年宫	王桂荣	女	英语
3	大兴区少年宫	程德玲	女	文学写作
4	大兴区少年宫	李艳	女	钢琴
5	大兴区少年宫	王雷	男	绘画
6	大兴区少年宫	张琦	女	绘画

教育机构名录

中共大兴区教育工委、教委、教育工会领导

序号	职　务	姓名	办公室电话
1	区委教育工委书记、区教委主任	李达	69242022
2	区教委党组书记、区委教育工委副书记、区政府教育督导室主任	李广成	69235399
3	区教委党组成员、副主任	扈岩江	69222899
4	区教委党组成员、副主任	王滨	69246357
5	区委教育工委委员、纪工委书记	王翠华	81296358
6	区教委副主任	安有文	69201179
7	区政府教育督导室副主任	周艳芝	69294799
8	区委教育工委委员、区教育工会主席	杨子仲	81296378
9	区教委副主任（挂职2011.8起）	马二军	69205265

大兴区教委机关科室负责人

序号	部 门	姓 名	职 务	办公室电话
1	组宣科	庄卫华，李小凯（2011.8起）	科长	81296376
2	行政办公室	石凤玲	主任	81296340
3	中教科	韩宝刚	科长（兼）	81296395
4	小教科	周爱彬	科长	81296353
5	学前科	李志霜	科长	81296362
6	职成科	李小凯，王启囤（2011.8起）	主持工作	81296350
7	社教科	张香坦	科长	81296348
8	人事科	白建松，寇国新（2011.8起）	科长	81296346
9	财建科	王振东	科长	81296385
10	教育纪工委办（监察科）	郭紫良	主任（科长）	81296372
11	审计科	赵树民	科长	81296371
12	政保科	迟海波	科长	81296383
13	体美科	李克明	科长	81296380
14	少工委办公室	孟杰，李学静（2011.8起）	主任	81296391
15	区教育团工委	孙勇	书记	81296341
16	区政府教育督导办公室	孙勇，宋怡（2011.11起）	主任	81296374
17	教育工会	肖前英	副主席	81296024

大兴区镇教委

序号	单　位	地　址	邮编	办公室主任姓名	办公室电话
1	大兴区旧宫镇教委办	大兴区旧宫镇	100076	刘玉卿	87962166
2	大兴区采育镇教委办	大兴区采育镇	102606	潘月民	80272870
3	大兴区青云店镇教委办	大兴区青云店镇	102605	胡振武	80283986
4	大兴区长子营镇教委办	大兴区长子营镇	102615	刘志成	80268311
5	大兴区礼贤镇教委办	大兴区礼贤镇	102604	关振江	89271747
6	大兴区魏善庄镇教委办	大兴区魏善庄镇	102611	马国祥	89236186
7	大兴区榆垡镇教委办	大兴区榆垡镇	102602	阊久亮	89217628
8	大兴区庞各庄镇教委办	大兴区庞各庄镇	102601	李文达	89287218
9	大兴区安定镇教委办	大兴区安定镇	102607	赵文欢	80232082
10	大兴区北臧村镇教委办	大兴区北臧村镇	102609	王维强	60276121
11	大兴区黄村镇教委办	大兴区黄村镇	102600	周树兴	69261755
12	大兴区西红门镇教委办	大兴区西红门镇	100076	赵永生	60200432
13	大兴区亦庄镇教委办	大兴区亦庄镇	100176	金跃柱	67869179
14	大兴区瀛海镇教委办	大兴区瀛海镇	100076	刘宝平	69278777

大兴区幼儿园名录

序号	学校中文名称	学校地址	邮政编码	办公电话	校长	书记
1	北京市大兴区第一幼儿园	北京市大兴区兴业路西侧	102600	010-69268824-	范文丽	（兼）
2	北京市大兴区第二幼儿园	北京市大兴区黄村镇育才北巷2号	102600	010-69242302-2106	陆薇	甘立霞
3	北京市大兴区第三幼儿园	北京市大兴区黄村镇富强西里小区富华巷5号	102600	010-69200383-23	吴秀珍	温月英
4	北京市大兴区第四幼儿园	北京市大兴区清源西里小区	102600	010-69221597-	周晓燕	（兼）
5	北京市大兴区第五幼儿园	北京市大兴区兴丰大街红楼东巷	102600	010-69221952-	周景芝	（兼）
6	北京市大兴区第六幼儿园	北京市大兴区育才南巷	102600	010-69224352-	关海燕	（兼）
7	北京市大兴区第七幼儿园	北京市大兴区双高路双高小区	102627	010-60294001-816	郭秀琴	（兼）
8	北京市大兴区第八幼儿园	北京市大兴区丽园B区1幢	102600	010-69265627-8023	于秀敏	（兼）
9	北京市大兴区第九幼儿园	北京市大兴区黄村兴华大街兴华园30号	102600	010-69221615-	谭宝清	（兼）
10	北京市大兴区民族幼儿园	北京市大兴区黄村镇兴华中里23号	102600	010-69243495-	张艾仙	（兼）
11	北京市大兴区黄村镇第一中心幼儿园	北京市大兴区黄村镇观音寺小区20号	102621	010-69254706-	白淑新	（兼）

序号	学校中文名称	学校地址	邮政编码	办公电话	校长	书记
12	北京市大兴区黄村镇第二中心幼儿园	北京市大兴区黄村镇西芦城村西大街87号	102612	010-61232046-	周静梅	（兼）
13	北京市大兴区西红门双语幼儿园	北京市大兴区西红门镇兴海公园内	100162	010-60251470-	樊淑敏	（兼）
14	北京市大兴区旧宫镇第一中心幼儿园	北京市大兴区旧宫镇庑殿路碧海公园北侧	100076	010-87971186-	刘清文	（兼）
15	北京市大兴区青云店镇中心幼儿园	北京市大兴区青云店镇二村一	102605	010-80286318-	王晨光	（兼）
16	北京市大兴区采育镇第一中心幼儿园	北京市大兴区采育镇采福路口西侧200米路南	102606	010-80275696-	李鸿娟	（兼）
17	北京市大兴区采育镇第二中心幼儿园	北京市大兴区采育镇潘铁营村	102616	010-80208028-	张春英	（兼）
18	北京市大兴区安定镇中心幼儿园	北京市大兴区安定镇政府东侧	102607	010-80235006-	赵玉华	（兼）
19	北京市大兴区礼贤镇中心幼儿园	北京市大兴区礼贤镇文化站院内	102604	010-89276081-	关振江	（兼）
20	北京市大兴区榆垡镇第一中心幼儿园	北京市大兴区榆垡镇古镇街18号院	102602	010-89217887-	李士芹	（兼）
21	北京市大兴区榆垡镇第二中心幼儿园	北京市大兴区榆垡镇南各庄村	102603	010-89267089-	吴立华	（兼）
22	北京市大兴区庞各庄镇中心幼儿园	北京市大兴区庞各庄镇老街	102601	010-89281715-	何艳红	（兼）

序号	学校中文名称	学校地址	邮政编码	办公电话	校长	书记
23	北京市大兴区北臧村镇中心幼儿园	北京市大兴区北臧村镇中心幼儿园诸营小学院内	102609	010-60271786-	潘春倩	（兼）
24	北京市大兴区魏善庄镇第一中心幼儿园	北京市大兴区魏善庄村西侧	102611	010-89201440-	郭金兰	（兼）
25	北京市大兴区魏善庄第二中心幼儿园	北京市大兴区魏善庄镇半壁店大桥南500 米龙河西岸	102611	010-89231725-	孙延华	（兼）
26	北京市大兴区长子营镇中心幼儿园	北京市大兴区长子营镇河津营村	102615	010-80260334-8001	张霞颖	（兼）
27	北京市大兴区瀛海镇第一中心幼儿园	北京市大兴区瀛海镇西一村南三条23 号	100076	010-69278164-	王文果	（兼）
28	北京市大兴区瀛海镇第二中心幼儿园	北京市大兴区瀛海镇瑞合一村	100176	010-69288069-	李艳玲	（兼）
29	北京市大兴区亦庄镇中心幼儿园	北京市大兴区亦庄镇广德中巷	100176	010-67866074-	李艳秋	（兼）
30	北京市大兴区亦庄镇第二中心幼儿园	北京市大兴区亦庄镇博兴八路东侧	100176	010-67807064-	王丽	（兼）
31	北京市大兴区亦庄第三幼儿园	北京市大兴区亦庄镇开泰东里 25 号	10076	010-67862504-	孙娜	（兼）
32	北京市大兴区亦庄第四幼儿园	北京市经济技术开发区鹿海园 4 里10 号楼	100176	010-67862504-	谭雅静	（兼）

序号	学校中文名称	学校地址	邮政编码	办公电话	校长	书记
33	61565 部队幼儿园	北京市大兴区黄村镇海北路 58 号	102600	010-66325193-	王桂欣	
34	北京市大兴区旧宫镇红星幼儿园	北京市大兴区旧宫镇红星街 1 号	100076	010-67981361-	袁杰	
35	北京市大兴区旧宫镇德茂幼儿园	北京市大兴区旧宫镇德茂庄德仁街 1 号	100076	010-67958073-	赵秋梅	

大兴区小学名录

序号	学校中文名称	学校地址	邮政编码	办公电话	校长	书记
1	北京市大兴区第一小学	北京市大兴区兴华中路三段3号	102622	010-69246005-8018	高晓光	王敬申
2	北京市大兴区第二小学	北京市大兴区黄村西大街96号	102600	010-69292939-	兰祖军	盛增贤
3	北京市大兴区第三小学	北京市大兴区兴丰大街三段76号	102600	010-69254585-	陈宗禹	（兼）
4	北京市大兴区第四小学	北京市大兴区黄村镇车站南里20号	102600	010-61212448-	赵文民	（兼）
5	北京市大兴区第五小学	北京市大兴区兴丰大街商场南巷	102600	010-69243090-8005	师瑞军	范素辉
6	北京市大兴区第六小学	北京市大兴区黄村镇富强东里	102600	010-69243993-8110	陈俊文	（兼）
7	北京市大兴区第七小学	北京市大兴区富强西里小区富华巷9号	102600	010-69242373-	郭建国	刘建胜
8	北京市大兴区第八小学	北京市大兴区黄村红楼西巷11号	102600	010-69252212-8006	田志斌	龚玉普
9	北京市大兴区第九小学	北京市大兴区清源西里小区	102600	010-69241877-1022	李曙东	（兼）
10	北京市大兴区第十小学	北京市大兴区黄村镇西芦村南	102612	010-61239436-	高爱军	常润泉
11	北京市大兴区滨河小学	北京市大兴区黄村镇滨河西里小区	102600	010-69257992-	曾志国	谷敬梅
12	北京市大兴区枣园小学	北京市大兴区枣园小区内	102600	010-69260298-	王久玲	（兼）

序号	学校中文名称	学校地址	邮政编码	办公电话	校长	书记
13	北京市大兴区团河小学	北京市大兴区团河苑小区内	102614	010-61299583-	张桂明	（兼）
14	北京小学大兴分校	北京市大兴区兴业路	102600	010-69201329-803	张景浩	（兼）
15	北京小学翡翠城分校	北京市大兴区兴盛街146号	102600	010-58370702-	吴国通	张文凤
16	北京师范大学大兴附属小学	北京市大兴区黄村镇香园路香海园小区内	102627	010-60239337-	甄艳玲	（兼）
17	北京市大兴区黄村镇第一中心小学	北京市大兴区黄村镇金华寺东路3号	102600	010-69262863-601	郝素梅	赵东玲
18	北京市大兴区黄村镇大庄完全小学	北京市大兴区黄村镇西芦村（原芦城中学校内）	102612	010-61258975-	赵燕辉	
19	北京市大兴区黄村镇义和庄小学	北京市大兴区黄村镇义和庄小学	102612	010-61232192-	赵书会	
20	北京市大兴区黄村镇天堂河完全小学	北京市大兴区黄村镇天利路3号	102609	010-60270919-	黄建英	
21	北京市大兴区黄村镇狼各庄民族小学	北京市大兴区黄村镇狼各庄西村	102609	010-60275725-	王涛	
22	北京市大兴区黄村镇观音寺完全小学	北京市大兴区黄村镇观音寺小学	102621	010-69242754-	王雅丽	
23	北京市大兴区黄村镇第二中心小学	北京市大兴区黄村镇狼垡二村	102600	010-61222208-	张敬方	郭伟
24	北京市大兴区黄村镇第三中心小学	北京市大兴区黄村镇孙村开发区民顺路南口	102600	010-61267247-	王培山	李艳

序号	学校中文名称	学校地址	邮政编码	办公电话	校长	书记
25	北京市大兴区旧宫镇第一中心小学	北京市大兴区旧宫镇隆盛路	100076	010-87913397-	屈彪	李德义
26	北京市大兴区旧宫镇第二中心小学	北京市大兴区旧宫镇德茂庄德义街1号	100076	010-67942918-8105	高笑梅	（兼）
27	北京市大兴区青云店镇第一中心小学	北京市大兴区青云店镇二村	102605	010-80281443-	吴春英	李才
28	北京市大兴区青云店镇小回城小学	北京市大兴区青云店镇小回城村	102605	010-80221397-	郎继明	
29	北京市大兴区青云店镇第二中心小学	北京市大兴区青云店镇垡上村	102605	010-80211408-810	王文勇	（兼）
30	北京市大兴区青云店镇南红门完全小学	北京市大兴区青云店镇南大红门村	102605	010-80217697-	郑永安	
31	北京市大兴区采育镇第一中心小学	北京市大兴区采育镇西二村	102606	010-80271213-	朱振民	康景生
32	北京市大兴区采育镇辛店小学	北京市大兴区采育镇南辛店二村	102606	010-80272634-	刘宝弟	
33	北京市大兴区采育镇第二中心小学	北京市大兴区采育镇大皮营一村	102616	010-80209734-	韩益强	刘学江
34	北京市大兴区采育镇第三中心小学	北京市大兴区采育镇凤河营村	102608	010-80202845-	刘闯	（兼）
35	北京市大兴区采育镇张各庄小学	北京市大兴区采育镇东半壁店村	102608	010-80202790-	刘闯	
36	北京市大兴区安定镇中心小学	北京市大兴区安定镇政府东侧	102607	010-80231472-	郭殿昆	（兼）

序号	学校中文名称	学校地址	邮政编码	办公电话	校长	书记
37	北京市大兴区安定镇通州马坊完全小学	北京市大兴区安定镇通州马坊村	102607	010-80239592-	李忠宇	
38	北京市大兴区安定镇西芦各庄完全小学	北京市大兴区安定镇西芦各庄村	102607	010-89231042-	刘成发	
39	北京市大兴区安定镇后安定完全小学	北京市大兴区安定镇后安定村	102607	010-80232194-	赵春笑	
40	北京市大兴区安定镇东白塔民族小学	北京市大兴区安定镇东白塔村	102607	010-80231764-	薛艳	
41	北京市大兴区礼贤镇第一中心小学	北京市大兴区礼贤镇礼贤二村	102604	010-89275373-	王四清	（兼）
42	北京市大兴区礼贤镇孙营完小	北京市大兴区礼贤镇孙营村	102604	010-89273032-	紫文奎	
43	北京市大兴区礼贤镇荆家务完全小学	北京市大兴区礼贤镇荆家务村	102604	010-89272313-	王海峰	
44	北京市大兴区礼贤镇西里河完全小学	北京市大兴区礼贤镇西里河村	102604	010-89272351-	马秀芳	
45	北京市大兴区礼贤镇龙头完全小学	北京市大兴区礼贤镇龙头村南	102604	010-89275373-	邢占国	
46	北京市大兴区礼贤镇第二中心小学	北京市大兴区礼贤镇辛英街 4 号	102602	010-89221774-	鲍铁燕	（兼）
47	北京市大兴区礼贤镇第二中心小学东梁完小	北京市大兴区礼贤镇东梁村东文巷 6 号	102602	010-89221714-	韩红学	

序号	学校中文名称	学校地址	邮政编码	办公电话	校长	书记
48	北京市大兴区礼贤镇第二中心小学杨各庄完小	北京市大兴区礼贤镇各庄街 47 号	102602	010-89221147-	张桂云	
49	北京市大兴区榆垡镇第一中心小学	北京市大兴区榆垡镇榆祥路	102602	010-89217862-	李万军	崔宪明
50	北京市大兴区榆垡镇太子务小学	北京市大兴区榆垡镇太子务村	102602	010-89214713-	李书强	
51	北京市大兴区榆垡镇留士庄民族小学	北京市大兴区榆垡镇留士庄村	102602	010-89299712-	李丛林	
52	北京市大兴区榆垡镇石垡小学	北京市大兴区榆垡镇石垡村	102602	010-89298652-	唐建成	
53	北京市大兴区榆垡镇第二中心小学	北京市大兴区榆垡镇南各庄村	102603	010-89261274-	李宝成	（兼）
54	北京市大兴区榆垡镇曹各庄小学	北京市大兴区榆垡镇曹各庄村	102603	010-89261513-	夏文宏	
55	北京市大兴区榆垡镇南张华小学	北京市大兴区榆垡镇南张华村	102603	010-89215647-	廖学富	
56	北京市大兴区榆垡镇崔指挥营小学	北京市大兴区榆垡镇崔指挥营村	102603	010-89262093-	张占田	
57	北京市大兴区榆垡镇小店小学	北京市大兴区榆垡镇小店村	102603	010-89261183-	姚立群	
58	北京市大兴区庞各庄镇第一中心小学	北京市大兴区庞各庄镇幸福村北	102601	010-89287621-	高林	（兼）
59	北京市大兴区庞各庄镇庆国完全小学	北京市大兴区庞各庄镇宋各庄村东	102601	010-89288143-	张艳红	

序号	学校中文名称	学校地址	邮政编码	办公电话	校长	书记
60	北京市大兴区庞各庄镇北顿垡完全小学	北京市大兴区庞各庄镇北顿垡村	102601	010-89288203-	李亚东	
61	北京市大兴区庞各庄镇南顿垡完全小学	北京市大兴区庞各庄镇南顿垡村	102601	010-89228143-	赵胜永	
62	北京市大兴区庞各庄镇薛营回民小学	北京市大兴区庞各庄镇薛营回民小学	102601	010-89287749-	王法成	
63	北京市大兴区庞各庄镇第二中心小学	北京市大兴区庞各庄镇定福庄村	102601	010-89251248-	许士凤	（兼）
64	北京市大兴区庞各庄镇第二中心小学赵村完小	北京市大兴区庞各庄镇赵村	102601	010-89259800-	王连振	
65	北京市大兴区庞各庄镇第二中心小学张公垡完小	北京市大兴区庞各庄镇张公垡村	102601	010-89251074-	邢建民	
66	北京市大兴区庞各庄镇留民庄小学	北京市大兴区庞各庄镇留民庄村	102601	010-89255544-	吴文海	
67	北京市大兴区庞各庄镇第二中心小学梁家务完小	北京市大兴区庞各庄镇梁家务村	102601	010-89251084-	邢继军	
68	北京市大兴区北臧村镇中心小学	北京市大兴区北臧村镇北臧村	102609	010-60270728-	李永安	（兼）
69	北京市大兴区北臧村镇皮各庄小学	北京市大兴区北臧村镇皮各庄一大队	102609	010-60276151-	姜玉芝	

序号	学校中文名称	学校地址	邮政编码	办公电话	校长	书记
70	北京市大兴区北臧村镇马村小学	北京市大兴区北臧村镇马村	102609	010-61259546-	王学海	
71	北京市大兴区北臧村镇诸营小学	北京市大兴区北臧村镇诸营村	102609	010-60271152-	党凤民	
72	北京市大兴区魏善庄镇第一中心小学	北京市大兴区魏善庄镇魏善庄村西	102611	010-89201757-	李洪祥	（兼）
73	北京市大兴区魏善庄镇第一中心小学西芦垡完小	北京市大兴区魏善庄镇东芦垡村	102611	010-89204017-8002	韩庆旺	
74	北京市大兴区魏善庄镇王各庄完全小学	北京市大兴区魏善庄镇王各庄村东-1	102611	010-89243255-601	马国新	
75	北京市大兴区魏善庄镇后大营完全小学	北京市大兴区魏善庄镇后大营村	102611	010-89202987-	张广泉	
76	北京市大兴区魏善庄镇第二中心小学	北京市大兴区魏善庄镇政府西 1500 米路北	102611	010-89231346-	张振彪	（兼）
77	北京市大兴区魏善庄镇东研垡小学	北京市大兴区魏善庄镇东研垡村中心	102611	010-89231704-	李振强	
78	北京市大兴区长子营镇第一中心小学	北京市大兴区长子营镇沁水营村北	102615	010-80265140-	连洪波	（兼）
79	北京市大兴区长子营镇第二中心小学	北京市大兴区长子营镇朱庄村西	102615	010-80219344-605	张富国、陈永（2011.7）	（兼）

序号	学校中文名称	学校地址	邮政编码	办公电话	校长	书记
80	北京市大兴区瀛海镇第一中心小学	北京市大兴区瀛海镇西一队村南	100076	010-69278049-801	王学武	（兼）
81	北京市大兴区瀛海镇第二中心小学	北京市大兴区瀛海镇瑞和二村	100176	010-69286063-	常青	王志强
82	北京市大兴区亦庄镇第一中心小学	北京市大兴区亦庄镇贵园北路 6 号	100176	010-67884238-	孙旭	（兼）
83	北京市大兴区亦庄镇三羊小学	北京市大兴区亦庄镇小羊坊	100023	010-87397296-	王炳立	
84	北京市大兴区亦庄镇第二中心小学	北京市大兴区亦庄镇博兴八路东侧	100176	010-67834585-	李广义	乔永斌
85	北京第二实验小学大兴实验学校	北京市大兴区西红门镇理想城小区内	100162	010-80252983-	张富国	（兼）
86	北京市大兴区西红门镇金海学校新建小学	北京市大兴区西红门镇新建村	102600	010-81285249-	郑淑荣	
87	北京市大兴区西红门镇志远小学	北京市大兴区西红门镇志远庄村	100162	010-61281825-	陈建影	

大兴区中学名录

序号	名　称	地　址	邮政编码	办公电话	校长	书记
1	北京市大兴区第一中学	北京市大兴区黄村镇兴政街六号	102600	010-69243585-	荣俊利	刘振凤
2	北京师范大学大兴附属中学	北京市大兴区黄村镇碱河桥北京开路53号	102600	010-69252066-8012	宋怡、王宾（2011.11）	王桂森
3	北京市大兴区第三中学	北京市大兴区黄村镇三中巷7号	102600	010-69252449-8022	陈明秀	韩宝刚
4	北京市大兴区第四中学	北京市大兴区兴华中路54号	102600	010-69242285-	马士臣	毕士秋
5	北京市大兴区第五中学	北京市大兴区黄村镇红楼西巷20号	102600	010-69246724-8033	于万永	刘百江
6	北京市大兴区第六中学	北京市大兴区京开路54号	102609	010-60279249-	赵晨华	（兼）
7	北京市大兴区第七中学	北京市大兴区兴丰北大街2段215号	102600	010-69247408-	贾海军	（兼）
8	北京市大兴区第八中学	北京市大兴区黄村镇康庄路40号	102600	010-69299807-8401	樊凤昆	肖涛
9	北京市大兴区兴华中学	北京市大兴区兴华北路	102600	010-69294840-2011	李秀亭	李若松
10	首都师范大学大兴附属中学	北京市大兴区黄村镇海子角村东侧	102600	010-61242429-8023	朱国占	庞占海

序号	名 称	地 址	邮政编码	办公电话	校长	书记
11	北京市大兴区北臧村中学	北京市大兴区北臧村镇西	102609	010-60278045-8005	王斌	（兼）
12	北京市大兴区郭家务中学	北京市大兴区榆垡镇郭家务村西	102603	010-89263890-	李志信	（兼）
13	北京市大兴区红星中学	北京市大兴区瀛海镇工业区内	100076	010-69272838-	张雪辉	王玉岭
14	北京市大兴区垡上中学	北京市大兴区青云店镇垡上村	102605	010-80211684-611	王克勇	（兼）
15	北京市大兴区青云店中学	北京市大兴区青云店镇青采路二号	102605	010-80281019-808	马文祥	（兼）
16	北京市大兴区亦庄中学	北京市大兴区亦庄镇广德中巷1号	100176	010-67882070-	姜鸿旗	（兼）
17	北京市大兴区太和中学	北京市大兴区瀛海镇太和商业街西	100176	010-69286016-	尹俊恒	张晓彤
18	北京市大兴区凤河营中学	北京市大兴区采育镇凤河营村	102608	010-80202814-	张奎勋	（兼）
19	北京市大兴区孙村中学	北京市大兴区黄村镇孙村村北	102600	010-61268436-	王东风	（兼）
20	北京市大兴区大辛庄中学	北京市大兴区礼贤镇中心村大辛庄街5号	102602	010-89223596-	范朝忠	杨克成
21	北京市大兴区狼垡中学	北京市大兴区黄村镇狼垡一村	102613	010-61222478-	杨玉华	（兼）

序号	名　称	地　址	邮政编码	办公电话	校长	书记
22	北京市大兴区定福庄中学	北京市大兴区庞各庄镇定福庄村	102601	010-89254330-	勾维志	刘国清
23	北京市大兴区长子营中学	北京市大兴区长子营镇沁水营村	102615	010-80262334-	尹建国	（兼）
24	北京市大兴区庞各庄中学	北京市大兴区庞各庄镇西义堂村北	102601	010-89287415-	刘兵	高云喜
25	北京市大兴区礼贤民族中学	北京市大兴区礼贤镇礼贤一村青礼路2号	102604	010-89271736-	王建生	（兼）
26	北京市大兴区德茂中学	北京市大兴区旧宫镇德茂庄德裕街14号	100076	010-67953881-	李富荣	（兼）
27	北京市第十四中学大兴安定分校	北京市大兴区安定镇兴安大街1号	102607	010-80231474-	王金和	闫君
28	北京市第八中学亦庄分校	北京市大兴区亦庄镇小羊坊三羊住宅区	100176	010-69243338-	渠亿川	
29	北京市大兴区榆垡中学	北京市大兴区榆垡镇今荣街	102602	010-89218989-	杨健	（兼）
30	北京市大兴区旧宫中学	北京市大兴区旧宫东路61号	100076	010-87965730-	王宾、王宁（2011.11）	（兼）
31	北京市大兴区采育中学	北京市大兴区采育镇福苑路2号	102606	010-80271973-	贾金忠	郭凤池

序号	名　称	地　址	邮政编码	办公电话	校长	书记
32	北京市大兴区魏善庄中学	北京市大兴区魏善庄东大街西侧	102611	010-89201948-	吕斌	刘瑞金
33	北京市大兴区金海学校	北京市大兴区西红门镇金星庄金海学校	100162	010-61288948-	姚利辛	（兼）
34	北京市大兴区兴海学校	北京市大兴区西红门镇三村	100162	010-60243685-	李林田	（兼）
35	北京景山学校大兴实验学校	北京市大兴区新城北区九号地	102600	010-60232365-	张春静	
36	北京市第二中学亦庄学校	北京经济技术开发区天宝北街甲2号	100176	010-67895615-	王群会	（兼）

大兴区中等职业学校名录

序号	学校名称	学校地址名称	邮政编码	办公电话	校长	书记
1	北京市大兴区第一职业学校	北京市大兴区黄村镇后辛庄村东	102612	010-61202599-	赵金亭	周宝玉
2	北京市大兴区第二职业学校	北京市大兴区北臧村镇天宫院西	102609	010-60273362-	邓景全	邢秀良
3	北京市第三体育运动学校	北京市大兴区芦城乡政府路21号	102612	010-61233197-	黄雨江	
4	北京商贸学校	北京市大兴区西红门路14号	100162	010-60221741-	张香永	
5	北京市供销学校	北京市大兴区西红门东路	100162	010-60221910-	王伟政	
6	北京交通运输职业学院	北京市大兴区黄村清源路北	102618	010-69241644-8014	李怡民	

大兴区各镇成人学校名录

序号	单　位	地　址	邮编	值班电话	校长	书记
1	大兴区安定镇成人学校	大兴区安定镇	102607	80232636	赵文欢	（兼）
2	大兴区榆垡镇成人学校	大兴区榆垡镇福顺街 11 号	102602	89291836	宋兵	（兼）
3	大兴区黄村镇成人学校	大兴区黄村镇西芦城村	102600	61233130-8018	郭涛	张连涛
4	大兴区魏善庄镇成人学校	大兴区魏善庄镇	102611	89236186	赵宏彬	（兼）
5	大兴区礼贤镇成人学校	大兴区礼贤镇礼贸路 68 号	102604	89272456	李国建	（兼）
6	大兴区采育镇成人学校	大兴区采育镇东半壁店村	102606	80272624	潘月民	（兼）
7	大兴区西红门镇成人学校	大兴区西红门镇	100076	60200638	赵永生	（兼）
8	大兴区瀛海镇成人学校	大兴区瀛海镇	100076	69274380	魏化忠	（兼）
9	大兴区庞各庄镇成人学校	大兴区庞各庄镇	102601	89289813	张振雷	李慕臣
10	大兴区青云店镇成人学校	大兴区青云店镇	102605	80221375	魏东	（兼）
11	大兴区北臧村镇成人学校	大兴区北臧村镇	102609	60279227	孙浩	（兼）
12	大兴区长子营镇成人学校	大兴区长子营镇	102615	80268311	刘志成	（兼）
13	大兴区旧宫镇成人学校	大兴区旧宫镇庑殿路成和园内	100076	87962166	刘玉卿	（兼）
14	大兴区亦庄镇成人学校	大兴区亦庄镇贵园北路 6 号	100176	67877057	齐志冬	（兼）

大兴区教育系统无学生单位名录

序号	名　称	地　址	邮编	办公电话	行政主管	书记
1	教师进修学校	北京市大兴区黄村兴华大街三段4号	102600	010-69203830-0	王宪福	李元俊
2	保健所	北京市大兴区黄村滨河西里37号	102600	010-69222193	张俊军	牛建国
3	老教师活动站	北京市大兴区黄村龙河路东侧	102600	010-69242515	李广生	曹化旺
4	旧宫管理站	北京市大兴区旧宫镇	100076	010-87961577	李广生	（兼）
5	房修所	北京市大兴区黄村龙河路东侧	102600	010-69252468	宋学泉	（兼）
6	勤工俭学服务中心	北京市大兴区黄村龙河路东侧	102600	010-69246068	杨凡	（兼）
7	装备站	北京市大兴区黄村滨河西里37号	102600	010-69252027-814	丁维庚	刘志奇
8	社区学院	北京市大兴区黄村兴华大街三段4号	102600	010-69235693	张凤全	（兼）
9	考试中心	北京市大兴区黄村兴丰北大街三段5号	102600	010-69250689	王俊辉	（兼）
10	职教集团	北京市大兴区黄村镇后辛庄村东	102612	010-61201244	马振武	张秀林
11	少年宫	北京市大兴区黄村弘和北路1号	102600	010-61215471	巴文丽	柴雨生
12	大兴区民办教育服务中心	北京市大兴区黄村龙河路东侧	102600	010-69222687	侯文旭	（兼）

大兴区特殊教育名录

序号	名　称	地　址	邮编	办公电话	主任	书记
1	北京市大兴区特殊教育中心	北京市大兴区黄村西里小区（二公司宿舍）	102600	010-69252110-	张德胜	（兼）

大兴区民办学校名录

中等职业学校

序号	学校名称	学校地址	负责人	学校电话	法定代表人
1	北京市爱莲舞蹈学校	大兴区狼垡村	陈爱莲	83709712	陈爱莲
2	北京现代艺术学校	大兴区通黄路东赵桥1号	孙信鸿	81288688	孙信鸿
3	北京市国际舞蹈艺术学校	暂迁址至昌平区	李天翔	13051276212	李天翔
4	中国网球学校	大兴区庞各庄镇	黄怒波	89287481	黄怒波

中　学

序号	学校名称	学校地址	负责人	学校电话	法定代表人
1	北京市私立君谊中学	大兴区金惠园小区内	陈媛媛	60258950	陈媛媛
2	北京市美亚学校	大兴区庞各庄镇	黄怒波	89287481	黄怒波
3	北京市大兴区蒲公英中学	大兴区西红门镇寿宝庄村	郑洪	61286686	郑洪
4	北京市中芯学校	北京市经济技术开发区南部新区 X11 街区	李雅荣	58026782	刘越

小　学

序号	学校名称	学校地址	负责人	学校电话	法定代表人
1	北京市大兴区海迪学校	大兴区旧宫镇南小街二队	李品一	67981963	管辉
2	北京市大兴区京豫陈学校	大兴区西红门镇寿宝庄工业开发区内	扶元继	61281299	陈复耀
3	北京市大兴区爱心希望学校	大兴区黄村镇王立庄村	韩连全	61243884	孙拥军

序号	学校名称	学校地址	负责人	学校电话	法定代表人
4	北京市大兴区星星学校	大兴区郁花园东区	陈媛媛	60267597	陈媛媛
5	北京市大兴区振华学校	大兴区西红门镇星光社区福兴东路四号	王英祥	60257283	于修明
6	北京市大兴区诚信学校	大兴区西红门镇四村养殖地	韩凤华	60252792	张士柱
7	北京市大兴区龙海学校	大兴区西红门镇团河北村	张杰	61281618	董来福
8	北京市新世纪双语实验学校	大兴区黄村卫星城新安里小区	郝克亮	61296419	郝克铮
9	北京市大兴区行知学校	大兴区黄村镇辛店村	范崇嫦	61243807	贾海燕
10	北京市大兴区建业学校	大兴区黄村镇鹅房村	周敬兰	61208530	周敬兰
11	北京大兴经纬学校	大兴区瀛海镇怡乐村	贾藏蕊	69271107	徐彩刚

幼儿园

序号	学校名称	学校地址	负责人	学校电话	法定代表人
1	北京市大兴区美格双语幼儿园	北京市经济技术开发区天华园三里一栋洋房	李红艳	67878946	卢桂菊
2	北京市大兴区新世纪幼儿园	大兴区亦庄镇贵园北里四区	王庆红	67898331	王庆红
3	北京市大兴区新启蒙艺术幼儿园	大兴区西红门路绿林苑小区 22 号楼	杨丽	67921188	李卫华
4	北京市大兴区大地双语幼儿园	北京市经济技术开发区大雄城市花园	刘桂玲	67879167	姚远

序号	学校名称	学校地址	负责人	学校电话	法定代表人
5	北京市大兴区小星星双语幼儿园	大兴区郁花园东区	陈媛媛	60258754	陈媛媛
6	北京市大兴区新安里幼儿园	大兴区黄村镇新安里小区	范迎军	61290166	王景富
7	北京市大兴区小大人幼儿园	大兴区亦庄镇三羊小区	崔俐民	13031056665	胡斌
8	北京市大兴区金枫阳光双语幼儿园	大兴区旧宫镇小红门路宣颐家园	张庆民	87911145	蒯文岱
9	北京市大兴区南希双语幼儿园	大兴区兴华南路五号怡兴园小区内	岳伟	13121345533	李彦伟
10	北京市大兴区快乐时光幼儿园	北京市大兴区永华路1—1号	薛秀娟	69249098	孙璇
11	北京市大兴区琴岛金钰双语艺术幼儿园	大兴区金惠园四里	陈志强	69203114	陈志强
12	北京市大兴区二十一世纪实验幼儿园	北京市经济技术开发区天宝中街5号	朱敏	67896723	朱敏
13	北京市大兴区布朗幼儿园	大兴区旧宫镇育龙家园15#楼	曹萍	13811963976	张燕红
14	北京中芯幼儿园	北京市经济技术开发区泰河园四里三区	任水珍	67855000	王阳元
15	北京市大兴区幸福泉翡翠城幼儿园	大兴区翡翠城西区香留园109号	程淮	60231370	程淮
16	北京市大兴区红黄蓝幼儿园黄村园	大兴区龙和大道老街B区黄村中里39号	于振媛	69229322	于振媛
17	北京市大兴区十一建华实验幼儿园	大兴区顺驰领海小区	李晓静	60239382	李金初

序号	学校名称	学校地址	负责人	学校电话	法定代表人
18	北京市大兴区新星幼儿园	大兴区黄村镇义和庄南里一区 13 号楼	李素云	61212349	李素云
19	北京市大兴区英才双语幼儿园	大兴区黄村镇狼垡长丰园三区 14 号	张赟	61211175	张赟
20	北京市大兴区瀚林幼儿园	北京市大兴区黄村镇永华南里 5 号	宋美林	69202781	张连生

培训机构

序号	学校名称	学校地址	负责人	学校电话	法定代表人
1	北京市大兴区新宇培训学校	大兴区黄村镇京开路西侧（原电机厂院内）	王福珍	13671111930	满永玉
2	北京市大兴区经纬培训学校	大兴区亦庄镇桂园南路 4 号	贾藏蕊	80662260	徐彩刚
3	北京市大兴区立业培训学校	北京市大兴区天河北路 2 号	于海明	87910732	张君
4	北京市大兴区科宇培训学校	大兴区黄村镇东大街 56 号	李淑菊	69205364	孙海霞
5	北京市大兴区兴职培训学校	大兴区黄村镇矿林路 2 号	贾克强	69206747	贾克强
6	北京市大兴区新天地语言培训学校	青云店镇北京新日工艺制品有限公司院内	袁彤	13601313544	吴常虹
7	北京市大兴区北影影视艺术培训学校	北京市大兴区团河六路	姜玉芹	13718895888	姜玉芹
8	北京大兴世纪金字轩儿童潜能培训学校	大兴区黄村镇兴丰北大街兴集商厦四层	郄淑颖	69261185	郄淑颖

序号	学校名称	学校地址	负责人	学校电话	法定代表人
9	北京市大兴区铸英培训学校	大兴区观音寺街69号	郭连文	69243585	郭连文
10	北京市大兴区文达经济技术培训学校	大兴区旧宫镇庑殿路旺兴湖公园内	吕增	67981053	吕震然
11	北京市大兴区兴达培训学校	大兴区海子角工业大院一号院	宋春富	61244793	宋春富
12	北京市大兴区美加外国语培训学校	北京市大兴区永华路2号	姜成坛	61202066	宋岩
13	北京市大兴区新亚洲外语培训学校	大兴区清源路东富多鑫商贸中心	马力	69297776	马力
14	北京市大兴区京阳教育培训学校	大兴区党校院内	黄汝强	13241139296	黄汝强
15	北京市大兴区艺科培训学校	大兴区龙河路(大兴区黄村镇教委院内)	曹清	89893880	曹清
16	北京市大兴区阳光新语培训学校	北京市大兴区富华巷11号	李峥嵘	13716527286	李峥嵘
17	北京市大兴区领航培训学校	大兴区兴丰东大街杰通市场四楼	刘玉怀	69206333	刘倩
18	北京市大兴区点点艺术培训学校	大兴区清城商务会馆内	金淑云	69241196	金淑云
19	北京市大兴区华宇益智培训学校	大兴区黄村镇兴华北路十段兴涛社区53号楼	沈海燕	13601066821	张燕
20	北京市大兴区国联联合培训学校	北京经济技术开发区天宝北街甲2号	何林	69260683	何林
21	北京市大兴区德茂经济技术培训学校	大兴区德茂中学院内	张全兴	67980546	张全兴

序号	学校名称	学校地址	负责人	学校电话	法定代表人
22	北京市大兴区天智培训学校	北京印刷学院内	黄春敏	69245988	黄春敏
23	北京市大兴区中天培训中心	北京市大兴区观音寺街 69 号	王秋苓	63865888	马振
24	北京市大兴区东西方教育培训中心	大兴区金惠园小区内	段君宜	60258950	段君宜
25	北京市大兴区齐达培训学校	北京市大兴区黄村镇滨河西里	姜忠芳	13910007521	姚良见
26	北京市大兴区维誉中天培训学校	大兴区兴政东里甲 12 号创兴公寓 1002#	王东升	81688099	王东升
27	北京市大兴区英才培训学校	大兴区体育运动学校	赵素云	69295319	赵素云
28	北京大兴金起点职业教育培训学校	大兴区黄村镇鹅房村东	韩俊兰	13381218623	孙连福
29	北京市百闻外语培训学校	北京市新世纪双语实验学校	任文茹	88420086	任文茹
30	北京市大兴区程远文化职业培训学校	大兴区林校路南口	徐明富	61251064	徐明富
31	北京市大兴区星旗培训学校	大兴区黄村镇兴政街 5 号	李文庄	69254866	刘帅
32	北京大兴天时利文化职业培训学校	大兴区亦庄贵园南街 6 号青年假日酒店五层	唐少才	67873054	唐少才
33	北京市大兴区京南卫星培训学校	北京市大兴区兴丰北大街 62 号	车中华	13901142546	车中华
34	北京南郊汽车驾驶学校	大兴区旧宫镇三海子	董丽	87962148	董丽

序号	学校名称	学校地址	负责人	学校电话	法定代表人
35	北京市大兴区正大职业文化培训学校	大兴区文化馆	肖秀芬	69223930	高红兵
36	北京市大兴区新桥外国语培训学校	大兴区旧宫镇红星北里 18 号楼五层	赵媛媛	13366309493	赵媛媛
37	北京大兴区二十一世纪文化培训学校	大兴区京开路 102 号恒昌大厦	聂彪	13651345109	聂彪
38	北京市大兴区博太培训学校	大兴区黄村刘一村	王秉礼	81683048	梅馥燕
39	北京市大兴区振宇培训学校	大兴区兴丰北大街 69 号(大兴区体育局内)	龙玉平	69243649	龙玉平
40	北京市大兴区财科培训学校	北京市大兴区西红门福伟路二条 14 号	周海仙	60253429	陈仲仁
41	北京市大兴区精点培训中心	北京市大兴区金星路 2 号	卢敏	13801038613	卢敏
42	北京大兴中社科规划设计研究院培训中心	大兴区滨河坊 5 号楼 D 座四层	杜明霞	69290255	朱光辉
43	北京市大兴区黄冈教育培训学校	北京市大兴区龙河路 16 号	刘宝春	13651135164	刘宝春
44	北京大兴德宝文化职业培训学校	大兴区京开路 102 号 1 栋恒昌大厦四层	李慧敏	13161279968	易民
45	北京市大兴区军地综合培训学校	大兴区职业技术学校院内(清源路口甲 2 号)	李健	69235026	李玲
46	北京市大兴区现代职业培训学校	大兴区青云店镇东赵村	孙信鸿	81288688	孙信鸿

序号	学校名称	学校地址	负责人	学校电话	法定代表人
47	北京市大兴区汇联汽车驾驶学校	大兴区黄村镇狼垡二村	索晋伟	61222811	索晋伟
48	北京市大兴区世诚培训学校	大兴区榆垡镇西黄垡村	蒋兆增	69201050	朱占英
49	北京市大兴区新光明教育培训学校	大兴区黄村镇清澄名苑北区27号楼C座	刘静慧	69209359	刘静慧
50	北京市大兴区中联培训学校	北京市大兴区康庄路28号	马振	13911308338	马振
51	北京大兴交通培训学校	大兴区黄村镇佟场村南兴华路8号	赵秀杰	61215385	赵秀杰
52	北京市大兴区艺馨培训学校	大兴区旧宫镇德茂中学院东	沈俊学	67940751	沈富英
53	北京市大兴区高新技术培训学校	大兴区黄村房管所（三中巷18号）	张会超	69244766	张会超
54	北京市大兴区懿才培训中心	大兴区清源路甲1号	赵炳阁	13801179882	赵炳阁
55	北京市大兴区星光传媒教育培训学校	大兴区西红门镇福兴路25号	孟祥光	60293258	陈瑞福
56	北京市大兴区博弈文化艺术培训学校	北京市经济技术开发区天华园三里一区一栋洋房	黄伟	13910427377	黄伟
57	北京市大兴区蓝天培训学校	北京市大兴区林校路南口（原大兴木器厂）	张新芳	69246483	宋彩霞
58	北京市大兴区新天元培训中心	北京市大兴区黄村镇海子角工业区甲一号	王雪莲	61245998	王海林

序号	学校名称	学校地址	负责人	学校电话	法定代表人
59	北京市大兴区红河汽车驾驶学校	大兴区魏善庄镇龙海路9号	洪国良	13701026900	洪国良
60	北京市大兴区纽斯特管理培训中心	北京市经济技术开发区一街甲20号青年公寓	宋春雨	67378040	李保杰
61	北京市大兴区奕讯培训学校	大兴区兴丰大街3段106号	郑亚君	69226714	郑亚君
62	北京市大兴区优龙成人教育培训中心	大兴区黄村镇明春苑小区	宫凤莲	83702577	石光
63	北京市大兴区保全物业管理培训学校	大兴区西红门镇金西路双安巷6号	陈连国	61288022	孙风雨
64	北京中坤培训中心	大兴区庞各庄镇	黄怒波	89287481	黄怒波
65	北京市程顺驾校	大兴区黄村镇庆丰路12号	衣莹	60279720	郑建设
66	北京市大兴区安宁驾校	大兴区黄村镇狼垡二村	王建华	61222900	杨启功
67	北京市天河汽车驾驶学校	大兴区天宫院北京市兴利达工贸集团院内	孟辉	60275521	孟辉
68	北京远方汽车驾驶学校	大兴区榆垡镇西张华街95号	张新华	61223145	张新华
69	北京三元集团教育培训中心	大兴区南苑和义庄	张宇	67992902	张宇
70	北京兴华经贸培训学校	大兴区庞各庄镇成人学校北侧校办厂院内	吴永华	89284486	吴永华
71	北京市东方时尚机动车驾驶学校	大兴区黄村镇狼垡二村	徐劲松	61222722	徐劲松

序号	学校名称	学校地址	负责人	学校电话	法定代表人
72	北京市大兴区八方利元培训学校	大兴区旧宫镇汇宝隆大厦	傅社敏	13901095866	苏鑫
73	北京市大兴区小大人培训学校	大兴区新安里小区（新世纪双语验学校院内）	董艳菊	13501077059	董艳菊
74	北京市大兴区中音艺术培训学校	大兴区兴华大街兴涛小区学生宿舍楼59号	卢伯楠	60245353	张健增
75	北京三星益维社会安全防范技术培训中心	大兴区黄村镇芦城狼垡二村	张翼伟	63714871	张翼伟
76	司法部预防犯罪研究所培训中心	大兴区黄村镇芦城狼垡二村东	丁传庆	63714871	张翼伟
77	北京二商集团党校培训中心	大兴区西红门东路14号	王凤贵	63987271	付光丽
78	北京市大兴区卫生职业培训学校	大兴区黄村镇佟场	杨淑舫	61217372	杨淑舫
79	北京市大兴区兴安汽车驾驶学校	大兴区黄良路口东侧	穆广琴	69252708	穆广琴
80	北京里光高级职业技术培训学校	大兴区黄村镇观音寺街广厦家园69号	庞占水	69241526	庞占水
81	北京市大兴区芦城体育运动培训中心	大兴区黄村镇芦城村	李希田	61239240	李希田
82	北京市大兴区建筑业培训中心	大兴区黄村镇金华寺街东路1号	张传渔	69259884	张传渔
83	北京市大兴区统计培训学校	大兴区统计局楼内	汪锡锟	61298987	汪锡锟

序号	学校名称	学校地址	负责人	学校电话	法定代表人
84	北京市大兴区科普汽车驾驶学校	大兴区黄村镇狼垡三村	田丽霞	83701333	陈士奇
85	北京市大兴区社区教育培训中心	大兴区黄村镇兴华中路三段4号	张凤全	69241701	张凤全
86	北京市大兴区科艺培训学校	北京经济技术开发区荣京东街3号1幢12层2单元1003	张永啓	13701211196	张永啓